Freiherr von Falkenstein

Ritterbuch

* * *

Illustriert mit 12 Farbtafeln

REPRINT – VERLAG
LEIPZIG

Die zum Teil geminderte Druckqualität ist auf den
Erhaltungszustand der Originalvorlage zurückzuführen.

Bibliographische Information der Deutschen Nationalbibliothek
Die Deutsche Nationalbibliothek verzeichnet diese Publikation in der
Deutschen Nationalbibliographie; detaillierte bibliographische
Daten sind im Internet über www.d-nb.de abrufbar.

Volker Hennig, Goseberg 22-24, 37603 Holzminden
www.reprint-verlag-leipzig.de
ISBN 978-3-8262-0610-8

Limitierte Exklusivausgabe
ISBN 978-3-8262-0613-9

Neuausgabe der Originalausgabe von 1863
nach dem Exemplar des Verlagsarchives

Lektorat: Andreas Bäslack, Leipzig
Gesamtherstellung: Westermann Druck Zwickau GmbH

Ritterbuch

von

Fr. v. Falkenstein.

Inhalt

Erstes Kapitel

Kaiser Karl der Große und seine Paladine

Von Kaiser Karl will ich zuerst erzählen, von jenem Kaiser Karl, den man den Großen nennt, und auf welchen Franzosen und Deutsche mit gleichem Stolz zurückblicken, indem er die beiden Reiche Deutschland und Frankreich unter seinem gewaltigen Zepter vereinte. Erzählen aber will ich von ihm nicht bloß deswegen, weil er ein Kriegsheld war, wie wenige, sondern hauptsächlich deswegen, weil mit ihm und zum großen Teil auch durch ihn das Rittertum seinen Anfang nahm, und weil er seine Siege nur durch die tapferen Ritter, die sich um ihn scharrten, errang.

In den alten Zeiten, da das Schießpulver noch nicht erfunden war, bestanden die Waffen der Krieger – denn Kriege führten die Menschen untereinander von jeher, gerade wie wenn es ein größeres Vergnügen wäre, sich gegenseitig zu zerfleischen, als sich in Liebe und Freundschaft zugetan zu sein – meist nur aus Schwert, Lanze und Bogen. Mit dem Bogen schoß man sich Pfeile zu, die an der Spitze eiserne Stifte hatten, damit sie um so gewisser ins Fleisch eindrängen, und um die Wirkung dieser Pfeile noch tödlicher zu machen, erfand man später statt des Bogens die Armbrust, mittels der man sogar ein ziemlich entferntes Ziel erreichen konnte. So hochgeachtet nun aber auch ein guter Bogen- oder Armbrustschütze war, und so viele Schlachten durch diese Gattung von Kriegern entschieden wurden, so gab es doch nicht wenige tapfere Mannen, die da meinten, es sei eines Helden unwürdig, seinen Feind von der Ferne durch einen Pfeilschuß zu erlegen, und diese Mannen bedienten sich nur der Lanze und des Schwertes, sowie nicht selten auch noch des Streitkolbens oder der Streitaxt. Die Lanze hatte bei den verschiedenen Völkerschaften natürlich verschiedene Formen und wurde von den Einen zum Werfen – als Wurfspieß -, von den Andern zum Hauen – als Partisane – gebraucht; die wirklich kräftigen und kriegerischen Nationen aber führten nur die eigentliche und wirkliche Lanze, das ist einen langen espenen oder eichenen Schaft mit einer sehr breiten und schweren Eisenspitze, die man dem Gegner in den Leib stieß. Ebenso gewichtig war bei den Tapferen das Schwert, das oft eine Länge von vier oder fünf Schuh hatte und nach vorn zweischneidig geschliffen war; den Streitkolben jedoch oder auch den Streithammer, nämlich einen schweren eisernen Stab, der in einen noch weit schwereren rundlichen Knopf, wenn nicht gar in eine zweischneidige Axt endete, konnten nur solche Männer führen, welche eine herkulesartige Körperstärke besaßen.

Auf solche Art nun waren auch unsere Altvordern, die Urgermanen, bewaffnet, und man muß es ihnen zum Ruhme nachsagen, daß der Streithammer ihre Lieblingswaffe war. Von selbst verstehe es sich übrigens, daß ein Stoß, Schlag oder Hieb mit einer der eben angeführten Waffen um so furchtbarer wirken mußte, je weniger der Angegriffene geschützt war, und somit kam man schon sehr bald auf den Gedanken, den Leib hinter einem Schilde zu bergen. Diesen Letzteren trug man in der linken Hand und fertigte ihn bald aus Holz, bald aus starkem Leder; allein in Kurzem überzeugte man sich, daß ein solcher Schild wohl gegen einen Pfeil, keineswegs aber gegen einen tüchtigen Lanzenstoß oder gar gegen einen gewichtigen Schwerthieb sichere, und somit stellte man sofort ganz eiserne Schilde her. Doch – was half selbst ein dicker eiserner Schild, wenn man einen recht gewandten Gegner oder gar deren mehrere hatte? Weit geschickter war es – so dachte man in Folge dessen – wenn man die hauptsächlich ausgesetzten Teile des Körpers, also den Kopf, die Brust, die Beine, die Arme und die Hände durch eine besondere Bekleidung deckte und hierdurch die Hiebe und Stöße unschädlich machte. Demgemäß trug man nun auf dem Haupt einen Helm oder auch eine Sturmkappe, hüllte den Vorderleib in einen Harnisch, der vom Hals bis zu den Knien ging, und schützte Hände und Arme durch mächtige Handschuhe, welche man (wie auch den Harnisch und den Helm) aus recht starkem Leder herstellte. Natürlich übrigens fand man schon recht früh heraus, daß selbst das stärkste Leder von einem guten Schwert durchhauen werden kann, und somit nahm man alsbald sowohl zu den Handschuhen wie auch zum Harnisch und zum Helm Eisen oder gar Stahl, so daß ein schwerbewaffneter Krieger vom Kopf bis zum Fuß mit einer Eisen- oder Stahlkleidung überzogen war. Wer mochte ihm nun etwas anhaben, da Hiebe und Stöße wie Wurfgeschosse von seiner Rüstung abprallten, als wären sie an einen Felsen geworfene Kieselsteine?

Eine solche Wendung nahm es mit der Bewaffnung der Deutschen und Franken im fünften und sechsten Jahrhundert nach der Geburt unseres Heilands; allein man wird sich nun wohl denken können, daß ein in eine eiserne Rüstung eingezwängter Mann unmöglich zu Fuß gehen oder gar kämpfen konnte. Die Schwere seines Harnischs oder Panzers, verbunden mit dem Gewicht seiner Waffen, hätte ihn ja nach wenigen Schritten schon zum Tode ermüdet und überdies würden ihn die Beinschienen – der Teil des Harnischs, welcher die Beine deckte – in allen seinen Bewegungen ungemein gehemmt haben! Nein wahrhaftig, ein in solcher Weise Gewappneter mußte reiten und zwar auf einem recht schweren und tüchtigen Roß, dieweil ein leichtes und flüchtiges unter ihm zusammengesunken wäre. Und so ritten sie denn auch alle, die Panzer umgeschnallt hatten; allein sowie ein solcher Reiter im Felde erschien und auf das feindliche Fußvolk einstürmte, hei, wie stoben da ihrer Fünfzig oder gar Hundert vor dem einzelnen Mann auseinander, und wie leicht gelang es einem Corps von nur tausend derartigen Mannen eine wohl zwanzigmal stärkere Armee von Nichtberittenen in die Flucht zu schlagen!

Kein Wunder also, wenn die Könige und Heerführer unserer Altvordern immer mehr darauf drangen, recht viele solcher Eisenreiter zu bekommen, denn sie wußten wohl, daß ihnen dann die übrigen Völkerschaften der Erde nicht widerstehen könnten; allein die Anschaffung des Streitrosses und der Rüstung kostete so viel, daß nur Männer von großem Grundbesitz und Einkommen sich eine solche Ausgabe erlauben durften. Überdies war es, wie man sich wohl denken kann, nicht einmal genug an einem einzigen Pferd, sondern man brauchte deren mehrere, um wechseln zu können, und neben dem mußte man doch auch Knechte halten, welche die Rosse versorgten. So lag es denn in der Natur der Sache, daß unter den freien Mannen, welche verpflichtet waren, ihren Königen Kriegsdienste zu leisten, nur die „Edelinge", d. i. die Edelherren oder Adeligen, welche als solche Besitzer von größeren Gebietsteilen waren, sich zu „Eisenreitern" oder wie man später sagte „Rittern" hergeben konnten, denn davon war in jenen Tagen nicht die Rede, daß den Streitern „Sold" ausbezahlt worden wäre, oder auch daß man „von Staats wegen" für ihre Ausrüstung gesorgt hätte. Im Gegenteil war dies alles Sache der Kriegsdienstpflichtigen, welche sogar ihren Unterhalt aus der eigenen Kasse zu bestreiten hatten. Allein umgekehrt hielten es die Könige ihrerseits für ein Gebot der Dankbarkeit, Eisenritter, welche durch ihren Dienst so schwere Opfer brachten, durch Erteilung von Vorrechten aller Art, sowie besonders durch Schenkungen von Ländereien zu belohnen, und sie auf diese Art in ihre „Lehnsmänner" umzuwandeln. So wurde es nach und nach im Lauf des siebten Jahrhunderts sowohl Pflicht als Vorrecht der Edelinge oder Adeligen, dem Heerbann zu Roß zu folgen, während die nichtadeligen freien Männer als Fußknechte dienen mußten, und aus diesem Grund galt Rittertum und Adel bald für ganz und gar gleichbedeutend.

Meine lieben jungen Leser wissen nun, wie das Rittertum und Ritterwesen entstanden ist; hinzusetzen aber muß ich, daß derjenige deutsche König und Regent, welcher dasselbe vor allem hegte und pflegte, dieweil er nun allein mit den schwer gepanzerten Reitern alle seine Schlachten gewann, kein anderer war, als der zu Anfang genannte Karl der Große, der erste Kaiser aus fränkischem Stamm, und deshalb dürfte es doch gar wohl der Mühe wert sein, etwas Näheres über ihn und seine Ritter zu erfahren. Demgemäß will ich denn in aller Kürze das Wichtigste aus seinem Leben erzählen und hoffe, wenn ich auch gar vieles nur vorüberstreifend berühren kann, dennoch ein wirkliches Heldenbild aufrollen zu können.

Schon der Stamm, dem er entsproß, war ein Heldenstamm. Er durfte sich nämlich rühmen zum Urgroßvater zu haben den ersten Feldherrn und Minister der Frankenkönige Childebert und Dagobert, das ist den tapferen Pipin, genannt von Heristall (so hieß nämlich sein Stammschloß), welcher im Namen der soeben genannten schwachen und unfähigen Regenten das ganze Frankenland beherrschte und in hohen Ehren im Jahre 714 verstorben ist. Noch einen weit glänzenderen Namen hatte dessen Sohn Karl Martell oder der Hammer, denn man nannte ihn so, weil er in zwanzig Feldschlachten alle seine Gegner niederschmetterte und nicht bloß die Bayern, die Friesen und die Aquitanier besiegte, sondern auch das ungeheure Sarazenenheer, das im Jahr 732 von Spanien aus unter Abd-ur-Rahmenn in Frankreich eindrang, in der Ebene zwischen Tours und Poitiers fast gänzlich vernichtete. Zum Lohn hierfür erhielt er die Würde eines Herzogs aller Franken und regierte diese, als wäre er ihr König gewesen; den Königs-„Titel" aber ließ er dem legitimen Fürsten Theoderich dem Dritten, einem Kind im Tun und Treiben. Was brauchte er auch die Krone, da er doch das Zepter besaß? Auf ihn folgte, alle seine Würden, Vorrechte und Auszeichnungen erbend, sein Sohn Pipin der Kleine, so genannt, weil ihm die Natur des Vaters riesigen Körperbau versagt hatte. Trotz dieser verhältnismäßigen Kürze seiner Statur aber war er doch ein Mann im vollsten Sinne des Wortes, und an geistiger Kraft schien er seinen Vater, so hoch dieser auch stand, noch zu übertreffen. Dennoch meinten viele der Großen des Reichs, ein solch unansehnlicher Herr passe nicht zum Herzog der Franken, und spotteten nicht nur seiner, sondern dachten auch wirklich auf Erwählung eines Andern. Das erfuhr er und lud sie sofort zu einem Schauspiel ein, das er ihnen in seinem Tiergarten – er hielt sich nämlich verschiedene wilde Tiere, darunter auch Löwen und Büffel – geben wolle. Da saßen sie nun rings im Kreis herum, die Edelinge der Franken, und mitten unter ihnen befand sich auch

Pipin der Kleine. Plötzlich aber ließ man einen überaus wilden Bullen in die Schranken und öffnete zugleich den Käfig eines afrikanischen Löwen. Der Löwe stürzte sich auf den Bullen und es gab sofort einen furchtbaren Kampf; allein nach wenigen Minuten sprang das katzenartige Tier dem Stier auf den Rücken und riß denselben zu Boden. Nun rief Pipin den umhersitzenden Edelingen zu, es sollte Einer von ihnen in die Schranken hinabspringen und den Löwen ergreifen oder töten; doch die Edelinge sahen einander an und keiner wagte es, den Befehl auszuführen. Was tat nun aber Pipin der Kleine? Er stand von seinem Stuhl auf, sprang in den Kreis hinab, ging furchtlos auf die kämpfenden Tiere zu, schwang sein Schwert und hieb den Rücken des Löwen durch und durch, so daß auch noch der Rücken des Bullen halb durchgeschlagen war! Nach diesem kernhaften Hieb kehrte er langsam um und setzte sich wieder auf seinen Stuhl, als wenn nichts geschehen wäre; von den Edelingen jedoch meinte seit diesem Tag keiner mehr, daß Pipin der Kleine nicht würdig sei, ihr Herzog zu sein. Im Gegenteil wurden sie bald mit sich einig, ihn noch höher zu heben und zu ihrem gesetzlichen König zu machen. Dem Namen nach nämlich regierte damals über das ganze große Frankenland Childerich der Zweite, ein Abkömmling Theoderichs; allein derselbe war ein in Trägheit und Sittenverderbnis versunkener Mensch, an dem sich jeder Ehrenmann schämen mußte. Somit sandten die Großen des Reichs einmütig eine feierliche Gesandtschaft an den Papst Zacharias nach Rom und fragten bei ihm an „wer rechtlich König zu nennen sei, derjenige, der daheim sitze und in unwürdigen Genüssen schwelge oder derjenige, welcher die Lasten der Krone trage und mit Kraft und Zepter führe.“ Der Papst antwortete: „König solle heißen, wer die Königsgewalt habe, so sei es Ordnung in der Welt“, und nun wußten die Edelinge, was sie zu tun hätten. Sie hielten also eine Reichsversammlung in Soissons, setzten den ärmlichen Childerich ab und übertrugen „dem Kleinen“ die Königskrone. Auch bereuten sie dies nie, denn der neue König regierte gar heldenmütig und hinterließ deshalb auch, als er (am 28. Sept.) anno 768 verstarb, ein Reich, mit dem kein anderes in Europa in Vergleich kommen konnte.

Solchem Heldenstamm nun entsproß K a r l d e r G r o ß e, denn Pipin der Kleine war sein Vater, - kann es uns also Wunder nehmen, wenn er ebenfalls ein Held wurde und zwar ein größerer, als Vater, Großvater und Urgroßvater zusammen? Art läßt nicht von Art und Karl hatte noch außerdem das Glück, eine so edle und hochherzige Dame, wie nur je eine auf der Welt lebt – sie hieß Bertha und war die Tochter des Grafen Heribert von Laon – seine Mutter nennen zu dürfen. So konnte es also nicht fehlen, daß schon in sein jugendliches Herz die Keime jener Tugenden gelegt wurden, durch welche er sich später so sehr auszeichnete, denn ein s o l c h e s Elternpaar gab ihm natürlich keine anderen Erzieher, als nur die Besten und Ausgezeichnetsten des Landes. Auffallenderweise hat man uns aber nur weniges oder vielmehr fast gar nichts über die ersten Jahre seines Lebens berichtet und selbst der Ort, wo er geboren, nebst dem Tag seiner Geburt ist nicht genau bekannt. Wenn nämlich die Einen behaupten, der Geburtsort des großen Kaisers sei I n g e l h e i m am Rhein und der Geburtstag der 2. A p r i l des Jahres 7 4 2, so sprechen Andere von Paris oder Worms oder Aachen oder Jupil bei Lüttich oder gar von der Reißmühle unweit Freising als von seiner Geburtsstätte und nennen das Jahr 743 oder 747 als die Zeit, in welcher er das Licht der Welt erblickte. Am meisten für sich hat aber doch Ingelheim und der 2. April 742, denn fast alle Sagen weisen darauf hin und überdies ist es erwiesen, daß Karl seine Jugendjahre in Ingelheim zubrachte. Deswegen verweilte er auch später so gerne an diesem von der Natur so vielfach begünstigten Ort und baute dort einen wunderbar herrlichen Palast, den wir ohne Zweifel jetzt noch bewundern dürften, wenn ihn die schlimmen Franzosen in ihrer Rohheit nicht anno 1689 zerstört hätten. Verhalte sich nun übrigens dies alles, wie es wolle, so muß der junge Karl jedenfalls recht ritterlich-kräftig aufgewachsen sein, dieweil ihn, ob er gleich erst elf Jahre alt war, sein Vater schon würdigte, dem Papst Stephan, der auf Besuch nach Paris kam, entgegenzureiten, um ihn an der Landesgrenze zu bewillkommnen. Schon das Jahr darauf salbte ihn der Papst zum künftigen König der Franken und noch ein paar Jahre später, anno 761, kämpfte der nun neunzehnjährige Jüngling bereits als „Eisenreiter“ im aquitanischen Krieg mit. Ja, er zeichnete sich dabei durch seinen Mut, seine Kraft und seine Entschlossenheit so sehr aus, daß ihn sein Vater Pipin von nun an vielfach zu den Regierungsgeschäften hinzuzog und ihm zugleich das Richteramt über verschiedene Gaue oder Bezirke übertrug! Ersieht man also nicht hieraus, daß seine Erziehung eine vortreffliche gewesen sein muß, wie ich es oben schon andeutete?

Man durfte übrigens den Jüngling nur anschauen, so brauchte man keines weiteren Beweises für seine herrlichen Eigenschaften. Er war nämlich überaus hoch und ebenmäßig, zugleich aber auch ungemein kräftig gewachsen und machte also schon durch seine mächtige Gestalt einen imposanten Eindruck. Dabei hatte er eine breite, schön gewölbte Stirn und große feurige Augen, die wie Karfunkel blitzten; vom edlen Haupt herab aber wallten dichte Locken und die kühne Adlernase, sowie die breite Brust stimmte ganz mit der übrigen Erscheinung zusammen. Zudem war sein Tritt fest und mannhaft, eines Königs würdig und wenn er zu Pferde saß, das Schlachtschwert in der Hand, so konnte man nichts Majestätischeres sehen, obwohl für gewöhnlich sein Antlitz eine nicht geringe Heiterkeit zeigte. „So erschien er“ – wie sein eigener Enkel über ihn berichtet – „Allen, die sich ihm nahten, gleich liebenswürdig und schrecklich, Allen gleich bewundernswert; doch nicht bloß in körperlicher Beziehung hatte ihn Gott also begnadet, sondern auch durch seinen Geist und seine Weisheit strahlte er als ein sonderlich heller, immer leuchtender Smaragd über das gesamte menschliche Geschlecht hervor.“ Zwar allerdings seine gelehrte Bildung darf keine „absonderliche“ genannt werden, denn man hielt es in jenen Zeiten durchaus für überflüssig für einen künftigen Regenten, sich mit den Wissenschaften abzugeben, und von all den tapferen Rittern, die es damals gab, konnte fast keiner auch nur buchstabieren. So lernte denn auch Karl erst in seinen späteren Jahren „s c h r e i b e n“, sowie er überhaupt fast alle seine Kenntnisse nur allein den Gelehrten verdankt, die er „als König und Kaiser“ um sich versammelte. Allein deswegen besaß er doch einen so durchdringenden Verstand, daß er Menschen und Verhältnisse im Augenblick erkannte und sein Geist war so umfassend, daß er in allem, was er unternahm, im Krieg wie im Frieden, stets das Richtige herausfand. Ja er erschien jeglichen Zeitgenossen an Weisheit wie Tugend überlegen und seine Heldenseele erhob sich über die irdischen Ärmlichkeiten gleich dem Adler, welchem es nur wohl ist, wenn er der Sonne zufliegen kann.

Im Jahr 768 starb sein Vater und sechsundzwanzig Jahre alt bestieg nun Karl den Königsthron. Doch mußte er sich vorerst mit der Hälfte des Frankenreichs begnügen, indem die Reichsversammlung der Franken nach dem Wunsch Pipins des Kleinen die andere Hälfte dem Prinzen Karlmann, dem einzigen Bruder Karls, zuteilte. Es war dies kein Glück für das Reich, denn Karlmann stand sowohl in geistiger als körperlicher Beziehung weit hinter Karl zurück, allein die Edelinge und Großen wollten ihn eben nicht zurücksetzen und glaubten schon aus Dankbarkeit gegen Pipin so handeln zu müssen. Lange übrigens dauerte die Teilung nicht, indem Karlmann schon am 4. Dezember 771 in Samouey, unweit von Lyon, verstarb und nun die Reichsversammlung zum Heil des Vaterlandes die Einheit dadurch wieder herstellte, daß sie König Karl zum alleinigen Regenten ernannte. Aber so klug auch diese Handlung war, so entstanden daraus doch Folgen, die leicht hätten äußerst verderblich sein können.

Dies hing so zusammen: Die Mutter Karls, die schon oben genannte Königin Bertha war eine sehr edle und hochbegabte, aber auch zugleich eine sehr ehrgeizige Dame, so drang sie in ihn, Adelberta, die Tochter des Lombardenkönigs Desiderius zu seiner Gemahlin zu erwählen. Ebenso drang sie auch in ihre Tochter Gisela, die einzige Schwester Karls, den ältesten Sohn jenes Lombardenkönigs, den Heldenjüngling Adalgis, zu ehelichen, denn sie meinte, durch solche Doppelheirat würden die beiden Nationen, die Franken und Lombarden, die sich bisher äußerst feindlich gegenüber gestanden waren, in Bruderliebe und miteinander verkettet werden. Allein ihre Bemühungen schlugen zum geraden Gegenteil aus. Gisela nämlich, welche stets für den Himmel geschwärmt hatte, weigerte sich, dem Adalgis, so ein tapferer und hochherziger Ritter derselbe auch war, ihre Hand zu reichen und ging als sechzehnjährige Jungfrau in ein Kloster; König Karl aber ehelichte zwar die Prinzessin Adelberta, löste jedoch dieses Band schon in den ersten Tagen nach der Hochzeit wieder auf und beleidigte dadurch, wie man sich wohl denken kann, den König Desiderius nebst seinem Sohn Adalgis aufs höchste. Ein triftiger Grund zur Scheidung war nicht vorhanden, denn Adelberta zeichnete sich durch verschiedene Vorzüge, obwohl allerdings nicht durch Körperschönheit aus und König Karl achtete sie deshalb auch nicht wenig hoch. Aber er konnte sie nicht anders ansehen, denn als eine ihm durch politische Rücksichten aufgedrungene Gemahlin, und überdies verlangte auch der Papst, der abgesagte Feind der Lombarden, die Trennung bei Androhung des Banns. Die Hauptursache jedoch, warum er sie wieder von sich tat, lag wohl darin, daß ihn die Liebe zu einer anderen im Herzen saß, nämlich die Liebe zu Hildegard, der Schwester des Grafen Gerold von Bussen im Schwabenland, welcher er kurz zuvor kennengelernt hatte. Ach, diese Hildegard war ja ein wahrer „Garten von Huld und Holdseligkeit“ und zu allem Liebreiz hin noch eine der vornehmsten und tugendhaftesten Damen seines Reichs! Wie hätte er da widerstehen können? Er heiratete sie also und lebte vollkommen glücklich mit ihr; die verstoßene Adelberta dagegen kehrte zu ihrem Vater nach Italien zurück und klagte diesem die angetane Schmach. Solches geschah im Sommer 771, also in demselben Jahr, in welchem König Karlmann starb und in Folge dessen Karl zum alleinigen Herrscher erhoben wurde. Nun hatte aber Karlmann eine Gattin, mit Namen Gilberga, und von dieser Gattin drei Kinder, zwei Knaben und ein Töchterlein. An einem Thronerben hätte es also nicht gefehlt, wenn die Franken eines dieser Kinder zum Nachfolger Karlmanns hätten wählen wollen; weil sie aber dies nicht taten, sondern weil sie es vielmehr vorzogen, durch die Wahl Karls die Einheit des Reiches wieder herzustellen, fühlte sich Gilberga aufs tiefste verletzt und floh sofort mit ihren Kindern zum König Desiderius nach Oberitalien. Einen rechtlichen Grund zu solcher Handlungsweise hatte sie nicht, denn das Frankenland war damals ein Wahlreich und die Edelinge konnten also zum König machen, wen sie wollten. Überdies pflegte man in jenen Zeiten keine kleinen Kinder, sondern nur wehrhafte Männer auf den Thron zu setzen und somit hatten die Söhne Karlmanns ohnehin kein Recht zur Nachfolge. Dieses Alles nun wurde der Königin-Witwe von ihren bisherigen Freunden getreulich auseinandergesetzt, allein wo hätte je ein zorniges Weib Vernunft angenommen? Sie floh also, wie schon gesagt, von nur wenigen begleitet (darunter von Otker, einer der Helden des Frankenheeres, der Vornehmste) nach Pavia zum König Desider, denn sie wußte ja, daß dieser von König Karl aufs tödlichste verletzt sei und somit hoffte sie, denselben zum Krieg gegen das Frankenland aufreizen zu können, um so ihrem Zorn und ihrer Rache ein Genüge zu leisten. Sieht man nun, welche Folgen die Scheidung von Adelberta, der lombardischen Königstochter, haben sollte?

Ehe es jedoch mit den Lombarden zum Kampf kam, brach ein anderer Krieg aus, in welchem sich König Karls Feldherrntalent aufs großartigste bewähren sollte, ich meine den Krieg mit den Sachsen. Dieser urdeutsche Völkerstamm hatte damals ganz Norddeutschland inne, nämlich alles Land zwischen dem Niederrhein, der Elbe und der Nordsee, teilte sich aber in mehrere Völkerschaften, wie z.B. die Westfalen zwischen der Sieg und Ems, die Engern auf beiden Seiten der Weser bis zur Leine und die Ostfalen an der Elbe und Eider. Einen König oder Oberherrn hatte keine dieser Völkerschaften, sondern sie bildeten vielmehr freie Staaten und wählten nur in Kriegszeiten einen Feldherrn. So wenig sie aber vom Königtum wissen wollten, eben so wenig auch vom Christentum, und sowie sich ein christlicher Priester unter sie wagte, um sie von ihrem heidnischen Glauben zu bekehren, so erging es ihm jedes Mal schlecht, wenn er nicht gar ums Leben kam. So konnte es nicht fehlen, daß es zwischen ihnen und den Franken, welche sich längst zum Christentum bekehrt und statt des Freistaates das Königtum gewählt hatten, zu manchem Strauße kam, besonders auch weil die Sachsen als eine äußerst kriegerische Nation nicht selten ihre Grenzen überschritten und plündernd im Frankenland einfielen. Ja sogar größere Kriege waren schon zwischen den beiden Nationen ausgefochten worden, wie z.B. unter Karl Martell anno 738 und König Pipin anno 753 und jedes Mal hatte der Streit damit geendet, daß die Sachsen als die Besiegten sich ins Innere ihres wilden von unermeßlichen Waldungen durchzogenen Landes zurückzogen. Schließlich nötigte sie Pipin zu einem Vertrag, in welchem sie versprachen, jährlich dreihundert Rosse zu liefern und den christlichen Priestern, welcher unter sie kämen, nichts mehr in den Weg zu legen; aber siehe da, wie der junge König Karl auf den Thron kam, meinten sie, den Vertrag nicht mehr halten zu müssen, erschlugen sofort alle Christusprediger und kehrten jauchzend zu ihrem angestammten Götterglauben zurück. Darauf erhob nun die fränkische Geistlichkeit, insbesondere der Abt von Fulda, große Klage und zu gleicher Zeit sah König Karl ein, daß sein Reich nie Ruhe haben werde, wenn nicht die Sachsen zu einem dauernden und sicheren Frieden gezwungen würden. Demgemäß schrieb er anno 772 eine Reichsversammlung nach Worms aus, und als nun etliche Tausende der Edelinge des Reichs, d. h. die Barone und Grafen, sowie die Äbte und Bischöfe, welche über großen Grundbesitz und viele Untertanen geboten, sich eingefunden hatten, trug er ihnen die bewußte Sache vor. Die Reichsversammlung aber beschloß also den Krieg mit den Sachsen und brachte ihn auch gleich zur Ausführung. Zu dem Behufe stellte jeder der Barone, Grafen und Prälaten eine seinem Grundbesitz entsprechende Anzahl von bewaffnetem Fußvolk, er selbst aber verwandelte sich sofort in einen eisengepanzerten Reiter, um als solcher mit der Lanze, dem Schwert und dem Streitkolben drein zu schlagen. Das war, wie ich bereits oben gesagt, das Vorrecht wie die Pflicht des Inhabers eines Edelgutes und selbst die hohen geistlichen Herren schlossen sich hiervon nicht aus, sondern hüllten sich ebenso gut in Erz und führten ihre Lanze, wie die weltlichen Ritter.

Sobald nun das Heer beieinander war, stellte sich König Karl an seine Spitze, überschritt alsbald den Rhein und durchzog das Land der Westfalen bereits mit Feuer und Schwert, ehe diese nur zur Besinnung gekommen waren und einen Oberanführer gewählt hatten. Widerstand wurde allerdings da und dort geleistet, aber die ungeordneten und schlechtbewaffneten Haufen der Sachsen konnten gegen das gut geführte Heer der Franken und insbesondere gegen die unwiderstehliche Schar der Eisenreiter nicht aufkommen. Bald stand Karl vor der Hauptfeste der Westfalen, der sogenannten Eresburg, welche am rechten Ufer der Diemel, da wo jetzt Stadtberge liegt, erbaut war, und da er dieselbe nach wenigen Tagen teils durch Gewalt, teils durch List gewann, so war es kein Wunder, wenn die Sachsen von Verzweiflung ergriffen wurden. Unsere Altvordern verehrten nämlich den Eor als den Gott, der die Schlachten lenkt, und somit galt natürlich die Eores- oder Eresburg bei ihnen als ein Heiligtum. Ja hier, um die Burg herum, war der ganze Bezirk ein den Göttern geweihter, und deswegen stand auch unweit davon das weitere große Nationalheiligtum der Sachsen, die Irmensul, d. i. eine uralte gewaltige Eiche, welche als Sinnbild des Baumes des Lebens galt; denn den Gott Irmen dachte man sich als einen so ungeheuren Riesenbaum, daß seine Krone den Himmel beschattete, seine Wurzeln in Mitten der Erde fußten und seine Zweige das ganze Weltall bedeckten*). König Karl ließ beides zerstören, die Burg wie die Sul und drei Tage brauchten seine Krieger bis sie damit fertig waren. Sobald aber die Sachsen dies hörten, flohen sie wehklagend bis über die Weser zurück und Karl hätte sie nun leicht ganz zur Unterwerfung bringen können, wenn ihn nicht dringende Ursachen schleunigst nach Hause zurück gerufen hätten. Somit begnügte er sich, einen Friedensvertrag mit ihnen abzuschließen, welcher dahin ging, daß sie ihm versprachen, einen jährlichen Tribut von fünfhundert Rossen zu bezahlen und die christlichen Glaubensboten von nun an ungehindert predigen zu lassen. Überdies stellten sie zwölf Geiseln, lauter Söhne der Vornehmsten und gaben dem Frankenkönig das Recht, diese Geiseln sofort zu töten, falls sie ihr Wort nicht hielten. Nun nachdem dies alles so geordnet, zog der siegreiche Karl ab, vergaß jedoch nicht, die goldenen und silbernen Opfergeschenke, welche er am Fuß der Irmensul fand, eben so gut in seine Heimat mitzunehmen, als die zwölf Geiseln, die sofort in Klöster gesteckt und zu Christen erzogen wurden.

---

*) Früher glaubte man, die Irmensul sei eine dem Befreier Herrmann oder Arminius geweihte Marmorsäule gewesen, allein „Sul" bedeutet im Altdeutschen keine Säule, sondern einen Baumstamm, und Irmen ist nur eine andere Aussprache des Gottes Eor, des Schlachtenlenkers.

Krönung Kaiser Karl's des Grossen.

Der Leser ist nun vielleicht begierig, die dringenden Ursachen zu erfahren, welche den König Karl so schnell nach Hause riefen und ich will ihm daher diese jetzt auseinandersetzen. In Italien, dem wunderschönen Land, hatten sich während der Völkerwanderung die Sueven oder Schwaben, d. h. nicht alle, sondern nur ein Zweig von ihnen, festgesetzt und dort ein großes Königreich gegründet. Sie erhielten von den Eingeborenen den Namen „Langbärtige" oder „Langobarden", weil sie den Bart im ganzen Gesicht wachsen ließen, und daher heißt auch jetzt noch ein ziemlicher Teil Oberitaliens, nämlich der, den sie zum Mittelpunkt ihrer Herrschaft machten, die „Lombardei". Allein wenn auch der „Name" blieb, so blieb doch das „Wesen" und der „Charakter" nicht, sondern die Eindringlinge und Eroberer nahmen vielmehr die Sitten, Gebräuche und Gewohnheiten der Eingeborenen an und verweichlichten oder „verwelschten" auf echt italienische Weise. Die Waffenübungen und das Schwertergeklirr hörten auf und statt dessen befleißigte man sich des Spielballs, des Tanzbodens, des Hofierens bei den Damen und des Bankettierens an der Tafel, wiewohl ich nicht in Abrede ziehen will, daß immer noch rühmliche Ausnahmen stattfanden. Eigentümlicherweise übrigens glaubten die Langobarden oder Lombarden trotz ihrer Verwelschung immer noch „die Alten" zu sein und rühmten sich, daß ihnen keine Nation der Welt widerstehen könne, namentlich aber tat dies zu den Zeiten König Karls ihr Herr und König Desiderius. Ja dieser äußerte sich, als ihm Karl die Tochter Adelberta mit dem Scheidebrief zurücksandte, mit großer Verachtung über den Frankenkönig und tat, als ob er ihn auf dem Butterbrot verspeisen wollte. Mit solchem Bramarbasieren war er aber noch nicht einmal zufrieden, sondern er nahm auch die Königin Gilberga, die Witwe Karlmanns, mit ihren Kindern gastlich auf, erklärte deren beide Söhne für die rechtmäßigen Frankenkönige, welchen ihr Oheim Karl das Erbteil gestohlen, verlangte vom Papst ihre Salbung und machte schließlich seinen Hof zum Sitz aller Unzufriedenen, welche aus dem Frankenland entwichen, um der strengen Gerechtigkeit König Karls nicht zum Opfer zu fallen. Wohl warnte ihn sein Sohn Adalgis, der fast in Allem, besonders aber in Mut und Kraft ein Gegenstück des Vaters war, vor solch törichtem Beginnen und der tapfere Frankenritter Otker, welcher mit Gilberga nach Pavia gekommen war, stimmte ihm hierin vollkommen bei, allein das Prahlen konnte einmal König Desider nicht lassen, und außerdem haßte er den Frankenkönig wegen der verstoßenen Tochter allzusehr, als daß er nicht jede Gelegenheit ergriffen hätte, ihm Schmach anzutun. Demgemäß drang er immer heftiger in den Papst Hadrian – so hieß nämlich der damalige Kirchenfürst -, die Söhne Karlmanns als rechtmäßig anzuerkennen, und wurde ganz wütend, als dieser „hart blieb wie Diamant" und dem König Karl Recht gab. Um aber doch zum Zweck zu kommen, bestach nunmehr Desiderius einen Kämmerer Hadrians, mit Namen Paul Asiarta, daß derselbe ihm den Papst in die Hände liefern solle und der Kämmerer versprach dies auch mit einem heiligen Schwur, sich vermessend den trotzigen Kirchenfürsten und sei es mit Stricken vor den Thron des rachedürstigen Königs zu schleppen. Solches erfuhr nun Hadrian und ließ sofort seinen Kämmerer in der Stadt Rimini verhaften, allein was geschah jetzt? In toller Wut fiel Desider mitten im Frieden in das päpstliche Gebiet ein und überschwemmte das ganze Land mit seinen räuberischen Horden. Briefe über Briefe, Gesandtschaften über Gesandtschaften sandte Hadrian an den Wüterich, um ihn zum Frieden zu bewegen; aber Desider fuhr fort mit Sengen und Brennen und schickte sich, nachdem er die Städte Urbino, Sinigaglia, Monteseletro, Agubio und unzählige kleinere Ortschaften zerstört, an, Rom selbst zu belagern. Letzteres jedoch blieb dem Papst treu, schloß sofort seine Tore, und verteidigte sich aufs mannhafteste. Allein natürlich in die Länge hätten die Bürger solchen Widerstand nicht ausgehalten und deshalb sandte Hadrian Eilboten an König Karl, um Hilfe von diesem zu bekommen. Die Eilboten machten sich auf, alle auf verschiedenen Wegen, doch wurden sie sämtlich bis auf Einen gefangen, dieweil Desider alle Alpenpässe besetzt hatte. Dieser Eine übrigens – es war der Bischof Peter, der den Wasserweg über Livorno und Marseille einschlug – genügte, denn so bald König Karl von der Bedrängnis des Papstes hörte, so beschloß er auch sogleich, trotzdem der Krieg mit den Sachsen noch nicht ganz zu Ende war, dem Desider auf den Leib zu rücken und die Stadt Rom zu entsetzen. Das war freilich ein schneller Entschluß, allein Karl war zu demselben gewissermaßen verpflichtet. Schon der Papst Stephan nämlich hatte den König Pipin, den Vater Karls, zum Schirmherrn der Stadt Rom oder zum „Patrizius", wie man diese Würde nannte, erkoren und ihm die Auszeichnungen dieses Titels, einen golddurchwirkten Purpurmantel nebst einem kronenartigen Diadem, übermacht. Die besagte Würde aber erbte sich auf den Sohn fort und als Schirmherr Roms durfte doch wahrhaftig König Karl nicht zugeben, daß dasselbe von einem Feind belagert oder gar erobert werde.. Überdies – gab nicht der Hilferuf Hadrians die längst erwünschte Gelegenheit, den König Desider für seine Ungebühr zu strafen und durch die Eroberung Italiens den Lieblingstraum Karls, „alle Hauptländer Europas unter einem Zepter zu vereinigen", in Wirklichkeit umzuwandeln?

Nun kennt man die Ursache, warum König Karl so schnell mit den Sachsen Frieden schloß, noch ehe dieselben gänzlich gedemütigt waren; wie aber die Armee hörte, wohin es gehe, stimmte sie einen Jubelgesang an, denn im schönen Land Italien gab es größere Beute und genußreicheres Vergnügen zu holen, als in dem düsteren, waldreichen Sachsenland. Von Genf aus, wo Kriegsrat gehalten wurde, sandte Karl einen Boten an Desider, ihm den Krieg erklärend, falls der Papst nicht im Augenblick befriedigt würde; doch der übermütige Lombardenkönig erwiderte höhnisch: „er verachte das Gebelle der deutschen Hunde, welche sich wohl hüten würden, sich aus ihren Löchern herauszuwagen." Solche schnöde Antwort versetzte die deutschen Helden in einen großen Zorn und Karl selbst wurde ebenfalls nicht wenig aufgebracht. Dessen ungeachtet vergaß er die Vorsicht nicht eine Minute lang und um ja bei dem Übergang über die Alpen in keinen Hinterhalt zu fallen, teilte er sein Heer in zwei Haufen, mit deren Einem er über den Mont-Cenis zog, während den Andern sein tapferer Ohm B e r n h a r d über den Mont-Jour – seither aber Mont Bernhard genannt – führte. Beide Haufen kamen glücklich hinüber ohne erheblichen Widerstand zu finden und vereinigten sich nun sofort zum gemeinschaftlichen Zug gegen das lombardische Heer. Aber wie hätte das letzere, aus fast lauter verweichlichten Menschen bestehend, den Eisenreitern König Karls widerstehen können? Schon gleich nach dem ersten Anprall flohen die Lombarden nebst ihrem König über Hals und Kopf davon und verbargen sich hinter den festen Mauern der großen Stadt Pavia, deren Verteidigung dem fränkischen Ritter Otker, dem Begleiter der Königin Gilberga, sowie dem Königssohn Adalgis, welcher allein tapfer gekämpft hatte, übertragen wurde. Einer Sturmflut gleich rückte nun Karl mit seinen Mannen heran und die ganze Lombardei erzitterte unter deren gewaltigem Tritt. Da erstieg, wie die Sage erzählt, König Desider mit seinem Sohn Adalgis und dem Franken Otker den höchsten Turm der Stadt, um den Feind zu mustern, und wie nun die Vorhut desselben anrückte, fragte Desider, der äußerst begierig war, seinen mächtigen Gegner zu erschauen, ob Karl unter diesem großen Haufen zu suchen sei. „Nein," erwiderte Otker, „das ist nur die Vorhut und ein sehr kleiner Teil des Ganzen." Nun kam der eigentliche Heerbann, die Armbrustschützen und das Fußvolk in fast unermeßlicher Anzahl, aber geführt von einzelnen Männern zu Pferd. „Unter diesen wird wohl König Karl sein?" fragte jetzt Desider; aber Otker schüttelte abermals mit dem Kopf und deutete auf eine furchtbare schwarze Wolke und wie sie bis nahe unter die Mauern gekommen, da sah man, daß es lauter schwer gepanzerte Ritter waren. Den Helm von Eisen, die Arm- und Beinschienen von Eisen, den Brustharnisch von Eisen, den Schild von Eisen, ja selbst das Roß mit Eisen überzogen, und Jeder eine schwere eiserne Keule in der Rechten, während das gewaltige Schwert zur Linken herabhing, - so zogen sie heran, eine unbezwingliche Festung bildend! „Eisen, Eisen, nichts als Eisen," rief sofort König Desider, dem alles Blut aus dem Gesicht entwich, „wie wollen wir uns dieser Männer erwehren?" vor lauter Verzweiflung hätte er nun Pavia augenblicklich übergeben, wenn sein Sohn Adalgis sich nicht dagegen gestemmt haben würde, aber diesem, sowie seinem Freund Otker, schlug ein tapferes Herz im Busen und somit war schließlich abgemacht, die gute und feste Stadt aufs äußerste zu verteidigen.

Dies geschah auch in der Tat und die alten Chroniken erzählen uns, daß die Belagerung im Ganzen nicht weniger als volle zehn Monate lang, d. i. bis in den Sommer 774 hinein, angedauert habe. Ebenso berichten sie von manchem Sturm, der durch Otker und Adalgis abgeschlagen wurde, sowie von einigen Ausfällen der Belagerten, bei welchen die Letzteren aber jedesmal schlecht wegkamen. Während nun übrigens solches vor Pavia geschah, begab sich König Karl mit einem Teil seiner Getreuen nach der Stadt Rom, um daselbst das Osterfest zu feiern und seinem erhabenen Freund, dem Papst, einen Besuch abzustatten. Es war das erste Mal, daß Karl nach Rom kam und natürlich ergriff ihn ein unendliches Erstaunen über die Pracht dieser uralten Stadt. Einen noch größeren Eindruck machte auf ihn die Herrlichkeit des Gottesdienstes in der Peterskirche und am allermeisten fühlte er sich betroffen von den fast überirdischen Ehren, mit denen ihn der Papst und die Römer überhäuften. Das ging so fort mehrere Wochen lang, denn der Papst hatte wohl Ursache dankbar zu sein, da er ja ohne die Hilfe Karls notwendig verloren gewesen wäre. Dieser Letztere übrigens benahm sich eines Königs würdig und machte dem Papst zum Gegenpräsent eine so große Schenkung an Land und Leuten, daß der Vorteil offenbar auf Seiten Hadrians war. Endlich, nachdem der Kelch der Freude vollständig geleert war, verabschiedete sich Karl beim Papst und stieß wieder zur Belagerungsarmee vor Pavia, wo Hunger und Seuchen bereits den höchsten Grad erreicht hatten. Dessen ungeachtet hielt sich die Stadt noch verschiedene Wochen lang und würde sich ohne Zweifel noch länger gehalten haben, wenn nicht ein Teil der Bürger, um nicht länger Not zu leiden, die Tore verräterischerweise bei Nacht aufgemacht hätte. So stürmten denn die eisengepanzerten Ritter herein und nun war jeglicher Widerstand ein vergeblicher. Dennoch versuchten ihn Adalgis und Otker, aber Letzterer fiel alsbald unter den Streichen der feindlichen Übermacht und Ersterem gelang es nur wie durch ein Wunder, im

Getümmel das Freie zu erreichen. König Desider gab sofort alles für verloren und überlieferte sich dem stürmenden Karl mit seiner Gemahlin Ansa und seinen Kindern als Kriegsgefangene. Auch die Königin Gilberga mit den Söhnen Karlmanns fiel in die Hände der Sieger und wurde alsbald in das Kloster St. Denis bei Paris gesandt, um dort von nun an ihr Leben lang Buße zu tun. Ganz dasselbe widerfuhr dem gefangenen Desider und seiner Familie, denn nach der Sitte der Zeit ließ ihn Karl zum Mönch scheren und sperrte ihn mit all den Seinigen bis zu ihrem Tod in das Kloster Corvey. So endete die Belagerung von Pavia oder vielmehr der Krieg gegen die Lombarden mit einem vollständigen Sieg; der Frankenkönig aber nahm sofort seinen Sitz in der königlichen Burg der eroberten Hauptstadt, ließ sich von den Lombarden huldigen und nannte sich fortan König der Lombarden, Franken und Deutschen. Die ungeheure Beute jedoch, die sich vorfand, behielt er nicht für sich, sondern verteilte sie großmütig unter sein Heer und seine Ritter. Übrigens nicht bloß die Lombardei wurde erobert, sondern auch ganz Unteritalien bis über Neapel hinab, obwohl dies erst in einem späteren Feldzug, und so gewann das Reich König Karls nach und nach eine Ausdehnung, welche der des früheren römischen Kaiserreichs nahe kam; all die Bemühungen des Helden Adalgis aber mit Hilfe des Kaisers von Konstantinopel, zu welchem er geflohen war, sein angestammtes Erbe wieder zu erlangen, erwiesen sich als vergebliche.

Nun kam ein dritter großer Krieg, der für König Karl ebenso ruhmreich wie der italienische, für viele seiner Ritter und Paladine (so nannte man nämlich die dem König näher stehenden Helden, weil sie im Königspalast wie zu Hause waren) aber weit verderblicher werden sollte. Seit dem Jahr 711 nämlich war die pyrenäische Halbinsel von den Mohammedanern erobert und eine Provinz des Kalifenreichs geworden. Anno 732 hatten dann diese Horden einen Einfall in Frankreich gemacht, um auch da den neuen Glauben mit des Schwertes Spitze zu verbreiten; allein von König Karls Großvater, dem Hammer, wurden sie, wie weiter oben bereits berichtet, so aufs Haupt geschlagen, daß ihnen die Lust in Frankreich Posto zu fassen, für immer und ewig verging. Dreiundzwanzig Jahre später besiegte im Kalifenreich das Geschlecht der Abassiden das der Omaijaden und von diesen Letzteren blieb kein einziges männliches Mitglied am Leben, nur allein den Prinzen Abderaman ausgenommen, welchem es gelang, nach Spanien zu flüchten. Da wurde er von den meisten Emirs oder Statthaltern mit Freuden als der rechtmäßige Kalif anerkannt und nahm nun seinen Sitz in der schönen Stadt Cordoba im Königreich Andalusien. Einige der Emire aber waren mit dieser Neuerung gar nicht zufrieden, denn so lange der Kalif oder Kaiser weit weg in Bagdad oder Kairo residierte, hatten sie in ihren Statthaltereien ziemlich unumschränkt herrschen können, während sie jetzt, wenn der Oberregent in Cordoba lebte, unter genauer Kontrolle standen. Darum unterwarfen sie sich dem neuen Kalifen nicht, sondern setzten sich ihm vielmehr gewaltsam entgegen, indem sie vorschützten, daß das Geschlecht der Omaijaden kein Recht auf den Thron mehr habe. Nun war aber Abderaman der stärkere und unterwarf Einen nach dem Andern seinem Zepter, so daß sie wohl einsahen, wie ihre Stunde geschlagen habe, wenn sie keine Hilfe von auswärts erhielten. Deshalb machten sich drei derselben mit Namen Jussuf, Alavitz und Iben-al-Arabi, letzterer Statthalter von Saragossa, anno 777 auf den Weg nach Deutschland, um den mächtigen König Karl, dessen Ruf bis zu ihnen gedrungen war, aufzusuchen und richtig trafen sie ihn auch zu Paderborn, wo er gerade eine Reichsversammlung abhielt. Ihr Anliegen war bald angebracht und bestand in nichts anderem, als der Frankenkönig solle mit einem starken Heer über die Pyrenäen gegen Abderaman zu Felde ziehen, wogegen sie, die drei Emire, nebst allen ihren Freunden zu Karls Heer stoßen, ihn also unterstützen und schließlich seine Oberherrschaft anerkennen wollten. Trotz der religiösen Abneigung, die sonst zwischen Mohammedanern und Christen herrscht, zogen sie es also vor, den König Karl zum Herrn zu bekommen und man kann daraus schließen, welchen grimmigen Hass sie gegen den Kalifen Abderaman haben mußten! Was nun übrigens ihren Antrag betrifft, so war er allzu verlockend, als daß König Karl nebst der ganzen Reichsversammlung ihnen nicht alsbald beigepflichtet hätte und somit wurden zur Stunde die nötigen Vorbereitungen zum Feldzug nach Spanien getroffen. War es doch vielleicht möglich, durch einen glänzenden Sieg dieses Land dem Christentum wieder zu gewinnen und überdies, wenn die Mohammedaner anno 732 in Frankreich einfielen, so hatte man doch gewiß das vollkommenste Recht, nunmehr den Stiel umzudrehen!

So gar sehr auf die leichte Achsel durfte man jedoch diesen Krieg nicht nehmen, denn wegen des fast unübersteiglichen Pyrenäengebirges war es gar schwer, in Hispanien einzudringen und überdies erfuhr man alsbald, daß Abderaman ein unermeßliches Heer sammle, um dem Feind würdig zu begegnen. Deswegen ging auch König Karl vorsichtiger als je zu Werk und versäumte es nicht, seine tapfersten Eisenreiter und Barone zu dem Zug aufzubieten. So bald aber die Mannen alle beieinander waren, ging es in zwei großen Heersäulen auf Spanien zu und wenn die eine unter Führung des streitbaren Grafen Gerold von Bussen durch Roussillon und Cerdagne die Grenzen überschritt, so wählte die andere unter Karl selbst den Weg durch Navarra über St. Jean Pied de Port, - ein Weg, der wegen der himmelanragenden Felsenpartien nicht schauriger gedacht werden kann. Glücklich jedoch kamen beide Heersäulen auf spanischem Grund und Boden an und nun huldigten die drei Emire nebst vielen ihrer Freunde und Gleichgesinnten alsbald dem König, in dem sie ihm zugleich ihre ganze streitbare Mannschaft zuführten. Ja sogar die Basken, ein äußerst kampflustiges Gebirgsvolk, das bis jetzt von den Moslems nicht hatte bezwungen werden können und unter seinem selbstgewählten Herzog Welf oder Wolf das ganze Bergland zwischen Navarra und dem Golf von Biskaya inne hatte, beeilten sich, dem Frankenkönig ihre Freundschaft anzutragen und dieser schlug dieselbe natürlich nicht aus. Zum ersten ernsthaften Kampf kam es in der Ebene vor Pamplona, wo sich der Kalif Abderaman dem weiteren Vordringen Karls mit einem wohl doppelt so starken Heer entgegenstemmte, aber – was konnten die Moslems gegen die Eisenreiter Karls und deren zermalmende Streiche ausrichten? In dieser Schlacht war es übrigens, wo der Frankenkönig persönlich in große Gefahr kam, aus der er sich nur durch seine fast außerordentliche Heldenkraft rettete; allein welcher Schauder ergriff nun die Ungläubigen, als sie mit eigenen Augen sahen, wie Karl einen sarazenischen Edlen zu Pferd mit einem einzigen Hieb seines mächtigen Schwertes bis an den Sattelknopf in zwei Teile spaltete und sogar noch das Roß tödlich verwundete! Und wie dann vollends die Paladine Karls heranstürmten und mit jedem Keulenschlag ihrer Drei oder Vier in die Pfanne hieben, da gab es keinen Halt mehr unter den Moslems, sondern wie ein Bienenschwarm flogen sie auseinander, um nicht eher wieder zu ruhen, als bis sie die Tore des festen Pamplona erreicht hatten! Dieses furchtbare Schlagen ist uns in einem alten Lied verewigt worden, worin es also heißt:

„Und alle Paladine säumen nimmermehr,
Und alle Franken schlagen da gemeinsam;
Es sterben da die Heiden tausendweis,
Und wer nicht flieht, den schützt nichts vor dem Tode.“

So glorreich nun aber auch der errungene Sieg war, so gab sich Abderaman deswegen doch nicht überwunden, sondern er verteidigte die gute Stadt Pamplona bis aufs Äußerste und ebenso tat er, als Pamplona endlich von den Franken erstürmt wurde, mit der Stadt Hueska. Allein all sein Mut sollte ihm nichts helfen, denn auch Hueska fiel im Sturm und wurde wegen seines Widerstandes vollkommen zerstört. Etwas länger dauerte die Eroberung der beiden großen Städte Barcelona und Saragossa, doch schließlich übergaben auch sie sich auf Gnade und Ungnade, worauf man ihre Festungswerke dem Erdboden gleichmachte. So besaß denn Karl nach einem Siegeszug von nur wenigen Monaten das ganze herrliche Land zwischen dem Fluß Ebro und den Pyrenäen und nun fragte er sich, ob er den Ebro überschreiten und auch das übrige Spanien unterjochen solle. Hierzu jedoch hätten ganz andere Streitkräfte gehört, als er besaß, weil die ganze Einwohnerschaft, im Ganzen mehr als zwanzig Millionen Mohammedaner, ihm feindselig gesinnt war und überdies, wenn ihm auch die Eroberung gelang, wie konnte er sie sich erhalten? So begnügte er sich also mit dem Teil Spaniens, den er erobert hatte, schloß mit dem Kalifen Abderaman Frieden, gab den drei Emiren, seinen Verbündeten, ihre Statthaltereien zurück, aber natürlich nur, nachdem sie ihm hinlängliche Bürgschaft für ihre Treue in Stellung von Geiseln gegeben hatten und setzte schließlich über die ganze Provinz, welche den Namen der „spanischen Mark“ erhielt, einen fränkischen Markgrafen, der sie in seinem Namen regieren sollte.

Nun nachdem dies Alles aufs Beste geordnet, trat König Karl, des Ruhmes voll und mit großer Beute beladen, den Rückzug an und im Anfang schien es, als ob dieser ohne irgend eine Schwierigkeit vollbracht werden könnte. Das ganze Heer schlug den Weg über St. Jean Pied de Port nach Bayonne zu ein und der größte Teil desselben kam auch ungefährdet in letzterer Stadt, also in Frankreich, an; der Nachhut dagegen sollte es ganz anders ergehen. Der Weg nämlich führte, wie ich bereits früher angedeutet, auf einem meist sehr schmalen Zickzackweg zwischen ungeheuren Felsenpartien über das hohe Gebirge hin und es konnten selten mehr als drei bis vier Mann nebeneinander gehen. Ja die geharnischten Ritter mußten sogar Einer hinter dem Anderen reiten, weil sie zu Zweien nicht Platz hatten und wenn man daher etwa hier in diesem Engpaß einen Angriff auf sie machte, so liefen sie die äußerste Gefahr, weil sie nicht im Stande waren, ihre Rosse gehörig zu tummeln oder gar einen Gesamtausfall zu machen. Am allerschmälsten und folglich auch gefährlichsten erwies sich die Felsenschlucht von Roncevalles oder Ronceveaux, wo sich der Weg zu einem Saumpfad verengte, der auf beiden Seiten von tiefdunklen, steilansteigenden Wäldern eingerahmt war; allein die Franken zogen doch sorglos und wohlgemut vorwärts, da ja das Tal von Ronceveaux noch zum Gebiet der Basken gehörte, mit welchen schon beim Einmarsch nach Spanien ein Freundschaftsbündnis abgeschlossen worden war. Nicht einmal besondere Vorsichtsmaßregeln waren getroffen worden, denn – gegen wen hätte man sich den schützen sollen? – „Weit und breit ist kein Feind,“ dachten die Franken; „folglich können wir uns Muße lassen und brauchen unsere Saumtiere, welche die Beute und das Gepäck tragen, nicht über Gebühr zur Eile anzutreiben.“ Doch horch – ist das nicht Waffengetümmel, welches plötzlich ertönt? Ha, und das wilde Rufen und Schreien, was soll dies anderes bedeuten, als einen plötzlichen, unvorhergesehenen Überfall? Und es bedeutet auch nichts Anderes, denn die Basken erwiesen sich nun auf einmal als tückische, niederträchtige Verräter, welche sich über die schwache Nachhut in ungemessener Überzahl hermachten. Das große Heer selbst, welches unter der Führung König Karls und seiner tapferen Oberfeldherren marschiert war, hatten sie wohlweislich ganz ungehindert ziehen lassen und ihr Herzog Welf war sogar nochmals mit dem Frankenkönig zusammengekommen, um ihn seiner unwandelbaren Treue zu versichern; aber wie sie nun den gefürchteten Karl ferne wußten, so meinten sie, mit der Nachhut ein leichtes Spiel zu haben und sich wenigstens noch einen Teil der Beute aneignen zu können. So stürmten sie denn urplötzlich aus den Schluchten heraus und von den Bergen herab, schleuderten Steine und wälzten Felsen auf die in dem engen Felsental Dahinziehenden, fielen zu Zehn, zu Fünfzig, zu Hundert über Einen her und raubten, plünderten, schlugen, wie wenn sie losgelassene Teufel wären. Nicht allzu schwer natürlich wurden sie mit dem Fußvolk und mit den Troßknechten, welche die Saumtiere führten, fertig; um so furchtbarer aber war der Kampf mit den Eisenrittern, von denen ein Einziger es auf ebenem Feld mit einem ganzen Trupp von ihnen aufgenommen hätte. Allein die Felsenschlucht begünstigte die Angreifer außerordentlich und deshalb mußten nur zu Viele der Edlen König Karls, nachdem sie Wunder der Tapferkeit verrichtet, auf elende Weise unter den Streichen der tückischen Räuber verbluten. So fiel der Seneschall Eckhardt, der Truchseß König Karls; so der Pfalzgraf Anshelm, der Oberhofrichter; so der tapfere Olivier, der Herzog von Bretagne; so der Erzbischof Turpin, gleich groß als Gelehrter und als Krieger, weshalb auch eine alte Sage seinen Tod so besingt:

„Da sah man liegen einen edlen Helden,
Das ist der Erzbischof, den Gott geweiht.
Tot ist Turpin, der Streiter Karls des Großen;
In schönen Predigten und großen Schlachten
Bekämpf‘ er allezeit die Heidenschaft, -
Gewähre Gott ihm seinen heil’gen Segen!“

So noch viele, viele tapfere Ritter und Krieger; vor allen aber der Held Roland, der Neffe König Karls, der Besieger des Riesen Ferragus, Er, dem sonst kein Mann auf Erden an Kraft, Mut und Stärke gleichkam. Auch er unterlag, aber erst, nachdem sein Streitroß Veillantif durch einen herabstürzenden Felsen unter ihm getötet worden war und er selbst mit seinem guten Schwert Durandal einen so großen Haufen von Feinden erschlagen hatte, daß diese einen hohen Wall um ihn herum bildeten. Natürlich übrigens gelang es den Basken doch nicht, der ganzen Nachhut den Garaus zu machen, sondern einige Wenige entkamen nach Bayonne und berichteten dem König Karl, was vorgekommen. Sofort kehrte dieser mit dem Hauptheer um, drang in das Gebirge, das die Basken bewohnten, ein, verwüstete alles mit Feuer und Schwert, nahm ihren Herzog Welf mit Dreißig seiner Vornehmsten gefangen und ließ sowohl ihn als auch diese Dreißig, zur Strafe ihres Verrats lebendig von Pferden zerreißen. Also endete der hispanische Feldzug und die spanische Mark blieb fortan Jahrhunderte lang beim großen Frankenreich, aber in seinem ganzen Leben nie konnte König Karl den großen Schmerz verwinden, welchen ihm der harte Verlust in der Felsenschlucht von Ronceveaux verursachte.

Seinen vierten großen Krieg führte König Karl wider die Bayern und Avaren. Über Bayern herrschte nämlich, jedoch nicht als ein unabhängiger Regent, sondern vielmehr als ein Vasall des Frankenreichs, der Herzog Thassilo, denn ganz Süddeutschland war schon unter König Pipin dem fränkischen Zepter unterworfen worden; allein der besagte Thassilo hatte eine Tochter des Königs Desider, von dem ich längst das Nötige berichtet, zur Gemahlin und diese schürte so lange an ihrem Ehemann, bis derselbe beschloß, dem König Karl den Gehorsam aufzukündigen. Die törichte Frau wollte Rache haben für das Unglück, das ihrem Vater widerfahren war und bedachte nicht, daß man den Löwen nicht reizen darf ohne sein Leben aufs Spiel zu setzen! Natürlich erfuhr König Karl sogleich, was in Bayern vorging und lud sofort den Herzog von Worms vor die Reichsversammlung, die dort anno 787 abgehalten wurde. Thassilo kam nicht, sondern sammelte ein Heer am Lech. Aber König Karl war schneller als er und drang mit drei Heerhaufen auf drei verschiedenen Wegen in Bayern ein. Thassilo sah nun wohl, daß jeder Widerstand ein törichter wäre und verfügte sich sofort ins Lager König Karls vor Augsburg, demütig um Verzeihung bittend. Gnädig gewährte ihm diese der König und bestätigte ihn zugleich in seinem Herzogtum aber natürlich nur, nachdem Thassilo seinen Sohn Theudo nebst zwölf anderen vornehmen Bayern als Geiseln gestellt hatte. Auch wurde ausgemacht, daß der König diese Geiseln töten lassen dürfte, falls der Bayern-Herzog seinen Eid der Treue abermals breche und somit war anzunehmen, daß derselbe nicht gebrochen werden würde, denn ein Vater wird doch nicht seinen eigenen Sohn dem Tode überliefern? Aber siehe da, kaum war König Karl mit seiner Kriegsmacht abgezogen, so schloß Thassilo auf Andringen seines schlimmen Weibes ein Bündnis mit seinen Nachbarn, den wilden Avaren, um sich abermals mit den Franken zu messen. Diese Avaren waren Nachkömmlinge der Hunnen, welche einst unter ihrem Oberanführer Attila, „der Geißel Gottes", ganz Europa in Angst und Schrecken versetzt hatten und besaßen nicht bloß Ungarn, sondern auch alles Land, welches zwischen Ungarn und Bayern liegt. Dort hatten sie ungeheure Schätze aufgehäuft, lauter gestohlenes Geld und Gut von den früheren Raubzügen in Europa her und als sie nun von Thassilo zum Krieg gegen König Karl aufgefordert wurden, so vermeinten sie, diese Schätze mit Leichtigkeit zu verdoppeln oder gar verdreifachen zu können. Aber es sollte ihnen schlecht ergehen. König Karl sammelte nämlich ein großes Kriegsheer, dessen Kern abermals die „Eisenritter" oder, wenn man lieber will, die geharnischten Ritter waren, schlug die Feinde trotz ihrer ungeheuren Anzahl aufs Haupt und eroberte das ganze Land bis zum Fluß Raab hinab. Das Blut floß damals in Strömen und das Heer Karls machte eine ungeheure Beute, denn die christlichen Krieger meinten, ein gutes Werk zu tun, wenn sie die „kleinen, wilden Räuber", wie sie die Avaren nannten, zuerst nackt auszogen und dann mit der Spitze ihres Schwertes niederstießen. Namentlich zeichneten sich in diesem Krieg die schwäbischen Ritter, welche von dem tapferen Gerold von Bussen, dem Schwager König Karls, den dieser zu seinem Bannerträger ernannt hatte, angeführt wurden aus und sie erhielten von jener Zeit an das Vorrecht, in jeglicher Schlacht, die von deutschen Mannen geschlagen wurde, die Reichssturmfahne voranzutragen und als die Ersten zu kämpfen; der Allerhervorragendste unter ihnen aber war ein Rittersmann aus dem Donautal oder vom Bodensee, dessen Name leider nicht aufbewahrt worden ist. Dieser nämlich hatte eine solche riesenhafte Stärke, daß er die Avaren mit seinem langen Schwert gerade so abmähte, wie man das Gras abmäht, und daß er wohl ein halbes Dutzend derselben, als wären es Frösche, an seine Lanze spießte ohne sich darum zu bekümmern, ob sie noch „quakten" oder nicht. Ist es nun übrigens, wenn solche Helden unter dem Banner König Karls fochten, ein Wunder, wenn die klein gewachsenen Hunnenkinder über Hals und Kopf davon flohen und, alles preisgebend, in Wald und Gebirge Schutz suchten? Der Avarenkrieg hatte also bald ein Ende und natürlich war sein Ende auch das Ende des Bayernherzogs Thassilo. Nachdem nämlich letzterer mit seiner ganzen Familie gefangen genommen worden war, berief König Karl eine Reichsversammlung nach Ingelheim und befragte sie, was mit dem Verräter geschehen solle. Die Versammlung sprach das Todesurteil aus und forderte den König auf, dasselbe alsbald vollziehen zu lassen; allein Karl ließ Gnade für Recht ergehen und sperrte den Rebellen auf lebenslang in ein Kloster. Dasselbe Los wurde auch seinen beiden Söhnen Theudo und Theudobert zu Teil und nicht minder mußte Luitberga, seine böse Gemahlin, die Tochter König Desiders, mit ihren zwei Töchtern den Schleier nehmen, so daß nunmehr das bayerische Herzogsgeschlecht der Agilolfinger ausstarb. So fiel auch dieser Krieg zum Ruhm und zur Größe Karls aus und bald gab es in ganz Europa kein Reich und keine Nation mehr, die ihm nicht gehuldigt hätte.

Doch daß ich's recht sage, ein Volk, ein einziges, war noch da, welches die Herrschaft des Großmächtigen nicht anerkannte und Leib und Leben daran setzte, um sich seiner zu erwehren. Dieses Volk war das der Sachsen, von dem ich bereits mehreres erzählt habe und über das ich nun noch einiges Wenige berichten muß. Kaum war nämlich König Karl nach Beendigung des ersten sächsischen Feldzugs anno 773 nach Italien geeilt um den König der Lombarden zu demütigen, so beschlossen die Westfalen, die Schmach der eroberten Niederlage zu rächen und sich die alte Unabhängigkeit wieder zu erringen. Zu diesem Entschluß wären sie aber wohl nicht gekommen, wenn nicht ein Mann unter ihnen erstanden wäre, der sie dazu angefeuert hätte, ich meine den tapferen Widuking oder Wittekind, der wegen seiner Heldentaten bald darauf von ihnen zum Herzog und Oberanführer gewählt wurde. Unter seiner Leitung also eroberten sie die Eresburg wieder, stürmten die Siegburg, welche König Karl an der Ruhr angelegt hatte und zerstörten schließlich zur Vergeltung für die Vernichtung der Irmensul die von dem heiligen Bonifaz erbaute Kirche zu Fritzlar, solches geschah anno 775, als Karl gerade mit den Lombarden fertig geworden war. Er eilte also schnellstens aus Italien herbei und mit ihm alle seine Eisenreiter, schwörend, das treulose und eidbrüchige Sachsenvolk zu züchtigen. In Ingelheim sammelte sich das Heer und mit furchtbarer Übermacht drang König Karl von Bonn aus ins Innere des Landes. Dagegen konnte natürlich Wittekind, der neue Anführer der Sachsen, nicht standhalten und ob er gleich einer Abteilung des Frankenheeres bei Hildbeck, unweit Minden an der Weser, eine ziemliche Niederlage beibrachte, so wurde er doch bei Solingen aufs Haupt geschlagen. Er floh also tief hinein in die damals noch undurchdringlichen Wälder und der größte Teil der Sachsen, die Westfalen, die Ostfalen und die Engern, unterwarf sich dem gewaltigen Sieger. Ja, viele ihrer Edlen, worunter besonders auch H e ß o, der Tapferste unter den Ostfalen, sowie B r u n o, der Hervorragendste unter den Engern, zugleich der Tochtermann Wittekinds, gingen zum Christentum über und Tausende von Anderen folgten ihrem Beispiel. König Karl aber zog, nachdem er eine Menge Zwingburgen in dem eroberten Land errichtet und tapfere Frankenritter zu ihrer Verteidigung aufgestellt hatte, mit der frohen Hoffnung nach Hause, daß nun das Sachsenland für immer Ruhe halten werde. Allein in dieser Hoffnung sollte er sich doch getäuscht sehen, denn Held Wittekind war ja noch nicht bezwungen, sondern hatte sich nur in die Wildnis der Wälder, sowie später zu dem dänischen König Siegfried nach Jütland zurückgezogen. So bald nun Wittekind Nachricht erhielt, daß König Karl über die Pyrenäen gezogen sei, um mit den Moslems zu kämpfen, erschien er alsbald wieder auf dem heimatlichen Boden und bewegte Himmel und Erde, um die Sachsen zu neuem Kampf zu entflammen. Dies gelang ihm auch ganz leicht und zwar aus zwei Gründen. Einmal nämlich liebten die Sachsen die Freiheit aus der Fülle ihres Herzens und sie haßten daher nicht bloß das Königtum überhaupt, sondern insbesondere das fränkische Königtum. „Einen Herrscher," so riefen sie sich zu, „einen Herrscher sollen wir bekommen, die wir bisher Niemands Untertan waren und noch dazu einen Herrscher von fremdem Stamm, der uns fremde Sitten und Gebräuche aufdrängen will?" Zum Andern hatten die Sachsen sich bisher im Glauben ihrer Altvordern, in der Verehrung Wodans und der Hertha, glücklich befunden und nun sollten sie auf einmal diesen Glauben abschwören, um den christlichen anzunehmen. Ja nicht genug, sie sollten mit diesem neuen Glauben auch Kirchen und Priester bekommen, denen der Zehntel von allen Erzeugnissen entrichtet werden mußte, - sie, die bisher gar keine Steuern kannten! Das war zu viel und deswegen jubelten alle laut auf, als Wittekind ihnen von der Niederlage bei Roncevalles erzählte. Bald sammelten sie sich zu einem großen Heer, überfielen die fränkischen Zwingburgen und erschlugen deren Besatzungen. Nicht minder wüteten sie gegen die neuerbauten Klöster und Kirchen und alle Mönche, Priester und Zehnteintreiber, deren sie habhaft wurden, mußten ihr Leben lassen. Kurz, alles, was an die fränkische Herrschaft auch nur erinnerte, fiel der Vernichtung anheim und das ganze Land zwischen Weser und dem Rhein rauchte von Mord und Brand. Das war ein furchtbarer Rachezug, der sich sogar ziemlich über die sächsische Grenze hinaus bis ins Fränkische bei Köln erstreckte und das Wehgeschrei der Erschlagenen drang weit über den Rhein hinüber. Doch siehe da, urplötzlich im Jahre 779 erschien König Karl mit einem großen Heer und nun zogen sich die wütenden Horden alsbald zurück. Endlich stellten sie sich und an der Eder im Hessischen kam es zur Schlacht; aber der König hatte alle seine Eisenreiter auf einen Punkt gesammelt und dieser furchtbaren Gewalt konnten Wittekinds ungepanzerten Scharen nicht widerstehen. Reihenweise wurden sie niedergestoßen und nie gab es eine vollständigere Niederlage. Nur wenigen gelang es, zu entkommen und obwohl unter diesen auch Wittekind war, so konnte doch natürlich – so meinten die Franken – von einem ferneren Widerstand keine Rede mehr sein. Im Gegenteil mußten nun die sächsischen Völkerschaften unter den härtesten Bedingungen den Eid der Unterwerfung schwören und auf alles fernere Festhalten am Heidentum wurde die Todesstrafe gesetzt. Überdies baute König Karl alle zerstörten Klöster, Kirchen und Burgen von Neuem auf, fügte viele neue hinzu, zu deren Herstellung die Sachsen Frohndienste leisten mußten, befahl, den Zehnten von Neuem aufs Strengste einzufordern und schenkte schließlich vielen seiner Franken große Besitzungen im eroberten Land, damit sie sich daselbst niederließen und fränkische Kultur verbreiteten. Die Unterwerfung Sachsens schien also diesmal eine gründliche zu sein und kein Franke hätte geglaubt, daß jemals ein neuer Aufstand daselbst ausbrechen könnte; aber Wittckind lebte noch und damit ist genug gesagt. Einige Jahr lang allerdings hielt er sich still bei seinem Schwager, dem König von Dänemark, aber dann sah er die Gelegenheit, bewog zuerst die Sorben, eine wendische Nation zwischen der Elbe und Saale und darauf die Friesen an der Nordsee zum Kampf gegen die Franken, rief dann, als die Franken in diesen doppelten Krieg verwickelt waren, seine Sachsen zum Aufstand auf und wußte diese abermals zu einem Kampf auf Tod und Leben zu entflammen. Dies geschah anno 782 und lange wütete von Neuem der Krieg. Einige Male schien es, als ob Wittekind die Siegespalme davon tagen würde, indem er einen Feldherrn Karls aufs Haupt schlug; aber bald rächte Letzterer die Schmach und errang nicht bloß einen glänzenden Triumph in der Feldschlacht, sondern jagte auch den Wittekind zum dritten Mal nach Dänemark, während das ganze Land sich tiefunterwürfigst dem Sieger beugte. Dieser aber wollte endlich den Aufruhrgeist in dem stolzen Geschlecht der Sachsen für immer ausrotten, hielt zu Verden an der Aller öffentlich Gericht über sie und ließ die Hervorragendsten unter ihnen, zusammen nicht weniger als fünftausend, ohne Weiteres enthaupten. Das war eine grausam blutige Tat, hatte jedoch eben ihrer Grausamkeit wegen ganz andere Folgen, als König Karl erwarten mochte. Jeder der abgeschlagenen Köpfe nämlich feuerte ihrer Zehn oder Zwanzig zur Blutrache an und alles, was vom Sachsenvolk noch übrig geblieben und ein Schwert führen konnte, vereinigte sich, um den schrecklichen Frankenkönig aus dem Land zu treiben. Es galt jetzt einen Kampf auf Tod und Leben und auf Tod und Leben schlug man sich bei Detmold, auf Tod und Leben an der Hase. Ja, hier dauerte der Kampf drei volle Tage lang (vom 23. bis 25. Juni 783) und es verblutete sich nicht bloß die Heldenjugend der Sachsen, sondern auch die der Franken. Dennoch gab es noch zwei volle Jahre lang keinen Frieden und obwohl König Karl am Ende wieder einen großen Sieg bei Schöningen im jetzigen Braunschweigischen errang, so sah er doch ein, daß, solange Wittekind als sein Feind lebe, an eine feste und dauerhafte Einverleibung Sachsens in das Frankenreich nicht zu denken sei. Somit beschloß er, sich seinen langjährigen Gegner zum Freund zu machen und schickte den edlen Amalwein, einen geborenen Sachsen, der aber längst Christ geworden war, mit einem großen Gefolge zu Wittekind, denselben zu einer persönlichen Zusammenkunft an sein Hoflager nach Bardewick, unweit Lüneburg, einzuladen. Wittekind, die Edlesten seiner Umgebung mit sich nehmend, ging darauf ein und nun hielten die beiden großen Krieger, der Frankenkönig und der Sachsenherzog, eine lange Besprechung unter vier Augen. Die Zwei mußten notwendig gegenseitig eine hohe Achtung vor einander haben und namentlich fühlte Wittekind, daß er vor Einem stehe, wie seit Jahrhunderten Keiner mehr geboren worden war. Darum, als ihm nun König Karl versprach, daß die Sachsen, wenn sie sich in sein großes Reich als Brüder aufnehmen ließen, ganz gleiche Rechte mit den Franken haben sollten, willigte er freudig ein und erkannte zugleich an, daß das Heidentum dem Christentum weichen müsse. In der Tat wurde er auch von dieser Zeit an ein wirklicher Freund Karls und umgekehrt, als die Taufe Wittekinds stattfand, ließ es sich Karl nicht nehmen, selbst Patenstelle zu vertreten. Mit Wittekind ließ sich auch noch dessen Gemahlin Geva nebst vielen Tausenden von Sachsen taufen und natürlich machte nun das Christentum reißende Fortschritte. Überdies blieb Sachsenland seit dieser Zeit ein festangehörender Teil der fränkischen Monarchie und der Zepter König Karls reichte also nun von der Elbe bis zum Ebro, sowie vom sizilianischen Meer bis zur Nord- und Ostsee.

Das war ein Reich! Es umfaßte ganz Deutschland, ganz Frankreich, ganz Italien und einen Teil Spaniens! Seit den Römer-Zeiten gab es keinen solch gewaltigen Staat mehr und doch führte dessen Regent immer noch den bescheidenen Titel eines Königs. Allein letzteres sollte bald anders werden und zwar ging dies so zu. Auf den anno 795 verstorbenen Papst Hadrian I. folgte Leo III. und mit dessen Regierung waren nicht wenige Römer sehr unzufrieden. Längere Zeit unterdrückten sie ihren Groll, aber im Jahre 799, am St. Georgentag, kam er zum Ausbruch. Als nämlich der Papst an diesem Tag, wie es der Brauch mit sich brachte, in großer Prozession zu der Kirche St. Lorenz zog und eben am Kloster zum Heil. Sylvester vorbeikam, stürzten die Mißvergnügten, die sich in diesem Kloster verborgen hatten, mit großer Gewalt über ihn und die ihn begleitende Priesterschar her, rissen ihn vom Pferd, zerstückelten sein kostbares Gewand und brachten ihn schließlich in das besagte Kloster, wo sie ihn erbärmlich mit Schlägen mißhandelten. Das war nun freilich keine Heldentat, allein ein großer Teil der Römer jubelte doch darüber und die Andern, die dem Papst anhingen, wagten es aus Furcht nicht, sich seiner anzunehmen. Einer jedoch, der Oberstkämmerer Albin, machte eine Ausnahme und beschloß, seinen Herrn um jeden Preis zu retten. Sobald es also Nacht geworden war, sammelte er einige wenige Getreue um sich, schlich sich mit diesen ins Kloster, drang mit Gewalt in das Gefängnis des Kirchenfürsten und entführte denselben auf die Engelsburg, jenes bekanntlich mit dem Vatikan oder dem Papstpalast verbundene feste Schloß, das schon vielen Päpsten ein Zufluchtsort wurde. Kaum nun erfuhren die Mißvergnügten, was vorgegangen sei, so wurden sie ganz wütend, zerstörten das Haus und das Eigentum Albins bis auf den Grund und versuchten es selbst, die Engelsburg zu stürmen. Diese jedoch trotzte allen ihren Anstrengungen und es gelang sogar dem Papst, einen Boten an König Karl nach Deutschland hinauszuschmuggeln, sowie einen zweiten an den Grafen Wingis, einen Franken, welchen Karl zum Gouverneur von Spoleto ernannt hatte. Dem Karl sandte der Papst die Schlüssel zum Grab des heiligen Petrus und erinnerte ihn daran, daß er als Schirmherr der Stadt Rom ihm Hilfe schuldig sei, den Wingis aber flehte er an, ihm doch in seiner jetzigen großen Not mit seinen Rittern beizustehen. Alsbald eilte Wingis herbei, brach sich Bahn in die Engelsburg, nahm den Papst in die Mitte seiner Geharnischten, brachte ihn glücklich aus Rom heraus und eilte sofort mit ihm gen Paderborn in Deutschland, wo König Karl damals Hof hielt. Das war nun ein Jubel, als Leo dort ankam! König Karl zog ihm feierlichst und mit großem Pomp entgegen, umarmte ihn brüderlich und führte ihn im Triumph in seine Königsburg. Da folgten dann Festlichkeiten auf Festlichkeiten, sowohl kirchliche als weltliche und der Papst verweilte beim König als hochverehrter Gast viele Wochen und Monate lang; nach Ablauf dieser Zeit aber schickte Karl ein großes Heer nach Italien mit einem Oberstrichter, um dort die richtige Ordnung der Dinge wiederherzustellen. Dies war natürlich bald geschehen und der Papst konnte nun ungehindert seine Hauptstadt und Residenz wieder beziehen, denn die Mißvergnügten hatten sich teils flüchtig gemacht, teils waren sie zur Strafe gezogen worden. Des freute sich der Papst ungemein und um seine Dankbarkeit beweisen zu können, bat er seinen Erretter, den König Karl, aufs Innigste und Dringendste, doch selbst nach Rom zu kommen. Der König willfahrte und zog im Spätherbst des Jahres 800 mit einem großen Gefolge, in welchem sich seine tapfersten Ritter und Paladine befanden, nach Italien. Wie nun aber der Papst die hohen Ehren, deren er in Paderborn teilhaftig geworden war, vergalt, kann man sich kaum vorstellen, denn die Pracht, die er dabei an den Tag legte, überstieg in der Tat alle Begriffe und jeder Tag brachte neue Wonne. Die Hauptsache jedoch sparte sich der Papst auf das heilige Christfest auf, wie wir jetzt gleich sehen werden.

Es war also am heiligen Christfest, dem fünfundzwanzigsten Dezember des Jahres des Herrn Achthundert. Solches Fest wird in Rom stets mit einem fast außerordentlichen Pomp gefeiert; diesmal aber beschloß der Papst, alles Bisherige zu überbieten. Demgemäß stellte er am Morgen dieses Tages, nachdem er sich in seine kostbarsten Gewänder gehüllt, mit allen Kardinälen, Bischöfen, Erzpriestern und Mönchen, so sich in Rom befanden, eine große Prozession durch die Stadt an und die ganze Einwohnerschaft, aufs Herrlichste geputzt, harrte in zwei Reihen auf den Straßen, sich alsbald auf die Knie werfend, wenn der prächtige Zug vorüber kam. So zog der Papst unter einem kostbaren Baldachin und in Weihrauchwolken eingehüllt, in die mächtige St. Peterskirche und hinter ihm drein kam die ganze hohe und niedere Priesterschaft, alle so angetan, wie es dieser Tag verlangte; kaum aber hatten sie das Gotteshaus erreicht, so wurde dasselbe von tausend wohlriechenden Wachskerzen erhellt und rauschende Hymnen ertönten, in welche die donnerndste Musik einfiel. Und während nun die Hallen des mächtigen Tempels von diesen gewaltigen Tönen erschüttert wurden, betrat König Karl, der hierzu eigens vom Papst vorher aufgefordert worden war, mit allen seinen Herzogen, Grafen und Baronen die Kirche und näherte sich langsam den Stufen des Hauptaltars, während der Papst sofort, unterstützt von seinen Kardinälen, Bischöfen und Priestern, das Hochamt zu feiern begann. Das war ein Anblick, wie die Welt noch keinen zweiten gesehen! Man denke sich auf der einen Seite die hohe Priesterschaft in ihren weißglänzenden Meßgewändern, alle mit blitzenden Kreuzen geschmückt und an ihrer Spitze der Papst mit der spitzen, juwelenstrahlenden Tiara auf dem Kopf und mit einem Gewand angetan, dessen Reichtum nicht zu ermessen; man denke sich dann die Kirche gefüllt bis zum Brechen von den geschmücktesten Damen und Herren, wie von den Frauen und Männern aus dem Volk in ihrer schönen italienischen Nationaltracht; man denke sich ferner den mächtigen Gesang mit der rauschenden Musik und den qualmenden Rauch von den Weihrauchpfannen, durch welchen die Tausende von Herzen kaum durchzuschimmern vermögen; man denke sich endlich noch das Prächtigste von allem, den König Karl mit seinen Paladinen, so wird man mir beistimmen, daß ein solcher hochherrlicher Anblick sich nicht leicht in der Welt wiederholt! König Karl trug einen goldenen Helm, um den sich ein Kronreif wand und über seinen goldblitzenden Harnisch hatte er einen purpurnen, mit dem kostbarsten Pelzwerk gefütterten Mantel geworfen. An den Füßen klirrten ihm schwergoldene Sporen und mit der Linken hielt er das mächtige Schlachtschwert, von ihm loyeuse genannt, weil es in seiner Siegerhand vor Freuden erzitterte, sobald er es gegen den Feind schwang. Man hat es noch, dieses Schwert, dessen Griff in Kreuzesform von Gold und Edelsteinen blitzt, und dessen zweischneidige Klinge wohl sechs Schuh an Länge und drei Zoll an Breite mißt, - man hat es noch, dieses Schwert, denn es wurde in der Abtei St. Dennys aufbewahrt und den späteren Königen von Frankreich bei ihrer Krönung vorgetragen; aber welcher von diesen Königen hätte es zu führen vermocht? Nur Er konnte dies, Er, König Karl, welcher jetzt am Christvormittag des Jahres 800 mit majestätischem Schritt an den Hochaltar trat, um da, voller Demut niederkniend, zu beten! Wer waren jedoch die mächtigen Rittergestalten hinter ihm, sie, die ebenfalls, wie er, von Kopf bis zum Fuß in blitzenden Harnisch gekleidet waren, nur daß sie statt des goldenen Helms einen silbernen trugen? Berühmte Namen führten sie, Namen, die wert gewesen wären, sämtlich auf ewig ins Buch der Geschichte eingeschrieben zu werden. Doch kennen wir jetzt nur noch einige von ihnen, so den Grafen Gerold vom Bussen, welcher zum Herzog von Alemannien vorgerückt war, den Herzog Theodorich, den Markgrafen Meginfried, den Truchseß Graf Wido, den Pfalzgrafen Worad, den Grafen Grimuald, den Wilhelm v. Blaye und den Baron von Anjou, dessen Nachkommen Fürsten und Könige wurden. Diese alle nun und mit ihnen noch eine Menge anderer gingen klirrenden Trittes hinter König Karl her und wie sich Er auf die Knie warf, so taten auch sie voller Andacht. Aber siehe da, das Hochamt war beendet und König Karl wollte sich erheben; doch in diesem feierlichen Moment trat der Papst vor, eine schwere, juwelenblitzende Kaiserkrone in der Hand, eine Krone, ganz der ähnlich, wie sie die griechischen Kaiser des Morgenlandes in Konstantinopel trugen. Eine Totenstille trat ein und in dem ganzen gewaltigen Dom wagte kaum jemand zu atmen; der Papst aber nahm dem König Karl den goldenen Helm mit dem königlichen Reif ab und setzte ihm die Kaiserkrone auf. Zu gleicher Zeit salbte er ihn mit dem heil. Öl und rief mit lauter Stimme: „Dem Karolo Augusto, dem von Gott gekrönten, frommen, großen, friedebringenden Kaiser des Abendlandes Leben und Sieg!“ So wie aber der Papst dieses gesprochen, so schrie alles Volk wie aus einer Kehle: „Es lebe Karolus, der Kaiser des Abendlandes!“ Und rauschend fiel die Musik ein und die Paladine zogen ihre Schwerter und schlugen klirrend damit zusammen.

Auf diese Art wurde König Karl zum Kaiser gekrönt. Es war freilich nur ein Name, den er durch diesen feierlichen Akt erhielt, weil der ja die kaiserliche Macht schon vorher besessen hatte; aber in diesem Namen lag die Bedeutung, daß in ihm, dem deutschen Kaiser, alle abendländischen Nationen zu einem einigen Ganzen verbunden seien und daß ihn alle eurpäischen Fürsten und Könige als ihren Oberherrn anzusehen hätten. Der „Kaiser“ galt als der Schirmer des Abendlandes und über seine Gewalt sollte nichts gehen auf Erden; konnte es also König Karl noch zu höherem bringen, als er es damals in Rom gebracht hat? Man sollte nicht meinen, daß es möglich sei und doch geschah es. So bald er nämlich am 28. Januar 814, zweiundsiebzig Jahre alt, sein Tagewerk geschlossen und in der Liebfrauenkirche zu Aachen beigesetzt war, gab ihm die Nachwelt den Namen „des Großen“ und dieser Name war doch noch etwas mehr, als der eines Kaisers.

Zweites Kapitel

Der ritterliche Held Cid Campeador

Cid Campeador.

Das Rittertum nahm aber immer einen herrlicheren Aufschwung und unter den Nachkommen Karls des Großen befleißigten sich auch andere Nationen, außer der fränkischen und deutschen, geharnischte Helden ins Feld zu stellen, durch welche ihre Heere unüberwindlich werden sollten. So taten namentlich auch die Ungarn, ein hunnischer Völkerstamm, welcher zu Ende des neunten Jahrhunderts von Asien her in Europa eindrang und nachdem er die unteren Donauländer erobert, ganz Deutschland sich zu unterwerfen versuchte; allein die deutschen Ritter gewannen doch den Sieg über sie, wie ich durch eine Geschichte vom Jahre 930 nach Christi Geburt beweisen werde.

Damals nämlich hielt der deutsche Kaiser Heinrich der Erste, in der schönen Stadt Regensburg an der Donau Hof und wie es nun Sommer wurde, kam eine Gesandtschaft des Ungarvolkes, um mit dem Beherrscher Deutschlands über einen dauernden Frieden zu verhandeln. Der Kaiser nahm die Gesandtschaft, wie es sich gebührt, gastfreundlich auf und die Verhandlungen nahmen sofort ihren Anfang. Von einem schnellen Zuendebringen derselben war aber nicht die Rede, denn unter den Ungarn befanden sich gar kluge Leute, welche, wenn man ihnen den Finger bot, gleich die ganze Hand oder gar den Arm nehmen wollten. Auch stellte es sich bald heraus, daß sie nicht bloß ihre weisesten, sondern auch ihre tapfersten Ritter gen Regensburg geschickt hatten und insbesondere zeichnete sich Einer von ihnen, mit Namen Crako, durch seine außerordentliche Stärke aus. Ja, man hätte ihn gar wohl für einen Recken oder Riesen erklären dürfen, da er gewiß zehn Schuh in der Höhe maß und seine Arme und Beine mit jungen Eichenbäumen vergleichbar waren! So stark nun übrigens dieser Ritter war, so gar wohl erfahren zeigte er sich auch in der Handhabung der Waffen und im Rennen sowohl, als im Stechen, übertraf ihn keiner. Außerdem führte er ein Schwert, das nicht weniger als dritthalb Ellen lang war, natürlich bei verhältnismäßiger Breite und der Helm, der sein Haupt deckte, wog dreißig Pfund, so daß er nicht wohl durchhauen werden konnte, während seine aus einer Elefantenhaut gefertigte und noch extra rund herum mit eisernen Schuppen benagelte Rüstung ohnehin jedem Angriff trotzte. War es da ein Wunder, wenn man großen Respekt vor ihm hatte und wenn viele mit einem scheuen Blick auf seinen ganz stählernen, blank polierten Schild, auf dem ein geflügelter Teufel abgemalt war, meinten, der Herr Ritter Crako stehe in der Tat und Wahrheit mit dem Höllenbeherrscher im Bunde?

Man kann sich nun übrigens wohl denken, daß der zehnschühige Ungar nicht wenig stolz auf seine Riesenkraft war und im Bewußtsein seine Unüberwindlichkeit alle deutschen Ritter, die sich an des Kaisers Hoflager befanden, aufforderte, sich mit ihm zu messen. Ja, der ganzen Ritterschaft der Welt – rief er – sei er bereit, sei es im Ernst, sei es zur Kurzweil, zum Zweikampf zu stehen! Er glaubte natürlich, Niemand werde es wagen, mit ihm anzubinden; doch hierin täuschte er sich, denn es stellten sich ihm nach und nach nicht weniger als vierzig Gegner, zum besten Beweis, daß es den Deutschen wenigstens nicht an Mut fehlte. Leider aber war es mit dem Mut allein nicht getan und somit unterlag jeder der vierzig deutschen Ritter den furchtbaren Streichen und Stößen des ungarischen Riesen. In Folge dessen wurde der Übermut des Letzteren mit jedem Tag größer und bald erging er sich in den giftigsten Spottreden über die gesamte deutsche Ritterschaft, die keinen einzigen Mann aufweisen könne, der ihm gewachsen wäre. Ja, am Ende vermaß er sich sogar, mit ihren Dreien zugleich kämpfen zu wollen oder wenn sie es auch zu Dreien nicht wagen würden, so sollten ihrer ein ganzes Dutzend herankommen, damit er sie allesamt verklopfe, wie der Schulmeister mit seinen Buben tut!

Das wurmte nun den deutschen Rittern gewaltig und insbesondere ging es dem Kaiser Heinrich sehr nahe; aber was war zu machen? Man mußte sich den Schimpf und Spott gefallen lassen, weil sich Niemand in ganz Regensburg und Umgebung vorfand, der Gewandtheit, Kraft und Mut genug gehabt hätte, um es mit dem Crako, der schon vierzig Ritter besiegt, aufzunehmen. Doch, daß ich es recht sage, Einer wäre wohl da gewesen, ein Jüngling edler Abkunft von kaum fünfundzwanzig Jahren, mit Namen H a n s v. D o l l i n g e r, der alle seine Genossen an heldenmütiger Gesinnung wie auch an ritterlichen Tugenden übertraf; allein dieser Eine lag im Gefängnis, weil er sich für einen treulosen Freund verbürgt hatte und diese Bürgschaft nicht zu lösen im Stande war. Wie nun übrigens die Frechheit des ungarischen Riesen immer größer wurde, da erzählte man auch dem Hans Dollinger in seinem Gefängnis von der Schmach und dieser sprang alsbald zornmütig auf. „Ha," rief er, „daß ich gerade jetzt hier eingesperrt sein muß! Aber geht fort zum Kaiser und sagt ihm, wenn er mich begnadige und freilasse, so wolle ich mit dem Heiden kämpfen, Mann gegen Mann, auf Leben und Tod, zu Fuß und zu Roß, bis er oder ich den letzten Atemzug getan." Also sprach der Hans zu seinem Gefängniswärter und natürlich unterließ es derselbe nicht, alsbald eine Audienz beim Kaiser nachzusuchen, um Seiner Majestät die ganze Botschaft Wort für Wort zu hinterbringen; der Monarch aber, hoch erfreut, unterzeichnete nicht bloß auf der Stelle einen Befreiungsbefehl für den mutigen Dollinger, sondern beschenkte denselben auch mit einer stählernen Rüstung, mit vortrefflichen Waffen und mit einem herrlichen Streitroß, das seines Gleichen suchte. Wer war nun fröhlicher, als der treffliche Jüngling, der die Kraft in sich spürte, den grimmigen Ungar zu besiegen?

Denselben Tag noch erhielt Crako die Herausforderung und man traf sofort die nötigen Anstalten, damit der Zweikampf in gehöriger Ordnung ausgefochten werden könnte. Zu dem Behufe steckte man auf einem freien Platz vor der Stadt ein großes Viereck ab, umgab dieses mit hohen Schranken und errichtete Tribünen, von denen aus der Kaiser mit seinem ganzen Hofstaat zuschauen könnte. Überdies unterließ man es nicht, Kampfrichter zu ernennen und einen Haufen von Bewaffneten aufzustellen, welche darüber wachen mußten, daß alles mit Sitte und Anstand zugehe. Endlich war man mit allen Vorbereitungen zu Ende und der Kaiser begab sich also mit seinen Begleitern auf die Gerüste neben dem Kampfplatz; der Crako und der Dollinger aber wurden, jeder von einem Schildknecht und Waffenträger begleitet, in die Schranken geführt, innerhalb welcher sie ihren Strauß ausfechten sollten. Da strömte nun ganz Regensburg vor die Stadt hinaus, um den Kampf anzusehen und nur alte, kränkliche Leute nebst den ganz kleinen Kindern blieben in ihren Wohnungen zurück, denn wer hätte es sich nehmen lassen, Augen- und Ohrenzeuge des merkwürdigen Kampfes zu sein?

Freilich die Wenigsten hofften darauf, daß der Hans Dollinger siegen werde, obwohl sie es alle sehnlichst wünschten. Der Crako überragte ihn ja um mehr als drei Fuß und es sah gerade so aus, wie wenn ein Kind einem Erwachsenen gegenüber stände! Deswegen lachte auch der Ungar laut auf, als er seinen Gegner erblickte und rief ihm zu, er solle sich nur auf die Ewigkeit vorbereiten, da er ganz gewiß in weniger als einer Stunde ein Kind des Todes sein werde. Trotz alledem aber zeigte der Hans Dollinger nicht die geringste Furcht, sondern ritt auf seinem starken Streithengst so mutig einher, als gälte es nur, ein fröhlich Waffenspiel und keinen Kampf auf Leben und Tod auszufechten. Das machte – er war ein guter, frommer Christ und hatte vorher am Grab des heiligen Erhard in der Niedermünsterkirche Gott angefleht, ihm beizustehen, wodurch ein unendliches Vertrauen in sein Gemüt kam. Der Ungar dagegen – nun der war ein Heide (die Ungarn hatten nämlich damals das Christentum noch nicht angenommen) und verließ sich also auf nichts, als auf seine natürliche Stärke, ohne daran zu denken, daß auch der Gewaltigste unterliegen muß, wenn er den Beistand des Himmels nicht für sich hat.

Erwartungsvoll, den Atem anhaltend, stand alles. Da winkte der Kaiser den Kampfrichtern, das Zeichen zu geben, und alsbald sprengten die beiden Gegner aufeinander los, indem sie sich mit ihren Lanzen zu durchbohren suchten. Der Zusammenstoß war furchtbar, aber ohne Entscheidung, obwohl der Ungar zweifellos einen Vorteil über den Dollinger errang. Das Roß des Letzteren nämlich konnte der furchtbaren Gewalt des Stoßes nicht widerstehen und überstürzte sich rückwärts, so daß Dollinger kaum noch Zeit fand, sich von der Seite herabzuwerfen; allein zum Glück war weder das Pferd noch der Reiter verletzt und somit sprang dieser alsbald wieder in den Sattel, um den Kampf fortzusetzen. Das zweite Rennen blieb wieder ohne Entscheidung und zwar durfte sich diesmal Keiner rühmen, etwas vor dem Andern voraus zu haben; denn wenn auch der Dollinger abermals durch den furchtbaren Anprall zur Erde geschleudert wurde, so blieb er doch wiederum unverletzt, während der Crako zwar kaum im Sattel wankte, aber mitten durch die dicke Elefantenhaut und den Schuppenpanzer einen leichten Lanzenstich in die Schulter erhielt. Nun ging es ans dritte Rennen und diesmal nahm sich jeder vor, sein Bestes zu tun, um der Sache ein Ende zu machen. Der Ungar zielte also mit seiner Lanze nach der Brust des Gegners, in der Absicht, demselben das Herz zu durchbohren; der Dollinger dagegen wagte einen äußerst schwierigen Stoß, der eine ganz ungewöhnliche Geschicklichkeit erforderte, den Stoß nach dem Kopf des Feindes nämlich und zwar nach dem Teil des Kopfes, wo der Helm mit dem Visier durch lederne Riemen zusammenbefestigt wurde. Losrannten sie nun und der Ungar traf wirklich dahin, wohin er hatte treffen wollen; aber der stählerne Panzer Dollingers war so gut, daß die Lanzenspitze sich auf ihm krummbog und dem Ritter somit lediglich kein Leid geschah. Umgekehrt gelang auch dem Dollinger sein schwieriger Stoß; doch die Wirkung war eine andere. Die Lanze drang nämlich unter dem Helm beim linken Ohr in den Kopf des Heiden ein und zwar mit einer solchen Gewalt, daß Roß und Reiter alsbald zusammenstürzten, um nie wieder aufzustehen. Zwar allerdings versuchte es der Riese, der nicht im Augenblick tot war, sich wieder aufzurichten und auch seinem Pferd aufzuhelfen; allein dieses hatte das Rückgrat gebrochen und machte keine Bewegung mehr. Und er selbst? Nun wie er sich auf sein Knie stemmte, um die Lanze aus dem Kopf zu ziehen, wurde es ihm schwarz vor den Augen und alsbald stürzte ihm das Blut aus Nase, Mund und Ohren. Eine Minute darauf hatte er ausgeatmet und lag nun steif und tot, einem umgehauenen Eichbaum vergleichbar.

Das war ein Jubel unter den Deutschen, als das Kampfspiel ein solches Ende nahm! Von allen Seiten beglückwünschte man den Hans Dollinger und der Kaiser selbst bot ihm seine rechte Hand mit der Versicherung, daß kein besserer Ritter im ganzen deutschen Reich lebe. Natürlich übrigens begnügte er sich mit diesen Liebesworten nicht, sondern betätigte seine Hochachtung auch mit der Tat, indem er ihn mit einem großen Reichsgut belehnte und ihn später auch zu einem seiner Feldherrn ernannte. Der Hans aber blieb ein bescheidener und frommer Ritter sein Leben lang, denn er lehnte alles Verdienst von sich ab und blieb dabei, daß nur allein die Zuversicht, welche er auf Gott gesetzt, ihm zum Sieg verholfen habe. Eben deswegen hängte er auch die Waffen und die Rüstung des Crako in der Kirche zu Niedermünster über dem Grab des heiligen Erhard auf und dort sind sie geblieben bis zum Jahre 1542, wo Kaiser Karl der Fünfte nach Regensburg kam und sie sich von Frau Barbara v. Aham, der damaligen Äbtissin des Klosters Niedermünster, schenken ließ.

Aus dem soeben Erzählten nun ist ersichtlich, daß es in Deutschland auch nach dem Tod Karls des Großen noch treffliche Ritter gab, welche eben so mannhaft zu kämpfen wußten, als jener Kaiser und seine Paladine. Gerade ebenso verhielt es sich auch in Frankreich, wo vom Jahre 800 bis 1000 nach Christi Geburt gar viele Heldentaten von „geharnischten Reitern" verübt wurden; die höchste Blüte aber erlangte in dieser Zeit das Rittertum in Spanien, denn da erstand ein Cid Campeador, welcher noch jetzt in aller Welt als „der Ruhm und Spiegel der Tapferkeit" gilt. Darum halte ich es auch für meine Pflicht, etwas ausführlicher über sein Leben und seine ritterlichen Taten zu berichten; allein um alles recht verständlich machen zu können, muß ich in der Geschichte ziemlich weit zurückgehen.

Zur Zeit von Christi Geburt, also vor jetzt mehr als achtzehnhundert Jahren, hatten die Römer die ganze pyrenäische Halbinsel ihrer Botmäßigkeit unterworfen, mit Ausnahme jener fast unzugänglichen Gebirgsteile gegen den Golf von Biskaya hin, in welchem die Basken, die letzten Überbleibsel der iberischen Urbewohner, immer noch ihre Unabhängigkeit behaupteten. Bald wurde das ganze Land eine der blühendsten römischen Provinzen und es herrschte viel Glück und Segen daselbst; aber nun kam die Völkerwanderung und nacheinander drangen Vandalen, Sueven, Alanen und andere Völkerschaften herein, bis endlich im sechsten Jahrhundert die Westgoten die ganze Halbinsel unterjochten. Man darf sich diese Unterjochung aber nicht so vorstellen, als ob die bisherigen Bewohner nunmehr aus dem Land getrieben worden wären, sondern diese blieben vielmehr, obwohl natürlich als Untertanen. Ja, nach kurzer Zeit verschmolzen sich die Eroberer förmlich mit den Besiegten, wurden Christen, wie diese und nahmen sogar dieselbe Sprache, nämlich die lateinische, an. So fand Spanien wiederum ein paar Jahrhunderte lang Ruhe und Frieden; aber nunmehr, im Jahre 711, gab es innere Streitigkeiten zwischen den vornehmsten Familien und eine derselben rief die Araber oder Mauren aus dem gegenüber liegenden Afrika, dem jetzigen Marokko, zum Beistand herbei. Diese Mauren oder „Mauri" (man hat dieses Wort später arg mißhandelt und sogar „Mohren“ daraus gemacht, so daß nicht Wenige auf den Glauben kamen, die Mauren, die doch zur weißen Menschenrasse gehörten und nur eine Abzweigung der Araber waren, seien „schwarze Menschen“ gewesen, wie die Nubier und Nigger) bekannten sich zum Mohammedanismus, und ergriffen die Gelegenheit, ihren Glauben mit bewaffneter Hand weiter zu verbreiten, mit großer Freude. Also schifften sie unter ihrem tapferen Anführer Tarik in großer Anzahl über die schmale Meerenge hinüber und obwohl sich ihnen Roderich, der König der Westgoten, mit aller Mannschaft, über die er nur irgendwie verfügen konnte, mutig entgegenstellte, so neigte sich der Sieg, nachdem man sich sieben Tage lang, vom 19. bis 26. Juli 711, bei Xeres de la Frontera geschlagen hatte, doch auf Seiten der Eingedrungenen. Roderich fiel im Kampf und mit dem westgotischen Reich hatte es ein Ende. Dagegen wurde die schöne Halbinsel in ein mohammedanisches Kalifat oder Kaisertum verwandelt, als dessen Hauptstadt Cordoba glänzte und der größte Teil der bisherigen Bewohner ging, von den Siegern dazu gezwungen, zum mohammedanischen Glauben über. Die „ganze“ pyrenäische Halbinsel übrigens kam nicht in die Hände der Mauren, sondern die Tapfersten unter den Westgoten warfen sich, als sie sahen, daß sie der Übermacht der Feinde nicht mehr im offenen Feld widerstehen könnten, in die hohen Gebirge von Kastilien und Galizien und hielten sich daselbst unter dem Helden Pelayo so gut, daß dieser Gebirgsteil stets unabhängig blieb. Ja, mit dieser ihrer Unabhängigkeit begnügten sich die Tapferen nicht einmal, sondern ihr Bestreben ging dahin, die Mauren nach und nach wieder aus Spanien zu vertreiben und allen Mohammedanern den Garaus zu machen! Der Kampf also, den sie mit den Mauren führten, war von gedoppelter Natur, einmal ein Kampf um Freiheit und Unabhängigkeit des Vaterlandes, und zum zweiten ein Kampf um die Religion, um das Christentum; - kann es uns also Wunder nehmen, wenn von beiden Seiten mit eben so großer Erbitterung als Begeisterung gefochten wurde? Eben deswegen kamen auch die Westgoten nicht allzuschnell vorwärts, denn sie mußten jeden Fußbreit Landes, den sie den Mauren abgewannen, gleichsam mit Blut aufwiegen und so besaßen sie nach einem fast zweihundertjährigen Bemühen nicht viel mehr, als die Gebirgslandschaften Leon, Kastilien und Arragonien. Navarra aber oder die spanische Mark hatte Karl der Große für Frankreich erobert und die übrigen Teile Spaniens, also gerade die schönsten und fruchtbarsten Provinzen, gehorchten noch immer dem Kalifen von Cordoba. Nach und nach jedoch waren diese Kalifen durch große Üppigkeit verweichlicht worden und sie konnten es also nicht mehr hindern, wenn ihre Wesire und Statthalter sich wenig mehr um ihre Befehle kümmerten. Ja, es kam anno 1031 soweit, daß der letzte Kalife, Hescham der Vierte, zur Abdankung gezwungen wurde, nur damit die Statthalter ganz unabhängig sein könnten, und nun zerfiel das Kalifat in verschiedene kleinere Königreiche und Herrschaften, worunter die bedeutendsten die mit den Hauptstädten Saragossa, Toledo, Cordoba, Valencia und Sevilla waren. So schwächten sich die Mauren selbst, denn „vereinigte“ Kräfte können natürlich etwas ganz anderes bewirken, als „getrennte“ und die tapferen Westgoten benützten natürlich diesen Umstand, um ihre Eroberungen immer mehr auszudehnen. „Krieg mit den heidnischen Mauren,“ war überall die Losung, in Leon wie in Kastilien und in Arragonien wie in Galizien und jeder Ritter bestrebte sich, den Andern an Mut, Ausdauer und Kraft zu überbieten, denn mit jedem Heiden, den man besiegte, beging man eine doppelt verdienstliche

Handlung, d.h. man befreite das Vaterland von einem fremden Eroberer und beförderte zugleich die Sache des christlichen Glaubens.

In diese Zeit nun fällt das Leben des großen Helden Cid, den man den Kämpfer oder Campeador nannte und durch seine ritterliche Tapferkeit hauptsächlich wurden den Mauren tiefe Wunden geschlagen, als je durch einen anderen Krieger vor ihm oder nach ihm. Seinem Taufnamen nach hieß er übrigens nicht „Cid", sondern Rodrigo Ruy Diaz, d.i. Roderich, Diego's Sohn, und dem Geschlecht nach gehörte er der Familie Calvo an, welche in Kastilien von jeher einen guten Klang nebst großartigen Besitzungen hatte. Somit wurde er ohne Zweifel so erzogen, wie man damals die Söhne in den gräflichen Familien erzog und sein Vater, Diego Lainez Calvo, der selbst ein tapferer Ritter war, versäumte gewiß nichts, um den Sohn seiner würdig zu machen; allein leider hat man keine genauen Dokumente über diese seine Jugendzeit, wie man auch nicht einmal das Datum seiner Geburt kennt. Dagegen zeichnete er sich schon in seinem zwanzigsten Jahr durch einen Mut und eine Tapferkeit aus, wie solche sonst nur vielfach erprobten Rittern eigen zu sein pflegen. Damals regierte nämlich über Leon und Kastilien der König Ferdinand der Erste, welchen man auch „den Großen" nennt, weil unter seiner Herrschaft den Mauren viel Land abgenommen wurde, und der angesehenste Ritter seines Hofes war Don Gormaz, Graf von Oviedo und Asturien. Aber dieser Don Gormaz besaß einen ungemeinen Stolz, sowie eine fast noch größere Reizbarkeit und hatte es sich beikommen lassen, den alten Diego Lainez, den Vater Don Rodrigo's, schwer zu beleidigen. Solche Beleidigung kränkte den alten Lainez sehr tief, allein er war allzu schwach und krank, um den Don Gormaz zum Zweikampf zu fordern und vertraute daher seinem jungen Sohn Rodrigo das Geheimnis seiner Schmach an. Rodrigo, wenn er erst älter und in den Waffen mehr geübt geworden, sollte ihn rächen, aber wissen mußte der Sohn jetzt schon von der Sache, weil der Tod den Vater jeden Augenblick überraschen konnte. Was tat nun aber der junge Rodrigo? Heimlich schlich er sich in die Rüstkammer seines Vaters, holte sich dort einen scharfen Degen und einen guten Schild, bestieg sofort ein schnelles Roß und sprengte nach Oviedo, wo der stolze Graf weilte. Dort traf er ihn auf dem freien Platz vor seinem Schloß und forderte, sich vom Pferd werfend, augenblicklich Genugtuung für die dem Vater angetane Schmach. Der Graf nahm die Forderung spöttisch auf und behandelte den Jüngling wie einen Schulbuben, den man mit Streichen zur Ruhe weisen sollte; aber bald konnte er sich überzeugen, daß er keinen Knaben vor sich habe, sondern vielmehr einen Mann voll Feuer und Kraft. „Wenn ich auch noch jung an Jahren bin, Don Gormaz," rief Rodrigo dem Grafen entgegen, „so wird das doch dadurch aufgewogen, daß auf meiner Seite das Recht ist und die Ehre und der Edelsinn; also verteidigt Euch, Herr Graf, denn ich habe geschworen, mit dem letzten Tropfen Blutes die meinem Vater angetane Schmach zu rächen und Euch für Euren Hochmut zu strafen." Mit diesen Worten drang er auf den Grafen von Oviedo ein und zwar mit einer solchen unwiderstehlichen Kühnheit, daß dieser, trotzdem er ein in den Waffen wohl erfahrener Ritter und keinesweg ein Feigling war, schon nach wenigen Gängen zum Tode verwundet wurde und vom Schwert Rodrigo's durchbohrt auf den Erdboden niedersank. „Nun kann mein edler Vater sein Antlitz wieder frei erheben, denn seine Ehre ist gerettet, weil sein Beleidiger das Leben lassen mußte," sprach jetzt der junge Rodrigo, bei dem toten Grafen niederkniend und ein Dankgebet gen Himmel sendend, weil ihm dieser so gnädig beigestanden; dann aber sprang er hastig auf, setzte sich auf sein Roß und hielt nicht eher an, als bis er das Schloß Vivar (so hieß nämlich die Stammburg des Don Diego Lainez Calvo) erreicht und seinem Vater die frohe Nachricht verkündet hatte.

Dies war die erste ritterliche Tat, durch welche sich der junge Rodrigo bekannt machte und wie natürlich, sprach man überall im christlichen Spanien mit hoher Bewunderung von dem Mut des Jünglings. In unseren Zeiten allerdings würden viele ganz anders urteilen, und die Gesetze, die wir jetzt haben, dürften Cid's Handlungsweise sogar strafbar finden; aber damals, in dem Jahrhundert, in welchem diese Geschichte spielt, wäre ein Mann und insbesondere ein Adliger ehrlos dagestanden, wenn er nicht jede ihm oder den Seinen angetane Schmach, sowie jedes Unrecht mit dem Schwert in der Hand gerächt haben würde und eben deswegen war auch der Name des jungen Rodrigo bald in Jedermanns Mund. Eine Person aber stimmte in diese allgemeinen Lobeserhebungen nicht mit ein, sondern verdammte vielmehr die Tat Rodrigo's aufs Höchste und setzte alle Hebel in Bewegung, um den Jüngling zur Verantwortung zu ziehen; allein wer war diese eine Person? – Niemand anders als Ximene, die einzige Tochter des im Zweikampf gefallenen Grafen, und – daß sie so dachte, das wird man doch wohl natürlich finden! Mit zerrissenem Schleier, das Haar aufgelöst in Trauer und die Augen in Tränen schwimmend, eilte die schöne, kaum fünfzehnjährige Jungfrau nach Burgos, wo König Ferdinand Hof hielt und verlangte Gerechtigkeit gegen „den Mörder ihres Vaters", denn so und nicht anders nannte sie den Rodrigo damals. Der König versprach, die Sache zu untersuchen und sandte dem Jüngling Boten, vor ihm zu erscheinen. Auch wurde diesem Befehl alsbald Folge geleistet, aber „allein" kam Rodrigo nicht, sondern mit ihm kam sein Vater, der alte Diego, sowie eine große Schar von Vasallen und befreundeten Rittern, im Ganzen ihrer wohl dreihundert. Alle stiegen ab und grüßten den König ehrerbietig, aber dann gab einer aus ihrer Mitte Bericht, wie es bei jenem Zweikampf zugegangen und was die Veranlassung desselben gewesen sei und zuletzt erhob sich der tapfere Rodrigo, laut erklärend, daß er bereit sei, mit Jedem zu kämpfen, sei es zu Fuß, sei es zu Roß, der etwa den Tod des Grafen Gormaz rächen wolle. Kein Einziger von all den Baronen und Edlen, welche da um den König versammelt waren, stand auf, sondern Jeder gab vielmehr Rodrigo Recht und somit konnte Ferdinand der Erste nicht umhin, den Spruch zu fällen, daß Rodrigo nach den Gesetzen der Ehre gehandelt habe. Die edle Ximene wurde also mit ihrer Klage abgewiesen, so daß dieselbe ganz ohne Erfolg war; aber – habe ich recht, wenn ich sage, „ohne allen Erfolg"? Ach, damals sah sie ja zum ersten Mal den herrlichen Rodrigo und er sah zum ersten Mal die wunderliebliche Ximene und

„schön wie die betaute Rose,
glänzte sie in ihren Tränen,"

sang der Dichter von ihr. Demgemäß machte ihr Anblick einen fast außerordentlichen Eindruck auf ihn und nicht minder heftig wurde sie von seiner Erscheinung ergriffen, so saß sie sein Bild gar nicht mehr aus ihrem Herzen bringen konnte.

Nicht lange danach zog der König Ferdinand nach der Stadt Leon, um da ein Heer zu sammeln, mit dem er das benachbarte Valladolid, das den Mauren gehörte, erobern könnte und natürlich erhielt auch der alte Diego Lainez einen Aufruf, mit seinen Vasallen und Kriegern zu dem Heer Ferdinands zu stoßen. Don Diego aber gab seinem Sohn Rodrigo Befehl, an seiner Statt die Krieger zu sammeln und natürlich kam dieser dem Auftrag aufs Freudigste nach. Bald hatte er eine Schar von zweihundert gepanzerten Reitern, sowie von fünfhundert Bogenschützen zu Fuß beieinander und mit diesen wollte er eben aufbrechen, um zum Heer des Königs zu stoßen, als plötzlich die Schreckensnachricht eintraf, daß fünf maurische Emire oder Statthalter auf einer anderen Seite in Kastilien eingefallen seien und da schrecklich hausten. Boten über Boten kamen aufs Schloß Vivar, verkündend, daß bis nach Belsorado, Montes d'Oca und Vaxara alles Land von ihnen verwüstet sei und daß sie außer großen Herden von Schafen und Rindern auch noch eine Menge von Christen: Männer, Weiber, Knaben und Mädchen mit sich zu schleppen im Begriff wären. Wahrlich, da tat schnelle Hilfe not, aber woher sollte diese kommen? Die Schar Rodrigos war viel zu klein, um sich mit den fünftausend Mauren zu messen und der König Ferdinand lag so gar weit entfernt in der Stadt Leon! Er konnte unmöglich Rettung bringen und sie von Diego Lainez und seinem Sohn zu verlangen, wäre Wahnwitz gewesen. Dessen ungeachtet besann sich der junge Rodrigo nicht einen Augenblick lang, sondern zog sofort mit seinen Rittern und den Armbrustschützen dem Feind entgegen bis nach Montes d'Oca. Dort erwartete er ihn und wie nun die fünftausend Mauren mit den gefangenen Christen und den geraubten Herden herbeikamen, ha, wie fuhr nun Rodrigo Ruy Diaz unter sie! Jeder seiner Mannen tat Wunder der Tapferkeit, Er aber, Er war Blitz und Donner zugleich und als hätte er Kohlköpfe vor sich, hieb er ihrer Hunderte nieder. In einer halben Stunde hatte er einen vollständigen Sieg errungen, indem wohl tausend Mauren tot auf dem Blachfelde lagen, während die anderen wie Spreu auseinander flogen. Ihrer vierhundert aber wurden zu Gefangenen gemacht, worunter auch die fünf Emire, und diese sandte Rodrigo sämtlich dem König Ferdinand zum Präsent. Das war das erste Treffen, welches der tapfere Sohn des Don Diego leitete, allein er bewies sich dabei so kriegskundig und feldherrnmäßig, daß sein Ruhm in alle Welt erscholl. Insbesondere bekamen die Muselmänner Respekt vor ihm und gaben ihm sofort den Beinamen „Cid“, d.i. „der Herr und Herrscher“, wozu dann die Spanier die weitere Bezeichnung „el Campeador“, d.i. „der Vorkämpfer“, fügten.

Die Freude des Königs Ferdinand über den errungenen Sieg des jungen Helden war eine außerordentliche; aber doch freute er sich noch mehr, als nicht lange danach die feste Stadt Valladolid, welche die Mauren mit großem Heldenmut verteidigten, in seine Hände fiel, denn es gab diese Eroberung seiner Macht einen bedeutenden Zuwachs. Da nun aber auch hier die Tapferkeit Cids den Ausschlag gegeben hatte und Ferdinand der Erste keineswegs unter die Monarchen gehörte, welche geleistete Dienste mit Undank lohnen, so regnete es förmlich mit Ehrenbezeugungen für den jungen Helden. So zum Beispiel schenkte er ihm ein prachtvolles Schwert, Tizona geheißen, welches Cid von nun an in allen Schlachten führte und die Königin verehrte ihm ein Schlachtroß mit Namen Babieça, dessen Feuer noch von seiner Kraft übertroffen wurde, die Infantin, Donna Uraka, aber fügte schwer goldene Sporen hinzu, die sie ihm mit eigenen Händen umschnallte. Übrigens nicht bloß Ehrenbezeugungen gab es für Cid, sondern die Dankbarkeit des Königs erstreckte sich noch viel weiter. Vor Allem versöhnte er ihn mit Ximene, der Tochter des Grafen Gormaz, oder vielmehr er erklärte öffentlich, daß der junge Rodrigo, der durch den Tod des Vaters Diego selbständig geworden war, schuldig sei, der edlen Ximene für den im Zweikampf gefallenen Vater Ersatz zu leisten; „ein wirklicher und vollkommener Ersatz aber," fügte er zu gleicher Zeit hinzu, „sei nur dann vorhanden, wenn Don Rodrigo der Waise seine Hand reiche und demgemäß verlobe er hiermit kraft seiner königlichen Gewalt die Beiden miteinander." Selbstverständlich mußten sie gehorchen, aber – wie gerne gehorchten sie! Sie liebten sich ja seit dem Tage, da sie sich zum ersten Mal gesehen, von ganzem Herzen und in dem Befehl des Königs lag also nur die Erfüllung ihres sehnsüchtigsten Wunsches. Weil nun aber die Ximene eine sehr reiche Erbin war, so beschenkte Ferdinand seinen jungen Liebling mit großen Gütern, namentlich mit den Besitzungen Valduerna, Saldana, Belsorado und San Pedro de Cordona, denn „der Mann soll dem Weibe gleichstehen im Besitz," sagte der König, „oder sie sogar noch übertreffen, damit er stets Herr sei im Hause." Darauf richtete Ferdinand dem jungen Paar die Hochzeit aus und welche Pracht dabei entwickelt wurde, kann man sich denken. Ja viele, viele Jahre sprach man von dieser außerordentlichen Festlichkeit und da schon Jeder, der nur zuschauen konnte, sich glücklich pries, so fühlten Diejenigen, die an derselben teilnehmen durften, ohne Zweifel eine förmliche Seligkeit. Doch – Ein Teilnehmer machte eine Ausnahme und dieser eine Teilnehmer war eine „sie", nämlich die Infantin Uraka, welche sich in Tränen badete, denn sie liebte Cid über alles und wie unendlich gerne wäre sie also an der Stelle der Braut gewesen!

Don Rodrigo zog mit seiner jungen Gattin auf sein gutes Schloß Vivar, aber allzu lange durfte er nicht neben der Geliebten verweilen, da der König seines mächtigen Armes nicht entbehren konnte und der Krieg gegen die Ungläubigen nie aufhörte. Ja, einmal handelte es sich sogar um einen Kampf zwischen christlichen Brüdern und ohne die trefflichen Dienste des Cid wäre es sicher dazu gekommen. Über Leon und Kastilien nämlich herrschte, wie wir wissen, der König Ferdinand der Erste; auf dem Thron von Arragonien dagegen saß Ramiro der Zweite, ein naher Verwandter Ferdinands. Diese nahe Verwandtschaft hinderte sie jedoch nicht, wegen des Besitzes der Festung und Stadt Calahorra in ein böses Zerwürfnis zu kommen, indem Beide behaupteten, ein Anrecht auf dieselbe zu haben. „Mir gehört sie von Rechtswegen, denn ich habe sie von meinem Vater geerbt," sagte König Ferdinand; König Ramiro aber berief sich auf alte Urkunden und schwörte, nicht eher zu ruhen, als bis die starke Feste sein Eigentum sei. So rüsteten sie sich denn zum Krieg und schon standen sich die beiden Heere kampfbereit gegenüber, als der Cid vor seinen König trat und ihm vorstellte, wie schmählich es wäre, wenn christliche Spanier sich gegenseitig zerfleischten, während es doch der Ungläubigen, die zu besiegen seien, eine unermeßliche Anzahl gebe. Zugleich schlug er ihm vor, den Streit durch zwei Ritter ausfechten zu lassen, den Einen aus Leon oder Kastilien, den Andern aus Arragonien, und demjenigen Land die Festung zuzusprechen, dessen Ritter den Sieg davon getragen. Dieser Vorschlag gefiel Ferdinand gar wohl und er ernannte also den Cid zu seinem Ritter; nicht minder gern aber ging König Ramiro darauf ein, denn er besaß in seinem Heer einen gar wohl erprobten und überaus starken Ritter, Namens Martin Gonzales, welcher bis jetzt von keinem anderen Streiter hatte besiegt werden können. So schwörten denn beide Könige vor ihren Armeen einen feierlichen Eid, daß wenn Gonzales den Rodrigo töte, die Festung Calahorra dem Ramiro, im umgekehrten

Fall aber dem Ferdinand gehören solle und alsbald wurden Schranken errichtet, innerhalb welcher die beiden Krieger auf Leben und Tod zu fechten hatten. Hoch zu Roß kamen beide Ritter an dem im Voraus bestimmten Tag auf den Kampfplatz und alsbald schmetterten die Trompeten zum Streit, während die beiden Heere mit den Königen die Zuschauer bildeten. Auf den ersten Zusammenstoß zersplitterten die starken Lanzen in tausend Stücke, als wären es nur dünne Stäbe gewesen und die zwei Kämpfer griffen nun zu den eisernen Keulen, um sich damit zu bearbeiten. Bald bluteten sie aus mehreren Wunden und am schwersten von ihnen der Cid, so daß Martin Gonzales sich bereits des Sieges für gewiß hielt. Da stürzte dessen Roß durch einen Fehltritt zusammen und der Cid hätte sich nun, weil sein Hengst Babieça noch voll Kraft und Feuer war, seines Gegners leicht entledigen können; aber er hielt es eines Ritters für unwürdig, sich solchen Vorteils zu bedienen und sprang ebenfalls zur Erde, um zu Fuß weiter zu kämpfen. Beide Heere jubelten ihm Beifall zu wegen dieses seines Edelsinnes; Martin Gonzales dagegen lachte höhnisch und rief, dieser Großmut solle ihm schlecht bekommen, denn nunmehr werde er ihn ganz sicherlich töten. Ob solch niedriger Gesinnung ergrimmte der Cid gar gewaltig und wenn schon aus schweren Wunden blutend, stürzte er sich doch einem Gewitter gleich auf seinen Feind. Ja, er bearbeitete ihn mit seinem guten Schwert T i z o n a so gewaltig, daß derselbe gar keinen Atem mehr fand und nach dem zehnten Hieb zum Tode getroffen hinsank! Der Sieg war also glorreich errungen, aber Don Rodrigo brach deswegen doch nicht in schadenfrohen Jubel aus, sondern nieder sank er auf seine Knie und dankte seinem Schöpfer, daß dieser ihn aus diesem furchtbaren Kampf habe lebend hervorgehen lassen. Und was tat nun König Ferdinand? Er umarmte ihn vor allem Volk, erhob ihn zum ersten Granden oder Großen des Reichs und ernannte ihn zu seinem Oberfeldherrn und Bannerträger.

Also, hoch und doch viel höher stieg der Cid unter König Ferdinand und von nun an schlug er alle Schlachten desselben gegen die Mauren, weshalb auch diese schon vor seinem bloßen Namen erzitterten. War er doch in allen Gefechten siegreich und nahm den Ungläubigen trotz deren Übermacht eine Stadt und eine Festung nach der anderen ab! Doch die Jahre schwanden dahin und König Ferdinand wurde älter und schwächer, bis er endlich im Jahre 1065 sich auf das Siechbett legte, von dem er nimmermehr wieder aufstehen sollte. Ehren, Glück und Macht, ja aller Ruhm und Pracht der Erden waren ihm zu Teil geworden und jetzt? Jetzt lag er auf dem Totenbett, seine letzte Stunde erwartend und seine ganze bisherige Königslaufbahn erschien ihm wie eine Seifenblase, welche von dem geringsten Lüftchen zerstört wird! Doch bevor er den letzten Atem aushauchte, verteilte er seine Besitzungen unter seine Söhne und Töchter, indem er suchte, jedem Kind gerecht zu werden. Dem D o n S a n c h o, seinem Ältesten, gab er Kastilien, seinem Zweitgeborenen, Don G a r c i a, das neu eroberte Galizien und dem D o n A l f o n s o Leon; von den beiden Töchtern aber erhielt D o n n a U r a k a die gute Festung Zamorra und D o n n a E l w i r a die nicht minder feste Stadt Toro. Nachdem er so getan und zugleich Jedem, der dem Andern sein Erbteil zu rauben versuchen würde, mit seinem schwersten väterlichen Fluch gedroht, starb er, tief betrauert von allen guten Spaniern, am meisten aber von seinem Feldmarschall Rodrigo Ruy Diaz. Doch nie noch hat die Teilung eines Reiches zu einem guten Ende geführt und auch diese Teilung sollte nichts als Elend über Spanien bringen.

Den besten Gewinn hatte König Sancho bei der Teilung gezogen, nicht sowohl deswegen, weil Kastilien größer und reicher, als Leon und Galizien zusammen, sondern deswegen, weil er den Cid als Vasallen und Untertan mit überkam. Er ernannte denselben daher sogleich zu seinem Feldmarschall und Bannerträger und bestätigte ihn in allen Ehren, die ihm unter König Ferdinand zu Teil geworden. Wer sollte ihm denn seine Schlachten schlagen, wenn es der Cid nicht tat? Doch wehe, wehe, nicht gegen die Ungläubigen zog der König zu Felde, sondern gegen seine Brüder und Schwestern, um nach Besiegung von ihnen allen das Reich wieder unter einem Zepter zu vereinigen! Kaum nämlich war König Ferdinand begraben, so gab es Streit mit Garcia in Galizien und beide Brüder griffen zu den Waffen. Hart tadelte deshalb der Cid seinen Lehnsherrn, den König Sancho, aber da er ihm als Vasall und Feldherr den Eid der Treue geschworen, so mußte er doch für ihn fechten. Auch kam es wirklich zur Schlacht und schon neigte sich der Sieg auf die Seite Don Garcias, da wendete Cid noch zu rechter Zeit das Geschick des Tages und nahm sogar den Garcia gefangen. Voll Jubel eilte König Sancho auf ihn zu und wollte ihn ob dieser Tat umarmen, aber Don Rodrigo trat um einen Schritt zurück und sprach folgende denkwürdige Worte:

„Nicht aus Lieb‘ und freiem Antrieb
tat ich, was ich tat; nein, ganz allein,
weil ich Euer Kriegsmann und Vasall.
Doch der Sieg, er bringt Euch Ruhm nicht,
Nein, er schändet Euch, mein König.
Besser wäret Ihr am Grabe
Eures Vaters steh'n geblieben,
Betend, mit gefalt'nen Händen,
als im ungerechten Krieg
mit dem Bruder einzuernten
Eures Vaters harten Fluch.“

Solche Worte sagte Don Rodrigo Ruy Diaz seinem König, doch dieser? Er nahm sie sich nicht zu Herzen, sondern sperrte den Bruder in das feste Kastell von Luna, damit derselbe da sein junges Leben vertrauere! Ja noch mehr, - einem Habicht gleich, der, wenn er den ersten Raub verkostet hat, alsbald auf einen neuen Raub sinnt, dachte Don Sancho nur noch daran, wie er sich auch das Erbe seiner übrigen Geschwister aneignen könnte und als er daher vernahm, daß seine jüngste Schwester Elwira sich über sein Verfahren gegen Don Garcia heftig tadelnd ausgesprochen habe, zog er urplötzlich mit großer Heeresmacht gegen dieselbe zu Felde. Die Arme hatte sich solchen Überfalls nicht versehen und somit gelang es dem König, Toro zu überrumpeln und die Schwester gefangen zu nehmen. Diese brachte er dann in ein Kloster nach Burgos und ihr Besitztum verleibte er seinen Staaten ein, ohne daß er irgend Gewissensbisse verspürt hätte.

Bei diesem Kriegszug war der Cid nicht mit tätig gewesen, aber dennoch wälzte Don Alfonso von Leon alle Schuld auf ihn und erklärte ihm sofort den Krieg.

„Nicht gegen seinen Bruder Sancho," so ließ er öffentlich verkünden, „unternehme er diesen Feldzug, sondern gegen den gewaltigen Don Rodrigo, welcher den Sancho hätte verhindern sollen, seinen Raubzug gegen Elwira auszuführen, denn:

„ --------------- die Bösen
müßten abstehen von den Freveltaten,
wenn die Braven sie dran hinderten."

Nun natürlich mußte der Cid sich seiner Haut wehren und Don Sancho, der König von Kastilien, hatte gewonnenes Spiel, denn als es nun bei Llantada im Jahre 1068 zur Schlacht kam, erlangte Don Rodrigo, trotzdem König Alfonso mit vieler Tapferkeit focht, doch den Sieg und nahm seinen Gegner sogar gefangen. Darüber jubelte Don Sancho hoch auf und sperrte sofort den Bruder ebenfalls in ein Kloster, gerade wie die Schwester Elwira. Aber kaum vernahm dies Donna Uraka, die andere Schwester, so eilte sie in dunkler Nacht herbei und befreite den Alfonso, so daß derselbe nach Toledo zu dem maurischen Beherrscher jener Stadt, Ali Maimon, entfliehen konnte. O wie furchtbar zürnte hierüber Don Sancho, der König von Kastilien!

Doch beim Zorn natürlich ließ er es nicht bewenden, sondern beschloß, die Schwester Uraka dafür zu züchtigen und sie gleich der Elwira zu behandeln. Hatte er ja doch nunmehr, wonach er sich schon lange gesehnt – einen guten Vorwand, auch ihr Erbteil in die Tasche zu schieben! Demgemäß hieß nun das Feldgeschrei „auf, nach Zamorra", und mit allen seinen Mannen zog Don Sancho vor die stark befestigte Stadt. Er glaubte ganz leichtes Spiel zu haben, denn der Feind, den er bekämpfte, war ja nur ein schwaches Weib; aber er sollte sich doch täuschen und zwar in doppelter Weise. Einmal nämlich verteidigte sich Donna Uraka mit ihren Rittern aufs Tapferste, wobei ihr die Stärke der Wälle und Mauern aufs Trefflichste zu statten kam und zum andern erklärte Cid Campeador, daß der, weil er diesen Krieg für einen ungerechten halte, sich nicht dazu hergebe, das Heer zum Sturm zu führen. Dabei blieb er, ohne sich weder von den Bitten seines Königs, noch von dessen zornigen Drohworten beirren zu lassen. Ja, als Sancho am Ende über die stete Weigerung ganz wütend wurde und von Verbannung, wenn nicht gar von noch ärgeren Dingen sprach, bestieg der kühne Degen ganz kaltblütig sein Roß und ritt, gefolgt von allen seinen Dienstmannen, nach Schloß Vivar! Lange freilich blieb er nicht da, denn es trat ein Ereignis ein, welches ihn nicht bloß bald wieder mitten in den Strudel des Lebens hineindrängte, sondern das auch entscheidend auf seinen künftigen Lebensgang einwirkte.

Es begab sich nämlich, daß wie König Sancho immer mehr daran zweifelte, Zamorra mit Gewalt nehmen zu können, ein Ritter mit Namen Bellido Dolfos „als Überläufer" aus der Festung herbeieilte und sich erbot, dieselbe in die Hände der Belagerer zu spielen. Viele trauten dem Mann nicht und warnten den König, sich nicht mit ihm einzulassen; aber Dolfos stellte sich so treuherzig, daß Sancho ganz von ihm eingenommen wurde. „Ich bin," so sprach der Überläufer, „als Euer Untertan geboren, mein Herr und König und redete daher Eurer Schwester Uraka zu, die Festung freiwillig an Euch zu übergeben, da ja doch ein langer Widerstand vergeblich sei. Aber wie wurde diese meine Rede aufgenommen? Man schalt mich einen Verräter und drohte mir mit dem Tod. Ja, am Ende war ich keinen Tag mehr sicher, daß man die Drohung nicht in Wirklichkeit verwandelte und so floh ich denn bei der ersten Gelegenheit, die sich mir darbot." Mit diesen und ähnlichen Reden setzte er sich ins Vertrauen König Sanchos und da er nun demselben zugleich heimlich zuflüsterte, er kenne einen verborgenen Gang in der Mauer, durch welchen man in die Festung hineinkommen könne, ohne daß die Belagerten es merkten, so wurde Sancho natürlich äußerst begierig, diesen Gang kennen zu lernen. Eines Abends also mit dem Einbruch der Dämmerung machte er sich mit dem Überläufer auf den Weg und in leisem Gespräch näherten sie sich den Mauern Zamorras. Da auf einmal zog der schlimme Dolfos den längst bereitgehaltenen Dolch und stieß ihn dem König von hinten in den Leib. Furchtbar war der Stoß und wie leblos sank der König zusammen; aber der niederträchtige Meuchelmörder begnügte sich nicht einmal damit, sondern wiederholte vielmehr den Stoß noch neun Mal, so daß Sancho aus zehn Wunden blutete. Dann natürlich machte sich der Elende so schnell wie möglich davon und erreichte auch in wenigen Augenblicken das Tor von Zamorra, hinter welchem er sofort Sicherheit fand; König Sancho aber, nach welchem seine unruhig gewordenen Krieger suchten, wurde im Blut schwimmend in sein Zelt getragen und starb noch in derselben Nacht.

Nach König Sanchos Ermordung war nur noch ein einziger Sohn Ferdinands des Großen übrig – denn Don Garcia war in dem Kastell Luna ebenfalls längst des Todes verblichen – nämlich Don Alfonso, welcher sich, wie wir wissen, zu dem Maurenkönig Ali Maymon geflüchtet hatte und diesem ihrem letzten Bruder zeigte Donna Uraka schnellstens an, was sich vor Zamorra begeben. Alfonso eilte augenblicklich zu seiner Schwester, um sich auf den leer gewordenen Thron zu setzen, aber dies sollte ihm nicht gelingen, ehe er ein ihm entgegenstehendes Hindernis besiegt hatte. Bei vielen Spaniern war nämlich der Verdacht rege geworden, er habe den an König Sancho begangenen Meuchelmord so nicht veranlaßt, so doch wenigstens begünstigt und dieser Verdacht fand darin eine Bestätigung, daß er den Bellido Dolfos, obwohl er es gekonnt hätte, nicht verhinderte, aus Zamorra zu den Mauren zu entfliehen. Demgemäß versammelten sich die Großen des Reiches: die Grafen, Barone und Edle, in der Stadt Burgos und beschlossen daselbst einmütig, daß Don Alfonso vorher, ehe man ihm gestatte, die Krone zu übernehmen, einen feierlichen Eid leisten müsse, an dem Mord des Don Sancho weder mittelbar noch unmittelbar je teilgenommen zu haben. Hierzu erbot sich Alfonso augenblicklich und als der Ort, wo der Eid geleistet werden sollte, wurde die Kirche von Gadea bestimmt. Aber nun fragte es sich, wer dem künftigen König den Eid abnehmen sollte, denn man konnte es sich wohl denken, daß Alfonso auf diesen später nicht gut zu sprechen sein werde. Somit wollte keiner von allen Anwesenden dieses Wagnis bestehen, mit der Ausnahme eines einzigen und dieser Einzige war Cid. „Ich werde dem König den Eid abnehmen," sprach er, kühn hervortretend, „und wenn er mich deshalb später verfolgen will, so mag er es tun zu seinem eigenen Schaden." Den anderen Morgen also versammelten sich alle Großen in der Kirche von Gadea und nachdem der Bischof eine feierliche Messe gelesen, trat Don Rodrigo von Vivar hart an den Hochaltar, Don Alfonso aber, das Haupt entblößt und ein Kruzifix in der Hand, warf sich vor ihm auf die Knie, um den ihm vorzusagenden Eid nachzusprechen. Und furchtbar war dieser Schwur, recht furchtbar und grausig! „Verflucht soll ich sein auf ewig, und mein Herz soll mir im Leibe verdorren; ja, mein Gedächtnis sei auf ewig entehrt und der schlimmste Tod möge mich treffen, falls ich, sei's mit Wollen, sei's mit Raten, sei's mit Wissen, auch nur den geringsten Anteil an dem Mord meines Bruders gehabt habe. So wahr mir Gott helfe; Amen, Amen, Amen!" Also mußte Don Alfonso schwören und zwar dreimal hintereinander, denn nicht eher gab sich der Cid zufrieden; aber – was da in dem Herzen des Königs vorging, das läßt sich eher denken, als sagen. Nur so viel ist gewiß, daß Alfonso von nun an einen fast grenzenlosen Haß gegen seinen Feldherrn faßte und sich fest vornahm, bei der ersten Gelegenheit seine Rache zu kühlen.

Freilich in den ersten Jahren seiner Regierung ging dies nicht an, sondern er mußte vielmehr seine wahre Herzensmeinung verbergen, weil sich verschiedene maurische Könige gegen ihn verbanden und ihn mit großer Übermacht angriffen. Wer hätte denn seine Schlachten schlagen sollen, wenn es der Cid nicht tat? So liebkoste er also den tapferen Don Rodrigo und stellte sich, als wäre der Zorn über die Schmach in der Kirche zu Gadea längst von ihm vergessen. Aber als nun nach neun schweren Kriegsjahren der Cid in der Schlacht von Alcala einen großen Sieg über die Muselmänner errungen und nicht Wenigen derselben ihr Land abgenommen hatte, da glaubte der König, seiner nicht mehr zu bedürfen. Außerdem taten die Feinde des Helden, deren er wegen seiner derben Geradheit gar manchen unter den Höflingen hatte, alles Mögliche, um den König gegen ihn aufzureizen und namentlich lag der Graf von Najera, Garzia Ordonnez, einer der ersten Hofbeamten, seinem Herrn immer mit Anschwärzungen gegen Cid in den Ohren. „Er ist zu übermütig und stellt sich wohl gar über Eure Majestät," flüsterte der Graf von Najera und setzte dann noch viel schlimmere Dinge hinzu; der König selbst aber gedachte jenes dreimal abgenommenen Rettungseides und – das Verderben des Cid wurde beschlossen. Unter nichtigem Vorwand verwies ihn der König vorerst auf ein Jahr vom Hofe; weil aber der tapfere Feldherr stolz erwiderte, daß er freiwillig nicht bloß ein, sonder vier Jahre wegbleiben werde, so fühlte sich der König zu ungemein dadurch beleidigt, daß er die Verweisung vom Hofe in eine förmliche Verbannung aus allen seinen Landen verwandelte. Ja, sogar die verschiedenen Güter und Herrschaften des Cid erklärte er für verfallen und gab Befehl, sich ihrer zu bemächtigen, indem er zugleich der edlen Ximene, der Gemahlin Cids, nebst ihren beiden Töchtern nur so viel ließ, um notdürftig davon leben zu können. Mit solch' schnödem Undank lohnt König Alfonso seinem großen Feldherrn die vielen Siege, die ihm dieser erfochten hatte.

Der Cid war also sowohl verbannt, als zum Bettler gemacht und zwar geschah dies, wie eine alte Chronik meldet, im Jahre 1181; aber wenn der König meinte, nunmehr den Mut des Helden gebrochen zu haben, so befand er sich in einem bedeutenden Irrtum. Im Gegenteil stand der große Campeador nie größer da, als gerade in dieser Zeit der Verbannung, oder vielmehr sein Ruhm erlangte jetzt erst den größten Strahlenglanz. Ohne vom König Abschied zu nehmen, eilte er auf sein bisheriges Schloß Vivar und versammelte dort alle seine Verwandten, Freunde und Vasallen, indem er ihnen genau auseinander setzte, wie sich alles zugetragen. Sie wurden sämtlich furchtbar entrüstet und schwörten, ihn nie und nimmer zu verlassen. Und lauter tapfere Ritter waren es, die das schwörten, im ganzen mehr als dreihundert mit je einem Knappen und Waffenknecht, so daß der Cid schon jetzt über ein kleines Heer verfügen konnte! Dessen bedurfte er aber gar sehr, da sein Plan dahin ging, sich von den Mauren ein neues Besitztum zu erobern, dieweil ihn sein König all' seines bisherigen Eigentums beraubt hatte. Doch – nicht bloß Waffen und Menschen sind nötig zum Kriegführen, sondern man ist hierzu noch eines anderen Dinges gar sehr bedürftig, nämlich des Geldes. Wie will man denn ohne Geld Lebensmittel anschaffen und den Sold der Kampfgenossen bezahlen? Wie will man Zelte kaufen zum Campieren im freien Feld, wie Rosse und Wagen und was sonst noch angeschafft werden muß? Allein auch diese wichtige Frage brachte den Cid nicht in Verlegenheit, obwohl er nicht einmal über eine kleine Summe gebieten konnte, weil er stets all‘ sein Einkommen in des Königs Dienst geopfert hatte. Schnell entschlossen, ließ er zwei Juden kommen, die ihm wohl bekannt waren, zeigte ihnen zwei schwere, gut verschlossene Kästen, indem er erklärte, darin sei all‘ sein Silberzeug enthalten, und verlangte von ihnen gegen Versatz dieser Kästen auf ein Jahr tausend schwere Goldstücke. Die Juden zahlten das Gold und nahmen die Kästen mit; der Cid aber lachte fröhlich, denn statt mit Silber waren die Kästen nur mit Sand gefüllt. Doch lachte er nicht deswegen, weil er die Juden etwa hätte um ihr Darlehn betrügen wollen, sondern deswegen, weil sie sich an den Kästen so gar sehr müde schleppten. Das Geld übrigens war ihnen sicher, weil ja der edle Held sein Wort gegeben, die Kästen in Jahresfrist einzulösen und wo wäre es je erhört worden, daß der Cid sein Wort gebrochen?

Nachdem nun diese Vorbereitungen getroffen worden waren, nahm der Cid Abschied von seiner Gattin und seinen Töchtern, stellte sich an die Spitze seiner tapferen Krieger und zog aus, um nunmehr auf eigene Faust Krieg zu führen. Vor Allem war es ihm darum zu tun, einen festen Punkt zu erobern, von dem aus er seine künftigen Operationen leiten könnte und ohnehin mußte er doch ein Obdach besitzen, in welchem ihm und seinen Mannen abends das müde Haupt zur Ruhe zu legen vergönnt sein durfte. So richtete er denn sein Augenmerk auf die am Fuß des kastilischen Gebirges gelegene starke maurische Feste A l c o z a r und fing alsbald an, sie zu belagern. Lange Zeit war all‘ seine Anstrengung eine vergebliche, denn die Burg lag auf einem fast unzugänglichen Felsen und hatte noch außerdem außerordentliche starke Mauern. Überdies wurde sie von mehr als tausend tapferen Kriegern verteidigt und besaß Proviant wohl auf ein ganzes Jahr lang. Dennoch ließ der Cid in der Belagerung nicht nach, denn er hoffte, den Feind am Ende durch seine Ausdauer zur Übergabe zu bringen; half aber die Ausdauer nicht, ei, dann mußte eine Kriegslist zum Ziel führen. Einsmals also befahl er einen allgemeinen Sturm, floh jedoch mit den Seinen nach dem ersten Angriff Hals über Kopf den Berg hinab, so daß ihn die Belagerten mit großer Hitze verfolgten. In seinem Lager angekommen, setzte er sich wieder einen Augenblick zur Wehr, aber auch nur einen Augenblick lang, denn urplötzlich nahm er wieder mit allen seinen Rittern Reißaus und floh den nahen Bergen zu, sein ganzes Lager dem Feind preisgebend. Wer war nun froher, als die Mauren? Sie glaubten, den Cid vollkommen geschlagen zu haben, verfolgten ihn eine Zeitlang und fielen dann plündernd über sein verlassenes Lager her. Doch horch, was stürmt da plötzlich wie eine Gewitterwolke herbei? Der Cid ist’s mit seinen dreihundert Rittern, der die plündernden und in Unordnung aufgelösten Muselmänner überfällt und nun furchtbar unter ihnen aufräumt.

„Und er schwingt die starke Lanze,
Stürmend an auf hohem Pferde;

Und er schlägt im blut'gen Kampfe
Jene tapferen Sarazenen.
Keinen Mann im Streit verlierend
Hat genommen er die Feste."

Auf diese Weise setzte sich der Cid in den Besitz des herrlichen Schlosses Alcozar und obwohl nun die beiden Mauren- oder Sarazenenkönige von Murcia und Valencia herbeizogen, um den verlorenen Posten wieder zu gewinnen, so gelang es ihnen doch nicht, sondern sie mußten, von Hunger, Durst und anderen Mühsalen schwer geplagt, schon nach wenigen Wochen wieder abziehen. Mit dieser einen Eroberung begnügte sich übrigens der Cid nicht, sondern bald machte er sich das ganze Land rings herum, viele Städte, Dörfer und Burgen, zinsbar, so daß er noch vor Ablauf eines Jahres eine viel größere Grafschaft beisammen hatte, als die gewesen, welche ihm von König Alfonso genommen worden war. Und nicht bloß Land gewann er, sondern auch Leute, denn von allen Seiten strömten sie herbei, die tapferen Kastilianer, um unter dem Campeador Ruhm und Beute zu gewinnen und in Folge dessen schwoll seine anfangs so kleine Schar in Kürze zu einer gewaltigen Heersäule an. Soll ich nun weitläufig berichten, wie er nach und nach die Städte Aquilao und Albarazin gewann, wie er sich dann auf Toruel warf und zuletzt auch noch Adomuz eroberte? Oder soll ich die Namen seiner Ritter aufzählen, die sich durch besondere Tapferkeit auszeichneten, so z.B. eines Alvar Lannez, eines Pedro Bermudez und wie sie alle heißen? Oder soll ich davon sprechen, wie sie alle zusammen oft Wochen lang nicht dazu kamen, unter einem Dach zu schlafen oder auch nur die Kriegswaffen abzulegen und wie sie nur zu oft ihre Mahlzeit auf der Erde sitzend einnehmen mußten, weil ihnen Tische und Stühle fehlten? Nein, von diesem Allem will ich schweigen, aber das darf ich nicht verhehlen, daß der tapfere Held sich endlich stark genug fühlte, um sich an die große und feste Stadt Valencia, welche am Ausfluß des Guadalviar in das Mittelmeer gelegen ist und damals wohl achtzigtausend Einwohner zählte, zu wagen. Kurz zuvor hatte König Alfonso mit einem starken Kriegsheer ebenfalls den Versuch gemacht, diese Stadt und Festung zu erobern, war aber mit großem Verlust zurückgeschlagen worden, denn der maurische König Ibn Dschahhaf, welcher zu jener Zeit über das Königreich Valencia gebot, war einer der tapfersten Heerführer der Muselmannen und seine Armee zählte über fünfzehntausend Mann. Trotz allem dem aber wagte sich Cid an die Stadt, und Er, der Verbannte, nur allein auf seine eigenen Kräfte Angewiesene vollführte auch wirklich das, was seinem König, der über Hunderttausende von Untertanen zu gebieten und die Hilfsmittel von drei Königreichen zur Verfügung hatte, soeben mißlungen war. Freilich in einem Tag eroberte der kühne Mann die herrliche Feste nicht, gerade so wenig, als er nach einem einzigen Sturm schon in ihre Tore eindrang; aber endlich nach einer Belagerung von fast vier Monaten und nach hundert zurückgeschlagenen Ausfällen -- endlich kam die Stunde, wo die Trompeten laut die Melodie schmetterten:

Auf ins Feld! Es geht zum Siege,
Krieger, gen Valencia!"

Im Sturm rückte Cid gegen die Wälle an und obwohl die Mauren sich mit dem Mut der Verzweiflung wehrten, so konnten sie doch dem Anprall des Helden und seiner eisengepanzerten Ritter, von denen jeder heute Wunder der Tapferkeit verrichtete, in die Länge nicht widerstehen. Tausende fielen im Kampf und das Blut floß in Strömen durch die engen Gassen; als aber Cid sich der Zitadelle bemächtigt und König Ibn Dschahhaf sich freiwillig gefangen gegeben hatte, da war auch der letzte Widerstand gebrochen und die Stadt ergab sich auf Gnade und Ungnade. Doch was sage ich, nicht bloß die Stadt, sondern auch das ganze Land, das dazu gehörte, denn Valencia war ja die Hauptstadt eines Königreichs!

So wurde also Cid, der Verbannte, durch diesen großen Sieg der Beherrscher eines Fürstentums und stand seinem früheren König, Don Alfonso, an Macht, Reichtum und Größe kaum mehr nach. Benützte er nun aber vielleicht diesen außerordentlichen Umschwung des Glückes dazu, um sich an seinem undankbaren früheren Monarchen zu rächen, oder wenigstens um den Grafen von Najera und seine anderen Feinde mit gleicher Münze zu bezahlen, mit der sie ihn einstens bezahlt hatten? Oh nein, nichts von alledem, sondern jetzt erst zeigte er, wie sein Charakter von lauterem, echtem Gold sei, ohne irgend welche Zutat eines schlechten Metalls. Kaum nämlich war der Sieg errungen, so ließ er durch seinen tapferen Pedro Bermudez durch die ganze Stadt und das ganze Land verkünden, daß jedweder Einwohner für sein Eigentum nicht besorgt zu sein brauche, indem keiner desselben beraubt werden solle; den Diego Ordonnez aber sandte er mit reichen Geschenken – denn die Beute auf dem Königsschloß Ibn Dschahhafs war eine unermeßliche – ins Kloster Cardenna, wo die edle Ximene dagegen mit den Töchtern verweilte. Die Geschenke erhielt das Kloster, die Frau Ximene dagegen mit den Töchtern geleitete Ordonnez nach Valencia, damit sie dort von nun an einer Fürstin gleich Hof halte. Doch noch einen weiteren Auftrag hatte Ordonnez, nämlich den, zu den beiden Juden zu gehen und die bei ihnen versetzten Kästen gegen tausend schwere Goldstücke auszuwechseln. Da erfuhren denn die armen Hebräer zu ihrem unendlichen Schrecken, daß kein Silber in den Kästen gewesen sei, sondern bloß Steine und Sand und man kann sich nun wohl denken, wie schrecklich sie noch nachträglich über die Täuschung lamentierten, allein – Grund hatten sie keinen hierzu, denn das Wort Cids war ja in den Kästen und sein Wort war soviel wie gutes Gold. Eine dritte Gesandtschaft, bestehend aus dem Kriegsobersten Alvar Fannez, dem Tapfersten nach dem Campeador, und Martin Antolinez, dem neben der Tapferkeit auch noch die Gabe der Rede und des Gesangs gegeben war, ging nach Burgos an den König Alfonso ab, um demselben die feierliche Anzeige zu machen, daß von den stolzen Mauern Valencia's das christliche Banner herabwehe, sowie daß der Cid bereit sei, seine großen Eroberungen dem Königreich Kastilien einzuverleiben, wenn der König geruhen wolle, die reiche Gabe aus den Händen eines Verbannten anzunehmen. Zum Beweis, wie Ernst es ihm mit diesem seinem hochherzigen Anerbieten war, hatte der tapfere Feldherr dem Alvar Fannez die Schlüssel von dreißig eroberten Städten und Burgen zur Überreichung an den König übergeben und außerdem führte der Gesandte hundert herrliche Streitrosse samt den Decken und dem Geschirr, jedes Pferd von einem Maurensklaven geleitet, als Geschenk für den Monarchen mit. Da war nun wahrhaft großartig gehandelt, ja so großartig, daß alle früheren Feinde des hohen Helden dadurch beschämt wurden; den tiefsten Eindruck aber machte die Handlung auf den König Alfonso und von dieser Stunde an hielt er niemanden höher, als Don Rodrigo Ruy Diaz, mit welchem er sich sofort aufrichtig versöhnte. Von selbst versteht es sich übrigens, daß der Cid auch später, wie vorher, der oberste Gebieter und Herrscher in Valencia blieb, nur gab er seine Befehle im Namen des Königs Alfonso, statt in seinem eigenen.

Ich habe nun alle Hauptmomente aus dem Leben des tapferen Cid, des Rums und Spiegels des Rittertums erzählt und es bleibt mir gar wenig mehr zu sagen übrig. Von jetzt an lebte er mit Donna Ximenc, seiner Gattin, und mit Donna Sol und Donna Elwira, seinen beiden Töchtern, hochverehrt von ganz Spanien, ein gar freudiges und glückliches Leben in Valencia, in dessen königlichem Schloß Alcazar er fast wie ein unumschränkter Monarch waltete. Nur von Ruhe war keine Rede, indem die Kämpfe mit den Mauren niemals aufhörten. Ja, einmal war er sogar nahe daran, zu unterliegen, nämlich im Jahr 1096, als die Mauren frische Kriegerscharen aus Afrika herbeiholten und unter dem König Miramamolin fünfzigtausend Mann stark gegen Valencia heranrückten; aber kühn zog ihnen der Cid mit seinen Heldenrittern entgegen, schlug sie in offener Feldschlacht und erbeutete das feindliche Lager mit allen seinen Schätzen und Reichtümern. In Folge dieses Sieges fielen ihm denn auch noch die festen Städte Murviedro und Almenara zu und überhaupt vergrößerte er sein Besitztum um ein Bedeutendes. Das Jahr darauf vermählte er seine beiden Töchter an zwei Fürsten, Donna Sol an Don Ramiro, den Erstgeborenen des Markgrafen von Navarra und Donna Elwira an den Grafen Ramon Berenguar von Barcelona, von welch letzterem die späteren spanischen Königsgeschlechter abstammen. So weit brachte es der Cid!

Doch lebte er nun nicht mehr lange, da er seinem Leib durch angestrengte kriegerische Strapazen fast allzuviel zugemutet hatte; allein selbst dem Gestorbenen wurde die Ehre zuteil, einen Sieg über die Mauren zu erfechten. Damals nämlich, als der tapfere Held sein letztes Stündlein herannahen fühlte, lag er mit dem Maurenkönig Bucar im Krieg und dieser zog eben mit einem mächtigen Heer gegen Valencia heran. Wurde es nun bekannt, daß der Cid tot oder doch todkrank sei und die Seinen nicht persönlich anführe, so konnten diese möglicherweise den Mut verlieren, während umgekehrt die Mauren dadurch um so kühner wurden. Demgemäß versammelte der Held seine tapfersten Ritter, den Alvar Fannez, den Martin Bermudez und den Gil Diaz nebst seiner Gattin Ximene und dem wackeren Bischof Geronimo um sein Sterbebett und befahl ihnen, seinen Tod Jedermann zu verheimlichen und ihn, wenn er gestorben sei, so einbalsamieren zu lassen, daß er wie ein Lebender aussehe. „Laute Klage aber dürfe Niemand um ihn erheben, sondern im Gegenteil solle man die Trompeten lustig zum Kampf blasen lassen und ihn, den Toten, mit dem Schwert in der Hand auf sein altes Schlachtroß Babieça festgebunden, an einem erhöhten Punkt so aufstellen, daß es so aussehe, als ob er die Schlacht von hier aus lenke; Gil Diaz aber und der Bischof sollen das Roß auf beiden Seiten halten und Alvar Fannez nebst dem Bermudez das Heer zum Kampf führen.“ Also befahl der Cid und also wurde es auch ausgeführt. Kaum nämlich war er tot und einbalsamiert, so setzte man ihm einen fein gemalten Helm aus Pergament, einem Helm aus Eisen aufs Haar gleichend, aufs Haupt, umhüllte sodann seinen Leib mit steifen Kleidern, die wie seine gewöhnliche Rüstung aussahen, band sein Schwert Tizona in seiner Rechten fest, hob sofort den toten Körper aufs Schlachtroß und half mit Stricken und Banden so nach, daß er nicht wanken konnte.

Kein Mensch, der nicht in das Geheimnis eingeweiht war, hätte ihn für tot gehalten, sondern alle meinten vielmehr, der große Feldherr sei zu Pferd gestiegen, um, wie immer, das Heer zu führen. Nun gab Alvar Fannez das Zeichen und alsbald schmetterten die Trompeten; die Truppen traten an, die Ritter stellten sich auf und Bermudez schwang das Banner des Niebesiegten. Furchtbar hitzig war die Schlacht, aber Alvar Fannez kämpfte so zornentbrannt und grimmig, daß Bucar sich schon nach Kurzem mit den Seinen zur Flucht wandte und eiligst dem Meer zurannte, um auf seinen Schiffen Schutz zu suchen. Eine unendliche Beute wurde gewonnen und von nun an hatte Valencia auf lange Zeit Ruhe vor den Mauren; die Leiche des Cid aber führte man sofort nach dem Kloster San Pedro de Cordonno, woselbst ihn König Alfonso mit fast königlichen Ehren beerdigen ließ.

Das ist die Geschichte von Rodrigo de Vivar, genannt Cid el Campeador.

Drittes Kapitel

Die Züge nach dem heiligen Lande

Immer höher stieg der Ruhm des Rittertums und immer weiter breitete es sich aus! Weil nämlich die Adligen, also die Barone und die Grafen oder wie die Besitzer der Schloß- und Rittergüter sonst hießen, in allen Kriegen und Kämpfen als Eisenritter die Hauptrolle spielten und weil, wie schon oben gesagt, „adelig“ und „ritterlich“ nach und nach für gleichbedeutend angesehen wurde, so bestrebte sich jeder freie Grundherr, seine Söhne so schnell und so früh wie möglich zu Rittern heranzubilden. Er brachte sie also meist schon in ihrem siebten Jahr in das Gefolge irgend eines berühmten oder mächtigen Kriegers und auf den Burgen dieser Krieger gab es eigene Lehrmeister für diese Jungen, die man „Pagen“ oder „Edelknaben“ nannte. Sieben Jahre lang blieben die Pagen unter der Obhut ihres Lehrmeisters, wobei sie zugleich dem Herrn und der Dame des Schlosses mit Ehrfurcht aufzuwarten hatten; dann wurden sie „Edelknechte“ oder „Knappen“. Als solche kamen sie unter die Obhut des Burgherrn selbst und nun galt es, die körperliche Kraft und Geschicklichkeit aufs sorgfältigste auszubilden. Ihre Bestimmung war ja dereinst ebenfalls Eisenritter zu werden und folglich mußten sie sich bestreben, den Paladinen Karls des Großen und dem tapferen Cid el Campeador in den ritterlichen Tugenden wenigstens nahe zu kommen. Hatten sie jedoch sieben Jahre als Knappen gedient und sich in allem so vervollkommnet, daß sie würdig waren, für die Zukunft als Eisenreiter zu dienen, so stand der Krieger und Burgherr, bei dem sie die Knappenjahre zugebracht, nicht im Geringsten an, ihnen durch Überreichung eines Ritterschwertes, durch Anschnallen der Rittersporen und durch Einhüllen in den Ritterpanzer die ritterliche Weihe zu geben. Nun durften sie Anspruch auf alle die Ehre machen, die man für gewöhnlich den Rittern erwies, aber sie durften es auch nur dann, wenn sie keine Gefahr und keine Mühe scheuten, um als die Ersten in der Schlacht zu glänzen, sowie wenn sie zugleich überall als Kämpfer für Gott, König und Vaterland auftraten.

So stand es mit dem Rittertum im zehnten und elften Jahrhundert nach Christi Geburt und die Ritter fingen also damals schon an, einen eigenen Stand zu bilden, einen Stand, der seine eigenen Rechte, sowie seine eigenen Pflichten hatte; die wirkliche Vollendung aber erhielt das Rittertum erst durch die Kreuzzüge, d.i. durch die Züge nach dem heiligen Land. Die Kreuzzüge hatten nämlich keinen anderen Zweck, als den durch das Blut des Heilands geheiligten Boden Palästinas als das Eigentum der Christenheit den eingedrungenen ungläubigen Barbaren wieder zu entreißen und natürlich mußten sich also vor Allem die Ritter, als die Kämpen Gottes, berufen fühlen, in den heiligen Krieg zu ziehen. Oder wie? Konnte es für einen christlichen Ritter ein würdigeres Ziel seines Strebens geben, als für das Kreuz Christi zu streiten und die Ungläubigen zu vernichten? Für König und Vaterland das Schwert zu ziehen, gebot die Pflicht; für Gott zu kämpfen aber gebot sowohl die Pflicht, als die Ehre und die Religion und somit durfte sich erst der als einen ganz vollkommenen Ritter betrachten, der mit seinem Leben für das Christentum einstand. Doch, so wird nun Jedermann fragen, woher kam es denn, daß j e t z t erst, j e t z t im Jahr 1096, in welchem der erste Kreuzzug stattfand, der Gedanke erwachte, den Ungläubigen den Boden Palästinas zu entreißen, da doch diese Ungläubigen schon lange, lange vorher Jerusalem und Palästina inne hatten? Ich werde also, ehe ich auf die Kreuzzüge selbst zu sprechen komme, vorher den G r u n d derselben erörtern müssen.

Schon in uralten Zeiten wallfahrteten viele Christen nach Jerusalem, denn ihr Herz zog sie dahin, wo der göttliche Erlöser gelebt, gelehrt und gelitten hatte. Sie wollten den geheiligten Boden mit eigenen Augen sehen und in ihrer Frömmigkeit glaubten sie, nirgends eher im Gebet Erhörung zu finden oder Vergebung der Sünden erflehen zu können, als gerade am Grab Christi. Von diesem Glauben getrieben wallfahrtete unter anderen auch die fromme H e l e n a, die Mutter C o n s t a n t i n s, des ersten christlichen Kaisers, nach Jerusalem und ließ sowohl in dem Städtchen N a z a r e t h, als auch in B e t h l e h e m und auf dem Ö l b e r g Kirchen und Bethäuser erbauen; Constantin selbst aber verwandelte die Grabstätte Christi, die anfangs nur eine dunkle Grotte war, in einen prachtvollen Tempel, mit glänzenden, marmornen Säulenhallen und gründete zugleich unweit davon die Kirche der Auferstehung, welche er im erhabensten Stil aufführen und mit den herrlichsten Arbeiten der Malerei und Bildhauerkunst schmücken ließ. Später, als das Christentum sich mehr und mehr ausbreitete, nahm das Wallfahren im gleichen Verhältnis zu und nicht bloß aus dem Orient und aus Italien, sondern auch aus Gallien, Spanien, England und Deutschland strömten jährlich viele Tausende herbei, um die Wiege des Glaubens, zu dem sie sich bekannten, zu besuchen. Aus diesem Grund trafen auch manche Fürsten, sowie andere reiche und mildtätige Herren da und dort Anstalten für die Bequemlichkeit und Sicherheit der Wallfahrer und nach wenigen Jahrhunderten schon gab es keine bedeutende Stadt mehr in Griechenland, Frankreich und Italien, in welcher nicht ein Pilgrimshospital gestanden wäre; in Jerusalem selbst aber hatte schon Papst Gregor der Große zu Anfang des siebten Jahrhunderts ein großes Hospitium zur Bewirtung und Verpflegung der armen Wanderer errichten lassen. Hierdurch wurde das Wallfahren bedeutend erleichtert und da nun auch Leute, welchen sonst der knappe Geldbeutel eine Reise ins heilige Land nicht erlaubt hätte, gar bequem dahin gelangen konnten, so vermehrten sich die Pilgrimschaften fast außerordentlich. Am allermeisten jedoch trug die Ausdehnung der Wallfahrerei die Sehnsucht nach Reliquien bei, denn jeder gute Christ glaubte damals der ewigen Seligkeit ganz sicher zu sein, wenn er ein kleines Stückchen vom Kreuz Christi oder doch wenigstens ein Andenken an einen der zwölf Apostel im Besitz habe; allein wo konnte man diese Reliquien erhalten, als nur allein in Jerusalem und den anderen geheiligten Orten? Glücklich also der, welcher wenigstens ein solches heiliges Überbleibsel zu erwerben wußte und noch glücklicher der Andere, welcher eine ziemliche Anzahl von Reliquien mit nach Hause brachte! Er konnte sie ja um teures Geld an fromme Seelen verwerten und so trug ihm die Fahrt nach Jerusalem oft hundertfältige Zinsen.

Kurz – alljährlich wallfahrteten Tausende zum Grab des Heilands und sie konnten es Jahrhunderte lang ungestört, weil Palästina damals zum griechisch-römischen Reich gehörte, über welches christliche Herrscher geboten; allein mit dem Anfang des siebten Jahrhunderts sollte dies etwas anders werden. Damals nämlich entstand durch M o h a m m e d, der sich selbst einen Propheten Gottes nannte, in einem Winkel Arabiens eine neue Religion, der I s l a m (dieses Wort bedeutet: „völlige Hingebung an Gott“), oder noch besser gesagt der M o h a m m e d a n i s m u s, dessen erster Grundsatz war, mit dem Schwert in der Hand neue Anhänger zu suchen. Mohammed selbst unterwarf sich und seinem Glauben bis zum Jahr 632, wo er starb, nach und nach ganz Arabien, ohne jedoch über dasselbe hinauszukommen, sein Nachfolger Abubkr dagegen, der sich den Titel „Khalifet-Resul-Allah“ d.i. Stellvertreter des Propheten Gottes gab, drang bereits mit einem großen Heer siegreich in Syrien ein und eroberte Bostra nebst anderen Städten. Noch Größeres gelang dem dritten „Khalifet“ oder Kalifen dem tapferen Omar, welcher nach dem Tod Abubkrs anno 634 die Zügel der Regierung ergriff, denn er vollendete nicht bloß die Eroberung von Syrien, sondern unterwarf sich sogar Ägypten nebst allen angrenzenden Ländern. Natürlich überging er dabei das kleine Palästina nicht, sondern eroberte dasselbe nebst dessen Hauptstadt Jerusalem schon im Jahr 636, so daß also von nun an, statt des christlichen Kreuzes, der mohammedanische Halbmond von dessen Zinnen herabwehte. Freilich muß man gestehen: - die Bedingungen, welche Omar der eroberten Stadt auferlegte, waren nicht hart, denn er gestattete den Christen vollkommene Freiheit ihres Gottesdienstes, nur sollten sie keine neuen Kirchen bauen, keine öffentlichen Prozessionen halten, keinem der Ihrigen wehren, zum Islam überzutreten, jedem Mohammedaner die größte Ehrerbietung erweisen, die Kleidung der Araber und Mohammedaner nicht nachahmen, den Kalifen als ihren Herrn anerkennen und ihm die Kopfsteuer bezahlen. Sein Nachfolger Othman dagegen, der anno 644 den Thron bestieg, war schon etwas strenger, indem er den Christen gebot, zum Zeichen ihrer Knechtschaft einen kupfernen Gürtel um den Leib zu tragen und noch gehässiger behandelte sie der Kalif Moawijah der Erste, dessen Regierung von 661 – 680 dauerte. Geduldet wurden sie übrigens, solange das Kalifenreich dauerte und unter der glorreichen Regierung des berühmten Harun al Raschid, d.i. Haruns des Gerechten (786-809), erlebten sie sogar viele Jahre des Glücks und der Zufriedenheit. Insbesondere aber muß angeführt werden, daß den christlichen Pilgern, die aus dem Abendland kamen, von keinem der Kalifen, auch nicht einem einzigen, ein Leid angetan wurde, sondern sie durften ungehindert das Grab des Erlösers besuchen, ungehindert im Jordan baden, ungehindert in den verschiedenen christlichen Kirchen ihre Andacht verrichten und die in Jerusalem residierenden arabischen Statthalter hatten sogar Befehl, sich in allen Dingen zuvorkommend gegen die Fremden zu erweisen. Was Wunder also, wenn die Wallfahrten der Christen selbst dann, als Jerusalem eine mohammedanische Stadt geworden war, nicht nur nicht aufhörten, sondern sich im Gegenteil fast noch mehrten? Es hatte ja jetzt einen doppelten Reiz, das Heilige Grab zu besuchen, weil man nach Hause zurückgekommen von den Ungläubigen, mit denen man zusammengetroffen, erzählen konnte!

Fast drei Jahrhunderte vergingen auf diese Weise, da fing das große Kalifenreich an in seinen Grundfesten zu wanken. Die letzten Kalifen waren schwache, den Lüsten ergebene Monarchen und konnten dem Anstürmen fremder Horden, sowie den Empörungen ihrer eigenen nach Unabhängigkeit lüsternen Statthalter nicht mehr widerstehen. So trennte sich denn eine Provinz nach der anderen von dem großen Reich und unter Al Rhadi-Billah, dem Sohn Muktadir-Billahs und zugleich dem neununddreißigsten Kalifen seit Mohammed (ums Jahr 940 nach Christi Geburt) stürzte das einst so riesenhafte Kalifat nach allen Seiten zusammen. Unter den Statthaltern nun, welche sich unabhängig machten, war auch Mahadi-Obaidallah, der von

Fatime, der Tochter Mohammeds abstammte – weswegen man auch sein Geschlecht „die Fatimiden" nannte – und dem es daher leicht wurde, sich in dem jetzigen Tunis von anno 910-934 ein Königreich zu gründen. Mit solch' keinem Besitz waren aber seine Nachfolger nicht zufrieden, sondern sie eroberten nach und nach das ganze nördliche Afrika und Moézz, der Urenkel Mahadis fügte auch noch Syrien nebst Palästina hinzu. Jerusalem mit seinen christlichen Bewohnern stand also seit dieser Zeit (970 nach Christi Geburt) unter der Herrschaft der Fatimiden, durfte sich übrigens für den Anfang über diesen Wechsel nicht beklagen, denn die neuen Oberherren erwiesen sich nicht nur gerecht und milde gegen die Christen, sondern gestatteten sogar die Erbauung eines Klosters „zur heiligen Maria" in der Nähe des Grabes Christi, sowie die Errichtung eines Spitals „zum heiligen Johannes", in welchem arme und kranke Pilgrime verpflegt wurden. Doch als nun anno 1002 Hakim-Biamrillah, ein Enkel Moézzs auf den Thron kam, da wurde es schnell anders. Weil er nämlich der Sohn einer Christensklavin war, so befürchtete er, die „Rechtgläubigen", wie sich die Mohammedaner so gern nennen, möchten ihm Parteilichkeit für die Christen vorwerfen und fing nun an, dieselben auf eine wirklich unbarmherzige Weise zu verfolgen. Bald floß ihr Blut in Syrien und Palästina in Strömen und anno 1010 jagte er sogar alle christlichen Einwohner aus Jerusalem fort, indem er zugleich ihre Kirchen und Klöster dem Erdboden gleich machen ließ. Das war eine harte Zeit für die Christen in Palästina; doch zeigten sich die Nachfolger Hakims wieder milder und gestatteten nicht nur den Wiederaufbau der zerstörten Gotteshäuser, sondern beschützten auch namentlich die Wallfahrer aus Europa. Aber siehe da, um diese Zeit erstand für die Christen im Orient ein noch viel grausamerer Feind, als es Hakim je gewesen war und dieser Feind war das Volk der Seldschucken oder Türken, durch welche die Kreuzzüge ins Leben gerufen worden sind.

Die Heimat der Seldschucken oder Türken, einer zur selben Zeit ebenso rohen und barbarischen, als tapferen und kriegslustigen Nation, ist in der Bucharei im inneren Asien zu suchen. Von dort aus drang einer ihrer Anführer, der starke Fürst Togrul-Beg, mit seiner Horde in Persien ein, bemächtigte sich dieses Reiches im Jahr 1038 und nahm sofort mit allen seinen Kriegern den mohammedanischen Glauben an. Sein Neffe und Nachfolger Alp-Arslan (1063-1073) dehnte die neue Herrschaft noch weit mehr aus und hätte sogar beinahe Konstantinopel selbst erobert; am allerkriegerischten aber zeigte sich dessen Sohn, Melek-Schah, welcher von 1073-1093 das Zepter führte und seine Fahne auf den Mauern der großen Städte Edessa, Jconium, Tarsus, Antiochien und Nicäa aufpflanzte. So eroberte er einen großen Teil des früheren Kalifats, sowie eine nicht minder starke Portion des griechischen Kaisertums und nahm endlich auch den Fatimiden Syrien und Palästina ab. Furchtbar war der Kampf um Jerusalem, aber endlich fiel es 1077 und nun begann alsbald ein entsetzliches Morden. Die ganze Besatzung, welche die ägyptischen Fatimiden dort hielten, mußte über die Klinge springen und jeder Christ, bei dem man eine Waffe fand, wurde ohne Gnade niedergestochen. Überdies begingen die wilden Sieger die schändlichsten Grausamkeiten an Weibern und Kindern, stürmten die Kirchen, die sie zum Teil verbrannten und beraubten schließlich alle Einwohner ihres Eigentums. Ja damit war es noch nicht genug, sondern Melek-Schah setzte auch noch einen Statthalter über Jerusalem, welcher an Rohheit, Blutdurst und Willkür nicht leicht übertroffen werden konnte, nämlich den Emir Ortok, dessen in der Geschichte der Kreuzzüge gar oft gedacht wird. Dieser Tyrann schwang eine blutige Geißel über die Christen in Palästina und was seinem scharfen Blick etwa noch entging, das übersahen seine beiden wilden Söhne El Ghazi und El Sokman ganz gewiß nicht. Schmach über Schmach, Mißhandlung über Mißhandlung erging über die Christen und von all dem grenzenlosen Elend konnte nichts erretten, als der Tod oder der Übergang zum Mohammedanismus, zu welchem die Kinder ohnehin gewaltsam gepreßt wurden. Wahrhaftig es war ein Zustand zum Erbarmen und der blutigsten Tränen wert!

Man kann sich nun übrigens wohl denken, daß unter diesen Bedrückungen des wilden Ortok nicht bloß die einheimischen und ansässigen, sondern auch die wallfahrenden Christen zu leiden hatten. Zwar allerdings – morden ließ er die Letzteren nicht geradezu, aber er legte ihrer Pilgrimschaft fast unüberwindliche Hindernisse in den Weg, d.h. er beraubte sie oder warf sie ins Gefängnis, bis sie ein großes Lösegeld bezahlt hatten. Auch ließ er sich für die Erlaubnis, das Grab Christi zu besuchen, eine fast unerschwingliche Steuer bezahlen und stahl wallfahrende Frauen, wenn sie jung und schön waren. Also, mit einem Wort: er umringte die Pilger mit Gefahren aller Art und tat Alles, um den Besuch des Grabes Christi den Europäern zur Unmöglichkeit zu machen. Und doch war in Europa damals das Wallfahren nach Jerusalem noch viel mehr im Schwung als ein paar Jahrhunderte früher! Ja man hielt es für eine förmliche Christenpflicht, daß wenigstens ein Mitglied aus der Familie und Verwandtschaft am Grab des Erlösers gebetet habe und der galt für einen besonders bevorzugten Menschen, wenn nicht gar für Einen, dem der Himmel unbedingt gewiß sei, der sich eines Bades im Jordan rühmen konnte und eine Reliquie oder doch einen Palmzweig von da mitgebracht hatte! So lehrten die christlichen Priester des zehnten und elften Jahrhunderts und so glaubten die christlichen Völker der damaligen Zeit; aber wie nun, da der grausame Ortok die Pilgerreise nach Jerusalem so grausam erschwerte? Mußte nicht in Folge dessen ein allgemeiner Schrei der Entrüstung durch ganz Europa gehen und mußte nicht die ganze Christenheit in ihrem tiefsten Innern ergrimmen, daß barbarische Ungläubige ihr das Heiligste, was sie besaß, das Grab des Erlösers, vorenthalten wollten? Ja, mußte nicht in gar manchem tapferen Gemüt der Gedanke entstehen, gegen diese Unterdrücker des Christentums zu Felde zu ziehen und ihnen mit dem Schwert in der Hand den Weg aus Palästina zu weisen? Und in der Tat – es sollte nicht lange anstehen, bis der letztere Gedanke verwirklicht wurde!

Um jene Zeit, da die Christen in Palästina von den Seldschucken so gar sehr zu leiden hatten, lebte in der Stadt Amiens in Frankreich ein Einsiedler, gewöhnlich nur Peter von Amiens genannt, welcher sich wegen seiner Enthaltsamkeit einen bedeutenden Namen unter dem Landvolk gemacht hatte und bei Vielen fast für heilig galt. In seiner Jugend trieb er das Waffenhandwerk und später verheiratete er sich mit der Tochter eines Bauern, zog sich aber nach dem Tod seiner Frau in eine einsame Höhle bei Amiens zurück, wo ihn die Nachbarn freigiebig mit dem Nötigsten versorgten. Dieser Peter nun beschloß, um seine Heiligkeit auf eine noch höhere Stufe zu bringen, Jerusalem und das heilige Grab zu besuchen und führte diesen Entschluß in den Jahren 1093 und 1094 auch wirklich aus. Glücklich kam er in Palästina an, denn seine Pilgrimkleidung (sie bestand bei den Ärmeren aus einem dunklen Mantel mit einem Gürtel, an dem die Pilgertasche mit dem erbettelten Brot befestigt war, aus einem hohen Stab, auf den man sich stützte und aus einem großen Kreuz, das über die Brust herabhing) verschaffte ihm fast überall eine wohlwollende Aufnahme und selbst die Mohammedaner hatten Respekt vor seinem langen weißen Bart; allein bei dem Anblick der zerstörten Heiligtümer und bei der Erzählung der furchtbaren Mißhandlungen, welche seine Glaubensbrüder von den Mohammedanern zu erdulden hatten, empfand er Entsetzen und Unwillen zugleich. Nicht lange danach lernte er den ehrwürdigen, altersgrauen Patriarchen Simeon von Jerusalem kennen, der nur mit genauer Not dem Blutbad bei der Erstürmung der Stadt entkommen war und die Beiden besprachen sich nun oft und viel über die Art und Weise, wie etwa diesem schmachvollen Elend ein Ziel zu setzen wäre. Bitten, Klagen und Tränen waren schon oft versucht worden, aber immer vergeblich, denn der harte Sinn Ortoks ließ sich nicht erweichen; aber gibt es nicht ein altes Sprichwort: „Was sich nicht will biegen lassen, muß brechen?“ Wenn also der grausame Seldschuke nicht freiwillig nachgab, so mußte man ihn zum Nachgeben „zwingen“ und diesen Zwang konnte man allein „durch Waffengewalt erlangen“. Hierüber wurde sich Peter von Amiens, der nebenbeigesagt nicht wenig Klugheit besaß, bald ganz klar und bewog sofort den alten Patriarchen, daß er ihm Briefe an den Papst und die abendländischen Fürsten mitgab, in welchen diese um schleunigste werktätige Hilfe angefleht wurden. Nachdem er diese Briefe in der Tasche hatte, eilte Peter nach Antiochien, von wo ihn italienische Kaufleute gastlich auf ihrem Schiff nach Bari brachten und von hier aus begab er sich sofort unmittelbar nach Rom zum Papst. Er hatte es sich fest vorgenommen, das Abendland gegen die Ungläubigen in die Waffen zu rufen und deshalb ging er auch sogleich vor die rechte Schmiede!

Vor allen Andern nämlich hatte der Papst ein Interesse dabei, wenn Palästina den Mohammedanern entrissen wurde, denn er durfte ja dann hoffen, daß viele Tausende in den Schoß der katholischen Kirche zurückgeführt würden, und daß seine Herrschaft im Orient eben so viel Geltung fand, als bisher im Abendland. Ja vielleicht ergab sich durch die Eroberung des Heiligen Landes sogar Gelegenheit, die griechische Kirche wieder mit der päpstlichen zu vereinigen und auf diese Art Rom zum Mittelpunkt der ganzen Christenheit zu machen! Eben deshalb ging auch Urban der Zweite – hieß der damalige Papst – mit allen Freuden auf den Vorschlag des Eremiten ein und traf sofort alle Vorkehrungen, um das große Unternehmen ins Werk zu setzen. Zu diesem Behuf schrieb er auf den März des nächsten Jahres (also auf 1095) eine große Kirchenversammlung nach Piacenza aus und befahl zugleich dem Peter von Amiens in seinem Namen und mit seinem Segen begleitet in ganz Europa herumzureisen, um alle Welt zum Krieg gegen die Ungläubigen zu begeistern. Der fromme Peter tat, wie ihm geheißen war und da ihn die Natur, wie schon gesagt, mit viel Klugheit sowie auch mit einer bedeutenden Gabe der Rede bedacht hatte, so brachte seine Rundreise eine fast außerordentliche Wirkung hervor. In seiner Pilgrimkleidung, barfuß, ein Kruzifix in der Hand und auf einem Esel reitend, durchzog der Eremit ganz Italien und Frankreich, sowie einen großen Teil von Deutschland, versammelte, wo er hinkam, die Gemeinden in den Kirchen oder auf offenem Feld, erzählte laut weinend und klagend von den heidnischen Gräueln in Jerusalem, beschrieb die entweihten Altäre auf dem Ölberg, auf Golgatha und dem Berg Zion, rief alle Heiligen des Himmels zu Zeugen der Wahrheit auf, zerzauste sich dann das Haar und zerfleischte sich die Brust, wies sofort die Briefe des Papstes und des Patriarchen Simeon auf und schloß damit, daß er mit feuersprühenden Worten zur Rache an den blutigen Barbaren aufforderte. Durch solche und ähnliche Mittel wurde die Menschenmenge stets aufs heftigste entflammt und die vielen Tausende seiner Zuhörer vergossen nicht bloß Tränen über die Schmach von Jerusalem, sondern schworen auch für die Befreiung des heiligen Grabes kämpfen und sterben zu wollen. Darum als nun der Papst im März des folgenden Jahres zu Piacenza und acht Monate später im November in Clermont die von ihm ausgeschriebenen Kirchenversammlungen abhielt, fiel es demselben nicht allzu schwer, die bereits hinlänglich vorbereiteten Teilnehmer noch mehr zu begeistern und sie in dem Entschluß, daß Palästina befreit werden müsse, zu bestärken. Doch einen s o l c h e n Erfolg, wie er in Clermont erreicht wurde, hätte sich doch kein Mensch versprochen! Die ganze Versammlung nämlich bestehend aus mehr als siebenhundert Erzbischöfen, Bischöfen und Äbten, aus wohl zweitausend Fürsten, Grafen und Baronen, sowie aus wohl fünfzigtausend anderen Menschen, stimmt der Aufforderung Urbans unter dem Ruf „Gott will es, Gott will es" einstimmig bei, u n d A l l e, A l l e o h n e A u s n a h m e l i e ß e n s i c h e i n r o t e s K r e u z, z u m Z e i c h e n i h r e r V e r p f l i c h t u n g a n d e m K r i e g s z u g t e i l z u n e h m e n, a u f i h r e B r u s t h e f t e n. Der Krieg gegen die Ungläubigen oder der „Kreuzzug", wie man denselben gewöhnlich nannte, war also eine beschlossene Sache und der Papst Urban fühlte sich in seinem Innern hoch erfreut. Die Aufforderung dagegen, sich an die Spitze der Kreuzeskrieger oder „Kreuzfahrer" zu stellen und die Funktionen eines obersten Feldherrn derselben zu übernehmen, lehnte er klug ab und ernannte dafür den Herrn A d h e m a r v o n M o n t e i l, B i s c h o f v o n P u y zu seinem geistlichen Stellvertreter beim Heer.

Wie ein Blitzstrahl durchflog das Gerücht von dem beschlossenen Kreuzzug ganz Italien, Frankreich und Deutschland und Großbritannien und wo es hintraf, loderte alsbald derselbe Enthusiasmus auf. Die Tempel waren fortan nicht mehr leer, sondern Priester und Laien, Ritter und Knechte eilten einander zuvor, das Kreuz daselbst zu empfangen, und bald gab es in ganz Europa keine Familie mehr, aus welcher nicht ein Vater oder ein Sohn sich zum heiligen Krieg verpflichtet hätte. Ja selbst Mönche verließen ihre Zellen, um sich in den Waffen zu üben und an „bekreuzten" Knaben oder auch Greisen und Kranken fehlte es ohnehin nicht! Sie sahen zwar wohl ein, daß sie zum Kriegshandwerk nicht tauglich waren, so wenig als ein Lahmer zum Gehen, aber sie meinten, Gott werde Wunder durch sie verrichten und blieben dabei, ebenfalls in den Krieg zu ziehen. Übrigens so groß auch die Begeisterung war, welche fast die ganze Christenheit beseelte, so darf ich doch nicht vergessen hinzuzusetzen, daß nur zu oft nicht sowohl religiöse, als vielmehr ganz andere Beweggründe zur Empfangsnahme des Kreuzes mitwirkten. Da gab es eine Menge Armer und Unzufriedener, denen es im Vaterland nicht schlechter gehen konnte, als in der Fremde. Dazu kamen eine Unzahl von leichtsinnigen Vagabunden und Abenteurern, zu welchen sich fast eben so viele Schufte und Verbrecher gesellten und daß nicht Wenige, die sich von den Herrlichkeiten des Morgenlandes hatten erzählen lassen, nur allein von Beutelust und Eigennutz fortgelockt wurden, ist ohnehin eine bewiesene Tatsache. Doch sei dem wie ihm wolle, kaum kam das Frühjahr 1096 heran, so wimmelte es auf allen Straßen von Kreuzfahrern, und zu Fuß, zu Pferd, zu Wagen zogen sie fort, um sich auf die schon im voraus bezeichneten Sammelplätze zu begeben. Wahrhaftig ein sonderbarer Anblick! Man sah da Weltliche und Geistliche in buntester Mischung, fette Äbte und magere Bettler, weißhaarige Greise und frischblühende Jünglinge, bespornte Ritter hoch zu Roß und arme Teufel in der Kleidung der leibeigenen Bauern. Aber nicht bloß diese sah man, sondern auch eine ganze Legion von Weibern, von Töchtern, von Bräuten und von Müttern, die ihre Söhne, ihre Brüder, ihre Männer, ihre Verlobten begleiteten, um in ihrer Gesellschaft das Heilige Grab zu besuchen. Und dazwischen hinein wimmelte es von Pfeifern und Possenspielern, von Schnurranten und Schnurrantinnen, von Sängern und Sängerinnen, kurz von leichtsinnigem Gesindel aller Art, welches sich von der Heerfahrt ins gelobte Land lauter goldene Tage versprach. Wahrhaftig, ich muß es wiederholen, ein sonderbarer, äußerst sonderbarer Anblick!

Aber, so fragte es sich nun, wer sollte sich an die Spitze dieser außerordentlichen Masse, welche alle Heerstraßen von der Tiber bis zur Ostsee, vom Rhein bis jenseits der Pyrenäen füllte, stellen? Wer sollte Ordnung unter sie bringen und wer für ihre Bedürfnisse sorgen? Du lieber Gott, danach fragten die meisten der Kreuzfahrer nicht. Sie meinten, der, welcher die Vögel in der Luft nähre, werde auch sie sättigen und da sie für die Sache des Himmeln auszögen, so werde der Herr des Himmels sie schon leiten! Zu dieser Meinung wurden besonders diejenigen Scharen, welchen die große Stadt Köln am Rhein als Hauptsammelplatz angewiesen war, bestärkt, denn dort predigte Peter von Amiens, der Einsiedler, alle Tage über das eben genannte Thema und behauptete allnächtlich von Gott selbst Eingebungen zu bekommen. Was bedurfte es also (so dachten die Wallfahrer) eines weltlichen Anführers, wenn man den heiligen Peter hatte, der mit dem Himmel in unmittelbarer Verbindung stand? „Er“ – riefen sie laut – „solle sie anführen, denn Er sei ja ein Gesandter Gottes und unter seiner Leitung müßten sie notwendig siegen!“ Wohl warnten vor solcher Tollheit die Vernünftigeren unter den Pilgrimen und insbesondere stemmten sich die Ritter und wirklichen Krieger dagegen, in einer solchen Unordnung und unter einem solchen Feldherrn gen Palästina zu ziehen. Allein alles vergeblich! Die große Masse, meist bestehend aus fortgelaufenen Leibeigenen der Adligen oder auch aus Knechten und Mägden der Klöster und Abteien, ja selbst aus entsprungenen Verbrechern und Räubern, kurz aus Vagabunden, Strolchen und Lumpen aller Art, welche sich sämtlich hier zusammengefunden hatten, weil sie unter keinem wirklichen Kriegsherrn, der natürlich auf strenge Ordnung hielt, dienen wollten, - die große Masse schrie, der heilige Peter solle sie führen und der Törichte besaß Eitelkeit genug, die angetragene Oberbefehlshaberstelle anzunehmen. Aber welches Resultat kam dabei heraus? Wir werden es sogleich sehen.

Ungeheuer groß war die Anzahl der Kreuzfahrer, welche sich unter den Oberbefehl Peters von Amiens stellten und man schätzte nur allein der Männer über zwei mal hunderttausend, der Weiber, Dirnen und Kinder aber nicht viel weniger. Auffallen mußte jedoch, daß keine vierzig Ritter und Geharnischte sich bei dem Heer beteiligten und daß selbst diese Wenigen sich vor Allem durch Armut, nicht aber durch ihren guten Ruf auszeichneten. Doch solche Kleinigkeiten kümmerten den Peter gar wenig und er beschloß sofort im Mai aufzubrechen. Voraus sandte er gleichsam als Vorhut den Ritter Walter von Pexejo nebst noch sieben, sage sieben anderen Eisenreitern und etlichen zwanzigtausend Fußgängern und Fußgängerinnen. Dieser Vortrab sollte dem Hauptheer Bahn brechen, war aber zum größten Teil unbewaffnet und glich trotz der großen Kreuze, welche die Leute auf der Brust trugen, eher einer Horde von Landstreichern, als einem Kriegsheer. Doch ging alles vortrefflich ab, solange man sich auf deutschem Boden fortbewegte, denn da regnete es milde Beiträge und Nahrungsmittel; als aber Walter mit seiner Schar nach Ungarn und Bulgarien kam, da wurde alles ganz anders. Weder die Ungarn nämlich noch die Bulgaren wollten den Kreuzfahrern ohne Bezahlung etwas verabreichen und da diese lediglich keine Mittel besaßen, um diese gerechte Forderung zu befriedigen, so halfen sie sich damit, daß sie sich auf dem flachen Land zerstreuten und überall stahlen, raubten und mordeten. Natürlich setzten sich nun die Eingeborenen nicht nur zur Wehr, sondern vergalten sofort Gleiches mit Gleichem und die Folge war, daß viele Hunderte und Tausende von Kreuzfahrern und Kreuzfahrerinnen ihr Leben lassen mußten. In einem dieser Kämpfe fiel auch Walter von Pexejo und sein ebenfalls Walter geheißener Neffe, der wegen seiner totalen Mittellosigkeit den Beinamen von Habenichts führte, trat nun an seine Stelle; allein unter seiner Führung ging es nicht viel besser, obwohl er wenigstens einige Mannszucht einzuführen suchte. Ja einmal war er sogar genötigt, wegen Plünderung eines Dorfes sein Heil vor den wütend gewordenen Einwohnern in einem Wald zu suchen und da volle acht Tage lang ohne irgend welche Nahrungsmittel mit allen seinen Leuten zu campieren! War es da ein Wunder, wenn abermals Hunderte und Tausende vor Hunger und Elend umkamen und die Überlebenden nur noch aus Haut und Knochen bestanden? Endlich kam er mit seiner tief herabgekommenen nur noch etwa aus zweitausend Köpfen bestehenden (die Übrigen waren alle umgekommen) Schar in der griechischen Stadt Nissa an und nun hatte alle Not ein Ende. Der dortige Statthalter nämlich hatte Mitleid mit den Elenden und reichte ihnen Nahrung, Kleidung und sogar Waffen; die Kreuzfahrer aber mürbe gemacht durchs Unglück, gelobten ihrem Anführer von nun an die strengste Mannszucht zu halten und somit gelangten sie von Nissa aus ohne weitere Unfälle nach Konstantinopel, wo sie auf Peter von Amiens zu warten hatten.

Ich kehre nun zu diesem und dem Hauptheer, bestehend zum mindesten aus drei mal hunderttausend Köpfen, zurück, allein leider kann ich von der Aufführung und dem Schicksal all dieser Menschen nichts Besseres berichten. Schon bei dem Zug durch Deutschland kam es zu Unordnungen aller Art und noch mehr gelockert erschien die Mannszucht in Ungarn; doch suchten die wenigen Ritter, die bei der Armee (wenn man eine solche Schar so nennen darf) waren, namentlich Rheinhold von Breis, Foulcher von Orleans, Walter von Breteuil und Gottfried Burel von Etampes, die Leute wenigsten einigermaßen in Ordnung zu halten. So erreichten die Kreuzfahrer ohne allzu große Verluste die Grenze Ungarns, allein als sie hier Ausschweifungen aller Art begingen und am Ende in der Stadt Semlin, deren Einwohner sich ihnen widersetzten, wie scheußliche Mordbrenner hausten, da sammelte König Koloman in aller Eile ein Heer und stellte sich den Strolchen entgegen. Es kam zur Schlacht und die Ritter mit ihren Knappen nebst einem Teil der übrigen Kreuzträger kämpften wie Männer; die meisten aber erwiesen sich als das, was sie waren, als Lumpen und Vagabunden und suchten ihr Heil in der Flucht. So ging der Tag natürlich für Peter verloren oder vielmehr sein Herr erlitt eine so vollständige Niederlage, wie nur je eine erlitten worden ist. Über zehntausend Kreuzfahrer blieben auf dem Platz und ihrer doppelt so viele wurden auf der Flucht von den Bauern erauf dem Platz und ihrer doppelt so viele wurden auf der Flucht von den Bauern erschlagen; außerdem aber fiel eine große Menge von Weibern, Mädchen, Kindern und Nonnen nebst der ziemlich gefüllten Kriegskasse in die Hände des rachebedürftigen Koloman, so daß die Beute kaum untergebracht werden konnte. Den anderen Tag sammelte Peter, welcher glücklich entkommen war, den Rest seines Heeres; doch wie er nun die Häupter seiner Getreuen zählte, fanden sich kaum noch siebentausend derselben vor. Dieses geringe Häuflein wuchs allerdings in wenigen Tagen bis auf dreißigtausend an, denn Viele der Versprengten fanden sich wieder ein; allein die furchtbar große Masse der Übrigen blieb verschwunden, als hätte sie die Erde verschlungen. Unter unsäglichen Beschwerden, worunter der Hunger nicht die geringste, zogen die Dreißigtausend vorwärts und nun natürlich wurden die bisher so zügellosen Horden etwas ordnungsliebender und gemäßigter. Mußten sie sich ja doch viele Tage lang von unreifem Getreide, das sie auf dem Feld abschnitten und über dem Feuer rösteten, sowie von anderen ähnlichen Kräutern nähren! Doch erreichten sie endlich wohlbehalten die griechische Grenze und kamen am ersten August unter dem Schmettern der Trompeten mit Palmzweigen in der Hand vor den Mauern Konstantinopels an, wo sie alsbald mit Bewilligung des griechischen Kaisers Alexius ein Lager bezogen.

So erging es dem unermeßlichen Heer der Kreuzfahrer, welches sich in der Stadt Köln gesammelt hatte und ganz ähnliche Schicksale erlebten die Hunderttausende, welche unter Anführung der Mönche Gottschalk und Volkmar von Lothringen aus auf gleichem Weg Konstantinopel zuzogen. Auch von ihnen erreichte kaum der zehnte Teil die Hauptstadt des griechischen Reiches, während die übrigen neun Zehntteile unterwegs getötet oder gefangen wurden. Die Überlebenden alle aber vereinigten sich mit dem Heer des Eremiten Peter, zu welchem natürlich Walter von Habenichts mit seiner Schar ebenfalls stieß und da nun auch noch eine Menge Abenteurer aus Piemont, Genua und der Lombardei hinzukamen, so vermehrte sich die Zahl der Kreuzfahrer bald wieder auf Hunderttausend. Nun jedoch war es mit der Mannszucht abermals vorbei und die alten Laster lebten verdoppelt und verdreifacht wieder auf. Mundvorrat und Wein ließ ihnen Kaiser Alexius im Überfluß reichen, allein dies genügte ihnen nicht, sondern sie fingen an, die Paläste und Häuser der Reichen zu plündern und die ganze Umgegend von Konstantinopel unsicher zu machen. Wer sich ihrer Gewalttätigkeit widersetzte, den machten sie schonungslos nieder und sogar in die Kirchen drangen sie ein, um deren Kostbarkeiten zu plündern. Wie nun dies der Kaiser Alexius hörte, so beeilte er sich, solch‘ gefährliche Gäste los zu werden und stellte denselben eine große Anzahl von Schiffen zur Verfügung, damit sie nach Asien hinüberführen. Übermut im Herzen schifften sich die Kreuzfahrer ein, denn sie vermeinten stark genug zu sein, um sich eine Bahn bis nach Syrien und Palästina zu brechen und alle Mohammedaner in die Flucht zu schlagen; doch ihr Ende war nahe. Sengend und brennend, plündernd und mordend zogen sie vorwärts, ohne im Anfang einen bedeutenden Gegner zu finden; allein wie sie in der Nähe der Stadt Nizäa angekommen waren, stellte sich ihnen ein großes seldschuckisches Heer entgegen, welches Kilidsche-Arslan, der Sohn des Soliman-ben-Kutulmisch, den sein naher Verwandter Malek-Schah zum Sultan von Jconium und Erzerum oder mit anderen Worten von allen den in Kleinasien eroberten Provinzen ernannt hatte, in Person anführte und alsbald begann die Schlacht. Walter von Habenichts, dem Peter von

Der Zug nach dem heiligen Grab.

Amiens jetzt die Leitung des Heeres übertrug, teilte dasselbe in sechs Haufen, stellte an die Spitze jedes Haufens einen tapferen Ritter und ermahnte alle, mit Mut zu fechten. Letzteres geschah denn auch von vielen, aber bei weitem nicht von allen. Tapfere Redensarten hatten sie wohl auf der Zunge und wenn es ans Plündern ging, zeigten sie sich auch stets recht rührig; allein Krieger im wahren Sinn des Wortes waren sie nicht und somit wichen die meisten zurück, als nun die wilden Seldschucken einen brausenden Angriff machten. Doch das Zurückweichen und selbst das Fliehen half ihnen nichts, denn der Sultan hatte ihnen einen Hinterhalt gelegt, der jetzt plötzlich ebenfalls hervorbrach. Sofort entstand ein gräßliches Blutbad und nach wenigen Stunden schon deckten über dreißigtausend Leichen der erschlagenen Kreuzfahrer das Schlachtfeld. Unter den Gefallenen befand sich auch Walter von Habenichts, der aus zehn Wunden blutend und mit sieben Pfeilen im Herzen den Geist aufgab, sowie Rheinhold von Breis, Foulcher von Orleans, Walter von Breteuil und Gottfried von Burel, welche ebenfalls Wunder der Tapferkeit verrichtet hatten; allein von den übrigen Streitern ahmten ihnen nicht allzuviele nach und so mußte denn die Niederlage eine ganz entsetzliche werden. Ja, mit Ausnahme von etwa Dreitausend, welche ihr flinker Fuß nach Konstantinopel zurück rettete und unter denen sich auch Peter von Amiens befand, wurde das ganze Heer vernichtet, denn alle die, so in ihrer Angst ins Innere des Landes entflohen, kamen natürlich auf die eine oder andere Weise ebenfalls um!

Also schmählich endete der große Heerzug des Eremiten Peter von Amiens, welcher beinahe einer halben Million Menschen das Leben kostete; allein wie konnte man sich einen anderen Erfolg versprechen, da die ganze Masse sozusagen aus der Hefe der Nationen Europas bestand? Doch von ganz anderer Natur war der Kreuzzug, von dem ich nunmehr zu berichten habe, ich meine den Kreuzzug des Jahres 1097, an dem sich fast die ganze abendländische Ritterschaft beteiligte. Das war ein Kreuzzug im wahren Sinne des Wortes, ein wirklich heiliger Krieg, in welchem der wahre Geist des Rittertums wehte und die Ritter, angespornt von Frömmigkeit und Seelenadel, Taten verrichteten, die würdig waren, der Nachwelt aufbewahrt zu werden! Sehen wir nun, wer diesen Kreuzzug ordnete und wie derselbe zu Ende geführt wurde.

In jetzigen Zeiten kann man sich kein Heer und keinen Krieg denken, wo nicht ein Oberbefehlshaber das Ganze leitete; bei dem Heer und dem Krieg aber, von dem ich jetzt sprechen muß, war dies nicht der Fall. Freilich, wenn der Kaiser Heinrich der Vierte, der damals in Deutschland und Italien, sowie über Lothringen, Elsaß und Burgund herrschte, sich an die Spitze gestellt hätte, so würden ihm alle Ritter und Edle nebst dem ganzen übrigen Heer ohne Weiteres gehorcht haben; allein er lag im Kampf mit dem Papst zu Rom und wollte daher nichts von einem Krieg wisse, der die Macht des Papstes notwendig erhöhen mußte. Eben so wenig hatten die Könige von Frankreich und England Lust, sich an dem Zug zu beteiligen, denn ihre Regierungsformen machten ihnen gar viel zu schaffen. Dagegen aber gab es all überall eine Menge von Edlen, von Baronen, von Grafen und Herzogen, ja selbst von Bischöfen und Erzbischöfen, welche von der allgemeinen Begeisterung hingerissen wurden, das heilige Kreuz zu nehmen und die nun unter ihrem Panier oder Banner, sowie auf ihre Kosten Kreuzbrüder sammelten. Natürlich jedoch – Vagabunden und Strolche nahmen sie nicht an, sondern entweder gute Armbrustschützen als Fußgänger oder Eisenritter und deren Knappen, als Reisige. Sie wollten nur Krieger haben und wußten auch, was zu einem Krieger gehört; darum waren sie eigentlich froh, daß das Lumpengesindel, welches sich sonst sicherlich auch zu ihnen hingedrängt hätte, mit Peter von Amiens abzog, denn nun konnten sie hoffen, lauter wackere und herzhafte Kameraden unter ihre Fahne zu bekommen. Welches waren nun aber die Hervorragendsten unter jenen Baronen, Grafen und Herzogen und unter welchen Bannern sammelten sich die meisten Krieger?

Vor allen Andern muß ich nennen den Herzog von Niederlothringen, den edlen Gottfried von Bouillon, dessen fromme Tugenden und ritterliche Taten einen Strahlenkranz von Unsterblichkeit um sein Haupt gewunden haben, der in ewige Zeiten nicht erbleichen wird. Er war dem berühmten Haus der Grafen von Boulogne entsprossen und mütterlicherseits stammte er gar von Karl dem Großen ab. Doch nicht dieser hohen Abstammung hatte er seinen großen Ruhm zu danken, sondern vielmehr seinen eigenen Tugenden, seinem eigenen Wert und weil er ein so gar starker und tapferer Held war, so übertrug ihm Kaiser Heinrich der Vierte, zu dem er so treu hielt wie Gold, in der großen Schlacht vom 15. Oktober 1080 gegen den Gegenkaiser Rudolph die Reichsfahne. Gottfried von Bouillon aber verdiente dies große Vertrauen vollkommen, denn er drang wie ein Löwe mitten unter die Feinde und ruhte nicht, als bis er dem Rudolph selbst gegenüberstand, um ihn mit gewaltigem Stoß vom Roß zu werfen. So entschied er damals die Schlacht und verrichtete auch nachher noch im Dienst des Kaisers so viele tapfere Taten, daß ihm dieser sofort die Mark Antwerpen und gleich darauf das Herzogtum Lothringen übertrug. Allein nicht bloß Mut und Tapferkeit besaß der Held, sondern auch eine fast ungewöhnliche Körperschönheit und damit verband er die Tugenden der Frömmigkeit, der Milde und der Freigiebigkeit in so hohem Grad, daß ihn alle Ritter der Christenheit als ihr treffliches Vorbild betrachteten. Was war nun naturgemäßer für ihn, als daß er sich sogleich zum Zug in das Heilige Land entschloß? Einen würdigeren Lebenszweck konnte es ja für einen frommen Ritter nicht geben, als die Feinde des christlichen Glaubens zu bekämpfen und die Stätten, wo der Heiland geblutet hatte, zu befreien! Weil er aber ein gar kundiger Kriegsmann war, so wußte er wohl, daß man mit ungeordneten Scharen, wie die des Peter von Amiens, nichts ausrichten könne und darum sammelte er mit großem Bedacht nur solche Mannen, mit denen er hoffen durfte Ehre einzulegen. Freilich kostete solches viel Geld und Gut und er mußte einen großen Teil seiner Schlösser und Besitzungen, darunter sogar seine Stammburg Bouillon, verkaufen, um die großen Rüstungen bestreiten zu können, allein was lag ihm an allem irdischen Tand, wo es die Ehre Gottes galt? Ein Glück für ihn übrigens, daß alle Ritter in Lothringen und in den benachbarten Gauen eine unendliche Achtung vor ihm hatten und auf seine erste Aufforderung schon mit Freuden sich bereit erklärten, unter seiner Führung an dem Zug teilzunehmen, denn sonst wäre es wohl über seine Kräfte gegangen, ein solch großes Heer aufzubringen, als er in der Frist eines Halbjahres aufbrachte. Dasselbe bestand nämlich, als er am 15. August 1096 von Lothringen aus sich nach Konstantinopel aufmachte, aus nicht weniger als achtzigtausend Fußgängern oder Armbrustschützen, sowie aus zehntausend Reitern und von vielen Letzteren waren gegen zweitausend eisengepanzerte Ritter, während die anderen achttausend, lauter Knappen und Waffenträger, das Gefolge der Ritter bildeten. Man bedenke – zweitausend Eisenreiter und was für Eisenreiter! Da waren zuerst die beiden Brüder Gottfried's, Balduin und Eustachius von Boulogne, dann Balduin von Bourg, sein Vetter, und Balduin, der Graf von Hennegau, weiter Garnier, der Graf von Graz und Dudon Graf von Conz, die Barone Reinhold und Peter von Toul, der Ritter Hugo v. St. Paul, der Bischof Conon v. Montaque und wie sie alle heißen; endlich eine große Menge von Solchen, deren Namen die Geschichte nicht aufbewahrt hat, die aber eben so tapfer drein schlugen, als irgend einer der Berühmtesten. Mit Helden dieser Art konnte man doch gewiß etwas ausrichten und zwar etwas ganz anderes als mit einer Million solcher Burschen, wie sie der Einsiedler Peter um sich versammelt hatte! Hiervon konnte man sich auch sogleich überzeugen, wenn man die Art und Weise, wie der Herzog von Lothringen vorwärts marschierte, des Näheren betrachtete. Derselbe verfolgte nämlich ganz dieselbe Straße, welche auch Peter eingeschlagen hatte, aber da gab es nicht die geringste Unordnung und von Raub und Plünderung der Länder, durch die man zog, war ohnehin nicht die Rede. Im Gegenteil wurde Alles, wessen man bedurfte, aus der Kriegskasse in barer Münze bezahlt und König Koloman, von dem schon weiter oben die Rede gewesen ist, war über diese treffliche Mannszucht so hoch erfreut, daß er nicht nur dem Herzog Gottfried die größten Lobsprüche machte, sondern auch sämtliche Lebensmittel und sonstige Notwendigkeiten zu ermäßigten Preisen abgab. Aus diesem Grund kam während der ganzen langen Fahrt durch Ungarn und Bulgarien und Thrakien gar kein erheblicher Unfall vor, sondern das Heer erreichte Konstantinopel in derselben Stärke, in welcher es ausgegangen war.

Doch die Pflicht gebietet mir, nun auch die übrigen hervorragenden Persönlichkeiten dieses Kreuzzuges zu schildern und als solche müssen bezeichnet werden Hugo Graf von Vermandois, Robert Herzog von der Normandie, Stephan Graf von Blois und Chartres, sowie Robert Graf von Flandern, unter welchen Vieren das zweite Kreuzheer gen Jerusalem zog. Hugo, Graf von Vermandois war, als Bruder des Königs Philipp von Frankreich, unbedingt der vornehmste von all den edlen Kreuzrittern, aber die erste Rolle spielte er deswegen doch nicht, denn obwohl tapfer und redlich von Gesinnung, besaß er doch fast allzuviel Eitelkeit und überdies erwies er sich im Unglück standhaft genug. Auch über den Herzog Robert von der Normandie, ebenfalls den Bruder eines Königs, nämlich des Königs Wilhelm des Rothen von England, kann ich kein in jeglicher Beziehung günstiges Urteil fällen. Zwar allerdings tapfer war auch er, ja sogar tollkühn, denn obgleich er ein zu kurzes Bein hatte, weshalb er auch den Beinamen „Kurzbein" erhielt, so fürchtete er sich doch vor keinem; aber ruhige Überlegung kannte er nicht und überdies artete die Tugend der Freigebigkeit, welche man ihm nachrühmte, meist in die tollste Verschwendung aus. Eines weit besseren Rufes erfreute sich der Graf Stephan von Blois und Chartres. Er war nämlich der reichste Edelherr von ganz Frankreich und eignete eben so viele Burgen und Schloßgüter, als Tage im Jahr sind, aber deswegen besaß er doch lediglich nichts von Hochmut und Anmaßung, sondern zeigte sich vielmehr stets eben so bescheiden als freigebig, selbst gegen seine Neider und Nebenbuhler. Überdies mußte man ihn einen für die damalige Zeit gelehrten Mann nennen und die Anführer holten daher gerne seinen Rat ein, welchen er auch natürlich bereitwilligst erteilte. Der hervorragendste übrigens unter den genannten vier Männern war unbedingt der Vierte, der Graf Robert von Flandern, welchen man gewöhnlich nur „den Speer und den Degen der Christen“ nannte, denn er hatte, von Frömmigkeit getrieben, schon zwölf Jahre zuvor eine Pilgerreise nach Jerusalem gemacht und eingedenk der tiefen Schmach, welche den Christen in Palästina zu dulden auferlegt war, griff er jetzt nicht bloß freudig selbst zum Kreuz, sondern wandte auch seinen bedeutenden Reichtum freigebigst zur Ausrüstung tüchtiger Krieger an. Solches waren die vier Fürsten, unter deren Führung das zweite Kreuzheer nach Konstantinopel aufbrach und auch dieses Heer war kaum minder stark, als das Gottfrieds von Bouillon. Ja, der Ritter und Gepanzerten zählte es fast noch mehr, denn jenes und die berühmtesten unter ihnen hießen: Robert v. Paris, Eberhard v. Puisayn, Achard v. Montmièle, Isuard v. Mouson, Stephan v. Albermale, Walther v. St. Valery, Roger v. Barneville, Fergat und Conont v. Bretagne, Guido v. Trüffeln, Miles v. Brajes, Rudolph v. Baugoncy, Rotrou v. Parche, Rotrou v. Mortagne, Odon, Bischof v. Bayeux und andere mehr. Aber so stark auch das Heer und so tapfer der Kern desselben, nämlich die Ritter waren, so muß es doch als ein großer Nachteil angeführt werden, daß die meisten der Herren ihre Frauen und Kinder mit sich führten, denn nicht nur wurden die Bewegungen der Armee dadurch gehemmt, sondern es litt auch die Ordnung und Mannszucht darunter. Freilich für den ersten Augenblick wurde dies nicht fühlbar, sondern die Kreuzfahrer machten sich vielmehr im Herbst des Jahres 1096 unter den frohesten Hoffnungen auf den Weg, gingen über die Alpen nach Italien, empfingen zu Lucca den Segen des Papstes und schifften sich von Bari aus nach Konstantinopel ein.

Das dritte Heer der Kreuzfahrer, das kleinste von allen, bildete sich in Italien und an seiner Spitze stand Bohemund, Fürst von Tarent und Sohn des berühmten Robert Guiscard, jenes tapferen Normannenfürsten, welcher sich ganz Kalabrien, Apulien und Sizilien, also das jetzige Königreich Neapel, eroberte und beinahe auch Griechenland nebst Konstantinopel seinem Reich einverleibt hätte. Bohemund war ein überaus tapferer Ritter und verband mit der Tapferkeit auch noch die größte Klugheit, sowie ein ungemeines Feldherrntalent, aber größer als alles dies war sein Ehrgeiz und sicherlich ergriff er das Kreuz nicht sowohl aus Frömmigkeit und Hingebung an Gott, als vielmehr weil ihn die Begierde trieb, im Orient Eroberungen zu machen und sich daselbst ein eigenes Reich zu gründen. Wie hoch er übrigens unter den Rittern Unteritaliens in Ansehen stand, geht daraus hervor, daß sich auf seinen Aufruf hin sogleich eine große Menge der tapfersten Krieger aufmachte, um unter seinen Fahnen zu kämpfen und zwar Krieger wie Richard, Fürst von Salerno, Herrmann Graf v. Cain, Robert v. Hanse, Robert v. Sourdeval, Boila v. Chartres, Humfried v. Montaigu und Ranulf f. Murano. Als der ausgezeichnetste von Allen aber glänzte der Vetter Bohemunds, der hochberühmte Fürst Tancred v. Hauteville, welcher in körperlichen wie geistigen Vorzügen einen fast außerordentlichen Grad von Vollkommenheit erreichte und sich in mancher Beziehung sogar einem Gottfried v. Bouillon an die Seite stellen konnte. Beide, Tancred wie Bohemund, opferten fast ihr ganzes Vermögen auf, um ein tüchtiges Heer auf die Beine zu bringen und es gelang dies ihnen auch nach kurzer Frist, denn dasselbe zählte, als es sich ebenfalls in Bari aufs Schiff begab, um nach Konstantinopel hinüber zu segeln, nicht weniger als neuntausend Reiter nebst zwanzigtausend Fußgängern.

Das vierte und mächtigste Kreuzheer endlich sammelte sich unter dem Oberbefehl des regierenden Grafen Raymund v. St. Giles, v. Toulouse und der Provence, dem an Macht kein anderer Fürst oder Herzog in Frankreich gleichkam. Derselbe hatte sich schon in früher Jugend durch seine ungestüme Kampfesweise Lorbeeren in Spanien erworben, aber auch in späterem Alter besaß er noch all das Feuer der Jünglingsjahre; nur fügte er dann noch eine Unbeugsamkeit des Charakters hinzu, die gar nicht zu bewältigen war. Außerdem konnte er den Widerspruch nicht gut leiden und war auch sonst in seinem Betragen etwas herrisch, allein trotz diesen kleineren Mängeln gehörte er doch sowohl wegen seiner Tapferkeit und wegen seines Feldherrntalents, als auch wegen seiner aufrichtigen Hingebung an die Sache Gottes zu den ausgezeichnetsten Führern des christlichen Heeres und eben deswegen schloß sich ihm auch der Legat des Papstes, Adhemar v. Monteil, der ritterliche Bischof v. Puy, an. Ja, nicht bloß dieser Bischof, sondern auch die Bischöfe von Apt, von Lodeve und von Orange, so wie selbst der Erzbischof von Toledo, welche sich, als geborene Barone, wie die Ritter in Stahl und Harnisch kleideten und mit allen ihren Vasallen ausrückten! Überdem entschloß sich die Blüte der französischen Ritterschaft, dem Vaterland Lebewohl zu sagen und unter der Führung des wackeren Helden Raymund gegen die Ungläubigen zu kämpfen und sein Heer zählte daher über dreitausend geharnischte Eisenreiter, von denen die Meisten wert gewesen wären, daß man ihren Namen der Nachwelt aufbewahrt hätte. Ich selbst kann jedoch nur der Berühmtesten Erwähnung tun, nämlich des Heraklius v. Polignac, des Pons v. Balagan, des Wilhelm v. Sabran, des Eleazar v. Montredon, des Peter Bernhard v. Montagnac, des Eleazar v. Castrien, des Raymund v. Lille, des Peter Raymund v. Hautpoul, des Gouffier v. Lastours, des Wilhelm v. Montpellier, des Roger v. Foy, des Pelet von Alais, des Isard v. Die, des Rainbald v. Orange, des Wilhelm v. Forez, des Wilhelm v. Clermont, des Gerhard v. Roussillon, des Gaston v. Bearn, des Wilhelm Amanjeu v. Albret, des Raymund v. Turenne, des Peter v. Castillon, des Wilhelm v. Urgel, und endlich des Gaston v. Forcalgnier. Das waren lauter Helden und zudem fast alle Besitzer von größeren Grafschaften, so daß es ihnen ein Leichtes war, ein paar Dutzend Knappen beritten zu machen und ein Fähnlein von hundert Armbrustschützen aufzubringen! Darum wird sich der Leser auch nicht wundern, wenn ich ihm sage, daß das Heer Raymunds von Toulouse im Ganzen über hunderttausend Krieger zählte, worunter fünfzehntausend Berittene und daß daher der genannte Feldherr wohl berechtigt war, von großen Eroberungen zu träumen. Doch – einen Fehler beging der, denselben, welchen auch Hugo von Vermandois und seine drei Genossen begangen hatten, den aber kein Heerführer je begehen sollte. Er nahm nämlich seine Gattin mit und konnte es also auch den übrigen Rittern und Herren nicht verwehren, ihre Frauen nebst ihren Dienerinnen mitreisen zu lassen, so daß es einen großen Troß gab und die Bewegungen der Armee äußerst schwerfällig wurden. Übrigens muß ich hinzusetzen, daß Raymund eine musterhafte Mannszucht hielt und daß er ohne irgend einen erheblichen Unfall auf dem Landweg über die Lombardei, Dalmatien, Albanien und Thrakien Konstantinopel erreichte.

Mitte Dezember des Jahres 1096 vereinigten sich alle vier Kreuzheere in einem großen Lager vor Konstantinopel und dessen Beherrscher, der griechische Kaiser Alexius, versprach, sie mit allem Nötigen bestens zu versorgen. Aber die Griechen nahmen es von jeher, wie Jedermann wissen wird, mit dem Worthalten nicht so genau und am allerwenigsten tat dies Alexius. Im Gegenteil erwies er sich als ein Lügner und Ränkeschmied ersten Ranges, so daß es zu vielen Streitigkeiten und oft sogar zu blutigen Raufereien zwischen Griechen und Abendländern kam. Gottfried von Bouillon schlug daher vor, Konstantinopel ganz zu verlassen, über die Meerenge nach Asien hinüberzuschiffen und bei Chalcedon ein Lager zu schlagen, denn wenn man dies nicht tue, so komme es sicherlich noch zum offenen Krieg mit den Griechen. Überdies, meinte er, müßten die Krieger bei dem wollüstigen und üppigen Leben, das in der verdorbenen Hauptstadt der Griechen zu Hause sei, all ihre Männlichkeit und Tapferkeit einbüßen, und am Ende würden sie gar eben so verweichlicht und liederlich, wie die Bewohner Konstantinopels selbst. Dieses sahen die Fürsten und Herren ein und somit wurde der Vorschlag Gottfrieds von Bouillon im Januar und Februar 1097 in Ausführung gebracht, obwohl viele Ritter und noch mehr die gemeinen Soldaten schon so viel von dem berauschenden Gift des in Laster aller Art versunkenen Griechentums verschluckt hatten, daß sie gar zu gern in der Hauptstadt geblieben wären. Doch bald ermannten sie sich wieder, denn man bekam nun alle Hände voll zu tun, weil die Vorbereitungen zu dem gleich mit dem Frühjahr zu beginnenden Feldzug getroffen werden mußten. Überdies fanden sich auch die wenigen Übergebliebenen von Peters zerstörtem Heer im Lager ein, und wie nun diese tief herabgekommenen Menschen, deren ausgehungerte Körper kaum einige Lumpen deckten, von ihren ausgestandenen Leiden, so wie insbesondere von dem gräßlichen Blutbad vor Nicäa erzählten, da wurde aller böse Sinn in den Gemütern der Kreuzkrieger erstickt und auf ihre Knie niederfallend, schworen sie, Wiedervergeltung zu üben an den grausamen Mohammedanern.

Mit dem Ende des Monats April brach das ganze Heer auf und marschierte, wie das Jahr zuvor auch Peter von Amiens getan hatte, gegen Nicäa, die Hauptstadt des Reiches, welches Sultan Kilidsche - Arslan beherrschte, denn natürlich mußte man dieselbe vorher erobern, ehe man weiter nach Kleinasien hinein marschieren durfte. Die besagte Stadt lag in einer schönen, fruchtbaren Ebene hart am See Askanius, der sich bis zum Meer hindehnte, hatte drei deutsche Meilen im Umfang und war von einer hohen, doppelten Mauer, sowie mit einem Graben fließenden Wassers umgeben; alle hundert Schritte aber erhob sich an der inneren Mauer ein runder Turm, auf welchem sich mächtige Wurfmaschinen befanden, um die größten Steine auf die Feinde hinabzuschleudern. Überdies wurden die Festungswerke von einer überaus starken Besatzung verteidigt und um die Eroberung derselben unmöglich zu machen, besetzte der Sultan Kilidsche - Arslan das Gebirge, welches sich im Hintergrund ausdehnte, mit hunderttausend Mann seiner tapfersten Krieger. „Nun mögen die Kreuzfahrer herankommen," rief er voll Siegeshoffnung, denn er war überzeugt, daß es denselben ergehen werde, wie ihren Brüdern das Jahr zuvor; aber diesmal hatte er „Krieger" vor sich und kein zusammengewürfeltes „Gesindel", wie dazumal!

Am sechsten Mai kamen die Kreuzfahrer vor Nicäa an und schlugen alsbald ihre Zelte auf, indem sie die Stadt von der Landseite gänzlich einschlossen. Das ging bei ihrer immensen Anzahl ganz leicht, nur war der Umstand etwas hinderlich, daß kein Oberbefehlshaber da war, sondern jeder Anführer eines Corps oder Heerhaufens ganz auf eigene Faust und nach eigenem Gutdünken handeln konnte und auch in den meisten Fällen handelte. Doch kam wenigstens e i n i g e Einheit in ihre Bewegungen, da die Hauptbannerträger von Zeit zu Zeit einen gemeinschaftlichen Kriegsplan entwarfen, wobei dann immer Stimmenmehrheit bei der Beschlußfassung entschied. So durften unter anderem auch vor Nicäa die verschiedenen Corps ihren Lagerplatz nicht willkürlich wählen, sondern man hielt vorher eine Sitzung, in welcher jedem sein Standquartier angewiesen wurde. Sonst hätte es ja nichts als Streit und Zank abgesetzt, da manchmal Zwei oder Drei auf denselben Platz Anspruch gemacht hätten! Hatte nun aber einer der Fürsten oder Anführer sein bestimmtes Quartier, so beeilte er sich, es mit Gräben und Palisaden zu umgeben und in ein festes Lager umzuschaffen, so daß es nicht bloß vor einem feindlichen Angriff geschützt, sondern auch von den Standardquartieren der übrigen Kreuzfahrer ganz abgeschnitten war. Letzteres erwies sich nämlich als sehr notwendig, da es unter dem Gesamtheer so gar verschiedene Nationalitäten gab, und man also mit Recht befürchten mußte, daß gegenseitige Verspottungen und Reibereien nicht ausbleiben würden, wenn man nicht durch abgesonderte Lager vorbeugte. Oder wo hätten sich je Engländer und Franzosen, Deutsche und Welschen und Normänner mit Irländern in die Länge ganz friedlich vertragen?

Acht Tage lang standen sich die Christen und Mohammedaner gegenüber, ohne daß es zum Kampf gekommen wäre, aber müßig blieb deshalb kein Teil. Die in der belagerten Stadt Eingeschlossenen nämlich rüsteten sich zum hartnäckigsten Widerstand, die Belagerer dagegen stellten Wurfmaschinen auf und legten unterirdische Minen an, um demnächst den Sturm beginnen zu können. Endlich nach einer Woche war man von Seiten der Christen mit dem Nötigsten fertig und ein gehaltener Kriegsrat der Anführer bestimmte den ersten Angriff auf den fünfzehnten. Am frühesten Morgen also, noch ehe der Tag graute, zogen die Belagerer aus ihren Lagern, schlugen Brücken über den breiten Graben und legten Leitern an die Mauern, um über diese hinein in die Stadt zu klimmen; die Belagerten aber, welche ihre Mauern verteidigten, warfen zentnerschwere Steine oder brennende Balken auf die Anrückenden herab und schütteten siedendes Pech oder Öl über sie aus. Außerdem beschossen sich beide Teile mit einem Hagel von Pfeilen und fügten sich überhaupt so viel Schaden als möglich zu, so daß nicht wenige sowohl unter den Christen als unter den Mohammedanern ihr Leben lassen mußten. Das war aber auch das einzige Resultat des ersten Sturmtages, denn als die Christen sich todmatt mit dem Einbruch der Nacht in ihr Lager zurückzogen, mußten sie sich sagen, daß sie zwar nichts gewonnen, wohl aber sehr viel, nämlich an Mannschaft, verloren hätten. Umgekehrt aber sahen die Belagerten wohl ein, daß der vor den Toren stehende Feind ein eben so starker wie tapferer sei, und daß sie also notwendig bald Hilfe von außen her bekommen müßten, wenn sie nicht elendiglich unterliegen sollten. Demgemäß sandten sie auf dem Seeweg einen geheimen Boten an ihren Sultan Kilidsche-Arslan, um denselben von dem Stand der Dinge zu benachrichtigen und dieser versprach ihnen, in den nächsten Tagen das Lager der Christen anzugreifen.

Es vergingen übrigens Wochen, bis er sein Wort hielt und während dieser Zeit stürmten die Christen fast jeden anderen Tag mit solcher Vehemenz auf die feste Stadt ein, daß deren Bewohner immer mehr entmutigt wurden. Eines Tages jedoch, während eben der Kampf am heftigsten wütete und die Christen schon hofften, über eine durch unterirdische Minen zusammengestürzte Mauer in die Festung eindringen zu können, brach urplötzlich Kilidsche-Arslan mit seinen hunderttausend Kriegern von hinten her auf die Belagerer ein, in der Hoffnung, ihnen eine vollständige Niederlage zu bereiten. Der Plan war gut, denn die Belagerer kamen durch diesen unerwarteten Angriff zwischen zwei Feuer und da sie außerdem schon mehrere Stunden lang gestürmt hatten, so mußten ihre Kräfte bedeutend erschöpft sein, während die Anstürmenden natürlich ihre volle Stärke besaßen. Doch jetzt sollte der türkische Sultan zu seinem Schrecken erfahren, was die christlichen Ritter vermochten. Kaum nämlich hatten seine Leute mit großem Geschrei den Angriff begonnen und das Fußvolk der Christen für den ersten Augenblick in Verwirrung gebracht, so schmetterten die Trompeten und in der nächsten Viertelstunde saßen alle die Ritter, welche unter dem edlen Tancred und dem tapferen Raymund standen, hoch zu Roß. Noch ein Trompetenstoß und die geharnischten Scharen rannten in langer Linie, aber dicht geschlossen, mit eingelegter Lanze gegen den Feind los und brachen sich sofort, alles niederwerfend, was ihnen im Weg stand, eine furchtbar breite Gasse mitten durch die Türken hindurch. Beim Himmel, so etwas hatte Kilidsche-Arslan noch nicht erlebt und es kam ihm gerade vor, als ob eine eherne Mauer sich vorwärts bewegt hätte, um seine Leute zu zermalmen! Hier war kein Widerstand mehr möglich, außer wenn man das Leben des ganzen Heeres aufs Spiel setzen wollte und gebeugten Herzens gab der sonst so tapfere Sultan Befehl zum Rückzug; aber über viertausend seiner Krieger lagen tot auf dem Schlachtfeld und fast eben so viele wurden gefangen.

Jetzt war das Schicksal Nicäa's so gut wie entschieden und als vollends der Kaiser Alexius von Konstantinopel her eine Flotte sandte, welche sich vor die Einfahrt in den See Askanius postierte, so durfte man die Übergabe der Stadt schon in der nächsten Zeit erwarten. In Folge dieses Flottenmanövers nämlich konnten keine Lebensmittel mehr über den See nach Nizäa gebracht werden und eben so wenig war es möglich, daß der Sultan frische Truppen hineinlegte. Dennoch verteidigten sich die so hart Eingeschlossenen mit einem bewundernswerten Mut noch mehrere Wochen lang, allein wie wenig Hoffnung sie hatten, die Festung erhalten zu können, das ist daraus ersichtlich, daß die Sultanin, d. i. die Gattin Kilidsche-Arslans, welche das Schloß in Nicäa bewohnte, es bei Nacht und Nebel versuchte, mit ihren beiden noch in der Wiege liegenden Kindern über den See Askanius zu entfliehen. Ihr Schifflein wurde jedoch von Butumides, dem Befehlshaber von Kaiser Alexius' Schiffen, aufgegriffen und man führte die Gefangene sofort nach Konstantinopel, wo sie Jahre lang schmachten mußte, ehe sie der griechische Kaiser gegen ein überaus großes Lösegeld wieder losließ. Dieser Umstand nun und das Zusammenstürzen mehrerer Türme, welche die Christen unterminiert hatten, bewog endlich die Nicäer, nachdem sie sich im Ganzen sieben Wochen lang tapfer gewehrt, an Übergabe zu denken; aber – um Gotteswillen nur nicht an die Kreuzfahrer! Diese waren nämlich, durch den langen Widerstand der Stadt erbittert, so barbarisch gewesen, allen im Gefecht getöteten Feinden die Köpfe abzuschneiden und dieselben wie Kegelkugeln über die Mauern hinüberzuwerfen und somit fürchteten sich die Mohammedaner gar arg vor den abendländischen Christen. Was war also natürlicher, als daß sich dieselben insgeheim an Butumides, den Admiral des Alexius, wandten, um diesem die Stadt gegen das Versprechen, daß das Leben und Eigentum der Einwohner geschont werden müsse, zu überliefern? Butumides leistete das Versprechen und nahm sofort eiligst mit seinen Truppen in tiefdunkler Nacht Besitz von Nicäa, denn er wußte, daß der andere Tag von den Kreuzfahrern dazu bestimmt war, um den letzten entscheidenden Sturm zu wagen. In der Tat rückten auch diese schon in aller Frühe von allen Seiten her mit Sturmleitern gegen die Mauern vor und freuten sich schon in ihrem Innern auf die große Beute, die sie machen würden; aber siehe da, urplötzlich schallten Hörner und Trompeten von den Wällen herab und man sah nun die griechischen Fahnen von den Zinnen und Türmen herabflattern. Wie versteinert standen die Abendländer da und wie ihnen nun Butumides laut verkündigen ließ, daß sich Nizäa an den Kaiser von Konstantinopel ergeben habe, da gab es nur wenige, welche die Hinterlist der Griechen nicht verflucht hätten. All die vielen Anstrengungen sollten nur gemacht und all das viele Blut sollte nur vergossen worden sein, damit die Griechen den Nutzen davon hätten? Das war den Kreuzfahrern doch fast allzuviel zugemutet, aber der kluge Alexius wußte den berühmteren Rittern, sowie insbesondere den Anführern so lange mit Lobeserhebungen über ihre bewiesene Tapferkeit, sowie auch mit reichen Geschenken aller Art – nur Gottfried von Bouillon und Tancred nahmen keine an – so lange zuzusetzen, bis sie sich am Ende doch zufrieden gaben und so blieb Nicäa in seinen Händen.

Nach kurzer Rast brachen die Kreuzfahrer wieder auf und ihr nächstes Ziel war nun die große Stadt Antiochien in Syrien, aber sie sollten sie nicht so bald erreichen. Mit der Eroberung von Nicäa nämlich war die Kraft des tapferen Kilidsche-Arslan noch lange nicht gebrochen und als er nun sah, wie die Kreuzfahrer immer weiter in seinen Staaten vordrangen, da rief er seinen ganzen Stamm, sowie überhaupt alle Mohammedaner zu seiner Hilfe auf. Mit Jubel folgten ihm dieselben, denn es galt ja die Verteidigung des Glaubens und des Vaterlandes zugleich und bald hatte er ein Heer von zweimal hunderttausend Mann, darunter über hunderttausend Reiter, auf den Beinen. Mit dieser starken Macht hoffte der Sultan seine Niederlage zu rächen und die Stadt Nizäa wieder zu erobern; aber um ja recht sicher zu gehen, beschloß er, nicht eher eine Feldschlacht zu wagen, als bis er eine ganz günstige Gelegenheit gefunden hätte. Auch wußte er wohl, daß ihm die letztere nicht entgehen könne, da er des Landes kundig war und über alle Bewegungen der Kreuzfahrer durch seine Spione aufs Genaueste unterrichtet wurde, während diese – solcher Vorteile entbehrend, gar nicht einmal ahnten, daß ein so großartiger Heereshaufen, in den Gebirgen versteckt, ihrer warte. Ja, ihre Sorglosigkeit ging so weit, daß sie sich, um für ihre Pferde ausgedehntere Weideplätze zu bekommen, in zwei Haufen trennten, die in paralleler Linie fortzogen; doch waren sie wenigstens so vorsichtig, sich eines möglichen Überfalls wegen nie in einer allzu großen, sondern höchstens in einer zwei bis drei deutsche Meilen betragenden Entfernung voneinander zu lagern. Am letzten Tag des Juli nun kam der Heeresteil, welchen Gottfried von Bouillon, Raymund von Toulouse und Hugo von Vermandois befehligten, in dem lieblichen Tal von Gorgoni an und lagerte da des guten Weidegrundes wegen; der Haufen dagegen, welchen Bohemund, Tancred, Robert von der Normandie und Robert v. Flandern führten, machte in der großen Ebene von Doryläum, die von Gorgoni etwa sechs Stunden entfernt ist, Halt. Beide Heerhaufen waren äußerst wohlgemut und keiner dachte an irgend eine Gefahr; aber wer beschreibt nun das Entsetzen der Normänner, Italiener und Flandrer, als sie am folgenden Morgen, also am ersten August, die Ungläubigen in furchtbarer Anzahl und unter schrecklichem Geschrei von den nahen Bergen herabrücken sahen! Kilidsche-Arslan war es, an der Spitze seiner zweimal hunderttausend, und wahrhaftig – wenn er heute nicht Sieger blieb, so durfte er nie mehr hoffen, die Oberhand zu gewinnen. Einmal nämlich konnte es für die schnellen Bewegungen seiner Reiterei kein günstigeres Terrain geben, zum zweiten durfte sich der Haufen der Christen mit seinem Heer, wenigstens was die Anzahl betraf, nicht messen, und zum dritten endlich versprach der Tag ein so heißer zu werden, daß die Abendländer, welche an die glühenden Sonnenstrahlen Kleinasiens nicht gewöhnt waren, unmöglich große Anstrengungen auszuhalten im Stande waren. Kalkulierte also der Seldschuckensultan nicht ganz richtig, wenn er diesmal auf den Sieg rechnete?

Kaum hatten Bohemund und die übrigen Führer ihre Leute in Schlachtordnung aufgestellt, so begann schon der Angriff von Seiten der Feinde, aber die Fechtart, welche diese letzteren diesmal anwandten, war eine ganz andere, als früher in Nizäa. Ihr Fußvolk hielt sich nämlich auf einer Anhöhe in einer vollkommen sicheren Entfernung und begnügte sich damit, einen ganzen Hagel von wohlgezielten Pfeilen auf die Christen abzusenden; ihre Reiterei dagegen schwärmte auf drei Seiten um das Corps der Ritter herum und entsandte ebenfalls Pfeil auf Pfeil. Doch hütete sie sich gar wohl, ihrem Gegner auf den Leib zu rücken, indem sie aus Erfahrung nur zu gut wußte, daß sie dann unbedingt unterliegen müßte. Freilich sollte man nun meinen, die Pfeile werden keinen großen Schaden angerichtet haben, da nicht bloß die Ritter selbst von Kopf bis Fuß in Eisen eingehüllt, sondern auch ihre Rosse mit einem geflochtenen Panzer, der wenigstens den Kopf, die Brust und den Rücken deckte, bekleidet waren, allein dies verhielt sich doch etwas anders. Die Füße der Pferde nämlich mußten ungepanzert bleiben, da sich die Tiere sonst hätten gar nicht bewegen können und somit richteten die Türken ihr Ziel fast immer auf die Füße. Auch entwickelten sie hierin eine solche Geschicklichkeit, daß Tausende von Rossen zu Boden stürzten, um nie wieder aufzustehen, und daß in Folge dessen bald eine Menge von Rittern durch den Sturz mehr oder weniger beschädigt oder gar ganz kampfunfähig gemacht wurde. Natürlich übrigens blieben die Christen nicht ruhig und untätig stehen, um nur immer auf sich schießen zu lassen, sondern das Fußvolk rückte gegen die feindlichen Armbrustschützen auf der Anhöhe vor und die Ritter sprengten in geschlossener Reihe mit eingelegten Lanzen, wie sie es bei Nizäa gemacht hatten, gegen die leichte Reiterei ein, um derselben für immer das Handwerk zu legen. Doch – eigentümlich, die Türken hielten nirgends Stand und insbesondere wandten sich die flinken Reiter, sowie die Ritter vordrangen, auf ihren schnellen arabischen oder persischen Pferden zur eiligsten Flucht; sowie sie aber außerhalb des Bereichs der ritterlichen Lanzen gekommen waren, stellten sie sich sogleich wieder, machten Front und verdunkelten den Himmel abermals mit einer Wolke von Geschossen. Auf diese Art ging es viele Stunden lang fort. Die Gewandtheit kämpfte mit der Stärke und die Behendigkeit mit der Schwerfälligkeit, aber der Vorteil war auf der Seite der ersteren, so daß die christlichen Ritter darüber, daß sie den Feind nie erreichen konnten, ganz wütend wurden und demselben wie wahnsinnig nachrannten. Dadurch kam große Unordnung in die Reihen der Kreuzfahrer und diese benützte der türkische Sultan äußerst geschickt, um die Gesamtmasse des Christenheeres in einzelne Trupps zu teilen, die er dann mit großer Übermacht angriff. Kurz, bis gegen Mittag, nachdem die Schlacht etwa sechs Stunden lang gedauert hatte, fingen die Christen allüberall an, zu weichen und nur durch ihr heroisches Beispiel, nur durch die Stärke ihres Armes und durch ihre persönlichen Anstrengungen hielten Tancred, Bohemund, Richard von Salerno und Robert von der Normandie die gänzliche Niederlage des Heeres auf.

Nun kam aber noch ein anderer Umstand hinzu, welcher fast noch verderblicher wirkte, als die neue Kampfweise der Seldschucken. Gegen den Mittag hin nämlich wurde die Hitze fast unerträglich und die Sonnenstrahlen brannten so mächtig, daß alle Sehnen und Nerven der an ein kälteres Klima gewöhnten Abendländer erschlafften. Vom wahnsinnigsten Durst geplagt und von dem glühenden Erdboden fast geblendet, sanken viele um und ließen die Waffen fallen, ohne an ferneren Widerstand zu denken; Andere aber, und deren Anzahl war auch nicht klein, liefen gleichgültig wegen der Folgen ohne Weiteres über das Feld hin dem Fluß zu, der im Tal unten floß, und wurden während des Laufens zu Hunderten niedergemacht. Am übelsten daran waren die Ritter, denn unter dem schweren Panzer drückte die Last der Hitze mit doppelter Stärke auf sie, und nicht wenige derselben glaubten, ersticken zu müssen, wenn sie sich nicht wenigsten eines Teils ihres Harnisches entledigten. Ja, Einzelne wurden in der Tat und Wahrheit vom Schlag gerührt, während die meisten anderen wenigstens so schlaff wurden, daß sie ihre Waffen nicht mehr wie Männer führen konnten. Solches gewahrend, beschloß der Sultan Kilidsche-Arslan, seine Kampfweise abermals zu ändern und einen Sturm auf das Lager der Christen zu wagen. Jetzt galt es also einen offenen Kampf und zu diesem Behufe sammelte er seine tapfersten Krieger um sich, lauter bewährte Männer, welche noch überdies, damit sie unermüdet blieben, bis jetzt nicht hatten am Kampf teilnehmen dürfen. Im sausenden Galopp ging es vorwärts, und obwohl das kleine Häuflein der Ritter, welches noch widerstandsfähig war, sich mit der letzten Anstrengung den türkischen Geschwadern entgegenstemmte, so war es doch zu schwach, den furchtbaren Anprall zurückzuwerfen. Die Seldschucken drangen somit ins Lager ein, trotzdem dasselbe mit starken Palisaden umgeben war, und – wehe nun den vielen Frauen, sowie insbesondere auch den Nonnen, welche mit dem Heer der Kreuzfahrer gezogen waren, um mit ihnen in Jerusalem einzuziehen! Am besten noch erging es denjenigen, welche von den Stürmenden in der ersten Wut niedergemacht wurden, allein bald besannen sich die Feinde eines andern und nahmen, statt zu töten, nur gefangen, in der sicheren Voraussetzung, wenigstens die Schöneren und Jüngeren unter den Christinnen mit gutem Nutzen als Sklavinnen verkaufen zu können. Ein gräßliches Los also erwartete diese, und in der Voraussicht dessen gaben sich viele selbst den Tod; die Meisten aber stießen ein solch gräßliches Hilfegeschrei aus, daß es einen Stein hätte erbarmen können. Die wenigen noch kräftigen Ritter, die solches hörten, machten daher auch eine letzte Anstrengung, um ihnen beizustehen, allein sie büßten dabei zum großen Teil ihr Leben ein, wie der tapfere Robert v. Paris und der herrliche Wilhelm v. Hauteville, der Bruder Tancreds und zugleich der Liebling des ganzen Heeres. Ja, der mit so besonderer ritterlicher Kraft ausgerüstete Tancred selbst wäre verloren gewesen, da vom vielen Stoßen und Schlagen seine Lanze zersplittert und sein Schwert gebrochen war, wenn nicht Fürst Bohemund zu seiner Errettung herbeigeflogen und mit gewaltiger Kraft mitten durch die feindlichen Geschwader gebrochen sein würde.

So schien denn die Niederlage der Kreuzfahrer eine ganz entschiedene zu sein, und bereits jubelte Kilidsche-Arslan, aber er jubelte zu früh. Mit dem Beginn der Schlacht nämlich hatte der umsichtige Bohemund an das andere, weit stärkere Kreuzfahrerheer im Tal Gorgoni hintereinander zwei reitende Boten gesandt, mit der Nachricht, daß er und die Seinigen von einem übermächtigen Feind angegriffen und hart bedrängt seien; aber – waren die Boten vielleicht nicht angekommen, weil Stunde um Stunde verging, ohne daß Antwort kam? Doch horch, was erschüttert jetzt plötzlich die Erde, daß sie erzittert, wie wenn ein gewaltiger Donner über ihr hinrollte? Siehe da, was soll die furchtbare Staubwolke bedeuten, hinter welcher die Sonne sich scheu verbergen muß? Es ist der Herzog Gottfried v. Bouillon mit dem Grafen Hugo v. Vermandois, welche beide an der Spitze von sechzigtausend Reitern dahersprengten, um ihren bedrängten Brüdern beizustehen und mit eingelegter Lanze in den Feind einzustürmen! Ha, wie das wettert und klingt! Ha, wie der Seldschuckensultan nun plötzlich zum Rückzug blasen läßt, weil er die errungenen Vorteile durch die frischen Feinde zu verlieren fürchtet! Aber seine Vorsicht soll ihm nichts helfen, und vergeblich ist sein Bestreben, mit den gemachten Gefangenen die sicheren Gebirge in seinem Rücken zu erreichen, denn jetzt rückt auch Raymund v. Toulouse mit dem Fußvolk an und die bisher so hart bedrängten Kreuzfahrer unter Bohemund, Tancred und Robert von der Normandie vereinigen sich neubelebt mit ihren Rettern, um die Gefangenen zu befreien und den schmählichen Tod ihrer Brüder zu rächen. Furchtbar stürmen die Christen an und von hinten wie von vorne bedrängt, löst sich das Heer Kilidsche-Arslans bald in vollständiger Unordnung auf. Wer fliehen kann, der flieht, und manchem hilft die Behendigkeit seines Rosses oder seiner eigenen Füße, aber eine große Anzahl von Emiren und Oberanführern, mehr als dreitausend untergeordnete Führer und Offiziere, sowie gegen zwanzigtausend Krieger finden ihren Tod auf der Wahlstadt. Der Sieg der Christen ist also ein vollständiger und mit knapper Not entrinnt Kilidsche-Arslan selbst, von wenigen Getreuen umgeben.

Auf diese Art endete die Schlacht von Doryläum, eine der blutigsten, welche in diesem Krieg gekämpft wurden. Die Christen hatten sich in derselben äußerst mutig benommen und von vielen der Ritter waren sogar Wunder der Tapferkeit verrichtet worden; aber es zeigte sich nun doch, daß selbst der trefflichste Eisenharnisch nicht vor dem Tod in der Schlacht schützen könne, und daß ein Sieg leichtbewaffneter Reiter oder Fußgänger über eine Schar der schwerst bepanzerten Ritter keineswegs zu den Unmöglichkeiten gehöre. Um diese Erfahrung reicher, brach das Kreuzheer drei Tage nach der Schlacht wieder auf, um den Marsch nach Syrien fortzusetzen und ohne Zweifel waren die Meisten nunmehr der Überzeugung, daß sie bis nach Antiochien hin keinen lebhaften Widerstand mehr finden würden. Allein wie bitter täuschten sie sich! Zwar allerdings konnte der Sultan Kilidsche-Arslan nach der furchtbaren Niederlage, welche er erlitten, das offene Feld gegen die Kreuzfahrer nicht mehr behaupten, aber dagegen wußte er sich ihnen auf andere Weise nur allzu furchtbar zu machen, nämlich durch den Hunger und den Durst, den er ihnen bereitete. – Er zerstörte nämlich alle die blühenden Provinzen seines Reiches, durch welche die Kreuzfahrer ziehen mußten, mit eigener Hand so von Grund aus, daß es auf der ganzen Route weder Lebensmittel, noch Obdach mehr gab und nun kann man sich denken, wie unbeschreiblich die Mühsale waren, welche das christliche Heer durchzumachen hatte. War doch sogar das Gras auf den Wiesen und die halbreife Frucht auf den Feldern von den wilden Seldschucken vernichtet worden, damit auch die Schlachtrosse, Saumtiere und Packpferde der Christen draufgehen sollten! In der Tat erreichte Kilidsche-Arslan einen großen Teil seines Zwecks, denn von den Menschen, die sich größtenteils nur noch von Wurzeln und wilden Pflanzen ernährten, starben oft an einem einzigen Tag fünfhundert und von den Rossen gingen über Dreiviertel zu Grunde, so daß die meisten Ritter zu Fuß gehen und die schweren Waffen selbst tragen mußten. Dennoch aber wagte der Sultan keinen offenen Angriff mehr auf die Kreuzfahrer, in einem so elenden Zustand sich diese auch befanden, sondern fiel bloß immer über diejenigen, welche, um Lebensmittel zu suchen, links und rechts vom Hauptheer abschweiften, mit großer Übermacht her und tötete keinen kleinen Teil von ihnen. Endlich übrigens nahmen auch die Leiden der Kreuzfahrer ein Ende, denn als sie das wasserarme Phrygien und das schreckliche Taurusgebirge hinter sich hatten, kamen sie nach dem überaus fruchtbaren Pisidien, das nicht mehr zum Reich Kilidsche-Arslans gehörte. Im Gegenteil war diese bereits eine Provinz des in Ispahan thronenden Malek-Schahs, wurde aber nur von einem schwachen Emir oder Gouverneur verwaltet, welcher keine Feindseligkeiten gegen die ihm durchaus überlegenen Fremdlinge zu beginnen wagte. Demgemäß wurde es den Halbausgehungerten möglich, sich in kurzer Zeit wieder zu erholen und – mit frischgewonnenen Kräften, obwohl an Zahl sehr zurückgekommen, marschierten sie nun der großen Stadt Antiochien in Syrien zu, welche gleichsam als der Schlüssel zu Jerusalem anzusehen war und von ihnen im Oktober 1097 erreicht wurde.

Antiochien liegt etwa zwölftausend Schritte vom Meer entfernt, auf zwei Seiten von hohen Gebirgen umschlossen, in einem äußerst fruchtbaren Tal, das der Orontes durchströmt und war damals eine der festesten Städte der Welt, denn an ihrem schwächsten Teil wurde sie durch eine dreißig Fuß hohe, überaus dicke Mauer, sowie durch im Ganzen vierhundert Türme beschützt. Überdies stand auf dem höchsten Punkt eine Burg, welche als unüberwindlich galt und der Emir, welcher die Stadt im Namen Malek-Schahs beherrschte, Melch Baghi-Sian, hatte außer der großen Bevölkerung von zweihunderttausend Seelen noch über siebentausend Reiter und zwanzigtausend Fußgänger zu seiner Verfügung. Das kam denn doch manchem der Kreuzfahrer bedenklich vor und es wurde deshalb am 18. Oktober ein großer Kriegsrat gehalten, ob man die Belagerung der Stadt trotz der Festigkeit und trotz des heranrückenden Winters dennoch sofort beginnen solle. Die meisten Stimmen waren dafür und noch am Abend dieses Tages stand das ganze christliche Heer vor Antiochiens Mauern; aber die dreihunderttausend streitbaren Krieger, welche es zählte – der Rest von den Sechshunderttausend die vor Nizäa gestanden – reichten nicht hin, die Mauern vollständig einzuschließen und von fünf Toren konnten nur drei besetzt werden, so daß den Belagerten zwei Ausgänge frei blieben. Dennoch zweifelten die Kreuzfahrer keinen Augenblick lang an einem günstigen Erfolg, denn sie verließen sich auf den Beistand des Himmels und auf ihre unüberwindliche Tapferkeit.

Am Anfang ging alles ganz vortrefflich, das heißt, die in der Stadt machten keinen Ausfall, sondern blieben ganz still und ruhig, als wenn gar kein Feind da wäre, die außerhalb der Stadt aber hielten dies für eitel Verzagtheit und Schrecken, begnügten sich daher damit, die drei Tore besetzt zu halten, dieweil sie wähnten, ihre Gegner würden sich ihnen in Kürze auf Gnade und Ungnade übergeben. Natürlich übrigens glaubten sie sich nach so viel ausgestandenen Strapazen schon einige Erholung gönnen zu dürfen und da von allen Seiten der größte Überfluß herbeiströmte, so überließen sie sich bald nicht bloß dem Vergnügen und dem Wohlleben, sondern sogar der Völlerei und anderen Ausschweifungen aller Art. Auf ihrem Zug nach Pisidien hatten sie ja der Beute genug gemacht, warum sollten sie also das Gold nicht fließen lassen, um ihre Begierden zu befriedigen? Überdies blühte ihnen nicht die Hoffnung, daß sie in Kürze Antiochien erobern und daselbst eine unermeßlich reiche Beute machen würden, - was brauchten sie also für die Zukunft zu sorgen? So wurde denn das Lager bald von einem ganzen Heer armenischer Kaufleute und syrischer Juden, welche bekanntlich überall zu finden sind, wo es einen Profit zu machen gibt, überschwemmt und statt der stärkenden Waffenübungen und der ritterlichen Kämpfe sah man nichts als Würfelspiele, Mummereien, Tänze und nächtliche Gelage. Außerdem füllten Wahrsager und Zeichendeuter die leeren Stunden der so überaus weichlich gewordenen Kreuzfahrer aus, kurz, es griff unter der großen Menge derselben eine solche Zügellosigkeit um sich, daß nach und nach alle Ordnung und Zucht aufhörte. Aber dieser gräßliche Zustand der Verwilderung sollte ein Ende mit Schrecken nehmen. Mit dem Vorrücken der Jahreszeit nämlich verwandelte sich die bisher so heitere Herbstwitterung in einen orientalischen Winter mit unendlich viel Regen und hierdurch wurden bald alle Straßen so unwegsam, daß keine neuen Zufuhren von Lebensmitteln herbeigeschafft werden konnten. Somit trat nun statt des bisherigen Überflusses bald förmlicher Mangel ein und man bereute es bitter, die großen Vorräte, die man in den ersten paar Wochen gewann und welche für den ganzen Winter gereicht hätten, so töricht verschleudert zu haben. Zudem überschwemmten die großen Gebirgswasser, die von den Bergen bei Antiochia herabströmten, die ganze Ebene, in welcher das Heer der Belagerer stand und durch die täglichen Windstürme wurde eine Menge von Zelten eingerissen. Damit war es aber noch nicht genug, sondern die Belagerten machten nunmehr fast täglich tapfere Ausfälle und überfielen insbesondere diejenigen, welche sich in die Umgegend hinauswagten, um Lebensmittel für Menschen und Vieh herbeizuschaffen. So stieg das Elend von Tag zu Tag immer höher und um das Maß desselben voll zu machen, brachen auch noch ansteckende Krankheiten und Seuchen aus. Wie hätte dies aber auch anders sein können, da die Belagerer nebst ihren Rossen nicht bloß dem Ungemach der Witterung gänzlich ausgesetzt waren, sondern auch jeder Erquickung und selbst der notwendigsten Bedürfnisse entbehren mußten? Sie starben also zu Tausenden hin und die Überlebenden hatten vollauf zu tun, wenn sie nur mit der Beerdigung ihrer Toten fertig werden wollten; der beste Beweis aber, wie der Sensenmann unter den Pferden aufräumte, liegt darin, daß, als der tapfere Tancred sich einmal erbot, mit Gefahr seines Lebens einen Streifzug ins feindliche Land zu machen, um unter allen Umständen Lebensmittel herbeizuschaffen, von den sechzigtausend Rittern, welche vor Antiochia angekommen waren, nur noch zweitausend zu Pferde ausrücken konnten. Freilich an Seuchen waren nicht achtundfünfzigtausend Rosse draufgegangen, sondern man hatte auch viele derselben geschlachtet, um sich vor dem Hungertod zu retten! Unter solchen Umständen war es nun nicht zu verwundern, wenn endlich Mutlosigkeit und Verzweiflung gar viele der Überlebenden ergriff und wenn sie anfingen, teils einzeln, teils in ganzen Scharen auszureißen. Ja, wenn sogar vornehme Ritter das schimpfliche Beispiel zur Flucht gaben, nur um den höllischen Qualen der Entbehrung zu entgehen! Doch kehrten die meisten (und unter ihnen ist besonders Wilhelm, Graf v. Melün, der wegen seiner wunderähnlichen Heldentaten mit der Streitaxt gewöhnlich nur „der Zimmermann" genannt wurde, zu nennen) voll Beschämung wieder zurück und gelobten von Neuem, nicht eher an die Heimkehr denken zu wollen, als bis das große Ziel, die Eroberung Jerusalems, erreicht sei. Inzwischen neigte sich, nachdem die Belagerung bereits über sechs Monate lang gedauert hatte, der Winter seinem Ende zu und es bannten die milden Strahlen der Frühlingssonne nicht nur die verheerenden Krankheiten, sondern sie trockneten auch die Wege, um wieder Zufuhren aus der weiteren Ferne (in der Nähe herum war natürlich längst alles ausgeraubt) möglich zu machen. So kehrte der alte Mut in die Herzen der Kreuzfahrer zurück, aber es war dies auch äußerst nötig, wenn sie nicht schließlich dennoch gänzlich aufgerieben werden sollten. Längst nämlich hatte der Emir Baghi-Sian (einige Schriftstellen nennen ihn auch Acian) sowohl nach Ispahan selbst, als an die nächstgelegenen seldschuckischen Statthalter um Hilfe geschrieben und mit dem Eintritt der trockenen Jahreszeit rückten auch in der Tat die Emire von Aleppo, Damaskus und einigen anderen Städten mit einem Heer von fünfundzwanzigtausend Reitern heran, um Antiochien zu entsetzen. Das wäre nun freilich vor wenigen Monaten noch eine allzu kleine Schar gewesen, als daß sie einen Angriff auf die Kreuzfahrer hätte wagen dürfen, allein nunmehr hatten sich die Umstände furchtbar geändert, indem nur noch siebenhundert Ritter Pferde besaßen und als Eisenreiter Dienste tun konnten. Dennoch verzagten dieselben keinen Augenblick lang, sondern zogen, nachdem sie vorher das heilige Abendmahl genommen, in tiefdunkler Nacht unter Anführung des Fürsten von Tarent und des Grafen v. Toulouse aus, um den Feind am frühen Morgen, wo es noch kühl war, zu treffen. In der Tat trafen sie ihn auch und derselbe stellte sich sogleich, sechs Glieder hoch, in Schlachtordnung auf, da er meinte, das kleine Häuflein auf dem Butterbrot verspeisen zu können. Aber, hilf Himmel, wie sausten nun die Eisenreiter daher! Einem Wetterstrahl gleich fuhren sie in einer langen, festgeschlossenen Linie unter die Fünfundzwanzigtausend hinein und zerrissen dieselben in zwei Haufen, indem sie zugleich alles niederwarfen, was ihnen entgegenstand. Dann wandten sie sich bald nach rechts, bald nach links und wo ihre Lanze hinstieß oder wo ihr Schwert hintraf, da sanken zwei oder drei Muselmannen zum Tod getroffen. Jeder der siebenhundert Ritter verrichtete diesmal Taten, die würdig wären, der Nachwelt überliefert zu werden, am allerfurchtbarsten aber räumten Tancred und Wilhelm der Zimmermann mit den armen Seldschucken auf, denn jener war gewohnt, als der Tapferste zu glänzen und dieser wollte seinen Fluchtversuch wieder gutmachen. Nach einer Stunde schon hatten die Siebenhundert einen vollständigen Sieg erfochten und die Feinde flohen in aller Eile, nachdem über dreitausend der ihrigen gefallen waren, nach der Stadt Harem; aber die Siebenhundert sprengten hinter ihnen drein und eroberten die Stadt im Sturm. So war der Sieg ein doppelter und brachte viele Beute, besonders auch an Pferden, was den vielen Unberittenen im Lager eine große Freude bereitete.

Wenige Tage danach hätten sich übrigens die Muselmannen beinahe furchtbar gerächt. Im Seehafen von St. Simeon nämlich, am Ausfluß des Orontes, war eine genuesische Flotte angelangt, welche sowohl Lebensmittel als Belagerungswerkzeuge aus Italien brachte und nun strömten, da der Weg in den Hafen höchstens eine Stunde betrug, eine ganze Masse von Kreuzfahrern hinaus zu den Schiffen. Gar viele trieb die Neugierde, weil sie hofften, Neuigkeiten aus Europa zu vernehmen, die Meisten aber gingen, um Einkäufe zu machen und waren folglich, um diese tragen zu können, durchaus unbewaffnet. Solches sah Baghi-Sian von den höchsten Zinnen der Burg aus und legte sofort viertausend Mannen seines Fußvolkes in einen Hinterhalt, um die Kreuzfahrer auf ihrem Heimweg zu überfallen. Sein Plan glückte für den Anfang und die Viertausend hausten furchtbar unter den armen Christen, aber unmittelbar nachher gewahrte Gottfried v. Bouillon das schreckliche Schauspiel. Sofort sprang er auf sein Roß, ohne sich lange vorher wappnen zu lassen, zog sein Schwert und schrie seinen Rittern zu, ihm zu folgen. Diese taten, wie er tat und im Nu war nicht nur der Feind erreicht, sondern auch wie Spreu auseinander gejagt. Mit Jubel begrüßten die Christen diesen Sieg, der Emir Baghi-Sian aber, voller Wut, daß sein so wohl durchdachter Kunstgriff zu einer Niederlage führen solle, schickte den geschlagenen Viertausend weitere Achttausend seiner Krieger, darunter viertausend Berittene, zu Hilfe, indem er ihnen zugleich erklärte, daß er ihnen nur dann die Tore Antiochiens wieder öffnen werde, wenn sie als Sieger heimkehrten. Nun begann die Schlacht von Neuem und zwar viel wütender als zuvor, denn die Muselmannen kämpften mit dem Mut der Verzweiflung. „Sieg oder Tod“, war ihre Losung, und „Sieg oder Tod“ riefen auch die Ritter, welche dem Gottfried von Bouillon zur Seite standen. Ha, wie nun die Hiebe flogen! Bohemund von Tarent war schon nach zehn Minuten ganz in Blut gebadet; ebenso Raymund von Toulouse und der Bischof Adhemar v. Puy, welcher das Schwert, zum mindesten gesagt, eben so gut führte als den Weihewedel; am meisten jedoch zeichnete sich der Normannenherzog, sowie Tancred und Gottfried v. Bouillon aus. Robert von der Normandie nämlich und Tancred gebrauchten ihre langen Schwerter wie eine Sense und mähten damit den Muselmännern die Köpfe ab, der Herzog v. Lothringen aber leitete das ganze Gefecht mit jener ungemeinen Klugheit und Ruhe, welche man von einem Oberfeldherrn erwartet. Allein deshalb fand er doch noch Zeit, auch Proben seiner Tapferkeit abzulegen und z.B. einen Seldschucken von riesenhafter Größe, der ihm überaus stark zusetzte, mit einem einzigen Hieb den Kopf nebst dem Leib so zu spalten, daß der Körper geradezu in zwei gleichmäßige Teile zerfiel und das Pferd, welches der Muselmann ritt, noch eine tiefe Wunde im Rücken davon trug. Zum Andenken an diese Tat hat man auch später das Schwert, mit welchem der furchtbare Hieb geführt wurde, in der Kirche zum heiligen Grab in Jerusalem aufgehängt und da ist es, als das einzige historische Denkmal von den Kreuzzügen, noch bis auf den heutigen Tag zu sehen. Es läßt sich nun übrigens wohl denken, daß, wo es so zuging, die Muselmannen nicht Stand halten konnten, sondern daß sie vielmehr über Hals und Kopf dem Tor zurannten, um sich hinter den sicheren Mauern Antiochiens zu bergen, aber siehe da, Baghi-Sian hielt Wort und ließ den Fliehenden das Tor nicht öffnen. „Wehrt euch um euer Leben oder sterbet,“ rief er ihnen zu und ließ sich um keinen Preis zur Milde bewegen. So entstand denn unmittelbar vor der Stadt ein Gemetzel, wie man es sich grausiger nicht denken kann, und von allen den Zwölftausend, die am Morgen heil und gesund gegen die Christen ausgezogen waren, atmete am Abend auch nicht Einer mehr. Zehntausend tötete Gottfried mit seinen Rittern, zweitausend aber ertranken im Orontes, als sie sich über denselben flüchten wollten!

Der Sieg war ein glorreicher und goß noch mehr Mut in die Seelen der Kreuzfahrer. Deswegen gingen sie auch jetzt mit einem außerordentlichen Eifer an die Belagerung der Stadt und ruhten nicht, bis alle die Maschinen und Belagerungswerkzeuge, welche mit der Flotte von Genua gekommen waren, sich im Gang befanden. Überdies hielten sie strengste Wache und fingen jede Zufuhr ab, welche man in die Stadt schmuggeln wollte, so daß in dieser die Lebensmittel sehr rar zu werden begannen. Das wurmte nun den Einwohnern, deren größter Teil aus griechischen Christen bestand und sie hätten gar zu gerne den Belagerern die Tore geöffnet, wenn sie nur die Grausamkeit des seldschuckischen Emirs nicht gefürchtet haben würden. Einer aber war unter ihnen, mit Namen Pyrrhus oder Phiruz, der aus Eigennutz zum Mohammedanismus übergetreten war, und dieser beschloß, abermals von Eigennutz getrieben, Antiochien unter gewissen Bedingungen in die Hände der Kreuzfahrer hinüberzuspielen. Zu dem Behufe stellte er sich als einen der eifrigsten Muselmannen und wußte sich, klug wie er war, bei dem Emir so einzuschmeicheln, daß ihn dieser zum Kommandanten einer der wichtigsten Türme der Stadt machte. Kaum war er aber dies geworden, so wußte er sich insgeheim mit Bohemund, dem Fürsten von Tarent, dessen ehrgeizigen Charakter er ohne Zweifel genau kannte, in Verbindung zu setzen, und als die Beiden dann in einer dunklen Nacht unter den Mauern der Stadt zusammenkamen, besprachen sie Alles ganz genau, einmal was Phiruz bekommen sollte, und zum andern, wie und auf welche Weise die Stadt zu überliefern sei. Gleich darauf kam die Nachricht ins Lager, daß Kerboga, der Emir von Mosul, als Stellvertreter und Feldherr des Sultans Malek-Schah, an der Spitze von zweihunderttausend Reitern und mindestens eben so viel Fußgängern zum Entsatz Antiochiens heranнahe und bereits bis in die Gegend von Edessa vorgerückt sei. In sieben Tagen also konnte er da sein und die Kreuzfahrer von hinten fassen, während die Belagerten von vorn angriffen, so daß dann die Belagerer zwischen zwei Feuer gekommen wären, denen sich nach den ungeheuren Verlusten, die sie erlitten, unmöglich mehr gewachsen sein konnten. In dieser großen Not nun hielten die Anführer einen eben so langen wie stürmischen Kriegsrat und das Ende vom Lied war, daß sie sämtlich darin übereinstimmten, „es sei durchaus notwendig, Antiochien vorher zu erobern, ehe Kerboga anrücke, denn im andern Fall könne nur ein Wunder Rettung bringen.“ Darüber jedoch, wie die Eroberung jetzt auf einmal, gleichsam im Flug, zu bewerkstelligen sei, schüttelten alle den Kopf, denn sie gedachten daran, daß sie nun sieben volle Monate lang vor der Stadt lagen, ohne etwas ausrichten zu können. Keiner also wußte Rat, da meinte Bohemund, man solle „zur Aufmunterung“ demjenigen Ritter das Fürstentum Antiochien als Eigentum versprechen, welcher durch irgend ein Mittel die Tore der Stadt innerhalb drei Tagen zu öffnen verstehe. „Gern würden wir das, wenn sich nur ein solcher Ritter vorfände,“ rief Tancred und ihm stimmte alsbald Gottfried von Bouillon nebst den meisten der übrigen Heerführer bei. „Und wenn ich selbst nun das Mittel, Antiochien in die Hände zu gekommen, gefunden hätte?“ fragte sofort Bohemund listig weiter. „Dann sollst du Fürst von Antiochien werden,“ entgegnete darauf Gottfried von Bouillon, und abermals stimmten die meisten laut bei. Einer freilich widersprach, nämlich Graf Raymund v. Toulouse, der wahrscheinlich die herrliche Stadt selbst gerne besessen hätte, aber da den Andern alles daran gelegen war, die Eroberung zu vollenden, ehe Kerboga mit seinem grandiosen Heer ankam, so erhielt Bohemund, auf seine nochmalige Anfrage hin, die feierliche Zusicherung, daß ihm Antiochien, Stadt und Gebiet, bleiben solle, falls er sein Versprechen in den nächsten drei Tagen erfülle. Nunmehr erst enthüllte der ehrgeizige Fürst den mit Phiruz abgekarteten Plan und alsbald wurde alle Maßregeln getroffen, um denselben in der folgenden Nacht ins Werk zu setzen. Den Phiruz aber wußte Bohemund alsbald auf geheimem Weg zu benachrichtigen, daß alles nach Wunsch gegangen sei.

Am Abend also zog das ganze Heer der Kreuzfahrer unter lautem Trompetengeschmetter aus dem Lager ab und Baghi-Sian mit den Seinigen glaubte natürlich nicht anders, als daß die Belagerung aufgegeben sei. Ihre Freude hierüber war keine geringe und da sie so viele Tage wie Nächte keine Ruhe mehr gefunden hatten, so fühlten sie sich um so mehr berechtigt, sich einmal wieder einem ungestörten Schlaf hinzugeben. Doch siehe da, gegen Mitternacht kehrte das ganze Kreuzesheer in tiefster Stille wieder zurück und stellte sich vor dem Tor, das ihnen geöffnet werden sollte, auf; Bohemund aber mit sechzig auserlesenen Rittern schlich sich an den Turm hin, in welchem Phiruz kommandierte. Dieser stand schon auf der Lauer und ließ alsbald eine lederne Leiter herab, an welcher die Ritter hinaufstiegen. Oben angekommen, war es ihr erstes, die ganze Besatzung, die im festesten Schlaf lag, niederzumachen, und gleich darauf führte sie Phiruz über die Mauer vor das Tor, das sie sofort von innen öffneten. Jetzt stand den Kreuzfahrern der Weg in die Stadt offen und unter dem Schmettern der Trompeten stürzten sie sich herein, um die schlaftrunkenen Seldschucken zu würgen, denn von einem geordneten Widerstand war bei dem furchtbaren Schrecken, der über die Muselmannen kam, keine Rede. Überdies hatte der Emir Baghi-Sian, dem die Trompetenstöße der Christen wie die Posaunen des jüngsten Gerichts vorkommen mochten, gleich im ersten Augenblick die Flucht ergriffen und die Verwirrung dadurch noch vermehrt. Stromweise floß also das Blut und was nicht den Namen Christus nannte, wurde ohne Erbarmen niedergemacht. Allerdings retteten sich einige Hunderte auf die hochgelegene Zitadelle, deren Tore sie sofort hinter sich schlossen und nicht wenige entkamen durch ein hinteres Pförtchen über den Orontes nach Mesopotamien, aber der Leichen zählte man dem anderen Morgen doch noch mehr als fünfzehntausend.

So war denn endlich Antiochien – die Burg oder Zitadelle, welche man übrigens fast nur durch Aushungern bezwingen konnte, ausgenommen – glücklich erobert und vom höchsten Turm der Stadt wehte die rote Fahne Bohemunds von Tarent herab. Gott hatte sich den Kreuzfahrern abermals gnädig erwiesen und diese überließen sich deshalb der ausschweifendsten Freude, insbesondere aber auch deswegen, weil sie eine unermeßlich Beute machten. Doch schon nach kaum einer Woche verwandelte sich dieses Frohlocken in das vollkommenste Gegenteil, denn am dritten Tag des Monats Juni schlug Kerbogas unermeßliches Heer seine schimmernden Zelte am Gestade des Orontes auf und aus den früheren Belagerern wurden nun Belagerte. Das wäre nun noch zu ertragen gewesen, weil die Stadt sehr fest war und gut verteidigt jedem Feind jahrelang Trotz bieten konnte; aber wo sollte man in der Geschwindigkeit Lebensmittel genug auftreiben, um wenigstens auf einige Monate Mundvorrat zu besitzen? Die ganze nächste Umgebung Antiochiens war längst total verheert und überdies umzingelte Kerboga die Stadt bald so eng, daß unmöglich mehr eine Zufuhr hereingebracht werden konnte. So trat denn schon nach wenigen Wochen die gräßlichste Hungersnot ein und man tötete die meisten Pferde, um sich von deren Fleisch das Leben zu erhalten. Ja, es kam so weit, daß man selbst die bereits in Verwesung übergegangenen Seldschucken-Leichen wieder ausgrub und sie mit heißhungriger Gier verschlang! Natürlich trat nun die grenzenlose Mutlosigkeit ein und in der Verzweiflung ließen sich viele, darunter selbst angesehene Ritter, wie z.B. der Graf von Blois, an Seilen über die Mauern hinab (man nannte sie deshalb nur spottweise „Seiltänzer"), um zum Feind zu entfliehen. Wieder andere schlossen sich in die Häuser ein und erwarteten in dumpfem Hinbrüten den Tod; der größte Teil aber brach in furchtbare Verwünschungen aus und verfluchte sich selbst, die ganze Welt. Unter solchen Umständen war es kein Wunder, wenn die Verteidigung der Stadt trotz der unerhörten Anstrengungen Bohemunds, Tancreds und Gottfrieds von Bouillon nur sehr schlecht geführt wurde und beinahe kein Turm auf den Wällen der Festung, sowie es sich gehört, besetzt war. Erschien doch fast kein Ritter oder Knappe mehr auf den Ruf der Lärmtrompete, sondern die Meisten sprachen vielmehr ganz offen davon, daß man die Stadt dem Emir Kerboga übergeben müsse! Kurz, es herrschte im Heer der Kreuzfahrer der jammervollste Zustand, den man sich denken kann und sie mußten notwendig verloren sein, wenn nicht ein Wunder sie rettete.

Das Wunder aber blieb aus. Peter, ein Mönch aus der Provence, nämlich erzählte, ihm sei der heilige Andreas in vier Nächten nacheinander erschienen und jedesmal habe derselbe gerufen: „In der St. Peterskirche zu Antiochien werde man neben dem Hochaltar in der Erde die Lanze finden, mit welcher die Seite unseres Herrn Jesus durchstochen wurde und mit dieser geheiligten Lanze an der Spitze des Heeres müßten die Kreuzfahrer über die Ungläubigen siegen." Diese Erzählung machte wie ein Lauffeuer die Runde durch die belagerte Stadt und da sich Verzweifelnde bekanntlich an einem Strohhalm anklammern, so sprach man bald von nichts anderem mehr; die Oberanführer aber, insbesondere Fürst Bohemund und Raimund von Toulouse, erklärten sofort laut, daß man nachforschen müsse, ob die Erscheinung des heiligen Andreas eine wirkliche oder nur eine geträumte gewesen sei. Mit jeder Stunde stieg die Aufregung und die beim Heer befindlichen Mönche, Priester und Bischöfe veranstalteten einen großen Umzug, während dessen sie mit lautem Gesang Gott priesen, daß er seinen Streitern eine überirdische Unterstützung verheißen habe. Schließlich wählte man Zwölf der Angesehensten aus der Ritterschaft und Geistlichkeit aus, um die Grabarbeiten nach der heiligen Lanze zu verrichten und diese bereiteten sich mit Gebet die ganze Nacht hindurch auf die feierliche Handlung vor; den anderen Morgen aber mit Anbruch des Tages begaben sie sich, begleitet von Tausenden, welche vor den Toren der Kirche lagerten, in das dem heiligen Petrus geweihte Gotteshaus. Alsbald fingen sie nun an zu graben und sie gruben vom Morgen bis zum Mittag und vom Mittag bis zum Abend; aber die Lanze fanden sie nicht. Elf von ihnen zweifelten schon am Erfolg und stellten sich ermüdet zur Seite, da sprang der Mönch Peter, derselbe, welcher die Erscheinung gehabt hatte, mit bloßen Füßen und im Hemd in das über zwölf Fuß tiefe Loch und flehte Gott mit lauter Stimme an, ihm das heilige Waffenstück nicht länger vorzuenthalten. Und siehe da, mit dem nächsten Spatenstich stieß er auf etwas Hartes und im nächsten Augenblick hob er jubilierend die Lanze empor. Ein durchdringendes Freudengeschrei erfüllte die heiligen Hallen und frohlockend stimmten die Tausende, welche außen harrten, in den Hymnus ein. Im Triumph wurde die Lanze durch die Stadt getragen und neue Kraft und Stärke durchwärmte die Adern der Kreuzfahrer. Sie hatten ja nun, wie sie wähnten, vom Himmel selbst eine Bürgschaft des Sieges und darum verlangten nun Alle, selbst die bisher Mutlosesten, stürmisch nach dem Kampf mit den Ungläubigen.

Dcn anderen Tag war die Begeisterung wo möglich noch größer, als den Abend zuvor und die Anführer beschlossen, dieselbe nicht unbenutzt zu lassen. So wurde denn in allen Kirchen feierliches Hochamt gehalten und jeder Krieger erhielt das heilige Abendmahl mit der Ermahnung, für Gottes Sache zu siegen oder zu sterben. Dann musterte man das Heer und siehe da, es fanden sich noch hunderttausend Streiter vor – Hunderttausend von den Sechshunderttausend vor Nicäa! Aber selbst um diese Hunderttausend sah es traurig genug aus, denn Hunger und Elend aller Art hatte ihre Körper siech gemacht. Viele waren beinahe von allen Kleidern entblößt und die meisten Ritter mußten zu Fuß gehen, weil es im ganzen keine zweihundert brauchbare Pferde mehr gab. Aber dessen ungeachtet traten sie heute alle fest und stolz auf und aus ihren glühenden Augen flammte die Gewißheit des Sieges. In sechs Heerhaufen zogen sie aus der Stadt und dem ehrwürdigen Raimund von Agilas wurde die heilige Lanze anvertraut, der Graf von Toulouse aber, der an einer Wunde darniederlag, blieb mit den Mönchen und mit den Weibern nebst einem kleinen Häuflein Bewaffneter in Antiochien zurück, um die Mauern gegen einen etwaigen Überfall zu verteidigen. Bald stand das Heer dem Feind gegenüber, einem Feind, der nicht weniger als vierhunderttausend Streiter, und zwar lauter kräftige, gesunde und wohlbewaffnete Streiter zählte, einem Feind, der sich in vielen Schlachten erprobt hatte und jetzt den eigenen Boden, die eigene Heimat, den eigenen Glauben verteidigte; hätte man es also den Christen verübeln können, wenn sie ohne eine Schlacht zu wagen, wieder nach Antiochien zurückgekehrt wären? Doch nein, - stürmisch verlangten Alle alsbald in den Kampf geführt zu werden und merkwürdig, auch die Feinde verlangten nicht minder heftig danach! So begann denn nur eine Schlacht, die ewig denkwürdig in der Geschichte bleiben wird, denn es wurden von den Christen Taten verrichtet, welche an die Wunder grenzen und das Resultat war, daß hunderttausend durch Krankheiten und Entbehrungen furchtbar geschwächte Krieger nach einem vierstündigen Kampf einen vierfach überlegenen Feind, der an Allem Überfluß hatte und keineswegs der Feigheit geziehen werden konnte, total in die Flucht schlugen. Einzelheiten aus dem Kampf zu berichten, ist mir nicht möglich, weil ich gar nicht mehr aufhören könnte zu erzählen, wenn ich einmal damit angefangen hätte. Erwies sich ja doch am heutigen Tag jeder als ein Held und stritt mit dem Mut, als ob er zehn Herzen statt eines einzigen besäße! Genug also – Kerboga entfloh zuerst und ihm folgten alle die achtundzwanzig Emire, welche unter ihm kommandierten; gegen hunderttausend seiner Krieger aber lagen tot auf dem Platz, während nur etwas mehr als viertausend Christen dieses Schicksal teilten. Muß man da nicht verwundert still stehen und anerkennen, daß die Gottbegeisterung doch die größte Kraft ist in der ganzen weiten Welt?

Die Folgen dieses Sieges hatten eine ungeheure Tragweite. Einmal wagten die Verteidiger der Zitadelle oder Burg in Antiochien, deren Eroberung viele Mühe gemacht haben würde, nun keinen längeren Widerstand mehr, sondern übergaben dieselbe ohne Schwertstreich. Zum zweiten machten die Christen in dem eroberten Lager Kerbogas eine unermeßliche Beute, z.B. fünfzehntausend Kamele, zwanzigtausend Pferde und an Kostbarkeiten und Lebensmittel so viel, daß man mehrere Tage brauchte, um sie nach Antiochien zu schaffen. Zum dritten endlich wurde durch den Besitz dieser herrlichen Stadt, welche, wie wir bereits gesehen, einen eigenen Seehafen, St. Simeon, hatte, eine unmittelbare Verbindung zur See mit Europa eröffnet und die Kreuzfahrer konnten sich nunmehr von dort stets Hilfe herbeiführen lassen. Freilich erwachte dagegen auch eben durch diese gewonnene Schlacht der Ehrgeiz unter den Führern des Heeres in doppeltem Maßstab und gar Mancher von ihnen beneidete nicht bloß den Fürsten Bohemund um das schöne Besitztum, das er sich mit Antiochien erworben, sondern dachte auch Tag und Nacht über nichts anderes nach, als wie er sich ebenfalls ein Fürstentum erobern könnte. Ja, der Eine oder der Andere zog sogar mit seinen Kriegern tief ins Land hinein bis nach dem Euphrat hin, um diese oder jene Stadt zu gewinnen, und der eigentliche Zweck, warum die Kreuzfahrer Europa verlassen hatten, nämlich die Eroberung von Jerusalem, wurde von nur zu Vielen ganz hinten angesetzt oder gar vollständig vergessen! Nur Gottfried von Bouillon und er edle Tancred bleiben sich in ihrer gottesfürchtigen Gesinnung stets gleich und da sie nicht nachließen, darauf zu dringen, daß man endlich aufbrechen müsse, das heilige Grab zu erobern, so wurde in einem großen Kriegsrat das Allerheiligenfest als der Tag des allgemeinen Auszugs nach Palästina festgesetzt. Allein dieser Termin wurde nicht eingehalten, sondern der Aufbruch erfolgte erst am vierundzwanzigsten November und zwar mit abermals sehr geschwächten Kräften, weil viele Krieger in Antiochien, in Edessa und anderen eroberten Städten zurückblieben.

Mehrere Tage lang stieß man auf kein Hindernis, aber bald kam man vor der stark befestigten Stadt Marrah oder Maresch an, welchen den Christen einen heldenmütigen Widerstand entgegensetzte. Am zwölften Dezember jedoch wurde sie erstürmt und über alle Einwohner, deren man habhaft wurde, selbst über Weiber, Kinder und Greise, ohne weiteres der Tod verhängt, denn der lange Widerstand hatte die Kreuzfahrer erbittert. Nun gab es jedoch großen Streit darüber, wem die eroberte Stadt als Eigentum zufallen solle, sowie auch darüber, ob man besser täte, sofort oder erst nach dem Winter den Zug fortzusetzen und natürlich ging ob solchen Zänkereien, deren Hauptursache der Graf Raimund von Toulouse war, die beste Zeit verloren. Im Unmut hierüber kehrte Gottfried von Bouillon mit einem großen Teil des Heeres nach Antiochien zurück, der ehrgeizige Raimund aber brach am dreizehnten Januar des Jahres 1099 auf, um sich noch mehr Städte und zwar insbesondere Acca und Tripolis zu erobern. Seine Absicht ging nämlich dahin, ein großes Fürstentum in Syrien zu gründen, allein da seine Streitmacht auf die geringe Anzahl von dreihundert und sechzig Rittern nebst zehntausend Mann Fußtruppen herabgesunken war, so wollte es ihm damit nicht recht gelingen. Einige wenige offene Städte ergaben sich ihm allerdings, doch das stark ummauerte Acca leistete ihm einen so hartnäckigen Widerstand, daß er nach einer Belagerung von drei Monaten noch nicht weiter war, denn im Anfang, sondern im Gegenteil einige seiner besten Ritter dabei eingebüßt hatte. Indessen setzte sich Gottfried von Bouillon mit dem Grafen von Flandern und den anderen (Fürst Bohemund und Balduin, Gottfrieds Bruder, bleiben der eine in Antiochien, der andere in Edessa, das er sich erobert, zurück) im März 1099 ebenfalls in Bewegung, um dem Meer entlang in der Richtung nach Jerusalem vorwärts zu marschieren und wie nun die Truppen Raimunds dies vernahmen, so verlangten sie von ihm, daß er sofort die Belagerung Accas aufgeben und sich dem großen Heer vereinigen solle. Lange Zeit weigerte er sich, aber nunmehr revoltierten seine Ritter, verbrannten die Belagerungsmaschinen und drohten in sämtlich zu verlassen, wenn er seine eigennützigen Absichten nicht endlich aufgebe. Dies wirkte und er bequemte sich sofort, sein Lager abzubrechen und sich an die übrigen Kreuzfahrer anzuschließen, so daß nun die ganze Schar wieder beieinander war. Aber welcher himmelweite Unterschied gegen früher! Jetzt konnte man höchstens noch fünfzehnhundert Ritter mit vierzigtausend Fußgängern zählen, während es vor zwei Jahren nur allein der Ritter mehr als sechzigtausend, der Fußgänger aber über eine halbe Million gewesen waren! Der Orient mit seinen Genüssen, Entbehrungen und Krankheiten hatte einige Hunderttausende, der Krieg mit seinen Kämpfen und Drangsalen die anderen paar Hunderttausende hinweggerafft!

Die Wiedervereinigung der Kreuzfahrer fand um das Osterfest des Jahres 1099 statt und sie zogen nun rasch und ohne viele Feinde zu treffen dem letzten und höchsten Ziel ihrer Unternehmung zu. Mit der Schlacht bei Antiochien war nämlich die Kraft der Seldschucken auf lange gebrochen worden und die Emire der kleinen Städte, an denen sie vorüberkamen, sahen daher wohl ein, daß jeder Widerstand ihnen den größten Schaden bringen müßte. Deswegen zogen sie es vor, sich mit den Fremden gütlich abzufinden und ihnen gegen das Versprechen, nicht zu plündern, alles zu liefern, wessen sie bedurften. So gab es also nur wenig oder fast keinen Aufenthalt für das christliche Heer und in wenigen Wochen erreichte es die Stadt Nicopolis, welche zur Zeit des Erlösers Emaus geheißen hatte. Nun wurden die Herzen der Kreuzfahrer von einem unendlichen Jubel erfüllt, denn sie befanden sich nur noch eine Tagereise vor Jerusalem und im Taumel ihres Entzückens begehrten sie alsbald, weiter geführt zu werden, so daß die Anführer Mühe hatten, sie bei ihren Fahnen zurückzuhalten. Kaum war übrigens Mitternacht vorüber, so eilte Tancred mit hundert Rittern voraus, um Bethlehem zu besetzen und eine Stunde nachher folgte das ganze Heer. In aller Eile, aber doch in guter Ordnung ging es vorwärts und – endlich am Morgen des siebten Juni war der längst ersehnte Augenblick gekommen. Von einem Hügel aus erblickten die Kreuzfahrer die Heilige Stadt und alsbald warfen sie sich in schwärmerische Entzückung auf die Erde, um den Boden zu küssen, den der Fuß des Erlösers betreten hatte. Ha, welche Gnade Gottes, daß er sie würdig hielt, bis hierher zu gelangen, während so viele Tausende ihrer Brüder dem Tod zum Opfer gefallen waren!

Jerusalem liegt in einer ziemlich fruchtbaren, aber sehr wasserarmen Gegend auf zwei Bergen und war zu der Zeit, in der unsere Geschichte spielt, mit hohen Mauern umgeben. Auch lagen gegen sechzigtausend gut bewaffnete Muselmannen darin und man mußte also zu einer regelmäßigen Belagerung schreiten, wenn man die Stadt gewinnen wollte. Weil aber die vierzigtausend Mann, welche das Heer der Kreuzfahrer zählte, durchaus nicht hinreichten, die ganze Stadt einzuschließen, so einigten sich die Anführer nach langer Beratung dahin, daß sie sich nur vor der nördlichen Seite derselben lagern und insbesondere die Burg Davids berennen wollten. Mit frischem Mut ging man ans Werk; doch nach kurzer Zeit schon trat wegen der glühenden Hitze, welche der Sommer mit sich brachte, vollständiger Wassermangel ein und das Heer fing an, fürchterlich durch den Durst zu leiden. Die Ungläubigen hatten nämlich alle Zisternen rund um die Stadt herum zerstört und bald trocknete auch der Bach Kidron aus; bei dem Brunnen von Siloah dagegen mußte jeder Tropfen Wasser von den daselbst gute Wache haltenden Muselmannen mit Blut erkauft werden. So gab es denn nach Kurzem dieselben Szenen, wie bei der Belagerung von Antiochien und in der Verzweiflung schifften sich nicht wenige der Kreuzfahrer, nachdem sie vorher im Jordan gebadet hatten, im Seehafen Joppe ein, um nach der Heimat zurückzukehren. Allein das alte gute Sprichwort:

„Wenn die Not am größten,
ist Gott am nächsten,“

bewährte sich jetzt auch wieder, denn es wurde nicht nur in einem abgelegenen Tal eine feine Quelle entdeckt, sondern es kam auch in Joppe eine genuesische Flotte an, welche Lebensmittel und, was besonders viel wert war, geschickte Zimmerleute zum Anfertigen von Sturmleitern und Kriegsmaschinen brachte. Man fing also mit erneutem Eifer an, an dem großen Werk zu arbeiten und namentlich erbauten sich Gottfried v. Bouillon und Raymund v. Toulouse drei Stockwerke hohe, äußerst feste, hölzerne Türme, welche, da man sie an die Mauern hinrollen konnte, den darin befindlichen Kriegern dazu dienen sollten, in die Stadt hineinzukommen.

Endlich nach drei Wochen war man mit den Maschinen fertig und man konnte nun zu dem allgemeinen Angriff schreiten, aber vorher beschlossen die Führer, den gesunkenen Mut ihrer Mannen durch ein erhebendes Schauspiel der Andacht von Neuem zu heben. Somit versammelten sich am achten Juli alle Ritter, Krieger und Priester, um in Erinnerung an den siebenmaligen Umzug der Israeliten um Jericho, auch Jerusalem siebenmal zu umgehen und aufs feierlichste geschmückt, aber barfuß, trugen die Bischöfe unter Lobgesängen das Kreuz voran, während die übrigen Kreuzfahrer in tiefster Andacht folgten und in ungeheurem Chor die Gesänge der Priester wiederholten. Aller Streit, alle Mißgunst war vergessen und Jeder ging Arm in Arm mit seinem Nachbar, auch wenn er diesen bisher nicht hatte ausstehen können; ins Lager zurückgekehrt aber wurde einstimmig der kommende Donnerstag, d. i. der 13. Juli, zur Bestürmung der Stadt festgesetzt. Soll ich nun übrigens eine weitläufige Beschreibung dieses Sturmes geben? Oder mutet man mir etwa gar zu, alle die einzelnen Großtaten, welche von Diesem oder Jenem verrichtet wurden, zu berichten und keinen Einzigen zu übergehen, der sich bei diesem furchtbaren Streit hervortat? Ach, da könnte ich ein ganzes Buch voll schreiben und würde am Ende doch nicht fertig. Demgemäß begnüge ich mich damit, in Kürze zu sagen, daß von beiden Seiten, also von Seiten der Muselmannen wie von Seiten der Christen, mit gräßlicher Wut, sowie mit einer grenzenlosen Verachtung aller Gefahr gekämpft wurde und daß es den Ersteren gelang, in den zwei ersten Tagen den Sturm abzuschlagen. Am dritten Tag jedoch sprengten die Lothringer und Deutschen in einem rasenden Anlauf das äußere Stephanstor, schoben sodann ihren hohen Turm heran und – den fünfzehnten Juli des Jahres 1099, in der dritten Nachmittagsstunde, stand Gottfried von Bouillon siegreich auf den Mauern von Jerusalem. Gleich darauf überstiegen auch Tancred und Robert von der Normandie an einer anderen Stelle die Mauern, während Raymund von Toulouse erst am Abend von seinem Standpunkt aus das Innere der Stadt erreichte; allein selbst jetzt gaben die Muselmannen den Widerstand noch nicht auf, sondern sie wehrten sich vielmehr wie rasend an den Häusern und gossen siedendes Pech oder warten Steine, Balken und Feuerbrände auf die Christen hinab. Da brachen denn die Letzteren in ein fast wahnsinniges Geschrei der Verwünschung aus und stießen nieder, was ihnen in den Weg kam. Kein Flehen um Erbarmen, kein Alter und kein Geschlecht wurden von ihnen beachtet, sondern alles Lebendige war der Vernichtung geweiht und das Blut floß in Strömen. Ein Schauder des Entsetzens ergriff die Einwohner und allen ferneren Widerstand aufgebend, flüchteten sie sich in die Keller und die Tempel; allein es half alles nichts. Aus den verborgensten Orten zog man sie hervor, um den Mordstrahl in ihre Brust zu senken und selbst von den Zehntausend, die sich in dem in eine Moschee umgewandelten Tempel Salomons für sicher hielten, kam nicht ein Einziger mit dem Leben davon. Übrigens mit dem Morden allein begnügten sich viele nicht einmal, sondern sie fügten auch noch die grausamsten Martern hinzu, um von den armen Schlachtopfern das Geständnis verborgener Schätze zu erpressen und selbst in den Eingeweiden der Erschlagenen suchte der Golddurst nach verschluckten Kostbarkeiten. Kurz, das Schicksal, welches die Bewohner Jerusalems, Muselmannen, Juden und Christen in buntem Gemisch, traf, war ein gräßliches und selbst die wütendsten Heiden hätten nicht ärger wüten können, als diese Krieger, welche zu Ehren des Heilandes ins Feld gezogen waren!

Eine schauervolle Nacht, unter Leichen, Blut und Sterbenden hingebracht, folgte auf den entsetzlichen Abend. Mit dem Morgen jedoch schien die Mordlust der Sieger sich abgekühlt und einem ganz anderen Gefühl Platz gemacht zu haben, denn auf einmal sah man sie barfuß und tränenden Auges, die Brust mit den Fäusten schlagend, nach der Kirche der Auferstehung und anderen heiligen Stätten wallfahren, wo die wenigen dem Tode entgangenen einheimischen Christen ihnen mit Fahnen und Kreuzen entgegen kamen. Anstatt des Mordgeschreis und des Gewinsels der Sterbenden ertönte nun heiliger Lobgesang und die kaum erst so blutdürstigen Menschenschlächter schienen sich in eine harmlose Herde frommer Pilger umgewandelt zu haben. Doch bald kehrten die Kreuzfahrer zur Weltlichkeit zurück, all die weil es sich nun darum handelte, wer für die Zukunft die mit so vielem teuren Blut erkaufte Eroberung beherrschen und beschützen solle. Einen „König von Jerusalem“ wollte man wählen und selbstverständlich durfte nur der frömmste, verdienteste und geachtetste unter den Führern diese Würde erhalten. Somit fielen denn alle Stimmen, die es Raymund von Toulouse ausgenommen (wahrscheinlich weil er selbst gerne gewählt worden wäre), auf den Herzog Gottfried von Bouillon und laut auf jubelte das Heer, als es das Resultat der Abstimmung seiner Führer vernahm. Er, der Held Gottfried von Bouillon, weigerte sich zwar, in der Stadt, in welcher der Heiland der Welt mit Dornen gekrönt worden war, eine irdische „Krone“ zu tragen, aber die „Regentschaft“ des Heiligen Landes nahm er an, und so bekam Jerusalem wieder ein christliches Oberhaupt, nachdem es vierhundertundzweiunddreißig Jahre lang im Besitz der Mohammedaner gewesen war.

Ich habe nun nur noch weniges hinzuzusetzen. Gottfried von Bouillon starb schon das Jahr darauf, nämlich am 18. Juli 1100, und seinen Leichnam bestattete man auf dem Kalvarienberg neben dem Grab des Erlösers. Die Krone von Jerusalem blieb übrigens seinem Geschlecht, in dem sein Bruder B a l d u i n und dann nach diesem ein anderer Anverwandter zu seinen Nachfolgern berufen wurden. Allein schon nach wenigen siebzig Jahren fing das neue Reich an, sehr stark herabzukommen und als der tapfere Kurdenhäuptling S a l a d d i n anno 1171 sich zum Herrn von Ägypten aufwarf, da mußte man das Ärgste befürchten. Zwar allerdings wurde vom Abendland aus ein neuer Kreuzzug veranstaltet, an dem sich sogar Kaiser Konrad III. beteiligte; einen anderen Erfolg hatte jedoch derselbe nicht, als daß abermals einige hunderttausend europäische Krieger in Asien zugrunde gingen. Saladdin dagegen machte in Syrien eine Eroberung nach der anderen und zuletzt, anno 1187, fiel ihm auch Jerusalem zu. Dieses Unglück hatte einen dritten Kreuzzug zur Folge und da sich an diesem die Könige von Frankreich und England in Person beteiligten, so hoffte man Großes von ihm. Allein bald gerieten die Fürsten miteinander in Streit und kehrten nach Hause, ohne etwas ausgerichtet zu haben. Ein vierter Kreuzzug hatte mit Jerusalem gar nichts zu tun und endete, wegen der Treulosigkeit der Griechen, mit der Eroberung Konstantinopels. Endlich, anno 1228, führte Kaiser Friedrich II. von Hohenstaufen den fünften Kreuzzug aus und ihm gelang es das Jahr darauf, Jerusalem nebst Bethlehem und Nazareth wieder für die Christenheit zu erwerben. Doch – die Freude über diesen Sieg dauerte nur wenige Jahre. Anno 1244 nämlich zogen die C h o w a r e s m i e r, von anderen Schriftstellern auch K a r i z m i e r genannt, aus dem inneren Asien durch die Mongolen vertrieben, gegen Kleinasien und Syrien heran, indem sie jeden ihrer Schritte mit Verderben und Verwüstung bezeichneten und bald lagen sie auch vor Jerusalem, das sie sofort am 17. September desselben Jahres eroberten. Mit der Eroberung übrigens begnügten sie sich nicht, sondern sie zerstörten das Heilige Grab, plünderten alle Kirchen, hieben alle Ei8nwohner nieder und verwandelten schließlich die Hälfte der Stadt in einen Steinhaufen. Darauf entstand ein großer Jammer in der Christenheit, aber Niemand wollte eine Hand rühren, bis endlich K ö n i g L u d w i g, d e r H e i l i g e, v o n F r a n k r e i c h anno 1248 einen Kreuzzug unternahm; allein derselbe endete zwei Jahre später damit, daß Ludwig mit seinem ganzen Heer von den Muselmannen gefangen genommen wurde und nur gegen ein ungeheures Lösegeld wieder freikam. Von da an blieben die Abendländer für den Gedanken an eine Wiedereroberung Jerusalems ganz kühl und als vollends anno 1292 die feste Stadt Ptolemais, das letzte Bollwerk der Christen im Heiligen Land, in die Hände der Ungläubigen fiel, dachte kein Mensch in Europa mehr daran, einen neuen Kreuzzug zu veranstalten. J e r u s a l e m b l i e b a l s o b i s a u f d e n h e u t i g e n T a g E i g e n t u m d e r M u s e l m a n n e n u n d w i r d e s a u c h f e r n e r h i n b l e i b e n, w e n n n i c h t d i e a l t e B e g e i s t e r u n g w i e d e r ü b e r d i e C h r i s t e n k o m m t, w o r a n a b e r b i s d a t o z u z w e i f e l n i s t.

Viertes Kapitel

Die drei großen Ritter-Orden

Durch die Kreuzzüge erhielt das Rittertum sein ganz eigenes Gepräge, denn während der Dauer derselben glaubte jeder Ritter, seinen Pflichten nur halb Genüge getan zu haben, wenn er nicht gegen die Ungläubigen zu Felde gezogen sei; einen noch nachhaltigeren Einfluß aber übten Kreuzzüge dadurch aus, daß sie die Ritterorden ins Leben riefen.

In jetziger Zeit gibt es viele Hunderte oder vielmehr Tausende, welche mit einem „Orden“ dekoriert sind und es existiert – die Schweiz ausgenommen – kein Land in Europa, selbst nicht das kleinste, dessen Fürst und Regent nicht über drei oder vier solcher Ordensdekorationen zu verfügen hätte. Nun ist jedoch aller Welt bekannt, das jeder, der einen Orden erhält, dadurch in den „Ritterstand“ erhoben wird und sich „von“ schreiben darf, dieweil die Verleihung der Dekoration persönlich adelt; darum – wie unendlich glücklich sind nicht diejenigen, welche einer solchen Auszeichnung gewürdigt werden! Allein wenn man heute all diese dekorierten Herren fragen würde, wie denn die Orden entstanden seien und woher denn die Sitte komme, daß man an Diesen oder Jenen ein Kreuzchen austeile, - würde wohl Jeder von ihnen darauf antworten können? Ganz gewiß nicht und eben deswegen will ich nun den Zusammenhang zwischen „Orden“ und „Rittertum“ etwas näher auseinander setzen oder mit anderen Worten, ich will von der Entstehung der allerersten Ritterorden erzählen, weil aus diesen später nach und nach das ganze jetzige Ordenswesen hervorging.

Schon im Jahr 870 soll im Tal Josaphat, in der Nähe der Kirche „zur heiligen Maria“, eine Verpflegungsanstalt bestanden haben, in welcher arme Pilger aus dem Abendland Unterkunft fanden; im Jahr 1048 aber begründeten, wie man ganz sicher weis, einige eben so reiche als fromme Kaufleute aus Amalfi in Italien neben der Kirche zum heiligen Grab in Jerusalem selbst ein Augustiner-Mönchskloster, mit dem sie schon nach kurzer Zeit ein Hospital nebst einer dem heiligen Johannes geweihten Kapelle verbanden. Von dieser Kapelle nun führten die Mönche, welche das Hospital zu besorgen hatten, den Namen „Johanniter“ oder auch „Hospitalbrüder“, und dieselben erhielten unter ihrem ersten Vorsteher oder Pfleger, Gerhard Tonque, vom Papst ihre genauen Statuten oder wie man damals zu sprechen pflegte, ihre „Ordnung“ (auf lateinisch Ordo), nach welcher sie zu leben hatten. Außer den drei gewöhnlichen Mönchsgelübden nämlich, d. h. außer dem Gelübde der Armut, der Keuschheit und des Gehorsams, mußten sie sich verpflichten, gegen Arme und Kranke, besonders aber gegen arme und kranke Pilger, die aufopfernde Christenliebe zu üben und von Niemandem je eine Bezahlung für die Verpflegung zu verlangen. Dagegen wurde ihnen nicht verboten, von Reichen Almosen anzunehmen oder sich sonst Geschenke für ihr Hospitium machen zu lassen (denn wie hätten sie sonst die Kosten ihrer Pilgrimverpflegung auftreiben können?) und in Folge dessen verwandelte sich ihre ursprüngliche Armut gar bald in großen Überfluß und Reichtum. Weil nämlich der Zweck dieses Mönchordens ein so gar sehr nützlicher und frommer war, schenkte ihm gleich nach der Eroberung Jerusalems Gottfried v. Bouillon große Güter in Palästina und Syrien und dir Fürsten Europas erwiesen sich nicht weniger freigiebig, so daß das Hospital zum heiligen Johannes in Jerusalem nach kurzer Zeit schon äußerst reiche Besitzungen in aller Herren Länder besaß. Die natürliche Folge dieses Reichtums war, daß sich nicht bloß mehr Leute gemeiner Abkunft als Mitglieder zur Aufnahme meldeten, sondern daß auch Adelige und Ritter der Brüderschaft beitraten, ja, daß diese Letzteren sogar bald die Mehrzahl bildeten, dieweil das Hospitium als eine der besten „Versorgungsanstalten" für arme, zweit- oder drittgeborene Söhne vornehmer Herren galt. Unter diesen Umständen fand es Gerhard Tonque, der Vorsteher des Hospitiums, nicht mehr für angemessen, auch fernerhin noch von dem Kloster zum Heiligen Grab abhängig zu sein und wandte sich deshalb anno 1113 an den Papst Paschalis II. nach Rom, damit ihm dieser gestatte, eine unabhängige Kongregation oder Mönchsgesellschaft zu bilden. Solches geschah denn auch ohne Anstand und der Papst nahm nicht nur das reiche Hospitium unter seinen besonderen apostolischen Schutz, sondern erteilte auch den Hospitalbrüdern das Recht, ihre Vorsteher selbst zu wählen und ihre Besitztümer nach eigenem Gutdünken zu verwalten.

Gerhard starb im Jahr 1118 und zu seinem Nachfolger wählten die Brüder den ritterlichen Raymund v. Puy, einen Franzosen, mit dessen Ehrgeiz und Stolz es durchaus vereinbar war, daß die Hospitalbrüder durchaus nichts Anderes sein sollten, als Verpfleger der Pilgrime und Armen. Demgemäß machte er gleich nach seiner Ernennung dem König von Jerusalem das Anerbieten, mit dem „ritterlichen" Teil seiner Genossen an dem Krieg gegen die Ungläubigen teilzunehmen und da der König damals von dem Kalifen Ägyptens hart bedrängt wurde, so nahm er den Vorschlag mit größter Freude an. In der Tat zeichnete sich nun auch Raymund nebst seinen Brüdern aufs Tapferste aus und zwar nicht bloß in diesem, sondern auch in den späteren Kriegen gegen die Muselmannen, allein eben dieses sein Anteilnehmen am Kampf machte aus dem „Hospital zum St. Johann in Jerusalem" etwas ganz anderes, als es vorher gewesen war. Wenn es nämlich früher nur eine einzige Klasse von Brüdern, d. i. nur solche gegeben hatte, welche, nach einer mönchischen Regel vereinigt, sich der Verpflegung der Pilgrime widmeten, so gab es jetzt nach der neuen Anordnung Raymunds drei Klassen. Die erste bestand aus den Adligen oder Rittern, welche dazu bestimmt waren, zur Verteidigung des Glaubens und zur Beschützung der Pilgrime in den Krieg zu ziehen und sich daher auch nur allein den Waffen widmeten. Die zweite Klasse bildeten die Priester oder Kaplane, welche nicht nur, wie echte Mönche, des Gottesdienstes auf den Besitztümern der Johanniter warteten, sondern auch die kämpfenden Brüder und kranken Pilger zu trösten und zu ermuntern hatten. Die dritte Klasse endlich, die der dienenden Brüder, meist den niederen Volksklassen angehörig, hatte eine doppelte Beschäftigung, denn wenn den Einen die eigentliche Krankenpflege der Pilger oblag, so besorgten die Anderen die Waffen der Ritter (weshalb man sie auch „Brüder Wappner" hieß), warteten die Rosse und leisteten im Krieg die Dienste, welche ihnen von den Rittern angewiesen wurden. Natürlich übrigens hatten nur die „Ritter" etwas zu sagen und zu bedeuten. Sie allein wählten en „Pfleger des Hospitals" oder, wie man ihn von jetzt an nannte, den „Großmeister des Hospitals zu St. Johann und Guardian der Armen unseren Herrn Jesu Christi," und nur aus ihrer Mitte wählten sie ihn; sie allein waren befähigt, auf den Besitzungen des Ordens in den verschiedenen Ländern die höchsten Macht- und Ehrenstellen zu bekleiden und sie allein vereinigten in sich den Charakter eines Mönchs und eines Ritters, weil es ihnen oblag, sowohl die drei Mönchsgelübde der Armut, des Gehorsams und der Keuschheit abzulegen, als auch sich vor der Aufnahme als wahrhafte Adelige von unangetasteter Abstammung und kriegerischen Tugenden auszuweisen.

So entstand der erste Ritterorden und Papst Innocenz II. bestätigte nicht nur die von Raymund v. Puy entworfenen Regeln, sondern ordnete auch an, daß die Ritter zu ihrer Fahne im Krieg ein weißes, dickes Kreuz mit acht Spitzen und goldener Einfassung in rotem Feld führen müßten. Demgemäß war der Papst „der Erfinder des ersten Ordenskreuzes" und zwar gab er den Johannitern deswegen dieses Zeichen, damit sie sich immerdar des großen Zwecks ihres Daseins, nämlich der Verteidigung des Kreuzes Christi oder des christlichen Glaubens, erinnern sollten. Auch kamen die Ritter viele Jahre hindurch der von ihnen übernommenen Pflicht getreulich nach und ich könnte eine ganze Reihe von Heldentaten anführen, welche dieselben im Kampf gegen die Muselmannen verrichteten; ich glaube aber, daß mancher von meinen jungen Lesern begieriger sein wird, einen wenn auch kurzen, doch wahrhaften Überblick über die Geschichte der Johanniterritter zu bekommen und somit will ich mich befleißigen, in wenigen Worten all das Merkwürdigste zu erzählen, was dem Orden seit seiner Stiftung bis auf unsere Tage begegnet ist.

Vor Allem darf ich, um der Wahrheit getreu zu bleiben, nicht verschweigen, daß der Orden in kurzer Zeit sehr berühmt wurde und in Folge dessen eine Menge tapferer Ritter sich das weiße Kreuz auf rotem Feld anheften ließen. Zu gleicher Zeit gewann er teils durch seine Tapferkeit, teils durch die Schenkungen von Fürsten und Königen fast in allen christlichen Ländern große Besitzungen und überdies erteilten ihm die Päpste, die ihn sehr begünstigten, nicht wenige Vorrechte. So konnte es nicht fehlen, daß die Ritter hier und da stolz und übermütig auftraten und daß sogar viele von ihnen ein ausschweifendes Leben zu führen anfingen. In ihrer großen Mehrzahl jedoch kamen sie ihren Gelübden treulich nach und die meisten ihrer Großmeister zeichneten sich sowohl durch ungemeine Staatsklugheit, als auch durch Frömmigkeit und Heldenmut aus. Bis zum Jahre 1187 war der Hauptsitz des Ordens in Jerusalem; allein als diese Stadt in besagtem Jahr von Saladdin, dem Sultan von Ägypten, erobert wurde, verlegte Ermingard Darps, der zehnte Großmeister, das Konvent oder Ordenshaus nach der Festung Margat in Phönizien und von da vier Jahre später nach der Stadt Ptolemais oder Akko, welche am Mittelmeer liegt. Am 18. Mai 1921 fiel auch dieses letzte Besitztum der Christen in Palästina nach einer vierundvierzigtägigen Belagerung den Muselmannen in die Hände und der Großmeister Johann v. Villiers, der mit seinem Marschall, Mathäus v. Clermont, so wie mit allen seinen Rittern während der Verteidigung sich wie ein Held geschlagen hatte, segelte nun nach der Insel Zypern, woselbst ihm und den Seinen der König Heinrich von Lusignan die Stadt Limissa zum Besitztum einräumte. Hier blieben die Ritter achtzehn Jahre und erbauten in dieser Zeit manch stolzes Kriegsfahrzeug, um die Ungläubigen zur See zu bekriegen. Ja bald fühlten sie sich so mächtig, daß ihr damaliger Großmeister, Fulco von Villaret, den Entschluß faßte, die den Ungläubigen gehörige Insel Rhodos zu erobern und diesen Entschluß auch richtig in Ausführung zu bringen wußte. Freilich kostete die Eroberung viel Blut und Anstrengung, aber als am 15. August 1309 die Stadt Rhodos im Sturm genommen wurde, so übergab sich ihnen sofort auch die ganze übrige Insel, so wie ein Teil der nächstgelegenen kleineren Eilande.

Mit diesem 15. August begann ein neuer Zeitabschnitt in der Geschichte der Johanniterritter. Wenn sie nämlich auch schon seither große Güter besessen hatten, so lagen doch dieselben „zerstreut“ in den verschiedenen Ländern herum und bildeten kein „zusammenhängendes Ganzes“. Überdies mußten sie sich in vielen Dingen nach den Regenten der Länder, in welchen jene Güter lagen, richten, wenn sie nicht in schwere Händel verwickelt werden wollten. Jetzt aber hatten sie sich mehrere Inseln erstritten, auf denen nur allein sie die Herren waren, und somit konnten sie sich eben so gut als souveräne Monarchen betrachten, als die Könige von Frankreich und England oder gar als der Kaiser von Deutschland. Darum hießen sie sich auch von dieser Zeit an Rhodiserritter, zum Zeichen, daß Rhodos der Mittelpunkt ihrer Herrschaft sei und es gab keinen christlichen Potentaten in der Welt, der ihnen ihre Souveränität streitig gemacht hätte. Dagegen mußten sie gar viele und schwere Kämpfe mit den Ungläubigen, besonders mit den Türken, durchfechten, welche sich natürlich die weggenommenen Inseln wieder zurückerobern wollten und der erste dieser Kämpfe fiel schon ins Jahr 1310. Die Muselmannen wurden aber rühmlichst besiegt, wie auch bei ihren erneuten Angriffen anno 1321 und 1444. All diese Stürme waren übrigens eine Kleinigkeit gegen den vom Jahre 1480, in welchem der türkische Kaiser Muhamed II. mit hundertundsechzig Schiffen und mit über hunderttausend Kriegen gegen Rhodos heranzog; doch die Ritter verteidigten sich unter dem heldenmütigen Großmeister, Peter v. Aubusson, mit solcher Tapferkeit, daß die Türken nach vielen vergeblichen Angriffen mit einem Verlust von vierundzwanzigtausend Mann wieder abziehen mußten. Nun gab es einige Zeit Ruhe, allein im Jahr 1522 sammelte der berühmte Sultan Soliman II. ein Heer von dreihunderttausend Mann, das er auf zweihundertachtzig Schiffen gegen die Insel führte. Damals war der tapfere Philipp de Villiers de l'Isle Adam Großmeister des Ordens und einen besseren Anführer hätten die Ritter gar nicht besitzen können; aber Einer aus ihrer Mitte, der Kanzler Andreas von Amaral, der wütend darüber war, daß man ihn bei der letzten Großmeisterwahl übergangen hatte, beging die Niederträchtigkeit, dem Soliman die schwächste Seite der Festung und Stadt Rhodos zu verraten und in Folge dessen mußte Villiers notgedrungen schon am 24. Dezember desselben Jahres mit dem Feind kapitulieren. Auf diese Art ging das herrliche Fürstentum für die Rhodiserritter verloren, nachdem sie es zweihundertdreizehn Jahre lang in Besitz gehabt hatten und der Großmeister Villiers schiffte sich am 1. Januar 1522 mit allen seinen Mannen nach Italien ein.

Von diesem Schlag erholte sich der Orden nie mehr ganz. Zwar allerdings schenkte ihm nicht lange danach Kaiser Karl V. die Insel Malta nebst den kleinen Eilanden Gozzo und Comino, so daß die früheren Hospitalbrüder, die sich nunmehr „Malteserritter“ nannten, wieder ein souveränes Fürstentum besaßen. Allerdings war ferner der anno 1537 erwählte Großmeister Jean de Lavalette, welcher die Hauptstadt und Festung Lavalette auf Malta baute und den gewaltigen Angriff desselben Sultans Soliman II., der Rhodos erobert hatte, anno 1565 mit ausgezeichneter Tapferkeit zurückschlug, einer der außerordentlichsten Männer seiner Zeit. Allerdings endlich führten die Ritter noch bis tief ins siebzehnte Jahrhundert hinein einen immerwährenden

Die drei Ritterorden

Seekrieg mit den Ungläubigen, besonders mit den Korsaren und Seeräubern der afrikanischen Küste. Aber durch die Reformation gingen die vielen Besitzungen, die der Orden in England, in den Niederlanden, in Dänemark, in Schweden und in Deutschland besaß, total verloren und es mangelten also die Einnahmen, um so großartig, wie früher, aufzutreten. Den letzten und Hauptverlust erlitten die Ritter übrigens erst durch die Französische Revolution, als ihre Güter in ganz Frankreich eingezogen wurden und General Bonaparte am 10. Juni 1798 Malta selbst wegnahm. Seither existieren nur noch Trümmer des Ordens in Italien, in Österreich und in Rußland, von einer wirklichen Wiederherstellung desselben aber kann um so weniger die Rede sein, als ja der Zweck, zu dem er gestiftet wurde, nämlich „ewiger Krieg gegen die Ungläubigen", in gegenwärtiger Zeit der Duldung und Aufklärung gar nicht mehr verfolgt werden könnte.

Schließlich muß ich noch ein paar Worte über die innere Einrichtung des Ordens sagen, weil danach fast alle anderen Ritterorden gebildet worden sind. Der Erste im Rang und in der Gewalt war, wie sich von selbst versteht, der „Großmeister", und gleich nach ihm kamen die Großwürdenträger oder „Großkreuze", also der Großcomthur" (das Wort Comthur ist aus dem französischen Kommandeur zusammengezogen) oder der Befehlshaber der Seetruppen, der „Drapier" oder der Minister der Finanzen, der „Tuscopolier" oder der Befehlshaber des Fußvolkes, der „Großballei" oder der Minister der auswärtigen Angelegenheiten, und endlich die „Großpriore", welche über die verschiedenen Provinzen oder „Zungen", in denen die Güter der Johanniter lagen, die Oberaufsicht führten. Den dritten Rang nahmen die „Comthure" oder Kommandeure ein, welche den einzelnen Besitzungen des Ordens vorstanden (weshalb man diese auch „Commenden" nannte), und auf der vierten Stufe erst standen die „Ritter", das ist die gewöhnlichen adeligen Mitglieder und Brüder. In der Kleidung übrigens waren sich alle einander gleich, denn jeder trug über seiner Ritterrüstung einen scharlachroten Wappenrock mit einem kleinen, achtspitzigen, silbernen Kreuz und über dem Wappenrock einen weiten, offenen, schwarzen Mantel mit einem großen, eingenähten, weißen Kreuz; nur hatten die Kreuze in ihrer Ausstattung bei den Höhergestellten einen größeren Wert, und das des Großmeisters z.B. schmückte eine Krone, umgeben von einem Rosenkranz.

Dies ist in Kürze die Geschichte des ersten Ritterordens, welchen es in der Welt gab; allein nur wenige Jahrzehnte nach der Gründung des ersten entstand ein zweiter, welcher in kürzester Bälde zu noch weit höherer Blüte gelangte. Solcher war der Orden der „Templer" oder „Tempelherren", deren äußerst merkwürdige Historie ich hier ebenfalls in ganz kurzen Umrissen wiedergeben will.

Man schrieb das Jahr des Herrn 1118, da beschlossen sieben französichnormännische Ritter, weil sie sahen, wie so manch gottesfürchtige Pilger auf ihrem Weg nach dem heiligen Land von den Ungläubigen ruchloser Weise hingemordet wurden, ihr Leben ganz allein der Beschirmung der christlichen Wallfahrer zu widmen und zu diesem Behufe einen ganz ähnlichen Orden, wie die Brüderschaft zum Hospital von St. Johann, zu errichten. Diese sieben Ritter waren sämtlich Kreuzfahrer, die mit Robert von der Normandie übers Wasser nach Jerusalem gekommen waren und hießen: Hugo de Payens, Gottfried von St. Amour, Gottfried Roval, Gottfried Bisol, Payens de Monte Desiderio, Arhimbald de St. Anion und Andreas Gandemar. Kaum hatten sie nun übrigens den besagten Entschluß gefaßt, so begaben sie sich zum Patriarchen Guarimond von Jerusalem und dieser billigte nicht nur ihr gottgefälliges Vorhaben, sondern nahm ihnen auch die drei Gelübde der Keuschheit, der Armut und des Gehorsams ab, zum Beweis, daß sie sich von jetzt an „als dem Dienste Gottes gewidmet" zu betrachten hätten. Eben so hocherfreut, wie der Patriarch, war auch der König Balduin II. von Jerusalem über das Unternehmen und deswegen schenkte er den sieben Obengenannten neben anderen Gütern ein Haus, welches ganz nahe bei dem ehemaligen Tempel Salomonis stand, weswegen sich auch die neuen Brüder „die Miliz des Tempels" oder kurzweg „Templer" nannten.

Im Anfang lebten dieselben äußerst einfach und man bewunderte sie allgemein wegen ihrer Verachtung aller irdischen Güter, so wie wegen der Aufopferung, mit der sie sich ihrem gefährlichen Beruf widmeten. Eben aus diesem Grund nahm auch der heilige Bernhard großes Interesse an ihnen und arbeitete eine eigene Ordensregel für sie aus, welche ihrem Vorhaben und dem Geist ihrer Stiftung gemäß war; Papst Honorius aber bestätigte nicht nur diese Regel, sondern bestimmte auch, daß sie über dem Harnisch ein weißes Ordenskleid mit einem roten Kreuz auf der Brust tragen sollten. Überdies gab er ihrem Panier, auf normännisch „Bauseant" geheißen, die Inschrift: Non nobis, Domine, non nobis, sed nomini tuo da gloriam, d.h. auf deutsch: „Nicht uns, o Herr, nicht uns, sondern Deinem Namen sei Ehre und Preis"; ja, schließlich forderte er die sämtliche Ritterschaft auf, in den neuen Orden einzutreten. Unter solchen Umständen nun konnte es nicht fehlen, daß „die Miliz des Tempels" bald einen großen Zuwachs erhielt, allein der erste Großmeister, zu welchem Hugo von Payens gewählt worden war, erwies sich sehr streng bei der Aufnahme und wies alle zurück, die keinen guten Charakter hatten oder auf deren Gewissen eine ungerechte Handlung lastete. Man mußte es also für eine große Ehre halten, wenn man als Mitglied des neuen Ordens aufgenommen wurde und – was Wunder nun, wenn eine Gesellschaft, die eine solch achtunggebietende Stellung einnahm, von der frommen Mildtätigkeit der damaligen Zeit aufs Reichlichste bedacht wurde? So wurde unter anderen König Heinrich I. von England und der Normandie so sehr für sie begeistert, daß er dem Großmeister Hugo mehr als eine Baronie schenkte und der Kaiser Lothar von Deutschland gab denselben gar die Hälfte der Grafschaft Supplinburg. Ja, der alte, kinderlose König Alphons von Navarra und Arragonien ging noch weiter und setzte die Templer zu Erben seines ganzen Reiches ein, weil der von ihnen erwartete, daß sie die Mauren, von denen er während seiner Regierung viel zu leiden gehabt hatte, am Ende ganz aus Spanien hinausjagen würden! Dieses Beispiel ahmten viele Grafen und Fürsten in allen Teilen Europas, besonders auch in Flandern und in der Normandie, nach, und daß der Regent des Heiligen Landes hierin nicht zurückblieb, kann man sich ohnehin denken. Kurz, nach weniger als einem halben Jahrhundert hatten sich ihre morgenländischen wie ihre abendländischen Güter fast ins Unermeßliche vermehrt, so daß man ihr Einkommen ein wirklich königliches nennen mußte.

In ganz gleichem Verhältnis stieg auch die Anzahl der Ordensmitglieder und es wird wohl noch weit zu gering gegriffen sein, wenn ich dieselben zur Zeit der höchsten Blüte auf dreißigtausend schätze. Gab es doch außer den gewöhnlichen diensttuenden Rittern, deren es mindestens zwanzigtausend waren, nur allein über neuntausend Comthure, von denen Jeder einer Commende vorstand! Dazu kamen mehrere hundert Großpriore, denn über je fünf bis zehn Comthure war wieder ein Obercomthur oder Großprior gesetzt, und über den Großprioren standen dann abermals noch höhere Würdenträger, gerade wie bei den Johannitern. Kurz, der Templerorden bildete eine merkwürdig große, aber auch merkwürdig zweckmäßig organisierte Gesellschaft und übte eben deswegen, sowie auch, weil ihm die Söhne des vornehmsten europäischen Adels angehörten, einen äußerst bedeutenden Einfluß auf die öffentlichen Angelegenheiten aus. Aber – wo blieb die ursprüngliche Bescheidenheit, Demut und Frömmigkeit? Du lieber Gott, an deren Stelle war längst der grenzenloseste Hochmut und die ausschweifendste Hoffahrt getreten! Ja, bald wurden die Rittersitze und Schlösser der Templer sprichwörtlich, wenn man recht luxuriöse Schauplätze des Wohllebens bezeichnen wollte, und man fand nirgends feineren Wein, fröhlichere Gesänge und lustigere Festspiele, als auf den Tempelhöfen. Wie stimmte nun damit das Gelübde der Armut, der Keuschheit und des Gehorsams überein?

Doch an diesen Ausschweifungen war es noch nicht einmal genug, sondern sie Templer ließen sich auch noch andere schwere Sünden zu Schulden kommen, welche ihnen ein eben so baldiges als schaudervolles Ende bereiten sollten. Es war nämlich bald ganz klar ersichtlich, daß es ihnen, so wie sie einmal einen großen Grundbesitz inne hatten, keinesweg mehr darum zu tun sei, religiöse Zwecke zu verfolgen oder gar arme Pilgrime zu beschützen, sondern daß sie nur danach trachteten, eine größere weltliche Herrschaft zu gründen. Demgemäß wandten sie sich nach dem Verlust Jerusalems (anno 1187) nach Sidon, um dieses zum Mittelpunkt ihrer Bewegungen zu machen, allein dieses fiel anno 1291 mit Ptolemais ebenfalls in die Hände der Muselmannen und nun mußten sie sich, wie die Johanniter, nach Zypern flüchten. Daran jedoch dachten sie nicht, ihrerseits auch eine Insel zu erobern, um die Ungläubigen zu bekriegen, sondern sie brüteten vielmehr nur darüber nach, welche von ihren vielen Besitzungen „im Abendland" sie am besten zur Hauptresidenz des Ordens auserwählen möchten, und da fiel ihnen die gute Stadt Paris ein. Hier besaßen sie nämlich ein herrliches Schloß oder vielmehr eine großartige, feste Burg mit einer Masse von Nebengebäuden, „der Tempel" genannt (der König Ludwig XVI. wurde später darin gefangen gehalten), und da nun außerdem ihre Hauptbesitzungen in Frankreich lagen, so wollte es sie bedünken, als ob vom Tempel zu Paris aus ihre Ländereien am besten zu regieren wären. Allein diesmal machten sie eine falsche Rechnung. Der damalige König von Frankreich nämlich, Philipp IV., ein eben so kluger und energischer wie tyrannischer und blutdürstiger Mann, dem jedes Mittel recht war, wenn es nur zum Ziel führte, sagte sich in seinem Innern, daß es um seine königliche Souveränität geschehen sei, wenn der Großmeister des Templerordens „neben ihm" als unabhängiger Fürst residiere und beschloß daher, die Absichten der Tempelritter um jeden Preis zu hintertreiben. Zuerst versuchte er dies mit friedlichen Mitteln, doch wie ihm dies nicht gelingen wollte, so warf er seine lüsternen Augen auf die großen Besitzungen des Ordens und schreckte nun selbst vor dem Ärgsten nicht mehr zurück. Im Gegenteil – er nahm sich vor, den mächtigen Mönchs-Adelsbund ohne Weiteres zu zertrümmern und seine königliche Macht auf diesen Trümmern mit vermehrtem Glanz emporzurichten.

Eine alte Erfahrung lehrt uns, daß, wenn ein Mächtiger dieser Erde etwas Schlimmes vorhat, sich bald Werkzeuge genug finden, welche ihm zu seinem bösen Tun behilflich sind und eben so ging es auch dem König Philipp. Er hatte nämlich anno 1305 den Bischof Bertrand de Got, einen von ihm ganz abhängigen Priester, durch Bestechung der Kardinäle zum Papst gemacht und der neue Papst, welcher sich Clemens V. nannte und sofort seinen Wohnsitz von Rom nach Avignon in Frankreich verlegte, mußte natürlich so tanzen, wie König Philipp zu pfeifen beliebte. Kaum also hatte Clemens die dreifache Krone erhalten, so teilte ihm Frankreichs Beherrscher seinen Plan mit, und schon das folgende Jahr ging es an die Ausführung desselben, obwohl man natürlich wegen der ungeheuren Macht der Templer die größte Vorsicht gebrauchen mußte. Nun wollte es das Geschick, daß damals zwei Templer, der Eine ein einfacher Ritter mit Namen Rosso de Die, der Andere ein Comthur, v. Montfaucon genannt, wegen schändlicher Vergehen vom obersten weltlichen Gericht zu Paris zu strenger Gefängnisstrafe verurteilt wurden und diesen Beiden nun versprach Philipp (so berichten wenigsten glaubhafte Schriftsteller) insgeheim Verzeihung, wenn sie so handeln würden, wie er es ihnen vorschrieb. Hierauf gingen natürlich die zwei Bösewichter sogleich ein, begehrten sofort Audienz beim König, dieweil sie große Enthüllungen zu machen hätten, und erhoben sodann eine fürchterliche Anklage gegen den Templerorden, den sie des Götzendienstes, der Verleugnung Christi, der Anbetung des Teufels und anderer ähnlicher Verbrechen beschuldigen. Über diese Enthüllungen wurde der König dem Anschein nach ganz entsetzt und eben so empört gebärdete sich der Papst, den man selbstverständlich sogleich offiziell von allem benachrichtigte. Das Nächste war nun, daß Clemens den damaligen Großmeister der Tempelherren, den altersgrauen Jakob Bernhard de Molay, nebst verschiedenen anderen höheren Würdenträgern des Ordens vor sein Tribunal berief und von ihnen ein offenes Bekenntnis über die vorgebrachten Anschuldigungen verlangte. Der Großmeister erschien auch pflichtlich, aber sowohl er als seine Ritter wiesen die schlimmen Beschuldigungen mit Verachtung zurück und behaupteten steif und fest ihre vollkommene Unschuld. Somit schien es, als ob es einen langwierigen Untersuchungsprozeß geben solle und da die Tempelritter sich ganz sicher darüber fühlten, daß man ihnen keines der angedichteten Verbrechen nachweisen könne, so dachten sie gar nicht daran, irgend wegen der Zukunft besorgt zu sein. Stellte sich doch der Papst, als ob er eben so gerecht wie gründlich zu Werke gehen wollte, während umgekehrt der König sich so benahm, daß man überzeugt sein durfte, er habe alles dem Papst überlassen! Doch siehe da – Philipp der Vierte traf ganz insgeheim seine Vorbereitungen und ließ plötzlich auf einen und denselben Tag, nämlich auf den 13. Oktober 1307, alle Templer in ganz Frankreich durch seine klug verteilten Truppen gefangen nehmen. Zu gleicher Zeit bemächtigte er sich aller ihrer Güter, so namentlich auch des „Tempels" in Paris, in welchem er nun selbst seine Residenz aufschlug und beschönigte diese seine rasche Gewalttat damit, daß er den ganzen Templerorden laut der Ketzerei beschuldigte. Bei der bloßen „Beschuldigung" aber ließ er es natürlich nicht bewenden, sondern er wollte, um eine Verurteilung der Templer zu bewirken und dadurch ein Recht zur Einziehung ihrer Güter zu bekommen, den „Beweis" liefern, daß, was er sage, Wahrheit sei. Demgemäß ernannte er überall in ganz Frankreich besondere Richter, welche die gefangenen Templer „befragen“ mußten, und übertrug dem Dominikanermönch Wilhelm zu Paris, einem furchtbar fanatischen und blutdürstigen Mann, die Oberaufsicht über diese seine Inquisitoren. Was war nun aber die Folge? Nichts Anderes, als daß man die armen Gefangenen so lange auf der Folterbank quälte und marterte, bis hundertundvierzig von ihnen alles gestanden, was man von ihnen haben wollte. Ja, daran war es noch nicht einmal genug, sondern es wurden sogar dreiundsechzig von diesen hundertvierzig, weil sie ihr Geständnis widerriefen und es für ein mit Gewalt abgepreßtes erklärten, zum Tode verurteilt und am 12. Mai 1310 zu Paris bei einem gelinden Feuer langsam verbrannt.

Also grausam verfuhr der König von Frankreich gegen die Tempelritter und ganz in Übereinstimmung mit ihm handelte Clemens V. Schon am 22. November des Jahres 1307 nämlich erließ Letzterer eine Bulle, in welcher er die Einziehung der Templer nebst ihren Gütern in allen Ländern Europas befahl und zu gleicher Zeit setzte er eine Kommission nieder, welche das Benehmen und den Glauben der Ritter genau untersuchen sollte. Diese Kommission schloß ihre Akten am 26. Mai 1311 und der Papst schrieb sofort eine Kirchenversammlung nach Vienne aus, um dort über das Schicksal des Tempelordens endgültig zu entscheiden. Über dreihundert Äbte, Bischöfe und Erzbischöfe kamen hier zusammen und stritten alle Tage vom Morgen bis zum Abend miteinander, ob und welche Schuld an den Tempelherren sei; endlich aber vereinigten sie sich über deren Verurteilung und am 3. April 1312 sprach der Papst die Aufhebung des >Ordens bei Strafe des Banns aus, „weil sich derselbe schändlicher, aber mit Stillschweigen zu übergehender Verbrechen schuldig gemacht habe“. Der Großmeister Jakob v. Molay protestierte feierlich und erklärte das Urteil für falsch und unrechtmäßig. Ebenso tat der mit ihm eingesperrte Guido v. Auvergne, Großprior der Normandie, aber es sollte ihnen schlecht bekommen, denn König Philipp ließ sie sofort prozessieren und am 19. März 1313 zu Paris lebendig verbrennen. Weitere Todesurteile kamen übrigens nicht vor, sondern man begnügte sich, die Vornehmsten des Ordens lebenslang ins Gefängnis zu sperren, während die übrigen entweder als Laien in die Welt zurücktraten oder sich in den Johanniterorden aufnehmen ließen.

Auf diese Art nahm der Templerorden in der ganzen Christenheit sein Ende, indem die Beherrscher der übrigen Länder Europas in die Gerechtigkeit des Papstes keinen Zweifel setzten und also seinem Aufhebungsdekret folgsamst nachkamen. Der wirkliche und wahre Grund der Aufhebung war aber kein anderer gewesen, als zum ersten, daß der König von Frankreich die Macht des Ordens fürchtete und zum zweiten, daß es ihn nach dessen großen Reichtümern gelüstete. In der Tat behielt er auch fast alle Güter und Schlösser der Templer und gab dem Papst, dem er doch früher die Hälfte zugesagt, nur einen sehr kleinen Teil davon; allein einen großen Genuß sollte er von seinem Raub nicht haben, denn ehe ein Jahr verging, forderte ihn Gott vor seinen Richterstuhl, damit er über sein Leben und Tun auf Erden Rechenschaft gebe.

Ich habe nun noch in Kurzem über den dritten geistlichen Ritterorden, den Deutschritterorden, zu berichten, welcher, wie die beiden bereits geschilderten Gesellschaften, ebenfalls den Kreuzzügen seine Entstehung verdankt und, trotzdem er erst spät ins Leben gerufen wurde, doch dazu bestimmt war, seine beiden erstgeborenen Brüder an Glanz, Ruhm und Größe bei weitem zu übertreffen. Man muß nämlich wissen, daß die Johanniter sowohl als die Templer etwas sehr parteiische in der Aufnahme von Mitgliedern zu Werke gingen, indem die Ersteren alle Adeligen, so aus dem südlichen Frankreich, aus Italien und aus Spanien kamen, vorzogen, während die Letzteren sich hauptsächlich aus Normannen, d. i. aus Nordfranzosen und Engländern, rekrutierten, so daß die deutschen Ritter sowohl hier wie dort nicht gern gelitten waren. Woher dies kam, ob aus nationaler Eifersucht oder aus einem anderen Grund, will ich hier nicht näher untersuchen, aber die Tatsache selbst stand unbezweifelt fest und machte unter unseren Landsleuten nicht wenig böses Blut. Nun begab es sich, daß, als die Teilnehmer am dritten Kreuzzug, worunter besonders viele Deutsche, anno 1190 die Stadt Akko belagerten, gar viele Krieger, die verwundet oder sonst krank waren, aus Mangel an gehöriger Verpflegung starben, ohne daß irgend Jemand dagewesen wäre, der diesem Elend abgeholfen hätte. Einigen Bürgern aus Bremen und Lübeck aber, welche mit dem Grafen Adolph von Holstein nach dem Heiligen Land gezogen waren, ging dies gar sehr zu Herzen und sie machten sofort aus ihren Gezelten, die nur mit Schiffssegeln bedeckt waren, ein Hospital, in welchem alle, die dessen bedurften, mit vieler Demut und Mildtätigkeit verpflegt wurden. Natürlich erhielt dieses ihr Unternehmen allgemeinen Beifall und insbesondere interessierten sich für dasselbe Friedrich, Herzog v. Schwaben, der Sohn des großen Hohenstaufenkaisers Friedrichs des Ersten oder des Rotbarts, so wie der Erzbischof Conrad von Mainz, der Herzog Heinrich von Braunschweig, der Herzog Friedrich von Österreich, der Graf Heinrich von Brabant und einige andere deutsche Herren, welche sämtlich mit dem Kreuzheer vor Akko lagen. Plötzlich jedoch kam Einem von ihnen der Gedanke, ob es nicht am Platz wäre, dem improvisierten deutschen Spital dadurch eine solide Dauer zu geben, daß man einen neuen Hospitaliterorden stiftete, welcher, wie die Orden der Johanniter und Templer, den doppelten Zweck: einmal der Pflege und Wartung kranker Pilgrime und Kreuzfahrer, zum anderen der Verteidigung des heiligen Landes mit Lanze und Schwert verfolgen sollte, in dem aber nur Deutsche Aufnahme als Gesellschafts-Mitglieder finden dürften. Der Plan gefiel dem Herzog Friedrich von Schwaben gar wohl und er nahm denselben sofort mit einer solchen Energie in die Hand, daß schon das Jahr darauf die Bestätigung und Einwilligung des Kaisers Heinrichs des Sechsten, seines älteren Bruders, sowie des Papstes Clemens des Dritten in Akko anlangte. „Hospitaliter von Unserer Lieben Frauen der Deutschen“ sollten die neuen Brüder heißen und als Ordenskleid wurde ihnen ein weißer Mantel mit dickem, schwarzem Kreuz auf silbernem Grund bestimmt, in Beziehung auf ihre Gerechtsame aber erhielten sie ganz dieselbe Stellung, wie die Johanniter und Templer. Nun, nachdem er so viel erlangt, ging Herzog Friedrich mit aller Lust an die Ausführung seines Vorhabens und auf seinen Aufruf hin meldeten sich sogleich vierzig wackere deutsche Ritter zur Aufnahme, welche sofort unter feierlichen Zeremonien stattfand und von ihm selbst sowie von einer Menge anderer edlen Herren mit ihrer Gegenwart beehrt wurde.

Auf diese Art entstand der Orden der deutschen Ritter und daß es Herzog Friedrich, sowie auch andere deutsche Fürsten und Große an Schenkungen von Geld und Gütern, um dem neuen Institut Lebenskraft zu geben, nicht fehlen ließen, kann man sich wohl denken. Somit sah sich Heinrich Waldpott von Bassenheim, ein tapferer Ritter aus altadeligem, rheinischen Stamm, welchen seine Brüder zum ersten Ordensmeister gewählt hatten, im Stande, gleich nach der Eroberung der Stadt Akko ein großes Stück Land außerhalb des St. Niclas-Tores anzukaufen und daselbst ein Spital für die Kranken, eine Burg für die Ritter, Wohnungen für die Knechte und eine Kirche für sie alle zu bauen. Diese Besitzung, welche man nur kurzweg „das deutsche Haus“ hieß, machte er zur obersten Residenz des Ordens, sowie zum Mittelpunkt aller seiner Unternehmungen und man darf wohl sagen, daß weder er noch seine Ritter irgendwo fehlten, wo es eines starken Armes gegen die Ungläubigen bedurfte. Dennoch wollte es mit den „Inhabern des deutschen Hauses“ nicht recht vorwärts gehen und es schien fast, als ob die rechte Begeisterung für die Sache in Deutschland fehle. Traten doch verhältnismäßig nur wenige Adelige dem Orden bei, sowie es ohnehin an denen fehlte, welche ihm Baronien, Grafschaften oder auch nur kleine Dörfer und Weiler vermacht hätten! Die Johanniter und Templer sahen daher mit großer Schadenfreude und noch größerem Hochmut auf die Hospitaliter zu Unserer Lieben Frauen der Deutschen herab und berechneten schon die Zeit, wann dieselben ihre Schwindsuchtslaufbahn beenden würden; aber ihre Berechnung erwies sich als eine ganz falsche, denn der fast mit Verachtung weggeworfene Stein sollte zum hellleuchtendsten Edelstein werden.

Zwar allerdings unter den beiden unmittelbaren Nachfolgern Waldpotts von Bassenheim, nämlich unter den Ordensmeistern Otto von Karpfen und Hermann von Bard zeigte sich keineswegs irgend ein Aufschwung der neuen Rittergesellschaft, sondern dieselbe nahm im Gegenteil durch die häufigen Verluste, welche sie im Kampf mit den Ungläubigen erhielt, sosehr ab, daß sie ums Jahr 1210 kaum noch zehn Ritter zählte, welche die Waffen führen konnten; aber in diesem Jahr wurde nach dem Tod Bard's Hermann von Salza zum Ordensmeister erwählt und nun nahm alles wie durch einen Zauberschlag eine ganz andere Wendung. Dieser ausgezeichnete Mann nämlich, von dem man nicht sagen kann, ob er mehr durch seine Staatsweisheit oder mehr durch seine Tapferkeit, mehr durch seine Ehrlichkeit oder mehr durch seine Kenntnisse geglänzt habe, besaß sowohl das vollkommene Vertrauen des Papstes, des hochberühmten Innocenz III., als auch das des Kaisers, des noch weit berühmteren Friedrich II. von Hohenstaufen, obwohl diese Beiden bekanntlich in tödlicher Feindschaft miteinander lebten und unterließ es, wie man sich wohl denken kann, nicht, alle die daraus entspringenden Vorteile nur allein seinem Orden zuzuwenden. In Folge dessen stieg das Ansehen und der Reichtum des Letzteren innerhalb der dreißig Jahre, während derer Hermann v. Salza an seiner Spitze stand, so sehr, daß sich dessen Besitzungen bald über ganz Deutschland bis nach Ungarn, Italien und Sizilien hinein erstreckten und daß die Zahl der Ritter von wenigen Zehn auf mehr als Zweitausend anwuchs. Das war ein Erfolg, wie ihn nur Er erringen konnte, - ein Erfolg, der selbst die kühnsten Erwartungen übertraf und doch nahm die Größe des Ordens unter Hermann v. Salza nur erst ihren Anfang! Und doch legte Er nur das Fundament zum dem Gebäude, dessen Flügel nach zweihundert Jahren von der Oder bis zum finnischen Meerbusen und vom baltischen Meer bis nach Polen hinein reichten!

Dies ging aber so zu. Im nordöstlichen Deutschland, d. i. in dem großen Küstenstrich an der Ostsee bis weit ins Innere des Landes hinein, lebte damals ein den

Katten und Litauern nahe verwandter Volksstamm, welcher den Namen „Porussen" oder „Preußen" führte und diese Völkerschaft bekannte sich noch im dreizehnten Jahrhundert aufs Eifrigste zum Heidentum. Zwar allerdings hatte man schon seit dem zehnten Jahrhundert verschiedene Versuche gemacht, das götzendienerische Unwesen auszurotten und unter den armen Heiden das Christentum einzuführen; aber lange Zeit wollte dies nicht gelingen und viele der frommen Missionare erlitten für ihre Bemühungen den Märtyrertod. Nun versuchten die Herzöge von Polen und Masovien die Bekehrung der Preußen mit dem Schwert in der Hand, allein diese wehrten sich aufs entschlossenste und konnten auch bis zum Anfang des dreizehnten Jahrhunderts weder besiegt noch bekehrt werden. Um diese Zeit jedoch machte der Abt des Klosters Oliva, mit Namen Christian, welchen der Papst anno 1214 zum ersten Bischof von Preußen ernannte, neue Versuche, um auf friedlichem Weg und mit freundlichen Worten dem Christentum unter dem wilden Volk Eingang zu verschaffen und es schien ihm dies auch, wenigstens teilweise, glücken zu wollen, als der Herzog Konrad von Masovien wieder alles verdarb. Dieser nämlich, ein eben so herrschbegieriger als lasterhafter Herr, wollte im Trüben fischen und die bekehrten Preußen ohne Weiteres zu seinen Untertanen erklären; allein so bald diese merkten, daß es nicht allein auf ihre Religion, sondern noch vielmehr auf ihre Unterjochung abgesehen sei, griffen sie zu den Waffen und warfen ihre Bedrücker zum Land hinaus. Ja, nicht zufrieden damit, fielen sie nun ihrerseits in Masovien und Polen ein, plünderten eine Menge von Dörfern und Städten, töteten die erwachsenen Männer, während sie die Weiber und Kinder in die Gefangenenschaft führten, brannten gegen dreihundert christliche Kirchen nieder und schlachteten deren Priester sogar am Fuß der Altäre. So viele Grausamkeiten brachten den Bischof Christian auf den Gedanken, einen eigenen Ritterorden zur Bekämpfung der heidnischen Preußen zu stiften und er tat dies auch, nachdem er sich vorher mit dem Herzog Konrad über das Nähere verständigt und diesen dazu vermocht hatte, dem jungen Institut die Burg Dobrin nebst einem größeren Stück Land zu überlassen. Auf diese Art entstanden anno 1225 „die Ritter Jesu Christi" (diesen Namen gab ihnen der Bischof Christian), oder wenn man lieber will, „die Ritter von Dobrin" (wie sie das Volk nannte); allein ein großes Gedeihen hatte der Orden nicht, denn er brachte es nie weiter, als bis auf dreißig Streiter und diese kamen in der Schlacht bei Straßdorf alle bis auf fünf um. Nun war die Not größer als zuvor, weil jetzt die Preußen, durch den Sieg ermutigt, ihre verheerenden Einfälle nicht nur mit der gewohnten Vernichtungswut, sondern auch immer weiter, sogar bis nach Pommern hin, fortsetzten. In dieser argen Bedrängnis gedachte Herzog Konrad auf einmal des Ordens der deutschen Ritter, welcher in neuester Zeit fast einen außerordentlichen Aufschwung erhalten hatte und da ihm das Wasser bereits bis an die Kehle ging, so entschloß er sich, diesen mächtigen Adelsbund zu seiner Hilfe herbeizurufen. Er schickte also eine feierliche Gesandtschaft an dessen Vorstand, Hermann v. Salza, der inzwischen von Kaiser Friedrich unter dem Titel eines „Hochmeisters" in den Reichsfürstenstand erhoben worden war und bat ihn um seinen Schutz, indem er ihm zugleich von vornherein das Eulmische und Lobauische Land abtrat. „Ohnehin aber sollte jeder Gebietsteil, den die deutschen Ritter den Preußen abnehmen würden, ihr Eigentum bleiben, so daß sie sich möglicherweise ein ganzes Königreich zusammen erobern könnten." Hermann v. Salza befragte sich bei Kaiser und

Papst, und da beide der Sache nicht nur ihren Beifall schenkten, sondern ihm auch ihre kräftigste Unterstützung versprachen, so nahm er das Anerbieten an. Leider jedoch war er verhindert, in Person nach Preußen abzugehen, da ihn der Kaiser notwendig in Italien brauchte, und somit sandte er an seiner Statt den tapferen Hermann v. Balk nebst hundert Rittern, unter welchen Dietrich v. Bernheim und Konrad v. Landsberg sich besonders auszeichnete. Sie sollten den Anfang der Eroberung Preußens machen und damit sie dies tun könnten, gab Salza seinem Stellvertreter, der nunmehr den Namen „Landmeister von Preußen" annahm, unbedingte Vollmacht, nach bestem Ermessen selbständig zu handeln. Außerdem versah er ihn mit einer großen Geldsumme, damit er im Stande sei, ein mächtiges Kriegsheer auf die Beine zu bringen.

Soll ich nun den ganzen, langen, furchtbaren Kampf, welcher sich sofort entspann und erst im Jahre 1283 mit der vollständigen Unterjochung und Bekehrung der Preußen ein Ende nahm, des Weitläufigen schildern? Es würde viel zu weit führen und darum genüge es an ein paar Worten. Also, Schritt für Schritt gingen die deutschen Ritter vorwärts und die ersten Burgen, welche sie zur Feststellung ihrer Herrschaften erbauten, hießen „Vogelsang" und Nessau". Dann gründeten sie anno 1231 Burg und Stadt „Thorn", sowie zwei Jahre später „Marienwerder" und so entstand nach und nach ein befestigter Ort nach dem andern, bis sich endlich alles Land der Preußen mit derartigen Niederlassungen überzogen sah. Kaum übrigens waren die Preußen anno 1283 bezwungen, so fingen die Ritter auch schon einen neuen Krieg an, nämlich den mit den heidnischen Litauern, welcher noch länger dauerte, als der mit den Preußen. Schließlich jedoch endete auch dieser Kampf siegreich und ganz Litauen wurde dem Ordensgebiet einverleibt. Eben so erging es den großen (jetzt russischen) Provinzen Lievland, Kurland, Estland und Semgallen, die mächtige Stadt Riga aber nebst Gebiet hatten die Deutschritter schon im Jahre 1234 durch ihre Vereinigung mit dem sonst unbedeutenden Orden „der Schwertritter" (diesen Orden hatte Bischof Albrecht von Bremen ins Leben gerufen, um durch ihn die bremische Kolonie Riga vor den Einfällen der Dänen zu schützen, allein die Schwertritter fühlten sich zu schwach für einen solchen Kampf und zogen es vor, sich mit den Deutschrittern zu verschmelzen) überkommen. Demgemäß geboten sie nun über ein zusammenhängendes Land, das an Umfang kaum geringer war, als das jetzige Königreich Preußen und da sie noch überdem der Besitzungen im übrigen Europa eine Menge inne hatten, so durfte sich der Hochmeister des Ordens mit Fug und Recht einem souveränen Monarchen an Macht und Einkommen gleichstellen.

Noch mehr schwoll diese Macht und dieses Einkommen an, als der Hochmeister seine Residenz in die Mitte seines neuen Reiches verlegte. Wir haben nämlich weiter oben gesehen, daß ganz im Anfang der Hauptsitz des Ordens sich zu Akko im heil. Land befand; allein unter dem elften Hochmeister, Konrad v. Feuchtwangen, wurde die besagte Stadt (anno 1291) von den Ungläubigen erobert und die deutschen Ritter, die sich dort befanden, waren sofort genötigt, das gelobte Land gänzlich zu verlassen. Konrad v. Feuchtwangen nahm nun seine Residenz in Venedig, wo der Orden großen Besitz hatte; doch sein Nachfolger, der Hochmeister Gottfried von Hohenlohe, sah mit richtigem Takt ein, daß „die deutschen Ritter" nur in

Deutschland zu Hause sein könnten und verlegte daher die Residenz nach Marburg in Hessen, dessen herrliches Schloß ein gar würdiger Sitz für den Hochmeister zu sein schien. Trotzdem hielt es der Nachfolger Gottfrieds v. Hohenlohe, der hochberühmte Siegfried von Feuchtwangen, für passender, das Hauptquartier des Hochmeisters im Herzen seiner Lande aufzuschlagen und wählte hierzu die anno 1274 angelegte Festung Marienburg an der Nogat, welche nun von ihm, so wie auch insbesondere von seinen Nachfolgern, Dietrich v. Altenburg und Weinrich v. Kniprode, in die herrlichste Königsburg umgewandelt wurde, die man nur sehen konnte. Da regierten sie nun, die hochmächtigen Meister, als wären sie geborene Fürsten und hatten ihren Hofstaat, ihre Kronvasallen um sich, wie die mächtigsten Regenten. Leider jedoch hat keine menschliche Einrichtung in die Länge Bestand und wie der einzelne Mensch geboren wird, wächst und zu Kraft kommt, um gleich darauf zu altern, abzunehmen und ins Grab zu steigen, also ergeht es auch den Fürstentümern und Königreichen oder wie die Staaten sonst heißen mögen. – Fragt man mich nun aber nach dem Grund, warum das deutsche Ordensreich schon gleich nach dem Anfang des fünfzehnten Jahrhunderts von seiner glänzenden Höhe herabzusteigen begann, so ist meine Antwort keine andere, als daß eben in der außerordentlichen Blüte, die es erlangt hatte, die erste und Hauptveranlassung seines Untergangs lag. Wo sind denn die Menschen zu finden, die Macht und Reichtum ertragen können, ohne in Versuchung zu geraten, übermütig und schwelgerisch zu werden? Und wenn dann die Versuchung sich wiederholt, wie Viele vermögen ihr zu widerstehen? Ach, du lieber Himmel, nur gar zu Wenige und unter diesen Wenigen gehörten die Deutschordensritter jedenfalls nicht! Im Gegenteil, ihr Hochmut kannte bald keine Grenze mehr und mit dem Hochmut kam die Schwelgerei und manch anderes Laster. Zum Beweis dafür will ich bloß eins anführen, indem ich denke, daß der Leser daran genug hat. Früher, bis zum Jahre 1391, hießen sich die Ritter gegenseitig „Brüder“, weil sie ja eine “Brüderschaft“ bildeten; als aber in besagtem Jahr Konrad v. Wallenrode, ein sehr ehrgeiziger und hochtrabender Herr, Hochmeister wurde, setzten sie es durch, daß man sie von nun an „Herren“ nennen mußte. Natürlich übrigens wollten sie nicht bloß so heißen, sondern sie wollten auch so auftreten, und in Folge dessen zogen sie gemeiniglich mit einer Pracht einher, welche „weltliche“ Adelige nicht nachahmen konnten. Ein gewöhnlicher Ritter z.B. ritt nie aus, ohne ein Gefolge von zwanzig bis dreißig Knappen und Reisigen; ein Comthur hatte ein Geleit von hundert bis zweihundert Pferden, ein Landcomthur von drei- bis vierhundert und der Hochmeister selbst umgab sich vollends gar mit orientalischer Pracht. Solcher Übermut mußte zu bösen Häusern führen, besonders auch, weil man nun anfing, die Untertanen, namentlich die Bürgerschaft in den neu entstandenen Städten, zu drücken und mit starken Steuern zu belegen, um das viele Geld, das man nötig hatte, herauszupressen, denn hierdurch entstand Unzufriedenheit und von der Unzufriedenheit bis zur Empörung ist es oft nur ein kleiner Schritt.

Um diese Zeit waren die verschiedenen polnischen Provinzen durch Wladislaw-Jagello mit Litauen zu einem großen, mächtigen Königreich zusammengeschmolzen worden und dieser tapfere Herrscher beschloß sofort, die eingetretene Verweichlichung des Ordens, so wie die Unzufriedenheit von dessen Untertanen zu benutzen, um sein Reich bis an die Ostsee auszudehnen. Demgemäß brachte er anno

1410 ein Heer von hundertundfünfzigtausend Mann auf die Beine und hoffte damit, weil ihm der damalige Hochmeister, Ulrich v. Jungingen, nur dreiundachtzigtausend Mann entgegensetzen konnte, mit Leichtigkeit den Sieg zu erlangen. Dem war aber doch nicht so, wie die nun am 15. des Heumonats bei dem Dorf Tannenberg geschlagene Schlacht bewies. Obgleich nämlich von dem Ordensheer nicht weniger als die Hälfte getötet wurde, wie denn auch der Hochmeister selbst mit fast siebenhundert Rittern auf dem Schlachtfeld blieb, so war doch der Verlust der Polen ein noch viel ungeheuerlicherer und sie mußten, nachdem beinahe ihre ganze Armee aufgerieben war, froh sein, einen ehrenvollen Frieden schließen zu können. Weit mehr Erfolg hatte etwa fünfzig Jahre später Kasimir II. von Polen, denn er bekam die großen Städte Thorn, Elbing, Königsberg und verschiedene andere, welche sich im Jahr 1453 gegen die allzu starke Bedrückung der Deutschritter empört hatten, mit Leichtigkeit auf seine Seite. Zwar allerdings widersetzte sich der Orden seinem Andringen nach Kräften und der Krieg dauerte somit dreizehn volle Jahre lang; aber anno 1466 sah sich der Ordensmeister Ludwig v. Elrichshausen durch die Not gezwungen, in dem schmachvollen Frieden von Nessau nicht nur ganz Westpreußen mit allen dazu gehörigen Städten, wie Kulm, Elbing und sogar Marienburg, an Polen abzutreten, sondern auch den König Kasimir als Oberlehnsherren anzuerkennen und ihm den Huldigungseid zu schwören. Um sich nun von diesem harten Schlag, der fast gar nicht verschmerzt werden zu können schien, wieder zu erholen, erwählten die Ritter anno 1511 einen nachgeborenen Sohn des Markgrafen Friedrich von Anspach und Bayreuth, Herrn Albrecht v. Hohenzollern, damals Domherr zu Köln, ob er gleich erst zwanzig Jahre zählte, zum Hochmeister, denn die Mutter Albrechts, die Markgräfin Sophie von Anspach und Bayreuth, war eine Schwester des damaligen Königs Sigismund von Polen und der Orden hegte also die Hoffnung, der neue Hochmeister werde von seinem Oheim das wieder als Präsent zurückbekommen, was anno 1466 verloren gegangen war. Aber – die gutgemeinte Absicht schlug in das gerade Gegenteil um. Herr Albrecht nämlich, der mehr an seinen eigenen Vorteil, als an den des Ordens dachte, nahm, als er sah, welch schnelle Fortschritte die Reformation auch in Preußen machte, anno 1522 die lutherische Religion an und erklärte sich sofort zum weltlichen Herzog von Preußen, d.h. von dem Teil Preußens, der dem Orden nach dem Frieden von Nessau noch geblieben war. Natürlich übrigens hätte er dies nicht tun können, wenn er nicht den König Sigismund von Polen, so wie die meisten Ordensritter vorher insgeheim für seinen Plan gewonnen hätte, allein – allzu schwer wurde ihm dies nicht. Er brauchte nur den Herren Rittern die Zusage zu geben, daß sie künftig die Schlösser und Comthureien, auf denen sie saßen, als erbliches Eigentum besitzen sollten, wenn sie zu ihm halten würden, und – in der Minute hatte er gewonnenes Spiel; der König Sigismund aber wurde dadurch zufriedengestellt, daß Albrecht ihm aufs feierlichste den Huldigungseid, als seinem Oberlehnsherrn, leistete! Der neugebackene Herzog nahm sofort ein Weib und forderte die mit ihm lutherisch gewordenen Ritter auf, sein Beispiel nachzuahmen; die dem katholischen Glauben und ihrem Eid treu gebliebenen aber jagte er mit Waffengewalt zum Land hinaus und meinte, sie könnten zufrieden sein, daß er ihnen die Besitzungen, die der Orden in Deutschland, Österreich, Ungarn usw. besaß, nicht auch noch nehme.

Nunmehr habe ich nur noch wenig zu sagen, denn nachdem die Hauptsache, nämlich Preußen, für den Orden verlorengegangen war, hatte derselbe seine Rolle in der Welt ausgespielt. Überdem gab es ja keine nordischen Ungläubigen mehr zu bekämpfen und somit wußte er eigentlich selbst nicht mehr, welche Lebensaufgabe er zu verfolgen habe. Sein Dasein war also keineswegs mehr ein frisches und naturwüchsiges, sondern eher nur ein Fortvegetieren, wie bei ganz alten Leuten, die von Krankheiten aller Art heimgesucht sind und es ist also genug gesagt, wenn ich berichte, daß die katholisch gebliebenen Ritter den Herrn Walter v. Kronberg zum Hochmeister erwählten, daß dieser sodann seine Residenz nach Mergentheim (jetzt eine zum Königreich Württemberg gehörige Stadt) verlegte, wo der Orden ein sehr schönes Schloß besaß, daß seine Nachfolger ebenfalls dort residierten, und daß dies so fortging bis zum 24. April 1809, an welchem Tag der Kaiser Napoleon den Orden durch ein von Regensburg aus datiertes Dekret für ewige Zeigen aufhob. Die Güter, welche ihm noch gehörten, - und sie waren nicht unbedeutend, besonders im Österreichischen, Holländischen, Fränkischen, Sächsischen und Thüringischen – fielen den Regenten zu, in deren Gebiet sie lagen; die Ritter aber, welche damals noch existierten, ihrer etwa hundert, traten mit ihrem Großmeister ins Privatleben zurück und somit blieb von dem ganzen mächtigen Bund nichts übrig, als – sein Name.

Doch nein, es blieb noch mehr, denn es blieb auch die Erinnerung an seine glorreichen Taten und das ist eine Unsterblichkeit, die ihm Niemand streitig machen kann. Überdies, woher stammen denn die vielen Hunderte von Orden, die wir nunmehr in Europa haben? Sie sind ja alle nichts anderes, als mehr oder minder gelungene Nachbildungen des Johanniter-, Templer- und Deutschordens, nur mit dem Unterschied, daß die „Ritter, Comthure und Großkreuze“ zwar wohl das Gelübde des Gehorsams, nicht aber das der Armut und der Keuschheit abzulegen haben, und daß der Endzweck nicht ist: „Bekämpfung der Ungläubigen“, sondern „Bekämpfung aller Feinde des hohen Herrn, von dem sie ihr Ordenskreuz erhielten.“

Fünftes Kapitel

Der Rittersmann im Frieden

Der Kriege und der Heldentaten, des Blutvergießens und des Städtestürmens ist nun genug Erwähnung getan. Darum ist es jetzt an der Zeit, nachzusehen, wie der Rittersmann „im Frieden", das ist in der Zeit, in welcher er nicht im Feld lag, lebte; denn nur auf diese Art werden wir erfahren, wie er sich zu dem starken Helden mit dem Heldenarm, der so wunderbar großartige Taten verrichten konnte, heranbildete. Vom Himmel nämlich fällt kein Gelehrter, sondern es müssen die Kenntnisse vielmehr mit viel Mühe und Fleiß erworben werden und gerade so erging es auch den Rittern mit ihrer körperlichen Gewandtheit und Kraft, sowie mit ihren anderen Eigenschaften und Tugenden. Sie waren ihnen nicht a n g e b o r e n, sondern sie erhielten sie d u r c h Ü b u n g u n d E r z i e h u n g!

Wir wollen uns nun, um „den Rittersmann im Frieden" kennen zu lernen, vor Allem in seine Behausung verfügen und wenn wir uns diese ein wenig angesehen haben, so werden wir sehen, was er dort treibt, wie er sich vergnügt und wie er sich beschäftigt. Daß ein jeder Rittersmann einen ziemlich bedeutenden Grundbesitz inne hatte und inne haben mußte, habe ich schon im ersten Kapitel gezeigt; wenn er aber der Herr eines Gutes, einer Baronie oder gar einer Grafschaft war, so wird er wohl auch, wie man sich leicht denken kann, „entsprechend" gewohnt haben. Er, der sich Rosse und Roßknechte halten mußte; er, der der Erste war im Staat nach dem Regenten – er konnte doch natürlich nicht in einer Schäferhütte hausen und überdies würde keine Wohnung für ihn gepaßt haben, die nicht so fest und eisengepanzert gewesen wäre, wie er selbst! Nein, wahrhaftig, sein Haus mußte ihm ein Schild sein, hinter dem er und die Seinigen sich sicher fühlten und deswegen hieß er auch diese seine befestigte Wohnung kurzweg „B u r g", weil man hinter ihren Mauern „g e b o r g e n" war. Doch – sie sah nun eine solche Burg aus? Gewiß wird es wenige Jünglinge in unserem großen Vaterland geben, die nicht wenigstens schon die Ruine einer alten Ritterburg in Augenschein genommen hätten, denn an solchen fehlt es bei uns allüberall in Deutschland nicht, allein eine kleine Einsicht in das Innere einer solchen Wohnung dürfte doch gar manchem abgehen und deswegen wird es auch am Platz sein, mit einigen wenigen treffenden Zügen ein Bild der mittelalterlichen Burgen zu geben.

Vor allem muß ich bemerken, daß es zweierlei Arten von Burgen gab, nämlich „Wasserburgen" und „Höhenburgen". Die Wasserburgen lagen alle im flachen Land und erhielten ihre Hauptstärke durch wasserhaltende Gräben oder auch durch fließende Bäche, welche man rings um die Burg herum leitete; die Höhenburgen aber – und diese bildeten die bei weitem überwiegende Mehrzahl – waren auf vorspringenden Bergen und Höhen erbaut, welche man wegen ihrer Steilheit und wegen der schroffen Felsen meist nur mit viel Mühe ersteigen konnte. Bei ihnen gewährte also die „Lage" schon einen großen Schutz, denn sie glichen ja meistens dem Adlernest, oder meinte man gar, sie seien mit dem Stein, auf dem sie standen, vollkommen zusammengewachsen. Sei nun aber eine Burg in der Ebene oder auf eines Berges Spitze gestanden, so hatte das auf ihre „innere Einrichtung" nur gar wenig Einfluß sondern in dieser

Beziehung stimmten sie fast alle miteinander überein. Natürlich übrigens mit dem Unterschied, daß die eine viel größer, weitläufiger und umfangreicher angelegt war als die andere, weil selbstverständlich ein ärmerer Ritter mit einem reicheren und ein kleiner Baron mit einem großen Herzog oder Grafen nicht konkurrieren konnte. Die festen Schlösser der Letzteren, die oft ein sehr bedeutendes Areal bedeckten, nannte man deshalb auch „Burgschlösser“ oder „Hofburgen“, während die unansehnlichsten unter den Ritterbehausungen nicht mehr Burgen, sondern „Burgställe“ hießen; aber – selbst der geringste der Burgställe durfte sich rühmen, nach denselben Grundzügen und Grundsätzen erbaut zu sein, wie eine Hofburg und es konnte also selbst der stattlichste Fürstenpalast seine nahe Verwandtschaft mit dem Anwesen des möglicherweise ärmsten Ritters nicht verleugnen. Jede Burg nämlich war mit einer Außenmauer oder auch mit Pfahlwerk, den sogenannten „Zingeln“, umschlossen und von da gelangte man durch einen stark befestigten Torgang in einen mehr oder minder geräumigen Vorhof. Dieser hieß der „Zingelnhof“, woraus dann nach und nach das Wort „Zwinger“ entstanden ist und in ihm befanden sich die verschiedenen Wirtschaftsgebäude, worunter namentlich auch die Stallungen für die Rosse sowie der sogenannte „Viehhof“ für die übrigen Haustiere, welche man hielt; einen Teil des Platzes aber ließ man frei, weil man ihn zu ritterlichen Spielen und Übungen, das ist zum „Buhurdieren“, wie man es nannte, benutzte. Noch muß ich bemerken, daß die Mauer, welche den Zwinger umgab, und insbesondere auch der Torgang, von dem ich soeben gesprochen, durch niedere, aber sehr feste Türme noch besonders geschützt wurde, denn es war schon viel verloren, wenn man den Feind nur in den Vorhof bringen ließ; von der eigentlichen Burg dagegen war der Zwinger durch keine Mauer abgegrenzt sondern vielmehr durch einen tiefen, womöglich mit Wasser gefüllten Graben, über welchen man nur mittels einer Brücke gelangen konnte. Diese Brücke jedoch war keine gewöhnliche sondern vielmehr eine „Zugbrücke“, d. h. eine solche, welche man mittels starker Ketten und eines Radwerks zum Aufziehen und Niederlassen eingerichtet hatte und wie sich von selbst versteht, ließ man sie bloß nieder, wenn Freunde kamen. Unmittelbar hinter der Brücke befand sich das Haupttor, ein auf festem Mauerwerk ruhendes Steingewölbe, das mit hohen Zinnen versehen war und durch dieses Tor gelangte man in den eigentlichen inneren Burghof, den ringsum mächtige Mauern und massive Gebäude einschlossen. Diese Gebäude aber bildeten den bewohnbaren Teil der Burg oder, wenn man will, „die Burg im engeren Sinn des Wortes“, und sind daher wohl einer kurzen Beschreibung wert.

Das bei weitem größte derselben, der sogenannte „Palas“ oder „Palaz“ (vom lateinischen Palatium), dessen gewöhnlich mit bunt gemalten Ziegeln bedecktes Dach weithin in die Welt hinausschimmerte, nahm meist die eine Seite des Hofes ganz ein und war oft so geräumig, daß es für Hunderte von Rittern Platz hatte. Letzteres natürlich aber bloß in Hofburgen, die von mächtigen Dynastien bewohnt wurden, denn nur diese besaßen so viele Vasallen und waren im Stande, einen solchen Aufwand zu machen. Allein auch in den kleineren Burgen war der Palas ein ungemein stattliches und festes Gebäude von meist zwei Stockwerken über dem Erdgeschoß, dieses, aus lauter dicken Gewölben bestehend, wurde nicht bewohnt, sondern enthielt die Bier- und Weinkeller nebst den Vorratskammern und was dergleichen mehr ist. Auch stand es mit den oberen Stockwerken in keiner unmittelbaren inneren Treppenverbindung,

Falkenjagd.

während es dagegen oft noch tiefere Räume unter sich hatte, wenn sich nämlich der Boden zu deren Ausgrabung eignete. Was nun übrigens die beiden oberen Stockwerke betrifft, so enthielt das erste, zu welchem vom Hof aus eine breite Freitreppe, die sogenannte „Greden", hinaufführte, den großen Rittersaal, in welchem der Burgbesitzer mit seinen Freunden und Genossen tafelte oder sich sonst gesellig unterhielt und neben diesem Saal, durch Türen mit ihm verbunden, befanden sich regelmäßig einige kleinere Zimmer , die schönsten auf dem ganzen Anwesen, welche der Hausherr entweder selbst bewohnte oder vornehmen Gästen als Wohnung anwies. Für gewöhnlich jedoch logierten die Fremden im zweiten Stockwerk, denn dieses war eigens für sie, sowie für die Pagen und Knappen, so in den Diensten des Burgherrn standen, erbaut und eben deswegen in eine Menge verschiedener abgesonderter Gelasse eingeteilt, zu denen man mittels einer schmalen Wendeltreppe gelangte.

Unmittelbar an den Palas, mit diesem einen rechten Winkel bildend, stieß ein weiteres Gebäude, die sogenannte „Kemenate" oder auch, wie man später sagte, das „Frauenzimmer". Dieses Gebäude, ebenfalls massiv aus Stein, war viel niedriger als der Palas, hatte aber doch keinen geringen Umfang und bestand regelmäßig aus drei Abteilungen. Die erste enthielt die Wohn- und Schlafzimmer der Herrschaft, sowie ihrer Kinder und die Putzstube der Damen; in der zweiten befanden sich die Schlafsäle der Zofen, Mägde und Dienerinnen, deren es auf jeder Burg nicht wenige gab und in der dritten endlich, einem großen Saal, welchen man gewöhnlich das „Gadem" nannte, wurde von allen weiblichen Dienstboten unter Aufsicht der Schloßfrau gemeinschaftlich zusammen gearbeitet. Ganz in der nächsten Nähe der Kemenate, allein in einem besonderen Gebäude, das selten mehr als ein Stockwerk hoch war, stand die Küche, an welche beinahe immer einige Vorratskammern für Mehl, Eier, Rauch-Fleischwaren und was dergleichen mehr ist, angebaut waren; hinter der Küche aber in einer ecke und von starken Planken umgeben, sah man den Ziehbrunnen, der, bei Höhenburgen stets unendlich tief, meist auf die Talsohle hinabging. Einen solchen Brunnen zu graben, kostete immer unendliche Arbeit, aber man mußte ihn haben und zwar um jeden Preis, weil bei einer Belagerung die Besatzung sonst, des Mangels an Wasser wegen, sich alsbald hätte ergeben müssen. Übrigens diente er auch oft zur Zierde des Burghofs, indem man in seiner nächsten Nähe Baumgruppen anlegte, in deren Schatten es im Sommer gar kühl zu sitzen war und unter welchen daher die weiblichen Burgbewohnerinnen sehr gerne zu verweilen pflegten.

So sah es im Innern einer mittelalterlichen Burg aus, wobei ich allerdings nicht unerwähnt lassen darf, daß auf größeren Schlössern dieser Art noch manche weitere Gebäude im Burghof standen, deren man auf den kleineren entbehrte oder vielmehr für deren Zweck man die Gewölbe unter dem Palas benutze. In dieser Richtung erwähne ich nur des sogenannten „Schnitzhauses", in welchem die Armbrusten nebst den Pfeilen angefertigt oder geschnitzt wurden, der „Schmitte", in welcher man die Panzer und Harnische schmiedete usw., usw. Auch ein Kirchlein, „die Burgkapelle", fehlte auf den meisten ritterlichen Sitzen nicht und zwar stand es immer mit dem Palas in nächster Verbindung, der weiblichen Kemenate gegenüber. Darin pflegten die frommen Ritter ihrer Andacht und wenn sie als und gebrechlich wurden, so hingen sie ihre Waffen an den Seitenwänden auf; starben sie aber, so begrub man sie in das Gewölbe unter dem Boden und legte eine Platte darüber, auf welcher die Taten derselben verzeichnet waren. Nun muß ich übrigens noch von einem Hauptgebäude sprechen, das selbst in der kleinsten Ritterfeste nicht fehlen durfte, weil sie sonst nicht auf den Namen einer Burg hätte Anspruch machen dürfen. Dieses Gebäude hieß der „Berchfrit“ und war nichts Anderes, als ein durchaus freistehender, auf dem höchsten Vorsprung des Burgraumes errichteter massiver Turm, der so hoch war, daß er weit über den Palas hinausragte. Dieser Turm, dessen Mauern meist eine Dicke von neun bis zu zwölf Fuß besaßen, hatte die Eigentümlichkeit, daß der Eingang sich nicht im Erdgeschoß, sondern im ersten Stockwerk, also achtzehn bis zwanzig Fuß hoch über dem Boden befand, so daß man nur mittels einer angelegten Leiter hineinkommen konnte. Eine Erstürmung derselben war also äußerst schwierig, wenn anders seine Besatzung aus tapferen Männern bestand und im Notfall konnten sich darin zwei entschlossene Ritter gegen ihrer Hunderte Tage und Wochen lang halten, wenn sie einen ordentlichen Vorrat von Getränken und Lebensmitteln hatten. Seine innere Einrichtung war aber äußerst einfach und bestand aus nichts, als aus dem sogenannten „Burgverlies“, das ist dem untersten Raum, in welchem man die Gefangenen von oben an Stricken herabließ, sowie aus einigen wenigen Gemächern in den oberen Räumen, in die sich der Burgherr bei äußerster Gefahr zurückzog. Alle diese Lokalitäten standen aber in Friedenszeiten leer, mit Ausnahme des ganz obersten Raumes unter dem Dach, dem „Lug-ins-Land“, welchen der „Turmwart“ inne hatte, um Tag und Nacht nach Feinden und Freunden sich rings umzuschauen.. Das jedoch darf ich nicht vergessen, noch anzuführen, daß auf der höchsten Höhe des Turmes ein Fähnlein oder Panier, so ungefähr in Form unserer jetzigen Wetterfahnen, angebracht war, zum Zeichen, daß sie ein Rittersitz sei, denn nur adelige Grundherren durften solche Abzeichen führen.

Nun habe ich übrigens die Einrichtung einer Burg genug beschrieben und es ist Zeit, daß wir auch dem Haushalt selbst einen Besuch abstatten, denn sonst wissen wir ja gar nicht, wie die Burgherren in ihren Schlössern lebten. In jetziger Zeit herrscht bei den Adeligen gewöhnlich ziemliche Einfachheit und ein paar Bediente und Zofen, sowie ein paar Knechte und Mägde genügen einer freiherrlichen Familie, auch wenn sie großen Reichtum besitzt, vollkommen. Nicht so wurde es aber in den Zeiten gehalten, von denen ich spreche, sondern jeder Burgherr hatte eine förmliche Hofhaltung und wenn man die Sache recht beim Licht betrachtet, sogar ein eigenes stehendes Heer, obwohl freilich meist nur ein äußerst kleines in Hinsicht der Anzahl der Mannen. Weil nämlich die großen Reichsbarone in Frankreich und Deutschland, sie mögen nun Herzöge oder bloß Grafen geheißen haben, auf ihren Besitzungen sozusagen unabhängig regierten und jedenfalls nicht selten eben so viel, wenn nicht mehr Einkommen besaßen, als ihre Lehnsherren selbst, so ahmten sie die Sitten der königlichen Höfe nach und richteten sich ganz mit derselben Pracht ein, welche eigentlich nur der königlichen Würde gebührte. Ja sogar so weit ging ihre Hoffahrt, daß sie dieselben Hofbeamten, und zwar ganz mit denselben Titeln, anstellten, wie die gekrönten Majestäten, gerade als ob sie ein vollkommenes Recht dazu gehabt hätten! Wie nun die minder Hochgestellten, das ist, die ärmeren Grafen und Barone, dies sahen, so kitzelte sie der Stachel der Eitelkeit ebenfalls und sie eilten flugs, die Reichsfürsten, wenn sie es ihnen nicht gleich zu tun vermochten, doch wenigstens in der äußeren Form nachzuäffen, und so ging das bald bis auf den einfachsten Ritter herab. Man darf sich übrigens darüber nicht wundern, denn die Menschen sind eben immer

Menschen und wenn in unseren Tagen sogar mancher im Luxus mit dem wettzueifern sucht, der eine ziemliche Stufe über ihm steht und ein doppelt so großes Einkommen hat, so werden die Ritter des Mittelalters doch wohl auch für ihre Eitelkeit zu entschuldigen gewesen sein. Genug also – man fand in ihrer ritterlichen Hofhaltung, in der nicht Meister Schmalhans den Zepter führte, sicherlich wenigstens vier Beamtungen, nämlich die des Marschalls, des Kämmerers, des Truchseß und des Schenken, welche sich in die Aufsicht über den Marstall und die Pferdeknechte, über die Wohngebäude und das Hofgesinde, über die Küche und die Vorratskammern, sowie endlich über die Keller und den Wein teilten. Freilich an Königshöfen waren diese vier höchsten Würdenträger Prinzen von Geblüt, während auf einer Ritterburg nur ärmere Herren sich dazu hergaben, aber von adeligem Geblüt mußten sie wenigstens sein und von kriegerischer Ausbildung, damit man sie im Krieg verwenden und später, wenn sie sich gut hielten, in Ritter verwandeln konnte. Selbstverständlich ist es übrigens, daß wo vier „höhere Beamte“ notwendig waren, es an „niederen“, sowie an Dienern auch nicht fehlen konnte und somit gab es der Leute, die im Sold eines Burgherrn standen, eine schwere Menge. Überdem hielt er sich, besonders wenn eine Kapelle mit seinem Palas verbunden war, einen Kaplan, oder wie man ihn fast regelmäßig nannte, einen „Hauspfaffen“, der ihm nebenbei als „Sekretär“ diente, und dazu kamen dann noch die vielen Gäste, welche fast tagtäglich in einer Burg einzusprechen pflegten und natürlich nicht bloß den Aufwand des Burgherrn, sondern auch den Stand seiner Dienstmannschaft bedeutend vermehrten. Es galt nämlich als höchste Ritterpflicht, jeden Fremden, der einen Adelsbrief aufweisen konnte oder vielmehr der ein adeliges Wappen in seinem Schild führte, selbst wenn seine Persönlichkeit eine ganz unbekannte war, aufs zuvorkommendste aufzunehmen und ihn Tage oder gar Wochen lang gastfreundlichst zu beherbergen. Ja, hieran war es noch nicht einmal genug, sondern man fühlte sich auch verpflichtet, seine liebenswerten Gäste auf alle Weise zu unterhalten, ihnen diese oder jene Vergnügungen zu verschaffen, ihnen Feste und Festessen zu bereiten und sie schließlich bei der Abreise noch freigiebig mit reichen Geschenken zum Andenken zu überraschen. „Hospitalität“ war ja von jeher ein Grundsatz der Edlen, bei den Rittern aber wurde dieser Grundsatz oft bis zur Verschwendung übertrieben und es fand deshalb auch jeden Tag in dem Bankettsaal offene Tafel statt, bei welcher sich jeder sich einfinden konnte, den seine Geburt berechtigte, mit einem Ritter am gleichen Tisch zu sitzen. Mit einem Wort also: die Haushaltung der Burgherren war eine förmliche Hofhaltung und zwar eine sehr kostspielige, denn man durfte darauf zählen, daß sämtliche Räume des Schlosses fast jeden Tag von Freunden und Gästen in Anspruch genommen wurden.

So groß nun übrigens schon in dieser Beziehung der Aufwand war, so außerordentlich vermehrte er sich noch durch die Kleidung der Ritter und ihrer Damen. „Zu Hause“ nämlich konnten die edlen Herren natürlich nicht den ganzen Tag im Harnisch oder Panzer herumgehen, sondern sie mußten es sich etwas bequemer machen, wenn sie nicht eine Sünde gegen den Menschenverstand begehen wollten. Allein natürlich – „so“ durften sie sich nicht tragen, wie die Bürger in den Städten oder gar wie ihre leibeigenen Bauern, denn sonst hätten sie sich ja selbst herabgewürdigt. Demgemäß hüllte sich ein Ritter stets in so kostbare und zugleich so teure Kleider, daß die Nichtadeligen nicht mit ihm konkurrieren konnten. Sein Oberrock zum Beispiel war immer vom feinsten Tuch und beinahe regelmäßig mit Gold oder Silber durchwirkt, sowie auch das Wappen des Ritters auf ihm prangte. Überdem wurde derselbe ohnehin mit kostbarem Pelzwerk oder sonstigem reichem Zeug verbrämt. Ja eben hierin, nämlich im Pelzwerk, zeigten sich die Adeligen geradezu verschwenderisch, denn selbst der kostbarste Hermelin war ihnen nicht zu teuer und etwas Geringeres, als sogenanntes „Grauwerk", d. i. grauer Pelz von nordischen Tieren, zu tragen, hätte ihnen ohnehin nicht einfallen können. Wenn nun aber schon die Männer eine solche Prachtliebe zeigten, so wird man sich wohl denken können, daß es bei deren Frauen und Töchtern nicht viel einfacher zuging. Freilich, wenn sie im „Gadem" die Arbeiten der Mägde und Zofen überwachten, da trugen sie fast immer selbst gefertigte und sogar selbst gewobene Kleider; aber wenn sie Gäste empfingen oder bei einer Festlichkeit erschienen, da mußte man natürlich zeigen, wer man sei und man sah dann nur seidene oder samtene Kleider. Ja, die adeligen Damen wirkten sogar ein Gesetz aus, kraft welches den Frauen gemeinen Standes, besonders den Weibern der städtischen Gewerbetreibenden, strengstens verboten wurde, sich Röcke von gleich kostbarem Stoff fertigen zu lassen, als die Ritterfrauen zu tragen gewohnt waren! Kurz, der Verbrauch auf den Burgen war ein sehr großer und der Ritter zeigte bei jeglicher Gelegenheit, daß er einem Stand angehöre, für welchen das Geld und der Gelderwerb förmlich Nebensache sei. Er dachte nur ans „Ausgeben", denn das „Einnehmen" verstand sich bei einem Mann von seiner Stellung sozusagen von selbst!

Wir kennen nun übrigens die Haus- und Hofhaltung der Ritter zu Genüge und es ist also jetzt Zeit, von deren „Beschäftigung" ein Wörtchen zu sprechen. Oder sollte etwa Einer glauben, die alten Ritterromane hätten Recht, wenn sie behaupten, die tapferen Eisenreiter haben in Friedenszeiten gar nicht getan, als den ganzen Tag getafelt und pokuliert? Das mag wohl bei vielen, besonders zu der Zeit, wo das Rittertum immer mehr heruntersank und in Mißkredit kam, der Fall gewesen sein, allein in den Blütejahren des Ritterwesens kam so etwas nicht vor, sondern im Gegenteil wußten die „Inhaber der goldenen Sporen" die Tage oder Jahre, welche sie statt im Kampf auf ihren Burgen zubrachten, mit einer solch edlen Lebensaufgabe auszufüllen, daß wir die größte Achtung vor ihnen bekommen müssen. War ja doch diese Aufgabe keine andere, als die Heranbildung der Knaben und Jünglinge adeliger Geburt zum Ritterstand, so daß man die Burgen tapferer Krieger, die als solche einen Namen in der Welt hatten, mit dem vollsten Recht die Pflanzschulen oder Gymnasien des Rittertums nennen darf!

Es galt nämlich als Regel und Hausgesetz unter den Adeligen des Mittelalters, daß die Knaben schon vom siebten Jahr an diejenige Erziehung erhalten sollten, welche sie später befähigen würde, die Beschwerlichkeiten des gepanzerten Reiterdienstes zu ertragen oder mit einem Wort, alle die Dienste zu tun, welche man von einem tüchtigen Ritter verlangte. Wenn daher die Buben unmittelbar nach ihrer Geburt, wie billig, ihren Müttern überlassen und von diesen sieben mal zwölf Monate lang gefüttert und vielleicht auch ein wenig gehätschelt worden waren, so nahm man sie mit ihrem achten Geburtstag aus der „Kemenate" hinweg und übergab sie sofort Personen männlichen Geschlechts zu ihrer Weiterausbildung. Ja, nicht selten behielt man sie gar nicht im elterlichen Haus, weil man befürchtete, die Zärtlichkeit der Mutter oder des Vaters und die Affenliebe der Dienstboten könnte einen nachteiligen Einfluß ausüben, sondern brachte sie weit weg auf die Hofburg eines namhaften Barons, der dafür bekannt war, daß er ein gastliches Haus führe und die Söhne wackerer Ritter recht gerne zu ihrer weiteren Ausbildung annehme. Zu bezahlen hatte man hierfür durchaus nichts, indem der Burgherr, zu dem man das Söhnlein sozusagen in die Lehre tat, auf die edelmütigste Art für alle Bedürfnisse desselben Sorge trug; allein vorschreiben durfte man dem besagten Burgherrn auch nichts und sich noch weniger darüber beklagen, wenn dieser ein wenig streng mit dem Knaben verfuhr und demselben gleich in den ersten Tagen das Gasthütlein abzog. Im Gegenteil – man mußte froh sein, für den geliebten Sprößling eine so vortreffliche Unterrichtsanstalt gefunden zu haben und je ernsthafter, strenger und härter es mit der Erziehung gehalten wurde, um so sicherer rechnete man darauf, daß aus dem Jungen etwas Rechtes werde.

Zu allererst wurde der Knabe, wie ich schon im Eingang des dritten Kapitels kurz angedeutet habe, als „Page“ oder „Edelknecht“ verwendet – den letzteren Namen erhielt er zum Unterschied von den „eigentlichen Knechten“, welche den niederen Ständen entnommen waren – und hatte alles zu leisten, was man sonst von einem Dienstboten verlangte. Er mußte also den Herrn oder die Herrin (denn der Burgfrau wa er so gut Gehorsam schuldig, wie dem Burginhaber) bei ihren Reisen, Besuchen, Spaziergängen usw. begleiten, mußte sich zu Verschickungen gebrauchen lassen, mußte bei der Tafel aufwarten, die Gläser vollschenken und was dergleichen mehr ist. Dagegen wurde er vom „Pagenmeister“, einem für die Buben besonders angestellten Lehrer, sowie vom Herrn und der Dame des Hauses in Allem unterrichtet, was ihm nottat, und sogar der Burgpfaffe nahm sich seiner an. Von Letzterem verhielt er Anstand und feine Sitten, vom Herrn der Burg wurde er zur Ehrerbietung gegen das weibliche Geschlecht angehalten und der Pagenmeister endlich leitete die körperlichen Übungen, welche mindestens die halbe Tageszeit in Anspruch nahmen. Aber – so fragt nun wahrscheinlich der Eine oder der Andere – wie stand es denn mit den Dingen, welche gegenwärtig als die Hauptgegenstände des Unterrichts betrachtet werden, nämlich mit dem Lesen, dem Schreiben, dem Rechnen, der Geographie, der Geschichte und den Sprachen? Nun, ums gleich ehrlich zu sagen, damit stand es herzlich schlecht und wenn ein Page seinen Namen kritzeln oder gar lesen und schreiben zugleich konnte, so gehörte er schon unter die „gelehrteren“ Knaben. Die Hauptsache war und blieb die Ausbildung des Körpers, die Übung des Armes, die Stählung der Sehnen und deshalb waren selbst die Spiele, welche man den Buben in ihren Erholungsstunden erlaubte, so beschaffen, daß sie zu ihrer Kräftigung, sowie zu ihrem Unterricht beitrugen. Man benutzte nämlich die den Kindern innewohnende Neigung, alles das nachzuahmen, was sie Erwachsene tun sehen und trieb sie an, auf kleinen Armbrusten, die man ihnen gab, Pfeile nach einem bestimmten Ziel zu schießen oder auch einen erhöhten Platz zu verteidigen, den andere angriffen. Ha, wie schnell vertauschten sie dann ihre gewöhnlichen Mützen mit pappendeckelnden Sturmhauben oder Helmen und wie mächtig schlugen sie mit ihren hölzernen Schwertern drein, bis eine der beiden Parteien besiegt war! So erhielten sie schon sehr früh einen Vorgeschmack der ritterlichen Übungen und jeder ereiferte sich, wo möglich als der Gewandteste und Stärkste zu glänzen.

Nach siebenjähriger Dienstzeit, also in seinem vierzehnten Jahr, ging „der Page“ in den Stand „des Knappen“ oder „Hauskavaliers“, wie man später sagte, über und wurde nun unter großer Feierlichkeit „wehrhaft" gemacht. Zu diesem Behufe begaben sich seine Eltern oder in deren Abwesenheit der Burgherr und seine Dame mit dem Jüngling, den natürlich alle seine Kameraden begleiteten, in die Schloßkapelle und führten ihn, brennende Wachskerzen in der Hand, vor den Altar, auf welchem ein Schwert mit dem Schwertgehänge lag. Nun erschien der Hauskaplan oder Burgpfaffe, nahm das Schwert, sprach den Segen darüber und umgürtete sofort den Jüngling damit, ihm zugleich bedeutend, daß er von nun an das Recht zu Wehr und Waffen habe und stets einen Degen an der Seite tragen müsse. Kaum aber war der Priester mit seinem Vortrag fertig, so wünschte man dem neuen Schwertträger von allen Seiten Glück und zum Schluß, um die Freude des Tages vollständig zu machen, gab der Burgherr allen seinen Knappen einen Schmaus, bei dem es natürlich immer sehr hoch herging. Man wäre übrigens gar sehr auf einer falschen Fährte, wenn man glauben würde, durch seinen Eintritt in den Knappenstand sei er Junge plötzlich über das Lernen hinausgekommen und allen persönlichen Dienstleistungen gegen den Herrn oder die Dame des Hauses enthoben worden. Im Gegenteil, jetzt ging es erst recht an die Ausbildung des Körpers, besonders durch Übung in den Waffen und was die Dienstleistungen anbelangt, so verlangte man nun ohnehin weit mehr als früher. Man teilte nämlich das oft sehr starke Corps der Knappen in verschiedene Klassen ein und wies jeder dieser Klassen ihre besonderen Verrichtungen an, wobei man es dann so einzurichten wußte, daß ein Knappe wie der andere im Verlauf der nächsten sieben Jahre alle Klassen zu durchlaufen hatte. Der Erste also wurde „Leibjunker", als welchem ihm die persönliche Bedienung des Herrn oder der Herrin anvertraut war; einen Zweiten machte man zum „Kammerjunker", der das für die Tafel bestimmte silberne oder goldene Geschirr herauszugeben und nach der Tafel wieder in den Schränken zu verschließen hatte; ein Dritter fungierte als „Junker Vorschneider", ein Vierter als „Junker Mundschenk", ein Fünfter als „Junker Brodspanner", ein Sechster als „Stalljunker" oder auch „Stallmeister", ein Siebenter endlich als „Jadgjunker" und „Falkenier". So bekam ein Jeder seine Arbeit angewiesen und wenn fremde Ritter als Gäste auf die Burg kamen, so verstand es sich von selbst, daß man denselben einige Knappen „zur Bedienung und um die Honneurs zu machen" anwies.

Die Hauptsache übrigens, nämlich eine tagtägliche und mehrstündige Einübung in den ritterlichen Künsten oder Spielen, durfte über solchem Kavalieramt nicht vernachlässigt werden, sondern der Knappe erhielt vielmehr vom Burgherrn selbst, sowie von eigens zu diesem Zweck eingestellten Rittern regelmäßigen Unterricht. Jetzt also ging es ans Fechten, Stoßen und Werfen; eine Stunde darauf ans Reiten und an die Behandlung der Pferde; endlich zum Schluß noch an den Gebrauch der Schutzwaffen, also des Schildes, des Helmes, des Panzers, der Beinschienen und was dergleichen mehr ist. Das war freilich kein geringes Stück Arbeit und kostete gar manchen Tropfen Schweiß; aber wie hätte ein Knappe je auf die Ritterwürde Anspruch machen können, wenn er nicht in allen diesen Dingen aufs genaueste bewandert gewesen wäre? Um übrigens meinen jungen Lesern einen richtigen Begriff von der Art dieser ritterlichen Übungen zu geben, will ich erzählen, wie es der tapfere B o u s s i c a u l t, der einer der furchtbarsten Kämpen Frankreichs im vierzehnten Jahrhundert war, als Knappe getrieben hat und zwar führe ich die ureigenen Worte der Chronik, aus welcher diese Geschichte entnommen ist, an: „Jetzt – so heißt es daselbst

– machte er einen Versuch, in voller Rüstung auf ein Pferd zu springen; dann lief oder ging er eine große Strecke des Weges zu Fuß, um sich einen langen Atem anzugewöhnen und Beschwerlichkeiten eine geraume Zeit auszuhalten; ein anderes Mal schlug er heftig mit einem großen Hammer oder einer Axt auf große Felsstücke, damit seine Armsehnen so dick wie Stricke würden. Um sich an die Rüstung zu gewöhnen und seine Hände und Arme zu einer leichten und anhaltenden Bewegung abzuhärten, machte er mit dem Panzer auf dem Leib allerlei Sprünge und wenn er tanzte, tat er es nur in einem Harnisch aus Stahl. Bald brachte er es nun so weit, daß er nie mehr eines Steigbügels bedurfte, wenn er sich aufs Pferd schwingen wollte und später sprang er sogar einem großen, auf einem Pferd sitzendem Menschen ohne weitere Hilfe von hinten mit auseinander gesperrten Beinen auf die Schultern, indem er denselben mit der einen Hand am Ärmel faßte. Eine Hand auf den Sattelknopf eines Pferdes und die andere zwischen die Ohren legend, ergriff er dasselbe bei der Mähne und setzte zwischen seinen Armen hindurch auf die andere Seite des Rosses hinüber. Standen zwei mit Kalk überzogene Mauern eine Elle weit voneinander ab und hatten sie die Höhe eines Turms, so kletterte er mit Hilfe seiner Arme und Beine bis auf die größte Höhe derselben, ohne beim Hinauf-, noch beim Hinabsteigen zu fallen oder auch nur zu rutschen. Ebenso stieg er, mit einem stählernen Panzerhemd bekleidet, auf der Rückseite einer gegen eine Mauer gelehnten Leiter bis ganz oben hinauf, ohne dieselbe mit den Füßen zu berühren, indem er bloß mit beiden Händen zugleich von Sprosse zu Sprosse hüpfte; bei abgelegtem Panzerhemd jedoch konnte er mit einer Hand hinaufspringen. War er mit diesen Kraftanstrengungen fertig, so forderte er den einen oder anderen seiner Kameraden zum Kampf mit dem Schwert heraus oder übte er sich mit den anderen Knappen im Lanzenwerfen, im Kolbenschlagen, im Armbrustschießen und blieb so nicht einen Augenblick lang müßig. Auch ritt er so verwegen, als Einer, setzte, vollständig gerüstet, über eine Mauer von sechs Schuh Höhe und hatte dazu hin noch die Rosse, die ihm zu besorgen oblag, so an sich gewöhnt, daß sie wie abgerichtete Pudel jedem seiner Winke folgten."

Auf diese Art übte sich der wackere Boussicault und auf ganz gleiche Weise trieben es auch die anderen Knappen; hatte aber einer im Verlauf von fünf oder sechs Jahren eine große Gewandtheit und Stärke erlangt, so stieg er zum „Waffenknecht" des Burgherrn empor und erreichte damit diejenige Stufe des Knappentums, von der man dann später zum Rittertum befördert wurde. Den Waffenknechten nämlich lag ob, sowohl die Waffen ihres Herrn mit samt seiner Rüstung in Verwahrung zu nehmen und sie in steter, glänzender Politur zu erhalten, als auch über dessen Streitrossen zu wachen, damit sie so versorgt würden, wie es diese edlen Tiere verdienten und wahrhaftig – das eine war so wichtig wie das andere. Oder wie? Lag nicht ein ungeheurer Wert in den Schlachtrossen, da man nur ganz starke und mächtige Hengste dazu brauchen konnte, welche im Stande waren, außer dem Ritter in seiner schweren Rüstung auch noch ihren eigenen Stahlpanzer zu tragen? Mußten sie nicht außerdem gar trefflich zugeritten sein, weil der Ritter mit ihnen alle die Schwenkungen machte, wie unsere jetzigen leichten Dragoner oder Kürassiere mit den ihrigen? Lag es nicht oft einzig und allein an dem Roß, das zu scheu war, sich in die Reihe der Feinde zu stürzen oder zu lebensmatt, um einen tüchtigen Stoß auszuhalten, wenn sein tapferer Reiter im Kampf unterlag? Sieht man also nicht, daß es die größte Sorgfalt erforderte, ein solches Tier zu dressieren, zu verpflegen und zu behandeln? Ganz eben dasselbe galt auch von den Waffen und der Rüstung, denn wenn das Schlachtschwert nicht gut geschliffen und gehärtet war, wie konnte man damit einen saftigen Hieb führen? Wenn der Schaft der Lanze nicht aus gutem, sprunglosem Holz ausgewählt wurde, mußte derselbe nicht beim ersten Stoß schon zersplittern? Wenn die Knappen es nicht verstanden, den Helm so ans Visier zu befestigen, daß die Bänder nicht rissen und der Ritter also die Augen- und Mundlöcher stets unverrückt am gleichen Fleck behielt – wenn sie dies nicht verstanden, wie sah es dann um die Sicherheit des Geharnischten aus? Ich wiederhole es also – der Waffenknecht hatte eine wichtige Aufgabe und von seiner Umsicht, seinem Fleiß und seiner Sorgfalt hing nicht selten der glückliche oder unglückliche Ausgang eines Kampfes ab. Übrigens nicht bloß diese Aufgabe hatte er, sondern er mußte auch seinen Herrn in die Schlacht begleiten und ihm auf alle Weise mitten im Kampf beistehen. War derselbe z.B. gestürzt oder aus dem Sattel gehoben worden, so mußte er ihm wieder aufhelfen oder ihm gar ein neues Pferd zuführen. War derselbe verwundet, so galt es, ihn aus dem Gefecht an einen sicheren Ort zu bringen, wo man ihn verbinden und verpflegen konnte. War er dagegen siegreich, so übernahm der Waffenträger die Gefangenen, die etwa gemacht worden waren, brachte sie in guten Gewahrsam und kehrte dann eiligst wieder in den Kampf zurück, um seinen Verpflichtungen von Neuem zu obliegen. Kurz, wenn er auch nicht selbst mitzustreiten hatte, so mußte er doch alle Beschwerlichkeiten und Gefahren des Gefechtes teilen, hatte aber dafür Gelegenheit, an dem Beispiel der fechtenden Ritter zu sehen, wie er sich zu benehmen habe, wenn ihm selbst einmal die goldenen Sporen umgeschnallt worden waren.

Ich hoffe, nun genug gezeigt zu haben, wie die jungen Adeligen zu kräftigen Kriegern herangebildet wurden. Auf „Universitäten“ gingen sie nicht, aber die Ritterschlösser und Hofburgen waren die Schulen, in welchen sie, während einer vierzehnjährigen Dienstzeit als Pagen und Knappen, diejenigen Fähigkeiten erlangten, deren sie zu ihrem Beruf als Verteidiger des Vaterlandes, der Religion und des Rechts so notwendig bedurften und nicht selten traf man auf einer einzigen solchen Burg, wenn der Name des Besitzers derselben einen besonders guten Klang hatte, an die fünfzig bis hundert von derlei „jungen Herren“ oder „Junkern“ beieinander. Im eigenen elterlichen Schloß war ja eine derartige Ausbildung nicht wohl möglich, weil die Zärtlichkeit der Mutter gegen jede allzu harte Anstrengung des Söhnleins eingeschritten sein würde und außerdem fand man es sehr praktisch, immer eine hübsche Anzahl von Pagen und Knappen zusammen zu erziehen, weil dadurch der Sporn der Nacheiferung und des gegenseitigen Zuvortuns geweckt wurde! Hatte nun aber ein Knappe seine sieben Jahre gedient und Alles erlernt, wessen es zur Handhabung der Waffen als Panzerreiter bedurfte, so nahm man keinen Anstand mehr, ihn zur Ritterwürde zuzulassen *) und somit wurde er schon im einundzwanzigsten Jahr ein ganz und gar selbständiger Mann. Ja, bei manchem wartete man sogar nicht einmal so lange, wie z.B. bei Prinzen von Geblüt oder bei den Söhnen der ersten Kronvasallen und selbst ärmere und minder vornehme Knappen wurden hier und da “vor der Zeit“ zu Rittern geschlagen, wenn sie nämlich ihr Verdienst, also ihr Mut, ihre Kraft und ihre Geschicklichkeit

---

*) Über die Art und Weise, w i e m a n d e n R i t t e r s c h l a g e r h i e l t, werde ich in dem Kapitel „von der fahrenden Ritterschaft“ genauen Bericht erstatten.

„alt und reif“ dazu gemacht hatte! In der Regel jedoch galt das einundzwanzigste Jahr als dasjenige, welches zu der „Promotion“, wie man sich zu jenen Zeiten ausdrückte, befähigte und an einer Gelegenheit, sich diese Promotion zu verschaffen, fehlte es auch nie. Es stand nämlich zwar allerdings jedem Ritter zu, einen Anderen in diesen Stand aufzunehmen, aber für gewöhnlich zog es der junge Kandidat vor, sich entweder von einer ritterlichen Berühmtheit oder von einem „Großen dieser Erde“, also von einem Prinzen oder gar regierenden Fürsten den Ritterschlag erteilen zu lassen, weil ja diese Großen die geborenen Häupter der Ritterschaft waren und so wartete man denn auf einen Krönungstag oder auf eine fürstliche Hochzeit oder auf eine desgleichen Taufe oder auf ein anderes ähnlich hochwichtiges Ereignis, mit welchem ritterliche Festlichkeiten verbunden zu sein pflegten. Dann empfahl der jeweilige Burgherr die Jünglinge, welche bei ihm als Knappen erzogen worden waren und ihre Lehrzeit vortrefflich bestanden hatten, dem Festgeber und dieser nahm sofort keinen Anstand, dieselben unter eben so erhabenen wie feierlichen Zeremonien in den ehrenvollsten aller Stände aufzunehmen. Auf den Ritterschlag folgten in der Regel öffentliche ritterliche Übungen, bei welchen die neu kreierten Ritter ihren Mut, ihre Kraft und ihre Geschicklichkeit zu zeigen Gelegenheit bekamen und den Schluß des Festes bildete ein Bankett oder Zechgelage, das oft bis tief in die Nacht hinein dauerte. Vergessen darf ich aber nicht, bei dieser Gelegenheit anzuführen, daß die jungen Kavaliere, die miteinander erzogen worden waren und miteinander den Ritterschlag empfingen, nicht selten die innigste Freundschaft schlossen oder wie man sagte, „Waffenbrüder“ wurden, als welche sie von nun an allen Ruhm, alle Gefahren und alles Glück miteinander zu teilen schwörten. Ja, um diesen Schwur recht haltbar und unauflöslich zu machen, nahmen sie oft miteinander das Abendmahl oder ließen sie sich zur Ader und tranken einer das Blut des anderen! „Dein Feind ist mein Feind und dein Freund ist mein Freund,“ war dann ihre Losung und man hat in der Tat eine Menge von Belegen dafür, daß solche „Guts- und Blutsbrüderschaften“ stets das ganze Leben hindurch anhielten. Ja, es erzählen uns alte Chroniken gar manche Historie von gegenseitiger Aufopferung unter Waffenbrüdern, die unter den jetzigen selbstsüchtigen Menschen gar nicht mehr möglich wäre!

Doch wir kehren nun auf die Ritterburg, sowie auf die Beschäftigungen „des Rittersmannes im Frieden“ zurück. Die eine dieser Beschäftigungen, die Erziehung der adeligen Jugend, haben wir, wie mich deucht, ausführlich genug kennengelernt; aber wird denn der Burgherr seine ganze Zeit damit hingebracht haben, daß er seine Zöglinge zu ritterlichen Übungen anhielt und ihnen darin mit gutem Beispiel voranging? Nein, das wäre doch eine allzu harte Zumutung gewesen und würde ja alles Vergnügen und alle Lustbarkeit von einer Burg ausgeschlossen haben, während man doch immer liest, daß es zu den alten Ritterzeiten gar fröhlich und wohlgemut zugegangen sei. Und so war es auch in der Tat, denn wir dürfen nicht vergessen, daß eine Hauptbeschäftigung des Rittersmannes im Frieden d i e J a g d war, welche dem Liebhaber größeres Vergnügen gewährt, als irgend ein sonstiger Genuß. Überdies, hätte es für einen Krieger eine passendere und würdigere Beschäftigung geben können, da dieselbe nicht bloß körperliche Stärke, Geschicklichkeit und Ausdauer erfordert, sondern auch nicht selten mit bald größeren, bald kleineren Fährlichkeiten verbunden ist, die zu überwinden großen Ruhm einbringt? Darum war auch die Jagd von jeher und zu jeder Zeit das Vergnügen der Helden und die Ergötzung der Könige und man betrachtete sie stets als eine glückliche Schule für Soldaten und Krieger. Ja, die streitbarsten Fürsten und die kraftvollsten Feldherren glaubten sich nie zu viel damit beschäftigen zu können, da sie kein Mittel kannten, welches geschickter gewesen wäre, sie zu Beschwerden abzuhärten und ihnen einen glücklichen Erfolg im Krieg vorzubereiten! Ich könnte hierfür der Belege eine ganze Menge anführen, allein ich begnüge mich, auf Karl den Großen hinzuweisen, welcher sich weder durch seine überhäuften Regierungsgeschäfte, noch durch seine vielen Kriege abhalten ließ, alljährlich eine geraume Zeit dem Weidmannswerk zu widmen. Was aber Er, der große Held, für eine einem Rittersmann angemessene Beschäftigung hielt, das werden wohl, denke ich, die andern Alle auch nicht verachtet haben!

Ich frage nun aber, „was“ gejagt wurde und „wie“ gejagt wurde. Da meint nun vielleicht Einer, die jagdbaren Tiere in Europa seien immer noch dieselben wie vor ein paar hundert Jahren und eben deswegen beantwortet sich die erste Frage von selbst. Ja, ja, so ganz Unrecht hat der Mann nicht, denn es gibt immer noch Sauen, Hirsche und Rehe, immer noch Füchse, Dachse und Hasen, immer noch Auer-, Birk- und Haselwild, immer noch Fasane, Rebhühner, Wachteln und Lerchen. Aber wo sind denn die Wölfe hingekommen und die Luchse und die Bären, an denen zu den Ritterzeiten jeder Wald in Deutschland und Frankreich Überfluß hatte? Du lieber Gott, solche Tiere findet man fast nur noch in Menagerien und selbst das Wildschwein macht sich so rar, daß mancher Jäger in seinem ganzen Leben keines zu Gesicht bekommen würde, wenn es nicht wohl eingefriedete königliche Parks gäbe, in welchen derlei Reliquien aus vergangenen Tagen halbzahm aufgezogen werden. Die Jagd war also in früherer Zeit eine ganz andere als jetzt und erforderte, weil man sich dabei großen Gefahren ausgesetzt sah, ein weit mutigeres Herz und eine viel bedeutendere Stärke und Behendigkeit, denn unsere heutigen Jäger nötig haben. Noch viel auffallender aber ist der Gegensatz zwischen Jetzt und Damals, wenn man die Frage, „wie im Mittelalter gejagt wurde“, etwas näher bei Licht betrachtet. Jetzt nämlich hat man die Kugelbüchse und die Schrotflinte, mit welchen beiden Waffen man die jagdbaren Tiere, seien sie nun Vögel oder Vierfüßler, mit aller Bequemlichkeit erlegt; im Mittelalter aber, wo das Pulver noch nicht erfunden war, mußte man sich es etwas saurer werden lassen, wenn man auf das Weidmannswerk ausging und sogar einen lumpigen Hasen fing man nicht spielend; deswegen hatte aber auch die Jagd in früheren Zeiten einen viel größeren Reiz, denn dasjenige, was man nur mit Schwierigkeit gewinnen kann, lockt viel mehr an. Doch wie entschieden großartig zeigte sich nicht wohl der Vorzug der früheren Jagdweise vor der heutigen, wenn man erfährt, daß damals auch die edlen Damen und Fräuleins daran teilnehmen konnten, während sie jetzt vollkommen ausgeschlossen sind, wenn sie nicht etwa als freche Nimrodinnen gelten wollen!

Es gab nämlich im Mittelalter eine Art zu jagen, welche jetzt seit der Erfindung der Schrotflinte gänzlich in Abgang geraten ist, obwohl sie den Jägern und Jägerinnen das größte Vergnügen von der Welt gewährte. Dies ist die Jagd „mit den Falken“, auch die Falknerei genannt, welche schon in frühen Zeiten im Morgenland zu Hause war und von dort etwa im sechsten Jahrhundert der christlichen Zeitrechnung auch nach Europa verpflanzt wurde. Und – eine schöne Jagd war sie, die

Falkenjagd, eine schöne und eine kunstreiche dazu! Wie viel Kunst z.B. erforderte nur allein die Abrichtung oder Dressur der Falken, bis man diese von Natur so wilden und unbezähmbaren Tiere so weit hatte, daß sie aufs Kommando des Jägers auf ihre Beute in der Luft losstürzten und dieselbe ihrem Herrn oder ihrer Herrin überbrachten! Der ritterliche Weidmann aber ließ sich keine Zeit und keine Anstrengung verdrießen, denn er wußte, daß all diese Mühe durch das nachherige Vergnügen zehnfach aufgewogen würde. Demgemäß wurden die Wälder im Frühjahr gar fleißig durchstöbert, um die Nester der Edel- oder Taubenfalken zu entdecken und hatte man eins gefunden, so nahm man die Jungen, lang ehe sie „flügge“ waren (d.h. ehe sie ausfliegen konnten), den Alten weg, nährte sie sorgsam vom rohen Fleisch wilder Tauben oder anderer Waldvögel und machte sie nach und nach so zahm, daß sie nicht nur dem Jäger recht gerne auf der Hand saßen, sondern daß sie sich sogar die Augen mit einer Art Haube verhüllen ließen. War aber das kluge Tier so weit gezähmt oder „berichtigt“, wie man es in der Weidmannssprache hieß, so trug man dasselbe mit der übergezogenen Haube, also mit verdecktem Haupt, aufs freie Feld, zog ihm sodann, sobald sich eine Beute zeigte, die Haube ab und ließ es auf seinen Raub los. Diesen überholte es wegen seiner Flugschnelligkeit in unglaublich kurzer Zeit und faßte ihn dann, sich von oben auf ihn herabstürzend, mit den scharfen Krallen hat genug an; gänzlich töten jedoch oder gar auffressen durfte es den erbeuteten Vogel nicht, sondern es mußte oder sollte ihn vielmehr lebendig seinem Herrn überbringen, gerade wie ein Jagdhund auch lebendige Hasen apportiert, ohne sich an ihnen zu vergreifen.

Glaubt man mir nun, daß es viel Mühe, Ausdauer und Kunst erforderte, einen Falken zur Jagd abzurichten? Wie ungemein weit man es übrigens in der Dressur dieser Tiere brachte, darüber will ich nur ein einziges, aber wohlbeglaubigtes Beispiel aus einer alten Chronik anführen. Der Ritter von Berri und seine holde Gemahlin besaßen beide je einen Vogel und jedes der beiden Eheleute hielt sein Tier hoch und wert. Nun war aber der Vogel des Ehemannes ein Falke, der vortrefflich abgerichtet war und den er daher ganz frei im Schloß herumgehen ließ; der Vogel der Dame aber, den diese den ganzen Tag in einem schönen Käfig eingeschlossen hielt, war ein kleiner, niedlicher Papagei, den ihr Vater bei einer Wallfahrt zum heiligen Grab aus dem Morgenland mitgebracht hatte. Der Vogel galt also als eine große Seltenheit und die Dame machte ihn zum besonderen Gegenstand ihrer Liebkosung und Sorgfalt. Überdies bewunderten ihn alle Leute, weil er fast wie ein Mensch sprechen konnte und viele meinten sogar, das Tierchen sei gar kein wirklicher Vogel, sondern eher ein armer Verzauberter oder so was dergleichen. Doch sei dem, wie ihm wolle, der kleine Papagei entwischte einmal aus seinem Gefängnis, das zufällig offen geblieben sein mochte, und spazierte sofort äußerst gravitätisch in der Stube auf und ab, indem er sich dabei von Zeit zu Zeit in einem an der Wand hängenden Metallspiegel betrachtete. Daran ergötzte sich nun die Dame, die alles mit ansah, gar sehr und dachte deshalb nicht daran, ihren Liebling wieder in seinen Käfig zurückzubringen, da sie wohl wußte, daß er ihr nicht durchgehen werde. Aber siehe da, urplötzlich stürzte der furchtbare Habicht, der heute eines kleinen Vergehens wegen zur Strafe noch gar keine Nahrung erhalten hatte, mit wahnsinniger Gier durchs offene Fenster herein, packte den Papagei mit seinen Krallen, daß derselbe ein gar klägliches Geschrei ausstieß, und nun – fort mit ihm zum Fenster hinaus aufs Dach des höchsten Turmes hinauf. Hierüber erschrak die Dame bis in den Tod und schrie noch weit kläglicher, als ihr Vögelein, denn sie glaubte nicht anders, als der hungrige Falke habe es mit Haut und Federn verschluckt und sie werde nie mehr eine Spur von ihm zu sehen bekommen. Doch die Hilfe war näher, als sie glaubte. Ihr Gemahl nämlich, der sie zärtlich liebte, dieweil sie eben so gut und sanft, als schön und zärtlich war – „und es ist ein großer Schatz, eine solche Frau zu besitzen," setzt der Chronikschreiber, der die Geschichte erzählt, hinzu – eilte auf ihren Hilferuf sogleich herbei und konnte sich sofort mit eigenen Augen von dem Unglück überzeugen, das so viel Tränen verursachte. Augenblicklich also ergriff er sein Pfeifchen, mit dem er den Falken zu locken pflegte, und als das Tier vom Turmdach zu ihm herabsah, so rief er es halb schmeichelnd, halb befehlend beim Namen. Was tat nun aber der Vogel? In der Minute gehorchte er der Stimme seines Herrn, flog herab und setzte sich auf dessen Faust, während er immer noch den Papagei zwischen den Klauen hielt. Nun bog der Ritter diese behutsam auseinander, denn er verstand sich gar vortrefflich auf die Jägerei, zog das arme Vögelein hervor, untersuchte es genau, und siehe da, auch nicht ein Federchen war ihm ausgerupft worden, trotzdem der Räuber desselben den ganzen Tag noch nichts über den Schnabel gebracht hatte. War das nun nicht eine Selbstverleugnung, wie solche selbst bei Menschen eine Seltenheit ist, während diese doch weit über den Tieren stehen sollten?

Doch genug von der Erziehung der Falken und ihrer Abrichtung zur Jagd. Viel lieber laßt uns einer solchen Jagd selbst beiwohnen. Versetzen wir uns also in eine alte Ritterburg, die hoch oben vom Berg herab in die tiefen Täler hinunterwinkt und denken wir uns zugleich, der Tag sei wunderschön und kein Wölkchen trübe den Himmel. Schon am frühen Morgen hat der Schloßherr die Nachricht bekommen, daß ein großer Zug von grauen Reihern am nahen See einfiel, um sofort ohne Zweifel kurzen Prozeß mit den armen Fischen darin zu machen, und natürlich gab er alsbald Befehl, alles zur Jagd herzurichten. Was nun die Pagen und Knappen rennen! Wie hurtig man die Pferde sattelt und zäumt – natürlich nicht die Schlachtrosse, sondern die schnellen und flüchtigen Jagdpferde, deren auf jeder Burg ebenfalls nicht wenige gehalten werden! Mit welchem Eifer die Jagdjunker und Falkeniere, denen heute die Hauptobliegenheiten zukommen, zu Werk gehen, und wie sie die ihnen untergebenen Knechte antreiben, die Windhunde zu koppeln, während sie selbst sich beeilen, den abgerichteten Falken und Sperbern die Hauben aufzusetzen! Der ganze Burghof ist voller Tätigkeit und Leben, und aus allen Gesichtern strahlt Fröhlichkeit und Aufregung, denn es gilt ja heute, den großen Fischreiher zu jagen und – was die Hauptsache ist – an dieser Jagd werden die Damen der Burg teilnehmen!

Von diesen Damen habe ich bis jetzt so gut wie nichts gesagt, aber jetzt kann ich nicht mehr umhin, auch ihrer zu gedenken, da ja die Schilderung des Lebens auf einer Ritterburg nur eine ganz unvollständige wäre, wenn ich die Herrin des Schlosses und die Burgfräulein ganz mit Stillschweigen überginge. Oder glaubt man etwa, zur Zeit des Mittelalters seien die Frauen wie Sklavinnen oder wie Türkenweiber in ihre Quartiere eingeschlossen worden, so daß sie gar nicht in Berührung mit der Männerwelt gekommen seien? Das wäre ein gar böser Irrtum. Im Gegenteil hielt man das zartere Geschlecht nie höher, als in den Tagen des echten Rittertums und gerade wie die adeligen Jungen auf den Schloßburgen zu streitbaren Männern und Rittern herangebildet wurden, gerade eben so dienten jene Burgen den adeligen Fräuleins als Erziehungsinstitute, in welchen sie das erlernten, was ihnen fürs künftige Leben notwendig war. Freilich an weibliche Erziehungsinstitute, wie sie jetzt zu unserer Zeit in der Mode sind, dürfen wir dabei nicht denken, indem einer jungen Dame von damals der viele närrische oder doch unnütze Kram, den unsere „Stifte" zum Teil lehren, keinesweg in den Kopf gepfropft wurde, allein etwas „lernen" mußten die Burgfräulein doch und sogar viel mehr, als man sich nur vorstellt. Vor allem sorgte die Schloßherrin dafür, daß sie in allen weiblichen Arbeiten, also besonders im Nähen, Stricken und Sticken, ja sogar im Spinnen und Weben die richtigen Kenntnisse erhielten, und sie mußten daher den bei weitem größten Teil des Tages im „Gadem", das ist im großen weiblichen Arbeitssaal der „Kemenate", zubringen. Außerdem erhielten sie vom Burgkaplan Unterricht in der Wissenschaft des „Lesens und Schreibens", brachten es aber hierin gewöhnlich nicht sehr weit, während sie umgekehrt im Hersagen der Glaubensartikel meistenteils sehr gewandt waren. So ging es fort bis zu ihrem vierzehnten Jahr und in dieser ganzen Zeit betraten sie den Palas selten oder gar nie, wie sie denn überhaupt mit den männlichen Bewohnern der Burg, den Vater und die Brüder ausgenommen, in fast gar keine Berührung kamen. Vom vierzehnten Jahr an aber wurde dies anders, denn nun galt es, ihnen die Regeln des feinen Anstandes beizubringen, damit man später, wenn sie in die Welt hinaustraten, keine Schande an ihnen erlebte. Man verschrieb also sofort einen Tanzlehrer auf die Burg und dieser instruierte dann natürlich nicht bloß die Töchter des Hauses, sondern auch die jungen Knappen, welche etwa die Kunst, „die Füße nach dem Takt der Musik zu bewegen", noch nicht verstanden. Ja, er veranstaltete bald gemeinschaftliche Übungen, denn wie könnte man es in der besagten Kunst auch nur einigermaßen weit bringen, wenn bloß Mädchen mit Mädchen und Jungen mit Jungen tanzen würden? Übrigens war bei diesen gemeinschaftlichen Übungen stets die Burgfrau anwesend, und sie benützte diese Gelegenheit, um sowohl den Fräulein als auch den jungen Kavalieren die richtigen Manieren in der gegenseitigen Ansprache, sowie im Umgang überhaupt beizubringen. Nach dem Tanzen kam der Unterricht in der Reitkunst und zwar sowohl im Reiten mit dem Quersattel nach Frauenart, als auch im gewöhnlichen Sattel nach Männerweise. Diesen Unterricht leitete meistens der Burgherr selbst und er ließ nicht nach, als bis seine Schülerinnen fest genug saßen, um in gestreckter Carrière über Gräben und Hecken zu setzen. Waren sie aber einmal so weit, so lehrte er sie auch, „den Falken steigen zu lassen", d.h. er unterwies sie in der Jagd mit abgerichteten Falken und nahm so oft Proben mit ihnen vor, bis sie sich fähig fühlten, ihre Rolle auf der Schaubühne der Welt zu spielen. Schließlich hatten die jungen Damen einen ziemlich langen Kursus in der Wundarzneikunde durchzumachen, wobei gewöhnlich ein alter, erfahrener Ritter nebst der Burgfrau den Lehrstuhl bestieg, und – auf tüchtige Kenntnisse in dieser Wissenschaft legte man einen ungemein großen Wert. „Aber warum denn?" fragt nun mancher vielleicht aufs äußerste verwundert, denn wir jetzt Lebenden sind ja gewohnt, nur Männer als Doktoren und Chirurgen zu sehen. Die Antwort ist übrigens sehr leicht zu finden oder gibt sich vielmehr bei nur einigem Nachdenken von selbst. Zu der Zeit nämlich, in welcher das Rittertum in seiner Blüte stand, ja bis noch viel später herab, existierten nur erst äußerst wenige Universitäten, auf denen man sich ausbilden konnte, und es gab daher nicht gar viele gebildete Ärzte, die sich ihrer Wissenschaft rühmen durften. Überdies, wenn auch in dieser oder jener größeren Stadt ein tüchtiger Doktor zu finden war, so konnte man auf den zerstreut liegenden Burgen seine Hilfe doch kaum in Anspruch nehmen, weil die Stadt vielleicht eine oder mehrere Tagesreisen weit entfernt lag. Was blieb also übrig, als sich selbst zu helfen, so gut es eben ging? Darum lehrte man die jungen Fräulein schon sehr früh, Wunden zu verbinden und gebrochene Arme wieder einzurichten, weil sie später als Frauen ganz sicher mehr als einmal in den Fall kamen, bei ihrem vom Kampf heimkehrenden Ehemann oder auch bei seinen Knappen und Mannen den Wundarzt zu spielen. Eben darum teilte man ihnen auch ferner mit, welch heilende Kraft in dieser Pflanze oder in jenem Saft lag und eben darum endlich gab man ihnen Kenntnis von den vielen Hausmitteln, die auch jetzt noch oft besser und heilsamer wirken, als ein ärztliches Rezept von einem halben Schuh Länge. Man sieht hieraus, daß ein adeliges Fräulein des Mittelalters eine ordentliche Portion lernen mußte und also nicht allzu viele Zeit zum Roman lesen übrig hatte. – Noch mehr Wert fast aber, als auf das „Lernen" und „Wissen", legte man auf das „Betragen" und den „Anstand", denn nur hieran ließ sich die wirklich adelige Erziehung erkennen. „Meine Lehre" – sagt der Ritter de la Tour in seinem Buch über weibliche Erziehung – „an die Frauenzimmer, die adelig sein wollen, ist, daß sie ein gefälliges, sanftes und sich gleichbleibendes Betragen annehmen, daß sie nicht zu schwatzhaft, nicht zu flatterhaft, nicht zu zornig und nicht zu keck sind, und daß sie alles nicht bloß so obenhin betrachten. Auch ist es vorteilhaft, etwas weniger, als Viele tun, aus sich selbst zu machen, weil schon Manche ihre Aussichten auf Vermählung darüber verloren haben, daß sie allzu viel scheinen wollen. Insbesondere schärfe ich ein, sich der größtmöglichen Artigkeit und Höflichkeit zu befleißigen und zwar nicht bloß gegen Höhere, sondern noch mehr gegen Geringere. Von diesen Letzteren, meine Damen – fährt Ritter de la Tour fort – werdet ihr weit mehr Ruhm, Lob und Gutes erhalten, als von den Großen; denn die Ehre und Höflichkeit, die man den Großen erzeigt, hat ihren Grund bloß darin, daß man sie ihnen erzeigen muß; allein die, welche man Personen vom niederen Adel oder gar von noch geringerem Stand erteilt, kommt aus einem freien und wohlwollenden Herzen. Darum werden auch die, gegen welche ihr euch höflich erweist, es sich für eine Ehre schätzen und bei jeder Gelegenheit euer Lob ertönen lassen, während ihr umgekehrt durch die Hechel laufen müßt, sobald ihr den Hochmutsteufel walten laßt." – In diesem Sinn wurden auf den Ritterburgen die jungen Fräulein erzogen und kann man es nun den Rittern, Junkern und Pagen verübeln, wenn sie sich freuten, bei Gelegenheit eines Jagdvergnügens in Gesellschaft derselben verweilen zu dürfen?

Kehren wir also jetzt nach dieser notwendigen Abschweifung auf die Burg zurück, auf welcher soeben die eifrigsten Vorbereitungen zu einer Falkenjagd getroffen werden und sehr wir zu, wie die Jagd abläuft. Wir haben gesehen, wie dort alles voller Lust, Tätigkeit und Leben ist, aber jetzt, nachdem das Nötige geschehen ist, eilt der Leibjunker die große Freitreppe hinauf in den Palas, um dem Burgherrn, der dort mit seinen Gästen wartet, die Anzeige zu machen, daß alles auf seinen Wink harre und klirrenden Trittes begeben sich sofort die Ritter hinüber in die Kemenate, die Damen abzuholen. Diese, die Burgfrau und ihre Töchter, sind bereits im vollständigen Reithabit, denn in jenen Zeiten gehörte es zur feinen Bildung, daß die Frauenzimmer nie auf sich warten ließen, sondern vielmehr stets zur rechten Zeit fix und fertig waren. Somit bieten die Ritter den Damen die Hand und führen sie ehrerbietigst in den Burghof hinab, wo bereits die Rosse ungeduldig wiehernd den Erdboden mit ihren Hufen stampfen. Ha, mit welcher Zuvorkommenheit nun die Knappen und Pagen sich herbeidrängen, um die Pferde vorzuführen! Jeder Dame, jedem Ritter wird der Steigbügel gehalten und mit ungemeiner Gewandtheit schwingen sie sich Alle hinauf. Jetzt eilen wieder andere Knappen herbei, um jedem Einzelnen der Kavalkade einen gut abgerichteten Falken zu überreichen und nun gibt der Burgheer das Zeichen zum Aufbruch. Welch herrlicher Anblick nun! Paar und Paar reiten sie ab, der Burgherr mit seiner Herrin voraus und Alle glänzend vor Munterkeit! Die Pferde selbst scheinen stolz zu sein, solch edle Reiter und Reiterinnen zu tragen, die Kavaliere aber – nun diese bemühen sich, all ihre ritterliche Zuvorkommenheit an den Tag zu legen und haben für nichts Aug' und Ohr, als nur für die ihnen anvertrauten Begleiterinnen. So geht's den Schloßberg hinab und hinten drein kommt die ganze Meute, die Knappen, die Reitknechte und die Jägerburschen mit den gut gekoppelten Windhunden. Bald hat man das Tal erreicht und nun beeilt man sich, an den großen Weiher zu gelangen, wo man die Jagdbeute zu treffen hofft. Aber – still, so still als möglich, daß der Schrecken nicht in die armen Tiere fährt und sie zu früh in scheuem Flug auseinander treibt! Gut ist es auch, wenn sich die Jagdpartie trennt und die Einen von dieser, die Anderen von jener Seite den See erreichen. Doch jetzt – aufgepaßt! Hört ihr das Geräusch von zusammengeschlagenen Flügeln? Sehr ihr die graue Masse dort, welche urplötzlich zwischen euch und die Sonne tritt? Ha, nunmehr zerteilt sich die Masse und in langen Zügen rauschen sie dahin, die herrlichen Reiher, von denen der geringste seine drei Fuß in der Länge hat! Los jetzt mit den Falken! Herunter mit der Kappe, welche ihre Augen bedeckt! Aufschauen Sie, die gut abgerichteten Jagdvögel, mit den klugen, blitzenden Augen. Eine Sekunde und jeder von ihnen hat sich seine Beute gewählt. Dem Blitz gleich schießen sie empor, den Reihern nach, welche in wildester Flucht die Luft mit ihrem Geschrei erfüllen. Aber nun ist auch die Zeit für den Jäger gekommen, denn in einer Minute würde er seinen Falken aus den Augen verlieren, wenn er ihm nicht folgte. Also nach, ihm nach, in der schnellsten Carrière nach! Über Stock und Stein, über Gräben und Hecken, über Berg und Tal geht die Jagd. Der muß ein trefflicher Reiter sein, der da nicht wankt und nicht fällt! Doch – für unsere Jagdgesellschaft ist nichts zu befürchten, denn jede der Damen sitzt wie verschmolzen mit ihrem Roß und keiner der Ritter weicht von der Seite seiner Gebieterin. Ha, wie sie fliegen und wie die Federn ihrer Hüte im Wind wehen! Aber jetzt hat der Falke sich über den Reiher, den er auserlesen, emporgeschwungen und wie ein Donnerkeil stürzt er sich auf ihn herab. Er stößt ihn mit seinem krummgebogenen Hakenschnabel, er faßt ihn mit den scharfen Krallen seiner Füße und hinab geht's, wie die Kugel aus dem Rohr, auf die Mutter Erde. Da gilt es nun, bei der Hand zu sein und dem Tier seine Beute abzunehmen! Da gilt es, dem Falken zu locken und wenn er dem Ruf gefolgt ist, den halb oder ganz toten Reiher aus seinen Klauen zu wickeln! Aber kaum hat man dies getan und zugleich das gute Tier durch ein paar Schmeichelworte belehrt, so schickt man es von Neuem in die Lüfte, um ein abermaliges Wild zu erjagen. Und von Neuem beginnt die Carrière, und man tut so zum dritten und vierten Male und hört nicht auf, bis der Waldhornruf des Burgherrn das Zeichen gibt, daß es nun genug ist für den heutigen Tag.

Ha, das war ein Vergnügen! Freilich einige kleine Unglücksfälle konnten bei keiner dieser Jagden vermieden werden und besonders kamen die Falken selbst oft in Gefahr. Sie stürzten sich nämlich, wie natürlich, nicht bloß auf die Reiher, sondern auch auf alle möglichen anderen Vögel. Waren nun dies wilde Tauben, Birkhühner, Wachteln, Rebhühner und was dergleichen mehr ist, - ei nun, dann hatten sie freilich leichte Arbeit, viel leichtere, als bei den Reihern. Aber nicht selten gingen sie auch auf Vögel los, die weit stärker waren, als sie, und obwohl sie dieselben durch den furchtbaren Anprall meist zur Erde brachten, so entstand doch sofort ein Kampf, der für den Falken notwendigerweise unheilvoll enden mußte, wenn man ihm nicht zu Hilfe kam. Gerade dafür aber hatte man die Windhunde und diese, alsbald losgelassen, verfehlten nie, sowohl den Falken zu befreien, als auch die Trappe, den Kranich, den Auerhahn, oder wie sonst sein überlegener Feind hieß, gefangen einzubringen. Allerdings – das konnte man nicht verhindern, daß sie manchmal zu spät kamen, und daß der arme Falke schon seine Todeswunde weghatte, ehe sie ihn erreichten; aber für ein so großes Unglück man es auch hielt, einen gut abgerichteten Falken zu verlieren, so setzte man sich doch bei der Erinnerung an den Hochgenuß, den die Jagd selbst gewährt hatte, mit Leichtigkeit darüber hinweg. Überdies erwartete die müden und hungrig gewordenen Reiter und Reiterinnen, wenn sie nun, mit Beute beladen, nach der Burg zurückkehrten, nicht noch ein anderer Hochgenuß? Man muß nämlich wissen, daß unter allem eßbaren Wild Europas das Federwild bei weitem das beste ist, und daß es jedenfalls nicht leicht etwas Feineres gibt, als Pasteten, welche man aus Rebhühnern, Wachteln und Lerchen bereitet. Warum hätte sich nun eine lustige Jagdgesellschaft nicht nach der Tagesarbeit auf die Abendmahlzeit freuen sollen, bei welcher solche Pasteten, untermischt mit saftigem Wild- und Hühnerbraten, die Hauptrolle spielten? Man muß sich die Menschen immer als Menschen denken und ich darf es daher keineswegs verhehlen, daß das Vergnügen einer Jagd durchaus kein vollkommenes gewesen wäre, wenn man den regelmäßig darauf folgenden Jagdschmaus, an dem sich die Damen wie die Herren beteiligten, hätte entbehren müssen.

Ist es nun unter solchen Umständen ein Wunder, wenn die Falknerei, die in unseren Tagen ganz abgekommen ist, im Mittelalter überall, besonders aber in Deutschland, mit ungeheurer Vorliebe getrieben wurde? Wie groß übrigens diese Vorliebe war, das ersieht man am besten daraus, daß nicht bloß der Bischof Dionysius von Senlis und verschiedene andere hohe Herren, sondern sogar der große Hohenstaufenkaiser Friedrich II. eigene gelehrte Abhandlungen über die Falknerei herausgaben und dieselbe als die würdigste Beschäftigung eines Rittersmannes im Frieden empfahlen. Das Buch des Kaisers, welches den Titel „de arte venandi cum avibus“ oder „von der Kunst, mit Vögeln zu jagen“ führt, ist noch vorhanden und man kann sich wohl denken, daß es seinen Eindruck nicht verfehlte. Leider aber übertrieben es von nun an viele mit dem Aufwand, den sie machten und manche Barone und Grafen ruinierten sich förmlich durch die großen Summen Geldes, welche sie für gut abgerichtete Falken aus fremden Ländern bezahlten. Ja, selbst die Fürsten und Könige treiben es hie und da zu bunt, wie denn z.B. der Kronprinz Eduard von England – derselbe, den man den schwarzen Prinzen nannte und der an Tapferkeit wohl nie von einem englischen Fürsten übertroffen wurde – nie ausritt, ohne dreißig Falkeniere in seinem Gefolge zu haben; der König Ludwig XII. von Frankreich aber hielt sich gar einen Oberfalkenmeister, dem er die damals sehr große Summe von viertausend Gulden als Besoldung anwies und dieser Oberfalkenmeister hatte wieder fünfzehn Falkenmeister nebst fünfzig Falkenieren, welche sämtlich Edelleute sein mußten und verhältnismäßig besoldet wurden, unter sich. Das war eine fast mehr als königliche Großtuerei, denn wenn man der adeligen Vorsteher der Falknerei sechsundsechzig zählte, wie groß wird da erst die Anzahl der bürgerlichen Falkenknechte, sowie insbesondere der Aufwand, der für die Falken gemacht wurde, gewesen sein?

Doch so beliebt auch die Falkenjagd, besonders bei den gebildeten Edelleuten sein mochte, so wäre es doch eine freche Behauptung, wenn man sagen wollte, sie sei das „Haupt-Jagdvergnügen“ der Ritter des Mittelalters gewesen. Im Gegenteil, fünf Sechsteile derselben zogen die Jagd auf das Hochwild, also auf Bären, Wölfe, Luchse, Büffel und Elentiere, sowie insbesondere auf Hirsche und Sauen jedem anderen Zeitvertreib vor, indem sie meinten, daß nur diese mit großen Gefahren verbundene Beschäftigung eines echten Ritters würdig sei. Man ging nämlich den besagten Tieren immer nur mit einem Schwert und der Lanze und dem Spieß zu Leibe und hatte zu seiner Beihilfe nichts, als das schnelle Roß, das man ritt und den treuen Hund, von dem man sich begleiten ließ. Da galt es also, sich seiner Haut zu wehren, wenn man einer solchen wilden Bestie gegenüber stand und es bedurfte nicht bloß der Kraft und Waffengewandtheit, um als Sieger aus dem Kampf hervorzugehen, sondern noch mehr der Furchtlosigkeit und des kalten Blutes. Ich glaube jedoch nicht nötig zu haben, eine derartige Jagd des Näheren zu beschreiben, da sich Jeder denken kann, wie es dabei zuging; aber einige Besonderheiten, die dabei vorkamen, und von denen man jetzt keinen Begriff mehr hat, muß ich doch erwähnen. Vor Allem mußte ein Jeder, der die Jagd kunstgemäß betreiben wollte, das „Jagdhorn“ blasen lernen, und es hatte jeder Ritter, wenn er sich zum Weidmannswerk aufmachte, ein solches elfenbeinernes Horn an seinem Hals hängen. Mittelst der Töne und Melodien nämlich, welche er dem Horn entlockte, leitete er die ganze Jagd, so entfernt auch die verschiedenen Teilnehmer an derselben hie und da voneinander sein mochten, und wenn sich dieser oder jener in der hitzigen Verfolgung seiner Beute im tiefdunklen Wald verirrt hatte, so stieß er nur in sein Instrument und alsbald antwortete man ihm von daher oder dorther, so daß Einer sich fast immer wieder zurechtfinden konnte. Eine zweite Eigentümlichkeit war, daß man nie und nimmer in seiner gewöhnlichen Kleidung auf die Jagd gegen konnte, sondern daß vielmehr von der allgemeinen Sitte ein eigenes Jagdhabit diktiert wurde, von dem kein Adeliger, ohne Anstoß zu erregen, abgehen durfte. Ich weiß nun zwar wohl, daß auch die Jäger der Jetztzeit keineswegs im schwarzen Frack und mit weißer Weste angetan auf die Jagd ausziehen, aber so skrupulös sind sie denn doch nicht, daß sie auf einem „vorgeschriebenen“ Weidmannsanzug für alle Kollegen beständen; im Mittelalter dagegen bestand eine solche Vorschrift. Demgemäß trug man im Winter, wenn man der Saujagd oblag, ein mit grauem Pelz ausgeschlagenes und gefüttertes Wams, ohne Zweifel, weil der Himmel in dieser Jahreszeit ebenfalls meist grau überzogen ist; im Sommer aber, wenn der Wald in frischem Grün prangte, kleidete man sich in einen kurzen, grünen Rock, der mit einem Gürtel von inländischer Tierhaut zusammengeschnürt wurde. Von derselben Farbe, wie das Wams oder Rock, waren auch die Beinkleider und ihrer Form nach mußten sie eng und anschmiegend sein, damit sie den Jäger in seinen Bewegungen nicht hemmten. Weiter trug man hohe, bis an die Knie reichende Stiefel vom stärksten Leder und endlich führte Jeder ein breites Jagdmesser, das so ziemlich unseren jetzigen Hirschfängern glich. Eine dritte und letzte Eigentümlichkeit bestand darin, daß man stets eine ungewöhnlich große Anzahl von Hunden hielt und zwar Hunde von der verschiedensten Rasse. Die gewöhnlichsten waren die Wolfshunde, die Windhunde, die Schweißhunde, die Hatzrüden, die Dachshunde und die Wachtelhunde, also dieselben, wie wir sie auch noch haben; allein man suchte auch in aller Herren Länder nach ganz neuen Rassen, die in Europa nicht zu Hause waren und importierte solche aus Afrika und dem Morgenland. Ja, die Großen, und insbesondere die Regierenden, schickten eigene Gesandte an die Höfe fremder Fürsten, um sich von diesen gegen Bezahlung oder Gegenpräsente Exemplare ihrer Jagdhunde auszubitten und schonten weder Geld noch Mühe, wenn es sich darum handelte, etwas noch nie Dagewesenes zu erhandeln. So ließ z.B. der sonst so arg geizige König Ludwig XI. von Frankreich in Spanien sogenannte „Laufhunde", in Sizilien ganz kleine „Pudelhunde", in der Berberei „Löwenhunde" und was dergleichen mehr ist, einkaufen; am allerstolzesten aber war er auf seinen „Souillard", einen Hund, dem ihn ein aus Palästina und der Türkei zurückgekehrter armer Edelmann zum Präsent machte und von diesem Souillard stammte dann eine ganz neue, überaus starke Rasse ab, welche man in Frankreich „Greffiers", in Deutschland aber „Bullen" nannte. Dergleichen Beispiele von „Erpichtheit auf neue Hundegattungen" könnte ich noch sehr viele anführen, allein es ist schon an dem soeben Gesagten genug. Dagegen muß ich um so mehr auf die Tollheit aufmerksam machen, mit der man in Beziehung auf die „Anzahl" der Hunde zu Werke ging, denn man suchte sich da im wahnsinnigsten Wetteifer zu überbieten. Fünf bis sechs „Kuppeln", eine jede aus zwölf Stücken bestehend, waren selbst bei einem armen Burgherrn etwas Gewöhnliches, und der Graf Gaston Phöbus v. Foix, der in der letzten Hälfte des vierzehnten Jahrhunderts lebte und einen großen Ruf sowohl als Jäger, denn als Krieger, hatte, hielt sich deren gar sechszehnhundert. So steckte also schon ein ungeheures Kapital in der „Anschaffung" der Hunde, wie viele mehr aber noch in deren „Unterhaltung". Wenn nämlich auch die Ernährung der Tiere durch das Wild, das man erjagte, leicht zu beschaffen war, so kosteten dagegen die Leute, die man als Wärter für dieselben halten mußte, ein furchtbar schweres Geld. Überdies – mußten die Wärter oder Knechte nicht selbst wieder beaufsichtigt werden und wen konnte man zu solchen Oberaufsehern anders wählen, als Edelherren? Daher kam es denn auch, daß die Jagdbeamten auf manchem Schloß ein ganzes Corps bildeten und bei den Fürsten und Königen zählte man die Jagdjunker und Oberjäger nach Hunderten oder gar Tausenden; das Amt des Oberjägermeisters aber war eins der großen Kronämter, welches stets nur einem Herzog oder Grafen zu Teil wurde.

Aus diesem Allem nun ist hinlänglich ersichtlich, daß das Jagen die Hauptbeschäftigung des „Rittersmannes im Frieden" war. Irgend etwas zu treiben, wobei man „der Waffen" nicht bedurfte, hielt er ja weit unter seiner Würde, und somit blieb ihm, um sich die Zeit zu vertreiben, sozusagen gar nichts Anderes übrig, als in den Wald hinauszureiten und die wilden Bewohner desselben zu erlegen. Eben deswegen aber betrachtete er auch die Jagd „als sein Vorrecht", gerade wie das Kriegführen und er duldete es daher vom Nichtadeligen durchaus nicht, daß er sich unterstand, in dieses sein Vorrecht einzugreifen. Nicht einmal die Hasen und Kaninchen gönnte er dem

Bürgerlichen und es erschienen deshalb schon sehr früh sowohl in Deutschland als in Frankreich Verordnungen der Regenten, welche den Nichtadeligen nicht nur einprägten, ja nie auf die Jagd zu gehen, sondern ihnen auch strengstens verboten, in ihren Häusern Hunde oder Iltisse – denn diese konnte man leicht zum Einfangen des kleinen Wildbrets abrichten – zu halten. Jeder Burgherr, der bei einem Bauern oder Bürger dergleichen antraf, oder auch nur eine „Schlinge" zum Vogelfang vorfand, durfte sofort zur Konfiskation schreiten und dem frechen Gesetzesübertreter noch extra eine Gefängnisstrafe diktieren; sobald jedoch ein Nichtadeliger auf der Tat, also wie er vielleicht einen Fasanen oder ein Feldhuhn oder sonst ein jagdbares Tierchen wegstibitzte, ertappt wurde, dann blieb es natürlich nicht bei bloßer Gefängnisstrafe, sonders es kam auch zu körperlicher Züchtigung. Wehe aber, dreimal wehe über den, der sich erfrechte, einen Hirsch oder eine Sau zu töten, denn für einen solchen Delinquenten fand man keine Strafe hart genug. Ja wahrhaftig wäre es besser für den Armen gewesen, wenn er an einem Menschen einen Mord begangen hätte, denn in diesem Fall würde man ihn bloß am Leben gestraft und nicht noch mit Martern aller Art heimgesucht haben!

Genug nun übrigens vom Leben des Rittersmannes im Frieden!

Sechstes Kapitel

Die großen Turniere und Ritterspiele

Hurra! Trompeten und Hörner laut ertönen,
Der Herold jagt auf flinkem Rosse auf und ab.
Von Ost und West naht sich im vollem Trab
Das Heer der Ritter vor das Aug' der Schönen.
Das Schwert erblitzt, es droht der starre Speer,
Kunstrecht im Sattel fliegt die Schar daher.
Die Lanze trifft den Schild mit hartem Stoß,
Hoch durch die Luft der Speere Splitter springen,
Der Ritter wankt im Sattel bügellos,
Der Helme Fugen hört man brechend klingen!
Jetzt zuckt der Blitz des Schwertes überhell –
Es strömt dahin des Blutes roter Quell!

Gesangesworte eines längst verstorbenen Dichters sind es nur, die ich hier angeführt, aber sie bezeichnen genau die großen Waffenspiele, welche die Ritter im Mittelalter von Zeit zu Zeit abhielten und über die ich nun etwas Näheres berichten will. Schon in den ältesten Zeiten veranstalteten die alten Deutschen, wie überhaupt alle kriegerischen Nationen der Welt, in gewissen Perioden, wo längerer Frieden herrschte, Kampfspiele und größere Waffenübungen, um den kriegerischen Geist nicht einschlafen zu lassen, wie denn auch der Geschichtsschreiber Tacitus, von dem wir die ersten genauen Nachrichten über unsere Vorväter haben, uns auf diese Sitte hinweist. Es waren übrigens diese Übungen nur „Scheingefechte", wie sie auch jetzt noch bei den Armeen zu Hause sind und man hat dieselben deshalb auch schon vielfach „mit einer Theatervorstellung vom Krieg" verglichen. Ganz passend ist dieser Vergleich jedoch nicht, denn bei einer Theatervorstellung ist lediglich von keiner Gefahr und sogar nicht einmal von einer Abmattung die Rede, während bei den Manövern, selbst bei denen der Jetztzeit, die Soldaten alle Strapazen durchmachen müssen, welche man im Krieg hat und nicht selten durch den Sturz der Pferde oder sonstige Unglücksfälle Schaden nehmen. Wenn nun aber schon bei den alten Völkern derlei Kampfspiele im Frieden üblich und an der Tagesordnung waren, wird man dann erwarten können, daß die Ritter des Mittelalters, welchen das Kriegshandwerk als oberste Pflicht oblag, nicht mit äußerster Lust und Liebe zu ähnlichen Spielen gegriffen hätten? Sie mußten sich doch in der Übung erhalten und durften die Kraft ihres Armes nicht einschlafen lassen, wenn sie sich die einmal erworbene Kriegstüchtigkeit bewahren wollten! Freilich die Jagd auf die wilden Tiere war auch eine gute Schule, aber als eine Schule für die eigentliche ritterliche Tapferkeit konnte sie doch nicht gelten, sondern da mußte Mann gegen Mann, Ritter gegen Ritter kämpfen.

Doch warum hieß man denn diese Kampfspiele des Mittelalters „Turniere" und nicht viel einfacher und bezeichnender „Ritterspiele"? Ei nun, das hat seinen guten Grund. Das Wort „Turnen" nämlich – ein Wort, das urdeutsch ist, aber in fast alle abendländischen Sprachen, z.B. ins Französische, ins Spanische, ins Englische usw. überging – bedeutet körperliche Übung zu dem Zweck, seinen Muskeln Kraft zu geben und eine Gewandtheit und Geschicklichkeit zu erhalten, welche man bei ruhigem Sitzenbleiben nicht erhalten würde, - was war also natürlicher, als daß man die ritterlichen Kampfspiele, bei welchen es keineswegs bloß auf die rohe Naturkraft, sondern vielmehr auf die durch lange Übung erhaltene Ausdauer und Fechtkunst, sowie auf die Schwenkungen und Wendungen, die man die Pferde vornehmen ließ, ankam, Turniere nannte? Und wahrhaftig, daß es hierauf am meisten ankam, darüber kann kein Zweifel sein, denn es lassen sich der Beispiele eine Menge anführen, daß der riesigste und stärkste Ritter von einem weit schwächeren, aber geübteren und gewandteren über den Haufen gerannt wurde. „Es war sogar – so drückt sich ein Ritter der alten Zeit in einem Buch über das Rittertum aus – nicht genug, daß man sein Pferd gut lenkte, nicht genug, daß man gut focht und seinen Mann gewiß zu treffen wußte, während man zugleich dem Schwerthieb desselben auswich; nein, man mußte auch Hieb und Stoß in seiner Gewalt haben und seinen Gegner nie merken lassen, an welcher Stelle man ihn treffen würde; absonderlich aber mußte man es verstehen, ihn von der Seite zu fassen, damit er das Gleichgewicht und eben damit seine ganze Stärke verlor." Kurz also, diese Kampfspiele hießen mit Recht Turniere, weil sie die äußerste Übung erforderten und weil sie zugleich den Eisenreiter Gelegenheit gaben, ihre durch die Kunst gesteigerte Kraft an den Tag zu legen.

Die ersten gemeinsamen Waffenspiele oder Turniere, welche die Ritter dieser oder jener Provinz unter sich abhielten, liefen, wie man sich wohl denken kann, ohne besonderes Gepräge ab, allein bald bemächtigten sich Fürsten und Könige, welchen es zum Vorteil gereichte, wenn ihre Ritter ihren kriegerischen Geist immer neu auffrischten, der Sache und nun wurden aus den bloßen Übungen feierliche Schauspiele, die einen europäischen Ruf erlangten und bei welchen man den größten Glanz entfaltete. Aus aller Herren Ländern kamen die Ritter herbei, wenn irgendwo ein Turnier abgehalten wurde und zwar die vornehmen, wie die geringen. Ja, selbst die Höchstgestelltesten fehlten nicht und was reich war, erschien ohnehin, - natürlich nicht sowohl des Turniers wegen, als um die anderen Anwesenden an Pracht und Glanz zu übertreffen. Kurz, es gewann nach und nach das Ansehen, als ob die Turniere eigens erfunden seien, um der Göttin Eitelkeit Gelegenheit zu geben, in ihrem ganzen aufgedonnerten Staat einherrauschen zu können und selbst die turnierenden Ritter dachten oft nicht mehr daran, daß ein solches Kampfspiel zu nichts Andrem da sein, als um den Krieg nachzuahmen und sich im Gefecht zu üben, sondern sie sahen dasselbe bloß als ein Fest an, bei welchem man außer seinen ritterlichen Vorzügen seinen Reichtum und seine Schönheit recht ans Licht treten lassen könne. Sieg im Turnier – ei, das erregte ja den Beifall der zuschauenden Menge und, was noch weit mehr wert war, Fürsten und Damen erwiesen sich nicht geizig weder im Bewundern, noch in Belohnen. So verwandelten sich diese Waffenspiele in ganz kurzer Zeit in glänzende Festlichkeiten, und zwar in solche Festlichkeiten, welche mit den einst so hoch berühmten olympischen Spielen der Griechen den Vergleich wohl aushalten konnten. Doch ich will die Neugierde des Lesers nicht länger auf die Probe stellen, sondern lieber jetzt erzählen, wie es auf den Turnieren zuging.

Vor allem galt es, wenn irgend ein hoher Herr, der mit seinem Geld nicht sparsam umging, ein Turnier abhalten wollte, die Kunde davon zur Kenntnis der Ritter von nah und fern zu bringen. Jetzt wäre so etwas gar leicht zu machen, denn man dürfte es nur in die verschiedenen Zeitungen und Tagesblätter einrücken; aber damals, wo die Buchdruckerei noch nicht erfunden war, gab es natürlich noch keine derartigen literarischen Produkte und man mußte sich daher durch andere Mittel zu helfen wissen. Demgemäß sandte der Fürst oder König, der das Turnier ausschrieb, an alle Höfe und in alle Grafschaften Herolde, um die große Neuigkeit zu verkünden und lud die gesamte Ritterschaft aufs zuvorkommendste ein, an dem herrlichen Fest teilzunehmen. Auch geschah solches nicht etwa ein paar Tage oder Wochen vor dem Beginn des Kampfspiels, sondern vielmehr viele Monate zuvor, denn – außer den Zeitungen mangelten damals auch noch die Eisenbahnen und die Herolde mußten zu Pferde reisen. Außerdem mußte man den Herren Rittern, sowie ihren Frauen und Töchtern, welche natürlich bei solchen Gelegenheiten durchaus nicht fehlen durften, Zeit lassen, sich gehörig vorzubereiten, weil ja ein Turnier keine Werktagsgeschichte war, bei der man im gewöhnlichen Rock erscheinen konnte. Im Gegenteil – man behandelte ein derartiges Fest wie ein hochgewichtiges Ereignis und deswegen hatten auch die „Minstrels" oder Volkssänger, deren es im Mittelalter eine beträchtliche Menge gab (aus ihnen sind dann unsere herumziehenden Musikanten und Schnurranten entstanden), nicht Eiligeres zu tun, als an allen Edelhöfen und auf allen Burgen herumzuziehen, um (und gerade dies trug am meisten dazu bei, alle Welt auf die kommende Feierlichkeit aufmerksam zu machen) das Lob des Fürsten abzusingen, der das Turnier ausschrieb; die Edlen aber, die besonders und speziell geladen wurden, sandten natürlich ihrerseits wieder Boten an den Einladenden, einmal, um ihm für seine Höflichkeit zu danken und zum andern, um ihm anzuzeigen, mit wie viel Pferden, d.h. mit welchem Gefolge sie bei ihm einreiten würden.

War nun dieses alles gehörig besorgt, so ging der Turnierausschreiber daran, seine Zurüstungen zu machen, daß die Festlichkeit ohne Störung vorübergehen könnte, und – geringfügig wahrhaftig war die Mühe nicht, wenn man alles richtig ins Werk setzen wollte. Man bedenke nur allein, was dazu gehörte, verschiedene Hunderte von Adel, worunter viele mächtige Barone, Grafen und Herzöge, ja vielleicht sogar regierende Fürsten und Könige, mit all ihren Leuten standesgemäß unterzubringen. Man mußte ihnen doch ein Quartier geben, das ihrem Rang entsprach und außerdem mußte für ihre Rosse, wie es sich gebührte, gesorgt werden! Dazu reichten nun die „vorhandenen" Räumlichkeiten – selbst wenn das Turnier in einer bedeutenderen Stadt und Residenz gehalten wurde – gewöhnlich nicht hin, denn die Gesamtzahl der teilnehmenden Ritter nebst ihren Damen, ihren Knappen, ihren Knechten und ihren Pferden stieg oft bis auf drei- oder viertausend, und von Neugierigen zählte man wenigsten das Fünffache. Also mußten Wohnlokale nebst Stallungen neu hergerichtet werden und wenn man nun auch keine solide, ewig dauernde und massiv steinerne Gebäude herstellte (dies war nicht nötig, weil man die Turniere stets im Sommer oder im Frühherbst, wo noch keine kalten Nächte eintreten, abhielt), so kosteten doch selbst solche Anwesen, die man nur als Balken und Brettern zusammenfügte, viel Geld, viel Zeit und viel Mühe. Nun aber vollends die Bewirtung so vieler Gäste! Das dieselben acht Tage, wenn nicht länger, blieben, darauf durfte man rechnen und in einer Woche wird von so viel Menschen und Tieren gar viel verzehrt. Also mußte man sich vorsehen und zwar recht gehörig vorsehen, denn es wäre eine Todschande gewesen, wenn es der

Festgeber auch nur im Geringsten hätte an etwas fehlen lassen oder vielmehr, wenn er nicht in Allem geradezu verschwenderisch zu Werke gegangen sein würde.

In der gleichen Zeit, in welcher man sich zum Empfang der Turnierteilnehmer vorbereitete, traf man auch die Zurüstungen zur Herstellung des Festplatzes, auf welchem das Turnier abgehalten werden sollte und – auch diese Mühe war keine geringe. Es handelte sich nämlich darum, einen großen, freien Raum in der nächsten Nähe der Stadt oder Residenz, in welche das Turnier ausgeschrieben wurde, vollständig zu ebnen und sodann mit starken Schranken zu umgeben, so daß kein Roß im Stand war, auszubrechen. Außerdem mußte man nächst diesen Schranken teils höhere, teils niedrigere Gerüste bauen, um den vornehmeren Gästen, die nicht mitturnierten, also den fürstlichen Personen, den älteren Rittern und insbesondere den Damen Gelegenheit zum Zuschauen zu geben. Mit dem Aufrichten der Gerüste war es aber nicht getan, sondern man hatte dieselben auch mit reichen Teppichen, mit Vorhängen, Tapeten, Panieren, Schildern und Fahnen zu schmücken, weil die schönen Frauen und Fräulein nicht gewohnt waren, auf gewöhnlichen hölzernen Bänken zu sitzen. Endlich durfte eine turmartige Tribüne für die „Preisrichter" und ihre „Assistenten", sowie eine offene Halle für die Musiker unter keinen Umständen fehlen, und ebenso wenig vergaß man, außerhalb der Schranken „Zelte" für die turnierenden Ritter und ihre Rosse aufzupflanzen. Unter solchen Umständen ist es nun kein Wunder, wenn Hunderte von Zimmerleuten, von Schreinern, von Sattlern und von Tapezieren wochenlang fast Tag und Nacht zu arbeiten hatten, um alles gehörig fertig zu bringen und außerdem ließen noch Wirte, Bäcker und Metzger aus Privatspekulation in der nächsten Nähe des Festplatzes große Verkaufsbuden aufbauen, weil sie damit rechneten, daß das niedere Volk, das natürlich stets in Massen zu solchen Gelegenheiten herbeiströmte, bei ihnen seinen Durst und Hunger befriedigen werde. – Kurz also, die Zurüstungen zu einem Turnier nahmen viel Zeit, viel Geld und viel Mühe in Anspruch, aber es kam auch durch sie viel Leben in die Stadt und Tausende von Menschen strömten alltäglich auf den Festplatz hinaus, um zu sehen, wie weit die Arbeiten gekommen seien.

Mit der Zeit übrigens wurde man doch fertig und wenn nun Schranken, Tribünen und Zelte in all ihrer Glorie prangten, so hieß es, „das Turnier ist gelegt", oder auch, „der Turnierhof ist fertig". Aber meistens geschah dies erst um keinen Tag zu früh, sondern die Leute hämmerten und hobelten noch, wenn die ersten Gäste bereits eingezogen waren. Viele Ritter, Barone und Grafen ließen es nämlich nicht auf Spitz und Knopf ankommen, wie man zu sagen pflegt, sondern fanden sich, besonders wenn sie verheiratet waren, immer fünf bis sechs Tage vor dem Turnier ein, damit ihre Frauen und Töchter sich gehörig von dem of weiten Ritt (man bedenke nur, daß es damals noch keine Chaisen und Droschken gab, sondern daß alle Reisen zu Pferde gemacht wurden) erholen könnten. Ja, selbst die Allersaumseligsten kamen zum Mindesten zwei Tage vorher, denn so war es, wenn ich mich des Ausdruckes bedienen darf, durch die Geschäftsordnung geboten. Mußten doch die Ritter (und dies geschah in der Regel am Morgen des zweiten Tages vor dem Turnier) ihre Schilde nebst der Rüstung, den Helmkleinodien und den Waffen, deren sie sich beim Kampf bedienen wollten, in einem bestimmten Lokal – meistenteils in dem Kreuzgang des nächstgelegenen Klosters, wenn ein solches da war, wo nicht, in einem eigens dazu hergerichteten Saal – öffentlich ausstellen, damit die vom Festgeber ernannten Turniervögte genau untersuchten, ob die Herren auch in der Tat „Ritter“ und durch die Erlangung dieser Würde „turnierfähig“ seien! Und wahrhaftig – in dieser Untersuchung – man nannte sie die „Wappenschau“ – war man streng genug, denn nicht nur mußte der Adel und das Rittertum nachgewiesen werden, sondern man durfte auch keine schlimme oder geringe Handlung, die eines Ritters unwürdig war, begangen haben. Ja noch mehr – die Waffen, Schilde und Rüstungen mußten zwei volle Tage ausgestellt bleiben, um den Damen, die zum Turnier erschienen waren, Gelegenheit zu geben, sich darüber auszusprechen, ob sie nichts gegen diesen oder jenen Ritter einzuwenden hätten! Die besagten Damen nun ließen es sich auch in der Tat nicht nehmen – dies geschah nach Belieben, entweder am vorletzten oder letzten Tag vor dem Turnier – die Schilde nebst den Waffen und Rüstungen der Ritter genau in Augenschein zu nehmen und die „Herolde“ oder Wappenuntersucher, welche unter den Turniervögten standen, waren natürlich galant genug, über die Inhaber der Schilde die genaueste Auskunft zu geben. Da kam es denn manchmal vor, daß die Eine oder die Andere, sei es gegen diesen, sei es gegen jenen, eine Anklage vorbrachte, entweder weil sie Schlimmes über denselben gehört hatte oder weil sie sich persönlich von ihm beleidigt fühlte und kaum war die Bezichtigung zur Kenntnis eines der Herolde gekommen, so meldete er sie den Turniervögten, welche alsbald eine genaue Untersuchung veranstalteten. Erwies sich die Anklage als falsch, so wurde die Dame zur Ordnung gewiesen und gebeten, für die Zukunft vorsichtiger zu Werke zu gehen, wenn sie nicht die Gunst und die Achtung der Männer ganz verscherzen wolle; war aber etwas an der Sache, so erhielt der Beklagte seine Strafe und mußte entweder durch demütige Abbitte seinen Fehler wieder gutmachen, oder wurde er gar für unfähig erklärt, je wieder mitzuturnieren. Letzterer Entscheid kam natürlich nur vor, wenn eine wirklich unritterliche Handlung vorlag, aber – wehe dem, welcher, während ein solcher Fluch auf ihm lastete, es dennoch wagte, auf einem Turnier zu erscheinen! Mit Schimpf und Schande wurde er weggejagt, indem alle anwesenden Ritter und Damen mit Gerten und Ruten über ihn herfielen und ihn aus der Versammlung der Edlen förmlich hinausschlugen. Doch muß ich hierzu bemerken, daß dergleichen Szenen nicht oft vorkamen, einfach deswegen, weil sich zur Blütezeit des Rittertums und der Turniere keine unwürdigen Ritter bei den letzteren einzufinden pflegten und somit ging die „Beschau“ der Wappen, Rüstungen, Helmkleinodien und Waffen meist ohne irgendwelche Störungen vorüber. Ja, diese „Beschau“ gewährte den Damen sogar viel Kurzweil und Unterhaltung, denn sie erschienen dabei regelmäßig aufs prächtigste herausgeputzt und konnten also, was ihnen bekanntlich immer große Freude macht, all ihren Glanz und all ihre Schönheit entfalten. Überdies pflegte man in demselben Lokal, in welchem die Ausstellung der Wappen stattfand, auf einem etwas erhöhten Punkt auch die Preise oder „Danke“, welche die Sieger im Turnier erhalten sollten, zu zeigen und da diese größtenteils aus goldenen Kleinodien, wie z.B. aus Ketten, Bechern usw. oder auch aus kostbaren, zierlich gearbeiteten Waffen bestanden, so hatte es immer einen großen Reiz, sie anzusehen.

Endlich ging die Wappenschau vorüber und nun traten die anwesenden Ritter, die ihre Turnierfähigkeit bewiesen hatten, zusammen, um die Turnierbeamten, die „Preisrichter“ und die „Marschälle“ – in Deutschland nannte man sie „Grieswärtel“ – zu erwählen. Die Letzteren, von denen man immer eine ziemliche Anzahl, aber lauter Adelige, ins Feld stellte, hatten die Aufgabe, im Innern des Turnierhofes, sowie außerhalb der Schranken die Ordnung aufrecht zu erhalten, denen, die es bedurften, mit Rat und Tat beizustehen und insbesondere auch darauf zu sehen, daß keiner der Kämpfenden irgend eine unerlaubte Waffe führe oder sich sonst gegen die Turniergesetze vergehe. Die Preisrichter aber, und zu solchen erkieste man stets nur die angesehensten, sowie zugleich erfahrensten und in ritterlichen Dingen bewandertsten Barone oder Grafen, hatten nach Beendigung des Kampfes darüber zu entscheiden, wer am besten gestritten und sich am tapfersten benommen habe und mußten also ihr Auge überall haben. Unter solchen Vorbereitungen nun kam nach und nach der „Turnierabend", wie man ihn nannte oder der Mittag vor dem eigentlichen Turnier heran und diesen verwandte man meist dazu, um eine kleine „Turniervesper" als Einleitung zum morgigen Kampf abzuhalten. Diese „Vesper" bestand übrigens aus nichts anderem, als aus einer „Probe" oder einem „Gestech", in welchem die geschicktesten Knappen ihre Kräfte gegeneinander versuchen durften und zwar innerhalb der Schranken des Turnierhofes, sowie unter den Augen der Ritter und Damen, welche sie durch ihren Zuruf aufmunterten. Die Knappen waren dabei vollständig gewappnet und gerüstet, aber ihre Rüstungen, sowie ihre Lanzen und Schwerter hatten ein etwas leichteres Kaliber, als die der Ritter selbst, denn man mußte doch auf die Jugend der Kämpfenden Rücksicht nehmen. Überdies erlaubte man ihnen nur, „mit stumpfen Waffen", um die Gefahr von Verwundungen soviel wie möglich zu vermeiden, zu kämpfen und bog also vorher die Lanzenspitzen krumm; dagegen aber setzte man für die besten Streiter Preise oder „Dänke" aus, bestehend in Ringen, Kränzen, Ketten, Dolchen oder Schwertern, und wer einen solchen Dank gewann, der durfte fast mit Gewißheit darauf zählen, am selben Abend noch von dem hohen Herrn, der das Turnier ausgeschrieben hatte, zum Ritter geschlagen zu werden. Doch ich darf meine freundlichen Leser nun nicht länger mit der Beschreibung der Vorbereitungen zu einem Turnier ermüden, sondern muß endlich zu diesem selbst kommen und zeigen, wie es dabei zuging.

Eigentlich begann das Fest lange ehe der Tag graute, denn von allen Seiten her strömten die Anwohner herbei, vor allem die Bauern und Bürger der nächsten Dörfer, welche sich natürlich ein solches Schauspiel eben so wenig entgehen lassen wollten wie die Adeligen. Ihrer waren, wie man sich wohl denken kann, viele Tausende und der Lärm, den sie verursachten, hätte auch einen Siebenschläfer erwecken müssen; Siebenschläfer aber gab es an einem solchen Tag keinen, sondern es erhob sich vielmehr die ganze Einwohnerschaft der Turnierstadt schon zur allerfrühesten Morgenstunde. Freilich tat dies niemand, um seinen gewohnten Beschäftigungen nachzugehen und wie an einem gewöhnlichen Werktag zu arbeiten; nein, Gott bewahre, an eine solche Sünde dachte niemand, sondern es lag vielmehr jedem Einwohner, den keine Krankheit ans Lager fesselte, nur daran, auf den Festplatz hinaus zu eilen, um sich einen so guten Platz wie möglich zu sichern. Und wie lustig brauchten sie nun ihre Füße! Im Sturmschritt, zu Tausenden ging es vorwärts auf den Turniernhof hinaus und wem es nicht gelang, unmittelbar an den Schranken fest Posto zu fassen, der stellte sich entweder so auf, daß ihm der Anblick des groOßen Festzuges, mit dem das Turnier stets eröffnet wurde, nicht entgehen konnte oder aber trieb er sich zwischen den vielen Fremden herum, welche bereits die Budiken der Wirte, Metzger und Bäcker vor dem Festplatz füllten.

Doch wenn schon die bürgerlichen Bewohner der Turnierstadt eine so auffallende Frühtätigkeit entwickelten, wie viel mehr noch wird dies bei den adeligen Gästen und Insassen der Fall gewesen sein? Die Damen, Frauen und Fräulein – ach, sie hatten fast die ganze Nacht hindurch in Erwartung der Dinge, die da kommen sollten, kein Auge geschlossen und mit dem Tagesgrauen wurden sie von ihren Zofen geweckt, um sich ankleiden und schmücken zu lassen. Heute durfte wahrhaftig nicht in ihrem Ausputz versäumt werden, nein, nicht das Geringste; denn heute hatten sie auf den Gerüsten der ganzen Männerwelt „zur Schau zu sitzen!" Außerdem – sah nicht die Eine auf die Andere und mußte also nicht jede ihre Nachbarin durch den Strahlenkranz ihrer Schönheit zu überbieten suchen? Einen solchen Strahlenkranz aber zu schaffen, künstlich zu schaffen durch die Anwendung von Seidenstoffen, Goldkleinodien, Juwelen und Perlen, dazu gehörte Zeit, viel Zeit und deshalb mußten die armen, geplagten Kammermädchen sich von Sonnenaufgang an tummeln, daß sie fast nicht mehr aus noch ein wußten. Fast ebenso, wie den Damen, erging es auch den Rittern. Zwar allerdings – für ihren „Putz" hatten sie nicht zu sorgen, wohl aber für ihre „Rüstung", sowie dafür, daß diese ihnen richtig angelegt wurde. Sie gingen also jedes Stück derselben noch einmal genau durch, ob nirgends etwas mangelhaft sei und dann ermahnten sie ihre Knappen, ja recht vorsichtig und „diffizil" zu verfahren. Jedes Kettchen mußte genau passen und kein Teil durfte zu fest oder zu lind geschnürt sein. War nun aber Einer „gerüstet", so untersuchte er noch einmal seine Waffen: die Lanze, das Schwert, den Streitkolben und den Dolch. Er hatte dies die letzten paar Tage her vielleicht zehnmal oder noch öfter getan, aber man konnte nicht wissen, ob nicht über Nacht ein kleines Ungeschick mit ihnen vorgekommen sei und jedenfalls war an einem solch hochwichtigen Tag die skrupulöseste Genauigkeit am Platz. Nachher ging es in den Stall hinab zum Streitroß, einmal um zu sehen, ob es wohlauf, frisch und munter sei, zum andern, um seine „Waffnung" zu überwachen, denn das Roß, welches den Ritter im Turnier trug, mußte natürlich ebenso „unverwundbar" gemacht werden, wie dieser, und man hüllte es daher, die Füße ausgenommen, vollständig in Stahl ein. Ja, man befestigte ihm sogar vorn auf der bepanzerten Stirn ein spitzes, eisernes Horn, damit es eine Angriffswaffe besitze, mit der es so gut, wie sein Ritter, einen Gegner niederstoßen könnte! Schließlich, wenn alles dies geordnet war, beeilte sich der Ritter, seiner kriegerischen Ausrüstung den letzten Schmuck beizufügen, nämlich das „Abzeichen", unter dem er kämpfen wollte und durch das er sich von allen seinen Mitkämpfern unterschied. Allerdings trug sein Schild schon ein solches Zeichen, z.B. ein Kreuz, wenn er gegen die Ungläubigen gefochten hatte, oder ein paar Schwerter und Dolche, die er vom Feind errungen, oder einen Turm, eine Festung, die Zinnen einer Mauer, eine Stadt, die er erobert, oder Fahnen, die er erbeutet, oder wilde Tiere, die er getötet, wie Löwen, Leoparden usw., oder irgend eine andere Figur, die an eine vom ihm oder von seinen Vorvätern begangene Heldentat erinnerte; allein diese auf die Schilder gemalten Figuren (aus denen dann nach und nach die adeligen Familienwappen entstanden sind) waren bei vielen Rittern die gleichen und überdies konnten sie in der Hitze des Kampfes von den Zuschauern nicht unterschieden werden. Deswegen befestigte jeder Mitturnierende auf seinem Helm noch ein besonderes Zeichen, das ihn seinen Freunden und Verwandten auf den Tribünen genau kennzeichnete und nicht selten erhielt er dasselbe von der Dame seines Herzens zum Präsent. Im letzteren Fall bestand es meist aus einem Stück Damenputz, z.B. einem Handschuh, einem Gürtel, einem Schleier oder einer Spange; wenn aber die Ritter das Abzeichen selbst wählten, so nahmen sie immer etwas, das auf Mut und Stärke hinwies, so z.B. die Hörner eines Stiers, die Federn eines Adlers, die Mähne eines Rosses, die Hauer eines Ebers und was dergleichen mehr ist. Ja, man hat Beispiele, daß Ritter einen ganzen künstlichen Pfau auf ihrem Helm befestigt trugen, weil dieser Vogel im Mittelalter durch den Glanz und die Mannigfaltigkeit seiner Federn als ein Sinnbild der Majestät und Pracht galt!

Unter solchen Vorbereitungen schwanden die Stunden nur allzu schnell dahin, und kaum hatten die Ritter und Damen die letzte Hand an ihren Putz oder an ihre Ausrüstung gelegt, so schlug auch schon die Stunde, in der man sich auf dem Schloß des hohen Herrn, der das Turnier veranstaltete, einfinden mußte. Nun ordneten die Turniervögte den Zug, in welchem man sich nach dem Turnierhof verfügte, und – wahrhaftig, etwas Prächtigeres als einen solchen Zug konnte man gar nicht sehen, denn wer daran teilnahm, saß hoch zu Roß und hatte sich bemüht, in schönstem Schmuck zu erscheinen. Voraus ritt gewöhnlich eine Rotte Pfeifer und Trompeter, welche einen schrecklichen Lärm machten, und unmittelbar hinter ihnen kamen Herolde in seidener Amtstracht und mit großen, weißen Stäben in der Hand. Auf sie folgten die Grieswärtel oder Marschälle mit einer ganzen Schar von bewaffneten Knappen, welche unter ihnen als Bahndiener oder Ordnungshalter (man nannte sie auch „Prügler“ oder „Prügelknechte“, weil sie nicht selten unter das gemeine Volk mit ihren Stücken dreinschlugen, wenn sich dieses gar zu ungeberdig zeigte) dienten, und manche der Zuschauer, welche sich auf dem weiten Weg zum Turnierhof in zwei langen Reihen aufgestellt hatten, zogen sich daher bei ihrem Erscheinen unwillkürlich etwas mehr in den Hintergrund. Hinter diesem großen Corps von Reisigen ritt ein volles Dutzend von Musikanten, welche gar prächtig in Samt und Seide gekleidet waren und die unaufhörlich die lieblichsten Melodien vernehmen ließen; unmittelbar nach ihnen aber nahm der Zug ein ganz anderes Ansehen an, denn es kamen nun die Turniervögte mit ihren Assistenten, alle mit wogenden Helmbüschen und mit weithin glänzenden Schärpen. Sie waren übrigens bloß die Vorläufer von etwas noch weit Schönerem, nämlich von den Damen, welche, verheiratet oder unverheiratet, alle fast überherrlich in schimmernde Gewänder gehüllt, von Gold und Diamanten blitzten. Außerdem trugen sie glänzende Federn auf den Baretten, welche gar lieblich mit den rosigen, süß lächelnden Gesichtern übereinstimmten und ritten auf mutigen Pferden, die stolz darauf zu sein schienen, eine solch edle Last zu tragen. Kurz, sie bildeten immer eine prächtige Erscheinung und ernteten deshalb auch bei den Umstehenden großen Beifall. Allein dennoch richtete sich die Aufmerksamkeit noch weit mehr auf das, was nun unmittelbar folgte und es war auch der Mühe wert, hier genau hinzuschauen. Nachdem man nämlich einen kleinen Zwischenraum hinter den Damen freigelassen hatte, gleichsam aus Ehrerbietung, begann der Zug der Ritter, welche das heutige Turnier mitmachen wollten. Voraus eine Bande von Trompetern, welche kriegerische Weisen in die Luft hinausschmetterten; dann unter Anführung des fürstlichen Festgebers die Preisrichter, meist ältere, hochehrwürdige Ritter ohne Panzerrüstung, sondern in damastseidenen Waffenröcken, die trotz des Sommers mit reichem Pelzwerk ausgeschlagen waren, mit hohen, federwinkenden Baretten und mit langen, goldenen Sporen; weiter die vornehmen, geladenen Gäste, die nicht in Person mitzukämpfen beabsichtigten, in ähnlicher reicher Kleidung, und endlich die turnierenden Ritter selbst, alle in glänzenden Rüstungen, die oft mit Silber und Gold ausgelegt waren und auf Rossen, die sämtlich vor Kampfbegier wieherten und nur mit Mühe im Schritt gehalten werden konnten. Auch war jeglicher Streiter von einem oder mehreren Knappen begleitet, die unmittelbar hinter ihm ritten und durch ihren minder schimmernden Anzug den Glanz ihrer Herren nur noch vermehrten, so daß das Auge sich nicht selten ganz geblendet abwenden mußte. Dazu hin dann noch die ernste, feste, fast majestätische Haltung dieser hochherrlichen Kämpen, - wahrhaftig, das war ein Aufzug, gegen den all unsere jetzigen Festprozessionen und Schaugepränge in ein Nichts versinken! Sein wirkliches Ende hatte übrigens der Zug noch lange nicht erreicht, wenn der letzte Ritter vorüber getanzt hatte, sondern den Schluß des Ganzen bildeten vielmehr die vielen, minder hoch gestellten Adeligen, die ebenfalls von Nah und Fern zum Fest herbeigeeilt waren, ohne mitkämpfen zu wollen und als „Allerletzte“ ritten noch zwei Marschälle, von vier oder acht Assistenten begleitet, hinterdrein.

In solcher Ordnung bewegte sich gewöhnlich der Turnierzug bis zu den Schranken hin; dort angekommen, stiegen die Damen, die Preisrichter und die zusehenden Gäste von ihren Pferden ab, um sich auf die ihnen von den Turniervögten angewiesenen Tribünen zu begeben; die turnierenden Ritter dagegen mit ihren Knappen wurden von den Marschällen oder Grieswärteln im Innern der Schranken selbst nach einer vorher bestimmten Ordnung aufgestellt, denn natürlich bestand das Turnieren nicht darin, daß man nach Belieben aufeinander losstach oder loshieb, sondern es ging Alles wie bei einer Schlacht oder einem Manöver auf Kommando und in regelrechter Weise vor sich. Überdies gab es verschiedene „Arten“ zu turnieren und es stand jedem Teilnehmer frei, sich entweder nur bei dem einen oder dem andern “Waffengang“ oder auch bei allen zusammen zu beteiligen. Um nun übrigens den Leser wenigstens in der Hauptsache mit diesen verschiedenen Kampfweisen bekannt zu machen, will ich ihm die vier hauptsächlichsten und gewöhnlichsten etwas näher bezeichnen, indem ich zugleich bemerke, daß alle übrigen nur „Abarten“ von untergeordnetem Wert waren. In erster Reihe zu stehen kommt hier das sogenannte „Ensemble“ oder „das allgemeine Turnier“, welches eine förmliche Schlacht repräsentierte. Zu diesem Behufe teilten sich die sämtlichen teilnehmenden Ritter in zwei große Heerhaufen, von denen sich jeder einen Anführer erwählte, und sobald sich nun diese beiden Haufen in Schlachtordnung gegenüberstanden, so gab der erste Preisrichter das Zeichen zum Angriff. Da prallten denn die Reiter gar furchtbar aufeinander los und schleuderten ihre Lanzen mit solcher Gewalt, daß nicht wenige von den Pferden geworfen wurden, obwohl die Lanzen nur „stumpf“, d.h. mit keiner scharfen Spitze versehen waren. Diejenigen nun, welche den Stoß ausgehalten hatten und fest im Sattel sitzengeblieben waren, wandten sich sofort von Neuem gegeneinander, um einen zweiten Gang zu machen; die Geworfenen aber galten als „besiegt“, wenn sie es nicht vorzogen, zu Fuß mit einem anderen Geworfenen fortzufechten. Fochten Sie übrigens fort, so konnten sie sich entweder des Schwertes oder der Streitaxt bedienen, dagegen war nur der „Hieb“, nicht aber der „Stoß“ mit dem Schwert erlaubt. Ebensowenig durfte sich einer bis an die Schranken zurückdrängen lassen, sondern so wie er diese mit seinem Leib berührte, galt er ebenfalls als „besiegt“ und war sofort demjenigen, der ihn bezwungen, mit samt seiner Rüstung und seinem Roß verfallen. Natürlich übrigens darf man nicht glauben, daß ein solcher „Ensemblekampf“ so lange fortgeführt worden sei, bis etwa nur noch ein Einziger als Sieger übrig blieb, denn um ein solches Resultat herbeizuführen, hätte man oft, besonders wenn mehrere hundert gleich tapfere Ritter gegeneinander stritten, eine ganze Woche Zeit oder noch länger nötig gehabt. Darum erteilten die Rittergesetze dem ersten Preisrichter oder auch dem fürstlichen Anordner des Festes die Befugnis, durch Erhebung seines Kommandostabes dem Fechten, wenn dieses bereits ein paar Stunden angedauert hatte, ein Ende zu machen, und dann wurde der als „erster“ Sieger erkannt, welcher die „meisten“ Gegner geworfen hatte, während der zweite, dritte und vierte Preis unter die, so sich nach ihm am mannhaftesten erwiesen, verteilt wurde. Auf diese Art endete gewöhnlich ein Ensemblekampf und um die Wahrheit zu sagen, so gab es nur sehr selten ein Turnier, auf dem dieser Waffengang nicht eine Hauptrolle gespielt hätte. Viel weniger häufig war das Turnieren „nach Landen“ oder auch „nach Gesellschaften“ und in der Tat kann man dies auch nur loben, weil bei einem solchen Rennen die menschlichen Leidenschaften fast allzu sehr in Anspruch genommen wurden. Es bestand dasselbe wesentlich darin, daß sich eine Anzahl Ritter von ein und derselben Gesellschaft oder auch von ein und derselben Provinz, ein und derselben Nation, ein und demselben Land sich zusammentaten, um alle übrigen Ritter der Welt aufzufordern, es mit ihnen aufzunehmen. Da erwachte dann natürlich oft und viel die Eifersucht der verschiedenen Nationalitäten aufeinander und man kämpfte nicht mehr bloß „mit den Waffen der Courtoisie“, wie man zu sagen pflegte, d.h. mit Lanzen, an deren umgebogenen Spitzen runde Kugeln befestigt waren, sondern vielmehr mit spitzem Speer und scharf geschliffenem Schwert, gerade wie im offenen Krieg. Zugegeben muß übrigens werden, daß es auch „Gesellschaftsrennen“ gab, wo nicht etwa eine einzelne Gesellschaft alle anderen herausforderte, sondern wo vielmehr ein halbes oder ein ganzes Dutzend von Adelsvereinen „abwechslungsweise“ und „in aller Freundschaft“ einer mit dem andern turnierte und wo dann derjenige Verein als Sieger erklärt wurde, dessen Mitglieder die meisten Lanzen zersplittert hatten, ohne im Sattel zu wanken oder vom Roß zu fallen. Ein solcher Waffengang entsprach dann wieder dem ursprünglichen Zweck der Turniere und es läßt sich daher wohl denken, warum die regierenden Herren Festgeber besonders auf solche Gesellschaftsrennen drangen. Um so widerwärtiger aber fühlten sie sich berührt, wenn einzelne Ritter ein ausgeschriebenes Turnier dazu benutzten, um ihre Privateifersüchteleien in sogenannten „Waffengängen zu Zweien“ auszukämpfen und doch kamen solche Fälle, da kein Ritter, wenn er dazu aufgefordert wurde, einen derartigen Gang abschlagen konnte, nur zu häufig vor. Allerdings gestatteten die Turniergesetze durchaus keinen Zweikampf „mit scharfen Waffen“ oder gar „auf Tod und Leben“, sondern derlei Streite mußten auf eine viel feierlichere Weise durchgekämpft werden*); allein, um dies zu umgehen, machten es die „Einzelkämpfer im Turnier“ zur Bedingung, so lange weiterzumachen, bis Einer von ihnen sich für besiegt erkläre und dann wurde von erbitterten Gegnern oft bis aufs Äußerste gekämpft. Wollte doch fast Jeder lieber vor Erschöpfung, Anstrengung und Blutverlust zu Grunde gehen, ehe er mit eigenem Mund seine Niederlage eingestand! Da war denn doch die vierte Art und Weise, zu turnieren, ich meine die Weise, welche man den „Damenstoß“ oder „die Damenlanze“ nannte, weit mehr dem

---

*) Ein derartiger Zweikampf ist im achten Kapitel dieses Buches des Näheren beschrieben.

Das Turnier .

ursprünglichen Zweck, welchem die Turniere ihr Dasein verdanken, entsprechend. Wenn nämlich das Hauptturnier zu Ende war, gewöhnlich am Mittag des zweiten Tages, bliesen die Trompeten noch einmal heraus und die Herolde forderten die Ritter auf, noch eine Lanze zu brechen zu Ehren ihrer Damen. Ha, wie außerordentlich schnell ordnete sich nun der Zug zum letzten Gang! Beifällig lächelten die Damen ihren Rittern zu und hoch und teuer schwörten diese, das Äußerste zu tun, um den Sieg zu erringen! Dazu kam dann noch, daß jede Dame ihrem Kämpfer irgend eine Auszeichnung sandte, um seinen Mut noch mehr anzufeuern und daß die Trompeter die kriegerischsten Weisen bliesen, welche sie in ihrer Gewalt hatten. Ein „Ensemble" oder ein Waffengang in zwei Parteien war übrigens dieser Kampf nicht, sondern jeder Einzelne wählte sich seinen Gegner aus und wenn er diesen besiegt hatte, forderte er einen Zweiten oder Dritten, so daß eigentlich Dutzende von Zweikämpfen zu gleicher Zeit innerhalb der Schranken ausgefochten wurden. Auch beschränkte man sich stets nur auf das Lanzenwerfen, aber damit machte man auch solange fort, bis alle Lanzen zersplittert waren. Und – was noch besonders anzuführen ist – die Sieger betrachteten den erlangten Sieg nicht als den ihrigen, sondern als den ihrer Damen und überbrachten daher den Überwundenen nebst dessen Rüstung und Pferd der Schönen, deren Abzeichen sie trugen, damit sie darüber nach ihrem Gutdünken verfüge. Daß diese jedoch sich stets großmütig erwies und dem Besiegten sogleich alles wieder zurückgab, versteht sich beinahe von selbst, denn es war ihr ja bloß an dem Ruhm gelegen, der durch den errungenen Sieg auf sie selbst zurückstrahlte. Demgemäß endete dieser letzte Waffengang meist auf die allerfröhlichste Weise und man betrachtete allgemein die „Damenlanze" als den Kulminationspunkt des Festes, oder um deutlich zu reden, als das Vorzüglichste und Erhebendste der ganzen ritterlichen Übung.

Welch außerordentlichen Eindruck nun aber ein solches Waffenspiel auf die Tausende von Zuschauern machen mußte, läßt sich eher fühlen als beschreiben. Ich erinnere, um dies begreiflich zu machen, nur an die Wettrennen, welche mit unseren heutigen Volksfesten verbunden zu sein pflegen. Sie sind nichts, gar nichts gegenüber den Turnieren, und doch – geraten wir nicht alle ohne Unterschied in eine nicht geringe Aufregung, wenn die Reiter an uns vorüberfliegen? Sind wir nicht mit Leib und Seele dabei und beugen wir uns nicht atemlos vor, um uns zu vergewissern, wer als der Erste ins Ziel gelangt? Wenn nun übrigens schon ein derartiges Rennen eine solche Wirkung hervorbringt, wie zauberisch muß nicht erst der Anblick gewesen sein, den die großartigen Kampfspiele der Ritter ausübten? Aber, wie gesagt, beschreiben kann ich es nicht, sondern bloß andeuten. Da saßen sie auf en Tribünen, die Edelsten der Nation und schauten regungslos, gleich Bildsäulen, auf den Kampfplatz hinab; aber vielleicht den nächsten Augenblick schon gerieten sie durch irgend einen außerordentlichen Stoß mit der Lanze, den ein Ritter dem anderen beibrachte, in die höchste Erregung! Da saßen sie, die Burgfrauen und Burgfräulein, einem Kranz der herrlichsten Blumen vergleichbar, und ihre Blicke hingen wie festgebannt an den unter ihnen Rennenden! Dazu hin das Klirren und Schwirren der Waffen, das Stampfen und Wiehern der Rosse, das Schmettern und Brausen der Trompeten, das Rufen und Schreien der Herolde, - ach, es war ein Getöse, das Herz und Nieren durchdrang, und den Sterblichen möchte ich gesehen haben, der hier hätte kalt und gleichgültig bleiben können! Kein Wunder also, wenn sich die sämtlichen übrigen Zuschauer: die Landleute und die Bürger, die Reisigen und Knechte, die Pagen und Knappen, bald vor Schrecken, bald vor Freude außer sich gerieten und also in dem einen Moment laut aufjauchzten, während sie im nächstfolgenden ein Jammergeschrei ausstießen! Kein Wunder, wenn in gewissen Augenblicken die feinsten Damen sich nicht mehr enthalten konnten, mit ihren Tüchern zu wehen oder mit ihren zarten Händen Beifall zu klatschen, und wenn sogar die ältesten, ehrwürdigsten Ritter, die dem Tod hundertmal kaltblütig auf dem Schlachtfeld getrotzt hatten, sich hinreißen ließen, laute Rufe der Belobung oder der Ermunterung auszustoßen! Wenn aber erst der Waffengang zu Ende, wenn der Sieg für die Einen oder die Andern errungen war – womit soll ich den nun folgenden Lärm vergleichen? Die sämtlichen aufgestellten Musikchöre schmetterten dann Siegesfanfaren, daß es einen Toten hätte erwecken müssen, aber doch erstarben diese wilden Kriegsmelodien förmlich unter dem tobenden Freudengebrüll der Zehntausende, die ihrem Jubel Luft machen mußten! Doch genug nun hierüber, denn ich habe ja noch so Manches zu berichten, um das ganze Geheimnis der Ritterturniere aufzudecken.

Vor Allem wird man begierig sein, über das Schicksal der Überwundenen etwas Näheres zu erfahren, denn nach dem im Mittelalter herrschenden Brauch wurde Jeder, der sich in einem Turnier für besiegt erklärt hatte, „der Gefangene“ des Siegers. Mit „dieser“ Art von Gefangenschaft hatte es jedoch nicht so viel auf sich, als wenn man „im Krieg“ in die Gewalt des Feindes kam. In letzterem Fall nämlich mußte sich der Gefangene von dem, welchem er sich ergeben, loskaufen oder vielmehr, er mußte ihm – so drückte man sich damals aus – ein entsprechendes Lösegeld für die Wiedererlangung seiner Freiheit bezahlen und nicht selten wurde eine sehr große Summe verlangt. So hatte ein Herzog, Graf oder Baron, also mit einem Wort, ein reicher Grundbesitzer, nie weniger zu zahlen, als seine jährlichen Einkünfte betrugen und selbst wenn diese auf hunderttausend Gulden stiegen, scheute man sich nicht, eine solche für die damaligen Zeiten ungeheure Entschädigung in Anspruch zu nehmen. Ja, selbst gewöhnliche Ritter taxierte man nicht gering, und wie hoch erst ein ruhmgekrönter Feldherr im Wert stand, das beweist die Geschichte des trefflichen Connetables von Frankreich, Bertrand de Guesclin, am besten. Als nämlich dieser ausgezeichnete Held im Jahr 1364 in der Schlacht bei Auray vom „schwarzen Prinzen“, wie man den ältesten Sohn König Eduards III. zu nennen pflegte, gefangen genommen worden war, verlangte er, daß man ihm die Summe seines Lösegeldes bestimme. Der schwarze Prinz war so höflich, dies ihm selbst zu überlassen und nun hätte es Guesclin unter seiner Würde gehalten, eine geringe Summe anzusetzen. – „Wenn ihr die Sache mir selbst anheimgebt, so kann ich nicht weniger sagen, als daß ich zehntausend schwere Goldstücke wert bin,“ erwiderte er. „Ich selbst zwar besitze wenig oder nichts, aber ich habe zu Freunden die Könige von Frankreich und Kastilien und der heilige Vater in Rom will mir ebenfalls wohl. Überdies kenne ich nur allein in der Bretagne mehr als hundert Barone, die ihre Landgüter verkaufen würden, um mich zu befreien und endlich gibt es keine Frau in Frankreich, die nicht eine Woche lang um Lohen zu spinnen bereit wäre, um zu meinem Lösegeld beizutragen.“ So sprach der stolze Connetable und in der Tat bezahlten die Könige von Frankreich und Kastilien, sowie der Papst und verschiedene andere hohe Herren, die ihn bewunderten, die zehntausend schweren Goldstücke, um ihn aus der englischen Gefangenschaft zu befreien. Solche übertriebene Forderungen nun stellte man an die im Turnier Überwundenen nicht, sondern man begnügte sich vielmehr, das Pferd und die Rüstung derselben um einen mäßigen Preis – gewöhnlich zu hundert Byzantinern, und ein Byzantiner hatte einen Wert von dreißig französischen Livres oder Franken – anzuschlagen, nach deren Bezahlung der betreffende Ritter sofort freigelassen wurde und überdies Waffen und Roß zurückerhielt. Ja, wenn der Besiegte arm war oder wenigstens im Augenblick das Geld nicht auftreiben konnte, so begnügte man sich mit seinem Ehrenwort, in einer gewissen Frist bezahlen zu wollen, und entließ ihn sofort ohne Weiteres der Haft, denn man wußte gar wohl, daß dieses Ehrenwort so gut sei, als bares Geld, weil Treubruch jeder Art als der Gipfel der Gemeinheit verabscheut wurde.

So glimpflich nun aber auch ein im Turnier überwundener Ritter in dieser Beziehung wegkam, so schlimm war er oft in anderer Hinsicht dran. Man darf nämlich durchaus nicht glauben, daß einer durch seine eiserne Rüstung vor allem „Ach und Weh" geschützt worden sei, sondern im Gegenteil ging es bei einem Waffenspiel nie ohne entweder leichtere oder schwerere Verletzungen ab. Ja, es war sogar durchaus nichts Seltenes, daß zwei oder drei, wenn nicht mehrere, entweder sofort auf dem Platz blieben oder doch in Folge ihrer Wunden das Leben lassen mußten! – Schon der Sturz mit dem Pferd, wenn man unter diesem zu liegen kam, konnte die bösesten Folgen haben, wie viel größer noch aber war die Gefahr, wenn irgend ein Teil der Rüstung brach, so daß hierdurch der Körper den Stößen und Hieben des Gegners bloßgestellt wurde! Den besten Aufschluß hierüber gibt die Geschichte von Frankreich, welche uns z.B. lehrt, daß der Sohn des heil. Ludwig von Frankreich, Robert Graf von Clermont in Beauvoisis mit dem Beinamen „die Sense" (er war der Stammvater des jetzigen Hauses Bourbon), in einem anno 1279 abgehaltenen Turnier so viele Kolbenstöße erhielt, daß er sich nie mehr davon erholte, sondern vielmehr nach Kurzem den Verstand verlor und darüber starb. Ebenso schlimm erging es dem Grafen Raoul v. Eu, dem berühmten Connetable von Frankreich, welcher im Jahr 1344 in dem zu Ehren der Vermählung Philipps v. Valois aufgeführten Turnier auf dem Platz blieb und sein Schicksal teilte zehn Jahre später Heinrich von Bourbon-Montpensier, ein Prinz von Geblüt. Das allerblutigste aber von den sämtlichen Ritterspielen, die in Frankreich abgehalten wurden, war unstreitig das von Nuys, denn in ihm fielen nicht weniger als zweiundvierzig Ritter nebst einer entsprechenden Anzahl von Knappen, die ihren Herren hatten zu Hilfe eilen wollen. Nicht minder blutig ging es auch bei den deutschen Turnieren her, und es verloren z.B. im Jahr 1175 nur allein in Sachsen sechzehn Ritter dabei ihr Leben. Bald darauf wurde Konrad, des Markgrafen Dietrich v. Meißen Sohn, in einem solchen Kampfspiel darniedergestreckt und zu gleicher Zeit brach der Pfalzgraf Friedrich II. durch einen Sturz das Rückgrat. Anno 1269 kam Markgraf Johann v. Brandenburg in einem Turnier um, und im Jahr 1303 gerieten die hessischen und fränkischen Ritter durch Nationaleifersucht so ernstlich hintereinander, daß ihrer sechsundzwanzig, nämlich siebzehn Franken und neun Hessen, niedergeworfen wurden, um nie mehr aufzustehen. Solcher Beispiele könnte ich noch viele Dutzende anführen, allein ich glaube, den Beweis, daß es bei den Turnieren oft blutig zuging, bereits hinlänglich hergestellt zu haben und zum Überfluß erinnere ich nur noch an die vielen päpstlichen Bullen, in welchen eben wegen des vielen Blutes, das in den Turnieren vergossen wurde, ein Jeder, der an einem solchen Kampfspiel teilnehme oder den Platz dazu hergebe, mit den schwersten Kirchenstrafen bedroht wurde. Doch weder die Fürsten, noch die Ritter kümmerten sich viel um diese Bullen, sondern man fuhr fort, zu turnieren, solange das Mittelalter dauerte, denn die Ritter und ihre Frauen hatten an nichts eine größere Freude, als gerade an diesen Schauspielen, welche als die größten Nationalfeste galten. Freilich im „Turnieren“ allein lag diese Anziehungskraft nicht, sondern vielmehr in den damit verbundenen Vergnügungen, indem sich der hohe Herr, welcher das Turnier ausschrieb, stets bestrebte, seinen Gästen alle nur irgend möglichen Genüsse zu verschaffen. Auf die „Kosten“ sah man dabei gar nicht, sondern man ging mit dem Geld um, als ob man es auf der Straße fände, und der Aufwand, der meistenteils bei derlei Gelegenheiten getrieben wurde, übersteigt alle unsere jetzigen Begriffe. Ja, dieser Aufwand war nicht selten so groß, daß sich die Herren Festgeber förmlich ruinierten, weil Einer es dem Andern zuvortun wollte und es kostete z.B. den Grafen v. Toulouse ein einziges in Beziers abgehaltenes Kampfspiel über hunderttausend schwere Goldmünzen. Der meiste Luxus übrigens wurde „zum Schluß“ eines Turniers getrieben, indem man am Abend des letzten Turniertages „ein Bankett nebst Tanz“ feierte, an welchem die sämtlichen adeligen Gäste, also oft gegen tausend Personen, teilnahmen. Welch herrliche Speisen da auf den Tisch kamen und welch ausgesuchte Weine! Wie wunderbar reich das Tischzeug ausgestattet war und in welch kostbarer Kleidung die aufwartenden Pagen und Knappen prangten! Und dazu hin dann die rauschende Musik und die fast blendende Ausschmückung des Saales! Überdies die Pracht der Damen, die natürlich in ihrem reichsten Schmuck erschienen, und der Glanz der Ritter, welche die ersteren noch zu überbieten suchten! – Kurz, es herrschte eine Verschwendung, die in der Tat oft ins Kolossale ging und die selbst von derjenigen, welche später unter Ludwig XIV. herrschte, nicht übertroffen wurde. Darum – wird man es nicht natürlich finden, daß die Teilnehmer an einem derartigen Fest vor Entzücken ganz außer sich kamen und sich ein solches Vergnügen, einen solchen Hochgenuß um keinen Preis hätten nehmen lassen? Der Glanzpunkt des „Bankett- und Tanzabends“ war aber immer der Augenblick, in welchem die Dänke oder Turnierpreise ausgeteilt wurden, und es sprechen deshalb auch die Geschichtsschreiber des Mittelalters von der genannten Feierlichkeit stets nur mit der größten Begeisterung. Sobald nämlich das Kampfspiel sein wirkliches Ende erreicht hatte, traten die Turnierrichter in einem besonderen Lokal zusammen und erwogen sofort mit der größtmöglichen Umsicht und Unparteilichkeit, welchen Rittern ein Preis, sowie wem der erste, wem der zweite usw. zuzuerkennen sei. Da wurde denn in Betracht gezogen, wer die meisten Lanzen zersplittert und die besten Streiche mit dem Schwert geführt, wer am längsten zu Pferd gesessen, ohne nur das Visier zu öffnen, und wer gar nicht aus dem Bügel zu bringen gewesen sei, kurz, wer sich am meisten durch Mut, Stärke und Geschicklichkeit hervorgetan, und erst nach langer und reiflicher Überlegung erlaubte man sich, das Urteil zu fällen. War aber dieses gefällt, so begaben sich die Richter in den Bankettsaal und erwählten unter den anwesenden Damen so viele aus, als Dänke oder Preise auszuteilen waren. Die Erstgewählte, gewöhnlich die Hochangesehenste unter den Unverheirateten, hatte dem Siegreichsten unter den Rittern den ersten Preis usw. usw. zu übergeben, und so fuhr man fort, bis alle Dänke erschöpft waren. Man darf jedoch nicht glauben, daß eine solche Preisübergabe ohne alles Gepränge vor sich gegangen sei, sondern im Gegenteil entwickelte man dabei so viel Splendidität, als nur immer möglich. Demgemäß brachte man den Dank auf einen großen silbernen Präsentierteller und die ausgewählte Schöne beauftragte sofort zwei ihrer Freundinnen, ihr den Teller voranzutragen. So schritten denn die Drei dem Platz zu, wo der ritterliche Held, der den Preis erhalten sollte, saß; allein so wie sie ihren Gang antraten, stellten sich zwei Trompeter vor ihnen auf, welche die ganze Zeit über lustige Weisen bliesen. Natürlich erhob sich jetzt voll Neugierde die ganze anwesende Gesellschaft, und es trat statt des bisherigen Lärms eine furchtbar erwartungsvolle Pause ein. Doch allzu lange wurde man nicht auf die Folter gespannt, denn sobald die Schöne an Ort und Stelle angekommen war, hieß sie die Trompeter schweigen, winkte ihren zwei Begleiterinnen, still zu stehen, und bat zugleich den betreffenden Ritter, ihn beim Namen nennend, vorzutreten. Augenblicklich gehorchte dieser, ließ sich sofort vor der Dame auf ein Knie nieder und empfing dann in dieser Stellung den Dank, der ihm zuerkannt war. Darauf blies das Musikkorps, das beim Bankett aufspielte, einen Tusch, und die sämtlichen Anwesenden brachen in ein lautes Beifallsgeschrei aus; der dekorierte Sieger aber wurde von den Schönen an einen etwas erhöhten Sitz an der Tafel geführt, damit er von Jedermann um so eher gesehen werden könne. Gerade so verfuhr man auch mit dem, welcher den zweiten, dritten oder vierten Preis erhielt, und der ganze Unterschied bestand darin, daß der erste Sieger auf dem höchsten Stuhl saß. Übrigens muß ich hierzu noch bemerken, daß es meist nicht bei den ursprünglich vom Festgeber ausgesetzten Dänken blieb, sondern die reicheren und vornehmeren von den anwesenden Gästen ließen es sich nicht nehmen, denen, die sich im Turnier wacker gehalten hatten, noch besondere Präsente zu überreichen. Der Eine gab ein Pferd, der Andere eine Rüstung, der Dritte ein kostbares Schwert, und der Vierte am Ende gar eine goldene Siegeskrone. Ja, man übertrieb es nur zu oft mit der Freigiebigkeit, indem Einer den Andern zu überbieten suchte und dabei den Stand seines Vermögens ganz außer Acht ließ! Waren nun aber die Dänke und sonstigen Ermunterungspreise ausgeteilt, so ging es ans Tanzen, und mit diesem hörte man nicht eher auf, als bis der helle, lichte Morgen hereinbrach. Doch – der Tanz nebst dem Bankett, machte den Schluß des Turnierfestes, und den Tag darauf nahmen die Gäste von ihrem freundlichen Wirt Abschied, um sich wieder in die Heimat zu begeben.

Auf diese Art etwa wurde es im Mittelalter mit den Turnieren gehalten, und es sah eines dem andern so ähnlich, wie ein Zwillingsbruder seiner Zwillingsschwester. Nur natürlich in Beziehung auf die Zahl der Gäste, sowie in Hinsicht der Pracht, die entfaltet wurde, fand ein bedeutender Unterschied statt, denn wenn ein König ein solches Kampfspiel ausschrieb und es in seiner Residenz abhielt, so war es selbstverständlich etwas ganz Anderes, als wenn ein geringer Graf die Einladung ergehen ließ. Deshalb gab es auch Turniere, bei denen sich keine zweihundert Ritter mit ihren Damen einfanden, während man auf anderen, wie z.B. auf dem, welches in der berühmten Handelsstadt Beaucaire anno 1174 gefeiert wurde, über zehntausend Fürsten, Grafen, Barone und Adelige, sowie zum Mindesten eben so viele edle Frauen und Jungfrauen zählte. Um nun übrigens dem Leser ein ganz anschauliches Bild von den Turnieren zu geben und ihm das Verständnis darüber vollständig zu öffnen, will ich jetzt eines dieser Waffenspiele näher beschreiben und zwar so, daß man meinen soll, das Ereignis selbst miterlebt zu haben; natürlich aber wähle ich zu diesem Zweck keines der geringeren Turniere aus, sondern vielmehr eines der interessantesten und merkwürdigsten, die je gefeiert worden sind.

Es war also zu Chalons in Frankreich und zwar im Jahre 1274. König Eduard I. von England nämlich, welchem die ganze Normandie und noch verschiedene andere, jetzt französische Provinzen gehörten, war mit dem König Philipp III. von Frankreich sowie mit dem überaus reichen Herzog Konrad v. Burgund übereingekommen, in der Stadt Chalons, welche dem Herzog Konrad gehörte, ein solennes Ritterspiel abzuhalten und dazu die ganze christliche Ritterschaft, besonders aber die Englands und Frankreichs, einzuladen. Natürlich aber durfte man da nichts Gewöhnliches erwarten, wo drei große Regenten an der Spitze standen, und darunter ein so gewaltiger Kriegsheld, wie Eduard I., sondern man mußte vielmehr im Voraus überzeugt sein, daß das ein Fest ganz absonderlicher Art geben werde. Darum drang auch die Kunde von diesem Turnier mit Blitzesschnelle in alle Lande, und auf allen Burgen und Rittersitzen weit und breit sprach man schon ein Vierteljahr vorher von nichts, als von dem bevorstehenden Waffenspiel; wie jedoch die Zeit gekommen war, da strömten sie von allen Seiten herbei, die edlen Herren mit ihren Damen, und die Beamten, welche Herzog Konrad zum Empfang der Gäste beordert hatte, wußten bald vor übergroßem Andrang nicht mehr, wo aus und ein. Ja, sogar die Räumlichkeiten zum Unterbringen der fremden Herrschaften mit ihren vielen Dienern und Rossen wollten nicht ausreichen, obwohl von Seiten des reichen Beherrschers des Burgunderlandes alles getan worden war, um jedermann zufrieden zu stellen. Allein da keine Kosten gescheut wurden, um in der Schnelligkeit neue hölzerne Gebäude vor den Stadttoren ins Leben zu rufen, und da auch die Mönche des großen Benediktinerklosters, das sich hier befand, den größten Teil ihres Anwesens freiwillig räumten, gelang es doch, einem jeden Ankommenden, der sich beim Marschallamt meldete, eine seinem Rang entsprechende Unterkunft zu schaffen. Freilich diejenigen Ritter, die es aus irgend einem Grund vorzogen, auf ihre eigenen Kosten zu leben und die Gastfreundschaft des Beherrschers von Chalons nicht in Anspruch zu nehmen, waren etwas übler dran, denn sie mußten in den gewöhnlichen Gasthöfen ihre Herberge nehmen, und da diese, trotzdem daß ihre Zahl nicht gering war, von anderen, nichtadeligen Fremden, die das Fest auch mit ansehen wollten, ebenfalls stark in Anspruch genommen wurden, so ging es oft gar eng und unbequem her. Allein – was lag daran? Das Fest selbst sollte für alles entschädigen!

Schon acht Tage vor dem Beginn des Turniers wurde durch Herolde, welche alle Straßen von Chalons durchritten, unter Trompetenschall bekannt gemacht, in welcher Ordnung sowie nach welchen Regeln das Kampfspiel stattfinden sollte, und diese Bekanntmachung wiederholte sich von nun an jeden Tag, damit kein einziger Ritter sagen könnte, er sei nicht gehörig unterrichtet gewesen. Der Herzog Konrad war nämlich mit seinem erlauchten Gast, dem König Eduard von England – Philipp III. von Frankreich ließ sich entschuldigen, daß er sich nicht persönlich einfinden könne, sandte aber an seiner Statt seinen Seneschall mit einer Menge auserwählter Ritter – darüber einig geworden, daß an drei nacheinander folgenden Tagen drei verschiedene Rennen stattfinden sollten, und von dieser Kampfweise durfte durchaus nicht abgegangen werden. Am ersten Tag also sollten zwölf von Herzog Konrad ausgewählte burgundische oder französische Kämpen das Feld halten und es mit allen gegen sie auftretenden Gegnern aufnehmen. Jeder dieser Gegner durfte sich nach Gefallen diesen oder jenen von den zwölf Herausforderern durch Berührung seines Schildes wählen und war durchaus nicht gehalten, mit mehr als Einem zu kämpfen. Berührte er übrigens den Schild mit der umgekehrten Lanze, so verlangte er einen Kampf mit stumpfen Waffen und hatte es also mehr auf ein Freundschaftsduell abgesehen, als auf einen ernsten Streit; geschah das Berühren aber mit der Spitze der Lanze, so galt es tüchtige Hiebe, denn die Ritter stritten dann mit scharfen Waffen, wie in der Schlacht. Kampfrichter für diesen Tag sollte der Herzog Konrad sein, natürlich mit Unterstützung von verschiedenen älteren, erfahrenen Edlen, und ihm stand es also zu, demjenigen, den er für den Sieger erklärte, den von dem König Eduard ausgesetzten Preis, einen rein goldenen Helm, der mit einer Agraffe von Edelsteinen geschmückt war, zu übergeben. Für den zweiten Turniertag war ein ganz ähnliches Rennen angesetzt, nur wählte diesmal König Eduard die zwölf Herausforderer aus, und zwar, wie sich von selbst versteht, aus lauter Normannen oder Engländern. Überdies hatte er als Kampfrichter zu fungieren und den Siegespreis auszuteilen; dieser bestand aber diesmal nicht aus einem goldenen Helm, sondern aus einer überaus kostbaren Rüstung nebst einem Streitroß von ausgezeichneter Schönheit und Stärke, welches beides Herzog Konrad für den besten Kämpen ausgesetzt hatte. Weiter ist zu bemerken, daß dem Sieger dieses Tages die Pflicht auferlegt, oder vielmehr das Recht übertragen wurde, unter den anwesenden Damen eine zur Festdame oder, wie man sie gewöhnliche titulierte, „zur Königin der Liebe und Schönheit“ zu ernennen, und zwar sollte er bei dieser seiner Wahl nur seinen Geschmack oder sein Herz zu Rate ziehen, ohne daß ihm irgend Jemand etwas darein sprechen durfte; der erwählten Königin aber lag ob, am folgenden Tag, an welchem erst der Hauptkampf stattfand, dem doppelt verstärkten, halb aus Engländern und Normannen, halb aus Burgundern und Franzosen bestehenden Kampfgericht zu präsidieren und dann demjenigen, der für den Hauptsieger erklärt wurde, einen goldenen Lorbeerkranz aufzusetzen. Doch von welcher Art war nun dieser Hauptkampf des dritten Tages? Ei nun, an diesem letzten Turniertag fand ein sogenanntes „allgemeines Rennen“ statt, an welchem sich alle gegenwärtigen Ritter, die Ruhm gewinnen wollten, zu beteiligen eingeladen wurden, und zwar sollten sie, in zwei gleiche Parteien geordnet, so lange männlich gegeneinander kämpfen, bis die Einen von ihnen vollständig unterlegen seien. Dann übrigens, aber nicht früher, durfte die Königin der Schönheit das Zeichen zur Einstellung des Streites geben und damit hatte sofort das ganze Turnier sein Ende gefunden. Doch nein - sein Ende noch nicht, sondern es ging vielmehr jetzt erst an die Austeilung der Hauptpreise, indem der König von England dem ersten Sieger ein herrliches Rittergut in der Normandie, der Herzog von Burgund aber einen ganzen Marstall von dreißig Rossen ausgesetzt hatte. Überdies gab es noch zehn oder zwölf Preise geringeren Wertes, welche den Kämpen zweiter, dritter oder vierter Linie zufielen, denn die übrigen vornehmen Herren, welche nach Chalons gekommen waren, beeilten sich, den König von England und den Herzog von Burgund in der Freigiebigkeit nachzuahmen, damit die kämpfenden Ritter, durch die in Aussicht stehenden Belohnungen aufgestachelt, in der Rennbahn ihr Äußerstes tun möchten.

Hatten also die nicht Recht, welche von dem Turnier zu Chalons ein Fest gar absonderlicher Art erwarteten? Wahrhaftig, s o l c h e Siegespreise gehörten denn doch nicht zum Alltäglichen und überdies, durfte man nicht mit Sicherheit darauf zählen, daß ein Pomp und Glanz entwickelt werden würde, wie er regierenden Monarchen vom höchsten Rang angemessen war, und wie ihn nur diese entwickeln können? Kein Wunder also, daß, wie der alte Chronist, dem ich diese Notizen entnommen habe, meldet, nicht weniger als dreitausendsechshundert Fürsten, Herzöge, Grafen, Barone und andere Adelige nebst ungefähr eben so viel Frauen und Jungfrauen sich in Chalons einfanden, und daß die Anzahl der Fremden überhaupt, sowie die ihrer Pferde und Diener auf mehr als zwanzigtausend geschätzt wurde. Wie sich übrigens im Voraus vermuten ließ, gehörten fast alle Ritter entweder der französisch-burgundischen oder der englisch-normannischen Nation an, denn einmal lag die Stadt Chalons für die übrigen Nationen ziemlich entfernt und zum zweiten hatten sowohl die Spanier, als die Italiener und Deutschen damals allzuviel mit sich selbst zu schaffen, als daß viele von ihnen einem fremden Schauspiel nachzuziehen versucht gewesen wären. Allein gerade dieser Umstand wollte verschiedenen der Anwesenden – lauter solchen, die schon mehr in der Welt herumgekommen und an Erfahrung reich geworden waren, gar nicht gefallen, indem sie sich sagten, daß ein Turnier, bei welchem auf der einen Seite Engländer und auf der anderen Franzosen ständen, nur allzu leicht zu bösen Häusern führen könnte, und – der Erfolg wird zeigen, ob diese ihre schlimme Vermutung begründet war oder nicht. Doch wir können uns nun mit allgemeinen Betrachtungen nicht länger aufhalten, sondern müssen zur Berichterstattung über das Turnier selbst übergehen, das vom 3. bis 5. Juni, an einem Mittwoch, Donnerstag und Freitag, abgehalten wurde.

Schon der Anblick des Festplatzes gewährte einen hohen Genuß. An dem Saum eines Waldes nämlich, der etwa eine halbe Stunde von der Stadt Chalons entfernt lag, breitete sich eine große Wiesenfläche aus, von der man einen Teil in der Länge von einer halben Viertelstunde und in der Breite von etwa fünf Minuten Wegs mit dickem, starkem Pfahlwerk eingefaßt hatte. Der Form nach bildete also der Platz ein längliches Viereck, jedoch nicht mit scharfen, sondern mit stark abgerundeten Ecken und mit zwei Eingängen, von denen der eine gegen Norden, der andere gegen Süden ging. – An jedem dieser Portale hielten zwei Turniervögte zu Pferd, umgeben von Herolden, Trompetern und verschiedenen bewaffneten Dienern, um die Ordnung nötigenfalls mit Gewalt aufrecht zu erhalten, und außerdem hatte man in der allernächsten Nähe eine Menge von Zelten errichtet, in welchen man Erfrischungen und Bequemlichkeiten aller Art für die Ritter, welche sich am Kampf beteiligen wollten, bereit hielt. Die Zelte glichen einander so ziemlich, bis auf zwölf, welche sich vor den übrigen dadurch auszeichneten, daß sie auf einem erhöhten Raum etwas abgesondert standen, und daß vor jedem ein dicker Pfosten eingerammt war. In ihnen nämlich sollten die zwölf herausfordernden Ritter der ersten zwei Turniertage Aufnahme finden, und die Pfosten waren dazu da, um ihre Schilde nebst ihren Standarten oder Fahnen so daran aufzuhängen, daß Jedermann sehen konnte, welches Zelt von diesem und welches von jenem Ritter bewohnt wurde. Fast noch besser übrigens, als für die kämpfenden Ritter, war für die Zuschauer gesorgt, denn an den gegen Westen und Osten gerichteten Schranken hatte man in ihrer ganzen Länge, also in der Länge von einer halben Viertelstunde, hohe Gerüste mit bedeckten Galerien aufgeschlagen, auf denen viele Tausende von Herren und Damen Platz hatten, während der Raum an den nördlichen und südlichen Schranken dem gewöhnlichen Publikum überlassen wurde. Die Nichtadeligen mußten sich also mit Stehplätzen begnügen, den Vornehmeren aber machte man es so bequem als möglich, indem man die Galerien durchaus innen mit Samt tapezierte und den Boden mit Teppichen, die Sitze aber mit Kissen und Polstern versah. Eine vollkommene Gleichheit herrschte übrigens bei den besagten Galerien nicht, sondern in der Mitte der östlichen Seite des Vierecks befand sich ein Gerüst, das die andern alle an Höhe überragte und außerdem bei weitem reicher ausgestattet war. Auch trug es kein gewöhnliches Bretterdach, wie die Galerien links und rechts, sondern man hatte vielmehr reicht gewirkte Teppiche über Säulen gespannt, so daß es wie ein Baldachin aussah, und unter diesem kostbaren Schirm standen ganz vorn ein paar Thronsessel, die offenbar nur für königliche Zuschauer bestimmt sein konnten. Letzteres fand darin seine Bestätigung, daß an der Vorderwand des Gerüstes das königliche Wappen von England neben dem des Herzogs von Burgund prangte, und daß an hohen Stangen reiche Fahnen in den englischen und burgundischen Farben flatterten. Außerdem umgaben Diener in reichen Livreen, sowie Bewaffnete aller Art diesen Ehrenplatz, und es konnte also kein Mensch darüber im Zweifel sein, daß derselbe keine andere Bestimmung habe als den Herzog von Burgund und seinen vornehmen Gast, den König von England, nebst ihrem beiderseitigen Gefolge aufzunehmen. Gerade gegenüber dieser Königsgalerie, also inmitten der westlichen Schranken, befand sich ein zweites, fast eben so hohes Gerüst, das zwar nicht so prächtig, aber zum Mindesten eben so zierlich ausgestattet war, und dessen Bestimmung demnach ebenfalls eine hervorragende sein mußte. Von welcher Art jedoch diese Bestimmung sei, konnte man nur zu leicht erraten, denn das Ganze war von unten bis oben mit einer bunten Menge von Wimpeln und Flaggen umgeben, und inmitten des Galeriebodens prangte ein Thron, welchen die herrlichsten lebendigen Blumen umgaben. Ja, um gar niemanden im Zweifel darüber zu lassen, wer diesen Thron einnehmen solle, zierte denselben eine weithin schimmernde Inschrift: „la Royne de la Beaulté et des Amours“, das ist: „die Königin der Schönheit und Liebe!“

So kam denn endlich der 3. Juni des Jahres 1274 heran und die Sehnsucht, welche Tausende von Herzen seit Wochen fast verzehrt hatte, sollte nun endlich gestillt werden. Wunderschön stieg die Sonne empor und verkündete einen überaus schönen Tag, ihre ersten Strahlen aber fanden schon eine fast unabsehbare Menschenmenge auf dem Weg nach dem Turnierhof. Ganz Chalons war, wenn ich mich dieses Ausdrucks bedienen darf, auf den Beinen, und ebenso strömte von der nächsten Nachbarschaft alles herbei, was nur irgend nicht durch Krankheit oder eine andere wichtige Ursache in Haus gesprochen war. Demgemäß füllten sich die Räumlichkeiten, welche dem gewöhnlichen Publikum überlassen worden waren, in ganz kurzer Zeit so an, daß keine Stecknadel hätte zu Boden fallen können; die Galerien aber, deren Zugänge von Bewaffneten bewacht wurden, blieben immer noch leer, selbst als die Sonne schon warm zu brennen anfing. Doch horch! War das nicht eine Trompetenfanfare? Richtig, richtig, endlich rückte der Zug heran, der große, ungeheure Zug, der an Pracht und Glanz alles hinter sich ließ, was sonst bei solchen Gelegenheiten gesehen werden konnte. Ha, wie das funkelte und blitzte! Man konnte kaum hinsehen, ohne zu erblinden! Man bedenke aber auch – zweitausend Ritter entweder im Prunkgewand des Friedens oder in neu polierter, von Gold- und Silberzierraten strotzender

Rüstung! Man bedenke: zweitausend Damen in höchster Gala, und keine, ohne in einen farbigen, seideschimmernden Rock gehüllt zu sein! Zweitausend Damen mit Juwelen oder sonstigen Kostbarkeiten im Kopfputz und mehrere von ihnen – nämlich diejenigen vom höchsten Rang – sogar mit Baretten, um die sich ein Kranz von Diamanten wand! Wahrhaftig, das in so großer Masse anwesende Publikum wußte nicht, wohin es seine Blicke zuerst wenden sollte, und geriet sozusagen von einem Entzücken ins andere. Am meisten Eindruck machten übrigens jedenfalls die beiden Regenten, die dicht nebeneinander und fast ganz gleich gekleidet, als wären sie Brüder, auf feurig schnaubenden Grauschimmeln ritten und deswegen brach auch das Volk bei ihrer Ankunft in einen lauten, nicht enden wollenden Jubelruf aus. Jetzt füllten sich die Galerien im Augenblick, allein natürlich durfte nicht jedweder hinsetzen, wohin er wollte, sondern die Marschälle, welche mit ihren vielen Gehilfen in den Schranken auf und ab sprengten, wiesen sowohl den Herren als den Damen ihre gebührenden Plätze an, und ihnen mußte unbedingter Gehorsam geleistet werden. So gern sich nun übrigens bei weitem die Meisten fügten, so gab es doch hier und da durch das Gedränge eine Störung, und es verging daher mehr als eine halbe Stunde bis endlich alles so geordnet war, um das Zeichen zum Beginn des Turniers geben zu können; diese Zeit aber wollen wir benutzen, um uns nach den Rittern umzusehen, welche, in Stahl und Eisen gehüllt, bei den Zelten, von denen ich oben gesprochen, Posto faßten, dieweil sie das Rennen mitmachen wollten.

Vor allem interessieren uns natürlich diejenigen Zwölf, welche als die Herausforderer des heutigen Tages geschworen haben, es mit Allen, die wider sie auftreten würden, aufzunehmen, denn man kann sich doch denken, daß der Herzog von Burgund, der dieselben auszulesen hatte, nicht die Geringsten und Schlechtesten, sondern vielmehr die Tapfersten, Kühnsten und Gewandtesten gewählt haben werde. Besuchen wir also zuerst den südlichen Eingang in die Schranken, in dessen nächster Nähe die zwölf Zelte der Herausforderer aufgeschlagen sind, und – richtig, hier sieht es nun ganz anders aus, als vor einer halben Stunde. Schlachtrosse in vollständiger Rüstung werden von Knappen langsam auf- und abgeführt und an allen den Pfosten, die vor den zwölf Zelten in die Erde gerammt sind, hängen Wappenschilde mit Standarten; dazwischen durch aber drängen sich in geschäftiger Eile Knappen, Pagen, Herolde und Bedienstete aller Art. So herrscht also hier ein überaus bewegtes Leben und nur in den Zelten selbst geht es überaus still und ruhig zu, denn deren Bewohner bereiten sich daselbst zu dem schweren Gang vor, den sie heute zu tun im Begriff sind. – Wer sind nun aber diese Bewohner? Man erkennt sie leicht an ihren Schilden und herumgehende Minnesänger verkünden es noch zum Überfluß mit lauter Stimme. Das mittlere Zelt, den Ehrenplatz, nimmt ein: Archimbald de St. Anion, Großmarschall des Herzogs von Burgund, ein Mann, mit dessen Namen der Ruhm ein Bündnis geschlossen zu haben scheint, und welchen daher die übrigen elf Herausforderer zu ihren Anführer erwählt haben. Übrigens auch sie sind sämtlich Ritter von hohem Ruf und gehören jedenfalls unter die Besten und Tapfersten, welche Frankreich und Burgund aufzuweisen haben. Daher genügt es, ohne irgendwelchen weiteren Zusatz nur allein ihre Namen zu nennen, und zwar lauten dieselben folgendermaßen: Guido, Seigneur v. Montrouge; Alard, Graf v. Melün; Amaury v. Montfort; Louis, Herr v. Bar; Charles, Marquis de Bevers;

Alard, Herr v. Bibray; Enguerrand v. Bournonville; André, Herr und Graf v. Bouquincan; Raoul, Seigneur v. Espinaix; Peter v. Moccaire und Bertrand, Graf v. Raibaux und Eu. Vom Kopf bis zum Fuß gewappnet und den Helm auf dem Kopf, harrten diese zwölf Tapferen voll Ungeduld des Zeichens, daß das Turnier beginnen könnte und jeder von ihnen hoffte in seinem Innern, am Abend dieses Tages seinem Ruhm einen neuen Lorbeerkranz zugefügt zu haben. Aber – nicht bloß sie hofften, sondern auch ihre Gegner, welche sich vorgenommen hatten, den Kampf mit ihnen zu wagen, und die deshalb die Zelte am nördlichen Eingang in die Schranken okkupierten. Ihrer waren es nicht weniger als hundert und fünfzig und man sah solch athletische Gestalten dabei, daß man leicht einige Bangigkeit für die Herausforderer bekommen konnte. Ihre Namen aber alle zu nennen, dazu fehlt mir der Raum, und außerdem werden wir die Bedeutendsten und Hervorragendsten unter ihnen schon noch näher kennenlernen. Das jedoch darf ich nicht verschweigen, daß sich kein einziger burgundischer oder französischer Ritter unter ihnen befand, sondern daß vielmehr alle entweder in England oder doch in der Normandie das Licht der Welt erblickt hatten, und es schien somit in der Tat, wie dies von einzelnen erfahrenen Rittern im Voraus befürchtet worden war, das Kampfspiel ein völlig nationales, das ist ein Streit zwischen der französischen und der englischen Nation, werden zu wollen.

Endlich hatten sämtliche edle Herren nebst den zweitausend Frauen und Fräuleins ihre Plätze auf den Galerien eingenommen und das Ganze bot nun ein überaus prachtvolles Schauspiel dar. Sah man doch hier alles versammelt, was Frankreich und England Großes, Vornehmes, Reiches und Schönes besaß! Kaum übrigens war Herzog Konrad, der, wie wir bereits gehört haben, heute als erster Kampfrichter fungierte, von den Turniervögten benachrichtigt, daß jetzt allüberall, sowohl innerhalb als außerhalb der Schranken, die vollständigste Ordnung herrsche, so gab er Befehl, die Ordnungen, Regeln und Gesetze für das nun beginnende Turnier noch einmal laut vorzulesen, obwohl dies die letzten acht Tage her oft genug geschehen war, und die Herolde kamen natürlich dem Befehl sogleich bereitwillig nach. Unter lautloser Stille hörten sämtliche Anwesenden die Proklamation mit an, so daß man jedes Wort gar deutlich vernehmen konnte; sogleich aber, nachdem dieses vorbei war, zogen alle Beamten, welche sich bisher des Ordnungsstiftens wegen innerhalb der Schranken befunden hatten, in lustigem Zug unter dem Schmettern der Trompeten zum nördlichen Eingang hinaus und nur vier Marschälle zu Pferd blieben zurück. Doch auch diese hüteten sich wohl, in den inneren Raum zu treten, sondern sie hielten vielmehr, vom Haupt bis zu den Füßen bewaffnet, zu Zwei und Zwei, der Eine rechts, der Andere links, die beiden Portale besetzt, so daß Niemand ohne ihren Willen aus dem Turnierhof heraus oder in denselben hinein konnte. Jetzt schwieg die Musik und gleich darauf begehrten zwölf der vor den nördlichen Schranken postierten Ritter Einlaß, der ihnen auch sogleich gestattet wurde. Diese Zwölf waren glänzend bewaffnet und ihre mutigen Rosse tanzten unter ihnen, als sie langsamen Schrittes durch den Turnierhof zu dem südlichen Portal hinritten, vor welchem die Zelte der Herausforderer standen. Lauter Jubelruf erscholl, als man sah, daß das Turnier nun wirklich seinen Anfang nahm und die Damen wehten mit ihren Tüchern, um die wackeren Streiter zu ermuntern. Diese aber setzten ihren Weg ohne Unterbrechung bis dicht vor die Zelte fort und dort angekommen, berührte jeder von ihnen den Schild des Gegners, de er sich auserlesen hatte, mit der umgekehrten Lanze. Sie wählten also den ziemlich ungefährlichen Kampf mit den Waffen der Höflichkeit und nicht wenige der Zuschauer, worunter sogar Frauen und Fräulein, fühlten sich unangenehm berührt, indem sie lieber ein Duell mit scharfen Waffen gesehen hätten; allein die Klügeren und Gemäßigteren waren dessen froh und klatschten deshalb lauten Beifall.

Nun entstand eine kurze Pause und während dieser zogen sich die zwölf Kämpen nach dem äußersten Ende der nördlichen Schranken zurück, wo sie sofort „kehrt“ machten und nun, die Lanzen in der Hand, unbeweglich gleich Marmorsäulen, auf ihren Rossen stillhielten. Zu gleicher Zeit verließen die zwölf Herausforderer ihre Zelte, ließen sich von ihren Knappen Schild und Lanze reichen, bestiegen sodann ihre Streitrosse und ritten in die Schranken ein, um sich da am südlichen Ende ihren Gegnern gegenüber aufzustellen. In wenigen Minuten war dies geschehen und nun winkte der Herzog Konrad von Burgund mit seinem Kommandostab, den er in der Hand hielt; wie er aber winkte, schmetterten alsbald die Trompeten eine wilde Melodie und die vierundzwanzig Ritter sprengten im Galopp aufeinander los. Furchtbar war der Anprall und nicht einer der Kämpen verfehlte sein Ziel; doch der Erfolg erwies sich als ein durchaus verschiedener. Sechs von der französich-burgundischen Partie nämlich, worunter, wie die Chronik berichtet, die Herren Archimbald v. St. Anion, Amaury v. Monfort und Enguerran v. Bournonville sich am meisten auszeichneten, stießen so hart auf ihre Gegner, daß diese gänzlich in den Sand gesetzt wurden; bei vier weiteren zersplitterten die Lanzen, ohne daß sie selbst oder ihre Gegenüber Schaden erlitten hätten, und nur zwei, Peter v. Maccaire nebst Raoul v. Espinaix, wankten in ihren Sätteln und mußten sich für besiegt erklären. Demgemäß gehörte die Ehre dieses Waffenganges den Burgundern und Franzosen, da sie nur zwei Mann verloren hatten und stolz auf ihren Sieg, zogen sie sich sofort unter dem unendlichen Jubelruf der Menge in ihre Zelte zurück, um sich aufs Neue zum Kampf vorzubereiten; die Besiegten aber, worunter Einer einen schweren Beinbruch erlitten hatte, wurden von ihren herbeieilenden Knappen aus den Schranken gebracht und man sah von ihnen während des ganzen Festes fortan keinen mehr.

Eine Viertelstunde etwa verstrich, da meldeten sich zehn andere Ritter am nördlichen Eingang, eilten sofort über den Turnierhof und berührten die Schilde der Herausforderer mit dem umgekehrten Ende ihrer Lanzen. Auch sie also wählten das Kampfspiel mit den stumpfen Waffen und sie taten sehr wohl daran, da es sich bald zeigte, daß sie ihren Gegnern durchaus nicht gewachsen seien. Bei diesem Rennen nämlich blieben die Burgunder und Franzosen sämtlich, ohne zu wanken, in ihren Sätteln sitzen, während von den Engländern und Normannen sieben von den Rossen geschleudert wurden und nur drei keinen Schaden nahmen. Ganz ebenso erging es bei einem dritten und vierten Waffengang und erst bei dem fünften verloren die Herausforderer wieder einen Mann, nämlich den Grafen Bertrand v. Raiboux und Eu. Das verdroß nun die englisch-normannischen Edlen fast über die Maßen und selbst König Eduard konnte sich kaum so weit bemeistern, daß er nicht, als die anwesenden Burgunder und Franzosen über die Erfolge der ihrigen in immer lauteren Jubel ausbrachen, einige zornige Worte ausstieß. Eiligst winkte er einen seiner Marschälle herbei und flüsterte diesem einige Worte zu. Was der Inhalt derselben war, weiß ich nicht, aber der Marschall verfügte sich sofort nach den Zelten, welche außerhalb der nördlichen Schranken standen, und gleich darauf sah man, wie die dort befindlichen Ritter sich zusammenscharrten und eine eifrige Beratung hielten. Einige Minuten später bestiegen sechs derselben, nachdem sie vorher von ihren Knappen genau untersucht worden waren, ob jeder Teil ihrer Rüstung gut passe, ihre Schlachtrosse, und ritten unter schmetternden Trompetentönen langsam den südlichen Schranken zu. Diese Sechs übrigens, das sah man auf den ersten Blick, waren ganz andere Mannen, als die, welche bisher von Seiten der Engländer gekämpft hatten, und es schien also fast, als ob absichtlich zuerst die weniger Geschickten ins Feld geschickt worden seien, um es dann später den besseren Kämpen desto leichter zu machen, mit den bereits ermüdeten Gegnern gänzlich fertig zu werden. Genug also, die Sechs, lauter wunderbar kräftige Gestalten, die ihre Rosse mit einer ausnehmenden Geschicklichkeit lenkten, ritten langsam zu den Zelten der Herausforderer hin und wie sie dort angelangt waren, berührten sie sechs der dort aufgehängten Schilde mit der eisernen Spitze ihrer Lanzen. Jetzt galt es also einen Kampf mit scharfen Waffen, wie in der Feldschlacht, und dies machte auf das ganze anwesende Volk, auf die Hohen wie die Niederen, einen gar gewaltigen Eindruck. Von besonderer Bedeutung jedoch erschien es Jedem, daß die Schilde der Herren Archimbald v. St. Anion, Amaury v. Montfort und Enguerrand v. Bournonville „nicht" berührt worden waren, indem diese Drei bis jetzt eine bei weitem größere Stärke und Geschicklichkeit an den Tag gelegt hatten, als alle ihre übrigen Genossen, und man konnte also aus diesem Umstand keinen anderen Schluß ziehen, als daß die sechs frischen Kämpen mit großer Vorsicht zu Werke gingen.

Bald standen sich die Gegner gegenüber und nach einem Wink des Herzogs von Burgund schmetterten die Trompeten zum Angriff. Mit Windeseile stürmten die Zwölf gegeneinander und die Lanzen krachten, wie wenn Bäume zersplitterten. Diesmal aber neigte sich die Siegesgöttin offenbar auf die Seite der Engländer, denn von ihnen stürzte auch nicht Einer, während von den Franzosen die Herren André von Boquincan und Charles de Nevers förmlich unter ihren Rossen begraben wurden. Sogleich eilten die Knappen derselben herbei und schafften sie auf Tragbahren hinaus, da sie durch den Fall allzu schwer verletzt waren, als daß sie noch hätten gehen können; kaum aber hatte man dies so weit geordnet, so begann der Kampf von Neuem. Die vier Franzosen nämlich, welche sich im Sattel gehalten hatten, beeilten sich, mit ihren Gegner, nachdem sie alle acht frische Lanzen erhalten und ihren Rossen einige Erholung gegönnt hatten, einen neuen Gang zu machen, um womöglich die erhaltene Scharte auszuwetzen; allein sosehr sie sich auch zusammennahmen, so sollte ihnen dies nur halb gelingen. Allerdings traf Guido, Seigneur von Montrouge, seinen Widerpart so hart vor die Brust, daß derselbe, seinen Halt verlierend, sich mit beiden Händen am Sattelknopf halten mußte, um nicht zu fallen, und Allard, Graf v. Melün, war noch glücklicher, indem sein Gegner vollständig überkollerte; aber um so schlimmer erging es den beiden Rittern Louis v. Bar und Allard v. Bibray. Der erstere nämlich erhielt einen Lanzenstoß gerade ins rechte Auge, so daß er im Moment tot niederstürzte, und der zweite, mit dem sich das Pferd überschlug, brach das Rückgrat an zwei Stellen, was natürlich ebenfalls den Tod zur Folge hatte. So wurde der Verlust auf Seiten der Franzosen ein förmlich unersetzlicher, denn Tote kann man nicht ins Leben zurückrufen und alsbald erhoben Tausende ein lautes Wehgeschrei, als man sich von diesem harten Unglücksfall überzeugte. Ja, das Turnier erlitt sogar eine förmliche Unterbrechung, indem die Freunde der Getöteten ohne Weiteres in die Schranken hinabsprangen und ihrem Schmerz durch laute Schreie, nicht selten auch durch Verwünschungen gegen die Engländer Luft machten!

Doch das Geschehene ließ sich nicht ändern und außerdem kamen dergleichen Mißgeschicke bei den ritterlichen Waffenspielen allzu oft vor, als daß sich nicht die meisten der Anwesenden (und darunter absonderlich die Damen, welche also damals noch keine so zarten Nerven gehabt zu haben schienen, als jetzt) schon nach kurzer Zeit darüber hinweggesetzt hätten. Ein großer Teil der Zuschauenden begehrte also mit lauter Stimme, daß das Turnier unter allen Umständen fortgesetzt werden müsse, und selbst der Herzog von Burgund, dem natürlich daran gelegen war, daß diese Niederlage der Seinigen wieder ausgewetzt werde, unterstützte in seinem Innern diese Forderung. Auf eigene Faust hin aber wollte er doch nicht handeln und deshalb befragte er vorher die übrigen Turnierrichter, sowie insbesondere seinen hohen Gast, den König von England, um ihre Ansicht. Wie jedoch diese alle bejahend stimmten, so ordnete er sofort an, daß man die beiden gebliebenen Ritter in die Stadt Chalons in die Totenkapelle des dortigen Benediktinermönchsklosters schaffte und gab dann, sowie dies geschehen war, strengen Befehl, alle die in das Innere der Schranken Gedrungenen, vornehm wie gering, ohne Weiteres zu entfernen, damit wieder Platz wird zur Erneuerung des Kampfes. Solches geschah natürlich augenblicklich und wer nicht gutwillig der Aufforderung der Marschälle Folge leistete, dessen bemächtigten sich ihre untergeordneten Bediensteten, die sogenannten Prügelknechte, die gewohnt waren, ganz kurzen Prozeß zu machen. Während dem nun dies vor sich ging, bereiteten sich die noch übrigen Fünf von den Herausforderern zum siebten Waffengang vor, und man kann sich wohl denken, daß sie nichts versäumten, um sich für diesmal ein glückliches Ende des Streites zu sichern. Demgemäß wechselten drei von ihnen mit ihren Pferden, weil sie dieselben für zu ermüdet hielten, um einen neuen Gang zu machen und alle Fünf ließen durch Waffenschmiede, die bei solchen Gelegenheiten immer bei der Hand waren, an ihren Rüstungen nachhelfen, wo es nur irgend zu fehlen schien. Auch versahen sie sich mit frischen Lanzen und versäumten es sogar nicht, sich mit Speis und Trank zu stärken, indem ihre Kräfte durch die bisherigen Waffengänge stark in Anspruch genommen worden waren. Kurz, sie vergaßen keine einzige Vorsichtsmaßregel, die ihnen von Nutzen sein konnte, und um dem Publikum gegenüber zu beweisen, daß ihr Mut ein völlig ungebrochener sei, mußte das Musikchor, das seinen Standort unweit des südlichen Portals hatte, eine herausfordernde, kühne Melodie ertönen lassen, gleichsam als Einladung für alle Ritter, sich ihnen zu stellen. Wenn ihnen jedoch die Wahrheit so gar viel daran gelegen, von Neuem eine Lanze zu brechen, so hatten sie das Glück, auf die Erfüllung dieses ihres Wunsches nicht lange warten zu müssen, denn kaum waren die letzten Töne der Herausforderung verklungen, so antwortete vom nördlichen Eingang her eine nicht minder wilde und trotzige Weise, und im selben Moment ritten fünf Geharnischte zu den Schranken herein, deren Aufzug und Aussehen etwas ganz Absonderliches an sich hatte. Sie ritten nämlich nicht nebeneinander in einer geraden Linie, wie bisher immer geschehen war, sondern einer machte den Anführer und die anderen folgten ihm, wie Soldaten ihrem Offizier. Offenbar also nahm dieser Ritter eine besonders hervorragende Stellung ein und in der

Tat – man durfte ihn nur ansehen, so überzeugte man sich sogleich, daß man hier eine riesige Kraft vor sich habe. Seine Höhe betrug nämlich nicht weniger als sieben Fuß und seine breite Brust wie seine mächtigen Arme und Beine entsprachen dieser außerordentlichen Größe vollkommen; auf dem Roß aber – und daß es ein überaus starkes Tier war, kann man sich denken – saß er wie angegossen und mit der wuchtigen Lanze spielte er wie mit einem leichten Stab. Ein solcher Mann nun mußte natürlich so auffallen, daß man ihn gar leicht aus allen anderen Rittern heraus erkannte und deshalb ging auch gleich ein lautes Flüstern durch alle Galerien hindurch, sowie er nur in die Schranken einritt. „Es ist der Salisbury“, hieß es; „Horace, Graf v. Salisbury, ist es, die unwiderstehlichste Lanze in ganz England und Frankreich, und Gnade Gott dem, welchen er sich zum Gegner ausliest!“ Und immer mehr schwoll das Geflüster an, je weiter der Zug der fünf Ritter den Turnierhof herabkam, und endlich rief man sich unter den vielen Tausenden der Zuschauer den Namen Salisbury laut zu. Aber sonderbar – sonst ist der Tapfere immer ein Gegenstand der Bewunderung der Menge und man hätte also erwarten können, daß der vielgenannte Graf mit freudigem Zuruf begrüßt werde; aber diesmal erscholl kein einziger derartiger Ruf, sondern es fielen vielmehr ganz andere Worte und darunter solche harte, daß man daraus schließen mußte, der Herr v. Salisbury sei weder bei dem Volk noch bei den Rittern besonders beliebt. Ja, ein junges, schönes Fräulein, welches auf der großen Damengalerie saß und vom Grafen durch das Senken seiner Lanze begrüßt wurde, wandte sich sogar, statt für den Gruß zu danken, unwillig ab und die neben ihr Sitzenden teilten, wie es schien, ihre Gefühle. Woher kam nun aber dies? Ei nun, der hochgeborene Herr galt allgemein für eben so grausam wie tapfer und für eben so hinterlistig wie verwegen. Doch sei dem, wie ihm wolle, die fünf Ritter ritten auf die Zelte der Herausforderer zu und Horace v. Salisbury berührte mit der Spitze seiner Lanze den Schild Archimbalds de St. Anion so derb, daß es einen lauten, scharfen Klang gab. Ebenso taten die vier Anderen mit den Schilden Amaury’s v. Montfort, Enguerrands v. Bournonville, Alards v. Melün und Guido's v. Montrouge. Dann sprengten sie an das nördliche Ende der Schranken zurück und erwarteten da ihre Gegner, welche natürlich keinen Augenblick säumten, sich ihnen zu stellen. Doch – soll ich nun den jetzt folgenden Kampf des Weitläufigen beschreiben? Ach, der Ausgang war ein solcher, daß ich gerne mit wenigen Worten darüber hinweggehe. Obwohl nämlich die fünf Franzosen gar wackere Helden waren und dies an diesem Tag mehr als hinlänglich bewiesen hatten, so wollte ihnen doch das Glück nicht wohl, oder vielmehr, es zeigte sich, daß die fünf Engländer sie, wenn auch vielleicht nicht an Mut und Geschicklichkeit, so doch ganz gewiß an Kraft und körperlicher Stärke bei weitem übertrafen. Schon im ersten Gang unterlagen daher drei von ihnen und darunter auch der edle Archimbald v. St. Anion; das traurige dabei aber war nicht sowohl das Unterliegen, als daß der letztgenannte Herr eine äußerst schwere Wunde erhielt, welche sein Leben in die größte Gefahr brachte, denn die Lanzenspitze Salisbury’s hatte seinen Schild und Panzer durchbohrt und war wohl drei Zoll tief in der Brust stecken geblieben. Welche Hoffnung blieb da den noch restierenden Zweien, den Rittern Amaury v. Montfort und Enguerrand v. Bournonville, übrig? Sicherlich keine andere, als die, das Schicksal des wackeren Großmarschalls schließlich zu teilen und wenn nun auch sie selbst hierzu gerne bereit waren und sich also, nachdem man den Großmarschall weggetragen, dazu anschickten, den Kampf zu erneuern, so war dagegen ihr Oberlehnsherr, der Herzog Konrad von Burgund, anderer Ansicht. Er wollte sich nämlich diese Tapfersten seiner Edlen um jeden Preis erhalten und sandte daher einen Herrn seiner Umgebung zu ihnen, mit dem Befehl, daß sie sich für besiegt erklären sollten. Das war eine harte Zumutung, aber durften sie dem Gebot ihres Herrschers zuwider handeln? Nein, das ging nicht, und somit taten sie, was er gewünscht, indem sie die zwei englischen Ritter, mit denen sie soeben gekämpft hatten, durch einen der Marschälle wissen ließen, daß sie auf jeden weiteren Erfolg verzichteten und ihnen daher ihre Rüstungen und Rosse für verfallen erklärten. Damit hatte der Kampf des ersten Tages ein Ende und es handelte sich sofort nur noch darum, wem der Siegespreis gebühre. Allein wie konnte man darüber im Zweifel sein? Horace v. Salisbury hatte offenbar das Schicksal des Tages entschieden und ihm also setzte Herzog Konrad mit Zustimmung der übrigen Preisrichter den goldenen Helm mit der Edelstein-Agraffe auf. Übrigens auch seine vier Genossen kamen nicht ganz unbeschenkt weg, sondern erhielten ein Jeder von einigen anwesenden englischen Großen ein ansehnliches Präsent. Sowie nun aber die Preise ausgeteilt waren, bliesen die Trompeter einen lauten, fröhlichen Tusch zu Ehren der Sieger, der weithin über die Ebene hallte; doch vom Publikum fiel nur ein kleiner Teil zustimmend ein, während die große Mehrzahl gegen alle sonstige Gewohnheit sich vollkommen schweigend verhielt und viele sich sogar sogleich entfernten. Es zeigte sich also ganz offenbar, daß die Zuschauer im Ganzen mit dem Ausgang des Waffenspiels keineswegs zufrieden waren und diese Stimmung merkte man selbst dem herzog von Burgund nur zu deutlich an, obwohl er sich so sehr wie möglich zu bemeistern strebte. Dies hielt übrigens den Grafen v. Salisbury nicht ab, mit seinen vier Genossen gleichsam im Triumph zweimal rings im Innern der Schranken herumzureiten, um sich den Damen und Herren in seinem goldenen Helmschmuck zu zeigen und erst als er sich überzeugte, daß die Galerien sich mit Schnelligkeit leerten, zog er sich, gefolgt von den vier Anderen, nach den Zelten zurück, die seine Partie diesen ganzen Tag über innegehabt hatte.

Ich könnte nun lang und breit darüber berichten, wie die vielen Tausende, welche dem Turnier beigewohnt, über den heutigen Waffengang urteilten, und zum Mindesten eben soviel könnte ich von den Gefühlen der Trauer und des Zorns, welche die Burgunder und Franzosen beseelten, oder auch von dem Übermut und dem Jubel, der die Herzen der Engländer höher schwellen machte, erzählen; aber es kann sich das Jeder selbst denken und ausmalen. Die Franzosen waren ja schließlich sämtlich unterlegen und hatten sogar, was am meisten beklagt werden mußte, mehrere ihrer besten Kämpen durch den Tod verloren, während einige andere an harten Wunden schwer darniederlagen! Außerdem, was konnte man vom morgigen Tag, wo die Engländer als Herausforderer auftraten, Besseres erwarten? Mein Gott, der heutige Tag hatte bewiesen, daß gegen den Grafen Horace v. Salisbury nicht anzukommen sei und daß er die Hauptperson unter den Herausforderern sein werde, konnte man sich denken! So ließ sich eine abermalige Niederlage der Burgunder und Franzosen mit ziemlicher Bestimmtheit voraussagen und nicht wenige der Anwesenden erboten sich daher zu hohen Wetten in diesem Sinn, allein Niemand wollte sich darauf einlassen. Im Gegenteil herrschte hierüber fast gar keine entgegengesetzte Meinung und selbst die französischen Damen, die sonst immer voll froher Hoffnung waren, ließen die Köpfe hängen.

Eben deswegen aber tauchte unter den weisesten und erfahrensten der anwesenden Herren die Frage auf, ob es nicht besser wäre, dem Turnier keine Fortsetzung zu geben, sondern es bei dem einen ersten Tag bewenden zu lassen; „denn“, so sagten sie sich, „muß nicht der ohnehin schon bestehende Nationalhaß zwischen Franzosen und Engländern unendlich gesteigert werden, wenn auch am morgigen Tag die Engländer wieder Sieger sind? Ja, könnte es nicht sogar dazu kommen, daß dieser Haß zum Ausbruch käme, und wäre es daher nicht besser, einem solchen Ausbruch durch augenblickliche Trennung der beiden Parteien zuvorzukommen?“ So dachten nicht wenige der ältesten unter den geladenen Gästen und sie dachten nicht bloß so, sondern sie tauschten auch ihre Meinung unter sich aus und legten sie schließlich der Entscheidung der beiden hohen Fürsten vor, welche das Fest durch ihre Gegenwart verherrlichten. Allein weder der Eine noch der Andere hielt sich für berechtigt, einen solchen Schritt zu tun oder auch nur dazu zu raten, dieweil er ja ganz sicher von den Meisten als ein Zeichen der Furcht ausgelegt worden sein würde. Außerdem durfte man, ohne sich den gröbsten Vorwürfen ausgesetzt zu sehen, den vielen Tausenden, welche des Turniers wegen vielleicht von weither und mit vielem Kostenaufwand nach Chalons gereist waren, ihr Vergnügen vor der Nase hinwegnehmen? Und dann noch die allerwichtigste Einwendung – wie sollte man es dann mit den ausgesetzten Preisen halten? Sollte man sie zurückziehen – pfui, das hätte man als Geiz ausgelegt! Oder sollte man sie den Rittern, die bis jetzt gekämpft und sich ausgezeichnet hatten, übergeben? Nein, das ging wieder nicht, sondern wäre eine flagrante Ungerechtigkeit gegen die vielen anderen Ritter, die bis jetzt den Schranken fern geblieben waren, gewesen! Das Turnier mußte also unter allen Umständen – das war der einstimmige Beschluß der Fürsten und ihrer besten Ratgeber – nicht nur fortgesetzt, sondern auch nach dem aufgestellten Programm zu Ende gebracht werden und das Schicksal, sei es auch noch so blutig, sollte seinen Lauf haben.

So kam der Morgen des zweiten Turniertages heran und in unabsehbarer Anzahl strömte wieder die Menschenmenge aus den Toren von Chalons auf den Festplatz hinaus, um sich einen guten Stehplatz zu sichern. So fröhlich und erwartungsvoll wie gestern waren aber die Leute nicht, sondern man konnte vielmehr aus ihren Äußerungen schließen, daß sie sich von dem heutigen Rennen nicht allzuviel versprachen. „Der Salisbury hat eine solche Riesenkraft in seinem Arm,“ riefen sie einander zu, „daß er den Teufel selbst zu Boden werfen würde. Gebt also Acht, die Herren Ritter werden sich wohl hüten, mit ihren Lanzen seinen Schild zu berühren und somit setzt‘s sicherlich wenig Kämpfe, aber desto mehr Langeweile ab.“ Das war das Urteil der Menge und ohne Zweifel waren von den adeligen Gästen gar viele, wenn nicht die meisten, derselben Ansicht, obwohl sie sich nicht so unverholen äußerten. Dessen ungeachtet wollte auch von ihnen kein Einziger das Schauspiel versäumen und der Zug der Ritter und Damen, die um acht Uhr morgens zu dem Turnierhof hinausritten, war auch nicht um ein Jota weniger stattlich, als gestern. Übrigens brauche ich mich nicht weitläufiger dabei aufzuhalten, indem es in Allem und Jedem gerade so gehalten wurde, wie den Tag zuvor; nur fungierte heute der König Eduard von England als oberster Turnierrichter und die zwölf Zelte der Herausforderer waren von lauter Engländern in Beschlag genommen, während vor den nördlichen Schranken lauter burgundische und französische Ritter sich tummelten. Wenn ich nun aber auch hierüber kurz hinweggehe, so gebietet mir es dagegen die Pflicht einer genauen Berichterstattung, die Namen der Zwölf zu nennen, welche es mit der gesamten anwesenden burgundisch-französischen Ritterschaft aufnehmen wollten, denn „dem Tapferen gebührt der Nachruhm". Einen derselben kennt der Leser schon, nämlich den Grafen Horace v. Salisbury. Er war ja der Preisgekrönte von gestern, wie hätte ihn also König Eduard nicht zu allererst als Kämpen für die Ehre Englands auswählen sollen? Nach ihm kamen die Vier , die neben ihm gekämpft hatten, das ist: Wilhelm Bitraix, Herr v. Sancerre; Eduard Walpole, Graf v. Oxford; Robert Artoix, Graf v. Richemont, und Heinrich Gaston v. Gilles, genannt der Unüberwindliche. Endlich noch sieben weitere, die sich ebenfalls den Tag zuvor ausgezeichnet hatten und unter die tapfersten Helden Englands gezählt werden durften, nämlich: Jacob, Graf v. Leicester; Perrot, Baron v. Roncy; Hubert v. Malsbury, genannt die Streitaxt; Robert Pombroke Evesham; Hubert, Graf v. Turnbridge; Wilhelm Brecknock v. Becaix und Achilles Downham, Baron v. Ayleshouse. Diese Zwölf also warteten mit Ungeduld der Eröffnung des Kampfspiels und man sah es ihren glänzenden, fast übermütigen Augen an, daß sie mit größter Bestimmtheit darauf rechneten, alle Feinde, die es etwa mit ihnen aufzunehmen wagten, in den Staub zu werfen. Allein so siegestrunken sie auch dreinschauten und so sehr sie auch das Glück von gestern hierzu berechtigte, so muß ich doch der Steuer der Wahrheit gemäß angeben, daß die französischen Ritter sich deshalb keineswegs entmutigt zeigten, sondern daß sich ihrer vielmehr mehr als achtzig zum Kampf hatten einschreiben lassen. „Lieber vom Leben scheiden, als von der Ehre," galt ihnen als oberster Grundsatz und demgemäß handelten sie auch!

Um mich nun übrigens nicht allzu wider vieler Wiederholungen schuldig machen zu müssen, werde ich es unterlassen, die Waffengänge, die nun folgten, im Einzelnen zu beschreiben, sondern berichte bloß, daß es deren im Ganzen acht waren und zwar jedesmal nicht mit scharfen, sondern mit stumpfen Waffen. Der Herzog von Burgund hatte nämlich dies seinen Rittern befohlen, damit nicht wieder soviel Blut fließe wie gestern und König Eduard war damit aus demselben Grund ganz einverstanden. Deswegen aber geschahen doch tapfere Taten, denn Horace v. Salisbury stürzte nicht weniger als drei französische Ritter, die es gewagt hatten, sich ihm entgegenzustellen, von ihren Rossen und einem Vierten würde es ebenso ergangen sein, wenn nicht das mächtige Tier, das Salisbury ritt, gestrauchelt wäre, so daß sein Lanzenwurf diesmal nicht so sicher war, wie sonst. Fast ebenso große Resultate erzielten die Ritter Gaston v. Gilles, Hubert v. Malmsbury und Wilhelm Bitraix v. Sancerre, von denen jeder zwei Gegner in den Sand warf, während sie selbst auch nicht ein einziges Mal im Sattel wankten. Eben deswegen aber berührte nach den ersten vier Waffengängen kein einziger der französischen Ritter mehr ihren Schild, um sie zum Kampf herauszufordern, sondern sie blieben vielmehr in den vier letzten Waffengängen ganz unbehelligt – eine Tatsache, in welcher das offene Zugeständnis lag, daß diese vier Krieger von ihren sämtlichen Gegnern für unüberwindlich gehalten wurden. Ganz anders erging es den acht übrigen Ausforderern, deren Namen ich oben angeführt habe. Zwar allerdings konnte man keinem von ihnen nachsagen, daß er sich des hohen Namens, den er trug, unwürdig benommen habe, sondern sie warfen ihre Lanzen mit einer Kraft und Geschicklichkeit, welche ihnen oft und viel den Beifall der Galerien und des übrigen Publikums erwarben; aber sie hatten teils Unglück mit ihren Pferden, teils passierte ihnen irgend ein anderes Mißgeschick, das sie nötigte, den Kampfplatz zu räumen. Überdies muß man bedenken, daß sie, die gleich von Anfang an nicht für so unüberwindlich galten, als Salisbury, Gilles, Malmsbury und Sancerre, in allen Waffengängen, also jedesmal, ohne irgend eine Ausnahme, gefordert wurden, und daß sie demnach notwendig am Ende etwas erlahmen mußten. Kurz und gut, nachdem sieben Gänge vorüber waren, hatten sich sechs von ihnen nach und nach für besiegt erklären müssen und es blieben – außer den bewußten Vieren – nur Eduard Walpole v. Oxford und Robert Artoix v. Richemont übrig. Die Burgunder und Franzosen dagegen hatten unendlich viel größere Verluste erlitten, denn nicht weniger als vierzehn von ihnen waren zu Boden geschleudert worden und zweiundsechzig Weitere hatten sich, obwohl nur von geringeren Unfällen betroffen, doch wenigsten genötigt gesehen, ihren Gegnern die Siegespalme anzuerkennen. Ja, in all den sieben Waffengängen war es eigentlich nur Sechs von ihnen gelungen, einen Vorteil davonzutragen und man kann sich also wohl denken, daß der Mißmut auf ihrer Seite sich fast bis zur Verzweiflung steigert! Freilich – schwere Verwundungen gab es keine und noch weniger Todesfälle, weil man nur mit stumpfen Waffen turnierte, aber ihrer achtzig und mehr hatten sie den Raum vor den nördlichen Schranken betreten und jetzt zählte man nur noch einige Wenige – war da nicht Grund genug vorhanden, alle Hoffnung für immer und ewig aufzugeben? Darum, als nun das Zeichen gegeben wurde, daß alles zum achten Waffengang fertig sei, ritten nur noch zwei in die Schranken ein und diese zwei hüteten sich natürlich wohl, die Schilde der bekannten Vier mit ihren Lanzen zu berühren, indem sie sich vielmehr die Grafen Walpole und Artoix, als die mindern bedeutendsten unter den noch restierenden Ausforderer, zu Gegnern erwählten. Diese kluge Wahl änderte jedoch das Schicksal des Tages nicht, denn wenn auch der Eine der Franzosen den Grafen v. Richemont so hart traf, daß dessen ermüdetes Pferd in die Knie sank und nicht mehr auf die Beine gebracht werden konnte, ohne daß der Ritter absaß, so rannte dagegen Graf Walpole v. Oxford seinen Gegner vollständig über den Haufen und erlangte also einen unbedingten Sieg. Somit blieben immer noch fünf Ausforderer zu überwinden übrig, und dazu hatten offenbar die zwei oder drei Franzosen, die jetzt noch in den Zelten vor den nördlichen Schranken zu finden waren, das Zeug nicht, denn sie ließen sofort die Turniermarschälle wissen, daß sie auf jeden Kampf verzichteten, weil ja doch ihre Bemühung eine vergebliche sein würde.

So stand es nach dem achten Waffengang und es zweifelte nun natürlich kein einziger unter den Zuschauern mehr, daß mit diesem das heutige Turnier sein Ende erreicht habe. Allerdings saßen noch viele hundert französische und burgundische Ritter „unbesiegt“ als Zuschauer auf den Galerien, so daß, wenn sich auch nur ein kleiner Teil von ihnen hätte sofort bewaffnen lassen, es immer noch möglich gewesen wäre, den Engländern den Sieg streitig zu machen; allein die meisten von ihnen waren nach Chalons gekommen in der offen ausgesprochenen Absicht, nicht persönlich mitzuturnieren, sondern sich vielmehr selbst mit ihren Familien zu vergnügen und der Rest hatte am vorgestrigen Abend schon erklärt, sich nur am sogenannten „Ensemble“, auch „Mêlée“ genannt, d.i. am allgemeinen Turnier, welches am dritten Tag stattfand, beteiligen zu wollen. So war also keine Hoffnung vorhanden, daß den Ausforderern neue Gegner erwachsen würden; aber dennoch zögerte der oberste Turnier- und Preisrichter, König Eduard, immer noch, den Schluß des Tages zu verkünden und an die Austeilung der Preise zu gehen. Es lag ihm nämlich unendlich viel daran, von den Franzosen als ganz unparteiisch angesehen zu werden, und obwohl ihn natürlich der Sieg der Seinigen herzinniglich erfreute, so sollte es doch so herauskommen, als ob er alles getan habe, um eine Wendung des Schicksals noch möglich zu machen. — Endlich aber, als schon eine Viertelstunde vergangen war, ohne daß sich ein neuer Kämpfer gezeigt hätte, und als deshalb die Zuschauer anfingen, ungeduldig zu werden, wandte er sich an den Herzog Konrad von Burgund und fragte ihn nach seiner Ansicht in der Sache. „Ich meine," erwiderte dieser ungeduldig, denn er konnte seinen Mißmut über die Niederlage seiner Landsleute kaum verbergen, „ich meine, dem Grafen v. Salisbury, der die meisten Ritter geworfen, gebührt das Streitroß nebst der Rüstung, welche Ihr als Siegespreis für den heutigen Tag ausgesetzt habt und je schneller diese Zeremonie abgemacht wird, um so mehr soll es mich freuen, denn Ihr könnt Euch wohl denken, daß ich mich sehne, von hier fortzukommen." – „Aber, mein teurer Herzog," erwiderte König Eduard nicht ohne Teilnahme, „es wäre doch möglich, daß sich noch ein Streiter meldete, der ..." – „Der eben so gut unterliegen würde, wie die bisherigen," unterbrach ihn Herzog Konrad ziemlich rauh; „man hat mir gesagt, daß es in der ganzen Christenheit nur zwei Ritter gebe, die dem Salisbury überlegen seien, und von diesen nennt sich der eine König Eduard I. von England. Wird nun Eure Majestät eine Lanze für Frankreich brechen wollen?" – „Nein, wahrhaftig, mein teurer Herzog," erwiderte König Eduard, „das wird nicht gehen, so sehr ich auch meinen Bruder von Frankreich schätze; aber Ihr spracht ja von zwei Rittern und könnte nun nicht der zweite ..." – „Der zweite Ritter," meinte der Herzog von Burgund, als König Eduard hier stockte, „ist ein Deutscher, welcher beim Kaiser Rudolph wegen seiner Tapferkeit gar hoch angeschrieben steht, dessen Name mir aber im Augenblick nicht einfällt." – „Ihr dürft Euch wegen mir nicht verstellen, Herr Herzog," sprach nun ein reichgekleideter Herr, der unmittelbar hinter den beiden Fürsten saß. „Ihr kennt den Namen dieses Ritters so gut, wie ich; allein hierin bin ich mit Euch einverstanden, daß er da nicht erscheint, wo ich mich mit meiner Mündel befinde." - „Mit Eurer Mündel?" rief der König von England neugierig. „Das ist wohl die reiche Erbin von Mömpelgard, um die sich der Graf v. Salisbury bewirbt? Aber warum soll der deutsche Ritter nicht dahin kommen, wo sich diese junge Schönheit aufhält?" – „Die Sache ist folgende, Eure Majestät," entgegnete der Herzog von Burgund. „Mein alter Freund, der Graf v. Valence, ist Vormund der eben so schönen wie reichen Markgräfin von Mömpelgard, oder wenn ihr lieber wollt, der Marquise von Montpellier; nun ist er aber auch der Vormund eines Sohnes seiner Schwester, die einen deutschen Grafen v. Gröningen geheiratet hatte, und dieser sein Neffe, der ritterliche Held Hugo v. Gröningen, war so verwegen, seine Augen zu der Marquise Thekla von Montpellier zu erheben. Solches konnte nicht lange verborgen bleiben, besonders auch nicht, weil die jungen Dame, wie man sagt, die Blicke des Jünglings erwiderte; allein kaum überzeugte sich der Vormund von der Sache, so sandte er seinen Neffen nach Deutschland zurück und verbot ihm allen ferneren Umgang mit dem Fräulein." – „Aber warum denn?" fragte der König weiter, indem er voll Teilnahme zu der entgegengesetzten Galerie, auf welcher die Marquise saß, hinüberschaute. „Ist etwa der junge Graf v.

Gröningen des Fräuleins unwert?" – „Unwert?" entgegnete der Graf v. Valence mit erglühenden Wangen. „Mein Neffe ist eben so edel wie tapfer und die Marquise Thekla könnte in keiner Beziehung eine bessere Wahl treffen, aber soll ich mir den Vorwurf machen lassen, daß ich meine Vormundschaftsgewalt dazu mißbrauche, um Einem meiner Familie ein reiches Erbe zu verschaffen?" – „Nun," meinte sofort der König, „wenn Ihr so sehr skrupulös seid, so geht das Fräulein dem Grafen von Salisbury, der jedenfalls von dem deutschen Ritter das voraus hat, daß er nicht mit ihr verwandt ist." – „Dem Grafen v. Salisbury?" rief der alte Herr, heftig mit dem Kopf schüttelnd. „Etwa zur Belohnung dafür, daß er heute die ganze französische Ritterschaft mit Schmach überhäuft hat? Nein, beim Himmel, solches geschieht nie und nimmer; aber das schwöre ich, wenn heute zuletzt noch mein Neffe in den Schranken erschiene und diesen hochmütigen Salisbury zu Boden würfe, so sollte er meine Mündel bekommen und wenn er auch zehn Mal meiner Schwester Sohn ist." – In diesem Augenblick trat ein Page hinter den Herzog von Burgund und flüsterte ihm ein paar Worte zu, worüber derselbe vor Freude fast aufsprang. Doch bezwang er sich gewaltsam und gab dem Pagen seine Antwort ebenso leise, wie dieser seine Botschaft ausgerichtet hatte; dann aber wandte er sich an den Grafen v. Valence und bat ihn, die soeben ausgesprochenen Worte wohl im Gedächtnis zu behalten. – „Und Ihr, mein Herr König," setzte er, an den König von England gewandt, hinzu, „Ihr seid Zeuge von dem, was der Graf versprochen hat, denn es könnte möglicherweise ein Ereignis eintreten, an welches Keiner von uns Allen bis jetzt auch nur zu denken wagte." Diese Rede kam nun allen Anwesenden, besonders auch dem König von England und dem Grafen v. Valence, sehr wunderbar vor, und sie richteten daher ihre Augen äußerst neugierig auf den Herzog von Burgund, allein ehe dieser eine Antwort geben konnte, trat das vorausgesetzte Ereignis schon ein und nahm alle ihre Aufmerksamkeit in Anspruch.

Plötzlich nämlich, nachdem seit dem Ende des achten Waffenganges etwa eine halbe Stunde verflossen sein mochte, bliesen die Musikanten, die am nördlichen Eingang aufgestellt waren, eine schmetternde, herausfordernde Weise und alsbald öffneten sich die Schranken, um einen Ritter einzulassen, der offenbar einen neuen Waffengang wagen wollte. Derselbe trug eine stählerne, reich mit Gold ausgelegte Rüstung und von seinem Helm herab winkte eine stolze Adlerfeder, die mit einem Diamanten befestigt war. Auch ritt er ein feuriges, kräftiges Roß, das offenbar einen hohen Wert hatte, und es war also klar, daß er einem sehr edlen Geschlecht angehören mußte. Dennoch aber schien es seine Absicht zu sein, die Zuschauer über seine Person im Zweifel zu lassen, denn auf seinem Schild war keineswegs, wie sonst üblich, ein Familienwappen, sondern ein herz, das von einem Pfeil durchbohrt ist, abgebildet, und sonst trug er lediglich kein Abzeichen. Freilich eine Bedeutung hatte diese Devise, nämlich die, daß ihr Träger in Liebe befangen sei, allein wie viele Ritter gab es nicht, welche ihr Herz an eine Dame verschenkt hatten und also zu einem solchen Sinnbild berechtigt waren? Man wußte also durchaus nicht, wer er sei, oder vielmehr nur sehr wenige wußten es, und diese wenigen (den Turniervögten und dem Herzog von Burgund, als dem Veranstalter des Turniers, hatte derselbe seinen Namen nennen müssen, weil sich jeder vorher, ehe man ihn zuließ, als einen untadeligen Ritter auszuweisen verpflichtet war) taten den Mund nicht auf, um das Geheimnis zu verraten. Trotz des

Geheimnisses jedoch, das den Ritter umgab, nahm alsbald der größere Teil des Publikums Partei für ihn, und von allen Seiten begrüßte man ihn mit lautem Beifall. Absonderlich bewunderte man die Geschicklichkeit, mit der er sein wildes Roß zügelte, und nicht wenige riefen ihm deshalb ermunternde Worte zu. Andere dagegen, die sich den Mann genauer betrachteten, und aus seiner mehr schlanken als gedrungenen Gestalt auf ein geringeres Maß von Kraft schlossen, meinten, daß er wohl keinem der fünf Ausforderer gewachsen sein werde, und wollten darauf wetten, daß er im ersten Waffengang schon erliegen müsse. Allein so verschieden auch in dieser Beziehung de Ansichten sein mochten, so folgten doch alle Anwesenden ohne Unterschied seinen Bewegungen mit der größten Aufmerksamkeit und man war äußerst begierig, wessen Schild er mit seiner Lanze berühren werde. Wie erstaunte man nun aber, als der Ritter, wie er an den Zelten der Ausforderer angekommen war, mit dem scharfen Teil seines Speeres den Schild des Grafen Horace v. Salisbury so stark anstieß, daß es hell und klar ertönte! Das wahrhaftig hatte man nicht erwartet! Mit dem riesenhaften Salisbury wollte er kämpfen und noch dazu mit scharfen Waffen – nein, eine solche Kühnheit überstieg alle Grenzen! „Beim Himmel," rief der König von England so laut, daß man es weithin hörte, „ich glaube, der Ritter da hat eine Sehnsucht nach dem Himmel, denn die Lanze Salisbury's wird ihn niedergestreckt haben, ehe wir um eine Viertelstunde älter sind!" – „Eure Majestät loben den Tag vor dem Abend," entgegnete der herzog von Burgund, dessen vor Kurzem noch so trauriges Antlitz jetzt vor Lust strahlte; „mir gefällt die Verwegenheit des Kämpen, und ich wollte ihm die Ehre meiner Herzogskrone anvertrauen. Aber Ihr seht, mein königlicher Bruder, die beiden Gegner sind zum Kampf bereit und somit beliebe es Euch, das Zeichen zum Beginn desselben zu geben." –

Der Herzog hatte Recht. Sowie nämlich der Ritter, auf dessen Schild ein von einem Pfeil durchbohrtes Herz zu schauen war, seine Forderung bewerkstelligt hatte, ritt er ans nördliche Ende der Schranken und stellte sich da auf; der Graf v. Salisbury aber sprang mit sichtbarer Ungeduld auf sein Roß, ließ sich von seinem Knappen eine Lanze reichen und nahm sofort seine Stellung am südlichen Ende des Turnierhofes ein. Da standen sie einander gegenüber, unbeweglich gleich Bildsäulen und atemlos vor Erwartung betrachtete sie das Publikum. Jetzt winkte König Eduard mit seinem Stab und bald schmetterten die Trompeten zum Angriff; sowie die ersten Töne durch die Luft drangen, sprengten die beiden Ritter mit Windeseile aufeinander los. In der Mitte der Schranken stießen sie zusammen, und zwar so furchtbar, daß das Getöse dem Krachen einer stürzenden Eiche glich; aber – wer der Sieger und wer der Besiegte sei, konnte man für den ersten Augenblick nicht erkennen. Durch den gewaltigen Stoß nämlich waren die Rosse, so stark sie auch waren, auf die Hinterfüße zurückgeschleudert worden, so daß es schien, sie seien gefallen; doch im nächsten Moment schon brachte sie die Gewandtheit ihrer Reiter wieder auf die Beine, und man sah nun, daß die beiden Kämpfenden nicht nur durchaus unverletzt geblieben waren, sondern daß auch keiner von ihnen gewankt habe. Nur ihre Lanzen hatten sie gegenseitig zersplittern, so daß ihnen nichts mehr in der Hand blieb, als der Griff, und – der Beweis war somit gegeben, daß der Graf Salisbury einen Gegner gefunden, der ihm Stand zu halten wisse.

Der König von England verfärbte sich ein wenig, als er dieses Resultat sah, allein er sagte kein Wort, und gerade so machte es auch seine nächste Umgebung; die übrigen Zuschauer dagegen, wenigstens der französische und burgundische Teil derselben, brachen in lautes, nicht enden wollendes Beifallsgeschrei aus, und die Damen wehten mit ihren Tüchern, daß es eine wahre Freude war. Inzwischen ritten die beiden Kämpen langsam auf ihre früheren Plätze am südlichen und nördlichen Teil der Schranken zurück und ließen sich von ihren Knappen neue Lanzen geben; sowie man aber dies sah, verwandelte sich das Beifalljauchzen in eine lautlose Stille. Nun winkte König Eduard abermals mit dem Stab und bald schmetterten die Trompeten von Neuem zum Angriff. Wiederum also sprengten die beiden Helden aufeinander los und wiederum trafen sie sich mit einem Ungestüm, daß der Erdboden erzitterte. Jeder hatte sich vorgenommen, seine äußerste Kraft, seine äußerste Geschicklichkeit aufzubieten und in der Tat leistete auch Jeder Unübertreffliches; aber das Glück war ihnen nicht auf die gleiche Weise günstig, sondern die Waagschale desselben neigte sich vielmehr entschieden zu Gunsten des Ritters mit dem durchbohrten Herzen. Der Graf Salisbury nämlich, der sich bewußt war, daß er seinem Gegner an riesiger Stärke überlegen sei, beschloß, ihm einen so unwiderstehlichen Stoß mitten auf die Brust zu geben, daß derselbe notwendig vom Roß sinken müsse, und in der Tat wäre ihm dies beinahe geglückt. Doch auch nur beinahe, denn der Ritter fing den Stoß mit dem Schild auf, und dieser war von so dickem Stahl, daß die Lanzenspitze nicht einmal ganz durchzudringen vermochte. So blieb er also vollkommen unversehrt und wankte kaum im Sattel. Nicht so aber der Graf v. Salisbury, denn da er glaubte, sein Gegner ziele ihm ebenfalls nach der Brust, so deckte er sich diesen Teil mit dem Schild, allein sein Widersacher änderte während des Rennens die Richtung seiner Lanzen und zielte nach dem Punkt, wo der Helm sich an das Visier anschließt. In der Tat gehörte eine ungewöhnliche Gewandtheit dazu, einen solchen Angriffsplan durchzuführen, und da man sich sofort für besiegt erklären mußte, wenn die Lanze, ohne zu treffen, am Ziel vorbeiflog, so ließen sich nur die allergeübtesten Ritter auf ein derartiges Wagnis ein. Der Speer unseres Helden aber verfehlte sein Ziel nicht, sondern traf die gefährliche Stelle mit solcher Gewalt, daß das dickstählerne Helmband platzte und Roß und Reiter, wie vom Himmel herabgefallen, zusammenstürzten. Diesem Stoß, dem Stoß nach dem Kopf, zu widerstehen, vermochte kein Sterblicher, selbst nicht, wenn er die Stirn eines Büffels besaß, und bei weitem die meisten würden, wenn sie so getroffen worden wären, nie mehr wieder aufgestanden sein. Bei dem Grafen v. Salisbury dagegen hatte der Sturz keine weiteren schlimmen Folgen, als daß er eine Zeitlang betäubt dalag, ohne sich rühren zu können; nach wenigen Minuten jedoch war er schon wieder bei vollständiger Besinnung. Natürlich übrigens sprangen ihm seine Knappen sogleich hilfeleistend bei, und selbst sein siegreicher Gegner beeilte sich, ihm seine Dienste anzubieten. Hierüber aber geriet der verunglückte Graf in eine furchtbare Wut und nur der Umstand, daß die Turniermarschälle dazwischen traten und den Kampf zwischen ihm und dem Ritter mit dem durchbohrten Herzen für beendet erklärten, hielt ihn ab, auf den letzteren mit dem Schwert in der Hand loszugehen. An Zornesworten dagegen ließ er es nicht fehlen, und seine Knappen mußten fast Gewalt anwenden, um ihn aus den Schranken zu bringen.

Der glorreiche Ausgang dieses Kampfes erregte unter den meisten Zuschauern eine förmliche Begeisterung und wie nun der Sieger langsam gegen die nördlichen Schranken hinritt, wurde er mit einem solchen Sturm von Beifallsgeschrei empfangen, daß selbst die rauschenden Fanfaren der Musik nicht durchzudringen vermochten. Lange Ruhe gönnte sich übrigens der Ritter nicht, sondern nachdem er sich von seinen Knappen einen neuen Schild hatte reichen lassen – der, welchen er in dem letzten Kampf gebraucht, war durch den Stoß Salisbury's ein wenig beschädigt – ließ er dem Oberturnierrichter durch einen der Marschälle wissen, daß er nun gesonnen sei, auch mit den anderen noch übrigen Ausforderern um die Siegespalme zu streiten, und bat demgemäß, das Zeichen zu dem neuen Waffengang recht bald zu geben. – Solcher Bitte willfahrte König Eduard, ohne ein Wort zu erwidern, und so wie nun die Trompeten ertönten, ritt der Ritter mit dem durchbohrten Herzen abermals auf die Zelte der Ausforderer zu. Dort angekommen, berührte er jeden der noch aufgehängten vier Schilde, einen nach dem andern, mit der scharfen Spitze seiner Lanze, indem er zugleich laut ausrief, daß die vier Ritter, denen diese Schilde gehörten, die Reihenfolge, in welcher sie mit ihm kämpfen wollten, selbst bestimmen möchten; dann aber sprengte er dem nördlichen Ende der Schranken zu, um seinen ersten Gegner zu erwarten. Doch soll ich nun die folgenden vier Waffengänge weitläufig beschreiben? Das Resultat war ja bei allen das gleiche, indem jedes Mal unser Held siegreich aus dem Kampf hervorging! Der Erste, der sich ihm entgegenstellte, war Heinrich Gaston v. Gilles, genannt der Unüberwindliche; allein mit welchem Unrecht er diesen Beinamen führte, sieht man daraus, daß er gleich beim ersten Zusammenstoß bügellos gemacht wurde und sich deshalb für besiegt erklären mußte. Noch schlimmer erging es seinem Nachfolger, dem Hubert v. Malmsbury, genannt die Streitaxt, denn das Pferd überschlug sich so mit ihm, daß der Sattelgurt brach und in Folge dessen der Reiter im Sand begraben wurde. Der Dritte, Wilhelm Bitraix, Herr v. Sancerre, versuchte den nämlichen Stoß, durch welchen der Ritter mit dem durchbohrten Herzen den Grafen Salisbury geworfen hatte, allein es gehörte, wie schon oben gesagt, eine ungewöhnliche Geschicklichkeit dazu, einen solchen Stoß durchzuführen, und somit verfehlte die Lanze Sancerre's, zum großen Vergnügen des Publikums, das in ein helles Gelächter ausbrach, ihr Ziel gänzlich. Nunmehr blieb nur noch Einer zu besiegen übrig, nämlich Eduard Walpole, Graf v. Oxford, und dieser, ein anerkannt wackerer Kämpe, nahm sich vor, alle seine Kräfte aufzuwenden, um das Schicksal des Tages schließlich noch zu wenden. In der Tat schleuderte er auch seine Lanze äußerst ritterlich, so daß sie, wie die seines Gegners, bis zum Griff zersplitterte; doch was half es ihm? Beim zweiten Gang wurde er so unsanft zur Erde geworfen, daß er drei Rippen zumal bracht und aus den Schranken getragen werden mußte!

Solches war das Resultat dieses zweiten Kampftages, ein Resultat, von welchem vor noch nicht einer Stunde kein Mensch auch nur zu träumen gewagt hätte. Wie jedoch dieses Resultat von den Zuschauern aufgenommen wurde, nämlich mit welchem Jubel von den burgundisch-französisch Gesinnten, sowie mit welchem Ingrimm von den Engländern und Normannen, darüber zu berichten, muß ich einer gewandteren Feder überlassen; der Wahrheit gemäß aber muß ich hinzusetzen, daß wenigstens die obersten Häupter der beiden genannten Parteien ihre Gefühle, so gut es immer ging, zu verbergen suchten. Demgemäß trug der Herzog von Burgund ein gar ernstes Gesicht zur Schau und seine nächste Umgebung ahmte ihm natürlich hierin nach, denn jeder Jubelton, ja sogar jeder fröhliche Blick mußte von dem König von England und den Seinigen wie Hohn und Spott aufgenommen werden. Umgekehrt aber suchte der Letztere die Miene des größten Gleichmuts anzunehmen oder vielmehr, er zwang seine Lippen zu einem Lächeln und seinen Mund zu einer Scherzrede, obwohl es ihm nie weniger, als eben jetzt, ums Lachen und Scherzen zu tun war. „Man sollte fast meinen,“ sagte er, zum Herzog von Burgund, gewandt, „Held Roland sei wieder erstanden, wenn man die Taten dieses Ritters mit ansieht; aber, mein teurer Herzog, wollt Ihr nicht jetzt endlich den geheimnisvollen Schleier lüften, in den sich dieser Kämpe gehüllt hat, denn Ihr seht, ich brenne vor Begierde, seinen Namen zu erfahren.“ – „Dazu,“ erwiderte der Herzog, „bin ich den Turniergesetzen gemäß nicht befugt; aber wenn Eure Majestät nunmehr zum Preisverteilen schreiten wollen, so wird wohl ohne Zweifel das Rätsel sogleich gelöst sein. Überdies hat der Sieger die Königin der Liebe und Schönheit zu ernennen, und wie ich sehe, warten unsere Damen schon ungeduldig, daß sie so lange in der Ungewißheit schweben müssen, welcher von ihnen der Preis zugeteilt wird.“ – „Ihr habt Recht,“ rief König Eduard. „Über meiner Neugierde hätte ich beinahe die Hauptsache vergessen.“ – Sogleich bat er nun die zwei Turniermarschälle, welche längst am Fuß der königlichen Galerie seiner Befehle harrten, den siegreichen Ritter herbeizuführen und zu gleicher Zeit gab Herzog Konrad einigen seiner höher Bediensteten einen Wink, das kostbare Rüstzeug und das noch kostbarere Schlachtroß, das er zum Siegespreis für heute bestimmt hatte, herzubringen. Letzteres war im Augenblick geschehen, denn man hatte natürlich Roß wie Rüstung in der Nähe parat gehalten und nicht viel länger dauerte es, bis die Marschälle den Ritter herbeibrachten, welcher inzwischen unter dem fast wahnsinnigen Beifallsgeschrei der großen Menge langsam die Schranken entlang geritten war. Sobald derselbe nun aber an den Stufen der Königs-Galerie angekommen war, sprang er vom Sattel und beugte ein Knie vor dem König, der ihm die Stufen herab entgegengegangen war. „Den Helm ab, den Helm ab!“ schrien nun sogleich Tausende von Stimmen; „wir wollen ihn sehen, der fünf der Tapfersten bezwungen.“ – „Auch ich hege denselben Wunsch,“ versetzte König Eduard mit liebenswürdiger Freundlichkeit, „doch will ich Euch nicht lange dazu zwingen, falls Ihr einen bestimmten Grund habt, noch länger unerkannt zu bleiben.“ – „Ich würde es für eine Anmaßung halten,“ entgegnete der Ritter bescheiden, „einem Wunsch Eurer Majestät nicht alsbald nachzukommen; nur möchte ich Euch sowohl, als den edlen Herzog von Burgund bitten, ein gutes Wort für mich einzulegen, wenn ein hochverehrter Anverwandter von mir im Zorn über meine hiesige Anwesenheit mich allzu hart anlassen sollte.“ – „Ich dir zürnen?“ schrie jetzt der alte Herr, den der Herzog von Burgund als Graf v. Valence angeredet hatte, indem er sich, soweit es die Schicklichkeit erlaubte, verdrängte. „Ich dir zürnen, Hugo v. Gröningen? Im Gegenteil, ich danke Gott auf den Knien, daß er dich mir zum Neffen geschenkt hat, denn sonst hätte heute die Ehre Frankreichs einen Makel erlitten, den der Loirestrom in hundert Jahren nicht abgewaschen hätte.“

Es lag etwas in dieser Rede, daß dem König von England gar bitter zu Herzen ging, aber er unterdrückte die heftige Gegenrede, die ihm schon auf der Zunge lag, und befahl sofort den beiden Marschällen, den Helm des Ritters zu lösen. Mit ungeheurer Spannung verfolgten alle Anwesenden die Lösung des Geheimnisses, denn obwohl das aufwallende Gefühl des Grafen v. Valence den Namen des Ritters bereits veröffentlicht hatte, so kannten doch die wenigsten den jungen Grafen persönlich. Darum, als nun ein edles, schönes, von blonden Locken umrahmtes Gesicht zum Vorschein kam, welches von der Glut der Scham übergossen war, klatschten alle unwillkürlich mit den Händen, und der Ruf: „Es lebe Graf Hugo von Gröningen!“ erscholl aus tausend Kehlen zumal. Endlich legte sich die ungeheure Aufregung etwas und König Eduard, der den kaum fünfundzwanzigjährigen Helden nicht ohne großes Wohlgefallen betrachtete, fand nun Gelegenheit, ihn wegen seiner bewiesenen Tapferkeit zu loben und ihm zugleich den kostbaren Siegespreis zu übergeben. „Befehlt, Herr Ritter, wohin man beides bringen soll,“ so schloß er seine Rede, „und nehmt zuletzt die Versicherung, daß ich nicht wenig stolz darauf wäre, wenn ich Euch einen Kommandostab in meinem Kriegsheer anbieten dürfte.“ – „Ich bin,“ erwiderte der junge Graf, der eine Antwort auf den letzten Teil der Rede König Eduards klug vermied, „ich bin in einer kleinen Herberge abgestiegen, denn wegen der strengen Befehle meines Oheims ging meine Absicht anfangs nur dahin, dem Turnier als Unbekannter zuzuschauen, und erst als Horace v. Salisbury alle anderen niederwarf, konnte ich mich nicht länger halten, ebenfalls eine Lanze mit ihm zu brechen. Erlaubt daher, daß ich den herrlichen Preis meinen Knappen ...“ – „Mitnichten, mein junger, tapferer Freund,“ unterbrach ihn da der Herzog von Burgund, ihm herzlich die Hand zum Gruß bietend, „sondern man bringe Pferd und Rüstung ins Schloß, wo der Sieger des heutigen Tages als mein hochgeehrter Gast zu wohnen nicht verschmähen wird.“ – „Recht so, mein teurer Herzog,“ rief der König von England, „und nun auf und zu Roß, Herr Hugo v. Gröningen, denn es gilt jetzt, die Königin der Liebe und Schönheit zu erwählen. Erhebt Eure Lanze, um die Krone zu empfangen, mit der Ihr dieselbe schmücken sollt.“

Natürlich gehorchte der Ritter augenblicklich und wie er nun die Lanze erhob, steckte König Eduard eine künstlich aus frischen Blumen geflochtene und mit goldenen Pfeilen geschmückte Krone daran, mit welcher der junge Graf sofort fortsprengte. In gestrecktem Galopp legte er den ganzen Umkreis innerhalb der Schranken zurück und schwang dabei die Lanze so geschickt, daß jeder die Krone bewundern konnte; dann aber zügelte er den Lauf seines Rosses, so daß sich dieses nur im langsamsten Schritt vorwärts bewegen konnte. Tat er dies nur um zu prüfen, welche unter den vielen Schönheiten, die auf den Galerien saßen, die würdigste sein möchte? Es schien dies kaum der Fall zu sein, denn so langsam er auch ritt, so stellte er doch keine Auslese an, sondern sein Blick hing von Anfang an nur an einem einzigen Punkt inmitten der großen Damengalerie, gegen welcher er auch sofort sein Pferd hinlenkte. Hier saß nämlich zwischen zwei älteren Damen ein junges Fräulein – dasselbe Fräulein, welches gestern der Graf v. Salisbury durch das Senken seiner Lanze begrüßt, und das diesen Gruß durch ein unwilliges Abwenden des Gesichts beantwortet hatte – und diese Jungfrau zeichnete sich nicht nur durch ihre auffallende Schönheit und ihren sehr reichen Anzug aus, sondern schien auch einen ziemlich hohen Rang in der Gesellschaft einzunehmen. Alle Augen richteten sich daher sogleich auf sie, als der Ritter sich der Galerie immer mehr näherte, denn gleichsam instinktmäßig errieten die meisten, daß er sie und keine andere zur Königin des Festes auserlesen werde, und merkwürdig – sie selbst schien von derselben Ahnung ergriffen zu sein. Vor wenigen Augenblicken nämlich noch hatte ihr Auge voll Bewunderung an ihm gehangen und es wäre ihr gar nicht möglich gewesen, den Blick von ihm zu wenden; nunmehr aber, als er näher und näher kam, wurde ihr Gesicht wie von Blut übergossen und ihr Auge suchte beharrlich den Boden, ohne sich wieder von diesem zu erheben. Jetzt hielt der Ritter vor dem erhöhten Sitz, den sie einnahm, und langsam senkte er seine Lanze, indem er die Blumenkrone zu ihren Füßen niederlegte; sowie er aber dies getan hatte, schmetterten die Trompeten einen fröhlichen Tusch und die Herolde verkündeten mit lauter Stimme, daß das hochedle Fräulein Thekla, Marquise v. Montpellier, für den nächsten Tag zur Festdame, d.i. zur Königin der Liebe und Schönheit, ernannt sei. Mit unendlichem Jubel wurde diese Ankündigung von den Zuschauern begrüßt und den Augenblick darauf sprengte der König von England mit dem Herzog von Burgund und in Begleitung sehr vieler Edlen herbei, um der Festkönigin ihre Huldigung darzubringen. Ja, als diese noch immer in der sichtbarsten Verwirrung befangen blieb, stieg der Herzog von Burgund sofort vom Roß und setzte ihr die Krone aufs Haupt, indem er zugleich befahl, die Pferde für die Damen vorzuführen, indem nun das heutige Turnier sein Ende erreicht habe.

So war es auch in der Tat und die hohen Herrschaften mit all den Rittern und Damen verfügten sich sofort in schönster Ordnung und anscheinend in größter Zufriedenheit zu ihren Quartieren in Chalons zurück, während die übrigen Zuschauer sich dahin oder dorthin zerstreuten; allein – daß der Schein nur zu oft trügen kann, das zeigte sich hier auf die überzeugendste Weise. Gleichwie nämlich das Feuer nicht selten unter der Asche fortglimmt und bei dem geringsten Luftzutritt in helle Flammen ausschlägt, so hatte sich auch der Zorn, welchen das heutige wie das gestrige Turnier zwischen den Franzosen und Engländern erzeugt hatte, keineswegs gelegt, sondern er war in Folge der Bemühungen des Königs Eduard und des Herzogs von Burgund, den äußeren Anstand zu wahren, nur unterdrückt und zurückgedrängt. Wie hätten denn die Ritter Frankreichs den Tod ihrer drei Besten und Edelsten je verschmerzen können, und wie wäre es umgekehrt den Rittern Englands möglich gewesen, über die Niederlage, die sie heute erlitten, nicht Rache zu brüten? So hielten denn Einzelne von beiden Parteien noch in tiefdunkler Nacht geheime Zusammenkünfte und berieten sich, wie sie es den anderen Tag bei dem allgemeinen Turnier halten wollten; Andere aber, die nicht so weit gingen, nahmen sich wenigstens vor, bei dem „Ensemble“ ihr möglichstes zu tun und ihre Gegner auf keine Weise zu schonen. Ja, man will sogar wissen, daß König Eduard selbst, bei welchem die Ruhe, die er zur Schau trug, auch nur eine künstliche war, im Sinn trug, wie ein gewöhnlicher Ritter mitzukämpfen, und nur durch die größten Anstrengungen seiner weiseren Räte davon abgebracht werden konnte! Doch sei dem, wie ihm wolle, so ist jedenfalls soviel gewiß, daß beide Parteien sich auf den dritten Turniertag mit ungewöhnlicher Sorgfalt vorbereiteten und daß selbst das bürgerliche Publikum demselben mit der größten Spannung entgegensah.

Endlich brach er an, dieser Tag, und in unabsehbarer Menge zogen die Zuschauer schon am frühesten Morgen auf die Ebene hinaus, auf welcher der Turnierhof errichtet war. Nicht minder großartig fiel der Zug der Ritter und Damen aus, und ein unparteiischer Chronikschreiber aus jener Zeit meint sogar, es hätten sich weit mehr Personen dabei beteiligt, als am ersten Tag, wo doch das Schauspiel noch neu gewesen sei. Besonders Auffallendes lag jedoch hierin nicht, wohl aber darin, daß sich bei weitem mehr Ritter zum Turnieren selbst einfanden, als man vorher vermutet hatte; Ja, daß sich sogar solche Herren bei den Turniervögten meldeten, deren ursprüngliche Absicht, wie man gewiß wußte, dahin gegangen war, sich nur als Zuschauer zu vergnügen, nicht aber am Kampf persönlich teilzunehmen! Es stand daher eine geraume Zeit an, bis alles geordnet war, denn jeder Mitturnierende wurde in ein großes Buch eingetragen und mußte sich zugleich erklären, auf welcher Seite er streiten wolle; selbstverständlich aber hatten die Turniervögte mit den Marschällen aufs genaueste dafür zu sorgen, daß auf keiner der beiden Parteien ein Ritter mehr oder weniger eingeschrieben werde, als auf der andern, sondern die Zahl mußte vielmehr auf jeder Seite die vollkommen gleiche sein. Endlich nach manchem Wortstreit, der nur zu oft beinahe zu Tätlichkeiten ausgeartet wäre, kamen die Turnierbeamten mit ihrem schwierigen Geschäft zu Ende und es handelte sich nun darum, daß jede Partei ihren Anführer ernenne, denn der Mêlée-Kampf stellte ja eine Schlacht vor und die beiden Armeen mußten also von je einem Kriegsobristen gelenkt werden. Solches war übrigens bald geschehen. Obgleich nämlich auf jeder Seite nicht weniger als hundertfünfzig Ritter (eine Zahl, die sicherlich ums dreifache größer war, als bei sonstigen Turnieren) standen, so herrschte doch weder bei den Engländern, noch bei den Franzosen irgend eine Meinungsverschiedenheit vor, sondern die einstimmige Wahl der Ersteren fiel auf Horace, Graf von Salisbury, und die der Letzteren auf den Grafen Hugo v. Gröningen, den Sieger im gestrigen Turnier. Sobald nun dies geschehen war, wurden die beiden hohen Herren, der König von England und der Herzog von Burgund, davon benachrichtigt, und dieselben beeilten sich sofort, die Markgräfin Thekla v. Mömpelgard, als die erwählte Königin der Liebe und Schönheit, unter dem Schmettern der Musik auf ihren mit frischen Blumen geschmückten Thron zu führen. Dieser Moment konnte als der schönste des ganzen Festes gelten, denn wie eine himmlische Erscheinung schritt die wundersam geputzte, junge Dame zwischen den beiden Fürsten über die Stufen hinan, und in der Begeisterung hierüber erhoben sich alle Anwesenden, die Herren wie die Damen, von ihren Sitzen, um sich unter dem Jauchzen der großen Menge nicht eher wieder niederzulassen, bis die Festkönigin zwischen ihren hohen Führern (diese sollten ihr als Beistand bei Ausübung ihres Amtes dienen) Platz genommen hatte. Kaum aber war dies geschehen, so säuberten die Marschälle mit ihren Assistenten den Platz innerhalb der Schranken von allen Eingedrungenen und auf einen Wink der Königin gab die Musik das Zeichen, daß die beiden Kriegsparteien nunmehr auf den Kampfplatz rücken könnten.

Das war nun abermals ein wundersamer und überaus imposanter Anblick. Man bedenke nur, von zwei Seiten her stellten sich hundertfünfzig, von Kopf bis Fuß in Stahl gehüllte Reiter einander gegenüber und einer sah kräftiger, männlicher und ritterlicher aus als der andere! Die meisten Blicke aber zogen doch die beiden Führer auf sich, welche von der Front ihrer Mannen auf- und absprengten, um alles aufs genaueste zu ordnen und erst, als eine schnurgerade Linie hergestellt war, ihren Platz in der Mitte derselben einnahmen. Auf sie, das wußte man wohl, auf sie kam ja doch die Hauptsache an, und wer von ihnen beiden den andern schließlich besiegte, der entschied damit auch das Schicksal des Tages!

Unbeweglich, einer ehernen Mauer gleich, und die ganze Breite des Turnierhofes ausfüllend, hielten die beiden Linien einander gegenüber, die Engländer am südlichen Ende der Schranken und die Franzosen am nördlichen; da erhoben sie aufs Kommando ihrer Führer die Lanzen und machten sich zum Kampf bereit. Ein Moment noch – die Festkönigin winkte mit ihrem Stab; im selben Augenblick aber schmetterten die Trompeten zum Angriff und die an den beiden Portalen aufgestellten Marschälle gaben mit donnernder Stimme die Losung zum Streit. Ha, wie sie nun die Lanzen gegeneinander senkten, die hundertfünfzig Ritter von jeder Partie! Wie sie ihren Rossen die Sporen in die Seite drückten, daß diese von der ruhigsten Haltung urplötzlich in die schnellste Carrière übergingen und wie sie endlich im Mittelpunkt der Schranken so furchtbar aufeinander stießen, daß man das donnernde Krachen mehr als eine halbe Stunde weit hörte! Im ersten Augenblick übrigens konnte man nicht unterscheiden, welche Folgen dieser gräßliche Zusammenstoß hatte, denn es erhob sich durch das Stampfen der dreihundert Pferde eine so dichte Staubwolke, daß der ganze Gesichtskreis verdunkelt wurde; aber wie sich nun die Wolke nach und nach verzog und man den Schauplatz des Gefechts überschauen konnte – welch furchtbare Veränderung war da nicht in dieser so kurzen Zeit mit einem nur allzu großen Teil der Ritter vor sich gegangen! Mit wogenden Helmbüschen, in glänzender Rüstung, auf feurigen, frischen Pferden hatte man sie in die Schranken einziehen sehen und jetzt – jetzt, nach wenigen zehn oder fünfzehn Minuten, saßen nur noch kaum die Hälfte im Sattel, während die anderen entweder in trauriger Hilflosigkeit am Boden lagen oder aber sich von ihrem Sturz aufgerafft hatten und nun zu Fuß weiter kämpften! Von einem Streit in geordneter Kampflinie war aber natürlich jetzt keine Rede mehr, sondern jeder suchte sich nach Willkür und Belieben einen Gegner aus und griff sofort , wenn er mit diesem fertig geworden war, einen andern an. Ja, oft gingen zwei oder drei auf einen und denselben los, obwohl dies für keine besonders ehrenwerte Kampfweise galt, allein in der Hitze und Aufregung nahm man es mit den Regeln oft nicht so genau, und heute schienen die Fechtenden ohnehin von einem ganz ungewöhnlichen Eifer beseelt zu sein. Bald dehnte sich der Kampf über den ganzen Turnierhof aus, indem er sich gleichsam in lauter Einzelduelle auflöste, oder auch drängten sich verschiedene Gegner zusammen, und man focht in Gruppen von Dutzenden oder noch mehreren; die zwei einzigen Waffen aber, deren man sich nach einer Viertelstunde noch bediente, waren das Schwert und die Keule, denn die Lanzen lagen natürlich längst in kleine Stücke zersplittert am Boden.

Und immer grausamer entwickelte sich die Schlacht und rechts und links flogen die Hiebe, als befinde man sich im heftigsten Krieg, oder als gelte es Leben, Ehre und Freiheit zu verteidigen. Bald waren die glänzenden Rüstungen über und über mit Staub und Blut bedeckt und die prangenden Helmbüsche hingen zerstückelt das Haupt. Da und dort streckte ein Roß alle Viere von sich, weil es soeben erschlagen worden war, und daneben lag vielleicht sein Herr, ebenfalls zum Tod verwundet und vergeblich bemüht, sich aus dem Gewühl zurückzuziehen. Dennoch aber ließen die Ritter, die noch zu Roß saßen oder wenigstens gesunde Gliedmaßen hatten, auch nicht einmal eine Pause von einem Augenblick eintreten, sondern im Gegenteil, je länger das Gefecht dauerte, um so mehr schien sich ihre Wut zu steigern. „Hie Frankreich und Burgund!“ schrien die einen; „hie England und König Eduard!“ die andern und jeden Schrei begleiteten so laut rasselnde Streiche, daß das Gestöhn der Verwundeten und Sterbenden vollkommen davon übertönt wurde. In der Tat, in einer Feldschlacht konnte es nicht wilder, toller und blutiger zugehen, denn offenbar hatten es die beiden Parteien nicht bloß darauf abgesehen, sich miteinander zu messen, sondern vielmehr darauf, den Gegnern eine vollständige, ja, eine tödliche Niederlage zu bereiten!

Wie benahmen sich nun aber die Zuschauer bei diesem Kampf? Wandten nicht die Gebildeteren unter ihnen den Blick voll Abscheu ab und fielen nicht wenigstens die Zartbesaiteteren unter den Damen in Ohnmacht? Nichts von alledem sondern im Gegenteil sahen alle ohne Ausnahme, der gemeine Mann wie der Höchstgestellte, der rohe Krieger wie das zarte Fräulein, der furchtbaren Szene mit der außerordentlichsten Teilnahme zu, und wenn auch hier und da einem gepreßten Herzen beim Sturz dieses oder jenes Ritters – vielleicht eines nahen Verwandten oder Freundes – ein Schrei der Angst entfuhr, so gehörte solches doch nur zu den Ausnahmefällen. Man wußte damals gar nicht anderes, als daß ein Turnier ohne ein bißchen Blut und verschiedene Gliederbrüche gar nicht abgehen könne, und – je grausamer und furchtbarer die Turnierenden dreinschlugen, um so besser unterhielt man sich und um so größer war das Gaudium. Darum verfolgt man auch jede tapfere Tat mit lautem Beifallsruf und selbst die Damen konnten sich oft nicht enthalten, mit den Händen zu klatschen oder mit den Tüchern zu wehen, wenn wieder einer seinen Gegner zu Fall gebracht hatte.

Doch so großes Interesse auch jeder der dreihundert Kämpfer in seiner Art erregte, so war doch die Hauptaufmerksamkeit der Zuschauer auf die beiden Anführer gerichtet und man ließ sie schon deshalb nie aus den Augen, weil man wußte, oder doch wissen wollte, daß beide geschworen hatten, diesmal auf Leben und Tod miteinander zu kämpfen und nicht eher nachzulassen, bis der Eine oder der Andere gefallen sei. Eigentümlicherweise übrigens kam es längere Zeit nicht zu diesem mit so großer Sehnsucht erwarteten Zweikampf, obwohl dies weder in der Schuld Hugos v. Gröningen, noch in der Horace's v. Salisbury lag. Im Gegenteil suchten sich diese beiden von Anfang an mit der heftigsten Begierde auf, allein das Geschick war mächtiger als der Wille. Zwar allerdings beim ersten Rennen, als jede Partei nur eine einzige Schlachtlinie bildete, hatten sie, weil jeder von ihnen seinen Platz in der Mitte der Linie hatte, einen Lanzenstoß miteinander gewechselt, der übrigens weder den einen noch den andern zum Wanken brachte; aber nachher wurden sie durch das Gedränge der Kämpfenden völlig auseinander gerissen und längere Zeit schlugen alle Versuche, sich zu treffen, durchaus fehl. Gar mancher nämlich meinte, sich besonderen Ruhm zu erwerben, wenn er einen Schwerthieb gegen den Anführer der Gegenpartei führe und so sah sich sowohl Horace v. Salisbury wie Hugo v. Gröningen alle Augenblicke in ein neues Gefecht verwickelt. Freilich verstanden sie es regelmäßig, sich ihrer Gegner zu entledigen und oft überwanden sie dieselben schon nach wenigen Gängen, indem ihnen kein Einziger der Mitturnierenden gewachsen war; allein einen Aufenthalt natürlich verursachte jeder dieser Kämpfe, auch der schnellst vorübergehende und in Folge dessen wurde die Begegnung zwischen dem Briten und dem Deutschen ungemein lange hinausgeschoben. Doch endlich, als schon mehr denn zwei Dritteile, entweder weil sie sich für besiegt erklärt hatten oder weil sie ein tödlicher Streich getroffen, aus den Schranken gebracht worden waren, gab es Luft und nun fanden sich die beiden Anführer auf einmal. Jeder von ihnen führte Schwert und Lanze und jeder saß noch hoch zu Roß, was sonst bei nur noch wenigen der Fall war; allein muß zugegeben werden, daß das Tier, welches Salisbury ritt, bei weitem nicht mehr das Feuer und die Kraft zeigte, wie das des Grafen v. Gröningen. Natürlich, denn die Last des riesigen Engländers drückte schwer auf dem Pferd, so daß dieses notwendig früher ermüden müßte, als das des viel leichteren Deutschen, und außerdem ritt Letzterer das herrliche, an Schnelligkeit, Ausdauer und Kraft unüberwindliche Schlachtrosse, das er gestern zum Siegespreis erhalten hatte. Insofern also war Hugo v. Gröningen im Vorteil; aber in anderer Beziehung stand er im Nachteil, indem eine Lanzenspitze seinen Harnisch durchbohrt und ihm an der Seite eine zwar nicht gefährliche, aber auch nicht unbedeutende Wunde beigebracht hatte, während Horace v. Salisbury noch so heil und gesund war, wie vor dem Beginn des Turniers. Man durfte also wohl mit Recht annehmen, daß keiner der beiden Kämpen vor dem andern etwas voraus habe, und wenn somit einer am Ende den Sieg davon trug, so hatte er dies nicht dem blanken Zufall, sondern seinem größeren Mut, seiner größeren Kraft, seiner größeren Gewandtheit zuzuschreiben. Gerade aus diesem Grund aber wurde die Teilnahme der Zuschauer aufs höchste gespannt und die ganze große Versammlung, die doch aus vielen Tausenden bestand, beugte sich, als der Kampf zwischen Horace v. Salisbury und Hugo v. Gröningen begann, voll Neugierde und Aufregung vor, um besser sehen und genauer betrachten zu können. Ja noch mehr – die sämtlichen noch innerhalb der Schranken Mitturnierenden, ihrer wohl mehr als vierzig Paare, die sich bisher mit der größten Hartnäckigkeit zu Leibe gegangen waren, gaben, als sie sahen, was jetzt kam, sofort ihren Streit auf und wurden von nun an ebenso aufmerksame Zuschauer, wie ihre Genossen auf den Galerien. Stillschweigend, ohne weitere Verabredung, waren sie übereingekommen, die Entscheidung des ganzen Kampfes nur allein den Führern zu überlassen, und es sollten diejenigen, deren Feldherr unterliege, sich ohne Widerrede sämtlich ebenfalls für besiegt erklären. Hieraus ersieht man, welch ungeheures Interesse an dem Duell der beiden Helden hing, allein deswegen sollte doch die Entscheidung nicht lange auf sich warten lassen, und zwar fiel sie gegen den Anführer der Englischen aus.

Am Anfang allerdings schien es, als ob die offenbar viel wuchtigere Kraft des riesigen Salisbury den weit jüngeren und schmächtigeren Deutschen erdrücken werde; allein der Letztere entwickelte seinerseits eine solche Gewandtheit und Sicherheit, daß das Gleichgewicht völlig dadurch hergestellt wurde. So wechselten sie denn wohl zehn Minuten lang Schwerthiebe um Schwerthiebe, ohne daß Einer von ihnen einen sichtbaren Vorteil erlangte und wenn man jetzt glaubte, der Streich, zu welchem Salisbury soeben ausholte, müßte den Gröningen zermalmen, so zeigte der nächste Augenblick schon, daß derselbe mit vollendeter Reitkunst sein vortreffliches Roß noch zu rechter Zeit auf die Seite geworfen habe und so der furchtbaren Gefahr entgangen sei. Umgekehrt aber fing offenbar der Engländer an, zu ermüden, denn der v. Gröningen setzte ihm bald von dieser, bald von jener Seite zu und ließ ihn fast gar nicht mehr zu Atem kommen. Demgemäß faßte Salisbury den Entschluß, der Sache mit einem Mal ein Ende zu machen, nahm sein wohl fünf Fuß langes und drei Zoll breites Schwert in beide Hände, drückte seinem schweren Roß beide Sporen in den Leib, daß es wie toll auf sein Ziel losrannte, und führte nun einen so mächtigen Streich wider seinen Gegner, daß diesem notwendig der Kopf gespalten worden sein würde, wenn er getroffen worden wäre. Doch – was der Untergang des deutschen Ritters werden sollte, wurde sein Glück, denn eben als Salisbury zum Hieb ausholte, stolperte sein müdes Roß über einen Helm oder ein sonstiges Rüststück, deren viele Dutzende auf dem Boden herumlagen, und fiel, weil sein Reiter es nicht im Zügel hatte, mit furchtbarem Krach zu Boden. So ging nicht bloß der beabsichtigte Streich verloren, sondern Salisbury kam unter seinem Pferd zu liegen, so daß ihn jedermann für verloren hielt. Allein noch war es nicht so weit. Kaum nämlich war Roß und Reiter zusammengestürzt, und zwar so heftig, als ob keines je mehr aufstehen könnte, so arbeitete sich der gewaltige Krieger auch schon wieder unter dem Pferd hervor, sprang mit einer Gewandtheit, die man ihm nicht zugetraut hätte, auf seine Füße, ergriff sofort, weil er sein Schwert im Fall verloren hatte, die eiserne, am Sattelgurt hängende Keule und schwang dieselbe um den Kopf, als wäre sie nur ein leichtes Stäbchen. Alles dies war das Werk eines Augenblicks; doch hätte sicherlich der Graf v. Gröningen die Sache verhindern können, wenn er nur anders gewollt hätte; allein er war ein allzu ritterlicher Held, als daß er den Vorteil, den ihm der Sturz seines Feindes gewährte, benützen mochte, und diesem seinem ritterlichen Geist folgend, ließ er dem Gegner nicht nur Zeit, aufzustehen, sondern sprang sogar selbst vom Pferd, um gar keinen Vorteil vor ihm voraus zu haben. Ein ungeheurer Beifallssturm, in den sogar diesmal nicht wenige Engländer einfielen, belohnte ihn für diesen fast außerordentlichen Edelmut, und wenn der Graf v. Salisbury von demselben hohen Geist beseelt gewesen wäre, so würde er nun wohl den Kampf aufgeben und sich für besiegt erklärt haben. Daran dachte er jedoch keinen Augenblick. Im Gegenteil war seine Wut durch den Sturz nur noch vermehrt worden und er drang nun mit einer solchen Heftigkeit auf seinen Gegner ein, daß dieser die gewaltigen Streiche kaum mit seinem Schild parieren konnte. Allein eben dieser Ungestüm bereitete dem Grafen seinen Untergang, denn er arbeitete sich dadurch allzusehr ab, während die Kräfte des von Gröningen gänzlich geschont blieben. Nachdem also der Graf von Salisbury sich wohl eine Viertelstunde lang vergeblich angestrengt hatte, den Grafen v. Gröningen mit seiner furchtbaren Keule niederzuschlagen, drehte dieser auf einmal die Art des Gefechtes um, indem er urplötzlich von der bloßen Verteidigung zum heftigsten Angriff überging. Hageldicht fielen nun seine Streiche und – wahr und wahrhaftig, eine solche gewaltige Kraft hätte der v. Salisbury dem noch so jungen Gegner nicht zugetraut. Mit einem einzigen Hieb wurde der Schild des Engländers zerschmettert und ein anderer Hieb schlug ihm den Helm fast durch und durch, so daß der riesige Mann wie betäubt in seine Knie sank. „Ergebt Euch," schrie jetzt der Graf v. Gröningen, „oder Ihr seid ein Mann des Todes." Doch noch einmal raffte sich der furchtbare Kämpe empor und schleuderte seine Keule mit einer solchen unwiderstehlichen Wucht gegen den Anderen, daß dieser sicherlich zu Boden gestürzt wäre, wenn er sich nicht durch seinen Schild zu schützen verstanden hätte. So aber hielt er sich fest auf den Beinen und von Neuem ausholend, brachte er den Grafen v. Salisbury durch einen nochmaligen Hieb auf den bereits halb gespaltenen Helm so vollständig zu Fall, daß derselbe wie tot dalag und das Blut gleich einem Bächlein unter ihm hervorschoß.

Nunmehr war der Kampf entschieden, denn die Engländer, welche noch unbesiegt innerhalb der Schranken standen, begehrten denselben nicht fortzusetzen, sondern erklärten sich freiwillig für überwunden. Welche Opfer aber hatte der furchtbare Streit gekostet! Nicht weniger als siebenundzwanzig Ritter, nämlich vierzehn Franzosen und dreizehn Engländer, und darunter manche sehr hochgestellte Herren, waren in diesen drei Tagen auf dem Platz geblieben und mehr als noch einmal so viele hatten so schwere Wunden erhalten, daß sie sich zeitlebens nicht mehr davon erholten. Ja, was noch weit mehr ins Gewicht fiel, der Haß zwischen Engländern und Franzosen, der kaum etwas gedämpft war, wurde durch dieses Waffenspiel von Neuem angefacht und brach bald nachher in einem Krieg, der sich in Folge dessen entzündete, zu hellen Flammen aus! Trotz alledem aber entstand ein unbeschreiblicher Jubel, wie der Graf v. Gröningen seinen Gegner geworfen hatte, und dieser Jubel steigerte sich noch, wenn irgend möglich, als derselbe, nachdem er sein Roß wieder bestiegen, vor den Thron der Königin der Schönheit und Liebe hinsprengte, um sich sofort von ihr, zum Zeichen seines Sieges, einen goldenen Lorbeerkranz auf dem Helm befestigen zu lassen. Was soll ich aber erst von den Festlichkeiten sagen, die dann noch folgten? Soll ich vielleicht von dem Bankett erzählen, auf welchem der Sieger der Ehrenplatz neben der Königin der Schönheit zwischen dem König von England und dem Herzog von Burgund eingeräumt wurde? Oder vom Preisverteilen, das ihm eine schöne Baronie und einen herrlichen Marstall eintrug? Oder endlich vom Tanz, bei welchem Thekla v. Mömpelgard den Reigen führte, und nicht „Nein“ sagte, als er sie um ihre Hand fürs ganze Leben bat? Am besten ist es wohl, ganz darüber zu schweigen und nur noch hinzuzusetzen, daß das Turnier von Chalons in den Geschichtsbüchern der Ritterschaft stets als eines der großartigsten Waffenspiele, welches je abgehalten wurde, gegolten hat.

Doch – genug nun von den Turnieren!

Siebtes Kapitel

Die fahrende Ritterschaft

oder

Abenteuer des Ritters Georg von Ehingen

Gebot ist es nun für uns, auch noch einer besonderen Gattung von Rittern zu gedenken, nämlich der sogenannten „fahrenden Ritter", welche ihren Namen daher hatten, daß sie beständig „auf der Fahrt und Wanderung" begriffen waren, statt als ehrsame Ehemänner bei ihrer Familie auf einer alten Ritterburg zu leben und da ihre Kinder zu erziehen. Gar manche Grafen, Barone und Edelhofbesitzer nämlich, die sich mit vielen Söhnen gesegnet sahen, konnten unmöglich einen jeden mit einem Rittergut bedenken, sondern mußten es versuchen, dieselben anderweitig zu versorgen. Doch – wie? Das war die schlimme Frage. Allerdings wenn solch ein jüngerer Sohn einwilligte, in den Priesterstand zu treten, so konnte er gewiß sein, es recht bald zum Prior, Abt oder gar Bischof zu bringen, und leibliche Sorgen hatte er dann keine mehr; aber – ein „beliebter" Ausweg, wenigstens für die jungen Herrensöhne, war das Priesterwerden nicht und die meisten derselben suchten daher nach einem anderen Nährstand. „Ich habe das Waffenhandwerk aus dem Grunde gelernt," sagten da Hunderte zu sich selbst, „und sollte denn dieses Handwerk nicht im Stande sein, mir mein Fortkommen zu sichern? Ja, sollte ich mir als Krieger und Ritter nicht Geld und Gut zugleich mit Ehre und Ruhm erwerben können?" Der Gedanke war gut, wenn sich das Vaterland gerade in Krieg verwickelt sah, aber – zu Friedenszeiten? Ach, damals gab es noch keine stehenden Heere und man konnte also auch nicht „auf eine Offiziersstelle im Frieden" reflektieren. Doch wenn auch das „eigene" Vaterland, der „eigene" Landesheer mit seinen Nachbarn in der größten Einigkeit lebte, und also keine Soldaten brauchte, gab es denn nicht auch noch „andere" Landesherren und „andere" Vaterländer? Irgendwo in der Welt mußte es doch Händel absetzen, denn zu welchem Zeitpunkt wäre es je vorgekommen, daß „alle" Menschen in Liebe und Frieden miteinander ausgekommen wären? Ja sicherlich, „irgendwo" gab es Krieg und wo es Krieg gab, da waren tapfere Ritter willkommen. Hinaus also aus dem Vaterhaus, hinaus in die Welt und fort in fremde Länder! Was sollte Einer sein ritterliches Schwert in der Scheide verrosten lassen, wenn es Fürsten und Könige gab, die tapfere Taten mit Gold aufwogen und kühne Ritter, auch wenn diese von der fernsten Ferne kamen, wie liebe Gäste und Hausfreunde aufnahmen?

Auf diese Weise entstanden die fahrenden Ritter und man zählte ihrer bald viele Tausende in Europa. Sie zogen den Kriegen und den Abenteuern nach und versuchten, weil sie von Haus aus meist arme Gesellen waren, auf diese oder jene Weise ihr Glück zu machen. Doch dieses letztere war nicht der einzige Beweggrund, sondern sehr viele erachteten es geradezu für die Pflicht eines christlichen Ritters, verschiedene Jahre der Jugend „dem fahrenden Rittertum" zu widmen. Sie sagten sich nämlich, daß es keineswegs genug sei, wenn ein adeliger Jüngling sich zu einem geschickten und mutigen Krieger ausbildet, wenn er sich Ausdauer in Beschwerden und Gefahren erwirbt und mit solchen körperlichen Vorzügen einen geraden, ehrlichen, rechtschaffenen und biederen Charakter verbindet. Nein, das genügte ihnen nicht, sondern sie erklärten jeden echten Ritter für verpflichtet, den Unterdrückten, wo er sie finde, beizustehen und alles Unrecht an jedem, der es begehe, zu strafen. Insbesondere hatten, nach ihrer Ansicht, alle Waisen und Minderjährigen das Recht, die Hilfe eines Jeden, der die goldenen Sporen trug, auch wenn derselbe in einer entfernten Gegend wohnte, in Anspruch zu nehmen und sogar von ihm zu verlangen, daß er Blut und Leben für sie aufopfere; das allerausgezeichnetste Vorzugsrecht aber gebührte den Damen, den verheirateten wie den ledigen oder verwitweten, den jungen und schönen, wie den häßlichen und alten. Sie waren ja ohne Waffen, um sich damit gegen freche Übergriffe im Besitz ihres Vermögens und Eigentums sichern zu können; sie besaßen keine Mittel, um ihre von irgend einem Bösewicht angegriffene Unschuld zu verteidigen, und nur zu oft würde ihr Grundbesitz einem ungerechten, aber mächtigen Nachar zum Raub geworden oder müßte ihre Ehre falschen Beschuldigungen unterlegen sein, wenn nicht die Ritter stets in Bereitschaft gewesen wären, sich zu ihrer Verteidigung zu rüsten. Frisch also aufs Pferd und die Lanze in die Hand genommen, denn so Einer sich dieser Pflicht entziehen wollte, so hieße das nichts Anderes, als eine geheiligte Schuld unbezahlt lassen und ein Solcher würde sich für den Rest seiner Tage ehrlos machen!

Solche Grundsätze galten unter der Ritterschaft, besonders unter der jüngeren und darf man sich nun noch darüber wundern, daß es eine große Menge von „fahrenden Rittern“ gab? Ihre Aufgabe war es ja, als Rächer der Ungerechtigkeit in die Welt hinauszuziehen und den giftigen Drachen der Arglist, der Verleumdung und der Bosheit allüberall zu bekämpfen! Überdies wurde Einer nicht erst dadurch zu einem wirklichen und vollkommenen Ritter herangebildet, daß er entfernte Länder und fremde Höfe besuchte und dort durch Krieg und Turnier das lernte, was ihm bis jetzt noch gefehlt hatte? Dann erst konnte man sich die feinsten und kühnsten Fechterwendungen aneignen, wenn man andere sah, die sich in der Turnierkunst einen Namen gemacht hatten! Dann erst wußte man zur Genüge, wie die Lanze zu führen sei, wenn man Schlachten mitmachte, in welchen berühmte Eisenreiter mitkämpften! Um nun aber für Jedermann kenntlich zu sein und allen Hilfsbedürftigen kund zu tun, daß man da sei, kleideten sich die fahrenden Ritter meistens „in Grün“, d.h. sie hatten einen kleinen, grünbemalten Schild am Hals hängen oder trugen einen hohen, grünen Busch auf dem Helm – denn Grün ist ja die Farbe der Hoffnung und des Mutes – und außerdem stand auf dem großen Schlachtschild, welchen ihnen ihr Knappe nachtrug, immer ein entsprechender Sinnspruch. Mit sonstigen Dingen dagegen, die ein jetziger Reisender nur zu notwendig braucht, als da sind: Kleider, Weißzeug, Schuhe, Lebensmittel und besonders Geld, pflegten sie sich meistens nicht allzu sehr zu beschweren, da sie dies Alles unterwegs in üppiger Fülle trafen und zudem -—was wußte man in jener Zeit viel von Reisekoffern, Gasthöfen und was dergleichen mehr ist? Man kehrte eben im nächsten besten Burghof ein und durfte sicher sein, nicht nur mit allen möglichen Merkmalen der Sorgfalt und Achtung aufgenommen, sondern auch mit jeglichem Ding, dessen man bedurfte, aufs freigiebigste versehen zu werden. Eben aus diesem Grund ließen sich viele Barone, Grafen und sonstige Schloßbesitzer große, glänzende Helme über die Tore ihrer Schlösser setzen, gleichsam als Zeichen und Merkmal für alle vorüberziehenden Ritter, daß sie hier stets angenehme und wohl aufgehobene Gäste sein würden und daß der Besitzer der Burg es sich zur Ehre schätze, sie mit aller nur erdenklichen Freigiebigkeit bei sich aufzunehmen. Ja, daran war es noch nicht einmal genug, sondern ein jeder Burgherr, absonderlich wenn er der Glücksgüter viele besaß, verehrte seinem ritterlichen Gast beim Abschied noch ein bald wertvolleres, bald geringeres Andenken, wie z.B. Waffen, Kleider, Pferde oder gar Geld, und selbst die allervornehmsten Adeligen besannen sich nicht einen Augenblick, dergleichen Geschenke anzunehmen. Betrachtete man sie doch nicht als „Almosen", nicht als „Gaben der Reichen für die Armen", sondern als ein „Recht, das man in Anspruch zu nehmen habe", weil jeder Ritter, er sei vom höchsten oder niedrigsten Stand gewesen, den Grundsätzen des Rittertums gemäß verpflichtet war, mit dem Andern zu teilen! Zum Beweis hierfür will ich bloß ein einziges Beispiel anführen, ob mir gleich deren hunderte und tausende zu Gebote stünden, allein dieser einzelne Fall ist so bezeichnend, daß er hinlänglich genügen wird. Als nämlich im Jahr 1387 der eben so mächtige wie reiche Herzog Philipp von Burgund, dessen Besitztümer größer waren, als die des Königs von Frankreich, seines Lehnsherrn, auf der Rückkehr von einem Kreuzzug gegen den König von Kastilien durch eine Stadt, welche dem Grafen v. Foix gehörte, kam, lud ihn der besagte Graf nicht nur auf sein Schloß ein und bewirtete ihn da drei Tage lang aufs freigiebigste, während er dessen Gefolge – und es waren im Ganzen mehr als tausend Leute – auf seine Kosten in der Stadt einquartierte, sondern er machte auch jedem Ritter beim Abschied ein ansehnliches Präsent und vergaß selbst die Knappen nicht. Dem Herzog dagegen ließ er von dreien seiner Höchstbediensteten, den Rittern Espaing von Lyon, Peter von Campestan und Menault von Noailles, an der Grenze von Bearn, bis wohin ihm die drei Ritter das Geleit geben mußten, zwei Reitpferde, zwei Paradepferde und zehn Maulesel nebst zehntausend Franken in Gold, „weil der kastilianische Krieg viel Geld gekostet haben werde", überreichen und der Beherrscher von Burgund nahm das Geschenk ohne Weiteres an. Wenn nun aber solch hochgestellte Herren von untergeordneten Adeligen, die ihnen sonst gänzlich fremd waren, derlei Präsente annehmen, wird man es dann den ärmeren Rittern verübeln können, wenn sie ohne zu zaudern das in die Taschen steckten, was ihnen eine freigiebige Hand bot? Hatte dagegen vollends Einer dieser fahrenden Paladine einem Fürsten oder sonstigen hohen Herrn, sei es im Krieg, sei es auf sonstige Weise, einen Dienst erwiesen, ei dann verstand es sich ganz von selbst, daß man ihn nicht bloß mit einer goldenen Börse, einem schönen Kleid, einer Rüstung oder einem Pferd abspeiste, sondern daß man ihm irgend ein einträgliches Hofamt übertrug oder ihn auch mit einem Rittergut bedachte, das den bisher Besitzlosen auf einmal in einen Baronieinhaber verwandelte. Ja nicht selten ereignete es sich sogar, daß Dieser oder Jener zum Lohn für seine Tapferkeit mit der Hand einer reichen Erbin bedacht wurde, wie z.B. der ritterliche aber blutarme Clignet von Brabant mit derjenigen der Gräfin von Blois, oder daß eine vornehme Dame einem Ritter, der ihr tapferen Beistand geleistet, sich selbst zur Gemahlin antrug, wie Isabella von Juliers dem edlen Eustach von Aubertícourt und Thusnelde, die einzige Tochter des Grafen Rurich von Röhrenfurth dem tapferen Herrmann Riedesel, dem Stammvater des jetzt noch blühenden Hauses derer von Riedesel!

Unter solchen Umständen konnte es nicht fehlen, daß es der fahrenden Ritterschaft nie, wenn ich so sagen darf, an Rekruten mangelte, denn die Erzählungen von dergleichen Glücksfällen machten mit Windeseile die Runde durch alle Länder Europas und entzündeten in Vielen die Sehnsucht, es ebenfalls so weit zu bringen. Überdies hatte ja das abenteuerliche Leben, welches die „Landstörzer“ (so nannte man in Deutschland in alten Zeiten die fahrenden Ritter) führten, ohnehin viel Anziehendes; wie hätte also ein lebenskräftiger junger Ritter es vorziehen mögen, auf der alten Burg bei Vater und Mutter still zu liegen und die Zeit mit Jagen und Trinken oder gar der Bebauung des Ackers hinzubringen, statt in die Welt hinaus zu ziehen, Geld und Geldeswert zu gewinnen und seinen Namen weit und breit bekanntzumachen? Um nun übrigens meine Leser mit dem Tun und Treiben der fahrenden Ritter ganz und gar vertraut zu machen, will ich ihnen die Lebensgeschichte eines derselben auftischen und zwar die des berühmten Georg von Ehingen, welcher wegen seiner vielen Reisen und Abenteuer „der Wundersame“ genannt wurde, und diesen Namen auch in der Tat verdiente.

Geboren wurde Georg im Jahre 1418 auf dem Schloß Hohenentringen, das zwischen den Städten Herrenberg und Tübingen auf einem ziemlich steilen Berg am Saum des Schönbuchwaldes im Schwabenland gelegen ist und damals seinen Eltern und Geschwistern als Wohnsitz diente. Übrigens nicht bloß sie hatten ihren Sitz daselbst, sondern außer ihnen noch vier weitere adelige Familien, welche zusammen nicht weniger als hundert Söhne und Töchter hatten, eine Sache, die gewiß nicht alle Tage vorkommt. Dem Ritter Rudolph v. Ehingen nämlich, dem Vater Georgs, gebar seine Ehefrau Agnes, eine geborene Truchseß von Heimertingen, neunzehn Kinder, der Ritter Hans v. Hailfingen und seine Gattin, eine geborene v. Nippenburg, bekamen deren zwanzig, der Ritter Markus v. Hailfingen und seine Frau Ursula, eine geborene v. Kab, einundzwanzig, und endlich der Ritter Hugo v. Gültlingen mit seiner Ehewirtin Barbara, einer geborenen v. Enzberg, ebenfalls einundzwanzig, zusammen also hundert lebendige und lauter gesunde Kinder. So überaus groß und ungewöhnlich nun aber auch dieser Kindersegen war, so hätten doch die Eltern um keinen Preis auch nur Eines derselben hergegeben, sondern sie widmeten sich vielmehr ihrer Erziehung mit aller Liebe und Sorgfalt, und die Kinder wuchsen heran, wie es in der alten Chronik, der diese Geschichte entnommen ist, heißt: „fröhlich und züchtig unter der Gnade Gottes, in Kraft, Zierlichkeit und guten Sitten.“ Besonders auf die Ausbildung der Buben wurde viel Zeit verwandt, indem die fünf Ritter, die alle zusammen nebst den Frauen in guter Liebe und Eintracht miteinander hausten, sich bestrebten, die Kräfte derselben schon sehr früh zu entwickeln und mit ihnen jede ritterliche Übung vorzunehmen, mit der sie selbst vertaut waren. Die Schule war also eine vortreffliche, und überdies fehlte es nicht an der Anspornung zum Wetteifer, denn es waren ja der Jungen eine Menge da und Jeder suchte es natürlich dem Andern zuvorzutun. So lernte denn der Georg sehr genau, wie man sich der Armbrust zu bedienen habe und im Ringen und Schlagen, sowie im Werfen, Stechen, Reiten und Rennen übertraf ihn kein Einziger von allen seinen Brüdern und Kameraden. Aber freilich von morgens bis abends war er auch auf den Beinen und von Ermüdung wollte er nichts wissen, selbst wenn er sich noch so anstrengend herumgetummelt hatte, denn sein Streben ging dahin, ein vollkommener Ritter zu werden.

Auf diese Weise verging die Jugend Georgs von Ehingen und er erreichte das einundzwanzigste Jahr, in welchem die adeligen Jünglinge gewöhnlich zu Rittern geschlagen wurden. Diesen Ritterschlag nun hätte sein Vater oder einer der vier anderen ritterlichen Mitbewohner von Hohenentringen vornehmen können, allein die Sitte, sich nur von hohen Herren und bei feierlichen Gelegenheiten die besagte Würde erteilen zu lassen, hatte damals schon längst eingegriffen und bei dem jungen Georg sollte natürlich keine Ausnahme gemacht werden. Demgemäß nahm sein Vater ihn eines Tages auf die Seite und sprach folgendermaßen zu ihm: „Wohlan, Georg, du bist nun einundzwanzig Jahre alt, was willst du ferner noch tun in Hohenentringen? Es ist besser, du ziehst hinaus in die Welt und versuchst dein Glück, wie auch ich getan habe." – „Ja," erwiderte Georg, „ja, mein Vater, so will ich; doch wohin soll ich ziehen?" – „Mein Wille ist," entgegnete sofort der alte Ritter, „daß du gen Innsbruck ziehst an den Hof des Herzogs Sigismund von Österreich; der kennt mich von früheren Zeiten her und mir zu liebe wird er dich wohl aufnehmen. Auch hat er eine sehr freundliche Gemahlin, mit Namen Leonore, eine Schwester des Königs Jakob des II. von Schottland, welche sehr gerne junge Adelige in ihren Hofstaat aufnimmt und endlich ist der Haushofmeister des Herzogs einer meiner genauesten Freunde, so daß es dir im Tirolerland gewiß an nichts fehlen wird."

Natürlich war der junge Georg damit einverstanden und es wurden sogleich alle Vorbereitungen zur Abreise getroffen. Diese nahmen übrigens nicht viel Zeit weg, denn die ganze Mitgift, welche er erhielt, bestand aus zwei Rossen für sich und einem geringeren Gaul für seinen Diener, einen Burschen vom Dorf Entringen, sowie in einigen wenigen Gulden Geld, für den Notfall, wenn unterwegs was passiere. Mehr brauchte er auch nicht, da er sehr genügsam erzogen worden war, und – man muß noch extra bedenken, daß sein Vater, der außer dem Anteil an Hohenentringen und dem hübschen Rittergut Kilchberg bei Tübingen keine Reichtümer besaß, noch achtzehn Kinder außer ihm zu versorgen hatte. So zog denn Georg guten Mutes anno 1439 seiner Wege und da er überall, wo eine Burg von einer Anhöhe herabwinkte, sehr gastfreundlich aufgenommen wurde, so brauchte er von dem mitgenommenen Geld auch nicht einen roten Heller. Nach einem Ritt von 10 Tagen kam er in Innsbruck an und stellte sich sogleich dem fürstlichen Haushofmeister vor; dieser aber begrüßte ihn nicht nur sehr artig als den Sohn seines Freundes Rudolph, sondern brachte ihn auch noch am selben Tag an den Hof zum Herzog, welcher nicht minder freundlich gegen ihn war und sofort Befehl gab, den Junkherrn anzustellen. Dies geschah sogleich und zwar wurde er zum „Junker Tafeldecker" ernannt, ein Ämtlein, in welchem er sich kundig zeigte. Freilich eine gar hohe und ritterliche Aufgabe war es nicht, aber er bekam Alles, was er brauchte und hier und da sogar noch viel mehr. Es ging nämlich damals zu Innsbruck gar prunkhaft her, fast prunkhafter, als es den Tirolern lieb war und es der Geldbeutel des Herzogs ertragen konnte. Fürsten wissen ja nur zu oft nicht zu rechnen und an die Schulden denkt man gewöhnlich erst, wenn man sie bezahlen soll. Demgemäß erhielt auch der junge Georg der Präsente nicht wenige und hätte noch viel mehr erhalten können, wenn sein Dichten und Trachten danach gegangen wäre, oder wenn er als Schmeichler und Wohldiener hätte auftreten mögen.

Ein halbes Jahr etwa lebte Junker Georg auf diese Weise am Herzoglichen Hof zu Innsbruck und erlebte der Freude über die Maßen viel. Der Wahrheit gemäß jedoch muß ich berichten, daß er sich dadurch nicht verderben ließ, sondern daß er sich vielmehr oft und viel weit weg sehnte, irgendwo anders hin, wo man mehr auf die Waffen und die Kriegsübungen hielt, als auf die Festgelage und die Tanzlustbarkeiten. Ja er nahm sich sogar fest vor, die nächste Gelegenheit, die sich ihm darböte, zu nutzen, um das verweichlichende Innsbruck hinter sich zu lassen, denn – sollte er denn sein Leben auf diese Weise elendiglich vertrödeln und vertändeln? Da fügte es der Himmel, der es offenbar gut mit dem wackeren Jüngling meinte, daß Herzog Albrecht von Österreich, welcher gewöhnlich zu Rottenburg am Neckar Hof hielt und ein Mann ganz anderen Schlages war, als der gutmütige und schwache Herzog Sigismund, zu dem letzteren auf Besuch gen Innsbruck kam. Weil nun aber der Besucher die ritterlichen Übungen über alles liebte und deshalb stets eine große Schar tapferer und erfahrener Ritter um sich vereinigte, mußten ihm zu Ehren verschiedene Rennen, Lanzenstechen, Rappirgefechte und dergleichen mehr veranstaltet werden, und in diesen Übungen zeichnete sich Georg von Ehingen vor allen übrigen Knappen und Junkern so sehr aus, daß der kriegerische Herzog den Wunsch äußerte, ihn in seine Dienste zu bekommen. Da war der Jüngling von Herzen froh und der Herzog Sigismund konnte natürlich nicht „nein" sagen, obwohl er nicht gerade gern einwilligte. So zog denn Georg mit Albrecht von Österreich gen Rottenburg und Letzterer ernannte ihn sofort zu seinem Kammerjunker oder Kämmerer, teils um ihn stets um sich zu haben, teils um ihm unter dieser Benennung eine gute Besoldung zukommen zu lassen. Also geschah zum Ende des Jahres 1439 und der Wechsel bekam dem jungen Mann sehr gut, denn in Rottenburg gab es fast alle Tage ritterliche Schauspiele und wenn man nicht turnierte, so zog man in den Wald, um den Hirsch und das Wildschwein zu jagen.

Wenige Monate erst befand sich Georg von Ehingen in Rottenburg, da kam die Nachricht an, daß der damalige König von Böhmen, Wlatislaw III., welchen die Ungarn vor kurzer Zeit zugleich auch zu ihrem König erwählt hatten, aus Pest nach Prag zurückkehren werde, um sich daselbst feierlichst krönen zu lassen; und nicht lange danach erhielt Herzog Albrecht eine Einladung, die großartige Festlichkeit mit seiner Gegenwart zu beehren. Dies schlug der Herzog nicht aus, sondern im Gegenteil rüstete er sich sofort zur Abreise, und da er seinem Stand gemäß auftreten wollte, so beschloß er, ein großes Gefolge mitzunehmen. Unter dieses gehörte auch der junge Georg, denn der Herzog wollte ihm sehr wohl, und überdies war derselbe sowohl in körperlicher als geistiger Beziehung eine von den Persönlichkeiten, welche man überall gern sieht und mit denen man also unbedingt Ehre einlegt. Welch eine Freude nun für den wackeren Jüngling! Er sollte zum ersten Mal fremde Menschen und fremde Sitten kennenlernen und überdies blühte ihm noch die Hoffnung, vielleicht bei dieser feierlichen Gelegenheit die längst ersehnte und sicherlich wohlverdiente Ritterwürde zu erlangen. Wir wissen ja aus einer früheren Schilderung, daß Krönungsfeste gewöhnlich dazu benutzt wurden, um solche Junker und Knappen, die ihre Dienstzeit mit Ruhm vollendet, zu Rittern zu schlagen, und Herzog Albrecht, so hoffte Georg, würde ihn dem König Wlatislaw schon so empfehlen, daß dieser ihn nicht übergehe. Voll frohen Mutes wurde daher die Reise angetreten und ohne irgend einen Unfall kam die ganze Kavalkade in der großen Stadt Prag an; dort aber erwartete sie vor dem Tor ein hoher Beamter des Königs Wlatislaw, um sie auf die königliche Burg, welche auf einem Berg, Hradczin genannt, liegt, zu führen. Dort waren schon viele, viele Gäste vor ihnen angelangt; oben bei den ungeheuren Räumlichkeiten, welche der Palast bietet (er steht nämlich jetzt noch), fanden sie alle gut Platz und auch diejenigen, welche erst später eintrafen, wurden noch untergebracht. Eine solch ungeheuer zahlreiche und vornehme Gesellschaft, wie die hier versammelte, hatte Georg natürlich in seinem

Leben nicht beieinander gesehen und auch die nun folgenden großartigen Festlichkeiten, wie die Krönung des Königs nebst dem Krönungszug und dem Krönungsbankett, waren Dinge, über die er nicht genug staunen konnte. Ich unterlasse jedoch jede nähere Beschreibung, indem man darüber in anderen Büchern nachlesen kann; am dritten Tag aber nach der Krönung kam eine Festlichkeit vor, welche den wackeren Georg persönlich berührte und da muß ich also schon etwas weitläufiger sein. Der König von Böhmen und Ungarn nämlich erklärte sich dahin, daß er aus den vielen Junkern, welche in Begleitung bewährter Edelleute und Fürsten an seinen Hof gekommen seien, vierzig auserlesen habe, damit sie in feierlicher Versammlung vor dem gesamten Hof von ihm die Ritterwürde empfingen, und – unter diesen Vierzig war zu seiner großen Herzensfreude auch unser Georg von Ehingen.

Dabei ging es nun aber so zu. Den Abend vor dem Tag, an welchem der Ritterschlag erteilt werden sollte, begaben sich alle vierzig Kandidaten in schneeweißer Kleidung in die große Kapelle der königlichen Burg und brachten die Nacht da in Gebet und Andacht hin. Alle waren unbewaffnet und kein Mensch befand sich bei ihnen. Auch bekamen sie weder Speise noch Trank, indem vielmehr das Fasten ihnen zur strengsten Pflicht gemacht wurde. Am frühen Morgen dagegen trat ein vornehmer Priester herein, stellte sich in den Beichtstuhl und forderte jeden von ihnen auf, sein ganzes Herz vor ihm auszuleeren und all seine Sünden reuig zu bekennen. Das tat nun auch Einer wie der Andere und zum Schluß erhielt jeder die Absolution. Kaum übrigens war man so weit, so traten vierzig Pagen in die Kapelle, von denen jeder auf einem samtenen Kissen ein großes Ritterschwert trug, das er sofort auf den Altar niederlegte, und den Knappen folgten vierzig edle und hohe Herren in festlichem Schmuck, die sich um den Altar herum aufstellten. Diese edlen Herren nämlich hatten schon vorher freiwillig die Verpflichtung übernommen, an den jungen Männern, welche in den Ritterorden aufgenommen werden sollten, Taufpatenstelle zu vertreten, gerade wie auch ein Säugling, der ins Christentum aufgenommen wird, einen Taufpaten braucht, und ich brauche wohl kaum hinzuzusetzen, daß der Taufpate Georgs von Ehingen kein anderer war, als der Herzog Albrecht von Österreich selbst. Nunmehr betrat der Priester das Innere des Altars, nahm eines der Schwerter und segnete es ein; dann rief er einen der vierzig Ritterschafts-Kandidaten und legte ihm, nachdem derselbe niedergekniet war, verschiedene Fragen vor, welche dieser nach bestem Wissen und Gewissen zu beantworten hatte. Die erste Frage hieß: „Was begehrst du, mein Sohn?“ – Antwort: „Ich begehre in die edle Gemeinschaft des Rittertums aufgenommen zu werden.“ – Zweite Frage: „Wessen Stamm bist du?“ – Antwort: „Ich stamme von edlem Geschlecht und bin von adeligen Eltern geboren.“ – Dritte Frage: „Kennst du die Pflichten des Standes, in welchen du aufgenommen werden willst?“ – Antwort: „Ich kenne sie, und sie bestehen darin: erstens alle Tage zu Gott zu beten und eine Messe oder Predigt zu besuchen; zweitens mit allen meinen Kräften den christlichen Glauben zu verfechten und gegen die Ungläubigen zu Felde zu ziehen; drittens die heilige Kirche und deren Diener, die Priester, in jeglicher Gefahr zu schützen und ihnen in ihren Nöten beizustehen; viertens für Frauen, Minderjährige, Waisen und Sonstige, die sich nicht selbst helfen können, alles zu tun, was in meinen Kräften steht, und nötigenfalls das Leben aufzuopfern; fünftens in keinen ungerechten Krieg zu ziehen, die Treue gegen meinen Landesherrn eifrig zu wahren, alle Gotteslästerung und alles Fluchen zu meiden und überhaupt ein rechtschaffenes, gesittetes und reines Leben zu führen." – Vierte Frage: „Recht so, mein Sohn! Bist du nun aber auch bereit, einen heiligen Eid darauf zu leisten, daß du diese Pflichten befolgen willst?" – Antwort: „Ich schwöre im Namen Gottes, der Jungfrau Maria und aller Heiligen, und so ich meinen Eid breche, so möge ewige Verdammnis meine Strafe sein." – So ungefähr lauteten die Fragen und Antworten bei einem jeden der vierzig Kandidaten; sowie aber einer den zuletzt angeführten Schwur geleistet hatte, nahm der Priester das geweihte Schwert und gürtete es ihm um die Lenden, indem er ihn hierdurch, was man sagt, „wehrhaft" machte. Nun kann man sich aber wohl denken, daß die Durchführung einer solchen Zeremonie lange Zeit in Anspruch nahm und der Vormittag ging also vorüber, ohne daß man wußte wie; endlich jedoch war dem Letzten der Vierzig das Schwert umgürtet worden und nun hielt der Priester eine feierliche Messe ab, um dem Ganzen zuletzt auch noch die kirchliche Weihe zu geben.

Dies war übrigens nur der Vorakt oder das Vorspiel, welches jeder, der die Ritterwürde erlangen wollte, durchmachen mußte; nun aber kam erst der eigentliche Akt oder der Ritterschlag selbst. Sowie nämlich der Priester mit seiner Messe zu Ende war, näherte sich ihm ein königlicher Diener, um ihm etwas zuzuflüstern und demütig forderte der Priester sämtliche Anwesenden auf, ihm zu folgen. Nun bildete sich ein ziemlich langer Zug. Voraus der Erzpriester in seiner Amtstracht, dann je ein Taufpate mit seinem Schützling, zusammen also vierzig Paare, und zuletzt die vierzig Pagen ebenfalls zu Zwei und Zwei. Langsam und feierlich ging es über einen langen Korridor, darauf eine Treppe hinab und wieder eine hinauf und dann durch noch verschiedene andere Gänge; endlich aber kam man in den sogenannten Huldigungssaal, den größten und herrlichsten, den die Burg aufzuweisen hatte, und hier fand man den ganzen Hof, den König Wlatislaw an der Spitze, versammelt. Sowie aber die Kandidaten mit ihren Taufpaten eingetreten waren, ließ sich eine feierliche Musik hören, welche fast wie ein Kirchengesang ertönte, und unmittelbar nach deren Beendigung erhob sich der König, um die Stufen von seinem Thron herabzusteigen. Darauf winkte er und der Erste der vierzig Kandidaten trat vor. „Kennst du die Pflichten, welche die Ritterwürde mit sich bringt," fragte sofort der Monarch, „und hast du den Eid, sie zu halten, abgelegt?" – „Ich habe den Eid abgelegt, Eure Majestät," erwiderte darauf der Kandidat; „da ist der Erzpriester Zeuge." – „Gut," versetzte nun der Monarch, „so kleidet ihn ein." Auf diese Aufforderung hin eilten sogleich verschiedene Herren herbei, nahmen von einer langen Tafel, die ganz mit Rüstzeug bedeckt war, was sie brauchten, und fingen an, den Junkherrn in einen Ritter zu verwandeln. Der Erste schnallte ihm die goldenen Sporen an die Füße, wobei er mit dem linken den Anfang machte – denn nach einem alten Glauben hat nur derjenige Glück, der mit dem linken Fuß zuerst aus dem Bett steigt – der Zweite legte ihm das Panzerhemd an, der Dritte fügte den Küraß oder die Beinschienen hinzu, der Vierte die Armbleche und der Fünfte endlich gab ihm die Panzerhandschuhe, womit dann die Ausstattung vollendet war. Sofort kniete der Kandidat in aller Demut nieder, König Wlatislaw aber stellte sich hart vor ihn hin, zog seinen Degen und gab ihm mit der flachen Klinge drei leichte Schläge auf die Schulter, um ihn daran zu erinnern, daß er alle Beschwerden und Drangsale des Lebens geduldig und standhaft ertragen müsse, wenn er seinen neuen Stand auf eine würdige Weise behaupten wolle. Mit der Erteilung der drei Schläge übrigens sprach der König laut und deutlich folgende Worte: „Im Namen Gottes, des heiligen Michael und des heiligen Georg mache ich dich zum Ritter; sei tapfer, unverzagt und getreu!“ Sowie er diese Worte gesprochen hatte, überreichten einige Herren dem neuen Ritter einen Helm, einen Schild und eine Lanze, um so seine Ausrüstung zu einer vollendeten zu machen. Damit hatte die Zeremonie des Ritterschlags ein Ende, aber wohlgemerkt nur bei dem Einen, dem die drei Schläge erteilt worden waren; denn bei den andern Neununddreißig mußte der König jede Kleinigkeit bis aufs Geringste hinaus wiederholen, weil sie sonst geglaubt hätten, nicht die richtige Einweihung in den Orden erhalten zu haben.

Auf diese Weise wurde Georg von Ehingen in seinem zweiundzwanzigsten Jahr zum Ritter geschlagen und daß er von den Vierzig nicht der Unwürdigste war, davon liegt der Beweis darin, daß er in dem Lanzenstechen, welches am Nachmittag dieses Tages für die neuen Ritter veranstaltet wurde, den ersten Preis davontrug. Deswegen schenkte ihm auch Herzog Albrecht eines seiner besten Streitrosse und eine hohe Dame, welche großen Gefallen an dem aufstrebenden jungen Mann fand, fügte eine so kostbare Rüstung hinzu, daß man den Beschenkten allgemein darum beneidete. Dennoch bekam er keinen zum Feind, denn er betrug sich äußerst bescheiden und tat während seines ganzen Aufenthaltes in Prag Jedermann, was er nur konnte, zu Gefallen. Endlich übrigens nahmen die Festlichkeiten auf der Königsburg ein Ende und Herzog Albrecht kehrte nach Hause zurück, wohin ihm natürlich auch der junge Georg folgte, um seine frühere Funktion in Rottenburg wieder anzutreten. Doch – lange sollte er nicht mehr Kammerjunker bleiben.

Inzwischen nämlich hatte sein Vater seinen Wohnsitz von Hohenentringen nach Kilchberg, welches nur anderthalb Stunden von Rottenburg entfernt ist, verlegt, und natürlich versäumte es der Sohn nicht, Vater, Mutter und Geschwister alsbald zu besuchen. Da nahm ihn denn der Vater mit in sein Privatzimmer, öffnete dort seine Geheimtruhe, nahm vierhundert Gulden in Gold – damals eine sehr bedeutende Summe – heraus, gab diese seinem Sohn und sprach dazu folgende Worte: „Mein herzlieber Georg! Gottes und des Königs von Böhmen Gnade haben dir zu der Ritterwürde verholfen und dieselbe dir erteilt. Sei von Herzen froh und mache derselben dich würdig. Jeden Tag gedenke deiner Pflichten und handle gegen Jedermann gerecht. Um aber dies tun zu können, verschlemme deine Tage nicht im Müßiggang am Hof der Fürsten, wo du, um wahre Rittertugenden zu üben, wohl wenig Gelegenheit finden möchtest, insbesondere ergib dich nicht der Weichlichkeit, denn das geziemt keinem echten Rittersmann. Viermehr bist du erkoren, deinen Mut zu prüfen, deine Stärke und Kraft zu erproben, damit dir werde der Preis, der einem wackeren Krieger und Rittersmann gebührt. Darum rate ich dir eine Fahrt zu tun zu den Rhodiser Rittern, welche, wie verlauten will, der türkische Sultan mit seinen Heiden gar arg bedroht. Löse dort deine Ritterehre und verdiene die goldenen Sporen, welche du in Prag erhalten. Dann aber, wenn du für die Sache Gottes und der Christenheit wie ein Mann gestritten hast, ziehe gen Jerusalem zum Grab deines Erlösers, wie ich selbst gar oft gewollt, stets aber verhindert war, und erbitte dir dort Heil und Segen für dich und die Deinigen. Siehe, du trägst auf deiner Brust als eine Schutzwehr gegen alle schlimmen Zufälle das Bildnis des heiligen Evangelisten Johannes, und dieses Bildnis nun verlange ich von dir als Bürgschaft, daß du alles das tun willst, was ich dir soeben gesagt.“ Also sprach der alte Rudolph von Ehingen zu seinem Sohn Georg, und dieser fügte sich nicht nur alsbald in den Willen seines Vaters, sondern griff sogar mit Freuden zu. Demgemäß nahm er schon am nächsten Tag Urlaub bei dem Herzog, seinem Beschützer und Wohltäter, um die nötigen Vorbereitungen zu der großen Reise zu treffen, und eine Woche später befand er sich mit dem Segen seiner Eltern beglückt bereits auf der Fahrt.

Von der Reise selbst ist wenig zu sagen, außer daß er sie ganz allein, d.h. nur von einem Knappen begleitet, machte und daß er ohne irgend einen Unfall über die Alpen hinüber bis nach Venedig kam. Dort aber fand er einen Johanniter Kommentur und dieser, dem er natürlich sein Vorhaben schilderte, hieß ihn sehr willkommen. Demgemäß schifften sie sich zusammen ein und erreichten die Insel Rhodos ohne einen Sturm erlebt und ohne einen Feind zu Gesicht bekommen zu haben. Kaum waren sie übrigens an Land, so stellte der Kommentur seinen Gefährten dem Großmeister vor und dieser nahm ihn nicht nur mit äußerst freundlichen Worten auf, sondern bat ihn auch der Gast des Ordens zu sein, solange es ihm gefalle. Mit dem Krieg gegen den Türkensultan jedoch war es leider nichts, denn der tapfere Murad II. hatte soeben (Georg von Ehingen kam nämlich im Sommer 1440 auf Rhodos an) zu Gunsten seines Sohnes Muhamed dem Thron entsagt und dieser wollte von Schlachten und Kämpfen nichts wissen; allein an Gelegenheit zum Fechten fehlte es deswegen doch nicht, indem damals einige afrikanische Korsaren das ganze mittelländische Meer unsicher machten. Georg machte also zwei Seefeldzüge mit und zeichnete sich dabei so aus, daß ihn der Großmeister bei seiner Rückkehr auf die Insel vor dem versammelten Kapitel öffentlich lobte. Überdies erhielt er eine goldene Gnadenkette, an welcher ein Johanniterkreuz befestigt war, sowie ein Schwert mit goldenem Griff und einen Wappenrock, der so fein aus Wolle gewoben war, daß er wie Seide aussah, und, was noch einen weit höheren Wert für ihn hatte, mehrere der tapfersten Johanniter- oder Rhodiserritter schlossen Waffenbrüderschaft mit ihm. Alles dies jedoch war nicht das Merkwürdigste, was Georg auf der Insel Rhodos erlebte, sondern dies bestand vielmehr in einem Vorfall, den ich jetzt beschreiben werde.

Auf dem zweiten Seefeldzug gegen die Piraten, welchen, wie wir soeben gesehen, Georg mitmachte, war das Schiff der Seeräuber im Sturm genommen und eine große Beute gemacht worden; von dieser Beute aber hatte sich ein Rhodiserritter, mit Namen Eustache von Faucigny, einen beträchtlichen Teil, in Gold und Diamanten, heimlicherweise angeeignet und ihn auf die Seite zu bringen gesucht. Dies kam nun kurze Zeit nachher zu Tage und da der Diebstahl überall als ein entehrendes Verbrechen gilt, so mußte der Ritter natürlich auch eine entehrende Strafe erleiden. So setzte also der Großmeister ein eigenes Gericht über ihn nieder und dieses verurteilte ihn zur schmählichen Ausstoßung aus dem Johanniterorden, sowie aus dem ritterlichen Stand überhaupt. Demgemäß errichtete man auf dem öffentlichen Marktplatz der Stadt Rhodos ein großes Schafott, wie man bei denen tut, welche hingerichtet werden, und schaffte sofort den Ritter in voller Rüstung nebst seinem Schlachtroß hinauf. Ringsum aber standen unter Anführung des Großmeisters alle seine früheren Waffenbrüder mit Trauerflören auf den Helmen. Sowie nun Roß und Reiter oben waren, wurden sie von sechs Herolden in Empfang genommen und diese gingen, nachdem sie das Urteil laut verlesen hatten, sogleich an die Exekution. Der Erste also nahm dem von Faucigny die goldenen Sporen ab und vertrat sie mit dem Absatz vor seinen Augen; der Zweite entkleidete ihn des Helmes, warf denselben zu Boden und zerhackte ihn mit seinem Schwert; der Dritte tat desgleichen mit dem Brustpanzer und der Vierte und Fünfte mit dem Küraß, den Armschienen und den Handschuhen; der Sechste endlich holte weit aus mit seinem Degen und hieb dem Roß den Schwanz ab, so daß es vor Schmerz laut aufbrüllte und mit einem Satz über das Gerüst hinabsprang. Einen Moment später brachte ein siebter Herold eine alte, blinde und halblahme Mähre, die am ganzen Leib grindig war, herbei und an den erbärmlichen Schweif dieser Mähre befestigte man den Schild des Ritters, um ihn im Staub und Kot rings um das Schafott herumziehen zu lassen, was als die größte Beschimpfung galt, die man einem Adeligen antun konnte. Damit war jedoch die Sache noch nicht zu Ende, sondern nunmehr betrat ein alter grauer Priester das Gerüst, schritt hart vor den armen Sünder hin und verlas sofort mit lauter Stimme den hundertachten Psalm, welcher bekanntlich eine Menge von Verwünschungen gegen Verräter und Bösewichte enthält. Unmittelbar nachher fragte der Großmeister von unten herauf die Wappenherolde, wer der Ritter sei, dessen Schild im Kot herumgeschleift werde. „Es ist der Ritter Eustache von Faucigny," riefen die Herolde, auf den Erbärmlichen weisend. „Das kann nicht sein," entgegnete sofort der Großmeister, „denn der Ritter von Faucigny war ein tapferer, ehrenwerter Krieger, dieser aber ist ein Treuloser, Niederträchtiger und Eidbrüchiger." Kaum hatte er dieses gesagt, so bestieg er ebenfalls das Schafott, ließ sich ein längst bereitgehaltenes Becken mit frischem Wasser reichen, und schüttete dieses über dem Haupt des Unglücklichen aus. „Hiermit," so rief er zu gleicher Zeit, „hiermit wasche ich den Ritterschlag ab, den dieser Mensch hier einst bekommen, und verstoßen sei er von nun an auf immer und ewig aus unserem geheiligten Orden. Ja namenlos irre er von nun an herum, ein Gegenstand des Abscheus für jeden Christen und Ehrenmann!" Verächtlich wandte er ihm nun den Rücken und stieg wieder vom Gerüst herab, die Herolde aber bemächtigten sich sofort abermals ihres Schlachtopfers, warfen es zu Boden, befestigten einen Strick unter seinen Armen, zogen es an diesem über das Gerüst herunter, banden es sodann auf eine Kuhhaut, bedeckten es mit einem Totentuch und schleppten es so in die Kirche, wohin sich nun der Großmeister mit seinen Rittern ebenfalls begab. Sofort trat derselbe Priester, welcher den hundertachten Psalm verlesen hatte, vor den Altar und hielt ein feierliches Totenamt, damit andeutend, daß der Ritter von Faucigny nicht mehr unter die Lebendigen gehöre, sondern vielmehr – wenigstens für den Johanniterorden – als gestorben zu betrachten sei. Endlich zum Schluß der furchtbaren Zeremonie ergriffen die Herolde den halbtoten Mann nochmals, setzten ihn verkehrt auf die elende Mähre, an deren Schweif der Schild gebunden war, gaben ihm statt eines Zaumes diesen Schweif in die Hand und jagten ihn so mit Schimpf und Schande zur Stadt hinaus. – Gewiß eine entsetzliche Strafe, obwohl eine hinlänglich verdiente und gerechte!

Elf Monate lang blieb Georg von Ehingen auf der Insel Rhodos und wurde dort mit jedem Tag bei den Rittern beliebter, so daß sie ihm am Ende zusprachen, ganz in ihren Orden zu treten, während sie sonst nicht leicht einen Deutschen aufnahmen. Er dankte jedoch höflich für die Ehre und beschloß, sofort weiterzureisen zu dem heiligen Grab, wie er sich vorgenommen und seinem Vater versprochen hatte. So verabschiedete er sich denn vom Großmeister, der ihm noch einen Dorn aus der Leidenskrone unseres Herrn und Heilands verehrte, und ihm überdies einen Empfehlungsbrief an den damaligen König von Zypern, Ludwig von Lusignan, mitgab; allein aber machte sich Georg diesmal nicht auf den Weg, sondern vielmehr in Begleitung von fünfzehn weiteren Reisenden, welche, nachdem sie Rhodos besucht, alle auch nach Jerusalem pilgern wollten und sich freuten, unter seinem Schutz dahin gelangen zu können. Voll frohen Mutes bestiegen die Pilger das Schiff, welches sie zu der berühmten Hafenstadt Beirut im früheren Phönizien bringen sollte; doch verging ihnen bald die Fröhlichkeit, indem sie nach wenigen Tagen von einem so furchtbaren Sturm erfaßt wurden, daß das Schiff ihn kaum aushielt. Sie dankten also Gott aus vollem Herzen, als sie trotzdem Beirut sicher und heil erreichten, und weil da eine christliche Kapelle stand, welche dem heiligen Georg, dem Schutzpatron unseres Helden gewidmet war, so fühlte sich Letzterer besonders verpflichtet, hierin eine längere Andacht zu halten. Somit blieben sie fünf Tage lang, bis sie sich von den ausgestandenen Strapazen gänzlich wieder erholt hatten, dann aber bestiegen sie wieder ihre Pferde und ritten auf der großen Heerstraße, welche gen Jerusalem führt, vorwärts. Da fiel ihnen denn gar manches sonderbar auf, denn alles Land links und rechts gehörte den Türken und die Christen, die man da oder dort fand, waren bloß geduldet; allein klugerweise enthielten sie sich allen Spottes, und kamen also gänzlich unbelästigt nach Jerusalem, wo sie im Kloster Sankt Salvator gastfreie Aufnahme fanden.

Es versteht sich nun von selbst, daß Georg von Ehingen gar nichts zu sehen versäumte, was nur irgend sehenswürdig war, und namentlich besuchte er alle die heiligen Orte, wo Jesus Christus dereinst gewandelt. Hierzu brauchte er volle fünfzehn Tage und außerdem kostete ihn die Sache ein gutes Stück Geld, indem die Türken für die Erlaubnis, die Heiligtümer besuchen zu dürfen, eine starke Abgabe forderten; aber das Opfer hatte er nicht umsonst gebracht, denn nach Ablauf der besagten Zeit durfte er sich rühmen, daß ihm sowohl in Jerusalem selbst, wie in der Umgegend, wie z.B. in Nazareth, Bethlehem, Jericho usw. auch lediglich nichts Beachtenswertes entgangen sei. Die Hauptsache jedoch für ihn war, zum „Ritter des heiligen Grabes“ geschlagen worden zu sein, weil es als die höchste Ehre in Europa galt, die Mitgliedschaft dieses Ordens erlangt zu haben. Ja man nannte die Grabesritter ausnahmsweise „die goldenen“ und sagte, diese Ritterschaft sei die würdigste, heiligste und göttlichste! Kein Wunder also, wenn Georg aufs eifrigste nach derselben trachtete, aber um so angenehmer war es für ihn, daß er seinen Zweck vollständig und sogar ohne viele Mühe erreichte. Sowie nämlich der Pater Guardian des Klosters von St. Salvator durch die anderen Pilger erfuhr, welche Heldentaten Georg von Ehingen auf Rhodos verrichtet, lud er den Letzteren zu einem Besuch der Heiligen-Grabkirche ein und überraschte in dort mit dem Ritterschlag, wobei es folgendermaßen zuging. Zuerst muß ich dem Leser sagen, daß die „Heilige-Grabkirche“ diesen Namen deswegen führt, weil sich da in einem acht Fuß breiten, langen und hohen Gewölbe oder Grab der Marmorsarkophag befindet, in welchem Jesus während seines Todes beigesetzt worden sein sollte und daß es daher noch nie ein Pilger versäumt hat, dieser Kirche, welche unter der Obhut der Franziskanermönche von Sankt Salvator steht, einen längeren Besuch zu machen. Natürlich nahm also unser Held die Einladung des Guardians mit größter Dankbarkeit an und ließ sich von ihm alles zeigen und erklären, worüber eine geraume Zeit verstrich. Wie er nun aber sich gehörig unterrichtet hatte und seinen Abschied nehmen

Ritterschlag.

wollte, bat ihn der Guardian, noch ein wenig zu verweilen und gab sofort einigen Mönchen, die bereitstanden, einige geheime Befehle, während er selbst in einer Seitenkapelle verschwand. Sogleich errichteten nun die Mönche einen Altar über dem heiligen Grab und brachten auf diesen Altar zum ersten goldene Sporen mit Riemen von rotem Samt, zum zweiten ein Schwert mit goldenem Heft und einer Scheide von rotem Damast, zum dritten endlich eine goldene Kette in der Schwere von hundert Dukaten, mit einem großen und zwei kleinen Kreuzen. Kaum aber waren sie damit fertig, so trat der Guardian in dem reichen Habit eines Bischofs aus der Seitenkapelle, stellte sich vor den Altar und hielt eine feierliche Messe ab. Nach der Messe stimmte er das Lied an: „Veni sancte Spiritus," zu deutsch: „Komm heiliger Geist," und sowie er mit dem Lied zu Ende war, rief er den Ritter Georg v. Ehingen, der sofort vor dem Altar niederknien mußte. Nun richtete er all die Fragen an ihn, welche bei dem Ritterschlag üblich waren (also dieselben Fragen, welche den vierzig Junkern in Prag vorgelegt wurden), und Georg beantwortete dieselben nach gewohnter Weise; dann aber legte ihm der Priester die beiden Hände auf den Kopf und sprach: „Sei du von nun an ein fester, guter, treuer und starker Ritter Jesu Christi und seines heiligen Grabes, damit du dereinst gewürdigt wirst, an seiner Seite zu sitzen im Himmelreich." Nach diesem befestigte er ihm die goldenen Sporen an den Füßen und zog sofort das Schwert aus der Scheide, ihn dreimal damit über die Schulter schlagend und dreimal dazu das Kreuz machend. Sodann steckte er das Schwert wieder in die Scheide und gürtete es dem Ritter um; schließlich jedoch küßte er ihn und hing ihm die goldene Kette um den Hals, indem er ihn zugleich im Namen Gottes, des Vaters, des Sohnes und des heiligen Geistes segnete. Nunmehr durfte Georg v. Ehingen aufstehen, denn die Zeremonie war jetzt zu Ende; allein davon konnte natürlich keine Rede sein, daß er das Schwert, die Sporen und die Kette hätte behalten dürfen, sondern er mußte vielmehr alles wieder ablegen und zurückgeben. Mein Gott – die Mönche von St. Salvator waren viel zu arm, als daß sie solch reiche Präsente hätten machen können; dagegen aber gab ihm der Guardian eine schön gemalte Pergamentschrift, worin der ganze soeben geschilderte Akt genau geschildert war, so daß also der neue Ritter einen Beweis für sein Rittertum vorzeigen konnte.

Auf solche Manier ging der Aufenthalt in Jerusalem vorüber; am sechzehnten Tag jedoch machte sich Georg, nachdem er die Mönche von St. Salvator für die Bewirtung, die er bei ihnen gefunden, aufs reichlichste beschenkt hatte, in der Gesellschaft vieler Pilger, Mönche und Kaufleute auf den Weg nach Damaskus, denn dieses war damals eine der größten, schönsten und bevölkertsten Städte in der Welt, und es versäumte es deshalb kein Reisender in den Orient, sie zu besuchen. Ohne irgend ein Hindernis kamen sie alle wohlbehalten dort an, und eben so wenig begegnete ihnen etwas Widerliches während ihres Aufenthaltes in der Stadt selbst; als sie dagegen später aufbrachen, um den nahe gelegenen Katharinenberg, wo eine der heil. Katharina gewidmete Kapelle stand, zu besteigen, wurden sie plötzlich von einer großen Schar bewaffneter Araber umringt und sofort mit dem Tod bedroht, wenn nicht ein starkes Lösegeld bezahlt werde. Georg v. Ehingen zog sein Schwert und wollte der Gewalt – Gewalt entgegensetzen. Davor aber hatten die Kaufleute, die in der Gesellschaft waren, große Angst und zogen es vor, mit den Arabern zu verhandeln. Auch gaben sich diese in der Tat mit dreißig Dukaten zufrieden, welche sofort zusammengeschossen wurden, und nun konnten die Christen unbehelligt weiterziehen. Bald darauf trennten sich übrigens die Reisenden, indem die Einen sich dahin, die Anderen dorthin wandten, so daß bei unserem Helden, der die Straße nach Beirut einschlug, nur gar wenige blieben. Doch kam er für seine Person glücklich in der Hafenstadt an; einer seiner Begleiter aber, ein Basler Mönch, den Alle wegen seiner Gutherzigkeit liebten, starb unterwegs schnell an einer Herzkrankheit, und mußte also in fremder Erde und auf unheiligem Boden begraben werden. Von Beirut schiffte Georg nach der Insel Zypern über und suchte den König Ludwig in seiner Hauptstadt Nikosia auf, um ihm den Brief des Großmeisters der Johanniter zu übergeben. Natürlich fand er eine gute Aufnahme und der König bot ihm sogar an, ihn unter seine Hofleute aufzunehmen; aber so beherzigenswert auch das Anerbieten war, überwog bei unserem Helden doch die Sehnsucht nach der Heimat, und da gerade im Seehafen von Larnaka ein nach Venedig segelndes Schiff parat lag, so verabschiedete er sich schon nach wenigen Tagen. Natürlich übrigens unterließ es König Ludwig nicht, ihn nach der herrschenden Sitte zum Abschied reich zu beschenken, und er selbst fand Gelegenheit, seinen Schatz von Seltenheiten, den er in Jerusalem und Damaskus angelegt, mit verschiedenem Merkwürdigem, das auf dieser fernen Insel erzeugt wird, zu bereichern, denn mit leeren Händen wollte er natürlich nicht nach Hause kommen.

Was soll ich nun übrigens über diese Heimreise berichten? Sie wurde gemacht, wie so viele Reisen gemacht werden, ohne besondere Abenteuer und ohne daß ihm ein erheblicher Unfall begegnet wäre. Im Gegenteil erlebte er ein großes Glück, nämlich das, daß er in Venedig einen Salzburgischen von Adel traf, der mit ihm über die Alpen zog, und mit dem er bald eine innige Freundschaft schloß. Dieser Ritter hieß Georg v. Ramsiden, war ein großer, starker Mann von etwa dreißig Jahren, besaß ein vortreffliches Herz und nebenbei auch ziemlichen Reichtum, liebte das Herumschweifen in der Welt über alle Maßen und kam unserem Helden mit großem Wohlwollen entgegen. Darum trennten sie sich auch erst, als sie die Bergfestung Kufstein in Tirol erreicht hatten, indem Ramsiden sich nunmehr rechtwärts gen Salzburg wandte, während der v. Ehingen über München, Augsburg und Ulm seiner Heimat zuzog. Außerdem verabredeten sie sich, daß sie sich bald wieder treffen wollten und wie dies geschah, werden wir in Kürze sehen.

Zweieinhalb Jahre war Georg v. Ehingen von zu Hause abwesend gewesen, denn im Frühjahr 1440 hatte er sich auf den Weg gemacht und im Oktober 1442 sah er das Schloß Kilchberg wieder vor sich. Wie er nun aber dem Tor zuritt, da sah er sein jüngstes Schwesterlein, mit Namen Margaretha, auf der Plattform oben stehen, und natürlich rief er dasselbe sogleich freundlich an; doch das Mädchen erkannte ihn nicht wieder, sondern lief eilig davon, um den Vater zu benachrichtigen, daß ein fremder Ritter durchs Tor geritten komme. Um so ein besseres Gedächtnis hatten die Hunde auf der Burg, denn wie nun Georg mitten im Hof vom Roß sprang, da ließen sie ein gar lustiges Gebell ertönen und sprangen schwanzwedelnd wie verrückt an ihm empor. Gleich darauf schlangen sich zwei Arme und ihn und wie er sich umschaute, da war es seine Mutter, die ihn ans Herz drückte, sein Vater aber streckte ihm fast in demselben Moment die biedere Rechte entgegen und rief voll Stolz: „Mein Sohn Georg, der teure Rittersmann, ist wieder da! Er hat das heilige Grab besucht und will nun seinen Heiligen, den er mir zum Pfand gegeben, bei mir einlösen!“ Das war eine Freude, eine weit größere und innigere, als ich zu beschreiben vermag, denn natürlich kamen nun auch sämtliche Geschwister herbei und hießen den Bruder willkommen. Nicht satt wurden sie, ihn anzusehen, nicht satt, sich von ihm erzählen zu lassen, und wie er nun vollends seine Präsente auspackte, da stieg die Freude zum Jubel empor. Er hatte nämlich all den Seinigen etwas mitgebracht, dem Vater den Dorn aus der Leidenskrone Christi, welchen dieser mit größter Andacht empfing, der Mutter eine Jerichorose, die vollkommen dürr war, aber sich im Wasser gar wunderbar ausbreitete und entfaltete, den Schwestern goldene Kettlein und Ringlein, den Brüdern künstliche Messer und Dolche, und kurz und gut, es war Niemand vergessen worden, sondern Jegliches erhielt, was besonders für es taugte.

Eine Woche oder länger blieb Georg v. Ehingen in Kilchberg und von Nah und Fern kamen Freunde und Verwandte, um ihn zu sehen, zu sprechen und anzustaunen; dann aber ritt er gen Rottenburg hinauf, um seinem früheren gnädigen Herrn, dem Herzog Albrecht, seine Aufwartung zu machen. Der nahm in überaus wohl auf, ernannte ihn sofort zu seinem Marschall und ehrte ihn auf diese Weise. Dennoch erklärte Georg von Anfang an, daß es nicht in seinem Willen liege, längere Zeit am Hoflager Albrechts in Müßiggang seine Zeit zu verlieren, sondern daß er vielmehr mit seinem Freund Ramsiden abgemacht habe, im nächsten Frühjahr in die weite Welt hinauszuziehen, in der Absicht, recht viele fremde Länder und Völker zu sehen und das Schwert womöglich nicht in seiner Scheide einrosten zu lassen. Solch löblichem Vorsatz konnte natürlich der ritterliche Herzog nicht entgegentreten, und er gab also, obwohl er seinen jungen Freund nur äußerst ungern vermißte, sogleich seine Einwilligung. Ja, nicht zufrieden damit, ließ er von seinem Geheimschreiber Empfehlungsbriefe an alle die Könige und Herrscher der Länder, durch welche Georg möglicherweise ziehen konnte, ausfertigen und ruhte nicht, als bis er ähnliche Briefe auch vom Kaiser Friedrich III., sowie vom König Wladislaw und seinem Vetter Sigismund von Innsbruck bekommen hatte. Diese Briefe erhielt Georg, als sein Freund Ramsiden im Frühjahr richtig in Rottenburg eintraf, und nun machten sich die Beiden, nachdem sie noch vorher in Kilchberg einen längeren Zuspruch getan, im Mai 1443 auf die Fahrt. Um aber mit dem Anstand, der sich für solch zwei wackere Ritter ziemte, auftreten zu können, nahm Jeder von ihnen zwei berittene Diener mit, und jeder dieser Diener führte ein sogenanntes Parade- oder Schlachtpferd am Zügel. Außerdem gab Ihnen der Herzog zum Beweis, wie sehr er sie schätze und wert halte, einen sogenannten „Ehrenherold“ zu, d.h. einen Herold, welcher in allerlei fremden Sprachen kundig war und so fehlte ihnen, da sie noch außerdem eine ziemliche Summe Geld bei sich führten, zu ihrer Ausrüstung lediglich gar nichts.

Ihr erster Ausflug galt der Stadt Paris, wo sie von König Karl VII., an den sie ein Schreiben von Kaiser Friedrich hatten, gar wohl aufgenommen und mit ihren Dienern in der Königsburg einlogiert wurden. Allein so zuvorkommend der König war und so freigiebig er sie mit allem, was sie benötigten, versehen ließ, so wollte es ihnen doch nicht recht gefallen, und sie sehnten sich bald so weit weg, wie möglich. Man muß nämlich wissen, daß dieser König mit seinem erstgeborenen Sohn, dem späteren König Ludwig XI., einem Menschen von harter, herrschsüchtiger und tückischer Gemütsart, auf äußerst schlechtem Fuß stand; ja, daß er sogar – und vielleicht nicht mit Unrecht – befürchtete, von ihm vergiftet oder auf sonstige Weise ums Leben gebracht zu werden. Aus diesem Grund nun führte Karl ein äußerst zurückgezogenes und verschlossenes Leben, verbannte alle öffentlichen Lustbarkeiten von seinem Hof und ließ sich so wenig wie möglich mit anderen Menschen in eine nähere Berührung ein, denn - natürlich – er witterte überall Verräter. Wie konnte es nun an einem solchen Hoflager anders zugehen, als still und traurig, so ungefähr, wie in einer Krankenstube oder in einem Sterbehaus? Unsere beiden Freunde hatten gehofft, ein Turnier mitmachen zu können, weil nur noch vor einem Jahr (damals wußte Karl noch nicht, wie sein Sohn gegen ihn gesonnen war, sondern dies kam erst heraus, als sich derselbe mit mehreren Großen des Reichs in eine Verschwörung gegen den Vater einließ, welche zum Zweck hatte, den Letzteren vom Thron zu stürzen) der König ein großer Liebhaber von ritterlichen Spielen war, aber freilich – der jetzige Königshof von Frankreich und ein Turnier, das kontrastierte ja wie eine Hochzeit und ein Kirchhof! Doch wenn es auch kein Turnier gab, so gab es doch Vieles zu sehen und sie blieben also volle sechs Wochen lang, um die große Stadt recht gründlich zu studieren. Auch fehlte es nicht an Abenteuern, wie man sich wohl denken kann, und eines derselben hätte sogar recht verderblich ausfallen können. Wie sie nämlich einmal ziemlich spät Abends von einem Schmaus, zu dem sie geladen gewesen waren, aus einem entlegenen Stadtteil in ihr Quartier im Louvre zurückkehrten und an nichts Schlimmes dachten, fielen urplötzlich ihrer zwölf bis fünfzehn wohlbewaffnete Männer über sie her und drangen mit blanker Wehr auf sie ein. Zum Unglück trugen sie an diesem Abend keinen Harnisch, da sie ja zu einem friedlichen Zweck ausgegangen waren; doch hatten sie ihre Schwerter an der Seite und zogen dieselben natürlich, als sie sich so angegriffen sahen, nicht bloß sogleich blank, sondern hieben auch mit einer Gewalt auf ihre Feinde ein, daß diese ordentlich stutzig wurden. „Stell dich mir an den Rücken, Freund," rief Georg dem Ramsiden zu, „und dann losgedroschen auf die welschen Hunde, bis wir ihnen den Garaus gemacht haben." – So tat denn auch Ramsiden, und es entstand dadurch der Vorteil für sie, daß sie sich gegenseitig den Rücken deckten; allein trotzdem war die Gefahr, daß sie schließlich von der Übermacht würden erdrückt werden, nur allzu groß. Doch plötzlich wendete sich die ganze Sachlage und zwar auf eine Weise, die eben so eigentümlich war, wie der schnelle Überfall. Damals hatte Paris noch keine Straßenbeleuchtung und wenn der Mond nicht zufällig schien, so sah man oft nicht einen Schritt weit vor sich hin. Diese Nacht nun war es sternenhell, aber dadurch entstand in den engen Straßen der Stadt doch nicht jene Klarheit, bei der man sich gegenseitig zu erkennen vermochte. Plötzlich aber, als der Kampf einige Minuten lang gedauert hatte, wurden – ohne Zweifel wegen des Lärms, der dadurch entstand – in den Häusern links und rechts die Leute wach und hängten sofort große Laternen zum Fenster heraus, denn solches mußte nach des Königs Befehl bei allen nächtlichen Straßentumulten geschehen. Nunmehr sah man fast wie am Tag und die beiden Freunde überzeugten sich zu ihrem nicht geringen Erstaunen, daß sie mit Männern kämpften, welche schwarze Masken vor dem Gesicht hatten; noch mehr aber wuchs ihre Verwunderung, als derjenige, welcher der Anführer der Maskierten zu sein schien, seinen Leuten auf einmal ein donnerndes Halt zurief. „Beim Kreuz des Erlösers," schrie er, „wir sind an die Unrechten gekommen und während wir hier uns mit zwei Unschuldigen herumschlagen, entkommen uns vielleicht die Bösewichter, welche wir suchen. Vorwärts, Kameraden, und mir nach!" Mit diesen Worten rannte er eine

Quergasse hinab und die Anderen folgten ihm auf dem Fuß. Einige jedoch schienen nicht unbedeutend verwundet zu sein, denn sie konnten mit ihren Kameraden nicht gleichen Schritt halten, und man sah auch deutlich genug Blutspuren auf dem Weg. Aber zurück blieb deswegen doch keiner, um das Geheimnis aufzuklären, und einen Augenblick darauf sahen sich die beiden Deutschen vollkommen allein auf der Straße. Auch verschwanden gleich nachher die Laternen, sowie die Lichter in den Häusern, und auf all ihr Pochen und Rufen gab man ihnen nicht einmal eine Antwort. Somit blieb ihnen am Ende nichts übrig, als so schnell wie möglich den Heimweg zu suchen, um nicht noch einmal in einen Hinterhalt zu fallen oder mit Nachtschwärmern in Kollision zu kommen, denn Paris war damals unsicherer, als irgend eine Stadt in Europa, selbst Neapel und Rom in Italien nicht ausgenommen, und von dem, was man jetzt Polizei nennt, konnte man in jenen stürmischen Tagen noch nicht viel oder gar nichts verspüren.

Nach Ablauf von sechs Wochen, als sie eben überlegten, was sie nun zunächst beginnen wollten, ließ sie der König, den sie seit ihrer ersten Vorstellung nicht mehr zu Gesicht bekommen hatten, plötzlich zu sich rufen und machte ihnen eine Eröffnung, welche sie mit ungemeiner Freude erfüllte. Es war nämlich ein Bote vom König von Kastilien, Heinrich IV., am französischen Hof angelangt, welcher in seines Monarchen Namen ansagte, daß derselbe einen schweren Kriegszug gegen den Maurenkönig von Granada und dessen afrikanische Verbündete vorhabe; zugleich mit dieser Ansage aber war auch die Anfrage verbunden – und eben dies bildete den Hauptwert der Botschaft – ob es nicht vielleicht in Frankreich kampflustige Ritter gebe, welche diesen Zug mitmachen wollten. Der König von Kastilien verlangte also Hilfe, weil er seiner eigenen Kraft nicht traute und hoffte, diese Hilfe durch Vermittlung des Königs Karl zu bekommen, allein er verrechnete sich so ziemlich, denn der Letztere zeigte sich durchaus nicht geneigt, seine eigenen Krieger aus dem Land zu schicken. „Meine französischen Ritter," so sagte er in der Audienz, welche er den beiden Deutschen gewährte, „sind mir im Augenblick ganz und gar unentbehrlich, weil ich nicht weiß, wann wieder der Krieg mit England ausbricht, aber für euch Zwei, die ihr so tatendurstig seid, wäre hier die beste Gelegenheit, sich auszuzeichnen." – „Das wollen wir auch mit Gottes Hilfe," riefen sofort der Ehingen und der Ramsiden wie aus einem Mund, „und wir bitten Euch daher, uns zu entlassen, damit wir dem König von Kastilien zuziehen können, um unter seinen Fahnen die mohammedanischen Heiden zu bekämpfen." – Solche Antwort gefiel dem König von Frankreich gar wohl und er äußerte dies ganz unverholen. Um aber seine Gesinnung durch die Tat zu beweisen, schenkte er jedem der beiden Deutschen ein schönes Schlachtroß, sowie dreihundert neue Goldkronen und gab ihnen noch einen Brief an den König von Kastilien mit, in welchem er sie dem Letzteren aufs dringendste empfahl.

So zogen sie denn wohlgemut dem Land Spanien zu und beeilten sich Tag und Nacht, damit sie ja recht Bald mit den Heiden handgemein werden könnten; allein wie sie gen Navarra, an dessen König, Johann III., sie ebenfalls Empfehlungsbriefe hatten, kamen, da hörten sie zu ihrer größten Enttäuschung, daß der Zug gegen die Mauren – oder Mohren, wie man damals sagte – für jetzt eingestellt sei und daß es noch sehr fraglich sei, ob er je vorgenommen werde. Nun lud sie der König Johann ein, eine Zeitlang an seinem Hof zu verweilen, und da die Einladung so gar freundliche vorgebracht wurde, so konnten sie natürlich keine abschlägige Antwort geben. Sie blieben also schier zwei Monate lang und da es am Hof überaus lustig getrieben wurde – man tat den ganzen Tag nichts als Schmausen, Jagen, Turnieren und Tanzen – so vergingen die Tage gleichsam wie im Flug. Endlich jedoch schien es ihnen an der Zeit, weiter zu wandern und als sie vollends hörten, daß der König von Portugal in einen Krieg mit dem mohammedanischen Sultan von Fetz in Afrika verwickelt worden sei, ließen sie sich nicht mehr länger halten. Demgemäß nahmen sie, reich beschenkt, Abschied, um über den berühmten Wallfahrtsort Santiago de Compostela der berühmten Stadt Lissabon zuzuziehen; sie hielten sich aber in Santiago nicht länger auf als nötig war, ihre Andacht zu verrichten, indem sie jeden Tag, der sie noch länger vom Krieg fernhielt, für verloren erachteten.

In Lissabon angekommen, hörten sie, daß der König – er führte den Namen Alphonso V. – für den Augenblick zu dem Kriegshafen Setubal, der nur wenige deutsche Meilen von Lissabon entfernt liegt, gereist sei, um die dort versammelte Flotte zu mustern, und darum stiegen sie in einer Herberge ab. Dagegen versäumten sie es nicht, dem Haushofmeister und Großmarschall des Monarchen ihre Empfehlungsschreiben abzugeben, und weil sich nun darunter auch eines vom Kaiser Friedrich von Deutschland, dessen Gemahlin, Eleonore, eine Schwester des Königs von Portugal war, befand, so befahl die Königin, ihre die beiden deutschen Ritter vorzustellen. Das geschah denn auch sogleich und von nun an wurden sie zu allen Festlichkeiten, mochten diese bestehen aus was sie wollten, eingeladen, so daß ihnen die Zeit wieder so schnell dahinschwand, wie vor kurzem noch in Navarra. Endlich kam der König zurück und erwies sich fast noch freundlicher gegen sie, als seine hohe Gattin. Nicht nur nämlich hielt er sie mit allen ihren Leuten auf seine Kosten in ihrer Herberge (d.h. er zahlte ihre ganze Wirtsrechnung); nicht nur gab er ihnen gute Gesellschafter, welche der deutschen und französischen Sprache kundig waren, sondern als ein gar feiner und ritterlicher Herr stellte er auch Turniere und sonstige kriegerische Übungen an, in welchen er ihnen alle Gelegenheit gab, sich auszuzeichnen. Überdies ließ er sie in allen seinen Schlössern, sowie in den merkwürdigsten Klöstern und Kirchen herumführen, weil es da gar Vieles zu sehen gab, wovon man in Deutschland keinen Begriff hatte, und den beiden Rittern fehlte es also während der ganzen Zeit, die noch zur Vorbereitung des Krieges nötig war, auch nicht eine Stunde lang an Kurzweil. Insbesondere jedoch gefiel ihnen das in dem Dorf Batalha, einige Stunden von Lissabon, gelegene prachtvolle Dominikanerkloster Sancta Maria da Vittoria, denn dasselbe zeichnet sich nicht nur durch seinen wunderbar herrlichen Stil aus, sondern es befindet sich auch darin die Begräbnisstätte der Könige von Portugal oder die „Königsgruft", welche den Beinamen „Zum Kampf" führt und an Kostbarkeit alles hinter sich läßt, was man sonst derartiges sehen kann. Das Kloster wurde nämlich anno 1385 zum Andenken an den großen Sieg, welchen König Johann in diesem Jahr gegen die Kastilianer erfocht, zu bauen angefangen, indem durch diesen Sieg das Königreich Portugal sich auf die Dauer aus der bisherigen Abhängigkeit von Spanien lossagte und es ist also Santa Maria da Vittoria als eine Art von Nationaldenkmal zu betrachten, bei dessen Errichtung natürlich keine Kosten gespart wurden.

Während nun übrigens die beiden Deutschen auf diese und andere Weise sich unterhielten, kam die sichere Nachricht, daß der Sultan von Fetz – er führte den Namen Abdulah und war ein sehr streitbarer Fürst – mit großer Heeresmacht heranrückte, um die von dem oben genannten König Johann schon anno 1415 eroberte wichtige Seestadt Ceuta wieder zu nehmen, und nun natürlich wurde den Vergnügungen ein äußerst schnelles Ziel gesetzt. Die Stadt und Festung Ceuta nämlich hatte für die Portugiesen einen sehr hohen Wert, indem sie gleichsam den Schlüssel zu ihren afrikanischen Besitzungen bildete, und deswegen bot auch König Alphons, ein Enkel des Johann, von dem ich soeben gesprochen, alle seine Kräfte auf, um dieselbe zu erhalten und dem Sultan eine Niederlage beizubringen. Im Ganzen genommen übrigens bestand sein Heer nur aus zehntausend Fußgängern und neunhundert Reitern, aber von diesen neunhundert Reitern waren dreihundert geharnischte Ritter von erprobter Kraft und Tapferkeit und die andern sechshundert, Knappen und sonstige Reisige, durfte man auch nicht verachten. In wenigen Tagen wurde die Einschiffung des Heeres vollendet und selbstverständlich gehörten unsere zwei Deutschen auch dazu, denn der Hauptgrund, warum sie nach Lissabon geritten, war ja gerade der, daß es ihnen vergönnt werden möchte, gegen die Ungläubigen zu streiten. Glücklich kam man nach Ceuta hinüber und glücklich schiffte man sich aus, aber – es war auch die höchste Zeit. Rings um die Stadt herum nämlich – die Seeseite allein ausgenommen – hatte der Sultan Abdulah sein Lager aufgeschlagen und man zählte der Zelte nicht weniger als zwölftausend, so daß sich also sein Heer sicherlich auf hundertundzwanzigtausend Mann belief. In der Tat eine furchtbare enge und zwar um so furchtbarer, als die Mauren, durch Erfahrung gewitzigt, sich längst die Sitte und Kunst der Christenreiter, im Harnisch zu kämpfen, ebenfalls angeeignet hatten und sich diesmal über zweihundert solcher Eisenreiter unter ihnen befanden! Doch muß zugegeben werden, daß bei weitem der größte Teil der Feinde aus leichter Reiterei bestand, welche weniger gefährlich war und daß auch ihr Fußvolk den Vergleich mit dem der Portugiesen nicht aushielt. Sei dem nun aber, wie ihm wolle, so ist jedenfalls soviel sicher, daß die bisher in Ceuta Eingeschlossenen, deren Zahl zweitausend nicht überstieg, der Hilfe gar sehr bedurften, und man kann sich daher wohl denken, mit welchem Jubel die Frischangekommenen, die auch gleich eine tüchtige Portion Proviant mit sich brachten, aufgenommen wurden.

Zum Oberanführer seiner Truppen hatte König Alphons einen gar wohl erfahrenen und längst bewährten Kriegshelden, den tapfereren Feldhauptmann Don Duarte y Menases ernannt, und dieser teilte das Heer in vier Haufen, über deren einen er unseren wackeren Freund Georg von Ehingen setzte. Hatte sich doch Letzterer bereits so viel von der portugiesischen Sprache angeeignet, daß er recht gut kommandieren konnte und über seine ritterlichen Fähigkeiten herrschte unter den portugiesischen Edlen nur eine Stimme! Nachdem nun alles so geordnet, wurde im Kriegsrat beschlossen, einen Ausfall zu machen und zwar wurde die Zeit desselben auf die kommende Nacht festgesetzt, aber die Mauren waren gut auf der Hut und empfingen ihre Feinde mit großer Kampfbegier. So fielen denn von beiden Seiten sehr viele, doch von Seiten der Christen verhältnismäßig fast zu viele und der Feldhauptmann mußte zum Rückzug blasen lassen, ohne daß irgend etwas Erhebliches ausgerichtet worden wäre. Darüber jubelten nun die Mauren wie über einen großen erfochtenen Sieg und ihr Sultan begann gleich am folgenden Morgen einen furchtbaren Sturm auf die Stadt, den er durch drei Tage hindurch mit unerhörter Wut fortsetzen ließ. Die Belagerten jedoch hielten sich fast über die Maßen tapfer und schlugen Jeden, der die Wälle ersteigen wollte, so grimmig auf den Kopf, daß ihrer Tausende und aber Tausende das Leben lassen mußten. Am Abend des dritten Tages endlich sah Abdulah ein, daß alles vergeblich sei, denn er hatte einen immensen Verlust erlitten und seine noch übrigen Leute waren matt bis in den Tod. Somit erlaubte er den Seinigen, das Stürmen aufzugeben und sich in das Lager zurückzuziehen, aber nie in seinem Leben hatte er eine Erlaubnis oder einen Befehl mit größerem Widerwillen gegeben als diesen, und seine ganze Seele war von Zorn erfüllt. Darum, als nun den anderen Tag von Seiten der Belagerten ein Parlamentär an ihn gesandt wurde, um ihm einen kurzen Waffenstillstand vorzuschlagen, damit man die Toten beerdigen könne, wies er den Vorschlag kurz ab und meinte, die Krähen und wilden Tiere müßten auch eine Speise haben. Diese unmenschliche Handlungsweise aber schlug sehr zu seinem Nachteil aus, denn die verwesenden Leichen – und unter den glühenden Sonnenstrahlen Afrikas geht der Verwesungsprozeß gar schnell vor sich – erzeugten bald einen pestartigen Geruch, und da dieser vom Wind gegen sein Lager hin getrieben wurde, so entstand eine so furchtbare Seuche unter seinen Leuten, daß alle Tage ihrer Hunderte daran zu Grunde gingen. Demgemäß sah er sich, wenn er nicht seinem Eigentum alles opfern wollte, genötigt, die Belagerung wenigstens für die nächste Zeit aufzuheben, um sein Heer in eine gesündere Gegend zu verlegen, und in der Tat zog er sich auch sofort, das Lager abbrechend, auf einen nahen Berg, wo eine frische Lugt wehte, zurück; die Belagerten aber benutzten die Zeit, um große Gruben zu machen, in welche sie die Leichname warfen und Gott wollte ihnen sowohl, daß keiner von ihnen von der Pest, welche die Helden heimgesucht hatte, befallen wurde.

So standen die Sachen vor Ceuta, als eines Tages ein Maure mit einer weißen Flagge in der Hand den Berg, wo Abdulah lagerte, herabritt und, vor den Toren der Stadt angekommen, mit lauter Stimme in portugiesischer Sprache verkündete, daß sich unter ihnen Einer befinde, welcher zu kämpfen wünsche mit irgend einem von den Christen, es möge dieser sein, welcher es wolle. „Ihr kennt ihn wohl, den starken Boabdil," setzte er sodann mit großem Hohn hinzu, „denn er hat eurer schon Hunderte erschlagen, und es lebt kein Christ auf Erden, der ihm Stand zu halten vermöchte; sollte es aber dennoch Einer von euch wagen, seine Ausforderung anzunehmen, so trete er vor und nenne mir seinen Namen." Also schrie der Parlamentär den auf den Wällen versammelten Tausenden zu und weil einige Zeit lang alles still blieb, so glaubte er schon, gewonnenes Spiel zu haben, und wollte von Neuem mit seinen Hohnreden beginnen. Aber siehe da, jetzt trat der Ritter Georg von Ehingen kühn hervor und rief so laut, daß es weithin schallte: „Ich will es sein, der mit ihm kämpft, und ich hoffe ihn zu besiegen zur Ehre Gottes des Allmächtigen und der ganzen Christenheit." Zu gleicher Zeit schleuderte er den eisernen Handschuh seiner rechten Hand mit solcher Gewalt über den Wall hinab, daß derselbe bis zu den Füßen des Parlamentärs hinflog und natürlich stieg nun der Letztere ab, um denselben aufzuheben und an seinem Hut zu befestigen. Dies galt nämlich als ein Zeichen, daß die Ausforderung eine unwiderrufliche sei und nicht mehr zurückgenommen werden könne, und so sahen die Sache auch die Anführer der beiden feindlichen Heere an, denn sie traten sofort miteinander in Unterhandlung, auf welche Weise es bei dem Zweikampf gehalten werden solle. Weil aber Jeder von ihnen, der Sultan Abdulah so gut wie der Don Menases, ein Ehrenmann und Held zugleich war, so verstanden sie einander sogleich und Beide gaben ihr Wort zum Pfand, daß, möge auch von den beiden Kämpen siegen, welcher da wolle, der Überlebende jedenfalls sicher zu den Seinigen zurückkehren dürfen. Überhaupt sollte durchaus keine Hinterlist stattfinden, sondern vielmehr von beiden Seiten mit größter Biederkeit verfahren werden, wie man denn auch die Kommission, welche mit der Ausführung der nötigen Vorrichtungen betraut wurde, aus gleich viel Mauren und Christen zusammensetzte. Nachdem man nun alles festgesetzt und außerdem einen ebenen Platz, der zwischen dem Lager des Sultans und der Stadt Ceuta so geschickt lag, daß man ihn von dort wie von da bequem übersehen konnte, mit guten Planken vollständig eingefriedigt hatte, verfügten sich die Kommissäre unter Begleitung von Trompetern zuerst in das Lager des Sultans, holten dort den starken Boabdil, der in der Tat ein Mann von wahrhaft athletischer Gestalt war, ab und brachten in die Kampfebene; dann ritten sie bis an das Tor der Stadt Ceuta und nahmen den Ritter v. Ehingen in Empfang, um ihn ebenfalls an seinen Platz zu führen. Sowie aber die beiden Eisenreiter sich innerhalb der Planken befanden, schloß man die Zugänge fest zu, damit die beiden Duellanten gar nicht gestört werden könnten, und zu gleicher Zeit mußten die Trompeter zum Angriff blasen.

Man kann sich nun natürlich wohl denken, mit welche außerordentlicher Neugier und Teilnahme die Mauren von ihrem Berg und die Portugiesen von ihren Wällen aus dem Kampf zusahen und beide Teile wären gern ihrem Kämpen zu Hilfe geeilt; aber Abdulah und Menases hatten ihr Wort gegeben, daß durchaus keine Einmischung, Unterbrechung oder Unterstützung stattfinden solle, und somit durfte weder ein Mohammedaner aus dem Lager, noch ein Christ aus den Festungsmauern heraus. Übrigens nahm das Duell ein weit schnelleres Ende, als man erwartet hatte, und zwar durch die Schuld des maurischen Kämpen. Als nämlich die Trompeter zum Angriff bliesen, sprengten der v. Ehingen und der starke Boabdil ganz ungestüm gegeneinander los und trafen sich mit Lanze und Schild, nach Ritterart. Der von Ehingen hielt den Stoß aus, obwohl er so heftig war, daß die Lanzenspitze seines Gegners seinen Schild durchdrang und in den Armschienen steckenblieb; das Roß des Boabdil dagegen, das zwar, als ein herrliches Wüstenpferd, mit der Leichtigkeit einer Gazelle dahinflog, aber doch für die große Last seines Reiters nicht stark genug sein mochte, stürzte, als die Lanze Ehingens auf dem Schild des Mauren mit furchtbarer Gewalt aufstieß, total zusammen und begrub im Fall auch seinen Reiter unter sich. Nun konnte sich aber der v. Ehingen nicht im Moment von der in seinen Armschienen steckenden Lanzenspitze freimachen, und der Maure erhielt dadurch Zeit, sich unter seinem Pferd hervorzumachen, ehe sein Gegner vom Pferd springen und ihm mit dem Schwert auf den Leib rücken konnte; wie jedoch beide Kämpen auf dem Boden standen, zogen sie auch sogleich die Klingen und führten gar mächtige Hiebe gegeneinander. Selbstverständlich übrigens konnten nicht schon die ersten Striche einen unmittelbaren oder gar entscheidenden Erfolg haben, denn beide Männer trugen vortreffliche Rüstungen, welche sich nicht so leicht durchhauen ließen;: allein man glaubte doch von Anfang an, wahrzunehmen, daß der Maure in Beziehung auf Gewandtheit, Übung und Sicherheit dem v. Ehingen durchaus nicht gewachsen sei, obwohl er ihn sicherlich an körperlicher Stärke bei weitem übertraf. Somit konnte man auf den mutmaßlichen Endausgang schon einen Schluß ziehen und die Christen in Ceuta fingen daher bald an zu jubeln, während die Mauren auf dem Berg gar grimmige Flüche ausstießen. Doch urplötzlich änderte sich die Szene. Der starke Boabdil nämlich, der sich seiner ungeheuren Kraft bewußt war und doch zugleich fühlen mochte, daß er bei dieser Kampfweise am Ende unterliegen werde, warf plötzlich sein Schwert weit weg, umfaßte seinen Gegner mit beiden Armen und drückte ihn hart an sich, um ihn im Ringen zu Boden zu werfen. Das wa nun allerdings gegen alle Ritterregel und in der ganzen Christenheit strengstens verpönt, aber Don Menases durfte doch nicht dagegen einschreiten, weil ausdrücklich ausbedungen war, daß die zwei Duellanten sich jeglicher Waffe bedienen dürften, welcher sie wollten. Somit kam nun die Reihe des Jubelns an die Mauren, denn im Ringen mußte doch natürlich der gigantische Boabdil siegen. Aber sie jubelten zu früh, und gerade diese Art zu kämpfen, war der Untergang ihres Kämpen. Zwar allerdings gelang es ihm, seinen Gegner zu werfen, allein nicht, ohne daß ihn der v. Ehingen mit zur Erde gerissen hätte, und nun natürlich suchten sofort Beide schnellstens auf die Knie zu kommen, indem sich zugleich ein Jeder bemühte, den Andern zu behindert, daß er nach seinem Dolch greife. Doch der Christ war dem Mauren zu schnell und hatte seine Waffe schon heraus, ehe dieser nur die Hand danach ausstreckte. Was half nun dem starken Boabdil seine riesige Kraft, mit der er den v. Ehingen niederhielt? Der Dolch des Letzteren fuhr ihm dermaßen durch den Helm ins Gesicht, daß ihm sogleich das Augenlicht ausging und eine Sekunde später erhielt er einen Stich in den Hals, welcher ihm die Pulsader zerschnitt. Nun floß sein Blut in Strömen und unter mächtigen Zuckungen gab der Maure seinen Geist auf; der v. Ehingen aber, so todmüde er auch von der heftigen Anstrengung war, schwang sich frischweg auf sein Roß, nahm das Pferd des Getöteten am Zügel, indem er sich zugleich seines Schwertes bemächtigte, und sprengte den Toren Ceuta's zu, wo er auch glücklich ankam und unter betäubendem, nicht enden wollendem Siegesgeschrei aufgenommen wurde.

Dies war das Resultat des furchtbaren Zweikampfes und daß nun die Mauren hierüber eben so erbittert wie erschrocken waren, wird man nur natürlich finden. Viele derselben verlangten mit Ungestüm, von Neuem zum Sturm geführt zu werden, um den Tod des starken Boabdil zu rächen; die bei weitem größte Mehrzahl aber gestand offen ein, daß gegen einen Feind, der solche Ritter in seinen Reihen habe, wie den v. Ehingen, nichts auszurichten sei, und begehrte also, nach Hause zurückzukehren. Nach langem Schwanken erklärte sich Sultan Abdulah endlich für die letzte Ansicht und schickte Bevollmächtigte nach Ceuta, welche wegen des Friedens unterhandeln sollten. Zu gleicher Zeit ließ er dem v. Ehingen eine beträchtliche Summe übergeben, um damit die Rüstung und den Schild des getöteten Boabdil, welche der Sieger als sein rechtliches Eigentum durch seine Knechte vom Kampfplatz hatte holen lassen, ziemlichermaßen einzulösen und der wackere deutsche Ritter entsprach dem Wunsch des Sultans augenblicklich. Nicht minder schnell kam der Frieden zu Stande, denn der Beherrscher von Fetz ging auf alle Bedingungen ein und trat dem König von Portugal sogar ein beträchtliches Stück Land ab, weswegen dieser später auch den Beinamen „des Afrikaners" erhielt. Nun trat das Heer die Rückfahrt nach Lissabon an und natürlich war auch der v. Ehingen dabei; aber – wie er nun in der Hauptstadt aufgenommen wurde – nein, dies zu beschreiben, geht über meine Kräfte. Genug also, die Stadt beeiferte sich, ihm alle nur mögliche Ehre anzutun und von vielen Seiten erhielt er gar wertvolle Präsente. Insbesondere freigebig jedoch erwies sich der König Alphonso, denn dieser, wohl einsehend, daß der ganze Erfolg des Feldzuges nur allein ihm zu verdanken sei, verehrte ihm außer mehreren anderen geringeren Kostbarkeiten einen sogenannten „Schewern“, und zwar angefüllt bis an den Rand mit „Portugalesern“. Nun muß man aber wissen, daß ein Schewern ein goldener Pokal von solcher Größe war, daß wohl eine Maß hineinging, während ein Portugaleser, das größte Goldstück, welches damals geschlagen wurde, einen Wert von dreißig Goldtalern oder sechzig Reichsgulden hatte, und nun, wenn man dieses weiß, wird man mir gewiß auch zustimmen, daß das Präsent ein wirklich königliches war. Übrigens gab sich Don Alphonso damit noch nicht einmal zufrieden, sondern er ließ dem Sieger im Zweikampf auch noch einen offenen, mit dem königlichen Siegel versehenen Brief ausstellen, worin der ganze Kampf beschrieben und dem wackeren deutschen Ritter alles erdenkliche Lob gespendet wurde. Kurz, Georg von Ehingen wurde mit Ehren und Reichtümern überschüttet und er hätte begehren mögen, was er gewollt hätte, so wäre es ihm bewilligt worden.

Inzwischen kam die Nachricht nach Lissabon, daß der König Heinrich von Kastilien den vordem beschlossenen, nachher aber wieder aufgegebenen Zug gegen den Maurensultan von Granada nun doch auszuführen gesonnen sei und bereits ein Heer von siebzigtausend Mann gesammelt habe, indem seine Absicht dahin gehe, die Mauren ganz aus Spanien zu vertreiben und ihre Länder seinem Königreich einzuverleiben. Nun natürlich litt es den Georg von Ehingen nebst seinem Freund nicht mehr in Lissabon, sondern sie zogen sofort Toledo zu, wo König Heinrich sein Hauptquartier hatte. Da nahm man sie äußerst zuvorkommend auf, denn der Ruf ihrer Taten war ihnen vorausgegangen und der König vertraute ihnen sogar seine Hauptfahne an, während sie dagegen dieselbe bis in den Tod zu erhalten und zu verteidigen versprachen. Bald zog das Heer gegen Granada und legte sich vor die Stadt, damals eine der herrlichsten und bevölkertsten in ganz Spanien; aber sie wurde von den Mauren gut verteidigt und bekam außerdem viel Hilfe vom nahen Afrika herüber, so daß die Belagerung sich sehr in die Länge zog. Eben darum wäre es auch zu weitschweifig, all die Taten zu erzählen, die da verrichtet wurden und ich bemerke daher nur, daß Georg v. Ehingen und sein Freund Ramsiden sich nicht nur bei jeder Gelegenheit ihres Ruhmes würdig erwiesen, sondern daß sie auch über zwei Jahre lang bei der kastilischen Armee ausharrten. Nun aber schloß König Heinrich Frieden mit den Mauren unter ziemlich günstigen Bedingungen, und da es also hier nichts mehr zu tun gab, so beschlossen die beiden Freunde, ihren Abschied zu nehmen, um ihre Schritte anders wohin zu lenken. Natürlich konnte der König dagegen nichts einwenden und gab ihnen den verlangten Abschied; aber zugleich schenkte er Jedem von ihnen seine drei Ritterorden, nämlich den „von Calatrava“, ein großes, goldenes, in Lilienform ausgeschnittenes Kreuz, das an einer prächtigen, goldenen Panzerkette getragen wurde; den „de la Banda“ oder „von der goldenen Binde“, so genannt, weil er aus einer breiten, goldenen Binde bestand, welche über die rechte Schulter getragen wurde; und endlich den „de la Granada“, d.i. einen Orden in Granatapfelform, mit goldenem Stil und Blättern von Smaragden, welche einen bedeutenden Wert hatten. Außerdem bedachte er Jeden mit zwei herrlichen Rossen, sowie mit einer Börse, in der sich dreihundert Dukaten befanden, und die beiden Ritter konnten sich also keineswegs über Mangel an Freigebigkeit beklagen.

Ihre Absicht ging nunmehr dahin, zur Abwechslung nach England hinüberzuschiffen, über welches damals König Heinrich VI. das Zepter führte; allein sie hatten bei ihrem Abschied von Lissabon ihr Ritterwort darauf gegeben, die pyrenäische Halbinsel unter keiner Bedingung zu verlassen, ehe sie einen nochmaligen Besuch am portugiesischen Königsthron abgestattet haben würden, und somit ritten sie vorerst nach Lissabon zurück. Dies geschah Anfang März 1447 und noch im selben Monat erreichten sie diese Stadt. Wenn sie nun übrigens glaubten , mit einigen wenigen Tagen des Aufenthalts wegzukommen, so täuschten sie sich sehr, denn der König sowohl wie seine edle Gemahlin wollten von einem so kurzen Abschiedsbesuch gar nichts hören, sondern versuchten ihnen vielmehr die Zeit durch Lustbarkeiten aller Art so gut zu vertreiben, daß Tage und Wochen wie ein Traum dahinschwanden. Endlich jedoch mußte doch geschieden sein, und da von der Stadt Oporto, die damals einen bedeutenden Handel mit England trieb, ein gutes Schiff nach London abging, so mieteten sie sich darauf ihre Plätze. Natürlich aber ging es auch diesmal nicht ohne Geschenke ab, sondern der König gab Jedem von ihnen ein großes Stück Samt nebst kostbaren Pelzwaren und fügte dazu ein silbernes Büchslein, in welchem sich vierhundert Dukaten befanden. Auch von der Königin wurden sie reich bedacht und zwar erhielt Ramsieden ein Paar große, goldene Sporen, der v. Ehingen aber ein so kostbares, über und üb er verbrämtes Kleid, daß ihm ein jüdischer Handelsmann hundert bare Portugaleser dafür bot. Schließlich versah man sie noch mit Empfehlungsbriefen an englische Große, sowie an den König von England selbst, und Don Alphonso ließ es sich sogar nicht nehmen, sie bis nach Oporto persönlich zu begleiten.

Über die weiteren Abenteuer des Georg v. Ehingen und seines Freundes kann ich nun übrigens in ziemlicher Kürze hinübergehen, da sie so ziemlich nur Wiederholungen der früheren waren. Überdies weiß ja jetzt der Leser zur Genüge, auf welche Manier die fahrenden Ritter aufzutreten pflegten, und wie man sie gewöhnlich behandelte. So versteht es sich denn auch von selbst, daß unsere beiden Helden mit größter Gastfreundschaft am Königshof zu Windsor – denn auf diesem Schloß residierte damals Heinrich VI. – aufgenommen wurden, und insbesondere schenkte der Monarch dem Georg v. Ehingen die ehrenvollste Aufmerksamkeit. Ihm zu Liebe veranstaltete er sogar ein solennes Turnier, und da Georg darin den ersten Preis erhielt, so umarmte er ihn öffentlich vor allem Volk und verlieh ihm sofort den sehr ehrenwerten Orden „des Bades“. Er bestand derselbe aus einem goldenen, von einer Glorie umstrahlten, ovalen, kleinen Schild, auf dessen blauem Grund ein Zepter zwischen drei goldenen Kronen, sowie eine Rose und eine Distel abgebildet waren, und es gehörte noch weiter dazu eine lange, goldene Kette, welche aus lauter Kronen, Disteln und Rosen zusammengefügt schien, ferner ein hochroter, mit weißer Seide gefütterter Rock, dann ein silberner Gürtel, und endlich ein Hut mit weißen Federn und einer diamantenen Agraffe. Man sieht – es war dies ein sehr kostbarer Orden, und der König verlieh ihn auch bloß Solchen, die er besonders ehren wollte. Georg v. Ehingen hatte also alle Ursache, dem Monarchen dankbar zu sein, allein als dieser nun davon sprach, den erst vor Kurzem in Frankreich beendeten Krieg von Neuem zu beginnen, und die Hoffnung ausdrückte, daß sein neuer Bad-Ordensritter darin ein Kommando übernehmen werde, schlug es ihm der Letztere doch ab. „Wenn Eure Majestät," erwiderte er, „irgendwo in der Welt einen Feind hat, gegen den ich keine Freundschafts- oder Dankbarkeitsverpflichtungen habe, so bin ich jeden Augenblick bereit, ihn zu bekämpfen, aber der König von Frankreich hat sich äußerst gütig, herablassend und freigebig gegen mich benommen, und ich müßte die Achtung gegen mich selbst verscherzen, wollte ich für solches Alles mit Undank lohnen. Ohnehin aber ist der arme Herr schon an sich unglücklich genug, da sein Erstgeborener, der Dauphin (so nannte man in Frankreich den Kronprinzen), ihn schon gern bei Lebzeiten beerben möchte, und ich möchte daher Eure Majestät inständig ersuchen, diesen Krieg lieber ruhen zu lassen." Also sprach der v. Ehingen mit dem König von England und diese schlichten Worte machten einen solchen Eindruck auf denselben, daß der sonst so kriegslustige Herr für diesmal von seinem Vorhaben abstand.

Fast ein halbes Jahr lang blieben die beiden deutschen Ritter in England – und zwar teils am Königshof selbst, teils auf den Schlössern der Adeligen, von denen sie eingeladen wurden, indem sie sich die Zeit mit Jagen und Turnieren, mitunter auch mit Tanzen und anderen Lustbarkeiten vertrieben; da kam an den Ritter Georg v. Ramsiden die sichere Nachricht, daß seine Mutter verstorben sei, und zugleich schrieben ihm seine Schwestern, wie sie seine Rückkehr gar sehnlichst wünschten. Demgemäß blieb ihm nicht übrig, als sich nach Deutschland auf den Weg zu machen, und gar gerne wäre Georg v. Ehingen mit ihm gezogen, wenn er nicht vorher noch eine Verpflichtung zu erfüllen gehabt hätte. Der Leser erinnert sich nämlich vielleicht noch aus dem Früheren, daß die Gemahlin des Herzogs Sigismund in Innsbruck, die Herzogin Eleonore, eine Schwester des Königs Jakob von Schottland war, und besagter Herzog Sigismund hatte daher dem Georg, der, wie wir bereits wissen, früher bei ihm in Diensten gestanden, nicht bloß Empfehlungsbriefe an Jakob II. mitgegeben, sonders es ihm auch zur Aufgabe gemacht, unter allen Umständen an den Hof nach Edinburgh zu gehen. Solches durfte unser Held natürlich nicht versäumen, und nachdem er sich nun von König Heinrich VI., der ihn nur ungern ziehen ließ und äußerst reich beschenkte, verabschiedet hatte, ritt er der Hauptstadt Schottlands zu. Dort empfing man ihn mit offenen Armen und insbesondere durfte er sich der Gunst und Gnade der Königin, welche eine Tochter des Herzogs Arnold von Geldern war, rühmen, denn diese edle Dame stellte die Tapferkeit, den Mut und die Hochherzigkeit über Alles. Natürlich fehlte es also nicht an Ehrenbezeugungen, sowie an Belustigungen aller Art, allein deswegen brachte doch Georg die wenigste Zeit am Hof zu. Ihn reizte vielmehr die wilde Szenerie der schottischen Hochgebirge, und er folgte daher der Einladung des reichen Grafen Angus, ihn auf längere Zeit auf seine Güter und Schlösser daselbst zu begleiten, mit größter Bereitwilligkeit. Das war nun ein Leben und das waren Jagden! Wahrhaftig, es würde ihn in seinem tiefsten Innern gereut haben, wenn er die vielfachen Erfahrungen, die er bisher gemacht, nicht auch noch durch den langen Aufenthalt in Hochschottland bereichert hätte!

Endlich aber kam es auf einmal wie Heimweh über ihn und er eilte nun nach Edinburgh zurück, um sich von dem Königspaar zu verabschieden; allein am Morgen desselben Tages, an welchem er die Residenz erreichte, war ein Schiff in den Hafen gefahren, welches eine edle Flüchtige aus dem Herzogtum Geldern brachte, und dieser Umstand sollte seine Heimkehr abermals um einige Zeit verschieben. Die Flüchtige nämlich war die Gräfin v. Arnheim, eine Jugendfreundin der Königin, Witwe des Grafen v. Arnheim, und Mutter eines jungen Knaben, den sie mit sich führte; der Grund aber, warum sie flüchtig war, bestand darin, daß ihr Schwager, der Graf v. Blois, ein jüngerer Bruder ihres verstorbenen Gatten, sie aus ihrem Besitztum vertrieben und Stadt und Grafschaft Arnheim gewaltsam besetzt hatte. Natürlich wandte sie sich sofort an ihren Oberlehnsherrn, den Herzog Arnold von Geldern, um Hilfe, und dieser wäre auch von Herzen gerne bereit gewesen, wenn er nur die Macht dazu besessen hätte, allein die Empörung der mächtigen Stadt Nijmwegen nahm ihn damals ganz und gar in Anspruch. Somit blieb der Gräfin nichts übrig, als die Flucht zu ergreifen und diese richtete sie natürlich nirgends anders hin, als zu ihrer Jugendfreundin, der Königin von Schottland, weil sie mit Bestimmtheit hoffte, von dieser nicht abgewiesen zu werden, wenn sie um tatkräftige Unterstützung bitte.

Solches Alles erfuhr Georg v. Ehingen bald nach seinem Eintreffen in Edinburgh und in der Minute ließ er sich bei der Königin melden, um ihr seine Dienste anzubieten. „Ich will Leib und Leben daran setzen ,“ sagte er, „der Gräfin v. Arnheim zu ihrem Recht zu verhelfen und dem räuberischen Blois seine gestohlene Beute zu entreißen. Erlaubt also, hohe Herrin, daß ich jetzt sogleich die nötigen Anstalten treffe, um den Feldzug eröffnen zu können.“ Über diese heldenmütige Entschließung des tapferen Georg wurde die Königin natürlich überaus hoch erfreut, da ihr Herz ganz auf Seiten ihrer Jugendfreundin war, und sie gab also nicht nur sogleich ihren vollkommensten Beifall zu erkennen, sondern sie versprach auch dem Ritter, ihn mit Geld und Gut, soviel sie vermöge, zu unterstützen. Überdies wußte sie ihren Gemahl, den König, zu bestimmen, daß er Schiffe und Kriegsmaterial zur Verfügung stellte und allen schottischen Rittern erlaubte, an der hochherzigen Unternehmung teilzunehmen und nun konnte es dem v. Ehingen natürlich an nichts fehlen. Im Gegenteil – sowie die von ihm ausgesandten Herolde in den Städten und auf den Burgen Schottlands seine Absicht verkündeten, strömten ihm der adeligen und der nichtadeligen Krieger eine Menge zu, und da ihm Alles, was man zur Ausrüstung eines Heeres brauchte, im Überfluß gereicht wurde, so konnte er schon nach wenigen Wochen den Tag zur Abfahrt nach der Ausmündung des Leck (so nennt man den Rhein in den Niederlanden) in den Ozean bestimmen, um von da aus entweder zu Land oder zu Wasser zu der Stadt Arnheim, welche weiter innen im Land, aber hart am Niederrhein liegt, vorzudringen.

Über den nun erfolgenden Feldzug selbst erlaube man mir, mit nur wenigen Worten hinwegzugehen, indem ähnliche Unternehmungen schon oft genug geschildert worden sind. Genug also, unser eben so tapferer und kühner, wie umsichtiger und kluger Kriegshauptmann kam mit seinem kleinen Corps, worunter übrigens mehr als fünfzig bewährte Ritter, in Begleitung der Gräfin v. Arnheim und ihres Söhnchens glücklich in den Niederlanden an, schiffte sofort in kleineren Barken den Leck hinauf bis zu dem Dorf Wageningen und beschloß, von da an seinen Weitermarsch auf dem Land zu bewerkstelligen. Da aber erfuhr der Graf v. Blois seine Ankunft und da man demselben zugleich hinterbrachte, daß die Schar des v. Ehingen nur eine geringe sei, so zog er ihm mit einer doppelt so großen Anzahl von Kriegern entgegen, in der Hoffnung, ihn mit Leichtigkeit besiegen zu können. In einer Ebene trafen die beiden Corps zusammen und bald kam es auch zum Gefecht. „Jeder von euch,“ so rief nun der v. Ehingen, „jeder von euch nehme sich seinen Gegner bestens aufs Korn, mir aber überlaßt den Grafen von Blois, der an seinem Helmbusch gar leicht zu erkennen ist, und ich gelobe hiermit zu

Gott, daß ich meinen Namen ablegen und in ein Kloster gehen will, falls ich diesen schlimmen Mann nicht so treffe, wie er es verdient." Wie ein Wettersturm brachen sofort die Kämpen der Gräfin v. Arnheim in die Schar des Grafen v. Blois ein, und mit diesem selbst traf der v. Ehingen so hart zusammen, daß derselbe mit seinem Roß über und über kugelte. „Ergib dich, du Dieb an Witwen und Waisen," schrie jetzt der Sieger, „oder ich nagle dich mit meinem Schwert an den Boden;" aber der Graf gab keine Antwort und konnte auch keine geben, denn ihm war das Rückgrat gebrochen. Kaum sahen dies seine Anhänger, so gerieten sie in eine furchtbare Angst und fingen an, aus Leibeskraft über die Ebene zu fliehen, so daß in weniger als einer halben Stunde vom ganzen überlegenen Feind nicht mehr zu erblicken war. Damit hatte eigentlich der ganze Feldzug ein Ende, denn die Stadt Arnheim öffnete den Siegern noch am selben Tag die Tore und die Gräfin v. Arnheim wurde allseitig in ihren Rechten anerkannt; allein der v. Ehingen hatte der Königin von Schottland versprochen, nach der Bezwingung des v. Blois ihrem Vater, dem Herzog von Geldern, mit seiner ganzen Schar zur Hilfe zu ziehen und dieses Versprechen ungelöst zu lassen, dazu war er natürlich nicht der Mann. Doch siehe da, wie er nun aufbrechen wollte, um zum Herzog, der noch immer vor Nijmwegen lag, zu stoßen, kam die Nachricht, daß derselbe sich mit dieser mächtigen Stadt verglichen und einen mehrjährigen Frieden geschlossen habe. Hier gab es also nichts mehr zu tun und somit entließ v. Ehingen seine Leute, damit sie in Frieden nach Schottland zurückkehrten; er selbst aber konnte nicht umhin, einer Einladung des Herzogs von Geldern in seine Residenz Zütphen zu folgen und verabschiedete sich daher von der Gräfin v. Arnheim, welche ihn übrigens nur sehr ungern und unter Tränen entließ.

Ich bin nun ans Ende meiner Erzählung gekommen und muß den Leser bitten, von dem Ritter Georg v. Ehingen Abschied zu nehmen. Nachdem derselbe nämlich einige wenige Wochen an dem Hoflager zu Zütphen zugebracht und da mit hohen Ehren behandelt worden war, beschloß er, seiner Sehnsucht nach der Heimat endlich Rechnung zu tragen. Er hatte ja nunmehr die halbe europäische Welt durchzogen, kannte die Freuden und Lustbarkeiten der Hoflager, war wegen seiner tapferen Taten mit Ruhm und Reichtum überschüttet worden – was wollte er also mehr? So zog er denn Anfang des Jahres 1450, von dem Herzog von Geldern mit Samt, Seide und kostbaren Kleidern, sowie auch mit drei herrlichen Brabanterrossen gar reichlich beschenkt, den Rheinstrom entlang dem lieben Schwabenland zu und wurde auf Schloß Kilchberg von den Eltern wie von den Geschwistern mit überaus großer Freude und Herzenslust empfangen. Dasselbe war auch am Hoflager des Herzogs Albrecht der Fall und viele Grafen und Fürsten reisten ihm zu Liebe dahin, nur um ihn erzählen zu hören von den fremden Reichen und von Allem, was sich daselbst begeben. Nicht lange danach beschloß er, sich für immer im Schwabenland ansässig zu machen, verkaufte alle seine erhaltenen Kostbarkeiten um einen annehmbaren Preis und erwarb sich dafür zwei große Rittergüter, auf welchen später auch die Hausfrau nicht fehlte. Ihm also hatte das siebenjährige „Landstörzen" nur Segen gebracht, doch nicht allen fahrenden Rittern ist es so gut ergangen, sondern Viele fanden während ihrer Fahrt den Tod oder hatten sie sich sonst über Widerwärtigkeiten und Unglücksfälle zu beklagen; die Wenigsten aber konnten sich auch rühmen, mit derselben Ehrenhaftigkeit und demselben Mut aufgetreten zu sein, wie unser Held, der Ritter

Georg von Ehingen.

Achtes Kapitel

Das Gottesurteil

oder

die gerichtlichen Zweikämpfe

Um das Rechtsprechen ist es auf Erden immer eine sehr mißliche Sache gewesen und viele Tausende von Urteilen sind schon gefällt worden, welche der ewigen Gerechtigkeit gewiß nicht entsprochen haben. Am allerschwierigsten aber natürlich wurde es den Richtern, in dem Fall die Wahrheit herauszufinden, wenn zwar ein Verbrechen offenkundig vorlag, dagegen aber für die Schuld oder Unschuld desjenigen, der dieses Verbrechens bezichtigt wurde, durchaus kein Beweis, durchaus keine sichere Anzeige und noch viel weniger ein Geständnis vorlag, denn auf welche Manier ließ sich da der Schleier des Geheimnisses lüften? Barbarische Richter des sechzehnten Jahrhunderts kamen nun freilich nicht auf den Gedanken, durch den sie hofften, das Ziel zu erreichen, nämlich auf den Gedanken der Folter und Tortur, der sich jeder Angeklagte, wenn er nicht freiwillig bekannte, was man von ihm wollte, unterwerfen mußte; allein wie unendlich viele Geständnisse wurden da nur abgelegt, weil man die Schmerzen der Folter nicht mehr ertragen konnte und wie grundfalsch war also nicht die ganze Grundlage dieser eben so schrecklichen wie abscheulichen Gerechtigkeitspflege! Einen ganz anderen Weg schlug man in früheren Zeiten, absonderlich in denen, in welchen das Rittertum blühte, ein, und da dieser Weg mit den Gesetzen der Ritterlichkeit in genauester Verbindung steht, so erachte ich es für gebotene Pflicht, etwas Näheres darüber zu berichten.

In der Periode nämlich, in welcher das Rittertum blühte, herrschte allgemein in der Christenheit der Glaube, daß der liebe Gott im Himmel oben jeden Augenblick bereit sei, durch irgend ein Wunder in den Gang der irdischen Begebenheiten einzugreifen und die Priester sorgten aufs eifrigste dafür, daß an diesem Glauben oder vielmehr Aberglauben nicht durch freieres und vernünftiges Denken gerüttelt werde. Ja, nicht bloß Gott tat solche Wunder, sondern auch jeder Heilige oder Heiliggesprochene, und am Ende kam es soweit, daß nach der Meinung der Menschen jedes Bild der Jungfrau Maria oder ihres Sohnes, und sogar die Bilder der Apostel und anderer Verstorbenen auf Anrufen eines Betenden das Allerunglaublichste verrichten würden! Auf diesen Glauben nun stützten sich im Mittelalter die sogenannten „Ordalia“ (der Name ist deutsch und bedeutet „Ordel“, „Urtehl“, Urteil“) oder „Gottesurteile“, durch welche man in schwierigen Fällen die Schuld oder Unschuld eines Angeklagten herausbringen zu können glaubte, denn man hegte die feste Überzeugung, daß Gott, der Allgerechte, unmöglich die unterdrückte oder falsch angeklagte Unschuld könnte sinken lassen, sondern daß er vielmehr derselben notwendig beistehen müßte, und wäre es auch auf übernatürliche Weise, das ist durch ein Wunder. Darum, wenn Einer eines Verbrechens angeklagt war und dasselbe leugnete, dagegen aber keine Beweise für seine Unschuld beibringen konnte, so hatte er das Recht, es auf ein „Gottesurtel“ ankommen zu lassen, also z.B. auf die „Feuerprobe“ oder auf den „geweihten Bissen“, oder auf das „Bahrrecht“, und wenn er unbeschädigt daraus hervorging, so wurde er für unschuldig erklärt. Und sicherlich war er dann auch unschuldig, denn es gehörte ein starker Glaube und ein mächtig gut

Gewissen dazu, eines dieser Gottesurteile durchzumachen! Bestand ja doch die „Feuerprobe“ in nichts Anderem, als daß Einer glühendes Eisen mit bloßer Hand eine Strecke weit trug, oder mit nackten Füßen über brennende Balken ging, oder daß man ihm rotglühende Kohlen auf den Leib legte! Brachte man doch bei der Probe „mit dem geweihten Bissen“ dem Angeklagten eine geweihte Hostie in den Mund und ließ ihm dazu vom Priester die heilige Versicherung geben, daß, wenn er die Hostie „als ein Schuldiger“ verschlucke, die furchtbarste körperliche Pein und zugleich die ewige höllische Verdammnis die unmittelbare Folge sein müßte! War doch das „Bahrrecht“, welches man gewöhnlich nur zur Entdeckung von Mördern anwandte, eine noch viel schauerlichere Probe, denn man legte da den Ermordeten auf eine Bahre, führte den des Mordes Angeklagten zum Leichnam heran, zwang ihn, dessen Hand in die seinige zu nehmen, und beschwor zugleich den Toten durch irgend ein Zeichen, z.B. durch das Öffnen eines Auges, durch die Bewegung der Hand usw. usw. die Gewißheit zu geben, ob der, welcher seine Hand halte, der wirkliche Mörder sei oder nicht! –

Weit gebräuchlicher übrigens, als alle übrigen „Unschuldserprobungen“, war die Berufung „auf das Gottesurteil des Zweikampfes“, und mit der Zeit wurde es sogar Herkommen, daß man unter einem Gottesurteil gar nicht Anderes mehr verstand, als einen „gerichtlichen Zweikampf“. Wenn nämlich ein kampffähiger Mann, besonders und vor allem ein Adeliger, irgend eines schweren Verbrechens, auf welches Todesstrafe gesetzt war, also z.B. des Verrats, des Raubes, der Brandstiftung, des Totschlags oder gar des Mordes angeklagt war, und nicht durch Zeugen oder andere Umstände beweisen konnte, daß das Verbrechen ihm fälschlicherweise zur Last gelegt werde, so mußte er sich entweder schuldig geben oder erklären, für seine Unschuld Leib und Leben wagen zu wollen. Im letzteren Fall hatte sich ihm dann sein Ankläger gegenüber zu stellen und die Beiden mußten miteinander kämpfen, bis Einer von ihnen fiel; derjenige aber, welcher siegte, wurde dafür angesehen, daß auf seiner Seite das Recht sei, „denn sonst hätte Gott – so glaubte man – dem Anderen den Sieg verliehen.“ Hierbei handelte es sich also durchaus nicht von einem ungesetzlichen Duell, sondern von einem Zweikampf, der unter den Augen der Obrigkeit stattfand und es existierten genaue Vorschriften darüber, wie, wann und mit wem gekämpft werden durfte und mußte. So wurde z.B. ein Zweikampf nicht gestattet, wenn sich Zwei bloß aus Haß, Eifersucht oder Rachgier schlagen wollten, sondern es mußte eine „Kampfsache“, wie man es nannte, d.h. eine Sache, die eines Zweikampfes auf Leben und Tod wert war, vorliegen. Eben deswegen durfte man auch nicht nur so „ohne Weiteres“ ein solches Duell ausfechten, sondern es mußte vorher die Bewilligung obrigkeitlicher Personen eingeholt werden, wenn man nicht schwerer Strafe verfallen wollte, und eben so wenig durfte man sich „an irgend einem beliebigen Ort“ schlagen. Im Gegenteil bestimmten die Behörden und Regierungen den Kampfplatz, den sie eigens auswählten und beaufsichtigen ließen. Wie denn auch verschiedene Städte, wie z.B. Würzburg, Ansbach, Schwäbisch-Hall und andere von dem Kaiser mit dem Vorrecht begabt waren, daß in ihnen gerichtliche Zweikämpfe abgehalten werden dürften. Endlich was die Frage betrifft, „mit wem gekämpft werden müsse“, so galt im Allgemeinen der Grundsatz, daß sich Adelige nur mit Adeligen und Bürgerliche nur mit Bürgerlichen zu schlagen hätten; aber Ausnahmen fanden immer statt. So mußte z.B. ein Ritter, der einen Bürgerlichen eines schweren Verbrechens zieh und als Zeuge gegen ihn auftrat, sich demselben unbedingt stellen, wenn er leugnete, und umgekehrt war es ebenso; in jedem Fall aber war es einem Bürgerlichen, der sich von einer ihm zur Last gelegten Schuld durch einen Zweikampf reinigen wollte, erlaubt, einen adeligen „Stellvertreter“ zu stellen, und ganz dasselbe Recht hatten Greise über sechzig Jahre, sowie ohnehin Frauen und Jungfrauen. Einen solchen Stellvertreter nannte man „Kämpfer“ oder „Champion“ (was von dem Wort „Camp“ herrührt, und also soviel bedeutet, als „Einer, der das Feld behauptet“), und Volk wie Ritterschaft ehrte denselben ungemein hoch, wenn er bloß Edelmut, um der unterdrückten Unschuld zu ihrem Recht zu verhelfen, einen solchen Streit ausfocht; tat er es aber „um Lohn“, also wegen eines vorher abgemachten oder doch zu erwartenden Präsentes – was auch hie und da, obwohl selten, vorkam – so achtete man seiner so gering, wie irgend eines sonstigen Mietlings und er durfte später nicht mehr mit ehrlichen Rittern zusammensitzen.

So etwa hielt man es in den Zeiten des Rittertums mit dem gerichtlichen Zweikampf, allein natürlich ist es äußerst schwer, sich einen richtigen Begriff davon zu machen, wenn man nicht ein lebendiges Beispiel vor sich hat, und deshalb erlaube ich mir, eine genaue Beschreibung eines derartigen Gottesurteils, wie sich solches vor jetzt vierhundertachtundfünfzig Jahren in der Wirklichkeit zugetragen hat, mit kurzen Worten wiederzugeben. Besagtes Duell fand nämlich statt in der Reichsstadt Hall, auch Schwäbisch-Hall genannt, und zwar am 27, April, das am Freitag nach St. Georgentag, im Jahre des Heils 1405; die beiden Kämpfenden aber waren die Ritter Jost v. Buchau und Georg Heill von der Altenburg, alle Zwei aus altadeligem Geschlecht und im fränkischen Land begütert. Doch ehe ich nun den Kampf selbst schildere, wird es nötig sein, die Neugierde des Lesers darüber, was Grund und Ursache des Handels war, zu befriedigen, und ich muß daher auf noch frühere Jahre, als das Jahr 1405 ist, zurückgehen.

Also zu Ende des vierzehnten Jahrhunderts gab es – ebenfalls im Fränkischen – einen Ritter mit Namen Fritz Lampart v. Ramsbach, welcher außer seinem Schloß und Schloßgut Ramsbach auch noch das von Maienfels besaß, und überhaupt von elterlicher Seite aus mit Geld und Gütern reichlich bedacht war. Allein mit diesem Geld und Gut ging es jedes Jahr mehr bergab, denn Herr Lampart gehörte unter die freigebigsten Barone der ganzen Umgebung und hielt ein solch gastfreies Haus, daß es das ganze Jahr über von Besuchern wimmelte. Im Anfang seiner Selbständigkeit machte ihm allerdings die edle Gemahlin, die er heimgeführt hatte, hie und da Vorstellungen, und es traten dann Zeitpunkte ein, wo er seine Verschwendung mäßigte. Leider aber starb diese Dame schon nach einem Jahr, nachdem sie ihrem Gatten ein Mädchen geboren hatte, und da der Letztere aus treuer Liebe zu der Verstorbenen und um seiner Tochter keine Stiefmutter zu geben, nicht zum zweiten Mal in den Stand der Ehe trat, so gab es für ihn gar Niemanden mehr, der seinem natürlichen Hang zum Flottleben einen Hemmschuh angelegt hätte. Natürlich konnte es in Folge dessen nicht fehlen, daß, weil das Einkommen, so groß es auch war, nicht reichte, Schulden gemacht wurden, und – wo einmal Schulden sind, da lauert auch schon der gänzliche Untergang, wenn man nicht noch bei Zeiten umkehrt. Nun machte der Ritter Lampart auch noch den Mißgriff, das Geld, statt zu ordentlichem Zinsfluß bei Christen, von hartherzigen Juden zu entlehnen, und diese plagten ihn so aufs Blut, daß er, was man sagt, nicht mehr ein noch aus wußte.

So stand es im Jahr 1403 um den Ritter Fritz Lampart von Ramsbach und Maienfels, und Freunde wie Feinde fingen bereits an, von seinen Verlegenheiten zu munkeln; da schien es auf einmal, als sollte eine Veränderung in seiner Lebensweise eintreten. Wohl wissend nämlich, daß er seiner Tochter, wenn er sie bei sich zu Hause behalte, unmöglich eine gute Erziehung geben könne, hatte er dieselbe der Gemahlin eines Freundes, dessen Besitzungen ziemlich entfernt lagen, übergeben, und diese Dame nahm sich der armen Halbwaise wie eine zweite Mutter an; im besagten Jahr 1403 jedoch, in welchem Bertha ihr fünfzehntes Jahr erreichte, gab sie den dringenden Bitten ihres Vaters nach und entließ dieselbe „als nunmehr fähig, mit Selbständigkeit aufzutreten“, nach Hause. So waltete also wieder ein weibliches Wesen auf Schloß Ramsbach und bald konnte man sich überzeugen, welch heilsamen Einfluß die liebliche Bertha, die ihre Mutter an Schönheit des Körpers und an Edelmut der Gesinnung fast noch übertraf, auf ihren Vater ausübe. Üppigkeit und Verschwendung nahmen ein Ende und an ihre Stelle trat Ordnung und Sparsamkeit, ohne jedoch in Geiz auszuarten; insbesondere aber trat insofern eine durchgreifende Besserung ein, als die Masse von erbärmlichen Schmarotzern, welche sich immer an die Fersen eines Verschwenders hängen, wie die bösen Geister ausgetrieben wurden, und nur noch solidere Gäste auf Ramsbach eine freundliche Aufnahme fanden.

Durch diese und andere Mittel brachte es die schöne Bertha in kurzer Zeit soweit, daß wenigstens keine neuen Schulden gemacht werden mußten; aber wie die alten zu tilgen wären, dafür wußte weder sie noch ihr Vater Rat. Ein Anderer jedoch wußte es, und dieser Andere war der Ritter J o s t v. B u r g a u, dessen Namen ich oben schon genannt habe. Derselbe besaß nämlich ein Schloß in der Nachbarschaft von Ramsbach und sprach, seit Bertha heimgekehrt, sehr oft beim Nachbar Lampart ein, in dessen unbedingte Gunst er sich schon nach ganz kurzer Zeit zu setzen wußte. Mit weniger freundlichen Augen betrachtete ihn dagegen Fräulein Bertha, denn einmal konnte sein körperliches Aussehen – er war ein Mann von kurzem, untersetztem, überaus starkem Körperbau mit unverhältnismäßig langen Armen und einem breiten bullenbeißerartigem Gesicht – nicht besonders reizen, und fürs Zweite traute ihm Bertha nicht, indem sie meinte, in seinem Charakter liege etwas Lauerndes, Hinterlistiges und Falsches, das er unter der Maske polternder Biederkeit sorgfältig zu verbergen suche. Sie wich ihm also aus, wo sie es nur möglich zu machen wußte, obwohl der Ritter offenbar ganz entgegengesetzte Gesinnungen gegen sie hegte und trotz der fünfunddreißig oder vierzig Jahre, die er zählen mochte, seine Absicht, um sie zu werben, nicht undeutlich merken ließ. Ja, sie wagte es sogar, ihren Vater förmlich vor demselben zu warnen, allein dieser lachte sie bloß aus und ermahnte sie, vorher etwas mehr Menschenkenntnis zu sammeln, ehe sie sich erlaube, über einen so achtungswerten und besonders auch so reichen Nachbar ein verdächtigendes Urteil zu fällen! Nun traf es sich eines Nachmittags, etwa ein halbes Jahr nach der Heimkehr Berthas nach Ramsbach, daß Herr Jost auch wieder bei seinem Freund Lampart vorsprach und diesen in einer äußerst schlimmen Laune traf. Am Morgen dieses Tages nämlich waren die zwei Hebräer, welchen Herr Lampart am meisten schuldete, dagewesen, um ihre Zinsen zu holen, und Letzterer hatte sofort auf den Antrieb seiner Tochter von ihnen begehrt, daß sie den unsinnig hohen Zinsfuß herabsetzen sollten, indem ja ihr Kapital gut versichert sei; allein die Juden wollten nicht nur nicht auf den Antrag eingehen, sondern drohten sogar, die ganze Summe zu kündigen, wenn noch irgend einmal eine solche Anforderung an sie gestellt werde. Dies hatte nun den Ritter gar arg mißgestimmt und da er in seinem Unmut Becher auf Becher leerte, so gab er für diesmal keinen ganz artigen Wirt ab. Jost v. Burgau jedoch schien von alledem nicht zu merken, denn statt wieder zu Pferd zu sitzen und nach Hause zu reiten, rückte er seinen Stuhl hart neben den Lampart hin und leistete ihm Gesellschaft im Trinken. Auf diese Manier brachte er es bald so weit, daß der Letztere gesprächig wurde und, um es kurz zu sagen, an diesem Nachmittel erfuhr Jost von Burgau ganz genau, wo seinen Freund Lampart der Schuh drücke und wie es um dessen Vermögensangelegenheiten stehe – eine Entdeckung, auf welche er seinen freudestrahlenden Augen nach offenbar längst mit Sehnsucht gewartet hatte. Doch gelang es ihm sogleich, Herr über seine Gefühle zu werden, und sein Gesicht nahm sofort die Miene der innigsten Teilnahme und der Vertrauen erweckenden Biederkeit an. „Die Hölle möge diese Blutsauger verschlingen!" rief er, mit der Faust so derb auf den Tisch schlagend, daß die Becher und Krüge hoch emporsprangen. „Aber, Freund Lampart, ich kann nicht begreifen, warum Ihr den Juden die Schuld nicht kündigt und das Geld zu einem anderen Zinsfuß bei einem Christen aufnehmt?" – „Das ist bälder gesagt als getan," erwiderte dieser seufzend. „Ich wenigstens weiß Niemanden unter meinen christlichen Bekannten, der mir die große Summe von siebentausend Goldtalern vorstreckte, selbst wenn ich ihm Ramsbach und Maienfels dafür versetzen würde." – „Besinnt Euch, Freund Lampart," entgegnete nun Jost v. Burgau in noch treuherzigerem Ton als zuvor. „Gar keinen Freund hättet Ihr, der dies täte? Seht einmal mich an – glaubt Ihr denn in vollem Ernst, ich werden Euch noch länger in den Händen dieser Juden lassen? Nein, wahrhaftig, das tue ich nicht; um keinen Preis! Vielmehr gebe ich Euch das Geld zum halben Zinsfuß, den Ihr bisher bezahlt habt und dann könnt Ihr leicht jährlich so viel zurücklegen, daß Ihr in einem nicht zu langen Zeitraum alle Eure Schulden los seid; natürlich aber – es ist für Leben und Sterben – die Verschreibung von Ramsbach und Maienfels müßt Ihr Euch schon gefallen lassen." – So sprach der anscheinende Freund Fritz Lamparts, und wer war nun froher als dieser? Die beiden Ritter gaben sich gegenseitig den Handschlag und kurze Zeit darauf hatten die Juden ihr Geld, sowie der Jost die Verschreibung über die beiden Rittergüter.

Bertha war nicht zugegen, als die beiden Ritter dieses Geschäft abschlossen – sie blieb nämlich, wie ich oben schon angedeutet, fast immer auf ihrem Zimmer, sobald Jost v. Burgau über die Zugbrücke ritt – und ihr Vater sagte ihr längere Zeit nichts davon, weil er ihren Widerwillen gegen seinen Freund kannte. Wie sie aber später von der Sache erfuhr, erschrak sie gar sehr, denn eine böse Ahnung sagte ihr, daß Jost v. Burgau keineswegs aus Uneigennützigkeit so gehandelt habe, sondern vielmehr irgend einen geheimen Zweck dabei verfolge; allein es war nun zu spät und sie konnte die Sache nicht mehr rückgängig machen. Ein ganzes Jahr lang übrigens schien es, als ob ihre Befürchtungen ganz ohne Grund gewesen seien, denn Jost benahm sich bei seinen Besuchen einmal, wie das andere Mal, und sprach nicht nur nie von dem gemachten Anlehen, sondern benahm sich sogar weniger zudringlich gegen sie als früher. Bertha selbst jedoch brachte die Sache nie aus dem Gedächtnis und auch ihr Mißtrauen schwand nicht, trotz der Mühe, die sich offenbar Jost gab, dasselbe zu brechen. Da, im Herbst des Jahres 1405, traf auf Schloß Ramsbach eine Nachricht ein, durch welche sie auf einen Schlag all ihrer Sorgen enthoben werden sollte. In der Stadt Nürnberg nämlich lebte eine alte Tante ihres Vaters, die Schwester seiner verstorbenen Mutter, welche einen dortigen adeligen Ratsherrn geheiratet hatte, aber längst Witwe war. Diese Verwandte starb nun und hinterließ ihrem Neffen ein ziemlich bedeutendes Vermögen, das vollkommen ausreichte, um alle Schulden zu bezahlen. Natürlich reiste Ritter Lampart sogleich nach Nürnberg und machte das Erbe flüssig; sowie er aber zurückgekehrt war, lud er auf Andringen Berthas den Ritter Jost ein, sein Geld gegen Auslieferung der Schuldverschreibung über Ramsbach und Maienfels in Empfang zu nehmen. Jost kam auch sogleich und machte das Geschäft ab, indem er zugleich dem Lampart anscheinend aufs herzlichste zu der glücklichen Wendung seiner Angelegenheiten Glück wünschte; allein als er nun nach Empfang des Geldes und der Zinsen den Pfandbrief herausgeben und noch extra eine Quittung darüber schreiben mußte, da verfärbte er sich ganz auffallend und seine Hand zitterte sichtlich, während seine Augen vor Aufregung Blitze schossen. „Von Herzen“ schien also doch sein Glückwunsch nicht zu kommen, denn ohne Zweifel hatte er gehofft, sich mittels dieses Pfandbriefes dereinst in den Besitz der beiden Rittergüter, die wenigstens das Vierfache der geliehenen Summe wert waren, setzten zu können, und nun war auf einmal diese Hoffnung zu Wasser geworden. Wahrhaftig, darin lag gewiß nichts Fröhliches! Umgekehrt aber – wem hüpfte das Herz lustiger im Leib, als der Bertha? Darum wie sie sah, daß ihr Vater den Pfandbrief nebst der Quittung sorgfältig in das Geheimfach seines Schrankes, wo er sein Geld und seine wichtigeren Papiere aufzubewahren pflegte, hineinschob, und wie sie dabei zugleich die grimmigen Blicke Josts erspähte, da hätte sie fast laut auflachen mögen; allein sie bezwang sich, um den Gast ihres Vaters nicht zu beleidigen, und verließ gleich darauf das Zimmer, indem sie zum Vorwand nahm, einen Imbiß nebst Wein für die beiden Ritter besorgen zu wollen. Dies tat sie denn auch, aber sie schickte beides durch einen Diener, während sie selbst sich in den Garten begab und wie ein Füllen, das man von seinem Halfter befreit, zwischen den Beeten herumsprang. Mehrere Stunden vergingen so, und sie dachte eben daran, ihr Zimmer aufzusuchen, da kam ein Diener ihres Vaters und meldete ihr, daß derselbe sie zu sprechen wünsche. Verwundert sah sie auf, sagte aber nichts, sondern begab sich eilig in die Trinkstube der Ritter und – richtig, da saßen noch Beide beieinander. „Meine Tochter,“ begann sofort der Vater ohne die Augen aufzuschlagen, „ich habe dich rufen lassen, um die eine Eröffnung zu machen. Ritter Jost hat um deine Hand angehalten und ich habe sie ihm zugesagt, natürlich unter der Bedingung, daß du nicht Nein dazu sagst.“ – „Vater!“ rief Bertha, welcher auf einmal alles Blut zum Herzen floß, „Vater, um Himmelswillen!“ – „Mein Fräulein,“ unterbrach sie Jost, sich von seinem Stuhl erhebend und sich so artig, wie nur möglich, verbeugend; „mein Fräulein, meine stille Zuneigung müßt Ihr längst erraten haben; ich hütete mich jedoch, mit meinem Antrag früher hervorzutreten, weil Ihr sonst geglaubt hättet, ich wolle die Schuldforderung, die ich an Euren Vater hatte, dazu benutzen, Eure Hand zu erzwingen. Nun aber die Schuld bezahlt ist, fallen alle diese Rücksichten weg und ich flehe Euch an, mir Liebe zu gewähren, was Euer Vater bereits bewilligt hat.“ – Während dieser Anrede hatte sich Bertha wieder vollständig gesammelt und wie nun ihre Antwort ausfiel, kann sich der Leser denken. Doch sprach sie ihr „Nein“, obwohl bestimmt, keinesweg so aus, daß es beleidigend klang, sondern sie schützte vor, daß sie noch viel zu jung sei, um in den Stand der Ehe zu treten. Wohl drang Jost noch zwei oder drei Mal in sie, von ihrem starren Sinn abzustehen, und ihr Vater stimmte ihm vollkommen bei; allein sie blieb bei ihrem Nein und der kluge Freier merkte nun wohl, daß er seine Hoffnung für ewige Zeiten aufgeben müsse. Da er aber klug war, machte er eine gute Miene zum bösen Spiel und meinte, seine Wut unter einem verzerrten Lächeln verbergend: „weil denn das Fräulein die Siebzehn noch nicht erreicht, so wolle er vor der Hand von der Bewerbung abstehen, dagegen hoffe er, in einem Jahr, wenn Bertha achtzehn geworden, vielleicht glücklicher zu sein.“

Damit hatte die Sache ein Ende, wenigstens für heute, sowie voraussichtlich für die nächsten dreihundertvierundsechzig Tage. Auch kam es zu keinem offenen Zerwürfnis, denn Bertha vermied dies natürlich schon ihrem Vater zu liebe, der Jost v. Burgau aber gab sich das Nachsehen, als ob er wirklich glaube, die Bertha habe ihn nicht ein für alle Mal abgewiesen, sondern verlange bloß Bedenkzeit, und gar manchmal sprach er dies sogar gegen Bekannte, die auf die Sache anspielten, unverholen aus. Trotzdem jedoch wurden seine Besuche auf Ramsbach von nun an viel seltener und manchmal verging eine ganze Woche, ehe er sich wieder sehen ließ, was den an seine Gesellschaft gewöhnten Lampart oft nicht wenig verdroß. So kam der Monat Januar des Jahres 1405 herbei, in dessen zweiter Woche die Ritter des ganzen Frankengaues gewöhnlich eine Zusammenkunft in der Stadt Anspach hielten, und da nun Herr Lampart das vorige und vorvorige Mal mit Jost v. Burgau dahin geritten war, so forderte er denselben auf, es auch diesmal wieder so zu halten. Dies sagte Jost zu, aber wie nun der Tag der Abreise herankam, legte er sich ins Bett, über einen heftigen Anfall des Zipperleins klagend, und erklärte unter vielen Verwünschungen auf diesen bösen Zwischenfall, wie er unmöglich mitreiten könne. Hierüber ärgerte sich Herr Lampart ungemein, und beinahe wäre er nun ebenfalls zu Hause geblieben, wenn ihm nicht seine Tochter zugesprochen hätte, sich eines solchen Grundes wegen nicht abhalten zu lassen. Ach – sie tat es, weil sie glaubte, ihr Vater werde sich bei der Zusammenkunft so vieler Freunde und Bekannten recht aufheitern; aber freilich, wenn sie hätte ahnen können, was die Folge dieses Rittes war – wie würde sie all ihre Überredungskunst aufgewandt haben, um die Reise zu hintertreiben!

Am 6. Januar nämlich ritt Herr Lampart ab und am 15., längstens 16., wollte er wieder auf Burg Ramsbach eintreffen. Ein einziger Diener begleitete ihn, denn so war es seine Gewohnheit, und in Erwartung der guten Gesellschaft, die er in Anspach treffen werde, nahm er wohlgemut und vergnügt Abschied. Auch Bertha fühlte sich ungemein heiter, und lächelnd bat sie ihren Vater, doch das Reisegeschenk nicht zu vergessen, da er ihr sonst, wenn er einige Tage ausblieb, heimzubringen nie verfehlte. Nicht minder kurzweilig vergingen ihr die nächsten zehn Tage, denn obwohl Schnee und Eis ihr nicht erlaubten, viel ins Freie zu gehen, so fand sie doch Unterhaltung in Überfülle, weil sie die Kunst gelehrt worden war, Pergamentschriften zu lesen und somit sich geistig zu beschäftigen. Als jedoch ihr Vater weder am 15. noch am 16. Januar heimkehrte und sogar am 17. und 18. Noch ausblieb, da fing sie doch an, besorgt zu werden, und bald jagte eine schlimme Ahnung die andere. „Möglicherweise ist er bei Ritter Jost eingekehrt, um diesem zu erzählen, wie es in Anspach zugegangen sei," dachte sie anfangs, und sandte sofort einen Knecht nach Burgau hinüber; aber dort, wo der Burgherr wegen seines Zipperleins zwar nicht mehr das Bett aber doch noch das Zimmer hütete, hatte man von Herrn Lampart weder etwas gehört noch gesehen. Nunmehr ließ Bertha bei anderen Rittern der Nachbarschaft nachfragen, und da erfuhr sie denn, daß ihr Vater mit zwei Genossen schon am 15. gegen Mittag in dem Städtchen Crailsheim angelangt sei und mit denselben bis gegen Abend in der Herberge zum Lamm gezecht habe. „Dann aber" – so berichtete man ihr weiter – „sei er trotz eines ziemlichen Schneegestöbers ganz allein, oder vielmehr nur von seinem Knecht begleitet, aufgebrochen, um vollends nach Hause zu reiten und wenn ihm nichts Widerwärtiges in den Weg gekommen, so müßte er notwendig um acht oder spätestens um neun Uhr nachts auf Schloß Ramsbach angekommen sein."

Herr, mein Gott, welch furchtbarer Schrecken fuhr da nicht in die arme Bertha, als sie diese Nachricht erhielt! Ihr Vater war am 15. von Crailsheim, das nur wenige Stunden entfernt lag, weggeritten, und hatte am 19. Ramsbach noch nicht erreicht!" Da mußte ihm ja ein Unglück zugestoßen sein, denn anders ließ sich seine Abwesenheit oder vielmehr sein „Nichtkommen" gar nicht erklären! Alle Diener des Schlosses, sowie alle Bewohner der dazu gehörenden Dörfer und Weiler wurden daher aufgeboten, um in der ganzen Umgegend zu streifen und besonders den Weg nach Crailsheim genau zu durchforschen; damit aber ja nichts versäumt würde, stellte sich Bertha selbst an die Spitze der Leute, und einige benachbarte Ritter gesellten sich zu ihr, um ihr beim Suchen zu helfen. Unter diese Letzteren gehörte auch Jost von Burgau, denn obwohl er des Zipperleins wegen, das ihn immer noch ein wenig plagte, das linke Bein ganz dick in wollenes Zeug gewickelt hatte, „So litt es ihn doch" – dies waren seine eigenen Worte – „in diesem erschütternden Fall, wo es sich um Leben oder Tod seines besten Freundes handelt, um keinen Preis zu Hause." Lange suchte man und lange vergebens; aber endlich mit dem Anbruch der Nacht fanden doch die Hunde, die man mitgenommen hatte, eine Spur, und wie man nun am Fuß eines steilen Berghanges den Schnee, den der Wind hier zusammengeweht hatte, wegräumte, so fanden sich hier vier Leichen, die des Ritters Fritz Lampart v. Ramsbach, die seines Knechtes und die ihrer beiden Rosse. Also, was man so ziemlich allgemein befürchtet hatte, war wahr geworden – der wackere Lampart gehörte nicht mehr unter die Lebenden!

Ich unterlasse es natürlich, den Schmerz zu schildern, von dem das ganze Wesen Berthas erschüttert wurde, und eben so wenig spreche ich von den Gefühlen derer, die mit dem Auffinden der Leichname zugegen waren, sondern ich halte mich bloß an die Tatsache und erzähle, was sich sofort weiter begab. Zunächst holte man einen Schlitten herbei, lud den Herrn wie den Diener darauf und führte sie unter dem Geleit aller Anwesenden nach Schloß Ramsbach, um dort näher nachzuforschen, was die Ursache ihres Todes gewesen sei. Dies zeigte sich auch sogleich, und zwar ohne daß irgend der geringste Zweifel übrig blieb, denn sowie man ihnen (man hatte sie in die große Halle unter der Kemenate gebracht) die Kleider auszog, fand man, daß Jeder von ihnen einen Pfeilschuß von hinten in das Rückgrat erhalten hatte, der ihrem Leben ein sehr schnelles Ende gemacht haben mußte. Also nicht ein Unglücksfall, sondern ein Mord lag hier vor! Ja, sogar ein Raubmord, indem alle Taschen des Ritters geleert waren und man ihm außer seiner goldenen Kette, seinen goldenen

Sporen und seinem Bargeld alles, was er nur irgend bei sich trug, selbst das minder Wertvolle – nur allein die Kleider ausgenommen – genommen hatte! Verwirrt, erstaunt sahen sich die Umstehenden an und längere Zeit herrschte in dem von Fackeln ziemlich erleuchteten Gemach eine förmliche Totenstille.

„Wer kann das getan haben?“ unterbrach endlich ein alter Ritter das grausige Stillschweigen. „Er, der meines Wissens keinen einzigen Feind hatte; Er, der Jedermann, welcher mit ihm in Berührung kam, mit Wohlwollen und Freigebigkeit überschüttete, Er liegt hier ermordet vor uns und zwar meuchlings, hinterrücks von einem Unbekannten ermordet! Aber, meine Freunde, damit nicht versäumt werde, um später die Täter zu ermitteln, ist es Vorschrift, über den Tatbestand eine Urkunde aufzunehmen, und ich ersuche Euch also, Ritter Jost v. Burgau, da Ihr der schriftkundigste unter uns seid, das Nötige, wie wir es fanden, aufzusetzen, damit wir Andere es dann als Zeugen beglaubigen.“

Alle wandten sich nun zum Ritter Jost um, aber – er war nicht mehr anwesend. „Er wird doch nicht schon nach Hause geritten sein?“ fragte jetzt wieder der alte Ritter, dem es offenbar sehr um die Aufnahme der Urkunde zu tun war, und verwundert die Köpfe schüttelnd, wiederholten andere die Frage.

„Ich meine,“ versetzte darauf ein Diener des Hauses, „ich habe ihn vor kaum zehn Minuten über den Hof hinübergehen sehen und ich müßte mich ganz täuschen, wenn er nicht die Greden hinaufstieg, die in den Rittersaal und die Privatgemächer des verstorbenen Herrn führt.“

„Ach, er wird das arme Fräulein dort vermuten und will es ohne Zweifel aufsuchen, um es zu trösten,“ versetzte sofort der alte Ritter; „aber,“ befahl er zugleich dem Diener, „geh augenblicklich und hole Herrn Jost v. Burgau herbei, da wir seiner notwendig bedürfen.“

Der Diener ging der Tür zu, um zu tun, was er geheißen war; doch in diesem Augenblick trat der Gesuchte herein und erklärte sich sogleich bereit, die Rolle des Schriftführers zu übernehmen. Auch setzte er alles ganz in Ordnung auf, und vergaß selbst nicht das Geringste; allein die Bemerkung machten doch Einzelne, daß er sehr blaß war und seine Hand im Anfang des Schreibens wie Espenlaub zitterte. Natürlich übrigens schrieben sie dies der Aufregung über das begangene Verbrechen zu und nicht ein Einziger hätte damals auch nur zu denken gewagt, was kurz darauf ganz Franken mit tiefstem Entsetzen erfüllen sollte. Doch – ich will nicht vorgreifen, und sage also nur, daß, als die Urkunde von den Vornehmsten der Anwesenden unterschrieben war, die Meisten Burg Ramsbach verließen, um ihrer Heimat zuzueilen.

Vierzehn Tage vergingen, ohne daß etwas Besonderes vorgefallen wäre, und der ermordete Ritter lag längst in kühler Erde. Daß übrigens deswegen die fluchwürdige Tat doch nicht aufhörte, in der ganzen Umgebung fast der einzige Gegenstand des Gespräches zu sein, versteht sich von selbst, nur wer der Mörder sei – darüber hatte man nicht einmal eine Vermutung und noch viel weniger ein sicheres Kennzeichen. Bertha selbst, die arme, unglückliche Tochter des Verewigten, konnte sich nicht denken, wer möglicherweise zu dem Verbrechen fähig gewesen wäre, und mußte am Ende denen beistimmen, welche meinten, raublustige Strolche hätten ihrem Vater bei Nacht aufgelauert, um sich seiner Habe zu bemächtigen. Nur erschien es ihr – wie auch vielen Anderen – rein unbegreiflich, daß man, trotzdem die ganze Gegend durchstreift wurde, auch nicht die geringste Spur von diesen Räubern entdecken konnte, und daß dieselben dem Ermordeten nicht auch die Kleider, die doch gewiß keinen geringen Wert hatten, abgenommen haben sollten. Da – während sie so, im tiefsten Schmerz versunken, hinbrütete und kaum wußte, was um sie herum vorging, sollte sie auf einmal durch eine ganz eigentümliche Botschaft nicht nur zum selbsttätigen Leben erweckt werden, sondern auch die bestimmte Gewißheit erhalten, warum und von wem die furchtbare Tat begangen worden sei. Am 3. Februar nämlich wurde sie von der sehr edlen Herrin und Gräfin Heill von der Altenburg, das ist von der mütterlichen Freundin, welcher ihre Erziehung bis zum fünfzehnten Jahr anvertraut gewesen war, mit einem Besuch überrascht und das war der erste Lichtstrahl, der in ihr seit Kurzem so gar sehr getrübtes Dasein fiel. Die vortreffliche Dame hatte es sich nicht versagen können, als sie von dem großen Unglück hörte, ihre frühere Schutzbefohlene, trotz der ziemlich weiten Reise, aufzusuchen, und da ihr Gatte durch dingende Geschäfte abgehalten wurde, so ließ sie sich von ihrem Sohn, dem Ritter Georg, der erst vor kurzem von einer langen Ritterfahrt zurückgekehrt war, geleiten. Welcher Trost nun für die verlassene Bertha, und wie segensreich wirkte nicht der Zuspruch der edlen Gräfin! Zugleich aber auch – wie mußten nicht die beiden jungen Leute über ihr gegenseitiges Aussehen erstaunen, denn er, der junge Graf Georg, konnte sich Bertha nur als ein kleines, wildes Mädchen denken, während jetzt eine vollendete Jungfrau vor ihm stand, und sie hatte zwar den Georg als Jüngling gekannt, aber aus dem Jüngling war inzwischen ein schöner, von Kraft und Gesundheit strotzender Mann geworden! Während nun übrigens die Drei in einem Nebenzimmer des Rittersaals beieinander saßen, ritt der Ritter Jost v. Burgau in den Schloßhof ein und ließ sich sogleich bei dem Fräulein anmelden. Bertha wollte ihn abweisen, indem sie sich wohl denken konnte, daß er nur kommen werde, um seine frühere Bewerbung zu erneuern, aber die Herrin von der Altenburg, welche schnellstens von der Sachlage unterrichtet wurde, war entgegengesetzter Ansicht. „Höre ihn ruhig an, Bertha," sagte sie, „und wenn es so ist, wie du vermutest, so weise ihn mit würdigen Worten, aber mit Bestimmtheit und einmal für immer ab. Wir selbst, mein Sohn und ich, werden in diesem Zimmer hier zwar nicht Augen-, aber Ohrenzeugen sein, und wenn Herr Jost allzu zudringlich würde," setzte sie, mit einigem Stolz auf ihren Sohn blickend, hinzu, „so treten wir in den Rittersaal hinaus und dann wird ihn Georg schon zurechtzuweisen wissen." Diesem Ratschlag wurde natürlich pünktlich Folge geleistet und wenige Minuten später stand Bertha dem Ritter Jost im Rittersaal allein gegenüber.

„Edle Jungfrau," begann der Ritter, der sich heute besonders festlich gekleidet hatte, mit so zierlichen Worten, wie er nur zusammenbringen konnte; „edle Jungfrau, ich bin mehr der Mann der Tat, als der Rede und darum will ich mein Anliegen lieber gleich ohne Umschweife vorbringen. Ein herbes Schicksal hat Euch den Vater urplötzlich entrissen und Ihr steht nun verlassen in der Welt da. Ihr kennt meine Gesinnungen gegen Euch, denn ich habe sie Euch schon vor längerer Zeit hier an demselben Platz kundgetan; aber Ihr habt Euch damals auf Eure Jugend berufen, und mich auf später verwiesen. So will ich denn meinen Antrag feierlichst wiederholen und hoffe, daß Ihr mir diesmal keine abschlägige Antwort gebt."

Er schwieg still und sah der jungen Dame forschend ins Gesicht; diese jedoch brauchte sich nicht lange zu besinnen, sondern gab ihm in der Minute ihre verneinende

Antwort in zwar höflichen, aber doch so klaren Ausdrücken, daß ihm über ihre wahre Gesinnung auch nicht der geringste Zweifel übrigbleiben konnte. Er wurde todesblaß vor Zorn und sein Auge flammte unheimlich auf; aber doch bezwang er sich und unterdrückte die heftige Gegenrede, die er schon auf der Zunge hatte. Nachdem er übrigens den Saal ein paar Mal tiefnachdenklich auf- und abgeschritten war, schien er mit dem, was er zu tun habe, ins Reine gekommen zu sein, denn er stellte sich nun hart vor Bertha hin und eine wilde, triumphierende Schadenfreude leuchtete aus seinem Gesicht.

„Ihr habt deutlich genug gesprochen, Jungfrau Bertha," begann er sofort in kalter, höhnischer Weise, „und ich werde mich Euch nicht länger aufdrängen. Da wir nun übrigens von nun an gar keine Gemeinschaft mehr miteinander haben können, so ersuche ich Euch, schnellstens Anstalt zu treffen, daß mir die Eurem Vater geliehene große Geldsumme zurückgezahlt werde, widrigenfalls ich bei Gericht auf Übergabe der mir verpfändeten Rittergüter Ramsbach und Maienfels antragen müßte."

So und nicht anders lauteten seine Worte und zwar sprach er sie so langsam und angemessen, daß man wohl merken konnte, wie er sie vorher ganz genau überlegt habe. Auch schlug er, während er sprach, die Augen nicht zu Boden, sondern schaute vielmehr dem Fräulein starr und unverwandt in das Gesicht, ohne Zweifel, um zu prüfen, welchen Eindruck der Inhalt seiner Rede auf sie hervorbringen werde. Dieser Eindruck war jedoch ein ganz anderer, als er wohl vermutet haben mochte, denn Fräulein Bertha sank nicht nur nicht vor Schreck zusammen, sondern verlor sogar nicht einen Augenblick lang ihre volle Besinnungskraft. Im ersten Moment allerdings erblaßte sie und mit jedem Wort, das der Ritter vorbrachte, wurden ihre Augen größer und größer, wie wenn sie die grenzenlose Frechheit des Mannes gar nicht begreifen könne. Dann aber riß sie, schnell besonnen, die Tür, welche ins Nebengemach führte, auf und rief die edle Gräfin nebst ihrem Sohn zu ihrem Beistand herbei.

„Habt Ihr gehört, edle Frau," sprach sie nun, sich hoch aufrichtend und ihr feuriges Auge mit der tiefsten Verachtung auf Jost v. Burgau richtend; „habt Ihr gehört, edle Frau, und Ihr, Herr Ritter Georg, was Dieser da soeben für ein Ansinnen an mich gestellt hat? Hier in diesem Zimmer, hier vor meinen eigenen Augen hat mein Vater dem Ritter Jost v. Burgau die von ihm entlehnte Summe von siebentausend Goldtalern zurückbezahlt und hier vor meinen Augen stellte Ritter Jost eine Quittung darüber aus, indem er zugleich die Pfandurkunde zurückgab. Hier vor meinen Augen verwahrte mein Vater Quittung mit Pfandurkunde in seinem Geldschrank, und jetzt stellt sich derselbe Jost mir gegenüber, um das bereits Bezahlte zum zweiten Mal zu verlangen!"

Sie sprach dies voll Hoheit und mit einem Siegesbewußtsein der Wahrheit, daß der junge Graf Heill Leib und Leben daran gesetzt hätte, es müsse sich so verhalten, wie sie behauptete und ohne Zweifel dachte seine Mutter ebenso; aber als eine kluge, besonnene Frau winkte sie ihrem Sohn, zu schweigen und forderte dagegen den Ritter Jost auf, sich über dies mehr als sonderbare Ansinnen näher zu erklären. Dieser jedoch stand still und unbeweglich, als wäre er plötzlich zu einem Marmorbild geworden, und – offenbar war diese lähmende Wirkung durch die plötzliche Gegenwart zweier Zeugen, auf die er sicherlich nicht gerechnet hatte, hervorgebracht worden. Endlich aber, als die Gräfin die Frage zum zweiten Mal wiederholte, erlangte er durch eine fast übermächtige Anstrengung wieder Gewalt über sich, und von nun an verließ ihn die Selbstbeherrschung nicht mehr.

„Der Schmerz über den Tod ihres Vaters muß die Sinne der edlen Jungfrau von Ramsbach verwirrt haben," entgegnete er kalt und ruhig, „sonst könnte sie keine solch wahnsinnige Behauptung aufstellen. Allein hier ist gleich geholfen, denn wenn der verstorbene Herr Ritter Lampart mir mein Geld zurückbezahlte, wie es dem Fräulein träumt, und wenn er dafür eine Quittung erhielt, so braucht man ja nur diese Quittung vorzulegen, um die Unwahrheit meiner Anforderung ganz klar ans Licht zu stellen."

„Das soll auch sogleich geschehen", rief Bertha. „Es ist mir zwar bis jetzt noch nicht in den Sinn gekommen, die Hinterlassenschaft meines Vaters näher zu prüfen, aber nunmehr wird es nötig sein, diesen Schrank zu öffnen, damit ich den falschen Ritter hier seines Betrugsversuchs überweisen kann."

Hastig ging sie auf den Schrank zu, in welchem sie die bewußten Papiere aufbewahrt wußte, indem sie zugleich an ihrem Schlüsselbund nach dem richtigen Schlüssel suchte; doch – so emsig sie auch suchte, sie fand ihn nicht. Verblüfft stand sie eine Zeitlang still; aber plötzlich fiel ihr etwas ein. „Mein Vater," sagte sie, „hat den Schlüssel stets bei sich getragen, auch wenn er einen Ausritt machte, und ohne Zweifel haben also die Bösewichter, die ihn seines Lebens beraubten, denselben mit allem Übrigen, das sie bei ihm fanden, an sich genommen. Aber ich werde sogleich Befehl geben, daß man den Schrank gewaltsam öffne."

In der Tat rief sie auch sofort einen Diener herbei, der nach Brechwerkzeugen gehen mußte, und in wenigen Minuten lag der Schrank offen vor ihnen. Da zeigten sich ihnen denn die Papiere, sowie die Kleinodien und das Bargeld des Verstorbenen in der saubersten Ordnung, aber – der Pfandbrief und die Quittung waren nicht dabei. Sonderbar, äußerst sonderbar! Doch man konnte sich vielleicht bei der ersten Untersuchung getäuscht haben. Also nahm man jetzt Eins nach dem Andern sorgsam heraus und ging alles zum zweiten und dritten Mal genau durch, aber alles Suchen erwies sich als vergeblich und die beiden Dokumente ließen sich nicht auffinden.

Eine Totenstille herrschte im Saal, aber bald wurde sie von dem Ritter Jost unterbrochen. „Ich hoffe," sagte er in der ihm eigenen kalthöhnischen Weise; „ich hoffe, daß nun die Fabel, welche das Fräulein vorbrachte, von Jedermann als das erkannt wird, was sie ist, nämlich als ein Wahn und Traumbild, wenn nicht gar etwas Schlimmeres. Allein dies genügt mir noch nicht, sondern hier habe ich den Beweis in Händen, daß ich dem Ritter Lampart seine Beschreibungsurkunde nie zurückgegeben habe und gar nicht zurückgegeben haben kann."

Mit diesen Worten griff er in seine Tasche und zog einen Pergamentbrief hervor, welchen er in der Runde herumzeigte. Und in der Tat, es konnte nicht in Abrede gezogen werden: der Pergamentbrief war dieselbe Pfandurkunde, welche ursprünglich für das Anlehen gegeben worden war! Hiervon überzeugte sich selbst Bertha; aber wie sie sich nun davon überzeugt hatte, hilf Himmel, welch außerordentliche Veränderung ging da plötzlich mit ihr vor? Zuerst wurde sie totenbleich, und sie mußte sich an einem Pfeiler halten, um nicht umzusinken; dann schoß ihr alles Blut ins Gesicht und ihre Augen flammten, als wäre sie der Engel des Gerichts. „Ha!" schrie sie; „jetzt hab ich dich, Bösewicht! Du, du, und kein Anderer, bist der Mörder meines Vaters! Hört mich an, meine zweite Mutter, und du, tapferer Georg, verschließe mir dein Ohr nicht: die Urkunde, die er in der Hand hat, gibt mir den Beweis, daß nur er der Mörder sein kann! So wahr ein Gott über uns ist, mein Vater zahlte ihm das Geld heim und empfing dafür seinen Pfandbrief und die Quittung, welche er in diesem Schrank verschloß. Wie kann nun aber der Pfandbrief wieder in die Hände dieses Schurken zurückgewandert sein, wenn er ihn nicht aus diesem Schrank entwendete? Und doch habt ihr Alle gesehen, der Schrank war unversehrt, ehe man ihn soeben gewaltsam öffnete! Folglich konnte er den Diebstahl nur mittels des Schlüssels bewerkstelligen, und um diesen Schlüssel zu erhalten, hat er meinen Vater ermordet."

Sie sprach dies Alles in so furchtbarer Hast und in einer solch entsetzlichen Aufregung, daß ihr jetzt der Atem versagte; diesen Augenblick aber benutzte Ritter Jost, um ihre Anklage wo möglich zu entkräften. „Sie ist von Sinnen," rief er, „ja, rein toll ist sie. Ich lag ja krank zu Bett, als ihr Vater ermordet wurde und seither habe ich diese Burg nie betreten, als an dem Tag, wo man den Leichnam fand und wo Hunderte zu gleicher Zeit zugegen waren. Dies kann ich....."

„Und jene Stunden der Verwirrung," unterbrach sie ihn noch heftiger als zuvor, „jene furchtbaren Stunden hast du benutzt, um dein finsteres Werk zu vollenden. Man hat dich gesehen, wie du damals heimlich die Greden hinaufstiegst, und darum, Jost v. Burgau, ich klage dich an des dreifachen Verbrechens: des Diebstahls, des Raubes und des Mordes, und ich werde meine Anklage beweisen durch einen Kämpen, den ich zum Gottesurteil stelle."

„Ist denn Niemand da, um dieser tollen Dirne den Mund zu stopfen?" schrie nun seinerseits Jost v. Burgau. „Aber sei es darum; mach einen Lärm so groß, wie du willst, mein Recht auf deine zwei Rittergüter wird mir Niemand nehmen und bis du einen Narren findest, der sich für dich auf Leben und Tod schlüge, da kannst du warten von nun an bis in alle Ewigkeit."

„Der Kämpe hat sich bereits gefunden," sprach da plötzlich eine helle, kräftige Stimme und wie Jost sich schnell umschaute, blickte er in zwei so kühle Augen, daß er unwillkürlich ein wenig zurückfuhr. „Ich bin der Ritter Georg Heill von der Altenburg," fuhr darauf der Sprecher fort, „und halte die Klage Bertha's v. Ramsbach in allen ihren Punkten aufrecht. Darum, hier mein Handschuh; es gilt auf Leben und Tod."

So sprechend, zog er den Handschuh von seiner Rechten und warf ihn dem Ritter Jost mit aller Gewalt vor die Füße; dieser aber erwiderte kein Wort mehr, denn alle Worte wären nach einer solchen Erklärung vergeblich gewesen, sondern hob den Handschuh auf und verließ augenblicklich die Burg. Es mußte nämlich jetzt unter allen Bedingungen zum gerichtlichen Zweikampf kommen, denn das Gesetz schrieb vor, daß, wer nicht für schuldig gehalten und für überwiesen erklärt werden wollte, einen auf solche Weise angebotenen Kampf unbedingt annehmen mußte, und somit wußte Jost v. Burgau recht wohl, was er zu tun habe. Überdies, wenn er es recht überlegte, konnte ihm eine solche Wendung der Angelegenheit nicht einmal unlieb sein, denn eine Klage bei Gericht auf Wiedererstattung des gemachten Anlehens konnte doch möglicherweise zu unliebsamen Erörterungen führen, während er bei dem hohen

Ruf, den er wegen seiner Stärke und Übung, besonders im Schwertkampf, genoß, fast sicher sein durfte, im Zweikampf den Sieg zu erlangen. „Sowie aber der von der Altenburg unterlag und also Bertha für die Schuldige erklärt wurde, mußten ihm ihre beiden Rittergüter ohne Weiteres verfallen und dann hatte er alles erreicht, was er zu erreichen sich vorgenommen hatte.“ Solches ungefähr waren seine Gedanken, als er im Galopp die Burgsteige hinabsprengte und wenn er sich wirklich dessen schuldig wußte, wessen in Fräulein Bertha zieh, so mußte er ein ganz verstockter und verhärteter Sünder sein, dem längst die Stimme des Gewissens keine Skrupel mehr machte.

Viel hochherzigere Gefühle machten sich auf der Burg Ramsbach geltend. Unmittelbar nach dem Wegreiten Josts nämlich brach Bertha in helle Tränen aus und sie machte sich laut Vorwurf darüber, daß sie den Sohn ihrer zweiten Mutter in einen Kampf auf Leben und Tod verwickelt habe; aber die edle Herrin von der Altenburg verwies ihr dies als einen unchristlichen Gedanken. „Gott ist gerecht,“ sagte sie, „und wird also der Unschuld Gerechtigkeit widerfahren lassen. Da sieh meinen Sohn an, mit welcher Freudigkeit und Zuversicht er dem Kampf entgegen sieht. An dem nimm dir ein Beispiel und mache mir ihn nicht durch deine Tränen verzagt; denn das Vertrauen auf die Lauterkeit der Sache, die man vertritt, ist dem Kämpfenden ein besserer Schild, als selbst seine gute Rüstung und sein Schwert.“ – Also sprach die heldenmütige Frau, die nur diesen einzigen Sohn hatte und der Letztere war deswegen auch nicht wenig stolz auf seine Mutter. Gleich den anderen Tag aber ritt er in die kaum ein paar Stunden entfernte Stadt Hall, welche eine gerichtliche Freistätte war für kämpfende Ritter, wenn es galt Leben und Tod, und bat den hohen Rat dort, wie es der Brauch vorschrieb, um Platz und Schirm. Ganz eben dasselbe tat auch der Ritter Jost v. Burgau, obwohl nicht persönlich, sondern durch einen Abgesandten. Der hohe Rat jedoch ging nicht alsobald auf das Gesuch ein, sondern machte den Beiden vielmehr Vorstellungen, ob sie sich nicht möglicherweise auf gütlichem Weg verständigen könnten, und gab ihnen deshalb eine Bedenkzeit von vierzehn Tagen. Natürlich verstrich diese Bedenkzeit, ohne daß Einer von ihnen auch nur den Versuch zu einem Vergleich gemacht hätte, und nun wandten sie sich zum zweiten Mal an den Rat. Doch auch diesmal noch wurden sie zurückgewiesen, oder vielmehr sie erhielten eine neue Bedenkzeit von acht Tagen. Als jedoch auch diese resultatlos ablief, da benannte ihnen der Bürgermeister (welchen man aber zu Hall Städtemeister hieß, weil er die ummauerten Vorstädte auch unter seiner Gewalt hatte) einen Tag, an welchem sie vor dem ehrbaren Rat zu erscheinen hätten. Selbstverständlich stellten sie sich zur rechten Zeit ein, und nun wandte der Syndikus (- so hieß man das erste rechtsverständige Mitglied des Rates) allen nur irgend möglichen Fleiß an, um eine Versöhnung zu Stande zu bringen. Allein alle Mühe war vergeblich und jegliches Wort sozusagen in den Wind gesprochen. Da endlich sagte ihnen der Städtemeister im Namen der Stadt Hall Platz und Schirm zu und bestimmte den Tag der vierzig Märtyrer, das ist Dienstag der 10. März, zum Kampftag; sie selbst jedoch müßten sich – so befahl er weiter – schon am Samstag zuvor in der Stadt einfinden, damit sie sich gehörig vorbereiten könnten und überdies sollten sie jetzt gleich zustimmen, auf welche Weise sie kämpfen wollten, ob zu Pferd oder zu Fuß oder auf beiderlei Weise zugleich.

„Zu Fuß,“ rief sogleich der Ritter Jost v. Burgau. „Zu Fuß mit Schwert und Dolch. Ich bin der Geforderte und habe also das Recht, die Waffen zu bestimmen.“

Das Gottesurtheil.

„Mitnichten, Herr Ritter," erwiderte der Städtemeister , der wohl wußte, daß Jost v. Burgau im Kampf zu Fuß mit Schwert und Dolch fast jeden anderen Ritter übertraf; „mitnichten, sondern wenn die beiden Kämpen sich nicht einigen können, so hat der ehrbare Rat die Endentscheidung zu geben."

„Mir ist jede Waffe recht," sprach sofort Georg Heill von der Altenburg, „und wenn also Herr Jost es vorzieht, zu Fuß zu fechten, so werde ich nicht widersprechen."

Nachdem nun dies abgemacht war, entließ der Städtemeister die Ritter, ermahnte sie aber, zur rechten Zeit zu erscheinen und bis dahin guten Frieden zu halten, bei Gefahr, für ehrlos erklärt zu werden. Damit jedoch hatte die Sitzung des ehrsamen Rates ihr Ende noch nicht erreicht, sondern die Hauptsache kam vielmehr erst. Es mußten nämlich jetzt die Kampfrichter und die Grießwärtel ernannt werden, und den Letzteren mußte man Vollmacht geben, den Kampfplatz nach Gebühr herzurichten, und mit einem Wort, alles vorzubereiten, was für den Tag der vierzig Märtyrer für notwendig erachtet wurde. Doch zum Glück waren damals eine Menge von hoch angesehenen adeligen Familien in der Stadt Hall ansässig und es fiel also nicht schwer, die richtigen Männer, so mit dem Geschäft vertraut waren, herauszufinden.

Endlich kam der 7. März oder der Samstag vor dem dritten Fastensonntag herbei und ganz Hall bewegte sich auf den Straßen, um sich die erwarteten Kämpfer zu betrachten. Man hatte aber alle Tore gesperrt bis auf das Hainbacher, durch welches der Jost v. Burgau und das Langenfelder, durch welches der von der Altenburg einreiten mußte, und unter jedem dieser Tore hielt eine Rotte bewaffneter Bürger zu Fuß nebst einem der beiden Grießwärtel hoch zu Roß. Zuerst erschien der Ritter Jost, nur allein von einem Knecht und seinem Burgpfaffen begleitet, und so wie er ans Tor kam, nahm ihn der Grießwärtel in Empfang, um ihn ins Stadthaus auf das ihm angewiesene Zimmer zu geleiten. Es war nämlich Vorschrift, daß jeder der beiden Kämpfer in leidlich ritterlichem Gewahrsam gehalten werden sollte bis zum Tag des Gottesurteils, damit sie nicht von ungefähr schon im Voraus hintereinander kämen; dagegen aber war es ihnen erlaubt, ihre Freunde und Verwandte zum Besuch zu empfangen, und von Jedwedem, der ihnen lieb sein mochte, Abschied zu nehmen. Eine halbe Stunde später als der Jost traf der Ritter Georg Heill von der Altenburg ein und mit ihm wurde es genau so gehalten, wie mit dem Ersteren; nur muß ich dabei bemerken, daß er von seiner Mutter und Jungfrau Bertha, sowie von verschiedenen Rittern, lauter Freunden des verewigten Ritters v. Ramsbach, begleitet war. Dieser stattliche Zug nun ritt bis vor das Stadthaus mit, dort aber trennten sie sich, indem die Ritter sich in ihre Herberge begaben und die Frauen bei einer Witwe v. Velberg abstiegen, bei welcher sie die ganze Zeit über bis zum Dienstag in stiller Zurückgezogenheit blieben.

Am Sonntag in der Früh machte der Städtmeister den beiden Rittern seine Aufwartung und fragte sie, ob sie nichts zu klagen oder zu wünschen hätten; namentlich jedoch machte er sie darauf aufmerksam, daß es ihnen ganz frei stehe, sich entweder von den Mönchen des Barfüßerklosters oder von der Priesterschaft, so den fünf Kirchen Halls vorstand, einen beliebigen Beichtvater zu wählen. Der Ritter Jost nun lachte hell auf, als man ihm von einem Beichtvater sprach und meinte, sein Burgpfaff könne das Geschäft eben so gut versehen, obgleich Jedermann bekannt war, daß dieser sogenannte Pfaff ein gar traurig verkommenes Subjekt sei, welches wohl große Erfahrung habe in allen Schelmenstücken und Liederlichkeiten, dagegen aber von der Religion so viel verstehe wie ein Weinfaß von der Gottseligkeit. Ganz anders benahm sich der Ritter von der Altenburg, denn er erbat sich den Pfarrherrn von St. Michael zum Beichtiger, und ließ sich von diesem berühmten Prediger nicht nur das heilige Abendmahl reichen, sondern legte ihm auch sein ganzes Herz bis auf dessen innerste Falten dar. Dieses vollkommen entgegengesetzte Gebahren der beiden Ritter wurde natürlich gar bald bekannt und in der ganzen Stadt Hall sprach man an jenem Sonntag von nichts Anderem; daß aber der Ritter von Burgau durch seine frevelhaft gotteslästerliche Denkungsweise in den Augen der Bürger und ihrer Frauen keinen Stein im Brett gewann – darüber brauche ich wohl kein Wort zu verlieren.

Am Montag erhob sich, was Füße hatte, schon in aller Frühe, noch ehe der Tag graute, und eilte dem Fischmarkt zu. Dort nämlich ließ der hohe Magistrat den ganzen Platz mit feinem Kies aus dem Kocher-Fluß überschütten und sowie dies geschehen war, umzäunten ihrer zwölf Zimmerleute ein ziemlich großes Viereck mit starken, gedoppelten Schranken, zu welchen sie nur zwei Eingänge freiließen. Darauf errichteten dieselben am nördlichen Teil der Schranken eine zwar kleine und schmale, aber sehr hohe, offene Galerie, auf welcher die Kampfrichter am folgenden Tag Platz zu nehmen hatten, und zum Schluß baute man neben jeden Eingang, doch innerhalb der Schranken, eine hölzerne Hütte, in welcher der Kämpfende sich aufhalten sollte bis zum Beginn des Kampfes. Das jedoch darf ich am allerwenigsten anzuführen vergessen, daß man neben die Hütte eines Jeden eine Totenbahre stellte – eine wirkliche Totenbahre, nebst den Bahrtüchern, den Kerzen und all den anderen Dingen, welche zu einem Leichenbegräbnis gehören, denn Einen der beiden Streiter traf jedenfalls das Los, den Platz nicht mehr lebend zu verlassen. Natürlich übrigens nahm die Herstellung von diesem Allem eine geraume Zeit in Anspruch und die Sonne neigte sich daher schon zum Sinken, bis man endlich mit den sämtlichen Vorbereitungen zum Ende kam. Vorher jedoch schon, nämlich gleich nach dem Mittagstisch, also zu einer Zeit, wo man annehmen konnte, daß Jedermann zu Hause sei, ritt ein Waibel oder Amtsbote der Stadt, von zwei Trompetern begleitet, durch alle Straßen und Gäßchen und machte mit lauter Stimme bekannt, „daß morgigen Tages, an welchem das Gottesurteil stattfinden sollte, keine Frauensperson, weder Mädchen noch Weib, sowie auch kein Knabe unter vierzehn Jahren, bei Gefahr des Gefängnisses, sich außer Haus blicken lassen oder gar an den Schranken einfinden dürfte; diejenigen Erwachsenen männlichen Geschlechts aber, die dem Kampf an den äußeren Schranken oder von den Häusern herab zusehen wollten, dürften weder schreien, noch deuten, noch winken, noch sonst ein Zeichen irgend einer Art geben, und wer zuwider handle, dem werde der Städtmeister durch den Nachrichter, welcher zugegen sein werde mit einem Handbeil oder Block, die rechte Hand und den linken Fuß stracks abhauen lassen, ohne Gnade und Ansehen der Person.“ Das war eine furchtbar strenge Bekanntmachung, aber man erachtete sie für notwendig, damit alles so unparteiisch wie möglich zugehe, und die Haller, welche gar wohl wußten, daß mit ihrem Städtmeister nicht zu spaßen sei, richteten sich auch ganz danach, ohne daß nur Einer den Befehl zu umgehen oder ihm gar Trotz zu bieten versuchte.

So verging der Montag und endlich brach der Tag der vierzig Märtyrer, also der Kampftag selbst an. Gar wunderschön und lieblich leuchtete die Märzsonne, die Menschen gleichsam ermahnend, ein fröhliches Loblied zur Ehre Gottes anzustimmen, daß er die Erde so überaus herrlich und freundlich erschaffen; aber wer dachte heute in der Reichsstadt Hall an ein solches Loblied? Wem schauerte nicht vielmehr das Herz im Leib zusammen, wenn er an den heutigen Tag dachte? Die Vorkehrungen, welche ein sehr ehrsamer Rat traf, waren aber auch danach, um Jedermann, selbst den Furchtlosesten, mit einem dumpfen Schrecken zu erfüllen, und gar viele Bürgersfrauen schlossen daher ihre Haustüre mit doppelten Riegeln, um es ja ihren Kindern unmöglich zu machen, von Neugierde getrieben, auf die Straße zu entweichen. Schon in aller Frühe gaben Trommelschläger, welche sich durch alle Gassen hören ließen, den wehrfähigen Männern das Zeichen, sich wohl bewaffnet vor dem Rathaus einzufinden, und man hörte nun lange Zeit nichts, als das Klirren von Hellebarden und das Geräusch von dahinziehenden Rotten, welche in regelmäßigem Tritt durch die Stadt marschierten. Vor Allem wurden sämtliche Tore fest verschlossen und mit einer starken Wachmannschaft besetzt, so daß Niemand, wer es auch sei, aus- oder eintreten konnte. Dann sperrte man alle Straßen und Straßenzugänge mit starken Eisenketten und besetzte alle Mauern und Wehren mit tüchtigen Männern, die von erfahrenen Waibeln kommandiert wurden. Zuletzt rasselten noch einmal die Trommeln durch die Straßen, und „der Bann", daß keine Frauensperson und kein Knabe unter vierzehn Jahren sich außer Haus blicken lassen, sowie das Niemand bei schwerer Pön an den Schranken deuten, winken, schreien oder sonst ein Zeichen geben dürfe, wurde zum zweiten Mal laut verkündet. Erst als dies alles geschehen, verfügten sich die Grießwärtel, je von einer Rotte Bewaffneter begleitet, in das Rathaus, holten dort die kämpfenden Ritter ab und führten sie, natürlich abgesondert, in die zwei Hütten, welche innerhalb der Schranken errichtet waren. Jeder von ihnen durfte sich von einem Knecht, der die Rüstung nachtrug, sowie von seinem Beichtvater begleiten lassen und sowie er mit dem Knecht und Beichtvater in die Hütte eingetreten, folgte ihm der Grießwärtel nach, während die Bewaffneten sich außen aufstellten. – Nun ging es an das „Waffnen" der Kämpfer, d.h. dieselben legten mit Hilfe des Knechtes und des Grießwärtels ihre vollständige Ritterrüstung mit Ausnahme des Helms – denn der Kopf mußte vollständig unbedeckt bleiben und das Haar wurde meist durch einen Kranz von frischen Blumen, der um die Stirn herumhing, festgehalten – und des Visiers an, und als Waffen gab man ihnen außer ihrem Schild das breite Ritterschwert nebst einem kurzen Dolch, welchen man „Misericorde" oder den „Gnadenspender" nannte; Lanze aber und Streitkolben oder gar eine sonstige verborgene Waffe durfte keiner führen, und der Grießwärtel sah überhaupt mit allem Fleiß nach, daß keiner wider den anderen Untreu und Vorteil durch Wehr und Waffen suche. Jetzt, nachdem dies geschehen, vergönnte man Jedem, sich noch einmal von seinem Beichtvater den Trost der Religion spenden zu lassen, und außerdem erhielten Freunde und Verwandte Erlaubnis, einen kurzen Abschied zu nehmen. Da machte man denn die Bemerkung, daß der Ritter Jost gar keinen Besuch erhielt und statt, sich mit seinem Burgpfaffen über Zeit und Ewigkeit zu unterhalten, zwei mächtige Becher Wein leerte, die ihm der Grießwärtel hatte besorgen müssen; bei dem Ritter Heill von der Altenburg dagegen traten, nachdem er nochmals vor dem ihn begleitenden Priester niedergesunken und von demselben die heilige Absolution erhalten hatte, verschiedene Freunde ein, um ihm nochmals die Hand zu schütteln und zuletzt kamen auch noch, vom Städtmeister selbst begleitet, zwei wohl verschleierte Frauenbilder, von denen die Eine – eine schon ältere Dame – ihn stumm umarmte, während die Andere, ein gar schlank und zierlich gestaltetes Wesen, seine Hand ergriff und sie mit dicken Tränen benetzte. Wer diese zwei Frauen gewesen, brauche ich wohl nicht zu sagen; anführen aber muß ich noch, daß dieselben, als sie die Hütte verließen, ihre Schritte keineswegs ihrer bisherigen Wohnung zuwandten, sondern daß sie der Städtmeister vielmehr mit großer Ehrerbietung bis an die Stadtkirche zum heiligen Michael führte, in welcher sie sofort verschwanden, um da, in tiefem Gebet versunken, die Entscheidung des Kampfes abzuwarten.

All dies nahm natürlich eine viel längere Zeit in Anspruch, als ich zum Erzählen gebraucht habe, und es war inzwischen morgens zehn Uhr geworden. Die Haller ließen sich jedoch das Warten nicht verdrießen, sondern Kopf an Kopf standen sie, natürlich lauter Männer oder doch erwachsene Jünglinge, um die äußeren Schranken herum und eben so waren die Fenster der hohen Häuser ringsum gar dicht mit Zuschauern besetzt. In den Straßen dagegen sah man, ordnungshaltende und bewaffnete Bürger ausgenommen, Niemanden, und zudem herrschte eine Stille, welche einen fast unheimlichen Eindruck machte. Mit dem Schlag 10 Uhr bestiegen die Kampfrichter, den Städtmeister an der Spitze, und alle in ihre Ratsmäntel gehüllt, sowie mit ihren goldenen Gnadenketten angetan, die hohe Tribüne, die man für sie hergerichtet hatte, und sofort wurde ein Waibel an die beiden Grießwärtel gesandt, daß sie mit ihren Kämpen vor dem Gericht erscheinen sollten. Der zuerst Vorgeführte war der Ritter Heill von der Altenburg, und der Anblick desselben machte einen sichtlich vortrefflichen Eindruck auf alle Anwesenden, denn er zeigte ein frisches, sogar heiteres Gesicht und schritt mit einer Zuversicht einher, daß man wohl sah, er sei von der Gerechtigkeit seiner Sache vollkommen überzeugt. Vor der Tribüne der Richter angekommen, forderte ihn der Städtmeister alsobald auf, zu schwören, daß er keine wissentlich falsche Sache führe, sowie daß er keine geheimen Waffen oder Mittel bei sich trage, und mit voller, kräftiger Stimme leistete der Ritter den Eid, indem er bei den Worten: „des sei mir Gott gnädig zum Kampf", gar hell und mutig zum Himmel aufsah. Dann erhob er sich und sein Grießwärtel führte ihn an den ihm vorgeschriebenen Platz neben seiner Hütte; das ganze Publikum aber, selbst die Kampfrichter nicht ausgenommen, sahen ihm mit ungewöhnlicher Teilnahme nach, und wenn es erlaubt gewesen wäre, so würde er mit lautem Zuruf überschüttet worden sein. Ganz anders dagegen verhielt es sich bei dem Ritter Jost v. Burgau, denn wie dieser vor das Gericht geführt wurde, schlug er nicht ein einziges Mal das Auge auf, sondern machte vielmehr ein finsteres, wie von Sturmwolken bewegtes Gesicht und die Eidesformel sprach er in einem so rauhen und harschen Ton, daß man meinte, sie wollte ihm nicht aus der Kehle heraus. Kein Wunder also, wenn er der Meinung der Zuschauer gegen sich bekam und wenn ihn Viele sogar unbedingt für den Schuldigen hielten!

Jetzt standen die beiden Kämpen auf ihren Plätzen, wobei man es so eingerichtet hatte, daß keinem von ihnen die Sonne ins Gesicht schien, und nun rief der Städtmeister mit lauter, weithin schallender Stimme: „Zum ersten, zum zweiten und zum dritten." Das war das Zeichen zum Beginn des Kampfes, und im Nu waren sich die Kämpen so nahe gerückt, daß sie mit ihren Schwertern aufeinander loshauen konnten; das gesamte Publikum aber beobachtete ein so lautloses Stillschweigen, daß gar mancher sein eigenes Herz pochen hörte. Zum Glück übrigens ließ die Entscheidung, auf welche alles mit größter Spannung harrte, nicht lange auf sich warten und zu noch größerem Glück fiel sie so aus, wie sich es die ungeheure Mehrzahl wünschte. Zwar allerdings sah man sogleich, daß Ritter Jost bedeutend im Vorteil sei, denn bei der gewählten Kampfweise kam es hauptsächlich darauf an, sich mit seinem Schild den unbedeckten Kopf zu schützen und für diesen Zweck paßten die unverhältnismäßig langen und starken Arme Josts vortrefflich. Darum gelang es ihm auch, seinen Gegner gar hart in die Enge zu treiben und demselben sogar eine nicht unbedeutende Wunde beizubringen. Allein eben dieser Erfolg machte Herrn Jost übermütig, und da er sich seiner außerordentlichen Stärke bewußt war, so nahm er plötzlich sein Schwert in beide Hände und führte damit einen so furchtbaren Hieb gegen seinen Feind, daß er diesen in zwei Teile zu spalten hoffen konnte. Das letztere geschah nun aber nicht, sondern der Ritter von der Altenburg, obwohl er von der Wucht des Hiebes fast zu Boden geschlagen wurde, parierte denselben glücklich mit seinem Schild; das Schwert des Jost dagegen fuhr mit Macht in den Schild, durchhieb diesen zu einem vollen Drittel und blieb dann in einer eisernen Buckel in der Mitte stecken. Einen furchtbaren Ruck tat Jost, um es zu befreien, aber für das erste Mal ging es nicht. Somit zog er zum zweiten Mal mit all seiner Kraft und nun brachte er es wirklich los. Doch in der Hitze hatte er es einen Augenblick vergessen, sich den Kopf mit seinem Schild zu decken, und diesen Augenblick benutzte sein Gegner, um ihm einen Hieb beizubringen, der gewaltig genug war, den halben Hirnschädel mitzunehmen. Mit einem lauten Gestöhne fiel sofort Jost zu Boden und war die Minute darauf eine Leiche; Ritter Heill aber fiel sofort neben den Leichnam auf die Knie nieder und dankte Gott inbrünstig für die hohe Gnade, mit der er ihn beschützt und erhalten hatte!

Also endete der gerichtliche Zweikampf, welcher im Jahr 1405 am Tag der vierzig Märtyrer zwischen Jost v. Burgau und Georg Heill von der Altenburg ausgefochten worden ist, und kein Mensch zweifelte daran, daß das Gottesurteil der gerechten Sache zum Sieg verholfen habe. Ja, man konnte sich sogar hiervon durch den Augenschein überzeugen! Wie man nämlich gleich nachher den Leichnam Josts in seine Hütte trug, um ihn in die Bare zu legen, fand man daselbst den Burgpfaffen in furchtbaren Krämpfen auf dem Boden liegen, und man sah sich also genötigt, ihn in das Spital zu bringen. Dort wurde es aber bald so schlecht mit ihm, daß an keine Rettung mehr zu denken war und wie er nun merkte, daß sein letztes Stündlein herankomme, da fühlte er sich bewogen, eine Beichte seines bisherigen Lebens abzulegen. Und gar gräßliche Dinge enthielt diese Beichte, lauter furchtbare Schurkenstreiche, die Vermutung Bertha‘s aber: „wie die Fäden untereinander zusammenhingen“, bestätigte sich sofort all vollkommen war.

Weiteres zu sagen, ist unnötig; doch füge ich bei, daß der Ritter von der Altenburg und Bertha Lampart hernachmals, als sie ein Ehepaar geworden waren, es nie unterließen, am 10. März die St. Michaelskirche zu Schwäbisch Hall zu besuchen, um dort innigst und demütigst zu Gott zu beten.

Neuntes Kapitel

Das Vehmgericht

oder

die heimliche Acht und der große Orden der Wissenden

Ein ganz anderes Gericht als das Gottesurteil, war „das Vehmgericht" oder die „heimliche Acht", und doch hing auch diese Einrichtung des Mittelalters auf das genaueste mit dem Rittertum zusammen.

Woher der Name Vehm-, oder Vem-, oder auch Fehmgericht kommt, ist noch nicht zur Genüge ermittelt und es haben daher verschiedene Gelehrte die abenteuerlichsten Vermutungen darüber aufgestellt. Am wahrscheinlichsten jedoch dürfte es sein, daß das Wort von dem „Ursächsischen" entlehnt wurde, wonach dann „Vehmgericht" soviel bedeutete wie „Strafgericht"; denn „Vervehmen" hieß bei den alten Sachsen, sowie überhaupt in den „wendisch-deutschen Ländern" soviel wie „verdammen", „verfluchen", „verstoßen" und „Vemestat" war soviel wie das „Hochgericht", sowie auch der Scharfrichter den Namen „Vemer" führte. Übrigens muß ich hier gleich bemerken, daß das Vehmgericht noch viele andere Namen führt, wie z.B. Freigericht, Freiding, heimliches Gericht, Stillgericht, Westfälisches Gericht, Karolinisches Gericht, Freibann, heimliche Acht und was dergleichen mehr ist; doch sind alle diese Namen erst später entstanden und dürfen eigentlich nur als „Beinamen", durch welche der Begriff des Vehmgerichts deutliche gemacht werden soll, betrachtet werden.

Sind nun aber die Geschichtschreiber nicht darüber einig, woher der Name „Vehm" kommt, so geben sie doch alle zu, daß dieses Gericht dem Kaiser Karl dem Großen seinen Ursprung verdanke und zwar ging dies so zu: Kaiser Karl mußte, wie wir wissen, mit seinen Eisenreitern gar viele Züge gegen die Sachsen tun, ehe er dieselben vollständig unterwerfen und zum Christentum bekehren konnte, und besonders machten ihm die West- und Ostfalen viel zu schaffen. Wohl war am Ende die „Eresburg" gefallen und die „Irmensul" zerstört; wohl hatte der tapfere Wittekind die Taufe empfangen und Tausende seiner Waffengefährten waren seinem Beispiel gefolgt; allein deswegen ließ sich doch der wilde, freiheitsliebende Sinn der sächsischen Nation nicht so leicht „gänzlich und für immer" beugen, und – begünstigt von den undurchdringlichen Waldungen und Morästen ihres Vaterlandes kündigten bald Einzelne, bald ganze Stämme dem fränkischen Herrscher den oft beschworenen Gehorsam auf, indem sie zugleich den ihnen aufgedrungenen Christenglauben eben so schnell wieder abwarfen, wie sie ihn angenommen hatten. Ja, nur zu Viele, welche dem äußeren Anschein nach im christlichen Verband blieben, opferten heimlich den alten Götzen und erzogen auch ihre Kinder in diesem Glauben! Diesem Unwesen nun ein Ende zu machen, bestellte Kaiser Karl, auf Antrieb des Papstes Leo, seine Grafen, Barone und Ritter, die er als Vögte und Zwingburgherrn über das Land gesetzt hatte, „zu heimlichen Richtern und befahl ihnen, solche Pflichtvergessene, wo sie ihrer habhaft werden könnten, zu ergreifen und ohne Gnade auf der Stelle aufzuknüpfen." Er hoffte nämlich, der Schrecken vor einem solch heimlichen Gericht werde mehr leisten, als aller offene Zwang, und darin täuschte er sich auch nicht; die Sachsen aber nannten diese Gerichte sofort „Vehmgerichte", und diesen Namen behielten sie von nun an für immer. Also entstand die heimliche Acht und deswegen heißt es auch in einer uralten sächsischen Chronik: „da nun keine Beständigkeit bei den Westfalen zu erwarten, hat ihnen der Kaiser das heimliche Gericht eingesetzt und hat ein Jeder den Strang erlitten, der seinen christlichen Glauben verleugnete."

Man hätte nun freilich erwarten können, daß später, als alle Sachsen bekehrt und sogar die Wenden das Christentum angenommen hatten, die heimlichen Gerichte auf gehört haben würden; allein sie blieben deswegen doch fortbestehen, und zwar einfach, weil die Macht der heimlichen Richter zu groß war, als daß sie dieselbe hätten so ohne Weiteres fahren lassen mögen. Im Gegenteil versuchten sie es im Lauf der Zeit nicht bloß, den Abfall vom Christentum, sondern auch noch andere heimlich begangene Verbrechen vor ihren Stuhl zu ziehen und die Kaiser von Deutschland sahen solches gern, da es damals um die Handhabung der Gerechtigkeit, besonders im nördlichen Teil des Reiches, ziemlich schlecht stand. Gab es ja doch in jenen fernen Zeiten noch nicht einmal ein geschriebenes Recht und noch viel weniger war davon die Rede, daß einerlei Justiz in Deutschland gegolten hätte! So kam es denn, daß nach und nach die Vehmgerichte im Sächsischen, besonders in Westfalen, fast die ganze Gerechtigkeitspflege in die Hand bekamen, wenigstens was die schwereren Verbrechen angelangt, und am Ende des dreizehnten, sowie am Anfang des vierzehnten Jahrhunderts zählte man in den Ländern zwischen dem Niederrhein, der Elbe und der Nordsee bereits gegen fünfzig solcher Gerichte, unter welchen als das vornehmste das in Dortmund galt. Die Oberaufsicht über dieselben hatte der jeweilige Erzbischof von Köln, denn ihm, der als solcher zugleich Herzog von Westfalen war und als kaiserlicher Statthalter regierte, kam es zu, „unter Königsbann Frieden zu gebieten", wie man sich damals ausdrückte, d.h. die Gerechtigkeit zu handhaben, und eben deswegen hing auch die Ernennung der Richter nur von ihm ab. Wenn übrigens Karl der Große die besagten Gerichte ursprünglich bloß für Sachsen oder gar nur für Westfalen bestimmt hatte, und wenn dieselben sogar noch am Ende des dreizehnten Jahrhunderts nur dort zu Hause waren, so wurde dies später ganz anders, und sie verbreiteten sich sofort über ganz Nord- und Mitteldeutschland. Daher findet man sie denn auch schon anno 1351 im Hessischen und Waldeck'schen, etwas später im Braunschweigischen und im Hildesheimischen, und am Ende des vierzehnten Jahrhunderts selbst in einzelnen Teilen Süddeutschlands. Waren aber auch irgendwo keine „Gerichtsstätten" der heiligen Vehme, so gab es daselbst doch sicherlich „Vehmrichter", welche einen Jeden, den sie zu verklagen Lust hatten, vor ein westfälisches Gericht zogen, und kaum wird Deutschland im fünfzehnten Jahrhundert irgend einen Winkel auszuweisen haben, der von diesen Richtern verschont geblieben wäre. Ja, sogar über die deutschen Grenzen hinaus maßte sich die westfälische Vehme eine Gerichtsbarkeit an, und sie sandte ihre Boten bis über die Alpen und Vogesen hinüber! Doch es ist Zeit, daß wir uns mit dieser Einrichtung, welche dereinst in Deutschland keinen minder großen Schrecken verbreitete, als noch vor Kurzem die Inquisition in Spanien, etwas näher bekannt machen, und zwar wollen wir vor Allem nach der Zusammensetzung oder Konstituierung selbiger Gerichte sehen.

Alle Provinzen, in welchen die Vehmgerichte zu Hause waren, also insbesondere die Provinz von Westfalen, wurde in verschiedene Sprengel oder Distrikte abgeteilt, welche jedesmal aus einem oder anderthalb Dutzend Kirchspielen bestanden, und nach altem Brauch den Titel „Grafschaften“ oder „freie Grafschaften“ erhielten; über jeden dieser Distrikte aber setzte der Statthalter oder Herzog einen Vehmrichter, mit dem Titel „Freigraf“. Hielt nun dieser Gerichtssitzung, so nannte man dies „Freigericht“ oder „Freiding“ und dem Ort, wo der das Gericht hielt, gab man den Namen „des freien Stuhls“ oder noch kürzer „des Freistuhls“. Auch gab es solche Freistühle in jeder „Freigrafschaft“ wenn nicht zwei oder drei, so doch zum mindesten einen. Wie oft Gerichtssitzung gehalten werden mußte, war nicht genau vorgeschrieben; dagegen galt es, wenigsten in der ersten Zeit, als Gesetz, daß das Freiding auf zweierlei Art abzuhalten sei, nämlich als „offenbares Ding“ und als „heimliches Ding“, auch „heimliche Acht“ genannt. Zu dem „offenbaren Ding“ hatte Jedermann Zutritt, und es mußte sogar jeder Bewohner der Freigrafschaft, der „einen eigenen Rauch hatte“, d.h. der Haus und Hof besaß, bei Strafe von vier Schillingen dabei erscheinen, um nach geschehener Beeidigung die ihm bekannt gewordenen, in der Grafschaft begangenen Verbrechen zur Anzeige zu bringen; allein da diese Art von Gericht sich von den übrigen Gerichtssitzungen im deutschen Reich nur gar wenig unterschied und ohnehin schon sehr früh in Abgang geriet, so wollen wir kurz darüber hinweggehen und dagegen das „heimliche Ding“, also das Vehmgericht im engeren Sinn, uns desto genauer ansehen. Vor Allem ist hierbei zu bemerken, daß Geistliche, welche die Priesterweihe erhalten hatten, sowie Weiber und Kinder demselben nicht unterworfen waren, denn die Geistlichen standen ja unter ihrer eigenen, nicht aber unter der weltlichen Gerichtsbarkeit, und Weiber und Kinder glaubte man wegen ihrer Schwäche und Hinfälligkeit gar nicht für ihre Taten verantwortlich machen zu dürfen. Auch Juden und Heiden nahm man für gewöhnlich aus, weil sie als zu unwürdige Subjekte angesehen wurden, als daß sich ein Freigraf mit ihnen hätte abgeben können; dagegen machten sich die Vehmrichter nicht selten an sehr hohe oder gar an die höchstgestelltesten Personen, wie z.B. an regierende Fürsten und Herzöge, und selbst ein Kaiser durfte nicht sicher sein, ihren Vorladungen zu entgehen, wie ich später durch Beispiele zeigen werde. Natürlich gehörten übrigens nicht „alle“ Vergehen vor den Richterstuhl eines Freigrafen, sondern nur die schwersten und augenscheinlichsten, denn man konnte doch nicht den ursprünglichen Zweck, welchen Karl der Große im Auge gehabt hatte, ganz auf die Seite werfen. Somit befaßte sich die geheime Vehme in ihrer höchsten Blütezeit, wo sie am meisten in Ansehen stand, also im dreizehnten und vierzehnten Jahrhundert, hauptsächlich nur mit solchen Verbrechen, welche gegen den Christenglauben und gegen die zehn Gebote gingen, das ist mit Diebstahl, Raub, Plünderung, Kirchenschänderei, Totschlag, Meuchelmord, Brandstiftung, Meineid, Fälschung, Verrat, Abfall vom wahren Glauben, Gotteslästerung und dem Ähnlichen. Später aber dehnte sie ihre Befugnisse bedeutend aus und zog alle Handlungen, die ihr nur irgend „unehrbar“ oder „unrecht“ schienen, vor ihren Stuhl. Ja, es gab am Ende gar keine Ausnahmen mehr, denn selbst das kleinste Vergehen konnte „als gegen die zehn Gebote verstoßend“ angesehen werden!

Doch wie war nun ein Vehmgericht zusammengesetzt? Als Vorstand desselben und als Hauptperson fungierte natürlich der Freigraf; allein davon, daß er alle Geschäfte allein besorgt hätte, konnte natürlich keine Rede sein. Im Gegenteil hatte er Gehilfen, d.i. Beisitzer oder „Schöppen“, gewöhnlich „Freischöppen“ genannt (vom lateinischen Scabinus), welche den Urteilsspruch fällten oder, wie man damals sagte, „das Urteil fanden", und an Gerichtsboten, man nannte sie „Frohnboten" oder noch lieber „Freifrohnen", durfte es natürlich auch nicht fehlen. Überdies führte ein eigener „Gerichtsschreiber" das Protokoll – oft konnten nämlich weder der Freigraf, noch die Freischöppen schreiben – und trug namentlich die Urteile in das sogenannte „Blutbuch" ein. Der Freigraf wurde, wie ich schon gesagt habe, vom Statthalter des Kaisers (also in Westfalen vom Erzbischof von Köln), welcher als „Herr aller Freistühle" galt, ernannt, und mußte von gutem Adel sein, wie man denn auch von ihm verlangte, daß er in gutem Leumund stehe. Er dagegen ernannte die Freischöppen, und zwar nahm er hierzu für gewöhnlich auch nur Adelige oder „Schildbürtige", wie man sich in der Vehmgerichtskunstsprache auszudrücken pflegte. Als jedoch das freie Bürgertum in den Städten immer mehr emporkam, konnte man die nichtadelige Menschheit nicht mehr ganz auf die Seite werfen und es wurden denn auch „freie Bürger" zu Schöppen aufgenommen; aber gleiche Rechte hatten diese nicht mit den anderen, sondern „die rittermäßigen Schöppen mit Schwert und Schild" saßen „auf der ersten Bank" und die Bürgerlichen nur „auf der zweiten". Auch durften die Bürgerlichen nie über ein Verbrechen aburteilen, welches ein Adeliger begangen hatte, während umgekehrt die Schildbürtigen an gar keine Ausnahme gebunden waren. Jeder übrigens, der in den Schöppenstand eintreten wollte, sowohl der Bürgerliche wie der Adelige, mußte dem Freigrafen vorher nachweisen, daß er in gesetzlicher Ehe geboren, deutscher Nation angehörig, als ehrlicher, gottesfürchtiger Mann bekannt, der christlichen Religion zugetan , wie auch in keinen peinlichen Kriminalprozeß verwickelt sei, und überdies mußten sich zwei Freischöppen für ihn verbürgen, daß sich alles so verhalte, wie er angab. Ganz dieselben Eigenschaften, wie die Schöppen, mußten auch die Männer haben, die sich zum Frohnbotenamt meldeten und die Aufwartung in den Sitzungen, die Vorladung der Beschuldigten usw. usw. zu besorgen hatten; doch gehörten sie immer dem bürgerlichen – natürlich dem freien, nicht dem leibeigenen – Stand an, und dasselbe Verhältnis fand auch fast regelmäßig bei dem Gerichtsschreiber statt. Nur mußte Letzterer auch noch Bürgen dafür bringen, daß er nie dem geistlichen Stand oder einem geistlichen Orden angehört habe oder gar noch angehöre, denn von der Priesterschaft wollte das Vehmgericht nichts wissen, weder im Guten noch im Bösen.

So streng wurde es mit der Aufnahme in die verschiedenen Ämter eines Freigerichts gehalten und daran war es noch nicht einmal genug, sondern es mußte vielmehr jeder Aufnahme ein Akt vorangehen, welcher allem erst die Krone aufsetzte: ich meine den Akt der Verwandlung eines „Unwissenden" in einen „Wissenden" oder „Femnoten". „Unwissender" war jeder, welcher nicht als Mitglied der heiligen Vehme ihre Geheimnisse kannte und somit gehörte die große Masse des Volkes zu den Unwissenden; „Wissender" aber wurde man, wenn man Einen in den Stand setzte, „durch genaue Mitteilung aller Heimlichkeit des Gerichts mit genügsamer Urkunde nach Freistuhls Recht und der heimlichen Acht Befugnissen zu urteilen und zu handeln." Die „Wissenden" bildeten also einen eigenen Stand oder Orden, und die Aufnahme in diesen Orden war mit Formalitäten verknüpft, gegen welche die Aufnahme in den Freimaurerorden ein Kinderspiel ist. Mit entblößtem Haupt erschien der Kandidat in der Sitzung des Gerichts, um zu allererst über seine persönlichen Eigenschaften Rede und Antwort zu geben. Dann kniete er vor dem Freigrafen nieder, legte die vordersten zwei Finger der rechten Hand nebst dem Daumen auf ein bereitgehaltenes, bloßes, scharfgeschliffenes Schwert und sprach dem Freigrafen folgenden furchtbaren Eid nach: „Ich gelobe bei meiner Seele Seligkeit, daß ich nun fortan die heilige Vehme halten und verhehlen, vor Weib und Kind, vor Vater und Mutter, vor Schwester und Bruder, vor Feuer und Wind, vor allem Denjenigen, was die Sonne bescheint und der Regen benetzt, vor allem dem, was zwischen Himmel und Erde ist, verheimlichen, dagegen aber befördern wolle mit allen Kräften, so dem Manne zuzustehen; und will ferner diesem freien Stuhl, vor dem ich jetzt knie, vorbringen alles, was in die heimliche Acht des Kaisers gehört, das ich für wahr weiß oder von glaubhaften Leuten als wahr habe sagen hören, alles was zur Rüge oder Strafe sich eignet, auf daß es gerichtet oder mit Willen des Klägers gefristet werde; und will das nicht lassen weder um Lieb noch um Leid, noch um Gold, noch um Silber, noch um Edelstein; und will stärken dies Gericht und Recht nach allen meinen fünf Sinnen und Vermögen; und gelobe, daß ich dies Recht anders nicht annehme, denn um des Rechten und der Gerechtigkeit willen; auch daß ich diesen freien Stuhl nunmehr will befördern und ehren, mehr denn alle sonstigen Gerichte in der Welt; und was ich also gelobt habe, will ich stet und fest halten, wie mir Gott helfe und sein heiliges Evangelium.“ Also schwor der in den Orden aufzunehmende und sobald er geschworen, fragte der Freigraf oder „Stuhlrichter“, wie man ihn auch nannte, die Schöppen und den Frohnboten, der neben dem Kandidaten stand, ob aller Form Rechtens nunmehr Genüge geschehen sei. Ein feierliches „Ja“, welches Einer nach dem Andern aussprach, war die Antwort, und nun erlaubte der Freigraf dem Knieenden aufzustehen, damit er ihn in die Geheimnisse einweihen und namentlich ihm „die geheime Losung“ mitteilen könne. Die Wissenden hatten nämlich eine oder vielmehr verschiedene Geheimzeichen, woran sie sich gegenseitig erkannten, gerade wie dies auch jetzt noch bei diesem oder jenem Geheimbund der Fall ist, so daß ein Eingeweihter in jeglicher Lage des Lebens und allüberall auf deutschem Grund und Boden einen Freund und Helfer zu finden gewiß sein konnte; aber worin diese Losungen und Geheimzeichen bestanden, ist bis jetzt trotz aller Nachforschungen, die man veranstaltete, nicht genau ermittelt worden. Nur so viel weiß man, daß, wenn Einer bei einer Tafel wie zufällig sein Tischmesser mit der Spitze zu sich, das Heft dagegen von sich kehrte, und ein Anderer dann unbemerkt dasselbe tat, - daß dann beide wußten, woran sie seien. Eben so bekannt ist, wie sich die Freischöppen dadurch aus anderen Anwesenden herausfanden, daß sie ganz unbefangen ihre rechte Hand auf ihre linke Schulter legten und gleich nachher mit dem Daumen der Rechten ihre linke Brust momentan berührten, wobei sie sich jedoch stets anstellten, als ob sie einander gar nicht ansehen. Weiter spricht eine alte Überlieferung von einem Not- und Stichwort: „Reinix dor Feweri“, das Wissende ausriefen, wenn sie sich in höchster Gefahr befanden, und endlich gab es vier geheime Buchstaben: „S. S. G. G“, welche so viel bedeuteten wie „Strick, Stein, Gras und Grein“ und ebenfalls als Erkennungszeichen dienten. Doch was hilft es uns, diese Übersetzung von „S. S. G. G.“ zu kennen? Wir verstehen eben nicht, was mit „Strick, Stein, Gras und Grein“ gesagt werden sollte, und wissen also, um die Wahrheit zu gestehen, von der geheimen Parole der Wissenden so viel wie gar nichts.

Ist dies nun aber so gar sehr zu verwundern? Allerdings – über ganz Deutschland verbreitete sich nach und nach der Orden der Wissenden. Eine Menge von Adeligen, darunter Barone und Grafen von Bedeutung,, traten ihm bei; in den Reichsstädten ließen sich die vornehmsten Bürger, sowie insbesondere fast alle Mitglieder der Magistrate „wissend" machen und wenn die regierenden Fürsten etwa durch irgend einen Grund abgehalten waren, sich persönlich zu beteiligen, so wiesen sie um so gewisser ihre Kanzler, Marschälle und Minister an, die Mitgliedschaft des großen Geheimbundes zu erwerben, so daß derselbe in seiner höchsten Blütezeit wohl an die hunderttausend, wenn nicht mehr, Wissende zählte. Aber trotz dieser fast ungeheuerlichen Masse – durfte, konnte Einer zum Verräter werden? Freilich wenn man die Feilheit, Bestechlichkeit und Schwachheit des gewöhnlichen Menschengeschlechts in Anschlag bringt, so sollte man dies glauben, allein man bedenke nur den furchtbaren Eid, der einem Jeden auferlegt wurde! Wen mußte nicht unwillkürlich ein Schauder ergreifen, wenn er sich denselben im Geist wiederholte? Noch mehr aber bedenke man die gräßliche Strafe, die auf den Verrat gesetzt war! Einen solchen Pflichtvergessenen sollte man – so steht in den aufgefundenen Statuten des Dortmunder Freistuhls zu lesen – „einen Solchen sollte man ergreifen, seine Augen mit einem Tuch verbinden, ihm die Hände auf den Rücken schnüren, einen Strick um seinen Hals werfen, ihm die Zunge hinten aus dem Rachen reißen und ihn endlich sieben Mal höher henken, als einen Dieb oder Räuber." Wahrhaftig, wo eine solche Strafe drohte, da hütete man sich wohl, den Schwätzer zu machen, und vergeblich forschten sogar die Beichtväter nach den Geheimnissen der heiligen Vehme. Wußte man doch wohl, daß die Wissenden den Schwur der Rache ganz sicher hielten, und daß keine hohe Stellung, keine Flucht, kein Leben im Verborgenen, selbst kein Rückzug ins Kloster vor ihnen schützte! Ja sogar das verborgenste Zeichen und der geringste Wink, durch welchen man z.B. einen Freund oder Verwandten, der von der heiligen Vehme etwas zu befürchten hatte, warnte oder zur Flucht ermahnte, war strengstens verboten und es kam vor, daß Einer, welcher zu einem von der Vehme Gefährdeten bloß die Worte spracht: „es wäre anderswo eben so gut Brot essen, wie hier", den Tod des Verräters sterben mußte. Natürlich, denn es lag in diesen Worten der geheime Sinn, der Gefährdete solle sich auf die Sohlen machen, um der heiligen Vehme zu entgehen! Wird es uns nun noch wundersam erscheinen, wenn alle Schriftsteller von dem berühmten Aneas Sylvius an, aus welchem später der Papst Pius II. geworden ist, einstimmig behaupteten, daß noch niemand weder durch Bestechung noch durch Furcht zur Entdeckung der „inneren" Geheimnisse des Ordens habe bewogen werden können? Die „äußerlichen" Gebräuche der heiligen Vehme dagegen konnten um so weniger verborgen bleiben. Wurde ja doch so mancher Laie von derselben vorgeladen, der, wenn er als unschuldig mit dem Leben und der Freiheit davonkam, trotz des Verbots nicht von dem zu sagen, was er gesehen und gehört, dennoch, wenigstens gegen seine vertrauteren Freunde – nicht schwieg! Wurde doch so Mancher durch Zufall, wenn er sich bei Nacht und Nebel verirrt hatte, oft fast gegen seinen Willen genötigt, eine Vehmgerichtsverhandlung von Anfang an bis zu Ende mit anzuhören, obwohl zugegeben werden muß, daß Jeder, den sein Stern in die Nähe eines heimlichen Gerichts führte, sich, wenn es irgend anging, alsobald davonmachte und Gott dankte, sobald er sich heil und sicher außer dem

Bereich der fürchterlichen Wissenden wußte! Überdies wie so mancher Urteilsspruch, wie so manches Gesetz, so manches Statut, die heilige Vehme betreffend, ist uns schriftlich von den Wissenden selbst aufbewahrt worden, so daß man neuester Zeit doch ziemlich klar in die Sache hineinsieht, wenn auch vielleicht dieses oder jenes Mysterium noch nicht aufgeklärt ist und nie aufgeklärt werden kann!

Nachdem wir nun gesehen, wie der Orden der Wissenden im Allgemeinen zusammengesetzt war, und nachdem gezeigt worden ist, auf welche Weise und unter welchen Bedingungen die Aufnahme in denselben stattfand, wird es an der Zeit sein, zu erfahren, wie die Wissenden „handelten" und handeln „mußten", oder mit anderen Worten, wie die heilige Vehme auftrat und wie es bei ihren geheimen Gerichtssitzungen zuging. Da gab es aber, um der Sache gleich auf den Grund zu gehen, dreierlei Verfahrensweisen, je nachdem ein Verbrecher bei der Tat ertappt, oder zwar nicht ertappt, aber des Verbrechens für überwiesen angesehen, oder endlich weder ertappt noch für überwiesen angesehen, sondern desselben bloß beschuldigt wurde. Erstere Verfahrensweise nannte man die „bei handhafter Tat", die zweite die „inquisitorische" und die dritte die „accusatorische", alle drei aber unterschieden sich sehr wesentlich voneinander, obwohl das Resultat meistenteils dasselbe war.

Aus dem Schwur, den Einer bei der Aufnahme in den Orden leisten mußte, wird es Jedermann klar geworden sein, daß diese Wissenden die Verpflichtung hatten, nach allen Verbrechen, die begangen wurden, zu forschen und eben aus diesem Grund gab es kein Mitglied des großen Ordens, das seine Augen und Ohren nicht Tag und Nacht offen gehalten hätte. Ja sehr viele machten es sich sogar zur Lebensaufgabe, im Land hin- und herzureisen, um ja hinter alles zu kommen, was irgendwo passierte. Da wollte es nun oftmals der Zufall, daß ein Missetäter von drei, vier oder noch mehr Wissenden zumal auf frischer „handhafter" Tat, oder wie man sich in der Vehmgerichtskunstsprache auch ausdrückte: „mit hebender Hand, mit blinkendem Schein und mit gichtigem Mund" ertappt wurde, und in diesem Fall konnten sie ihn, sogar wenn er dem Orden selbst angehörte, ohne weitere Prozeßförmlichkeit bald auf der Stelle verurteilen und bestrafen. Sie waren also dann Kläger, Zeugen, Richter und Henker in einer Person, was allerdings den vernünftigen Begriffen von Rechtspflege total widerspricht; aber – man merke wohl: „es mußten wenigsten drei Wissende dabei sein, und alle drei mußten ihn bei der Tat ertappt haben. Einer allein also hatte dieses furchtbare Vorrecht nicht, und ebenso wenig durften ihrer Zwei davon Gebrauch machen. Ja selbst dann, wenn noch einige „Unwissende" oder „Uneingeweihte" mit in der Gesellschaft waren und die Missetat auch mit angesehen hatten, war es ihnen durchaus nicht gestattet, so summarisch, wie angegeben, zu verfahren, sondern sie hatten vielmehr dann die Verpflichtung, die Tat beim nächsten Freistuhl anzuzeigen und das Gericht darüber aburteilen zu lassen. Umgekehrt aber muß ich hinzusetzen, daß man es mit dem „bei der Tat ertappen" nicht besonders heikel nahm und daß besonders der Ausdruck „mit hebender Hand" in einem sehr weiten Sinn genommen wurde. Nicht bloß nämlich der Verbrecher, den man im Moment, wo er die Missetat beging, ergriff, galt als „in handhafter Tat" ergriffen, sondern auch derjenige, den man auf der Flucht noch einholte. Ja, der Dieb oder Räuber, in dessen Händen man die gestohlenen Gegenstände vorfand, der Einbrecher, der die Brechinstrumente noch bei sich trug, der Mörder, den man mit dem blutigen Schwert in der Hand fand – sie alle gehörten unter die „mit hebender Hand“ Gefangenen und durften auf der Stelle prozessiert werden. Als ein noch klarerer Beweis wurde „der blickende Schein“ angesehen, denn man verstand darunter das, was wir jetzt den „Augenschein“ oder die „Evidenz“ heißen. Also z.B. man fand einen Ermordeten auf der Straße, dessen blutende Wunden bewiesen, daß er soeben erst den Todesstreich erhalten habe, und wie man nun näher suchte, ergriff man in einem Waldesdickicht daneben einen Menschen, dessen Hände oder Kleider mit Blut besudelt waren – bewies da nicht der „blickende Schein“, daß er und kein Anderer die Tat begangen? Ähnliche schnell „auf den ersten Blick“ überzeugende Anzeichen oder „Indizien“ gab es noch viele und in all diesen Fällen machte man nur kurzen Prozeß, obgleich ein solcher auf bloße Anzeichen oder Indizien gegründeter Beweis eigentlich gar kein Beweis ist. Am allerwenigsten übrigens bedachten sich die Wissenden, ein Todesurteil über einen angeblichen Missetäter im Moment zu fällen und zu vollstrecken, wenn derselbe – was man den „gichtischen Mund“ nannte – ein „Geständnis“ seiner Schuld ablegte und in der Tat, was brauchte man dann auch noch weiteres Zeugnis? Hinzusetzen muß ich aber noch nochmals, daß unter allen Umständen, - wenn eine augenblickliche Verurteilung zulässig sein sollte, der Missetäter sogleich ergriffen werden mußte, und nicht erst, nachdem verschiedene Tage darüber vergangen waren. Ja sogar, wenn Einer, den man schon hatte, zu entwischen wußte, so durfte man ihn, falls er später wieder eingefangen wurde, nicht ohne Weiteres aufknüpfen, sondern man mußte die Sache am Freistuhl anhängig machen, wie denn eine alte Vehmordnung ausdrücklich besagt: „Merk es wohl, kommt Einer von dannen, so hat man ihm danach nichts zu tun, er sei denn zuvor verklagt, verfolgt, verurteilt und vervehmt nach Recht und Gesetz des heimlichen Gerichts.“

Das war die eine Art, nach welcher die heilige Vehme verfuhr; nun kommen wir an die zweite, die sogenannte „inquisitorsche“, wenn Einer eines Verbrechens „für überwiesen“ angenommen wurde. Zu dieser Sorte von Missetätern gehörten einmal die Wenigen, welche, nachdem man sie bei der Tat ergriffen hatte, entsprungen waren, und sodann insbesondere diejenigen, von welchen ein Wissender überzeugt war – sei es durch eigene Anschauung, sei es durch Anzeigen dritter Personen – daß sie wirklich dieses oder jenes Verbrechen begangen hätten, und sie Alle – Alle durften darauf rechnen, daß sie unbedingt würden verurteilt werden. Sobald nämlich ein Eingeweihter die besagte Überzeugung gewonnen hatte (oder sich auch nur den Anschein gab, als habe er sie gewonnen), so beeilte er sich beim nächsten Freistuhl oder vielmehr beim Freigrafen die nötige Anzeige zu machen, und der Freigraf versammelte sofort das heimliche Gericht, um das Urteil zu sprechen. Untersucht jedoch wurde nicht lange, und noch weniger lud man den Angeklagten vor, damit er Rede stehe und sich verantworte, sondern der Ankläger brachte seine Sache an, nannte die Gründe, auf die er fußte, sowie die Quellen, aus denen er geschöpft habe, berief sich etwa auch noch auf die allgemeine Volksstimme, die dem Angeklagten ebenfalls ungünstig sei, beschwor sodann die Wahrheit seiner sämtlichen Angaben, und – was blieb nun dem Gericht anderes übrig, als ein „schuldig“ auszusprechen? Ein Wissender konnte doch „wissentlich“ keine falschen Angaben machen – so nahm man an – und sogleich mußte der Beklagte das Verbrechen, dessen man

Das Vehmgericht .

ihn beschuldigte, begangen haben; man mußte ihn für überwiesen annehmen! Sofort wurde er von Gerichtswegen gerichtet oder wie man es nannte „vervehmt", und damit war mehr als die Reichsacht über ihn ausgesprochen. Ja damit wurde er geradezu für „vogelfrei" erklärt, denn, man bedenke wohl, alle Wissenden erhielten nunmehr durch Frohnboten die Aufforderung nach dem Vervehmten zu fahnden: „als nach Einem, welcher der höchsten „Wedde" oder Strafe, also dem Tod verfallen sei, „ und somit streiften von jetzt an hunderttausend Männer, die sich über ganz Deutschland verbreiteten, nach ihm, um ihn, wo sie ihn träfen, auf der Stelle aufzuknüpfen! Da half kein – wenn auch noch so gutes Versteck und nicht einmal in einer Kirche fand er einen sicheren Zufluchtsort; nein, nur allein wenn er ins ferne Ausland floh, konnte er sich vor den schrecklichen Rächern retten!

So ging es beim inquisitorischen Prozeß zu und es bleibt mir also nur noch übrig, auch die „accusatorische" Vervehmungsweise, „wenn Einer von einem Wissenden eines Verbrechens bloß beschuldigt oder angeklagt wurde, ohne mit Gewißheit schwören zu können, daß derselbe wirklich schuldig sei", etwas näher zu beleuchten. In diesem Fall – und ich muß hier gleich bemerken, daß der accusatorische Prozeß „bei weitem am meisten" vorkam, weil natürlich die unbedingt meisten Verbrechen „heimlich" begangen wurden, und also nicht unter die Rubriken „Ertappung auf der Tat" und „für überwiesen anzusehen" fallen konnten – mußte der Angeklagte vorgeladen werden, und man hatte im Gelegenheit zu geben, seine Unschuld darzutun, dem Kläger aber, d.h. dem Wissenden, auf dessen Anzeige oder Denunziation hin ein Freigraf die Vorladung vornahm, lag die Pflicht ob, den Beweis zu liefern, daß seine Anzeige begründet gewesen sei, und da er diesen Beweis natürlich meist nur durch Zeugen führen konnte, so sollte man meinen, es werden nun einen Prozeß gegeben haben, wie bei den übrigen öffentlichen Gerichten. Allein – welch himmelweiter Unterschied zwischen einem Vehmgerichtsprozeß und einem von den gewöhnlichen Gerichten! Nehmen wir nur die Vorladung an – wie ganz anders verfuhr man dabei, als sonst üblich! Und dann vollends die Prozeßführung selbst, sowie endlich die Strafsentenz nebst der Ausführung derselben – wahrhaftig der mußte starke Nerven haben, der das alles mitansehen und mitanhören konnte, ohne daß ihn Schrecken und Bangigkeit ergriffen hätten!

Was zuerst die Vorladung betrifft,, so mußte sie stets von einem Freigrafen und Stuhlherrn ausgehen, und nur ein Wissender oder Eingeweihter durfte sie besorgen, nie aber ein gewöhnlicher Bote oder Abgesandter. Auch geschah sie nie „mündlich" sondern stets „schriftlich" und zwar durch einen auf Pergament geschriebenen „Ladungsbrief", der mit dem Gerichtssiegel des ladenden Freistuhls versehen war und auf welchem der Ort angegeben wurde, wo sich der Vorgeladene einzufinden hätte. Auch die Zeit wurde immer äußerst genau bestimmt, und wenn sich auch der Freigraf nicht mit seinem „Familiennamen" sondern nur mit seinem „Amts- und Vehmgerichtstitel", z.B. als „Freigraf des heimlichen Gerichts zu Rotenwalde" unterschrieb, so fühlte doch Jedermann vor dieser Unterschrift mehr Respekt, als selbst vor einer Herzoglichen oder Kaiserlichen. Diese „Form" der Vorladung war überall in allen Provinzen die gleiche und selbst den höchsten Personen gegenüber wurde von derselben nicht abgegangen; ein großer Unterschied fand dagegen in der Art und Weise, „wie man die Vorladung an den Mann brachte", statt, sowie auch „in der Frist, die man einem Angeklagten gestattete", und auf das Letztere kam oft – wegen der Sammlung von Gegenbeweisen und wegen der Gewinnung von Zeugen – sehr viel an. Galt also z.B. die Vorladung einem Freischöppen selbst, so beobachtete man alle die Rücksichten, die man einem hochgeachteten Kollegen und Bundesmitglied schuldig zu sein glaubte und es mußten sich dann stets zwei Freischöppen aufmachen, um dem Angeschuldigten die Vorladungsschrift persönlich zu übergeben, oder dieselbe, wenn er nicht anwesend war, entweder in seiner Wohnung oder da, wohin er seine „Ausflucht" genommen und sich verborgen hatte, zurückzulassen. In diesem Fall schrieb man dann immer unter die Adresse: „daß es Niemanden erlaubt sein, den Brief aufzubrechen, zu lesen, oder lesen zu hören, als nur allein einem echten und rechten Freischöppen der heimlichen Acht", und – die Furcht vor dieser Acht war so groß, daß sicherlich kein Laie den Brief auch nur anrührte. Lag nun schon hierin eine große Rücksichtnahme, so noch mehr in der Frist, die man dem Vorgeladenen gab, denn dieselbe betrug regelmäßig volle sechs Wochen und drei Tage. Daran war es aber nicht einmal genug, sondern wenn es dem Vorgeforderten beliebte, innerhalb dieser Frist nicht zu erscheinen, so sandte man ihm sofort vier Freischöppen ins Haus und gab ihm eine zweite Frist von abermals sechs Wochen und drei Tagen. Ja – kam der Mann auch diesmal nicht, so verlängerte man die Frist auf nochmals sechs Wochen und drei Tage, jedoch mit dem Unterschied, daß die Vorladungsschrift ihm nunmehr von sechs Freischöppen und einem Freigrafen persönlich überreicht werden mußte. Gewiß – mit mehr Zartheit und Schonung konnte man nicht wohl verfahren, aber wie steigerte sich diese Schonung erst, wenn der Vorzuladende gar ein Freigraf und Stuhlherr war! Ein Solcher wurde das erste Mal durch zwei Freigrafen und sieben Schöppen, das zweite Mal durch vier Freigrafen und vierzehn Schöppen, das dritte Mal aber gar durch sechs Freigrafen und einundzwanzig Schöppen, je mit einer Frist von sechs Wochen und drei Tagen, schriftlich vorgeladen und wenn er zum dritten Mal nicht erschien, so schickte man ihm in seine Wohnung oder in seinen Zufluchtsort noch eine vierte Frist von derselben Zeitlänge. Da verfuhr man freilich mit den Nichteingeweihten oder Laien ganz anders. Ihnen nämlich hatte kein Schöppe, sondern nur der Frohnbote den Vorladungsbrief in die Wohnung zu tragen und die gegebene Frist dauerte nicht sechs Wochen und drei Tage, sondern nicht mehr und nicht weniger als „vierzehn Nächte und zwar in Allem und Allem", ohne daß von einer wiederholten Vorforderung oder von einer zwei- und dreimal verlängerten Frist je die Rege gewesen wäre. Auch gab man sich keineswegs viel Mühe, den Aufenthaltsort des Angeschuldigten zu entdecken, wenn er etwa auch eine „Ausflucht- oder Zufluchtsstätte" gesucht hatte; sondern in diesem Fall wurde er sechs Wochen und drei Tage vor der Verhandlung seiner Sache durch vier Ladungsbriefe, welche man an einem Kreuzweg gegen Norden, Osten, Süden und Westen an eingerammte Pfosten schlug, zur richtigen Erscheinung aufgefordert. Bekam er dann die Ladung zu Gesicht, gut; erfuhr er aber nichts davon, auch gut, denn was brauchte man mit Nichtwissenden viele Umstände zu machen? Ja sogar gegen hochgestellte Magistratspersonen in Reichsstädten, oder gegen mächtige Barone, Grafen und Fürsten erlaubte man sich oft eine auffallende Rücksichtslosigkeit, indem man ihnen den Ladungsbrief, statt ihn persönlich zu übergeben oder doch in die Wohnung zu tragen, bei Nacht und Nebel einfach über die Mauern warf, oder auch an das Stadt- respektive Schloßtor annagelte, oder endlich in einer Kirche auf dem Altar so niederlegte, daß man ihn den andern Tag finden mußte. Freilich – reine Rücksichtslosigkeit war dies nicht immer, sondern of und viel handelten die Frohnboten „aus Angst“ so, weil sie (und sicherlich nicht immer ohne Grund) befürchteten, man möchte Gewalt gegen sie brauchen und ihnen das „Vorladen durch angemessene Hiebe für immer entleiden“.

Doch – das Vorladen kennen wir jetzt zu Genüge und der Leser möchte nun ohne Zweifel gerne wissen, wie es denjenigen erging, welche der Vorladung keine Folge leisteten. Die Antwort ist aber sogleich gegeben: sie wurden für schuldig angenommen und folglich verurteilt und verfehmt, das ist für vogelfrei erklärt, gerade wie die für überwiesen angenommenen. Von selbst versteht es sich übrigens, daß es auch Entschuldigungsgründe für das „Nichterscheinen“ gab, wie z.B. Krankheit, Eingesperrt sein (Gefängnis), Abwesenheit auf einer Wallfahrt und was dergleichen mehr ist. Überdies – wenn Einer nachweisen konnte, daß er nicht habe zur rechten Zeit kommen können, weil eine Brücke, über die er mußte, weggeschwemmt worden sei, oder weil das Pferd, das er ritt, stürzte, oder weil ihm ein sonstiger Unfall passierte, so mußte ihm der Freigraf eine neue Frist verleihen. Galt es ja doch als Norm und Gesetz, daß man Niemanden sein Recht verkürzen solle und darum durfte auch keiner für ungehorsam angenommen werden, als derjenige, der „sich unredlicher, gewaltsamer und freventlicher Weise ungehorsam benahm!“ Wehe aber dem Letzteren, denn er verfiel ohne Weiteres (wie der Ausdruck war) „in Leib und Ehre“, d.h. er wurde, wie schon gesagt, verfehmt, und den Augen von hunderttausend Wissenden konnte er natürlich nicht entgehen.

Allein eine andere Frage ist nun die, „w o h i n“ man vorgeladen wurde oder, mit anderen Worten, „wo (dies war der Kunstausdruck) d i e h e i m l i c h e A c h t g e h e g t w u r d e“. Hierbei ist nun vor Allem darauf aufmerksam zu machen, daß Geheimhaltung der Hauptgrundsatz der heiligen Vehme war und deswegen wird man sich schon denken können, daß die Wissenden sich nicht etwa eigene Versammlungshäuser erbauten oder auch in den offenen Rathaussälen ihre Sitzungen hielten, gerade eben so wenig wie sie es den Vorgeladenen auf die Nasen banden, wo sie das Gericht, dem sie sich zu stellen hatten, treffen würden. In der Vorladung war vielmehr nur ein bestimmter Ort – zum Beispiel ein Kreuzweg, ein freier Platz im Wald, ein hoher Baum an diesem oder jenem Punkt – bezeichnet, an welchem der Geladene um diese oder jene Zeit der Nacht – denn die Heimlichkeit der Vehme vertrug selbstverständlich das Tageslicht nicht – präsent sein sollte, und sowie er sich präzis einfand, so durfte er sicher sein, da einen Wissenden, sei es einen Frohnboten, sei es einen Schöffen, vorzufinden, der ihm sofort die Augen verband und ihn an den rechten Platz unmittelbar vor seine Richter führte. Wo hat man nun aber diesen „rechten Platz“ zu suchen? Etwa in unterirdischen Höhlen, in welche man nur mittels Leitern hinabsteigen konnte, wie gar manche Geschichtsschreiber wissen wollten, oder noch bessere; in tiefen, tiefen Gewölben, in welche nie das Tageslicht hineindrang und zu welchen nur die Wissenden den Zutritt kannten? Man glaubte dies früher und insbesondere wurden z.B. die schauerlichen Gewölbe unter dem Schloß von Baden-Baden für einen Sitz der heiligen Acht gehalten. „Labyrinthische Keller von furchtbarer Größe und alle in die tiefste Nacht gehüllt – so heißt es in der hierüber vor mir liegenden Beschreibung – dehnen sich unter dem Schloß zu Baden aus. Der gewöhnliche Eingang in dieselben führte durch einen langen finsteren Gang, den eine Tür aus einem einzigen massiven Quaderstein, groß wie ein Grabmonument, öffnete. Diese Tür drehte sich auf unsichtbaren Angeln und paßte so genau in die Fugen der sie umgebenden Steine, daß man, wenn sie verschlossen war, nicht mehr sehen konnte, woher man gekommen sei. Auch vermochte man es nicht mehr sie von innen zu öffnen, sondern dies mußte von der anderen Seite her geschehen und zwar mittels eines geheimen Schiebers. Nun gelangte man in die Folterkammer, in welcher man auch jetzt noch Haken und der Wand und allerhand Marterwerkzeuge erblickt, die aber in alten Zeiten noch viel furchtbarer eingerichtet war. Eine Tür nach rechts öffnete eine Höhlung, so man den Jungfernkuß nannte, denn sowie man dahinein einen verurteilten Verbrecher brachte, so wich unter ihm ein beweglicher Fallstein und er stürzte einem Instrument, welches einer gewappneten Jungfrau glich, in die blutigen lebenzerschneidenden Arme. Eine andere Tür ging nach links und durch sie erreichte man nach langem Wandern das Gerichtszimmer der heiligen Vehme. Es war ein geräumiges langes Viereck und in der Mitte desselben befand sich ein Altar mit einem Kruzifix. Vor dem saß der Oberrichter, neben ihm aber links und rechts auf hölzernen Bänken saßen die Schöppen oder Beisitzer und der ganze Schreckensort war mit schwarzem Tuch ausgeschlagen. Diejenigen jedoch, welche vor dieses furchtbare Gericht, das unsichtbar richtete und strafte, gebracht wurden, führte man nicht auf dem gewöhnlichen Weg hinunter, sondern man senkte sie vielmehr durch eine Winde in einem Korb in die Dunkelheit hinab, und zog sie in demselben wieder ans Licht herauf, damit sie des pfadlosen Wegs, den sie gewandelt, vollkommen unkundig bleiben möchten." Also steht geschrieben in einem Bericht über das Vehmgerichtslokal in Baden-Baden und ähnliche Berichte finden sich von anderen unterirdischen Gewölben unter alten Burgen und Schlössern; allein alle diese Kundgebungen datieren sich erst aus neuerer Zeit, nicht aber aus den Jahrhunderten der Vehme selbst und sind, wenn nicht vollkommene Erfindungen, so doch wenigstens Übertreibungen und Entstellungen. Es ist nämlich jetzt durch vielfache Dokumente erweisen, daß die Lokale, wo die heimliche Acht gehegt wurde, sich – wenigstens in den meisten Fällen – nicht unterhalb der Erde, sondern oberhalb derselben, und nicht einmal unter einem Dach, sondern unter Gottes freiem Himmel befanden. Man wählte hierzu irgend einen hervorragenden Baum im tiefdunklem Wald, oder den Kirchhof neben einer abgelegenen Kapelle oder sonst einen Ort, der von den gewöhnlichen Menschen bei Nacht gemieden wurde, wie denn auch eine alte Chronik sagt: „Jeder Platz mag zur Hegung des Vehmgerichts taugen, w e n n e r n u r h e i m l i c h u n d h e h r i s t." Dies war nun so gewöhnlich, daß mancher Freistuhl nach dem Ort, wo er stattfand, benannt wurde, so z.B. der Freistuhl „unter dem dichten Holunder", der Freistuhl „an der breiten Eiche", der Freistuhl „neben der Luginslandtanne", der Freistuhl „beim großen Birnbaum", und wie die sonstigen Namen alle heißen mögen. Doch mit der Abgelegenheit des Platzes, sowie damit, daß die Laienwelt denselben bei Nacht aus Furcht oder aus einem anderen Grund nicht zu begehen pflegte, begnügte man sich nicht, sondern es wurden noch außerdem Wachen von Wissenden aufgestellt, um die Annäherung eines jedweden Unberufenen unmöglich zu machen. Es sollte ja Alles aufs Heimlichste zugehen und darum konnte man doch nicht zugeben, daß ein Uneingeweihter zuhöre und das Gehörte ausschwätze! Wehe also dem, der sich trotz der gebrauchten Vorsichtsmaßregeln doch einschlich, denn sowie er entdeckt wurde, machte man merkwürdig kurzen Prozeß mit ihm, das heißt, man band ihm ohne weitere Umstände Hände und Füße zusammen und hängte ihn an den nächsten besten Baum, bis er tot war.

Wie ging es nun aber beim Gericht selbst zu und wie wurde der Anklageprozeß geführt? Vor allem war zur Hegung eines solchen Gerichts – oder wie die Kunstsprache der Eingeweihten sich ausdrückte: „um ein heilig Ding und heimlich Gericht unter Königsbann zu hegen und zu spannen" – notwendig, daß außer dem Freigrafen mindestens sieben Freischöppen aus der Grafschaft, in welcher der Stuhl sich befand, anwesend seien, um dem Grafen als Beisitzer zu dienen, oder um, wie man sagte, „den Stuhl und Bann zu spannen und zu bekleiden." Diese Schöppen nun saßen nebst dem Gerichtsschreiber, der natürlich auch unter die Wissenden gehörte (ich habe seiner bereits weiter oben erwähnt), rechts und links vom präsidierenden Freigrafen, im Halbkreis hinter einem ovalen Tisch, während ihnen gegenüber, aber im Hintergrund, der sogenannte „Umstand", d.h. die fremden Wissenden und Schöppen, welche der Neugierde halber oder um als Zeugen zu dienen oder zur Aufrechterhaltung der Ordnung, hierher gekommen waren, sich aufstellten. Auf dem Tisch, an dessen beiden Enden, standen zwei brennende Holzfackeln, welche den ganzen Plan nur düster erleuchteten, und unmittelbar vor dem Präsidenten lag ein entblößtes Schwert, sowie ein langer Strick, welchen man, weil er aus Weiden geflochten war, „Wyd" nannte. „Das Schwert", so sagt das Gesetz, „soll erinnern an das Kreuz, da Jesus Christus daran gelitten, und bedeutet die Gestrengigkeit des Gerichts; die Wyd aber ist das Abzeichen der Strafung der Bösen, damit durch ihren Tod der Zorn Gottes besänftigt werde." Doch – in welchem Aufzug, in welcher Kleidung saßen die Richter hinter dem Tisch? Man hat früher gar vielfach behauptet, der Freigraf hätte sich mit seinen Schöppen stets maskiert und wohl verhüllt eingefunden, damit sie keine Seele zu erkennen vermöchte, und – recht schauerlich und schaurig hätte das schon ausgesehen, wenn bei der unheimlichen Beleuchtung neun schwarze Larven hinter dem Tisch gesessen wären; allein wozu denn? Die anwesenden „Wissenden" wußten natürlich wohl, wer die Richter waren, und den vorgeladenen „Uneingeweihten" verband man die Augen und ohnehin mußten sie einen furchtbaren Eid schwören, später nichts auszusagen und namentlich auch die Namen derer, die sie etwa kennen würden, ins Meer der Vergessenheit zu versenken. Überdies – die Meisten der Angeklagten wurden, wie wir gleich sehen werden, gehenkt und daß Tote nichts ausschwatzen können, wird Jedermann begreifen. Wozu also, so frage ich nochmals, das Verhüllen und Maskieren? Es fand aber auch nichts der Art statt, sondern vielmehr das gerade Umgekehrte, denn also befahl das Gesetzt: „wenn man in der heimlichen Acht dinget und richtet, so sollen aller Häupter bloß und unbedeckt sein! Sie sollen weder Kappen, noch Hüte, noch sonst etwas darauf haben, zum Beweis, daß sie den Menschen nicht unrecht verurteilen wollen, sondern einzig wegen der Missetat, die er begangen. Auch ihr Antlitz soll ganz und gar unverhüllt sein, zum Wahrzeichen, daß sie kein Recht mit Unrecht bedeckt haben, noch bedecken wollen. Sie sollen auch Alle bloße Hände haben, zum Zeichen, daß sie kein Werk an und unter sich haben, sondern die Leute nur verurteilen um der Missetat. Dagegen sollen sie Mäntel auf ihren Schultern tragen, denn sowie der Mantel alle anderen Kleider und den Leib bedeckt, also soll ihre Liebe die Gerechtigkeit bedecken. Sie sollen auch darum die Mäntel auf den Schultern tragen, damit sie den Guten Liebe beweisen, wie der Vater dem Kind. Waffen jedoch oder Harnisch sei ihnen nicht gestattet zu führen, damit sich Niemand vor ihnen zu fürchten brauche, und endlich sollen sie ohne allen Zorn und nüchtern sein, damit die Trunkenheit sie nicht zu ungerechtem Urteil verleite." – Also war die Vorschrift und dieselbe wurde, wenigstens was die Kleidung und die sonstigen äußeren Formalitäten anbelangt, aufs genaueste befolgt. Freilich – ob man es mit der Vorschrift „nur gerecht zu urteilen" und außerdem „die Gerechtigkeit mit Liebe zu bedecken", ebenso hielt, ist wieder eine andere Frage.

Hatte sich nun das Gericht vollzählig eingefunden und war alles in Ordnung befunden worden, so befahl der Freigraf, den Angeklagten vorzuführen und zwar mit allen seinen Freunden und Zeugen. Die Zahl dieser Begleiter war übrigens eine begrenzte und durfte die Nummer „dreißig" nie übersteigen. Auch überzeugte man sich vorher ganz genau, daß keiner von ihnen Waffen bei sich trug, denn solches war strengstens verboten und traf überhaupt alle nur mögliche Vorsorge, um Ruhe und Ordnung ungestört aufrecht zu erhalten. Gehörte nun der Vorgeladene mit seiner Partei zu den Uneingeweihten, so führte man sie alle mit verbundenen Augen vor und ließ sie, wie schon gesagt – jeden einzeln – aufs Feierlichste geloben, nie etwas von dem, was sie gehört und gesehen, zu verraten oder aber zu gewärtigen, „daß ihr Mund auf ewig stumm gemacht werde." War dagegen der Angeklagte oder ein Zeuge ein Wissender, so fiel natürlich alles dies weg und man verband ihm weder die Augen noch nahm man ihm einen Eid ab. Nach diesem Vorspiel legte man dem Beschuldigten vor, was gegen ihn ausgesagt war, und forderte ihn zur Verantwortung und Verteidigung auf. In dieser Beziehung jedoch, d.h. in Beziehung auf die Verteidigung fand abermals ein merkwürdiger Unterschied zwischen „Wissenden" und „Uneingeweihten" statt. Bei einem Wissenden nämlich galt es als Grundsatz, daß ihm seine Ehre wo irgend möglich nicht genommen werden solle und es war ihm daher ein Reinigungseid gestattet. Erbot er sich dann statt aller anderen Verteidigung zu diesem Eid und legte zu dem Behufe drei Finger seiner rechten Hand auf das ihm vorgehaltene bloße Schwert, ausrufend, daß er an der Tat, deren man ihn zeihe, unschuldig sei, „so wahr ihm Gott helfe", so war er frei und kein Mensch durfte ihm Weiteres anhaben. Nicht so bei den Uneingeweihten, sondern dieser hatte einen förmlichen Gegenbeweis zu führen! Selbstverständlich übrigens ließ es keiner daran fehlen, alles vorzubringen, was zu seiner Verteidigung diente, denn er wußte wohl, daß mit der heiligen Vehme nicht gut Kirschen essen sei. Deshalb brachte er nicht selten, besonders wenn er seiner eigenen Beredsamkeit nicht ganz traute, einen „Fürsprecher" mit, und das Gericht ließ sich dies immer gefallen, jedoch nur unter der Voraussetzung, daß der Fürsprecher „ein Wissender" sei. Mehr wert aber als alle Beredsamkeit war es, wenn der Beklagte Zeugen mitbrachte und zwar wo möglich recht viele Zeugen. Diesen nahm man sofort einen Eid ab, daß sie nicht für Geld gemietet seien, noch aus Gunst oder Ungunst handelten und ebensowenig aus Zwang oder Gewalt, und wenn dieselben dann recht günstig für ihn aussagten, so hatte er meist ein gewonnenes Spiel. Natürlich aber vorausgesetzt, daß der Kläger nicht auch Zeugen vorbrachte und vielleicht noch mehr, als der Beklagte, denn in diesem Fall gab es keine Rettung für den Letzteren. Man sieht also hieraus, daß die Verhandlungen vor einem Vehmgericht möglicherweise viele Stunden in Anspruch nehmen konnten; für gewöhnlich jedoch gab es nicht viele

Zeugen zu verhören und dann ging die Sache in ganz kurzer Zeit zu Ende. Sobald nämlich die beiden Parteien verhört waren, bat der Kläger den Freigrafen um ein gerechtes Urteil und dies nannte man „die Frage des Klägers“; der Freigraf aber beauftragte sofort die Schöppen, „das Urteil zu finden“. Nun entfernte man den Beklagten sowohl als den Kläger nebst allen anderen Anwesenden, also die Zeugen wie die Zuschauer, und der Schöppenstuhl fing an zu deliberieren, wobei immer der jüngste Schöppe seine Meinung zuerst abgeben mußte. Wurden die Schöppen einig – gut; dann ließ der Freigraf den Angeklagten, nebst dem Kläger, wieder vorführen und verkündigte sofort das Urteil, das stets sogleich vollstreckt wurde. Das heißt, lautete das Urteil freisprechend, so ließ man den Angeklagten laufen; lautete es aber umgekehrt, so verfuhr man mit ihm, „als in der heiligen Acht für Recht galt“. Wurden aber die Schöppen, was auch hier und da der Fall war, nicht einig, sondern gab es, wie man sich ausdrückte, ein „zweischelliges“ Urteil, so wurde die Sitzung vertagt und der Angeklagte mußte zu einer bestimmten späteren Zeit abermals vor Gericht erscheinen. Doch fungierten bei diesem nicht mehr dieselben Schöppen, wie bei dem eben abgehaltenen, sondern der Freigraf berief vielmehr sieben andere und so machte man fort, bis ein Urteil gefunden war, wenn nicht anders der Kläger seine Klage ganz zurücknahm.

Auf diese Art ging es bei den Vehmgerichtsverhandlungen zu und es bleibt mir nur noch übrig zu sagen, worin „die Strafe“, welche die Vehmrichter verhängten, bestand, oder um einen soeben gebrauchten Ausdruck zu wiederholen, „welche Strafen in der heiligen Acht für Recht galten“. Wir jetzigen Menschen haben fast für jedes Vergehen eine andere Sühne und das Gefängnis spielt dabei eine Hauptrolle; die Todesstrafe aber wird nur noch in den seltensten Fällen, nämlich wenn ein absichtlicher Mord bewiesen ist, angewandt. Zur Zeit der Vehme war dies anders, denn da dieselbe, wie es scheint, über gar keine Gefängnisse verfügte und man überhaupt damals noch nichts von Arbeits- oder Zuchthäusern wußte, so strafte man entweder um Geld, oder verhängte man eine tüchtige körperliche Züchtigung, oder verurteilte man den Angeklagten zum Tode. Geldstrafen kamen nun bei der heiligen Vehme nur äußerst selten vor, oder vielmehr nur dann, wenn ein angeklagter „Wissender“ bei einer Vorladung nicht erschien. Ein solcher nämlich hatte das erste Mal eine Buße von dreißig Schillingen Tornaß – ein Schilling Tornaß war gleich anderthalb rheinische Gulden – und das zweite Mal doppelt so viel zu bezahlen, welches Geld dem Freigrafen und seinen Schöppen zu gut kam. Das Vergehen selbst aber wurde von den Vehmrichtern nie mit Geld gestraft und eben so wenig mit körperlicher Züchtigung. Sie hatten es ja nur mit solchen Missetaten zu tun, welche gegen die christliche Religion und die zehn Gebote fingen, also (wie ich oben schon gesagt) mit Diebstahl, Raub, Plünderung, Kirchenschänderei, Abfall vom Glauben, Gotteslästerung, Totschlag, Meuchelmord, Brandstiftung, Meineid, Fälschung, Verrat und was dergleichen mehr ist, - was hätten sie sich also da über die Strafart lange besinnen sollen? Nicht umsonst lag auf dem Tisch des Freigrafen der „Wyd“, das ist der aus Weiden geflochtene Strick, denn die heilige Vehme richtete alle Verbrechen nur mit dem Strang. „Entweder frei oder gehenkt,“ hieß es bei der heimlichen Acht, und wie außerordentlich freigebig man mit dem Henken war, das zeigt uns die Geschichte des vierzehnten und fünfzehnten Jahrhunderts zur

Genüge. Kam es ja doch so weit, daß man Kapitalverbrechen damals „baumwürdige" Sachen nannte und daß „Vehmen“ und „Henken“ ganz gleich bedeutende Begriffe wurden! Sobald also vom Gericht das Wort „schuldig“ ausgesprochen war und der Gerichtsschreiber den Namen des Verurteilten in das vor ihm liegende Blutbuch eingetragen hatte, reichte der Freigraf dem jüngsten Schöppen den vor ihm liegenden Strick und wenige Minuten nachher schon hing der Unglückliche an dem nächsten Baum hinter der Gerichtsstätte. Von einem künstlichen Galgen nämlich war durchaus keine Rede und eben so wenig davon, daß man eines privilegierten Henkers bedurft hätte, sondern es genügte der Ast eines Baumes und im Geschäft des Henkens selbst scheinen es die Freischöppen zu einer weit größeren Gewandtheit gebracht zu haben, als der beste Henker und Scharfrichter unserer Zeiten sich rühmen kann. Zwei Dinge jedoch muß ich hierbei noch als besonders bemerkenswert hervorheben, einmal daß jeder Freischöppe, der einen Andern vom Leben zum Tod beförderte, sofort sein Messer in den Stamm des Baumes hineinstieß, zum Beweis, daß der Mann nicht von Räubern ermordet, sondern von der heiligen Vehme gerichtet worden sei und zum zweiten, daß ein verurteilter „Wissender“ um sieben Fuß höher gehenkt wurde, als ein sonstiger Dieb oder Räuber, woraus sich Jedermann überzeugen kann, daß die Rangordnung in jenen Zeiten selbst unter armen Sündern eine Rolle spielte.

Vielleicht interessiert es nun den Leser auch noch zuletzt zu erfahren, wie es bei dem „Verfehmen“ der ungehorsamerweise Ausgebliebenen zugegangen sei, denn ich habe weiter oben zwar wohl gesagt, daß „Verfehmen“ und „für vogelfrei erklären“ gleichbedeutend gewesen sei, aber die Zeremonie selbst beschrieb ich noch nicht. Also wenn ein Vorgeladener nicht erschien und ihm keine weitere Frist gestattet wurde, so forderte der Freigraf einen der Frohnboten auf, den Abwesenden feierlichst zu zitieren. Sofort erhob sich dieser, stellte sich auf einen etwas erhabenen Punkt und rief den Angeklagten viermal, nämlich nach Nord, Ost, Süd und West beim Namen. Bei jedem Aufruf hielt er etwas still, um zu hören, ob keine Antwort komme; wenn jedoch alles still blieb, so stattete er dem Freigrafen Bericht, daß der Angeklagte dem Vehmgericht trotze und nun wandte sich der Graf an die Schöppen, von ihnen verlangend, daß sie ihr Urteil über den Abwesenden fällen sollten. Das geschah dann auch augenblicklich und lautete wie natürlich stets auf „schuldig“, denn da sich der Abwesende ja nicht verteidigen konnte, so mußte die Anklage notwendig als wahr angenommen werden. Sofort erhob sich der Freigraf, nahm – während der Gerichtsschreiber den Namen des Verurteilten in das Blutbuch einschrieb und die Schöppen verachtungsvoll ausspien – den vor ihm liegenden Strick, warf ihn weit hinter sich über seinen eigenen Kopf weg und sprach dazu folgenden furchtbaren Fluch: „Ausgeschlossen sei er (der Abwesende nämlich) von nun an vom gemeinen Frieden, sowie von allen Freiheiten und Rechten. Die Gemeinschaft von allen Christen sei von ihm abgeschnitten und er soll verflucht sein, daß er an seinem Leib verdorre und nicht mehr grüne noch zunehme auf irgend eine Weise. Sein Weib soll ihm zur Witwe werden und seine Kinder zu Waisen, er selbst aber sei ehr- und rechtlos und Jedermann preisgegeben, also daß sein Hals dem Strang und sein Leib den wilden Tieren des Waldes und den Vögeln der Lüfte verfalle; über seine Seele jedoch möge Gott richten.“ So lautete der Fluch und wie der Freigraf geredet hatte, erhoben sich alle Schöppen und sprachen feierlichst: Amen. Dann fertigte der Gerichtsschreiber eine Urkunde aus, welche das Urteil enthielt, und übergab diese, nachdem er sie sorgfältig gesiegelt, dem Ankläger; die übrigen Anwesenden aber wurden vom Freigrafen feierlichst ermahnt, die Sentenz an dem Verurteilten, wo sie ihn auch träfen, sofort zu vollziehen, dagegen gegen keinen Uneingeweihten auch nur ein Wort über die ausgesprochene Acht fallen zu lassen. So erfuhr denn auch ein Verfehmter gewöhnlich erst in dem Augenblick, in welchem ihm ein Wissender den Strick um den Hals schlang, seine Verfehmung, so daß er vor Überraschung sich gar nicht zur Wehr setzen konnte. Tat er dies aber dennoch, so hatte der Wissende das Recht, ihn mit seinem Dolch niederzustoßen und dann den Leichnam, statt ihn aufzuhenken, einfach an den nächsten besten Baum zu binden.

Ich glaube nun das heilige Vehmgericht, d.i. den großen Orden der Wissenden hinlänglich genau geschildert zu haben, um Jedermann über dieses schauderhafte Tribunal gehörig aufzuklären. Vollkommen richtig ist, daß dasselbe bei der ungeheuren Menge von Freischöppen oder Wissenden, die sich über das deutsche Reich verbreiteten, ganz dazu geeignet war, das Land von Gaunern und Missetätern aller Art zu reinigen, und insofern also stiftete das Vehmgericht viel Gutes; aber eben so richtig ist, daß, so lange diese Blutrichter fungierten, die Unschuld in steter Gefahr war, durch den Eid eines entweder „Falschunterrichteten“ oder auch eines „Absichtlichfalschaussagenden“ für schuldig erklärt und zum Tode verdammt zu werden. Bei vernünftigen Juristen gilt der Grundsatz: „Lieber zehn Schuldige laufen lassen, als einen einzigen Unschuldigen verurteilen“, die Vehmgerichte aber huldigten der umgekehrten Ansicht und von Hundert, die sie aufhenkten, hatten es vielleicht bloß zehn verdient. Wenn nun aber solches schon zu der Zeit der Fall war, als die Wissenden sich noch bestrebten, so gerecht wie möglich zu verfahren, wie viel mehr erst dann, als es einer großen Menge von Nichtswürdigen und Schuften glückte, sich in den Orden einzuschleichen. Zwar allerdings – nach dem Stiftungsgesetz der heiligen Vehme sollten bloß ritterlich und ehrlich denkende Männer in die geheime Innung aufgenommen werden, aber gibt es nicht in jeder Herde, man mag machen, was man will, doch immer wenigsten einige räudige Schafe? Überdies mußte der Grundsatz, daß sich ein Wissender durch den Reinigungseid von aller und jeder Strafe befreien konnte, nicht notwendigerweise zur Begehung von Verbrechen aller Art verlocken? Endlich lag es nicht in der Natur der Sache, daß diejenigen Freigrafen, die nicht gerade zu den vermögenden Herren gehörten, sich recht gerne dazu herbeiließen, um einige Pfund Silber diesen oder jenen, der es wahrhaftig gar nicht verdiente, in den Bund aufzunehmen, wie denn auch von allen Seiten zugegeben wurde, daß die Ritter, welche sich um eine Freigrafenstelle bewarben, dies meist nur taten, „um ihren gräflichen Hut zu bessern“? Ja machten nicht sogar die gewöhnlichen Wissenden aus ihrer Eingeweihtheit in den Orden eine förmliche Erwerbsquelle, indem sie den, welchen sie henkten, auch zugleich „beerbten“, d.h. indem sie ihm Alles nahmen, was er Wertvolles bei sich trug? Kurz und gut, gegen das Ende des sechszehnten Jahrhunderts kam der Orden der Wissenden mitsamt dem Vehmgericht in totalen Mißkredit und man klagte nicht nur auf allen Reichstagen ganz offen über die Gemeinschädlichkeit des Instituts, sondern es wagten auch gar Manche, den Beweis zu stellen, daß dasselbe ohne Weiteres gewaltsam aufgehoben werden müsse. „Sie,“ rief z.B. der wackere Doktor Johannes v. Frankfurt, „sie, welche die Gewalt, die Menschen zu henken, erhalten haben, sind selbst des Galgens zum großen Teil würdig; ja sie, welche als Richter über Leben und Tod auftreten, haben oft kaum soviel gelernt, daß man sie zu Schweinehirten brauchen könnte!“ Ganz die gleichen Urteile fällten auch die Kanzler der Herren Fürsten, sowie die Magistrate in den Reichsstädten und es wurde bald allüberall in Deutschland Sprichwort, daß die von der heiligen Vehme Angeklagten „zuerst gehenkt und dann erst in Untersuchung gebracht würden“. Was blieb nun also bei einem derartigen allgemeinen Unwillenssturm den Regenden von Deutschland anderes übrig, als zu erlauben, daß man der heiligen Vehme mit Gewalt zu Leibe gehe? Freilich widersetzten sich die im Verborgenen Schleichenden auf alle Weise und verfehmten alle diejenigen, welche ihnen zu nahe traten, aber das Ausüben dieser Vehme wurde ihnen nun mit jedem Tag schwerer gemacht, und als endlich verschiedene Fürsten und Reichsstädte jeden Vehmgerichtsemissär“, den sie erwischten, ohne Gnade enthaupten ließen, da verging den Herren Wissenden doch die Lust, die Urteile der heiligen Acht noch ferner zu vollziehen. Ein förmliches Ende übrigens nahm das Institut erst, als Kaiser Karl der Fünfte sein neues Kriminalrecht, welches unter dem Namen „Kaiser Karls peinliche Halsgerichtsordnung“ bekanntgeworden ist, ins Leben rief, denn dadurch wurde jedes andere Gesetz geradezu für ungültig erklärt, und – nunmehr erst wagte man in Deutschland wieder freier zu atmen.

Zehntes Kapitel

Das Raubrittertum

oder

die Ausartung des einst so edlen Standes der Ritterbürtigen

Allen Glanz und Ruhm des Rittertums habe ich in den acht ersten Kapiteln dieses Buches beschrieben und manches Herz wird schneller geschlagen haben, wenn man sich in die Zeiten zurückversetzte, in welchen der größte Mut, die ausgesuchteste Tapferkeit und die edelsten Tugenden den Mann schmücken mußten, der für würdig erachtet wurde, den Ritterschlag zu empfangen. Den Anfang der Ausartung des Rittertums dagegen schilderte ich im vorigen Kapitel, welches vom Vehmgericht handelte, und es sollte dasselbe gleichsam die Einleitung bilden zu dem, was ich leider jetzt zu sagen gezwungen bin. Es ging nämlich dem Rittertum, wie es allen menschlichen Einrichtungen zum Gesetz der Natur nach immer geht und gehen muß, das heißt: „es wurde geboren, wuchs auf, nahm zu an Kräften und Verstand, erreichte seine höchste Blütezeit, fing dann an, abzunehmen, und stark endlich an Altersschwäche, nachdem es sich sozusagen selbst überlebt hatte.“ Das ist das Schicksal alles Irdischen, denn – unsterblich und ewig – unveränderlich ist nur das Himmlische!

An Gründen, warum das Rittertum, nachdem es im vierzehnten Jahrhundert seinen außerordentlichsten Glanzpunkt erreicht hatte, von diesem Zeitpunkt an rasch herabzukommen anfing, fehlt es natürlich nicht, und um die Sache begreiflich zu machen, will ich einige der hauptsächlichsten anführen. Vor allem war es die unendliche „Vervielfältigung“ des Ritterstandes, welche denselben um sein bisheriges Ansehen brachte, und zwar aus dem einfachen Grund, weil nur das gesucht und hochgeschätzt ist, was man nicht alle Tage auf der Straße finden kann; diese Vervielfältigung aber hatte ihren natürlichen Grund in der Sucht der Menschen, eine äußere Auszeichnung zu erlangen und in der Schwachheit der Monarchen, zur vermeintlichen Vermehrung des Glanzes ihrer Höfe solche Auszeichnungen zu erteilen. Daher kam es denn, daß z.B. in Frankreich schon König Karl VI., der anno 1422 verstarb, die Söhnlein seiner Günstlinge zu Rittern schlug, noch ehe sie das zehnte Jahr erreicht hatten, und seine Nachfolger folgten ihm in dieser verderblichen Sitte nicht nur nach, sondern übertrafen ihn sogar noch bei weitem. Ganz ebenso hielten es die Könige von Schottland, wo z.B. König Jakob I. (1424-37), dem aller Krieg ein Gräuel war, und welchem man sogar nachsagt, daß er, ohne Nervenzuckungen zu bekommen, kein geschliffenes Schwert habe sehen können, in einer zeit von sechs Wochen über dreihundert jungen Menschen, deren Väter bei ihm in Gunst standen, die Würde der Ritterschaft erteilte, und daß die Könige England, z.B. Heinrich VI. und Eduard IV., dasselbe Maxim befolgten, brauche ich nicht erst weiter auseinander zu setzen. Fast noch ärger war es in Deutschland, denn in diesem großen Reich schlugen nicht bloß die Kaiser, wie besonders Karl IV., sein Sohn Wenzel und sein Vetter Friedrich III., eine fast übergroße Anzahl von jungen, noch lange nicht majorennen Leuten zu Rittern, sondern die einzelnen Fürsten und Herzöge suchten hierin ihren Lehnsherrn sogar noch zu übertreffen. Kurz, die Herren Monarchen nahmen bei gewissen feierlichen Gelegenheiten, z.B. einer Taufe, einer Hochzeit, einer Krönung usw., regelmäßig einen „Ritterschub“ oder eine Ritterpromotion vor, die sich immer auf viele Hunderte belief und zwar ohne daß nach den Eigenschaften der Stärke, der Waffenfähigkeit, der Erfahrung und was dergleichen mehr ist, auch nur das Geringste gefragt worden wäre. Ja, sogar um die Abstammung kümmerte man sich nicht mehr, sondern erhob – besonders in Deutschland seit den Zeiten Kaiser Friedrichs III. – Bürgerliche aller Art, Schreiber, Soldaten, Magistratspersonen und Andere, auf welche die Göttin Fortuna ihr Augenmerk gerichtet, in den ritterlichen Stand, sie dadurch denen gleichstellend, welche bisher auf ihre lange Reihe von tapferen Ahnherren stolz gewesen waren! So mehrte sich denn der Stand der Ritter ins Unglaubliche, aber je mehr ihrer wurden, um so mehr sanken sie auch in der Achtung, und so mußte am Ende ganz natürlich das Institut selber darunter Not leiden. Gab es doch sogar vom Papst ernannte Ritter, nämlich die des goldenen Sporns, welche, obgleich sie diese ihr Würde nur wenige hundert Thaler kostete, darauf Anspruch machten, eben so gute Ritter zu sein, wie Männer von Ruf und Rang, welche auf dem Schlachtfeld den Ritterschlag zu erobern gewußt hatten!

Einen fast noch größeren Stoß gab dem Rittertum seine „Verarmung". Man kann sich nämlich recht wohl denken, daß die „Rittergüter" nicht in demselben Verhältnis zunahmen wie die „Ritter", sondern daß es unter den Vielen, welche diese Würde erlangten, nicht Wenige gab, die über keine Baronien oder Grafschaften gebieten konnten. Ja, ein großer Teil mußte froh sein, wenn er nur im Stande war, eine kleine Burg mit etwas Land ringsum zu kaufen oder neu zu bauen, und davon also, daß ein solcher neugebackener Ritter im Stande gewesen wäre, von dem Ertrag seines Grundeigentums auch nur halbwegs anständig zu leben, konnte selbstverständlich keine Rede sein! Übrigens nicht bloß die „neuen" Ritter nagten am Hungertuch, sondern noch viel mehr die „alten", das heißt diejenigen, welche von uralt adeligem Geschlecht abstammten und deren Vorfahren durch großen Landbesitz geglänzt hatten. Worin ist nun aber der Grund hierfür zu suchen? Ei nun, einzig und allein in der übertriebenen Prachtliebe, in der tollen Geldverachtung und in der grandiosen Verschwendung, welche zu Ende des vierzehnten, sowie noch mehr zu Anfang des fünfzehnten Jahrhunderts einrissen und deren sich Herren wie Damen auf gleiche Weise schuldig machten. Ein Teil steckte den anderen an und jedes Fräulein, jede Ehefrau, jeder Junker und jeder Ritter wollte es nicht bloß dem Gleichgestellten zuvortun, sondern auch wo möglich dem Vornehmeren den Rang ablaufen. Insbesondere war der Kleiderluxus fast über die Maßen groß, und um einen Begriff davon zu geben, will ich folgendes Geschichtchen erzählen, welches ein ehrenwerter Ritter mit Namen De-la-Tour-Landry, etwa ums Jahr 1406, aufgeschrieben hat. „Ein Ritter," so sagt er, „hatte nacheinander drei Frauen. Als die erste gestorben, besuchte er weinend einen Onkel, der Einsiedler war, und bat ihn, sich im Gebet an Gott zu wenden, damit er erfahre, welches Los der Gestorbenen zu Teil geworden sei. Der Einsiedler tat so und sah nun im Traum, wie der Erzengel Michael auf der einen und der Teufel auf der anderen Seite sich darum stritten, welchem von ihnen die Seele der Toten gehören solle; aber – die herrlichen, seidenen, hermelinverbrämten und mit Goldschmuck verzierten Kleider derselben lasteten schwer in der Waage des Teufels. ‚Du weißt, heiliger Michael,' sagte der Teufel, ‚diese Frau hatte außer ihren Werktagskleidern zehn Paar Prachtanzüge und eben so viele Oberröcke. Der fünfte Teil hätte ihr genügen können, denn eine Dame von Stand braucht nicht mehr als ein langes und zwei kurze Kleider, sowie zwei Oberröcke, und wenn se sich also nicht dem Putzteufel in die Arme geworfen haben würde, so wäre sie im Stande gewesen, mit dem Preis einer einzigen ihrer zehn Roben wohl fünfzig Arme zu versorgen.‘ Dies konnte Sankt Michael nicht leugnen, und als nun der Teufel auch noch die Edelsteine, die Armspangen, die Ringe, die Goldgürtel und die Ohrgehänge der Verstorbenen in die Waagschale warf, da war es um ihre arme Seele geschehen. Natürlich befiel den Ritter eine tiefe Traurigkeit, als er das Schicksal seiner verschiedenen Frau erfuhr, und er betete lang und inbrünstig für sie. Endlich aber heiratete er doch wieder, und wie ihm diese Frau nach fünf Jahren ebenfalls starb, ging er wieder zu seinem Onkel, um auch ihr Schicksal zu erfahren. Aber – oh weh; dieser Frau fing es in der Ewigkeit noch schlechter, denn sie hatte nicht weniger als zwanzig Prachtkleider und im Verhältnis eben soviel Schmuck besessen. Der Ritter blieb nun längere Zeit Witwer; weil er jedoch ein Weib für sein Hauswesen nötig hatte, so schritt er später doch zu einer abermaligen Heirat, und das Unglück wollte, daß er eine sehr junge, sehr schöne und sehr eitle Dame zu seiner Ehefrau erwählte. So lag es denn in der Natur der Sache, daß diese dritte Frau ihre Vorgängerinnen noch an Prunksucht übertraf, und darum versah sich unser Ritter gleich nichts Gutes, als er nach ihrem Tod, der leider schon im dritten Jahr der Ehe erfolgte, zu seinem Onkel kam, um denselben abermals um Auskunft zu bitten. Doch – es war noch ärger, als er sich vorgestellt hatte, denn – wie sofort der Einsiedler im Traum sah – es hatte ein Teufel die arme Verschiedene in seinen Krallen, wie der Löwe seine Beute hält, und stach mit glühenden Nadeln in ihre Schläfe, ihre Augen und ihre Wangen. ‚Warum plagst du sie so grausam?‘ fragte nun der Einsiedler den Teufel, der in seiner Quälerei gar nicht aufhören wollte. – ‚Warum?‘ erwiderte der Teufel. ‚Weil sie für sich allein soviel auf ihre kostbaren Gewänder verwandte, daß man fünfhundert Arme hätte damit kleiden können und weil sie damit noch nicht einmal zufrieden war, sondern auch noch ihre Schläfe rasierte, ihre Augenbrauen bemalte und sich die Haare von der Stirn riß, um ihre Schönheit zu steigern und desto mehr Bewunderung zu erregen.‘“. – So erzählt Herr De-la-Tour-Landry und man merkt der Geschichte gar wohl an, daß ihre Absicht zu nichts Anderem ging, als die übertriebene Putzsucht der damaligen Frauen zu geißeln. Auch andere weise Männer jener Zeit verfolgten den gleichen Zweck, allein sie richteten so wenig aus, wie der ehrliche Landry und selbst die allerstrengsten „Luxus- und Kleiderordnungen“, welche teils von Fürsten und Monarchen, teils von den Obrigkeiten der Reichsstädte erlassen wurden, fanden nicht die geringste Berücksichtigung. Oder half es vielleicht etwas, daß z.B. der Kurfürst Ernst von Sachsen anno 1412 ein strenges Edikt erließ, wonach keine Frau oder Jungfrau vom Ritterstand mehr als drei seidene Prunkkleider, von denen überdies keines über zwei Ellen auf der Erde nachschleppen durfte, besitzen sollte? Half es etwas, daß ein Herzog von Bayern zur selben Zeit seinem ganzen Adel bei seinem Zorn verbot, für ein einzelnes Kleid einer Tochter oder Frau mehr als anderthalb hundert Gulden – dies war damals so viel, wie jetzt hundertfünfzig Zwanzigfrankenstücke – aufzuwenden? Die beste Antwort auf diese Frage liegt darin, daß die Königin Johanna von Frankreich, als sie bei ihrer Durchreise durch Lothringen von den adeligen Damen an der Grenze empfangen wurde, bei dem Anblick von soviel Pracht und Reichtum sich unwillkürlich zu dem Ausruf hinreißen ließ: „ich glaubte, die einzige Königin hier zu sein, aber ich sehe mehr als sechshundert!“

Man wäre übrigens in einem großen Irrtum befangen, wenn man glauben würde, einzig und allein die Frauen haben sich in einer solch tollen Verschwendung gefallen. O nein, die Männer machen auch mit und trieben es zum Teil noch viel wahnsinniger. Insbesondere erreichte der Luxus, den man bei festlichen Gelegenheiten trieb (der Leser wird sich an das erinnern, was ich im sechsten Kapitel bei der Beschreibung der Turniere gesagt habe), einen so hohen Grad, daß man jetzt gar keinen Begriff mehr davon hat. Ja, man würde vielleicht Manches gar nicht glauben, wenn es nicht von den glaubwürdigsten Zeitgenossen vollkommen verbürgt würde! Die Wämmser und Beinkleider nämlich waren stets von Samt und Seide, oder auch von Damast und Goldstoff gefertigt; den Überrock macht man aus demselben Stoff oder aus braunem Scharlach und schlug ihn außerdem mit Hermelin oder Zobel aus, denn ein geringerer Pelz ziemte höchstens noch einem Knappen; um den Hals gingen echte Perlenschnüre und über der Brust hing das Ritterkreuz an schwerer goldener Kette; an den Füßen klirrten goldene Sporen von der Schwere eines halben Pfundes, und

„Um das Haupt des Ritters sah
man die gestreifte Mütze geh'n
Von Zobel, teuer zu ersteh'n.
Von arab'schem Golde schwer
Lief eine Borte rings umher,
Von deren Mitte niederschien
Als Knopf ein leuchtender Rubin."

Dazu kam dann noch die nicht minder reiche Ausrüstung der Rosse mit ihren golddurchwirkten Schabracken, mit ihren silbernen Zäumen, mit ihren samtenen Decken und was dergleichen mehr ist. Weiter die Pracht der Pferde selbst, deren eines oft über drei- bis viertausend Gulden jetziger Münze wert war, und dazu dann die Menge derselben. Endlich die Unzahl der Knappen und übrigen Diener, mit deren Livreen und Anzügen natürlich ebenfalls Staat gemacht wurde und die zu besolden jährlich eine Unsumme kostete. Wahrhaftig, es gehörte ein merkwürdiges Einkommen dazu, um all diesen Aufwand zu bestreiten! Doch mit all diesem war es noch nicht einmal genug, sondern es handelte sich bei derlei Festen immer auch noch um andere Ausgaben, wie z.B. um Almosen an das gemeine Volk, um Trinkgelder für die niedere Dienerschaft, um Geschenke an die Herolde und ihre Gehilfen, um Ehrengaben für die Ritter und Gäste, kurz, um Geldanforderungen der verschiedensten Art, welche man nicht nur nicht umgehen konnte, sondern in denen man erst seine adelige Freigebigkeit recht an den Tag zu legen im Stande war. Und – wo wäre nun der Ritter gewesen, der sich eine solche Gelegenheit, sein Geld an den Mann zu bringen, hätte entschlüpfen lassen? Nein, um alle Welt wollte da Keiner hinter dem Andern zurückbleiben und wenn er auch sein ganzes Besitztum dafür verpfänden mußte! Um aber einen Beweis von der fast unglaublichen Verschwendung der Großen in solchen Fällen zu geben, will ich nur ein paar wenige Beispiele anführen, in der Überzeugung, daß dieselben genügen werden, da man ja daraus einen Schluß auf das Übrige ziehen kann. Also, bei einem Turnier zu Rothenburg an der Tauber, anno 1362, ließ der Graf Bertrand v. Reiffenburg, welcher den Turnierplatz mit zwölf Paar Ochsen umpflügen ließ, nicht weniger als dreitausend Silberstücke darauf „säen", um die dann das niedere Volk sich balgte; Kurfürst Ruprecht von der Pfalz dagegen setzte seinen Stolz darein, wenn er ein

Das Raubritterthum.

Fest gab, zum Kochen der Speisen nur „das Feuer von wohlriechenden Wachskerzen“ verwenden zu lassen. Noch weiter ging eine Gräfin v. Urgel, welche bei einem Wettgesangsstreit von Minstrels dem Sieger eine Goldkrone, deren Wert auf vierzigtausend Gulden geschätzt wurde, überreichen ließ; am allertollsten jedoch trieb es der Graf v. Toulouse, der bei dem Turnier von Beaucaire dem Raymund v. Agout, welcher den ersten Preis davontrug, hunderttausend Goldstücke in bar schenkte: allein Raymund v. Agout, trotzdem er nur eine kleine Baronie besaß, erwies sich doch fast noch verschwenderischer, denn er verteilte die hunderttausend Goldstücke sogleich an hundert andere Ritter und behielt auch nicht eines für sich. Will man nun noch weitere Beweise?

Natürlich übrigens konnte es bei einer solchen Verschwendung nicht anders kommen, als daß sich ein großer Teil des Adels vollkommen ruinierte und es wurde sofort ein Rittergut nach dem andern entweder an regierenden Herren oder an Reichsstädte verkauft, um nur die tolle Wirtschaft noch eine Weile fortsetzen zu können. Endlich aber blieb nur zu Vielen fast gar nichts mehr übrig, als ihr Burgstall nebst wenigen Hufen Landes, und selbst auf diesem armseligen Besitztum hafteten oft noch so große Schulden, daß sie sich nicht mehr zu helfen wußten. Wahrhaftig, da war guter Rat teuer! Einzelne unter ihnen besaßen nun allerdings soviel Klugheit und Charakterstärke, daß sie ihre bisherige Lebensweise mit einem Mal abänderten und durch eine weise Sparsamkeit das noch Vorhandene zu erhalten oder gar das Vergeudete wieder zu erwerben strebten. Wieder Andere verließen Haus und Hof, zogen bald dahin, bald dorthin, wo es Ehre, Ruhm und Kleinodien zu gewinnen gab, oder verdingten sie sich auch an einen Höherstehenden um einen gewissen jährlichen Sold und kehrten erst nach längerer Zeit, wenn sie ein Erkleckliches erworben hatten, auf ihre Stammburg zurück. Die Mehrzahl jener in ihren Vermögensverhältnissen so sehr herabgekommenen Adeligen aber dachte gar nicht daran, sich auf die eine oder andere der beiden soeben angegebenen Weisen aus der Trübsal herauszuarbeiten, sondern die Herren Ritter blieben vielmehr zu Hause auf ihrer Burg und hätten im Zorn auf ihr Mißgeschick und ihre Armut bald die ganze Welt verwünscht. Natürlich übrigens – beim bloßen Verwünschen und Schimpfen blieben sie nicht, sondern ihr Unmut suchte einen Ausweg und wenn sie es genug hatten, denselben beim Jagen an den wilden Tieren auszulassen, so machten sie sich daran, ihn mit lautem Hallo zu vertrinken, so daß auf derlei Burgen kein Tag ohne wüste Gelage verging. Dies darf uns aber nicht so sehr verwundern, denn es läßt sich durchaus nicht in Abrede ziehen, daß selbst den Vorzüglicheren unter den Rittern, und zwar sogar zur Zeit der höchsten Blüte des Rittertums, eine gewisse Rohheit der Sitten anklebte, und daß sich diese Rohheit nicht selten bis zur Gefühllosigkeit oder gar bis zur Grausamkeit steigerte. Wie wäre dies auch bei dem unendlichen Mangel an Bildung, sowie umgekehrt bei der außerordentlichen Masse von Unwissenheit, durch welche sich im Mittelalter fast der ganze Adel auszeichnete, anders möglich gewesen? Konnten ja doch sogar Männer, wie der Connetable du Guesclin, der größte Held seines Zeitalters, sowie selbst hier und da regierende Fürsten nicht einmal lesen und noch viel weniger schreiben! Wenn nun aber dies bei Solchen der Fall war, von denen man voraussetzen darf, daß sie eine bessere, wenn nicht die damals beste Erziehung genossen, wie viel mehr noch bei Jenen, welche von frühester Jugend an so zu sagen wild aufwuchsen und auf der Burg ihrer Väter um keinen Preis etwas mehr lernten, als was zur Ausbildung des Körpers gehörte? Doch wenn es nun auch den heruntergekommenen Rittern, von denen ich bisher gesprochen, gelang, den Zorn über ihre Armut zeitweise in tollen Gelagen zu vertrinken, glaubt man denn, daß ihnen damit gründlich geholfen worden sei? Wahrlich nicht, denn gleich den anderen Morgen, wenn sie erwachten, klopfte die Armut abermals an und der alte Unmut kehrte, nur verdoppelt oder verdreifacht, wieder. Am allerwütendsten übrigens wurden sie, wenn sie auf die Reichsstädte hinsahen, welche damals eben zu ihrer höchsten Macht und zu ihrer herrlichsten Blüte gelangt waren, denn der Arme beneidet ja immer den Reichen, und hier trat noch der besondere Fall ein, daß der Ar4me sich in jeglicher Beziehung über den Reichen erhaben glaubte. Oder wie – durch welche Mittel erwarb sich denn der Reichsstädter seinen Reichtum? Natürlich durch nichts Anderes, als durch Handel und Gewerbetätigkeit, auf welche beiden Beschäftigungen der Adelige mit der größten Verachtung herabsah. Eines Edelgeborenen würdig war ja nur die Jagd und das Kriegshandwerk, und jedes andere Tun und Lassen paßte bloß für den Bürger und Unfreien! Allein – sollte deswegen der Adelige nicht dennoch das Recht haben, an jenen durch das Gewerbe und den Handel erworbenen Reichtümern teilzunehmen? Die Kraft seines Armes befähigte ihn hierzu und er besann sich also keinen Augenblick, von dieser seiner Befähigung wie von einem Recht Gebrauch zu machen!

So entstand das „Raubrittertum“ und da sich in Folge dessen die aufstrebenden Städte bald von stets schlagfertigen und beutelustigen Feinden umgeben sahen, so blieb ihnen nichts übrig, als sich mit steinernen Mauerharnischen zu umgürten und sogar selbst zur Wehre zu greifen, um die eisengepanzerten Reiter von sich abzuschütteln. Aber wenn nun auch hierdurch die Städte selbst, besonders die größeren, eine allzu harte Nuß wurden, als daß sie die raublustigen Ritter nur so mir nichts dir nichts hätten aufknacken können, so gab es dagegen doch städtische Beute in Menge zu fischen. Man durfte ja nur die Bürger, die sich auf Geschäftsreisen befanden, abfangen und noch besser war es, wenn man den Warenzügen auflauerte, die sich von einer Stadt zu der anderen bewegten. Nicht ohne Grund erhoben sich also jetzt auf den schroffsten Bergeshöhen, von denen aus man eine weite Fernsicht in die Talstraßen hatte, Burgen über Burgen, denn man konnte von nun an einen großen Teil der Ritterschaft mit nicht Anderem mehr vergleichen, als mit den Habichten und Raubvögeln, welche ihre Nester auch auf den höchsten Felsenspitzen anlegen, um von da aus einen großen Überblick zu haben und sich jeden Moment auf eine etwa sich zeigende Beute stürzen zu können. „Aber,“ so fragt nun vielleicht der Leser, der da weiß, daß Diebstahl, Raub und Mord bei uns zu Lande mit Gefängnis, Zuchthaus und Tod bestraft werden, „wie konnte man denn in einem geordneten Staat ein solches schreckliches Unwesen dulden? Warum ergriff man denn nicht die Wegelagerer von Obrigkeitswegen und verfuhr mit ihnen auf dem Weg Rechtens?“ Da hat nun der Frager ganz recht, aber unser liebes Deutschland, in welchem das Raubrittertum hauptsächlich blühte, war eben zur mittelalterlichen Zeit kein geordneter Staat, sondern es herrschte manchmal durch Jahrzehnte hi8ndurch eine solche Verwirrung, daß Jeder nur tat, was er wollte. Man nannte diese Periode unserer vaterländischen Geschichte „die Zeit des Faustrechts“, weil damals die kräftigere Faust immer Recht behielt, und – eine recht trübe Zeit war sie, diese Faustrechtszeit. Woher kam nun aber dieser Zustand der Dinge? Ei nun, ganz einfach aus der Zerstücktheit des deutschen Reiches, sowie aus der Schwäche seiner Regenten. Es kann nämlich ein jegliches Fürstentum oder Königreich mit Fug und Recht mit einer kunstreichen Maschine verglichen werden, die aus gar vielerlei Bestandteilen zusammengesetzt ist. Tut nun auch nur e i n e s dieser Bestandteile seine Schuldigkeit nicht, und steht kein ordentlicher Maschinenmeister an der Spitze, der die Kraft und den Verstand hat, die einzelnen Teile in ihrem regelmäßigen Gang zu erhalten, so ist das kunstreiche Werk so gut wie gar nicht vorhanden. Ja, dann laufen die Arbeiter, welche der Maschinenmeister bisher als seine Handlanger benutzte, davon, indem sich jeder derselben, so gut es geht, auf eigene Faust durchzubringen sucht! Wo blieben aber die guten Maschinenmeister des deutschen Reiches? Solche waren allerdings die Ottonen im zehnten und elften, sowie die Hohenstaufen im zwölften und dreizehnten Jahrhundert; allein als anno 1254 der letzte Hohenstaufen-Kaiser mit Konrad IV. das Zeitliche gesegnet hatte, trat ein Zeitraum des Wirrwarrs ein, der Deutschland an den Rand des Abgrunds brachte. Die deutschen Großen wurden nämlich nicht einig, wen sie zum Kaiser machen sollten, und wenn die Einen den Grafen Wilhelm von Holland oder den König Alphons von Kastilien haben wollten, so bestanden die Anderen darauf, daß Richard von Kornwallis der Regent sein müsse. Da gab es also nichts als Händel und Zwietracht, und das Blut floß bald in Strömen. Weil aber kein Oberhaupt da war, welches mit dem Schwert der Gerechtigkeit dreingeschlagen hätte, tat jeder, was ihm beliebte und was er durchsetzen konnte, und Raub und Mord gehörten bald zu den alltäglichen Dingen. Ist es nun da zu verwundern, wenn in dieser gräßlichen Zeit, welche man mit Recht „die kaiserlose“ genannt hat, verschiedene Adelige, die durch Verschwendung an den Bettelstab gekommen waren, durch Plünderung von Reisenden und Kaufleuten, also als echte und gerechte Heckenreiter und Raubgesellen, ihren Umständen wieder aufzuhelfen suchten? Freilich ihrer „Allzuviele“ waren es „d a m a l s“ noch nicht, denn das Rittertum stand ja damals in seiner Blütezeit, aber „nicht Wenige“ gaben sich doch zu einem solchen Lebenserwerb her und diese „nicht Wenige“ machten in ihrer Heimat alle Wege und Straßen unsicher.

Schon damals also, das ist in der letzten Hälfte des dreizehnten Jahrhunderts, gab es in Deutschland Raubritter, doch das Handwerk sollte ihnen bald gelegt werden. Nachdem nämlich die kaiserlose Zeit fast zwanzig Jahre lang gedauert hatte, und Deutschland dadurch an den Rand der Verzweiflung gebracht war, ermannten sich endlich anno 1273 die Kurfürsten und erwählten den Grafen R u d o l p h v o n H a b s b u r g zum Regenten und Kaiser. Das war einmal ein Mann – ein Mann, eben so tapfer und energisch, wie klug, rechtlich und charakterfest! Der nahm also die Zügel des Reiches gar kräftig in die Hand, zog sofort gegen seine Widersacher zu Feld und ging dann, nachdem er sie in der Feldschlacht überwunden, mit ungeheurem Eifer daran, allüberall wieder Recht und Ordnung herzustellen. „Friede sollte sein in Deutschland und kein Mensch, sei er adelig oder nichtadelig, das Recht haben, sich selbst zu helfen, denn für was wären sonst die Gesetze und die Gerichtshöfe da? Wer aber vollends seinen Nächsten gewalttätig schädige und auf Raub oder Plünderung ausgehe, der habe unbedingt, er möge sein, wer er wolle, sein Leben verwirkt, und werde gleich einem gemeinen Strauchdieb gerichtet werden.“ Also gebot der Kaiser;

aber dies strenge Gebot wollte den adeligen Wegelagerern ganz und gar nicht behagen, und da sie bisher ihr Handwerk straflos getrieben hatten, so meinten sie, es werde wohl mit der kaiserlichen Landfriedensverkündigung auch nicht so streng gehalten werden. Sie fuhren also fort, den Kaufleuten aufzulauern und Reisende aller Art zu plündern, sowie auch sonst alles zu treiben, was zum Räuberhandwerk gehört; allein diesmal hatten sie die Rechnung ohne den Wirt gemacht, denn Kaiser Rudolph war nicht der Mann, der mit sich spaßen ließ. Freilich – in den ersten paar Jahren seiner Regierung hatte er wegen seines Kampfes mit dem übermächtigen König Ottokar von Böhmen keine Zeit, hinter die Raubburgen zu gehen; sowie er dagegen dort den Frieden hergestellt, beschloß er, ein Beispiel zu statuieren und die Heckenreiter ein für alle Mal zu Paaren zu treiben. Demgemäß zog er anno 1281 mitten im Winter persönlich vor die wegen ihrer Lage für fast unüberwindlich gehaltenen Schlösser Schöneck und Reichenstein am Rhein, deren gräfliche Besitzer seit Jahren schon den Handel ringsum gestört und den vorüberziehenden Kaufleuten Hab und Gut, wenn nicht das Leben genommen hatten, gewann sie trotz der hartnäckigen Gegenwehr ihrer Insassen im Sturm und befahl, sofort alle Mauern niederzureißen, sowie auch alle diejenigen, die man lebendig gefangen hatte, ohne Gnade und Barmherzigkeit, „ob adelig oder nicht“, in großer Kompagnie an den Bäumen vor den Toren aufzuhängen. Dies wurmte einigen Rittern in seinem Dienst, und da ihr Adelsstolz ihnen die Meinung einflößte , daß man doch zwischen gewöhnlichen bürgerlichen Strauchdieben und adelgeborenen Herren einigen Unterschied machen sollte, so beauftragten sie den Ritter von Baldeck, einen tapferen Kämpfer in Rudolphs Heer, dem Kaiser die nötigen Vorstellungen zu machen, damit derselbe seinen strengen Befehl widerrufe. Baldeck entledigte sich auch seines Auftrags mit vieler Wärme, aber der Kaiser blieb deswegen doch fest bei seinem Entschluß. „Laßt sie,“ erwiderte er, „laßt sie nur immerhin am Strang zappeln, denn sie haben ihn gar wohl verdient. Wahrhaftig, das sind keine adeligen Männer, die so handeln, sondern es sind gottlose Räuber und Diebe, welche die Armen und Ohnmächtigen durch ihre Gewalt unterdrücken. Der wahre Adel hält sein Wort, ehrt die Tugend, liebt die Gerechtigkeit, schützt die Wehrlosen und fügt keinem Menschen auch nur das geringste Unrecht zu.“ So wurden also sowohl die gräflichen wie die geringeren adeligen Räuber mit ihren bürgerlichen Knechten und Raubhelfern zusammengehängt und von den beiden Burgen blieb auch nicht ein Stein auf dem anderen.

Das war übrigens nur der Anfang. Zwei Jahre später, nämlich im Herbst 1283, befand sich der Kaiser in der Reichsstadt Heilbronn und überzeugte sich daselbst, welchen schlimmen Unfug die mächtigen Ritter v. Waldeck gegen die den Odenwald durchziehenden Handelsleute ausübten. Da half Alles nichts, sondern jeder, der die Bergstraße daher kam, hatten den Herren v. Waldeck entweder eine bestimmte Summe für freien Durchlaß zu bezahlen, oder er mußte gewärtig sein, total ausgeplündert und bei etwaigem Widerstand sogar ohne Weiteres niedergestoßen zu werden; denn wer hätte es vermocht, die Waldecker zu bezwingen, welche auf fünf benachbarten Anhöhen hart über der Bergstraße fünf furchtbar befestigte Burgen besaßen und auf denselben zusammen über fünfhundert schwerbewaffnete Krieger unterhielten? Natürlich besann sich nun der Kaiser Rudolph keinen Augenblick, sondern sammelte sofort ein Heer und zog mit seinem Feldhauptmann, dem Grafen Albrecht v. Hohenberg, vor die fünf Burgen, um mit ihnen zu verfahren, wie mit Schöneck und Reichenstein. So leicht ging aber die Sache nicht, sondern die Belagerung dauerte vom 15. September an bis zum 25. Oktober und man mußte vor jeder Burg ein Bollwerk gerade eben so hoch wie diese selbst war, errichten, ehe man sie stürmen konnte. Am 26. Oktober dagegen kam das letzte der fünf Raubschlösser in die Hand des Kaisers, und nun wurde natürlich kurzer Prozeß mit den gefangenen Räubern gemacht. Man hängte sie eben einfach auf, ohne vorher ein langes Verhör mit ihnen anzustellen und eben so wenig fragte man nach ihrem Herkommen oder Taufschein, sondern es hieß vielmehr: „mitgefangen, mitgehangen", ob adelig oder nicht. Ein noch ärgeres Gericht hielt der Kaiser einige Jahre später im Thüringer Land, in welchem in Folge längerer innerer Zerwürfnisse und Unruhen die Raubschlösser wie Pilze aus der Erde geschossen waren. Nachdem nämlich dort anno 1247 das Geschlecht der alten Landgrafen ausgestorben war, machten verschiedene Seitenverwandte Anspruch auf das reiche Erbe und es entstand darüber ein eben so blutiger wie lang andauernder Krieg, währenddessen die ganze Einwohnerschaft, insbesondere aber der Adel, vollkommen verwilderte. Diesem Zustand wollte Kaiser Rudolph ein Ende machen und er zog deshalb im Dezember 1289 gen Erfurt, um von da aus dem Land Frieden zu geben. Hierüber freuten sich natürlich alle Gutgesinnten ungemein, um so grimmiger dagegen war die Wut der Raubritter und ihrer Spießgesellen, und dieselben faßten den Beschluß, mit gewappneter Hand Widerstand zu leisten. Nun forderte der Kaiser die Erfurter auf, ihm Hilfe zu leisten und da diese augenblicklich gehorchten, so zog er schon wenige Tage später, in der dritten Woche des Dezember, gegen einige Burgen bei Ilmenau aus, welche er auch sofort erstürmte. Eine Menge Räuber wurden bei dieser Affäre niedergemacht, neunundzwanzig derselben aber, die man lebendig find, und unter welchen fünfzehn von Adel waren, ließ Rudolph gefesselt, wie die gemeinsten Verbrecher, nach Erfurt bringen, hielt dort auf öffentlichem Marktplatz Gericht über sie und verurteilte sie sämtlich zum Tod durchs Schwert, welches Urteil auch sofort am Abend des heiligen Thomas, d.i. am 21. Dezember, durch den Erfurter Scharfrichter vollstreckt wurde. Nun hätte man doch glauben sollen, daß ein heilsamer Schrecken unter die übrigen Raubritter gefahren wäre und sie bewogen hätte, sich augenblicklich auf Gnade und Ungnade zu unterwerfen; allein weit gefehlt! Sie blieben vielmehr unbeugsam auf ihrem Trotz und schafften in schnellster Zeit so viele Lebensmittel wie möglich in ihre Raubnester, um eine recht lange Belagerung aushalten zu können. Darüber ergrimmte nun der alte Monarch gar gewaltig und nachdem er in aller Schnelligkeit ein tüchtiges Heer gesammelt, eröffnete er am Sonntag Quadragestimä, d.i. am 22. Februar 1290, den Feldzug gegen das schlimme Gesindel, indem er zugleich hoch und teuer schwörte, nicht eher wieder heimzukehren, bis er alle die Diebesburgen, so im Thüringischen zu finden, gebrochen und ihre Inhaber getötet habe. Und in der Tat, nie ist ein Schwur getreulicher gehalten worden! Nicht weniger nämlich als sechsunddreißig hohe Burgen wurden eine nach der anderen mit dem Schwert in der Faust erstürmt, und darunter überaus feste, auf den höchsten Felsenspitzen erbaute, für uneinnehmbar gehaltene, wie Stolzenfels, Ruhrfürst, Höchst, Bommesheim, Glauberg und Lindheimhöhe. Kaum aber waren sie genommen, so zerstörte man sie auch vollständig und rollte die Steine den Berg hinab, um ihre Wiedererbauung unmöglich zu machen, während man ihre Insassen ohne Gnade entweder aufhängte oder mit dem Schwert hinrichtete. Ja, gegen Einzelne verfuhr man noch strenger, wie z.B. gegen den Ritter v. Fuwer, den

Inhaber der Feste ",„Krieg"" welchem der Kaiser, weil sich derselbe nicht bloß vieler Raub-, sondern auch verschiedener Mordtaten schuldig gemacht hatte, mit vierzehn adeligen Spießgesellen an Roßschweife binden und zu Tode schleifen ließ!

Ganz mit derselben Energie verfuhr Kaiser Rudolph auch noch gegen verschiedene andere Raubschlösser, insbesondere gegen die Feste Gyrsberg im Elsaß, sowie gegen einige Burgen in der Nähe von Augsburg und Stuttgart, denn er wollte durchaus, daß in ganz Deutschland die Straßen sicher seien, aber wenn er nun auch diesen seinen Zweck für seine Lebzeiten erreichte – waren seine Bemühungen irgend nachhaltiger Natur? Oder wurde nicht vielmehr das, was er mit so viel Mühe geschaffen, schon kurz nach seinem Tod, welcher im Jahr 1291 erfolgte, von Grund aus wieder umgestoßen? Ja freilich, wenn lauter Herrscher auf ihn gefolgt wären, deren Charakter und Energie Ähnlichkeit mit seinem Wesen gehabt hätte – ja freilich, dann würde er nicht etwas bloß Vorübergehendes, sondern vielmehr etwas Bleibendes geschaffen haben; allein dies war leider nicht der Fall, sondern es ging eben in Deutschland, wie es noch in allen Wahlreichen gegangen ist, das heißt man wählte keineswegs den Würdigsten, sondern denjenigen, welcher den Wählern am besten paßte, und wenn ein auf diese Art Gewählter auch zufällig etwas wert war, so verwandte er all seinen Verstand und all seine Kraft darauf, nur für seine Familie und seine Nachkommen, nicht aber um für das Wohl des Reiches zu sorgen. Solches bewahrheitete sich gleich an Kaiser Rudolphs Nachfolger, Adolph von Nassau, welcher nur auf die Vergrößerung seines eigenen Hauses Bedacht nahm, aber mit viel gehässigeren und gewaltsameren Mitteln verfolgte. Dem Heinrich von Luxemburg (1308 bis 1313) dagegen lag das Diadem von Italien bei weitem mehr am Herzen, als die Ruhe Deutschlands, und Ludwig der Bayer (1313-1347) hatte während seiner ganzen Regierungszeit um Thron und Existenz zu kämpfen. Karl IV (1348-1378) bekümmerte sich nur um sein Erbland Böhmen und Deutschland selbst überließ er stiefväterlich seinem Schicksal; sein Sohn Wenzel aber (1378-1400) verschwelgte die meiste Zeit in Prag und war weder fähig noch Willens, als wahrhafter Kaiser aufzutreten. Eben so wenig gaben Ruprecht von der Pfalz (1400-1410) und Sigismund (1410-1437) der Lage der Dinge eine bessere Gestalt, und wenn auch Albrecht II. (1438-1439) die Kraft und den Willen zu haben schien, den Gesetzen über den allgemeinen Landfrieden endlich wieder einmal Geltung zu verschaffen, so raffte ihn doch ein zu schneller Tod dahin, als daß er hätte etwas ausrichten können. Seinem Nachfolger, Friedrich III. (1440-1493), dagegen, einem äußerst gutmütigen Herrn, war das Schlafen das allerliebste und somit ließ er natürlich alles gehen, wie es eben ging. Erst unter Maximilian I. (1493-1519), und noch mehr unter dessen Enkel, Karl V. (1519-1556), nahmen die Sachen eine andere Wendung, und es wurde nunmehr dem Raubrittertum mit Stumpf und Stiel ein Ende gemacht; allein der Grund lag nicht sowohl in den Herrschertugenden dieser beiden Monarchen, als vielmehr in der totalen Umwälzung, die damals durch die Erfindung des Schießpulvers, sowie durch verschiedene andere Neuerungen (wie wir später sehen werden), über Deutschland hereinbrach.

Demgemäß muß ich leider konstatieren, daß über hundertundfünfzig, ja beinahe zweihundert Jahre lang das Raubrittertum in Deutschland florierte und zwar so außerordentlich florierte, daß man hätte meinen können, es sei vollkommen zu seiner

Existenz berechtigt. Vor des Habsburgers Zeiten gab es nur etwa siebzig bis achtzig Diebesburgen im Reich und diese alle zerstörte er; nach seinem Tod aber, unter den Kaisern Adolph, Albrecht, Heinrich und Ludwig, wurden alle diese Nester wieder aufgebaut und es kamen vielleicht noch hundert andere hinzu. Wie übrigens vollends erst unter der Regierung Karls, Wenzels, Ruprechts und Sigismunds? Mein Gott, damals nahm ja die Verarmung des Adels mit Riesenschritten zu, und somit verdoppelten oder vielmehr verfünffachten sich nunmehr die Raubschlösser, so daß es bald in unserem armen Vaterland keine Felsenzinne mehr gab, welche nicht mit einer derartigen Warte verunziert gewesen wäre. Insbesondere zahlreich gruppiert lagen dieselben um die größeren Handelsstädte herum und auf einer Hauptverkehrsstraße, wie die von Italien über Tirol oder die Schweiz durch Bayern und Schwaben nach Basel, Straßburg, Ulm, Augsburg, Heilbronn, Frankfurt, Nürnberg, Leipzig und Norddeutschland, oder auf einem von der Handelswelt vielfach benutzten schiffbaren Fluß, wie der Rhein und die Donau mit ihren vielen, oft eben so wichtigen Nebenflüssen, konnte man sicherlich keine zwei Stunden weit kommen, ohne hoch oben über dem Tal in sicherer, geschützter Lage einer Raubritterburg zu begegnen, auf deren höchstem Turm, dem „Berchfrit", Tag und Nach ein guter „Lugaus" gehalten wurde, um Alles genau zu erspähen, was talaufwärts oder abwärts kam. Sobald aber der Wärter auf dem „Lug-ins-Land" das Zeichen gab, oder sobald man durch Spione von dem Anzug eines Warentransports unterrichtet wurde – ei, wie hurtig stürzten sie nun herab von ihren unzugänglichen Felsen, die Herren Stegreifritter; mit welchem Ungestüm und mit welcher Rücksichtslosigkeit hieben sie die Bedeckung derselben nieder und bemächtigten sich der darauf befindlichen Waren; mit welcher Behendigkeit schlugen sie die Kaufherren selbst, wenn diese den Zug begleiteten, in Bande, und mit welch lustigem Hallo brachten Sie Beides, Waren wie Gefangene, den steilen Burgberg hinauf in Sicherheit! Wahrhaftig, sie besaßen in dem Allen eine Gewandtheit und Übung, daß der beste Wegelagerer und Taschenklopfer späterer Zeiten von ihnen hätte lernen können, und doch führten sie lauter hochadelige Namen, auf welche manche in unseren Tagen lebende Familie noch stolz genug ist! Übrigens so gar leicht und spielend erwarben die Herren Ritter ihren Raub nicht immer, denn manchmal mußten sie mit ihrer Sippschaft weite und angestrengte Tagesritte machen, um einen Güterzug oder ein Frachtschiff abzufangen und noch öfter hatte man ganze Nächte im Freien zu kampieren, wenn man irgendwo in einem Hohlweg auf der Lauer lag und die erwartete Beute nicht eintreffen wollte. So trieb sich z.B. der berühmte Ritter Götz v. Berlichingen laut seinen eigenen Aufzeichnungen ganze Wochen und Monate lang bei Stuttgart, Weinsberg und Heilbronn, oder auch bei Nürnberg, Bamberg und Würzburg „nachtreitend und wegelagernd" herum, und wie er tat, taten noch viele Tausende. Ja, man darf wohl sagen, daß – die Nordseeküste allein ausgenommen, weil da die mächtigen Städte Hamburg, Bremen und Lübeck mit allen Räubern aufzuräumen gewußt hatten – im fünfzehnten Jahrhundert über das ganze große deutsche Reich ein vollständiges Netz adeligen Straßenraubs ausgebreitet war, an dessen einzelnen Fäden und Maschen fast der ganze niedere Adel unseres Vaterlandes mitarbeitete! „Und daran," so fragt man nun verwundert, „schämten sich die Herren Ritter nicht?" Ei, Gott bewahre, nicht im Geringsten! Sie hielten vielmehr ihr Handwerk, weil so gar viel Gefahr, Mühe und Anstrengung damit verbunden war, für lediglich kein schuftiges und diebisches, sondern umgekehrt „für ein sehr ehrenwertes und ritterliches, zu dem sie sogar ihrer goldenen Sporen wegen verpflichtet seien". Oder wie? Erkühnte sich nicht etwa das Bürgervolk in den Städten, weil es durch Gewerbe und Handel reich geworden war, sich über den ersten Stand der Erde, den Ritterstand, erheben zu wollen, und gebot es also nicht schon der Selbsterhaltungstrieb jedem Adeligen, das Bürgertum, wo es nur ging, in allen seinen Gliedern zu züchtigen? „Zwischen diesen Menschen," so kalkulierten die Ritter, „zwischen diesen hochmütigen Geldmenschen und uns besteht ein natürlicher Kriegszustand, und wenn wir sie also an dem, woran ihr Herz am meisten hängt, nämlich an ihrem Reichtum, anpacken, so erfüllen wir nur die Pflicht eines Soldaten, denn wir berauben sie ja nicht, um zu rauben, sondern um ihnen, weil wir mit ihnen Krieg führen, Schaden zuzufügen!" Also entschuldigten sich die Raubritter vor sich selbst und eben deswegen verabsäumten sie auch keine Gelegenheit, sich durch die Spitze ihres Schwertes das zu gewinnen, was sie aus Mangel an Mitteln auf friedlichem Weg nicht erwerben konnten. Ja, mit den Warenballen, also den Gold- und Seidenstoffen, den feinen Tuch- und Leinwandstücken, den Stückfässern mit Rheinwein und was dergleichen mehr ist, begnügten sie sich nicht einmal, sondern meistenteils sahen sie es auch auf Bargeld ab und sperrten daher ihre Gefangenen bei schlechter Kost so lange ins Burgverlies ein, bis es ihnen gelang, ein beträchtliches Lösegeld zu erpressen; weigerten sich die Bürger aber zu bezahlen und blieben sie trotz aller Einkerkerung auf ihrer Weigerung, ei, dann kam es manchem Ritter auf etwas Grausamkeit auch nicht an und er quälte dann die armen Gefangenen oft so lange, bis sie der Tod von ihren Schmerzen befreite.

Wie wenig es übrigens den meisten Raubrittern, um der Wahrheit die Ehre zu geben, bei ihrem Wegelagern um einen ehrlichen Krieg mit dem Bürgerstand, sondern vielmehr einzig und allein um Raub und Plünderung zu tun war, das sieht man am besten daraus, daß sie nicht bloß ehrsamen Bürgern auflauerten, sondern auch noch ganz anderen Personen, von deren Gefangennahme sie sich einen Vorteil versprachen. So galt ihnen z.B. der Prior oder Abt eines Klosters stets als ein äußerst fetter Bissen, und sicherlich ließen sie keinen Einzigen laufen, wenn es ihnen nur irgend möglich war, an ihn zu kommen. Die Äbte hatten ja Geld und konnten ein tüchtiges Lösegeld bezahlen! Noch lieber war ihnen ein Bischof, denn derartige geistliche Herren standen im Preis natürlich über den Äbten, und wenn es gar einmal zu einem Erzbischof reichte, nun dann war das Glück eines Stegreifritters gemacht! Mit nicht minder großer Frechheit wagten sie sich sogar an fürstliche Personen, wenn sie nur irgend hoffen konnten, ans Ziel zu kommen, ohne den Kopf zu riskieren, und zum Beleg hierfür will ich dem Leser ein derartiges Raubritterstücklein erzählen, welches wohl einzig in der Weltgeschichte dasteht.

Im Thüringischen stand zu Anfang des fünfzehnten Jahrhunderts eine Burg mit Namen Kaufungen und ihrem Besitzer wurde ums Jahr 1420 ein Söhnlein geboren, welches derselbe Kunz hieß. Das Söhnlein wurde vom Vater mit allem Fleiß aufgezogen, d.h. es erhielt gründlichen Unterricht im Reiten und Fechten, sowie in allen übrigen körperlichen Übungen, deren ein tüchtiger Kriegsmann vonnöten hat; von geistiger Ausbildung dagegen war lediglich keine Rede, da der alte Kaufungen hiervon gar keinen Begriff hatte und überdies das Studium solcher damals für überflüssig erachteten Nebendinge dem Geschmack den Söhnleins total widersprach. Mit seinem vierzehnten Jahr zog der junge Kunz zum ersten Mal an seines Vaters Seite auf einen Raubzug aus, und er benahm sich dabei als ein so wilder tollkühner Bursche, daß alle Teilnehmer ihm das Zeugnis ausstellten, es werde einmal ein recht tüchtiger Haudegen und Taschenklopfer aus ihm werden. Achtzehn Jahre alt ging Kunz, wie man sich zu jener Zeit ausdrückte, in den Hussitenkrieg, nahm während jenes unheilvollen ganz Böhmen verwüstenden Kampfes an verschiedenen Gefechten teil, zeichnete sich stets als tapferer Kämpe aus und vernachlässigte es dabei auch nicht, durch Plündern und was dergleichen mehr ist, für se4inen eigenen Vorteil zu sorgen. So trieb er es verschiedene Jahre lang und obgleich ihm sein Vater, der nichts als seine Burg besaß, keine Unterstützung angedeihen lassen konnte, so litt er doch nicht nur nie Mangel, sondern lebte vielmehr meist in Saus und Braus, denn – der Krieg trug ja Geld ein. Freilich, ein furchtbar grausamer Krieg war's, in welchem Hunderte von Städten und Dörfern eingeäschert, Tausende von Kirchen und Gotteshäusern ausgeraubt und geschändet, Zehntausende von wehrlosen Weiber und Kindern hingemordet oder bei langsamem Feuer gebraten wurden; aber – an Beute fehlte es nie und das war für einen jungen Herrn, wie Kunz, die Hauptsache. Nachdem er sich nun genügsam in Böhmen herumgetrieben und sich da wegen seiner bewiesenen Tapferkeit, nicht minder aber auch wegen seiner wilden rücksichtslosen Grausamkeit, die vor gar keiner Tat zurückscheute, einen Namen gemacht hatte, trat er anno 1449 in die Dienste der Stadt Nürnberg, welche damals mit dem Markgrafen Albrecht von Brandenburg in einem blutigem Kampf lag, und auch hier bewährte er sich als einen tüchtigen Kriegsmann. Ja das Glück wollte ihm sogar so wohl, daß er in einem Gefecht den Markgrafen zum Gefangenen bekam; allein statt diesen sofort, wie es seine Pflicht gewesen wäre, der Stadt Nürnberg zu überliefern, behielt er ihn für sich und ließ ihn gegen ein hohes Lösegeld wieder frei. Ehrlich war das nicht gehandelt, denn Kunz stand ja in den Diensten Nürnbergs und wurde für diese seine Dienste bezahlt. Doch – was lag einem Mann, wie ihm, der sich in der Hussitenkriegsschule gebildet, an der Ehrlichkeit, wenn ein Vorteil winkte, und dazuhin noch ein so großer wie bei diesem Fang? Natürlich übrigens konnte er nun nicht mehr länger in Nürnberg bleiben, sondern mußte sich also nach einer anderen Unterkunft umsehen. Lange zu suchen brauchte er jedoch nicht. Es hatten nämlich um jene Zeit die beiden Söhne des Kurfürsten Friedrich I. von Sachsen von einem Seitenverwandten die Markgrafschaft Thüringen geerbt und brüderlich untereinander geteilt; nach der Teilung aber meinte Jeder, er sei der Verkürzte, und so entstand ein heftiger Streit, welche nach Kurzem zu einem blutigen Krieg führte. Natürlich warb nun jeder der beiden Brüder, also Friedrich II. so gut wie Wilhelm III., Kriegsvolk an, und Friedrich II. war sehr froh, als der tapfere Kunz von Kaufungen sich bereit erklärte, in seine Dienste zu treten. Er ernannte ihn auch sogleich zu seinem Marschall, übertrug ihm nebst dem Ritter Niklas v. Pflug die Führung seiner Scharen und ehrte ihn auf diese Weise. Dies suchte Kunz dadurch zu vergelten, daß er so tapfer wie möglich focht, allein das Kriegsglück war ihm nicht besonders günstig, denn anno 1451 fiel er in einem bei Gera gelieferten Treffen in die Hände des feindlichen Heerführers, der ihn nicht eher wieder losließ, bis er viertausend Goldgulden Lösegeld bezahlt hatte. Zu gleicher Zeit bemächtigte sich Herzog Wilhelm III. auch der Burg Kaufungen, welche dem Kunz inzwischen durch Erbschaft zugefallen war, und Letzterer, der sich durch den Fang des Markgrafen v. Brandenburg bereichert gehabt hatte, sah sich nun wieder so ziemlich aufs Trockene gesetzt. Er tröstete sich jedoch bald wieder, indem er zuversichtlich hoffte, Kurfürst Friedrich, sein bisheriger Herr, werde ihm nicht nur die viertausend Goldgulden Lösegeld ersetztten, sondern ihn auch für die Burg Kaufungen entsprechend entschädigen. Allein – keines von Beiden geschah, sondern als nun kurze Zeit nachher (noch im Jahr 1451) der Friede zwischen den beiden fürstlichen Brüdern zu Naumburg zu Stande kam und Kunz sofort mit seinen Ansprüchen hervortrat, meinte Kurfürst Friedrich ganz einfach, er sei ihm, dem Kunz, nicht mehr schuldig, als daß er ihm den Sold bezahle, um welcher er ihn gedungen. Das war vollkommen richtig und dem damaligen Kriegsbrauch gemäß, so daß selbst Kunz nichts dagegen einzuwenden vermochte. Deswegen beruhigte sich derselbe aber doch nicht, sondern drang vielmehr unausgesetzt in den Kurfürsten, ihm den bewußten Ersatz zu leisten, bis diesem endlich die Geduld ausging und er den Zudringlichen, der sich durchaus mit keinem Gnadengeschenk begnügen wollte, an die Gerichte verwies. Kunz klagte auch wirklich, ohne Zweifel in der Hoffnung, der Kurfürst würde es doch nicht so weit kommen lassen; doch – auch hierin täuschte er sich, und das Resultat war, daß der Herr Ritter, nachdem er über drei Jahre prozessiert hatte, sich endlich allüberall abgewiesen sah. Dies geschah im Frühjahr 1455, und daß Kunz darüber in eine nicht geringe Wut geriet, kann man sich denken. Auch verminderte sich diese seine Wut durchaus nicht, wenn er daran dachte, wie er nun all seine Kriegsbeute nach und nach aufgezehrt habe und also darauf angewiesen sei, das Leben sozusagen von neuem zu beginnen. Trotzdem aber besaß er verschmitzte Klugheit genug, seinen Ingrimm tief im Herzen zu verschließen und zugleich, wenn er nach Altenburg, wo Kurfürst Friedrich damals Hof hielt, einritt, so aufzutreten, daß es den Anschein gewann, als ob er noch des Geldes im Überfluß besitze. Es dämmerte ihm nämlich ein Plan in seinem Innern auf, durch den er ganz sicher ans Ziel zu kommen hoffte, und um diesen Plan durchführen zu können, mußte er notwendigerweise ganz unverdächtig erscheinen.

Was war nun aber dies für ein Plan? Ei nun kein anderer, als die beiden Söhne des Kurfürsten zu rauben, mit ihnen über die Grenze nach Böhmen, wo Kunz Freunde hatte, zu entfliehen und von da aus dem Kurfürsten die Bedingungen der Loslassung vorzuschreiben! Sicherlich ein tollkühner, ja fast wahnwitziger Gedanke, denn man muß wissen, daß erstens die beiden Prinzen, von denen die Rede ist, keine Kinder mehr waren, indem der ältere, Prinz Ernst, vierzehn und der jüngere, Prinz Albert, zwölf Jahre zählte, daß zweitens das Schloß in Altenburg, wo die Prinzen erzogen wurden, eine mächtige, von steilen Felsen und furchtbar hohen Mauern umschlossene Feste, den Ruf der Unüberwindlichkeit hatte, und daß sich drittens mehrere hundert, teils adelige, teils nichtadelige, Hofdiener auf der Burg befanden, welche alle bereit waren, die jungen Herren mit ihrem Leben zu verteidigen. Überdies mußte auch die Bevölkerung der Stadt Altenburg , damals etwa sechstausend Seelen, in Anschlag gebracht werden und schließlich – wie wollte Kunz, selbst angenommen, daß ihm der Raub gelang, mitten durch ein der kurfürstlichen Familie mit unendlicher Liebe ergebenes Land hindurch die Grenze Böhmens erreichen, ohne entdeckt und gefangen zu werden? Alles dies schreckte jedoch den tollen Kunz nicht ab, sondern er entwarf sich vielmehr den ganzen Feldzugsplan bis ins Kleinste hinaus, suchte sich dann unter seinen Knechten, sowie in einigen bisherigen adeligen Spießgesellen, den beiden Rittern Wilhelm v. Mosen und Wilhelm v. Schönfels, tüchtige Helfeshelfer, und wußte endlich auch noch einen Küchendiener des Schlosses, mit Namen Hans Schwalbe, durch große Versprechungen für sich zu gewinnen. Nachdem so Jegliches vorbereitet, wartete er mit unendlicher Selbstverleugnung auf die zur Ausführung günstige Nacht, und endlich – endlich erschien sie. Am fünften Juli 1455 nämlich war der Kurfürst zu einem Besuch nach Leipzig geritten und hatte sich von einem großen Teil seines Hofgesindes begleiten lassen; zwei Tage später aber, am Abend des siebten Juli, gab der Bürgermeister von Altenburg auf dem Rathaus ein großes Bankett, zu welchem er den Kanzler des Kurfürsten nebst den meisten übrigen Hofkavalieren einlud, so daß demnach bei der Kurfürstin und den beiden Prinzen nur wenige Dienerschaft oder vielmehr fast ganz allein nur weibliche Dienerschaft zurückblieb. Einen günstigeren Moment konnte es in der Tat nicht geben und deswegen setzte sich auch Kunz sogleich mit seinen Kumpanen in Rapport, jeglichem genau vorschreibend, was er zu tun habe; diese aber stellten sich aufs Pünktlichste ein und zeigten sich ebenso erpicht auf die Sache, wie ihr Hauptmann und Rädelsführer selbst.

Es war also in der Nacht vom Montag auf den Dienstag St. Kilian im Jahr 1455. Gleich nach zehn Uhr hatte sich die Kurfürstin in ihre Gemächer zurückgezogen, während die beiden Prinzen von ihrem alten Kammerdiener schon eine Stunde vorher zu Bett gebracht worden waren, und so herrschte um elf Uhr längst tiefste Stille im Schloß. Unten freilich in der Stadt auf dem Rathaus war lauter Leben und Freude, aber der Lärm drang nicht bis zur Burg hinauf, und die oben Schlafenden wurden somit von demselben nicht gestört. Einer jedoch von den Schloßbewohnern war nicht schlafen gegangen und dieser Eine war Hans Schwalbe, der Küchendiener. Im Gegenteil – sowie er sich überzeugt hatte, daß alles ruhig und die Lichter gelöscht seien, schlich er sich an eine gewisse Stelle der Schloßmauer und blieb da aufmerksam lauschend stehen. Eine Weile nachher ließ sich ein leiser Pfiff hören, welchen er sogleich beantwortete, und den Augenblick darauf tauchten tief unten am Schloßweg verschiedene Gestalten auf, welche sich wie Männer und Pferde ausnahmen. Jetzt befestigte Schwalbe eine lange Strickleiter an der Mauer und ehe er hätte Hundert zählen können, stand schon Ritter Kunz neben ihm. Die übrigen Verschworenen folgten unmittelbar darauf, und sowie alle beieinander waren (im Ganzen zählten sie mit den Knechten neun Bewaffnete, drei von ihnen aber blieben unten bei den Pferden zurück), schritten sie unter der Anführung des Ritters Kunz, welcher als früherer Hofmarschall des Kurfürsten alle Treppen, Gänge und Zimmer ganz genau kannte, dem Innern des Schlosses zu. Das erste, was sie nun taten, war, daß sie die Gemächer der Kurfürstin und ihrer Dienerinnen von außen fest verschlossen; dann drangen sie in das Schlafzimmer der beiden Prinzen und bemächtigten sich sofort derselben, nachdem sie den alten Kammerdiener ohne viel Mühe geknebelt hatten. Kunz entführte den Ältesten, welchen er mit dem Tod bedrohte, wenn er Lärm mache; Mosen und Schönfels sollten den jüngeren Albert nachbringen. Letzterer aber hatte sich gleich am Anfang, wie die fremden Männer ins Zimmer drangen, aus dem Bett gestürzt und hinter einem Vorhang versteckt, so daß Mosen und Schönfels statt seiner den jungen Grafen von Barby, seinen Gespielen, der bei ihm schlief, erwischten. Im Schloßhof jedoch wurde Kunz des Irrtums gewahr, übergab sofort den älteren Ernst seinen Gefährten mit dem

Befehl, so schnell wie möglich mit ihm davon zu eilen, und stieg mit Barby wieder die Treppe hinauf, um an dessen Statt den jüngeren Prinzen zu holen. Es gelang ihm auch wirklich, trotzdem über dem Geschrei Barby's alle Bewohner und Bewohnerinnen des Schlosses wach geworden waren, und in wenigen Minuten hatte er seine Beute, nachdem er die Strickleiter hinabgeklettert war, vor sich auf seinem Pferd, um nun ebenfalls, wie Mosen und Schönfels bereits getan, das Weite zu gewinnen.

Es war von den Verschworenen – wie oben schon gesagt – unter sich abgemacht, daß sie mit den beiden Prinzen nach Böhmen flüchten sollten, und zwar wollte Kunz mit seiner Beute den kürzesten Weg dahin einschlagen, während Mosen und Schönfels es vorzogen, mit der ihrigen auf einem Umweg dahin zu gelangen. Natürlich übrigens beeilten sich beide Teile so sehr wie möglich, denn da die Nachricht von dem Raub der Prinzen sich mit der Schnelligkeit des Blitzes verbreitete, und noch in der Nacht allenthalben die Sturmglocken ertönten, so daß das ganze Land in Bewegung kam, so mußte notwendig alles verloren sein, wenn sie bei Anbruch des Tages nicht außerhalb des Bereiches ihrer Verfolger gekommen waren. Kunz selbst ritt ein vortreffliches Pferd, und mit eben so guten Tieren hatte er die drei Knechte, die ihn geleiteten, versehen. Aus diesem Grund ging es auch bei ihnen fast mit Windeseile vorwärts, allein als er nun nach einem Ritt von zwölf Stunden, während welchem er nur ein einziges Mal, und zwar nicht länger als zehn Minuten, angehalten hatte, in die Gegend von Elterlein und Grünhain, welche Dörfer noch etwa eine deutsche Meile von der böhmischen Grenze entfernt liegen, gekommen war, da drohten die keuchenden Rosse vor Ermattung tot niederzustürzen, und auch der Prinz Albert klagte so sehr über Durst und Schwäche, daß Kunz ernstlich für dessen Leben zu befürchten anfing. Zum Glück zog sich dort hart am Weg ein dichter Wald, offenbar nur die Heimat wilder Tiere, und da es außerdem ringsum ganz still und einsam war, so beschloß der Ritter, in dem Wald ein wenig zu verziehen, um Menschen wie Rossen im Schatten der Bäume einige Erholung zu gönnen. Die Grenze Böhmens lag ja so nahe, daß man sie, wenn die Pferde sich gestärkt hatten, vielleicht schon in einer halben Stunde erreichte, und zudem – bis hierher konnte sicherlich das Gerücht von der Entführung der Prinzen noch nicht gedrungen sein. Was gab's also da zu fürchten?

Schnell entschlossen lenkte er von der Straße ab dem dichten Gehölz zu, und wie er da eine passende Stelle gefunden hatte, sprang er vom Pferd und hob auch den Prinzen Albert herab, indem er zugleich einem seiner Knechte befahl, nachzusehen, ob nicht eine Quelle in der Nähe sei. Wie unangenehm wurde er nun aber berührt, als in diesem Augenblick das Gebüsch zur Seite sich teilte und einige Kohlenbrenner sichtbar wurden, die auf ihre Schürbäume gestützt die Reitergesellschaft mit neugierigen Blicken betrachteten! „Wo kommt ihr her, was tut ihr hier?“ rief Kunz den Köhlern sofort entgegen, indem er ihnen einige Schritte entgegentrat. „Sonderbare Frage!“ entgegnete der Meister derselben, ein ungemein großer und starker Mann, mit Namen Georg Schmidt. „Ihr müßt uns ja ansehen, wer wir sind, und wenn Ihr Eure Augen aufgemacht hättet, so müßtet Ihr den Rauch unserer Meiler schon von der Ferne erblickt haben. Umgekehrt wäre ich wohl eher berechtigt, Euch nach Eurer Herkunft zu fragen, denn ein Reiter, welcher vor einer halben Stunde hier im vollen Rosseslauf vorbeikam, erzählte uns von einem Menschenraub, der in Altenburg begangen worden sei, und wenn ich's recht bedenke, so ....“ Weiter konnte der ehrliche Köhler nicht sprechen, denn in diesem Augenblick zog der von Kopf bis Fuß bewaffnete Kunz sein Schwert und drang auf ihn ein. Der Herr Ritter war jedoch zu hitzig und bedachte das Terrain nicht, auf dem er stand. Kaum nämlich war er einen Schritt vorgesprungen, so blieb er mit seinen langen Sporen im Gestrüpp hängen und fiel gar unsanft zu Boden. Diesen Augenblick benutzend, sprang der junge Prinz Albert auf den Köhler zu, erklärte ihm mit wenigen Worten, wie die Sache steht, und flehte ihn zugleich aufs Inständigste an, daß er sich seiner annehme. Solche Bitte war auch keine vergebliche, sondern im Gegenteil hörte der Köhler kaum, wer das junge Herrlein sei, so schlug und stieß er mit seinem gewichtigen Schürbaum, der noch dazu vorn halbglühend war, auf den Ritter Kunz, der sich eben wieder erheben wollte, los und machte ihn in wenigen Augenblicken kampfunfähig. Ebenso verfuhren auf einen Wink von ihm seine Kameraden mit den Knechten des Ritters, und in unglaublich kurzer Zeit lag das ganze Quartett mit Weidenstricken fest gebunden auf dem Boden.

Der Rest ist bald erzählt. Noch am nämlichen Tag brachten die Köhler ihre Gefangenen zum Abt Liborius ins Kloster Grünhain und dieser ließ sie sofort nach Zwickau transportieren, wo sie der Vogt Veit von Schönburg in Empfang nahm; den jungen Prinzen aber führte Schmidt, von seinen Kameraden sowie von verschiedenen Klosterbeamten begleitet, im Triumph nach Altenburg zurück und – mit welch‘ unendlichem Jubel er da vom Volk, insbesondere jedoch von der schwer bekümmerten Kurfürstin aufgenommen wurde, kann man sich denken. Noch größer fast war die Freude des Kurfürsten. Darum weil der Schmidt den Ritter Kunz mit seinem Schürbaum so vortrefflich „getrillt“ hatte, erteilte ihm der hohe Herr den Beinamen „der Triller“, schenkte ihm ein großes Freigut und gab ihm das Vorrecht, in dem Thüringer Wald soviel freies Holz wie er wolle, zum Kohlenbrennen zu schlagen; die anderen Köhler aber wurden fast ebenso reichlich bedacht.

Doch wir müssen uns nun auch nach dem zweiten jungen Prinzen umsehen, mit welchem, wie wir wissen, die anderen Verschworenen entflohen waren. Ihnen wollte das Glück besser, denn sie kamen, ohne daß sie entdeckt wurden, bis in die Gegend von Hartenstein an der Mulde, wo sie in einer ihnen bekannten Höhle ein sicheres Versteck fanden. Hier hatten sie die Absicht, so lange zu bleiben, bis der ärgste Lärm vorüber sei, und zu diesem Zweck war die Höhle schon vorher von ihnen verproviantiert worden. Allein nachdem sie zwei Tage darin zugebracht, vernahmen sie aus einem Gespräch von Holzbauern, das sie belauschten, wie es dem Kunz ergangen sei und nun wurden sie auf einmal gänzlich mutlos. In der Verzweiflung also schrieben sie an den Amtshauptmann Friedrich v. Schönburg nach Hartenstein, und erboten sich, den Prinzen Ernst, wenn ihnen dagegen Gnade zugesichert würde, heil und gesund auszuliefern; sollte man ihnen dagegen die letztere verweigern, so müßte der Prinz (dies schwörten sie in einem heiligen Eid) von ihrer Hand sterben. Natürlich bedachte sich unter solchen Umständen der Amtshauptmann nicht lange, sondern wirkte ihnen vom Kurfürsten Gnade aus und – am elften Juli schon befand sich auch Prinz Ernst wieder bei seinen Eltern. Das so kühn angelegte und mit soviel Verwegenheit durchgeführte Räuberstücklein wurde also total vereitelt! Wäre es geglückt, so hätte sich Kunz ein so großes Lösegeld ausbedungen, daß sowohl er, wie seine Mitverschworenen, ihr ganzes übriges Leben versorgt und aufgehoben“ gewesen wären; unter den gegebenen Umständen aber konnte er natürlich seinem Schicksal nicht entgehen. Er hatte ja ein Majestätsverbrechen begangen und auf einem solchen stand der Tod! Man machte auch in der Tat wenig Umstände mit ihm und enthauptete ihn schon am vierzehnten Juli, also sechs Tage nach dem begangenen Frevel, zu Freiburg auf öffentlichem Marktplatz; seine drei Knechte aber, sowie den Küchendiener Schwalbe henkte man vierzehn Tage später, am achtundzwanzigsten zu Zwickau, nachdem man sie vorher mit glühenden Zangen am ganzen Leib „gezwickt" hatte.

So endete das Raubritterstücklein des Kunz von Kaufungen!

Elftes Kapitel

Die großen Rittergesellschaften

oder

das Verhältnis der Ritter zu Fürsten und Städten

Die Niederlage der Städter.

Chronisch-krankhaft und schwer lastete das Raubrittertum auf Deutschland und Handel und Wandel litten furchtbar darunter. Darum traten auch schon sehr bald verschiedene Reichsstädte in Bündnisse zu einander, um sich der ritterlichen Gewalttätigkeiten desto besser erwehren zu können und mit eben so vieler Energie schritten manche Reichsfürsten gegen die Herren Adeligen ein, wenn es galt, den Handel der ihnen angehörigen Gebiete zu schützen. Wie dies nun aber zu gehen pflegt, so fing man da und dort an, das Kind mit dem Bade auszuschütten, und bedrängte den Ritterstand so hart, als hätte man die Absicht gehabt, ihn ganz von dem Erdboden zu vertilgen. Was blieb somit dem letzteren übrig, als sich mit aller Kraft zu wehren und wei8l der Einzelne sowohl den Fürsten als den Reichsstädten gegenüber notwendig hätte unterliegen müssen, größere geschlossene Gesellschaften zu bilden, deren Mitglieder sich „zu Schutz und Trutz gegen Jedermann" verpflichteten? Solche Gesellschaften gaben sich die verschiedensten Namen, wie z.B. „vom Schwan, vom Löwen, vom Falken, vom Steinbock, vom Bären, vom Esel, vom Fisch, vom Löffel, vom Flegel usw.", je nach dem Abzeichen, das sie am Helm oder an der Mütze führten. Auch versteht es sich von selbst, daß sie ihre eigenen Statuten, Gesetze und Ordnungen hatten, nach welchen sich jeder Einzelne streng richten mußte. Bestand nun aber eine derartige Gesellschaft aus vielen schlagfertigen Mitgliedern, so konnte sie einem Fürsten oder einer Reichsstadt, ja sogar verschiedenen Fürsten und Reichsstädten zugleich gefährlich werden, denn man bedenke nur, was fünf- oder sechshundert geharnischte Ritter auszurichten vermochten! Darum handelte es sich, sobald die Rittergesellschaften ins Leben traten, und sich im deutschen Reich ausbreiteten, für beide Teile, sowohl für die Fürsten und die Reichsstädte ebenfalls die konträrsten Interessen hatten, ein dreifacher Kampf, nämlich einmal zwischen Ritterschaft und Fürstentum. Dieser Kampf zog sich durch das ganze vierzehnte und fünfzehnte Jahrhundert hin und Ströme von Blut wurden in diesen inneren Kriegen Deutschlands vergossen, dieweil es ein Streit auf Leben und Tod war; allein wer hätte, als die Kriege entstanden, im Voraus bestimmen mögen, welcher von den drei genannten Ständen schließlich den Sieg davontragen werde? Ja noch zu Ende des fünfzehnten Jahrhunderts war dies zweifelhaft, denn wenn auch manchmal ein Teil schwer gebeugt darniederlag, so raffte er sich gleich nachher mit Anstrengung aller seiner Kräfte wieder empor, um seine Fahne von Neuem mit siegreicher Hand zu schwingen, und dann kam die Reihe des Gedemütigtseins an den Gegner!

Natürlich kann es nun aber nicht in meiner Absicht liegen, all diese vielen Kämpfe zwischen Ritterschaft, Bürgertum und Fürstenmacht im Einzelnen zu schildern, da dies viel zu weit führen würde, aber eine kurze Andeutung über dieselben muß ich doch geben, damit der Leser wenigsten erfährt, auf welche Weise die genannten drei Stände gegeneinander auftraten, und da ist es am Ende das beste, ich führe ein schlagendes Beispiel an, denn aus dem einen Exempel kann man ja auf die anderen schließen. Also ums Jahr 1365 entstand im Schwabenland der Schleglerbund, und es war dies eine der ersten, wenn nicht die allererste Gesellschaft, in welcher die Gesamt-Ritterschaft einer deutschen Provinz sich zu Schutz und Trutz unter einem

Panier einigte. Den Namen „Schleglerbund“ gab sich der Verein, weil jeder dazu gehörige Ritter als Abzeichen einen „Schlegel“, das ist einen keulenartigen Morgenstern – natürlich im verkleinerten Maßstab – am Helm befestigt hatte, und die Ursache, warum er entstand, lag einzig und allein darin, weil die schwäbische Ritterschaft damals große Gefahr lief, total zu Grunde gerichtet zu werden. Einmal nämlich gab es in keiner anderen Provinz Deutschlands so viele und so mächtige Reichsstädte, wie in Schwaben, wo deren etliche dreißig – und darunter Ulm, ein Augsburg, ein Esslingen, ein Ravensburg und ein Reutlingen – existierten, so daß in der Mitte des vierzehnten Jahrhunderts eigentlich halb Schwaben reichsstädtisch genannt werden mußte; zum Andern abe3r – und dieser Grund fiel fast noch schwerer ins Gewicht – hatten sich die Grafen von Württemberg mitten im Herzen des Schwabenlandes durch Klugheit, Tapferkeit, Ausdauer und Kraft eine so gewaltige Herrschaft errungen, daß ihnen kein anderer Fürst Süddeutschlands gleichkam, und der gerade damals zur Regierung gekommene Eberhard II., genannt der Greiner oder der Rauschebart, war ganz der Mann dazu, diese Herrschaft noch mehr auszudehnen. Ja dieser Rauschebart spielte förmlich den Oberherrn in Schwaben und wußte sich einer Besitzung nach der anderen, sei's durch Kauf, sei's durch Gewalt, zu bemächtigen! Was blieb aber dann den Rittern übrig, wenn der Württemberger die andere Hälfte des Landes, also die, welche die Reichsstädte noch nicht besaßen, an sich riß?

Man sieht hieraus zur Genüge, wie die schwäbischen Ritter, wenn sie ihre bisher innegehabte Unabhängigkeit bewahren und sich weder dem Grafen von Württemberg als seine Landsleute unterwerfen, noch von den Spießbürgern in den Reichsstädten tyrannisieren lassen wollten, gleichsam „gezwungen“ waren, einen Bund untereinander zu errichten, und eben deswegen fehlte es auch so wenig an Teilnehmern, daß die Gesellschaft bald aus mehr als hundert Mitgliedern bestand. Nun ging man ans Ordnen und Organisieren derselben, teilte sie in verschiedene Kreise, bestellte für jeden Kreis einen Hauptmann und wählte endlich zwei Oberhauptleute, welche den ganzen Bund zu leiten und bei einem etwaigen Krieg den Feldherrnstab zu schwingen hätten. Es war also ein förmlicher „Bundesstaat!, den der niedere Adelsstand errichtet hatte und seine Macht war nicht klein, da im Durchschnitt jeder Ritter über mindestens zehn Reisige gebieten konnte. Demgemäß beschlossen auch die beiden Oberhauptleute oder „Bundeskönige“, wie man sie gewöhnlich nannte, nämlich der Ritter Wolf von Wunnenstein und der Graf Wolf von Eberstein, die erste beste Gelegenheit zu ergreifen, wo sie den übermächtigen Grafen Eberhard von Württemberg demütigen könnten; dann aber, wenn sie mit diesem fertig sein würden, wollten sie an die Reichsstädte gehen, um diese ebenfalls, was man sagt, Mores zu lehren, und dann – dann waren sie die Herren vom Schwabenland!

Allzu lange ließ die so sehnlich herbeigewünschte Gelegenheit nicht auf sich warten, denn im Sommer 1367 erfuhren die Schleglerkönige, daß der Graf Eberhard in das erst kürzlich von ihm erkaufte Städtchen Wildbad geritten sei, um in dessen heißen Quellen seinen narbenvollen Leib zu stärken, und nun natürlich boten sie augenblicklich ihre ganze Bundesmacht, soweit sie schnell verfügbar war, auf, um den Feind unversehens zu überfallen. Fast wäre ihnen dies auch gelungen, wenn nicht der Greiner noch zur rechten Zeit gewarnt worden wäre. Kaum nämlich befand sich derselbe einige Tage im Bad, wo er sich, da er damals mit Niemanden in Fehde lag, in voller Sicherheit wähnte:

Da kommt einstmals gesprungen sein jüngster Edelknab,
„Herr Graf, es zieht ein Haufe das ob're Tal herab,
Sie tragen schwere Kolben, der Hauptmann führt im Schild
Ein Röslein rot von Golde und einen Eber wild." –

„Mein Sohn, das sind die Schlegler, die schlagen kräftig d'rein –
Gib mir den Leibrock Junge – das ist der Eberstein;
Ich kenn' ihn wohl, den Eber, er hat so grimmen Zorn;
Ich kenn' sie wohl, die Rose, die hat so scharfen Dorn." –

Da kommt ein armer Hirte in atemlosem Lauf:
„Herr Graf, es zieht ‚ne Rotte das unt're Tal herauf.
Der Hauptmann führt drei Beile, sein Rüstzeug glänzt und gleißt,
Daß mir's wie Wetterleuchten noch in den Augen beißt." –

„Das ist der Wunnensteiner, der gleißend Wolf genannt –
Gib mir den Mantel Knabe – der Glanz ist mir bekannt;
Er bringt mir wenig Wonne, die Beile hauen gut –
Bind' mir das Schwert zur Seite – der Wolf, der lechzt nach Blut."

Da spricht der arme Hirte: „Des mag noch werden Rat,
Ich weiß geheime Wege, die noch kein Mensch betrat,
Kein Roß mag sie ersteigen, nur Geißen klettern dort,
Wollt ihr sogleich mir folgen, ich bring' euch sicher fort."

Sie klimmen durch das Dickicht den steilsten Berg hinan,
Mit seinem guten Schwerte haut oft der Graf sich Bahn;
Wie herb das Fliehen schmecke, noch hatt' er's nie vermerkt,
Viel lieber möchte' er fechten, das Bad hat ihn gestärkt.

In heißer Mittagsstunde bergunter und bergauf,
Schon muß der Graf sich lehnen auf seines Schwertes Knauf.
Darob erbarmt's den Hirten des armen hohen Herrn,
Er nimmt ihn auf den Rücken: „ich thu's von Herzen gern."

Da denkt der tapf're Greiner: „es thut doch wahrlich gut,
So sänftlich sein getragen von einem treuen Blut;
In Fährten und in Nöthen zeigt erst das Volk sich ächt,
D'rum soll man nie zertreten sein gutes altes Recht."

Als drauf der Graf gerettet zu Stuttgart sitzt im Saal,
Heißt er ‚ne Münze prägen, als ein Gedächtnismal;
Er gibt dem treuen Hirten manch' blankes Stück davon,
Und manchem Herrn vom Schlegel verehrt er eins zum Hohn.

Dann schickt er tücht'ge Maurer in's Wildbad also fort,
Die sollen Mauren führen rings um den off'nen Ort,
Damit in künft'gen Sommern sich jeder kranke Mann
Vom Feinde ungefährdet im Bade jüngen kann.

So singt der Richter Uhland, und wie er gesungen, so verhielt es sich auch. Die Schlegler rückten nämlich unter ihren beiden Oberanführern mit großer Macht von zwei Seiten her in das enge Tal von Wildbad heran, und dem Grafen Eberhard gelang es nur mit viel Mühe, sich über die Berge mittels der Führung eines Hirten nach dem festen Schloß Zavelstein zu retten, von wo aus er Stuttgart ungefährdet erreichte; die Schlegler aber verbrannten sofort das Städtchen Wildbad und zerstörten noch eine Menge von Dörfern rings herum. Da hätte nun der Greiner am liebsten gleich mit dem Schwert dreingeschlagen, aber er fühlte sich für sich allein zu schwach einem solchen großen Bund gegenüber, und zog es daher vor, sich an den Kaiser um Hilfe zu wenden. Dieser willfahrte ihm auch, das heißt, er wies die Reichsstädte an, ihre Streitmacht5 mit der des Grafen zu vereinen, da er keine „unmittelbare" Hilfe leisten konnte, und nun das man das sonderbare Schauspiel, daß Eberhard der Greiner, der bisher, so lange er an der Regierung war, die Reichsstädter stets bekämpft hatte, um auf ihre Kosten seine Hausmacht zu vergrößern, an der Spitze von reichsstädtischen Truppen, zu denen er natürlich seine eigenen gesellte, gegen den Schleglerbund zu Felde zog. Freilich eine so recht herzliche Vereinigung war diese mit den Reichsstädten abgeschlossene Übereinkunft nicht, sondern die letzteren halfen dem Grafen nur, weil ihnen der Schleglerbund ebenfalls gefährlich schien. Sie standen nur zu ihm, weil sie befürchteten, die vereinigten Ritter möchten ihnen ebenfalls über den Hals wachsen; aber in ihrem Inneren dachten sie, das Bündnis mit dem Grafen schon wieder zu lösen, wenn erst die Schlegler besiegt seien. Ja nicht bloß „lösen" wollten sie dann das Bündnis sondern es vielmehr bald „in offene Feindschaft umkehren," indem sie hofften, nach Besiegung der Ritter um so eher auch mit dem fürstlichen Grafen fertig werden zu können. Und wie dachte dieser letztere? Ei nun, er hatte seine Hintergedanken ebenfalls, und sie waren von denen der Reichsstädter nicht um ein Jota verschieden! Doch sei dem, wie ihm wolle; genug, die Städter und der Herr von Württemberg gingen den Schleglern vereint zu Leibe, und solcher Einigung waren die Schlegler nicht gewachsen. Im Gegenteil verloren sie wohl zehn ihrer Burgen nacheinander, welche natürlich sogleich zerstört wurden, und endlich sahen sie sich genötigt, unter Vermittlung des Grafen Ruprecht von der Pfalz einen für sie ziemlich unvorteilhaften, ja sogar recht demütigenden Frieden abzuschließen. In besagten Friedensschluß nämlich mußten sie versprechen, nicht nur von jetzt an sich ruhig zu halten, sondern auch den Schleglerbund ganz aufzulösen und bei allen Streitigkeiten den Grafen von Württemberg als Schiedsrichter anzuerkennen. Das war eine harte Zumutung, denn damit verloren die Herren Ritter einen großen Teil ihrer bisherigen Unabhängigkeit; allein eben deswegen gab nur ihr Mund dieses Versprechen, nicht aber ihr Herz. Zwar allerdings für die nächste Zeit hielten sie den Frieden, weil sie Furcht vor dem strengen Greiner hatten; doch bald werden wir sehen, wie sie verfuhren, nachdem sie dieser Furcht ledig geworden waren.

Sowie nun der Schleglerkrieg sein Ende erreicht hatte, vermeinten die Städter, sie seien von einem schweren Alp befreit, und in Folge dessen erhoben sie ihr Haupt kühner, denn je. Da geschah es kurze Zeit darauf, daß der Kriegshauptmann der vereinigten schwäbischen Reichsstädte, Herr Ulrich v. Helfenstein, bei der Rückkehr von einem Besuch bei dem Pfalzgrafen Ruprecht von einigen Edelleuten, die sich in – einen Hinterhalt gelegt hatten, räuberischerweise gefangengenommen wurde. Ohne Zweifel taten sie dies aus keinem anderen Grund, als um ein recht großes Lösegeld zu erpressen; allein da diese Raubritter zugleich Vasallen des Grafen Eberhard waren, so schrieben die Städter ihm diese Tat zu und rüsteten sich sofort zum Krieg. Dies geschah Anno 1372, und damals meinten nicht Wenige, diesmal werde der Graf schlecht wegkommen; allein die Sache fiel gerade umgekehrt aus. Kaum nämlich hatte der Greiner die Kriegserklärung erhalten, so rückte er auch schon mit seinem schnell versammelten Heer ins Feld, und es gelang ihm richtig, die Ulmer (am 7. April 1372) bei Altheim an der Donau zu überfallen, ehe sie sich mit den über dem angeschwollenen Fluß drüben stehenden Augsburgern vereinigen konnten. Ihre Niederlage war schwer, denn sie verloren außer ihrem Hauptmann Heinrich v. Besserer noch über zweihundert tapfere Bürger, und die Folge konnte unmöglich eine andere sein, als ein augenblicklicher Frieden. Natürlich aber ein Frieden, der auf Kosten der Reichsstädte abgeschlossen wurde und für dessen Gewährung z.B. die Augsburger allein vierhundert Mark Gold zahlen mußten!

Da freute sich der Greiner ungemein, denn er glaubte nun endlich seinem beständigen Zweck, „die Alleinherrschaft in Schwaben zu erlangen,“ um ein Erkleckliches näher gerückt zu sein; allein für diesmal hatte er die Rechnung wieder ohne den Wirt gemacht. Die Städter nämlich, einsehend, daß sie verloren wären, wenn sie nicht einmütig zusammenständen, schlossen sich Anno 1377 fester denn je, aneinander, und säumten nun nicht, sofort den Krieg mit dem stolzen Grafen abermals zu eröffnen. Das war dem letzteren ganz erwünscht und er zog sofort den vereinigten Esslingern und Ulmern entgegen, während sein Sohn Ulrich, dem er die feste Burg Achalm anvertraute, die Reutlinger beschäftigen sollte. Am Anfang nun schien es, als ob den Greiner das alte Glück begünstigen wolle, allein um so unglücklicher war sein Sohn. Indem derselbe nämlich (am 14. März 1377) die Reutlinger, die von einem Beutezug heimkehrten, überfallen wollte, wurde er selbst überfallen und erlitt eine so furchtbare Niederlage (es wurden ihm über sechzig Ritter nebst einer Masse von Knechten und Reisigen getötet), daß sein Vater froh sein mußte, durch Vermittlung des Kaisers einen leidlichen Frieden zu erhalten.

Ernst übrigens war es ihm auch diesmal mit dem Frieden nicht, weder ihm noch den Städtern, sondern beide Teile wußten, daß nur dann wirklich Ruhe eintreten könne, wenn einer von ihnen vollständig besiegt, oder mit anderen Worten, wenn in ganz Deutschland entweder die Macht der Städter oder die der Fürsten für immer vernichtet sei. Nun ereignete es sich, daß Anno 1386 der Herzog Leopold von Österreich, der mit einem gewaltigen Heer ausgezogen war, die deutsche Schweiz zu erobern, in der Schlacht von Sempach, in welcher die Eidgenossen einen vollständigen Sieg errangen, mit sechshundertundfünfzig seiner besten Ritter und Herren erschlagen wurde, und darauf natürlich brach in allen Reichsstädten ein unendlicher Jubel aus, während dagegen die Fürsten, und mit ihnen die Adeligen, von der furchtbarsten Bestürzung ergriffen wurden. So kam ganz Deutschland in Bewegung, und allüberall, namentlich aber in Schwaben, machte man sich auf den Ausbruch eines gewaltigen inneren Krieges gefaßt. Die Städter nämlich glaubten, es sei nun die Zeit gekommen, wo man die Gewalt der Fürsten, sowie den Stolz des Adels vollends brechen könne, und sie sandten deshalb einander Boten zu, mit der Aufforderung, alle Kräfte zum letzten Schlag aufzubieten. Dies taten sie aber so offen und ungescheut, daß ihre Gegner alles erfuhren, und demgemäß bald zu Gegenmaßregeln schritten. Somit vereinigten siech alle Adeligen Oberschwabens, welche sich wegen der Nähe Ulms und Augsburgs besonders bedroht fühlten, zu einem großen Bund, „der Löwenbund“ geheißen (jedes Mitglied trug einen kleinen goldenen Löwen an einer goldenen Kette befestigt um den Hals), und schlossen dann ein enges Bündnis zu Schutz und Trutz mit dem Grafen von Württemberg. Dieser aber bot allem auf, um ein recht tüchtiges Heer auf die Beine zu stellen, und unterließ es sogar nicht, bei den früheren Schleglern (von denen übrigens Viele dem Löwenbund beigetreten waren) anzuklopfen, indem er ihnen bedeutete, daß es ja auch um ihre Existenz geschehen sei, wenn die Städter siegen würden. So kam das Jahr 1388 heran und mit diesem auch der Ausbruch des Krieges. Viertausend Mann Fußvolk und achthundert gepanzerte Lanzenreiter stark brach das Heer der vereinigten Ulmer, Esslinger, Reutlinger, Weilderstädter, Gmünder und Ravensburger auf und warf sich sofort ins Württembergische, Alles, was ihm in den Weg kam, auf seinem Zug verheerend. Schon waren verschiedene Dörfer und Städtlein erobert, ohne daß ihm ein erheblicher Widerstand entgegengestellt worden wäre, und eben war es daran, den befestigten Kirchhof in Döffingen zu stürmen, um dann über Böblingen und Calw herzufallen, als endlich Eberhard der Greiner angerückt kam. Aber trotz der Mühe, welche er sich gegeben, hatte er nur etwa dreitausend Fußgänger, sowie fünfhundert gepanzerte Ritter zusammenbringen können, und die Übermacht des Feindes war also keine geringe. Dennoch beschloß er sofort den Angriff (23. August 1388), denn er vertraute auf den höheren Mut, sowie auf die größere Kriegsgeübtheit der Seinen; um ein Kleines jedoch wäre er total geschlagen worden. Weil nämlich sein Sohn, der Graf Ulrich, welcher den Augenblick kaum erwarten konnte, wo er sich für die bei Reutlingen erlittene schimpfliche Niederlage rächen dürfte, viel zu früh mit seinen Rittern auf die Städter einhieb, so verhinderte er dadurch einen geordneten regelmäßigen Angriff des Gesamtheeres und brachte somit eine große Verwirrung in den Schlachtplan. Noch schlimmer wurde es, als er nach kurzem Streit fast mit seiner ganzen Schar, worunter mehr als vierzig Ritter, dem Andrang der Städter unterlag, und also seine unsinnige Verwegenheit mit dem Tod büßte, denn nun begann auch das Hauptheer der Württemberger zu weichen. Da schrie der Greiner mit seiner gewaltigen Schlachtenstimme: „mein Sohn ist wie ein anderer Mann; schlagt drei, die Feinde fliehen,“ und dieses von ihm von seiner Geistesgegenwart eingegebene Wort gab auf einmal der Schlacht eine andere Wendung. Wie nämlich die Reutlinger, die sich bisher auf's Tapferste geschlagen hatten, das Wort „Flucht“ vernahmen, sahen sie sich verdutzt um, und diesen Augenblick benutzten die Ritter vom Löwenbund, um ihnen hart zu Leibe zu gehen:

„Sie steigen von den Gaulen, die Herrn vom Löwenbund,
Sie stürzen auf die Feinde, tun sich als Löwen kund.“

Noch standen aber die übrigen Reichsstädter, namentlich die Ulmer und Ravensburger, wie die Felsen, und schlugen jeden Angriff des Greiners mit doppelter Wucht zurück, so daß dieser, wie er sah, daß sein Haufen immer lichter wurde, bereits sehr bedenklich zu werden anfing. Doch siehe da:

„Was gleißt und glänzt da droben und zuckt wie Wetterschein?
Das ist mit seinen Reitern der Wolf von Wunnenstein!
Er wirft sich auf die Städter, er sprengt sich weite Bucht,
Da ist der Sieg entschieden, der Feind in wilder Flucht."

So verhielt es sich in der Tat; denn gerade zur rechten Zeit erschien der Wolf von Wunnenstein, der frühere Schleglerkönig, an der Spitze einer großen Schar unterschwäbischer und fränkischer Ritter, griff sofort die Städter von hinten an und brachte dadurch die größte Verwirrung in ihre Reihen. Vergebens versuchte es ihr tapferer Feldhauptmann Conrad v. Besserer, die Ordnung wieder herzustellen; vergebens stürzte er sich mit anderen Edlen gleich einem Keil mitten in die dichteste Schlacht, um so eine Lücke in den Feind zu reißen; vergebens war selbst der Opfertod, den er, um den Mut der Seinigen wieder zu heben und sie zur Rache anzuspornen, suchte und fand! Die Städter flohen und ließen über tausend Tote oder Verwundete auf dem Kampfplatz zurück, während sechshundert von ihnen gefangen wurden; der alte Greiner aber durfte sich rühmen, einen vollständigen Sieg erfochten zu haben, obwohl freilich mit großen Opfern, denn es waren über hundert Ritter, nebst etwa siebenhundert Fußgängern im Gefecht geblieben. Überdies – nicht ihm gebührte die Ehre des Tages, sondern dem tapferen Wolf von Wunnenstein, der mit seinen Genossen den Kampf entschieden hatte. Doch wie kam es denn, daß dieser Ritter, der doch dem Greiner seit vielen, vielen Jahren bitterfeind war, weil er ja nur ihm die Unterdrückung des Schleglerbundes, sowie so manche andere Unbill zuschreiben konnte, - wie kam es denn, daß er ihm, seinem Feind, in der Stunde der Not beistand, statt sich an seiner Niederlage zu weiden? Am besten ist's wohl, ich beantworte diese Frage mit den Worten unseres vaterländischen Dichters, welcher also singt:

Als nun die Schlacht geschlagen und Sieg geblasen war,
Da reicht der alte Greiner dem Wolf die Rechte dar:
„Hab' Dank du tapferer Degen und reit' mit mir nach Haus,
Daß wir uns gütlich pflegen, nach diesem harten Strauß."

„Hei!" spricht der Wolf mit Lachen. „Gefiel euch dieser Schwank?
Ich stritt aus Haß der Städte und nicht um euren Dank.
Gut Nacht und Glück zur Reise, es steht im alten Recht."
Er sprichts und jagt von dannen mit Ritter und mit Knecht.

So wurden also die Städter durch die Vereinigung der schwäbischen Ritter mit dem Fürsten von Württemberg besiegt und zwar so gründlich besiegt, daß viele Jahre dazu gehörten, bis sie sich wieder von dem Schlag erholten. Aber wie stand es nun „nach erfochtenem Sieg" um jene Vereinigung zwischen Ritterschaft und Fürstenmacht? Blieb sie etwa für immer bestehen oder lebten die beiden verbündeten Stände – wenigstens auch nur ein paar Dutzend Jahre lang in Frieden, Freundschaft und Einigkeit? Ja sie lebten so, solange der Greiner lebte, denn ihn fürchteten die Ritter fast über die Maßen. Kaum aber hatte er anno 1391 die Augen geschlossen und kaum war sein Enkel, Eberhard der Dritte, den man wegen seiner friedfertigen Gesinnungen gewöhnlich nur „den Milden" nannte, an die Regierung gelangt, so meinten die Herren Adeligen, jetzt sei der geeignete Zeitpunkt gekommen, die alte Scharte wieder auszuwetzen, und erneuerten bald den Schleglerbund, den sie vor zwanzig Jahren hatten aufgeben müssen. Solches geschah an Martini und darum hieß man sie auch „Martinsvögel"; ihre offen ausgesprochene Absicht aber war, die Macht des Württembergers zu brechen, ihm seine Hauptburgen zu zerstören und ihn zu zwingen, wieder wie ein einfacher Edelmann zu leben. Dann, wenn sie dies zu Stande gebracht hatten:

> Dann fahre wohl Landfriede! Dann Lehndienst gute Nacht!
> Dann ists der freie Ritter, der alle Welt verlacht!

Wieder mal also handelte es sich darum, wer die Herrschaft in Schwaben haben sollte, ob der mächtigste Fürst selber oder die freie Reichsritterschaft, die Trägerin des Faustrechts und die Verteidigerin des Raubrittertums! Damit aber der Sieg, den die Adeligen zu erlangen hofften, ein recht nachhaltiger werde, sandten sie allüberall hin, auch über Schwaben hinaus, insbesondere nach Franken und an den Rhein, um jeden Burginhaber einzuladen. Ja, bald zählte die Gesellschaft über siebenhundert adelige Mitglieder und es fanden es nun sogar einige kleinere Städte für geraten, sich ebenfalls anzuschließen. Natürlich blieb unter solchen Umständen dem „milden" Eberhard keine andere Wahl, als für eine Zeitlang die Milde bei Seite zu setzen und den rauhen Kriegsmann anzuziehen, und dies tat er auch mit bestem Erfolg, denn wenn er wollte, konnte er tatkräftig genug sein. Um übrigens keine Pflicht der Klugheit zu versäumen, beschloß er, ehe er zum Angriff blasen ließ, seine eigene Macht durch ein Bündnis mit den vornehmsten schwäbischen Reichstädten zu mehren, und da er als ein äußerst ehrenwerter Herr bekannt war, so säumten Ulm, Biberach, Ravensburg, Aalen, Isny, Nördlingen, Leutkirch, Bopfingen, Memmingen, Gmünd, Esslingen, Buchhorn, Weilderstadt und einige andere Gemeinden keinen Augenblick, seiner Einladung Folge zu leisten. Also – zur Abwechslung auch einmal wieder eine Vereinigung des Bürgertums mit der Fürstenmacht, um den Adel zu bekriegen, während wenige Jahre zuvor der Adel und die Fürsten gegen das Bürgertum zusammenhielten!

Kaum hatte Eberhard das Bündnis geschlossen und kaum waren die Reisigen der Städte, nebst ihrem Zeug und Wurfgeschütz zu ihm gestoßen, so sammelten sich die Schlegler in drei Haufen und ihre Hauptleute oder Könige ritten, von ihren besten Rittern begleitet, nach dem festen Städtchen Heimsheim, das ihnen eigen gehörte, um daselbst Kriegsrat zu halten. Diese Könige hießen: Reinhard von Enzberg, Friedrich von Enzberg und Wolf von Stein, und man sagte ihnen nach, daß sie sich auf das Kriegshandwerk verständen; aber freilich – mit dem gleichenden Wolf und dem Grafen von Eberstein, welche beide inzwischen gestorben waren, konnten sie den Vergleich nicht aushalten; wie der Erfolg sogleich zeigen wird. Verstanden sie es doch nicht einmal, ihre Absicht, einen geheimen Kriegsrat abzuhalten, mit dem Schleier der Nacht zu umgeben, obwohl dies sicherlich im Interesse der Klugheit hätte geschehen sollen! So erfuhr also Eberhard noch zu rechter Zeit, was in dem nur wenige sechs bis sieben Stunden von Stuttgart entfernen Heimsheim vorgehen soll, und marschierte sogleich mit seinem Heer dem Städtchen zu, indem er zugleich das bewaffnete Mannsvolk aller der Dörfer und Gemeinen, durch die er kam, an sich zog. Und wie singt nun der Dichter?

In Nacht und Nebel draußen, da wogt es wie ein Meer,
Und zieht von allen Seiten sich um das Städtlein her;
Verhaltne Männerstimmen, verworrner Gang und Drang,
Hufschlag und Rossesschnauben und dumpfer Waffenklang!

Und als das Frührot leuchtet, und als der Nebel sinkt,
Hei! Wie es da von Sporen, von Morgensternen blinkt!
Des ganzen Gaues Bauern stehn um den Ort geschart,
Inmitten hält zu Rosse der Sproß des Rauschebart.

Die Schlegler möchten schirmen das Städtlein und das Schloß,
Sie warfen von den Thürmen mit Steinen und Geschoß.
„Nur sachte“, schallts entgegen, „euch wird das Bad geheizt,
Aufdampfen solls und qualmen, daß euch's die Augen beizt.“

Rings um die alten Mauren ist Holz und Stroh gehäuft,
In dunkler Nacht geschichtet und wohl mit Theer beträuft,
Drein schießt man glühende Pfeile; wie raschelts da im Stroh!
Drein wirft man feurge Kränze: wie flackerts lichterloh!

Und noch von allen Enden wird Vorrath zugeführt,
Von all' den rüst'gen Bauern wird emsig nachgeschürt,
Bis höher, immer höher, die Flamme leckt und schweift
Und schon mit lust'gem Prasseln der Thürme Dach ergreift.

Ein Thor ist freigelassen, so hats der Graf beliebt,
Dort hört man, wie der Riegel sich leise, lose schiebt.
„Dort stürzen wohl verzweifelnd die Schlegler jetzt heraus?“ –
Nein friedlich ziehts vorüber als wie ins Gotteshaus.

Voran die Schlegelkön'ge, zu Fuß, demüthiglich,
Mit unbedecktem Haupte, die Augen unter sich;
Dann viele Herrn und Knechte, gemachsam, Mann für Mann,
Daß man sie alle zählen und wohl betrachten kann.

Das war ein harter Schlag für den Schleglerbund und kaum zu überwinden, denn wer sollte nun die Ritter führen, da ihre Könige, nebst den Edelsten des ganzen Vereins sich dem Württemberger, um nicht elendiglich zu verbrennen, hatten auf Gnade und Ungnade ergeben müssen? Doch wurde der Widerstand versucht und auf dem Schwarzwald sammelte sich ein ziemliches Schleglerheer; allein als nun Eberhard die Ritterburgen Höfingen, Dießen und Kröwelsau, nebst dem Städtchen Berneck – lauter Hauptpunkte für die Schlegler – mit dem Schwert in der Hand erstürmte und alles männliche Lebende, was er drinnen traf, ohne Weiteres über die Klinge springen ließ, da krochen die Herren Ritter zu Kreuze, schwörten sofort Urfehde und – mit dem Schleglerbund hatte es nun für immer ein Ende. Freilich übrigens hörten deswegen die Ritter nicht auf, auch später wieder Vereine oder Gesellschaften zu gründen, welche ganz ähnliche Zwecke verfolgten, wie der Schleglerbund, und ebensowenig unterließen es sie Fürsten, nebst den Reichsstädten, ihr Panier so hoch wie möglich zu halten, so daß also der Krieg zwischen diesen drei Ständen während der ganzen mittelalterlichen Zeit stets fortgesetzt wurde; allein einige Schwäche blieb doch unter der Ritterschaft in Folge der Demütigung des Schleglerbundes zurück, gerade wie auch die Städte nach der Schlacht bei Döffingen nie mehr zu der alten Kraft gelangten, die sie vorher besessen hatten. Kluge Leute konnten also damals schon ermessen, was die Zukunft bringen werde, nämlich nichts anderes, als den Sieg der Fürstenmacht über Adel und Städtetum, und darum begaben sich auch mit der Auflösung des Schlegerbundes einzelne Edle – und darunter sogar mehrere Grafen, nebst einem Herzog, aber freilich einem armen – freiwillig ihrer bisher behaupteten Unabhängigkeit, um in den Dienst des mächtigen Württembergers zu treten, denn sie waren sich bewußt, auf diese Weise eher ihr Glück zu machen, als wenn sie fortfahren würden, mit andern ihres Gleichen einen Bund von Rauf- und Raubgenossen zu bilden.

Also ging es im Schwabenland zwischen Fürsten, Städten und Rittern zu. Doch wenn man nun glauben würde, nur hier hätten solche Verhältnisse stattgefunden, nur hier hätten die Ritter feste Vereine zu Schutz und Trutz, damit sie ungestraft raufen und rauben könnten, gebildet, so wäre man sehr falsch unterrichtet. Gab es ja doch vielmehr im fünfzehnten Jahrhundert und sogar noch früher keine einzige Provinz Deutschlands, die nicht die Heimat einer derartigen Ritterschaft gewesen wäre! So entstand z.B. im Hessischen schon anno 1377 (also fast zugleich mit den Schleglern in Schwaben) „der Sternerbund“ oder „die Gesellschaft der Sterner“, welche hauptsächlich gegen den Landgrafen Herrmann von Hessen gerichtet war, denn dieser gestrenge Regent wollte den Landfrieden aufrecht erhalten wissen und trat daher gegen das Raubrittertum mit unerbittlicher Strenge auf. Konnten sich nun das die edlen Herren gefallen lassen? Nein, lieber griffen sie vereint zu den Waffen und erregten einen inneren Krieg im Land, der dieses ins tiefste Unglück stürzte! Wie es übrigens mit diesem „Sternerbund“ stand, das ersieht man am besten aus der alten Riedeselschen Chronik, wo es wörtlich also heißt: „in demselben dem (Sternerbund nämlich) waren der meiste Teil der Edlen im Land zu Hessen, dazu durch Westfalen, Thüringen, Sachsen, Franken bis an den Rhein und durch die Wetterau, daß mehr denn zweitausend solcher Junker waren; die hatten mehr denn vierthalbhundert Schloß und hatten zusammengeschworen und sich geschlossen wider diesen Landgraf, ihm alle seine Lande zu zerstören und unter sich zu bringen, und die Obersten des Bundes waren bereits eins geworden, was jeglichem von ihnen für sein Teil am Land werden sollte. Etliche aber unter den Verschworenen gehörten unter dieses Fürsten Hofgesinde, trugen seine Kleidung auf ihren Leibern und aßen täglich sein Futter und Brot. Und diese trugen ihre Sterne heimlich im Beutel bei sich, in der Meinung, wenn es zum Streit käme, daß sie ihr Wahr- und Abzeichen bei sich hätten und anheften könnten, damit sie nicht totgeschlagen würden." So schreibt die Riedeselsche Chronik und man ersieht daraus, wie erbärmlich gering ein Teil der hessischen Ritterschaft gedacht haben muß, denn wie hätten diese Herren sich sonst gegen einen Fürsten verschwören können, in dessen Dienst sie standen und dessen Wohltaten sie genossen? So was tut kein Ehrenmann, aber freilich – die Herren Sterner machten auch keinen Anspruch darauf, Ehrenmänner zu sein, sondern sie wollten vielmehr sengen und brennen und rauben und morden, und damit sie dies ungestraft könnten, deswegen errichteten sie den Sternerbund, dessen Mitglieder entweder einen goldenen (wenn sie die Ritterwürde erlangt hatten) oder einen silbernen (wenn sie bloße Adelige und Junker waren) Stern als Erkennungszeichen auf der Brust trugen. Man darf übrigens daraus keineswegs den Schluß ziehen, daß nur heruntergekommene Lumpen, Tagdiebe, Strolche und Bettelkandidaten zu dem besagten Bund gehörten; o nein, ganz und gar nicht, sondern man zählte vielmehr Namen dabei, die einen gar hohen und berühmten Klang hatten und zum Teil jetzt noch haben, wie z.B. die Grafen und Herren von Nassau, von Katzenellenbogen, von Waldeck, von Hanau, von Isenburg, von Mark, von Eppstein, von Lißberg und von Helfenstein. Zudem war der Oberleiter des Bundes, der Graf Gottfried von Ziegenhain, ein äußerst berühmter Ritter; allein trotz alledem konnte man den Sternerbund nicht anders heißen, denn eine Gesellschaft von Raufern und Räubern, und der Schaden, den sie während ihres Bestandes stifteten, darf nicht geringer als auf vier Millionen Gulden angeschlagen werden. Zum Glück jedoch gelang es ihnen nicht, ihre Anschläge gegen den Landgrafen Herrmann durchzuführen, sondern dieser erhielt vielmehr von den beiden Markgrafen von Meißen und Thüringen einen kräftigen Zuzug und machte sofort dem Anwesen mit gewaltigen Schlägen ein Ende.

Kaum übrigens waren die Sterner besiegt und ihr Bund für ewige Zeiten verpönt, so kam in demselben Hessen eine andere Gesellschaft von Grafen und Edelleuten zum Vorschein, welche sich den „Gesellenbund von der alten Minne" nannten. Warum die Ritter diesen Namen annahmen, kann jetzt nicht mehr angegeben werden, dagegen weiß man, daß ihr Oberhaupt Graf Johann von Dillenburg war und daß ihr Zweck dahin ging, die Stadt Frankenberg dafür zu züchtigen, daß dieselbe es gewagt hatte, den Raubritter Friedrich von Patberg, nebst Fünfen seiner Knechte, aufzuhängen. Die Stadt ließ sich jedoch nicht einschüchtern, sondern wehrte sich vielmehr mit Hilfe einiger Nachbarn so gut, daß die Herren „von der alten Minne", nachdem sie ihren Oberanführer von Dillenburg nebst den übrigen besten Kräften verloren hatten, ohne weiteres auseinander liefen und den Bund nie mehr erneuerten. Ganz ebenso erging es wieder ein Jahrzehnt später „den Gesellen vom Horne", auch „Hörnerbund" genannt, an deren Spitze Conrad Spiegel von Desenberg stand, denn auch sie lösten sich auf, als drei von ihnen gefangen genommen und als Straßenräuber aufgeknüpft wurden.

In derselben, an ritterlichen Raufgesellschaften so fruchtbaren Periode kommt in Westfalen „die Falknergesellschaft" vor, und wenn je eine ritterliche Genossenschaft den Eigenschaften des Tieres, welches sie zu ihrem Merkzeichen erwählt hatte, zu entsprechen verstand, so war es diese, denn die Herren Falkner richteten – namentlich in den Besitztümern des Stiftes Paderborn – durch Raub, Plünderung, Verwüstung und Brandstiftung unendlichen Schaden an. Eine ähnliche Gesellschaft,

„der Bund der grimmen Löwen" genannt, wurde im Jahr 1379 in Wiesbaden errichtet, wie aus der Essässischen Chronik von Herzog ersichtlich ist, und das Haupt derselben war Wilhelm Graf von Wied. Den „öffentlich" angegebenen Zweck konnte man nicht gerade einen unlöblichen nennen, den die Herren Löwenritter gelobten, sich gegenseitig gegen Jedermann, der ihre Rechte antaste oder ihnen Beleidigungen zufüge, mit Waffengewalt zu schützen; nur unter „Antastung ihrer Rechte" verstanden sie auch das, daß man keinen Raubritter gefangennehmen und strafen dürfe, und somit ging der Bund so zu sagen auf nichts anderes aus, als auf Beschützung des Unrechts und der Missetat. Dennoch verbreitete er sich mit Riesenschnelligkeit über verschiedene Gegenden Deutschlands, so daß es sowohl in den Niederlanden wie im Elsaß, sowohl im Breisgau wie am Rhein und in Schwaben Löwengesellschaften gab, deren Mitglieder alle einen Löwen – die Ritter einen goldenen, die Knechte einen silbernen – auf der linken Brust angeheftet trugen. Weil aber die Herren Löwenritter so gar sehr raublustiger Natur waren, machten es ihnen die Fürsten, wie Eberhard von Württemberg den Schleglern, d.h. sie zerstörten ihre Burgen und henkten deren Besitzer wie gemeine Strauchdiebe auf.

Mehr als hundert Jahre später, im Jahr 1489, entstand in Bayern unter Anführung Sebastian von Pflugs eine neue „Löwengesellschaft", welche sich auch den „Bund von dem Leon" nannte und bald sehr zahlreiche Anhänger erhielt. Jeder Bundesgenosse mußte auf seiner Kleidung einen kleinen gestickten Löwen, ein Ritter von Goldseide, ein Knecht von Silberfaden, tragen und außerdem hatte er sich bei festlichen Gelegenheiten, sowie an allen Sonn- und Feiertagen ein aus Gold oder Silber gegossenes Löwenbild an einer Schnur um den Hals zu hängen. Auch war die ganze übrige Verfassung des Bundes, die Zusammenkünfte, die Geldbeiträge, die Hilfeleistung usw. ganz genau festgesetzt und es mußte jeder die Bundesurkunde feierlichst beschwören; wer aber sich dann nachher gegen den einen oder den anderen Artikel verstieß und z.B. einem Kameraden nicht in allen Nöten und Gefahr beistand, der sollte sofort ausgestoßen und in keine Ritterinnung mehr aufgenommen werden. Kurz, man wollte diesmal einen recht noblen und stichhaltigen Bund stiften, und erwirkte deshalb auch von verschiedenen regierenden Häuptern, wie z.B. dem Kaiser Friedrich III., dem Pfalzgrafen Otto und dem König Wlatislaus von Böhmen Schutzbriefe für ihn, allein nach dem Jahr 1493 geschieht seiner doch keine Meldung mehr und er scheint also damals schon selig entschlafen zu sein.

Eine andere ähnliche Gesellschaft war die der „Flegler" im Magdeburgischen und die der „Bengler" in Thüringen; doch auch diese beiden brachten es nicht weit, indem ihre angesehensten Mitglieder schon im ersten Jahr ihres Bestandes in die Gewalt ihrer Feinde fielen, und auf ganz ähnliche Weise erging es noch vielen anderen adeligen Vereinen. Die angesehenste und mächtigste aller deutschen Ritterschaften war dagegen „die Sankt Georgenschildsgesellschaft", welche ums Jahr 1392 ihren Anfang genommen hat. Damals nämlich verbanden sich nicht weniger als vierhundertsiebenundfünfzig Grafen, Herren und Ritter als Waffen- und Wappengenossen, setzten den heiligen Georg, der den Lindwurm tötete, auf ihren Schild und versprachen sich gegenseitig in jeglicher Gefahr und gegen Jedermann, den Kaiser allein ausgenommen, beizustehen. Weil nun aber in der Tat wackere Männer dabei waren, welche die Aufnahme von Räubern, Raufern und ähnlichen Gesellen hintertrieben, so bekamen sowohl die Städte wie die Fürsten Achtung vor ihnen und sie erhielten sich deshalb mehr als hundert Jahre lang in vollster Blüte. Ja im Jahr 1488 hatte sich die Gesellschaft so sehr ausgedehnt, daß man sie in vier Distrikte oder Gaue: den Hegau oder Bodenseegau, den Donaugau, den Neckargau und den Kochergau einteilen mußte, und daß sie also ganz Schwaben, sowie einen großen Teil von Bayern und Franken umfaßte; allein nunmehr vereinigte sie sich mit den schwäbischen Reichsstädten zu dem sogenannten schwäbischen Bund und in Folge dessen verlor sie den Charakter einer Rittergesellschaft im engeren Sinn des Wortes.

Unter all‘ den vielen Gesellschaften, Vereinen, Bünden und Innungen, welche der Adel im vierzehnten und fünfzehnten Jahrhundert unter sich stiftete, war also nur eine einzige, welche mit dem Namen „ehrenwert“ bezeichnet werden kann; alle anderen verfolgten dagegen selbstsüchtige, schlimme Zwecke, denn sie wollten den Rittern das Recht der Gewalttat und des räuberischen Beginnens mit dem Schwert in der Hand sichern. Mußte nun unter solchen Umständen nicht das Ansehen des Ritterstandes notwendigerweise immer tiefer und tiefer herabsinken? Einen herrlichen Ursprung hatte dasselbe genommen und wahrhaft „edle oder adelig“ waren seine ersten Bestände; aber sowie er anfing auszuarten, wurden alle seine Tugenden von seinen Schattenseiten vollkommen verdunkelt.

Zwölftes Kapitel

Der Aufruhr der Bauern

und die

Zugrabetragung des Rittertums

„Es stürmt ein Brausen durch die düstre Luft,
Der feste Boden wankt, die Türme schwanken –
Gefügte Steine lösen sich herab –
Und jede Trümmer deutet auf ein Grab."

Nach und nach zwar, aber tief war am Ende des fünfzehnten Jahrhunderts das einst so hehre Rittertum gesunken, und bald gab es fast kein Laster mehr, mit dem sich die „freien Herren" – daraus ist dann das Wort „Freiherr" geworden – nicht besudelt hätten. Hochmut, Eitelkeit und Stolz hatten längst der früheren Menschenfreundlichkeit, Höflichkeit und Ehrenhaftigkeit Platz gemacht, und an die Stelle der Hochherzigkeit und der ritterlichen Aufopferung für Wahrheit, Recht, Schönheit und Unschuld waren längst ganz andere Eigenschaften, wie z.B. Geiz, Habsucht, Lügen, Treulosigkeit, Raubsucht und Grausamkeit getreten. Freilich wäre es ein großes Unrecht, wenn man „alle" Ritter, die im fünfzehnten Jahrhundert, also zur Zeit, wo das Mittelalter zu Ende ging, lebten, solcher Laster beschuldigen wollte. Nein im Gegenteil – gerade zu jener Zeit gab es vortreffliche Herren unter ihnen, welche, da sie selbst an allen Tugenden reich waren, mit dem tiefsten Gram auf die Verderbnis ihrer Genossen herabschauten und sich die unendlichste Mühe gaben, den alten Glanz des Adels durch ihr eigenes Beispiel, sowie durch vielfältige Ermahnungen wieder herzustellen. Doch alle Mühe erwies sich als eine vergebliche! Aber nicht etwa deswegen bloß, weil die Verdorbenheit schon allzu tief in das Blut des Rittertums eingedrungen war, als daß noch eine Besserung möglich gewesen wäre, sondern vor allem deswegen, weil es mit dem Rittertum überhaupt zur Neige ging, Ja, das Rittertum hatte sich überlebt; seine Zeit war um und es mußte nun, wie alle menschlichen Einrichtungen, an den Tod denken und an den Tod glauben!

Wie wir wissen und wie ich besonders im ersten Kapitel dieses Buches gezeigt habe, war die ganze Kriegseinrichtung des Mittelalters auf dem Ritterdienst, das ist auf dem Dienst der gepanzerten Reiter begründet gewesen und ihre Stärke, ihre Tapferkeit, ihre Unwiderstehlichkeit, verbunden mit ihrer verhältnismäßigen Unverwundbarkeit, entschieden alle Treffen. Da zeigten sich nun aber im Verlauf der Zeit zwei große Nachteile dieser Kriegsweise, nämlich einmal, daß sie nicht zu langen Kriegen, und zweitens nicht zu Kriegen in gebirgigen Gegenden tauglich sei. Letzteres bewährte sich besonders in den Hussiten- und Schweizerkriegen, von welchen die Geschichte des vierzehnten und fünfzehnten Jahrhunderts so vieles erzählt, und es sah am Ende dieser Periode jeder tüchtige Kriegsmann und Feldherr ein, daß ein wirklich gutes und in den Waffen geübtes Fußvolk denn doch eine sehr wünschenswerte Sache wäre. Mit „dem" Fußvolk nämlich, welches bisher neben der ritterlichen Kavallerie eingeführt war, konnte man nicht allzuviel anfangen. Es bestand ja nur aus dem Kontingent, welches die freien Städte und Gemeinden zu stellen hatten, also aus lauter Männern, welche man entweder vom Pflug oder von der Handwerkerbank oder endlich aus der Krambude wegnahm, um sie in eine Kriegskleidung zu stecken und ein paar Monate lang als Soldaten zu verwenden. Zu einem längeren Dienst waren sie nicht verpflichtet und natürlich – in einer so kurzen Zeit lernten sie nichts oder doch blutwenig vom Waffenhandwerk; hatten sie aber ihre paar Monate gedient, so konnte man sie durch nichts halten, noch länger zu bleiben. Im Gegenteil – dann eilten sie spornstreichs nach Hause, um von neuem den Acker zu bauen oder das frühere Gewerbe zu treiben. Eben deswegen verwandte man sie auch im Krieg nicht sowohl als selbständige Korps, denn vielmehr nur als Beihilfe der geharnischten Reiterei, und nie waren es „sie", welche die Schlachten entschieden, sondern stets die Ritter mit ihren Knappen und sonstigen reisenden, d.i. berittenen Dienern. Allein wie viele Schlachten gingen nicht, hauptsächlich in der Schweiz und in Böhmen, verloren, eben weil man kein recht tüchtiges Fußvolk hatte, das seit Jahren im Dienst geübt sozusagen den Kern der Armee ausmachte?

Unter solchen Umständen ist es nun kein Wunder, daß gegen das Ende des Mittelalters nicht wenige Heerführer sich mit dem Gedanken beschäftigten, ob es nicht an der Zeit wäre, Soldaten anzuwerben, also Männer, welche sich gegen Ausbezahlung eines gewissen „Soldes" verpflichteten, Kriegsdienste zu tun, und zwar so lange zu tun, wie ihnen der Sold ausbezahlt wurde. Mit solchen Leuten oder „Soldaten", wie man sie des Soldes wegen nannte, war offenbar mehr auszurichten, als mit dem Kontingent der Reichsstädte und Reichsvogteien, und wenn die Sache auch Geld kostete, so erreichte man doch seinen Zweck um so viel eher. Nun trat aber noch ein anderer Umstand hinzu, welcher in der Geschichte des Kriegführens epochemachend ist und gleich von Anfang an als der furchtbarste Feind des Ritterwesens auftrat, ich meine die Erfindung des Schießpulvers und der Feuergewehre. Wann und von wem diese Erfindung gemacht wurde, kann nicht mehr genau angegeben werden, denn obwohl die Deutschen darauf Anspruch machen, daß der Franziskanermönch, Berthold Schwarz, dessen Geburtsstätte in Freiburg im Breisgau zu suchen sei, ums Jahr 1350 bei seinen chemischen Versuchen die Herstellung des Pulvers gefunden haben (die Freiburger setzten ihm deshalb anno 1853 ein Denkmal), so ist die Sache deswegen doch etwas ziemlich zweifelhaft. Man weiß ja nämlich jetzt gewiß, daß die Chinesen schon lange, lange vorher die Schießgewehre kannten, und daß von ihnen die Araber das Geheimnis der Pulverbereitung erlernten, um es im vierzehnten Jahrhundert nach Europa zu verpflanzen. Ohne Zweifel hat also Schwarz das Pulver nicht sowohl „erfunden", als vielmehr, nachdem er die Kraft desselben kennengelernt, „in seiner Anwendung" nutzbare Neuerungen angebracht, und eine Bestätigung dieser Annahme findet sich darin, daß gerade um jene Zeit (1350) der Gebrauch der sogenannten „Donderbussen" oder „Donnerbüchsen" (auch Bombarden genannt) aufkam. Es waren dies eine Art von Kanonen – allerdings sehr unbehilfliche und kaum von der Stelle zu bringende -, welche man mit Pulver und Kugeln lud und mittels derer man gegen Mauern oder Türme mit großem Erfolg loszudonnern begann, wie man sie denn auch sehr früh in den offenen Feldschlachten anwandte. So kaufte z.B. schon anno 1356 die reiche Stadt Löwen zwölf solcher „Donderbussen" und gewann durch sie das Treffen bei Zandvliet. So verteidigte anno 1365 der Herzog Albrecht von Braunschweig die Stadt Einbeck nur mit einer einzigen Bombarde gegen den Markgrafen Friedrich von Meißen und nötigte diesen zum Abzug; der Magistrat von Augsburg aber bewies anno 1372 den außerordentlichen Wohlstand seiner Kasse dadurch, daß er zwanzig metallene Kanonen auf einmal gießen ließ. Von nun an wird der Donnerbüchse in der Geschichte unserer vielen einheimischen Kriege immer häufiger gedacht und wenn auch die Bereitung des Pulvers noch immer geheim gehalten wurde, so daß der Gebrauch desselben notwendig ein eingeschränkter und nur für die Reicheren unter den Fürsten oder Städten erreichbarer bleiben mußte, so sank doch damals schon den Rittern der Mut, wenn sie daran dachten, daß nunmehr selbst die höchstgelegenen und für vollkommen uneinnehmbar geltenden Burgen dem neuen, aus weiter Ferne treffenden Geschosse unterliegen müßten. Wie wurde ihnen nun aber erst, als fünfzig oder sechzig Jahre später der menschliche Erfindungsgeist das „leichtere, tragbare Feuergewehr" erfand und damit einen Teil der Söldner bewaffnete? Denn, oh Wunder! Die Kugel aus einer solchen Büchse, Flinte, Arkebuse oder wie man sie sonst nennen mochte, schlug durch Harnisch, Panzer und Schienen durch und dabei hielt sich der Schütze noch außerdem in so sicherer Entfernung, daß ihm die Ritter nicht einmal beikommen konnten! Allerdings suchten diese sich nun für den Anfang dadurch zu helfen, daß sie sich sogenannte „feuerfeste" Panzer anschafften, also Panzer, die so dick waren, daß eine gewöhnliche Flintenkugel nicht durchzudringen vermochte; aber auch diese Schutzmittel erwiesen sich bald als durchaus unnütz. Eimal nämlich waren sie so schwer, daß nur die allerstärksten Männer sie zu tragen vermochten und selbst diese schon nach einigen wenigen Dienstjahren lendenlahm wurden; zum andern aber verbesserte man jetzt die Einrichtung der tragbaren Büchsen und brachte es bald so weit, daß kein Panzer ihrer Gewalt zu widerstehen im Stande war. Wozu taugten also jetzt noch die Herren Eisenreiter? Ach, ihre Zeit war vorüber, denn die Schlachten wurden jetzt mit der Artillerie entschieden und der geringste Arkebusier konnte über den trefflichsten Turnierhelden mit Leichtigkeit Herr werden!

Natürlich übrigens – mit einem Schlag trat diese totale Umwälzung im Kriegswesen nicht ins Leben, sondern es ging dies vielmehr nur nach und nach; aber am Ende des fünfzehnten und zum Anfang des sechzehnten Jahrhunderts findet man schon das Soldaten- und Landsknechtssystem durch die Bemühungen Georgs von Frondsberg, des berühmten Heerführers des Kaisers Maximilian I. vollständig eingeführt, während die Rittermiliz sich wohl oder übel gezwungen sah, von der Welt Abschied zu nehmen. Doch hätte möglicherweise der Widerstand des Rittertums gegen die Neuerung noch längere Zeit andauern können, wenn jetzt nicht ein Ereignis eingetreten wäre, das dem ohnehin schon kranken Institut sofort den Todesstoß versetzte. Dieses Ereignis war der Aufstand der Bauern gegen ihre Oberherren, gewöhnlich „Bauernkrieg" genannt, und da sich von da an ein ganz neuer Abschnitt in der Geschichte datiert, so wird es mir schon erlaubt sein, auf die allerersten Anfänge dieses merkwürdigen Kampfes mit wenigen Worten zurückzugehen.

Bei den alten Deutschen wurde alle Kriegsgefangenen sowie alle Bewohner der eroberten Länder zu Unfreien oder Leibeigenen gemacht, und es befanden sich daher schon zu den Zeiten Kaiser Karls des Großen eine Menge unserer Urväter im Zustand der Knechtschaft. Diese „Leibeigenen" und „Hörigen" wie man sie auch nannte, kamen übrigens meist in den Besitz der Adeligen und Ritter, denn ihnen, als den Tapferen, welche den Sieg errungen hatten, schenkte sowohl Kaiser Karl wie seine Nachkommen den größten Teil des eroberten Landes mit allen darauf Lebenden als Lehngut, und natürlich dachten die ritterlichen Lehnsherren nicht daran, die auf die besagte Art in die Gewalt bekommenen Untertanen freizugeben, denn wer hätte sonst die Arbeit auf den Ländereien verrichten sollen? Freilich dazwischen hinein gab es auch freie Bauern, d.h. unabhängige Besitzer von kleineren und größeren Höfen, und in manchen Gegenden bildeten diese sogar die Mehrzahl; aber nach wenigen Jahrhunderten veränderte sich dies vollständig. Es mußte nämlich in alten Zeiten in Deutschland jeder frei Mann Kriegsdienste leisten, wie ich schon früher auseinandergesetzt habe, und dies genierte manchen Bauern gar gewaltig. Insbesondere war es ihm unbequem, wenn er zur Erntezeit oder im Frühjahr bei der Aussaat von Haus und Hof weg sollte, und somit dachten die Meisten bald daran, diese lästige Wehrpflicht von sich abzuschütteln. Dies ging übrigens ganz leicht, denn sie durften nur dem nächsten besten Adeligen ihren Hof zum Lehen übergeben oder um deutlicher zu werden, ihm ihr bisheriges freies Eigentum unter der Bedingung verschreiben, daß sei wie bisher die Nutznießung desselben hätten, dagegen aber jährlich eine gewisse bald größere bald kleinere Abgabe, wie man es eben ausmachte, an ihn bezahlen müßten; dann traten sie in den Zustand der „Hörigkeit" ein, d.h. sie „gehörten" fortan dem betreffenden „Adeligen" als Untertanen an, waren aber dagegen von der Militärpflicht frei, denn ihr Lehnsherr, d.i. der Ritter oder Baron, dem sie Abgaben zahlten, übernahm für sie den Kriegsdienst und für ihn paßte dies auch am besten, da er ja von Jugend an sich diesem Stand gewidmet hatte! So gaben nach und nach eine Menge von freien Bauern ihre Freiheit „freiwillig" verloren, einfach weil sie dadurch pekuniär und materiell gewannen (die kleine Abgabe, der geringe Zins, den sie jährlich dem Lehnsherrn zu zahlen hatten, war ja gar nichts im Vergleich zu den Verlusten, die einige Monate Kriegsdienst mit sich brachten); Andere aber, welche nicht „freiwillig" Hörige werden wollten, mußte man „mit Zwang" dazu zu bringen. Wenn nämlich der Eine oder der Andere sich etwa weigerte, in ein solche abhängiges Verhältnis zu treten, so mußte ihn der nächste Ritter, welcher das Aufgebot zum Krieg zu besorgen hatte, schon so zu plagen und zu schinden, ihn so oft zum Dienst zu quälen und mit einem Wort ihm das Leben so sauer zu machen, daß selbst der Halsstarrigste sich endlich fügte. Auf diese Art kam es, daß im Verlauf der Zeit der Adel sein Bestreben, ganz allein die Rechte des freien Mannes zu besitzen, vollkommen erreichte, und daß es deshalb von anno 1300 an in den meisten Ländern Europas nur noch geknechtete und leibeigene oder doch wenigstens zins- und abgabenpflichtige Bauern gab.

Freilich die Bewohner der Städte sanken nie soweit herab, sondern hier entwickelte sich vielmehr schon sehr bald ein freies Bürgertum, das sich dem Adel und der Ritterschaft in keiner Weise fügte. Hierher, in die mit Mauern umschlossenen Städte, welche Schutz gewährten gegen alle Gewalttätigkeiten von Außen, flüchteten sich alle Diejenigen, welche den Bedrückungen der Freiherren und Grafen entgehen wollten; hierher flüchteten sich insbesondere viele Hörige und Leibeigene, und kein Magistrat einer freien Reichsstadt war je so feige, einen solchen Flüchtling auszuliefern, wenn sich der Geflüchtete nicht des ihm zu teil gewordenen Schutzes unwürdig machte. Aber je höhere Blüten die Freiheit in den Städten trieb, um so ärger und schmählicher wurde sie auf dem Land von den Adeligen zu Boden getreten. Ist es ja doch ein altes Sprichwort, daß der Satan, wenn er nur erst den kleinen Finger eines Menschen im Besitz hat, gleich nach der ganzen Hand nebst dem Arm und allem was daran hängt, greift, und – gerade ebenso machte es auch der damalige Adel. Der Bauer hatte ihm damit, daß er ihm gegen Befreiung vom Kriegsdienst Zins und Abgaben versprach, sozusagen den kleinen Finger gereicht; aber damit begnügte sich der Ritter nicht, sondern er wußte den versprochenen Zins zu vervielfältigen und noch ganz andere Lasten, Verpflichtungen und Dienste waren daran zu knüpfen, bis endlich der Landmann förmlich zum Sklaven herabgewürdigt war. Wie hätte sonst der außerordentliche Aufwand der adeligen Herrschaften, welcher im vierzehnten und noch mehr im fünfzehnten Jahrhundert einriß – dieses Aufwandes habe ich in einem früheren Kapitel bereits gedacht – bestritten werden können, wenn nicht die Einkommensteile, so gut es eben ging, mit rechten und schlechten Mitteln vermehrt worden wären?

Es würde nun natürlich viel zu weit führen, wenn ich alle die Abgaben und Leistungen, womit ein adeliger Burgherr seine Bauern belastete, des Weitläufigen aufzählen wollte, aber um begreiflich zu machen, welch' grenzenlose, unmenschliche Bedrückung auf den Landmann gewälzt wurde, muß ich wenigstens Einiges, nämlich das Hauptsächlichste, anführen. Also wenn ein Adeliger Untertan starb, so mußte der sogenannte „Sterbefall" (man nannte ihn auch „Todfall, Hauptrecht oder Bestrecht") entrichtet werden, d.h. der Burgherr hatte das Recht, das beste Kleid, das beste Stück Vieh, das beste Faß Wein wegzunehmen, oder mußte man ihm eine entsprechende Summe Bargeld dafür zahlen. Außerdem mußte der Erbe, wenn er den Hof oder das Gut unter denselben Bedingungen, wie es der Verstorbene besessen hatte, übernehmen wollte, das sogenannte „Handlehen" bezahlen, und zwar lag es ganz in der Willkür des Grundherrn, diese Abgabe, die in Bargeld bestand, so hoch wie möglich hinaufzuschrauben. Dazu kamen die vielen jährlichen Zinse in Naturalien, wobei die Hühner eine äußerst bedeutende und eigentümliche Rolle spielten, denn heute mußte man ein „Fastnachtshuhn", morgen ein „Halshuhn", übermorgen ein „Haupthuhn", überübermorgen ein „Leibhuhn" aufs Schloß tragen, und wenn man diese offenkundige Leibeigenschaftsabgabe in Geld verwandeln wollte, so nannte man dies „Leibgeld", „Leibzins", „Leibschilling", „Leibpfennig" oder „Leibbede". Für die Erlaubnis, dürres Holz im Wald zu sammeln, war der „Holzhühnerzins", für die Erlaubnis Laub zur Streu heimzuführen der „Laubhühnerzins", für die Erlaubnis das Vieh im Wald zu weiden der „Weidhühnerzins", und endlich für jeden geborenen Knaben alljährlich bis zu seiner Verheiratung der „Bubenhühnerzins" zu entrichten. Überdies gabs noch „Herdhühnerzins", für das Recht zu kochen; „Rauchhühnerzinse", für das Recht einzuheizen; „Vogthühnerzinse", für den gerichtlichen Schutz, den man den Untertanen angedeihen ließ, und was dergleichen mehr ist. Besonders schwer aber lastete auf dem Bauern der große und kleine Zehnte, sowie der Blutzehnte. Den Grundherren nämlich (wenn nicht der Kirche) gehörte die zehnte Fruchtabgabe, der zehnte Haufen Heu, der zehnte Sack Obst, der zehnte Eimer Wein, kurz der zehnte Teil von jeglichem Erzeugnis, und folglich auch das zehnte Fohlen, das zehnte Kalb, das zehnte Lamm, das zehnte Schwein, die zehnte Gans, der zehnte Bienenstock. Außerdem gabs noch eine Menge von „Frohnen" oder von erzwungenen unentgeltlichen Arbeitsleistungen, und zwar unter den allerverschiedensten Namen. So z.B. „Jagdfrohnen" bei den Treib- und anderen Jagden, „Forstfrohnen", wenn es dem Grundherrn beliebte, in seinen Waldungen Holz zu fällen, „Kriegsfuhrfrohnen", wobei Gepäck, Proviant, Geschütz, kurz alles zum Krieg Notwendige umsonst fortgeschafft werden mußte, „Burgbaufrohnen“ oder noch kürzer „Burgvesten“, wenn's an der Burg des Grundherrn etwas zu reparieren oder neu zu bauen gab, „Wachdienstfrohnen“ und andere furchtbare Lasten mehr. Damit war's aber noch nicht einmal genug, sondern der Bauer hatte auch noch Steuern aller Art – man nannte sie „Beden“ – zu bezahlen, denn von wem hätte man sonst Geld beitreiben können als nur allein von ihm? Er war ja die Kuh, welche stets gemolken wurde, und darum wenn irgend eine Fehde entstand, wenn ein hoher Herr oder gar der Kaiser zu Besuch kam, wenn ein gnädiges Fräulein ausgestattet werden sollte, wenn der Burgherr in Schulden steckte oder Lösegeld zu zahlen hatte – ei nun, in allen diesen und in noch hundert anderen Fällen wurde eine „Notbede“, d. i. eine außerordentliche Steuer umgelegt; die „gewöhnliche ordinäre“ Reichssteuer aber, oder „den gemeinen Pfennig“, wie man ihn nannte, zahlte wie sich von selbst versteht, kein freier Adeliger, sondern wiederum der Bauer und Bürger. Glaubt man mir nun, wenn ich behaupte, daß in jenen Tagen der nichtadelige Landmann Europas das allerunglückseligste Geschöpf auf Gottes weiter Erde war, weit unglücklicher, als das wilde Tier des Waldes oder der zahme Ochs im Stall? Vom Morgen bis zum Abend mußte er im sauren Schweiß seines Antlitzes arbeiten, aber die Früchte seiner Arbeit genossen Andere! Schmach, Mißhandlung und bitteren Hunger mußte er dulden, diejenigen aber, die ihm all' dies auferlegten, spotteten seiner verachtungsvoll bei ihren Schwelgereien in ihren Burgen und Palästen!

Viele, viele Jahre duldete der europäische Bauer ohne zu murren, und wenn es ja zu arg wurde, so verbiß er seinen Ingrimm aus Furcht noch ärger gequält zu werden. Allein auch der Wurm krümmt sich, wenn man allzu hart auf ihn tritt, und so kam denn in der Mitte des vierzehnten Jahrhunderts der erste Bauernaufruhr in Frankreich zu Stande. Dort schien es nämlich, als ob die Herren von Adel sich verabredet hätten, eine Probe zu machen, wir arg man das Volk ungestraft mißhandeln dürfe, denn sie trieben den Luxus auf den höchsten Grad und zogen den Landmann wörtlich genommen so aus, daß ihm nichts mehr blieb wie die nackte Haut. „Was konnte auch – so höhnten die Herren Ritter – ein solch' verächtliches Geschöpf, ein solcher Jacques-le-Bonhomme, wie ein Bauer, mehr verlangen, und war es nicht ein Beweis von hoher Milde und Gnade, daß man dem Tropfen überhaupt nur das Leben ließ?“ Doch plötzlich, wie über Nacht, brach anno 1358 in dem Bezirk Beauvoisis, wo sich die Burgherren das Recht anmaßten, ihre Bauern „zu stöcken und zu blöcken nach ihrem Belieben“, d.h. sie mit Gefängnis oder dem Tod zu strafen, ohne vorher nach einer Verschuldung auch nur fragen zu müssen – also in Beauvoisis brach wegen eines Bluturteils eine Bauern-Revolution aus, und im Augenblick fiel der Edelherr, der das Bluturteil erlassen, mit Weib und Kind der Wut der Bauern anheim. Dieser letzteren waren es im Anfang nur wenige, vielleicht keine hundert, und ihre einzigen Waffen bestanden aus Messern und Knitteln. Aber sie schrien „Tod dem Adel“, und dieses Feldgeschrei fand ein tausendfaches Echo in ganz Frankreich. Jede Stunde vermehrte sich die Blutrotte der Bauern, und nach einem Monat schon standen ihrer Fünfzigtausend, von denen die meisten mit Picken oder Sensen bewaffnet waren, im Feld. „Schmach dem, der ruht, solange es noch einen Edelmann gibt,“ brüllten sie, und immer weiter sich fortwälzend, legten sie alle Schlösser, auf die sie stießen, in Asche, indem sie zugleich deren Insassen: Ritter, Knappen und Knechte, wie Edelfrauen, Kinder und

Mägde unter jauchzendem Freudengeschrei hinmordeten. Bald wateten sie bis an die Knöchel im Blut, aber dies schien ihre Wut nur noch zu vermehren, und sie gesellten nun zum Morden noch die furchtbarsten Quälereien und die scheußlichsten Mißhandlungen, die man sich denken kann, so daß man diese „Jaquerie" – so nannte man den Aufstand – mit nichts anderem vergleichen kann, als mit der Raserei eines wilden Tieres, das, nachdem es Jahre lang an der Kette gelegen, plötzlich losgelassen wird, um seinen Blutdurst zu stillen. Bereits waren über zweihundert Burgen von ihnen zerstört und vor Entsetzen gelähmt floh der Adel den festen Städten zu, in welchen er sich allein noch für sicher hielt; da sollte der ganze Aufstand durch die Entschlossenheit einiger wenigen tapferen Ritter ein ebenso unerwartetes als plötzliches Ende nehmen. In die große Königsburg der festen Stadt Meaux nämlich hatte sich der Kronprinz oder Dauphin von Frankreich mit einem nicht unbedeutenden Teil seiner Ritterschaft zurückgezogen, und hierher, wohin sich auch mehr als dreihundert der edelsten Damen des Landes vor den Bauern geflüchtet hatten, berief er sofort alle Tapferen von Adel, welche gesonnen seien, eine Lanze gegen den „Pöbel" einzulegen. Da fanden sich denn unter Anderen der mächtige Graf v. Foix und der hochberühmte Captal v. Buch, welcher für sich alleine eine Armee wert war, mit etwa sechzig ritterlichen Begleitern auf dem Schloß ein, und obwohl Letzterer kein Franzose, sondern ein Engländer und also von Geburt, wenn man die Wahrheit sagen will, ein Franzosenhasser war, so stand er doch keinen Augenblick an, dem Dauphin seine Dienste anzubieten. Er kam nämlich gerade aus Norddeutschland zurück, wo er mit dem Grafen v. Foix und vielen anderen Rittern, die sein berühmter Namen anlockte, einen Feldzug gegen die heidnischen Preußen mitgekämpft hatte, und da man ihnen auf dem Heimweg in der Stadt Chalons von dem furchtbaren Aufstand des gemeinen Mannes erzählte, so gab er, durchdrungen von dem Gedanken, daß es eines jeglichen Ritters erste Pflicht sei, die Ritterschaft zu verteidigen, den Bitten seines Freundes Foix, mit ihm und allen ihren Genossen nach Meaux zu reiten, mit Freuden nach. Da war nun ein Jubel, als diese Herren auf dem Schloß anlangten! Wahrhaftig, wenn ein Engel vom Himmel gestiegen wäre, um sein Schwert für die Sache der Ritterschaft zu ziehen, so hätte sich die Freude nicht stürmischer äußern können! Die vornehmen Bewohner und Bewohnerinnen der Königsburg hatten übrigens volle Ursache zu dieser so außerordentliche gehobenen Stimmung, denn die aufrührerischen Bauern waren soeben in großen Massen in die Stadt, deren Bürger gemeinschaftliche Sache mit ihnen machten, eingedrungen und wenn Einer da helfen konnte, so war es nur allein der hochherzige Captal von Buch. In der Tat traf er auch sogleich alle Anordnungen, welche ihm am Platz schienen, und als nun die Bauern wohl zwanzigtausend Mann stark unter wildem Toben den Schloßberg heraufstürmten, da fiel plötzlich die Zugbrücke und in festgeschlossener Reihe stürmten die Ritter, den Captal an der Spitze, unter den unordentlichen Haufen hinein. Im Nu waren die Linien der Bauern durchbrochen und daß sie keine Zeit fanden, sich wieder zu sammeln, dafür wußte der Anführer der Ritter ebenfalls zu sorgen. So entstand bald die ungeheuerste Verwirrung unter dem Jacque-le-Bonhomme, und so große auch seine Übermacht war, so ergriff er doch die Flucht vor den Herren Eisenreiter. Diese aber hieben nun mit einem solchen Löwengrimm auf die Flüchtigen ein, daß man es nicht mehr ein „Schlagen", sondern vielmehr ein „Schlachten" nennen mußte. Über Siebentausend fanden auf diese Manier ihren Tod und zum Schluß zündeten die Ritter die Stadt Meaux an, damit die Bürger, welche zu den Bauern gehalten hatten, ebenfalls ihre Strafe bekämen. Die Niederlage der Aufständischen war also eine vollständige; damit sie aber noch vollständiger würde und dem gemeinen Mann für immer und ewig das Gelüste vergehe, sich gegen seine Unterdrücker aufzulehnen, wurde sofort der Marschall Enguerrand von Coucy vom Dauphin befehligt, mit allen verfügbaren Rittern das Land zu durchstreifen und die zerstreuten Rotten der Flüchtigen zu vernichten. Diesem Befehl leistete der Marschall eine unbedingte Folge; ja, er tat sogar noch mehr, als ihm befohlen worden war, denn er tötete nicht bloß die Schuldigen, sondern mit ihnen auch die Unschuldigen, welche an dem Aufruhr gar keinen Anteil genommen hatten und außerdem legte er mehr als einhundert Dörfer in Asche. Ein solches Ende nahm der Bauernaufstand in Frankreich und natürlich erlaubten sich nun die Adeligen daselbst wo möglich noch ärgere Bedrückungen gegen ihre Untertanen als zuvor, ohne daran zu denken, daß doch endlich ein Tag kommen könnte, wo der getretene Wurm Gleiches mit Gleichem vergelten würde.

Einen ganz ähnlichen Ausgang nahm auch der Bauernaufruhr in England unter der Regierung Richards II., und ich kann daher mit wenigen Worten über ihn hinweggehen. Es geschah nämlich anno 1380, daß in der Stadt Deptford ein sonst ganz unbescholtener Mann mit Namen Wat-Tyler, d.i. „Walter, der Schieferdecker“, einem Adeligen, der sich gegen seine Tochter ein unanständiges Benehmen erlaubte, mit seinem Hammer den Hirnschädel einschlug und daß dann die Regierung den Befehl gab, den Schieferdecker für seine schnelle Tat hinzurichten. Solches ging dem Volk gegen den Sinn und bald scharten sich Hunderte um den Gefährdeten, um ihn mit den Waffen in der Hand zu verteidigen; aus den Hunderten aber wurden in wenigen Tagen Tausende und Abertausende, denn es hatte bei der furchtbaren Bedrückung, die sich der Adel erlaubte, nur eines Signals zum allgemeinen Ausbruch des Aufruhrs bedurft. Wie ein Blitz erhob sich also das Volk unter der Anführung des Wat-Tyler und seines Freundes, des Bruder Johann, eines früheren Franziskanermönchs, und da es am Anfang große Erfolge erreichte, so schlossen sich ihm auch Personen von Gewicht an; sein offen ausgesprochenes Verlangen aber ging dahin, daß aller Adel sowie überhaupt alle bevorrechteten Stände abgeschafft werden müßten, indem alle Menschen Brüder und vom himmlischen Vater mit gleichen Rechten und Pflichten bedacht worden seien. Bald schwoll der Aufruhr so an, daß es nötig wurde, das Bauernheer unter verschiedene Anführer zu stellen und Wat-Tyler gab also denen aus den Provinzen Essex, Suffolk und Norfolk den Jack Straw, sowie den Littester zu Hauptleuten, während er selbst mit dem Bruder Johann die Sussexer und Kenter befehligte. Diese Anordnung jedoch sollte der Untergang von ihnen allen sein, denn der hinterlistige König wußte die Trennung des Bauernheeres in verschiedene Haufen nur zu gut zu benützen. Kaum also waren die Bauern, mit denen die unteren Klassen der Bürgerschaft von London natürlich vollkommen sympathisierten, siegreich in diese Hauptstadt Englands eingedrungen – es geschah dies am Morgen des Frohnleichnamtages, d.i. am 14. Juni 1381 – und hatten da Mord, Brand und Verwüstung verbreitet, so ließ der König, welcher gar kluge Ratgeber an der Seite hatte, denen von Essex unter Jack Straw sagen, daß er ihre Beschwerden gerne wissen möchte, indem er bereit sei, denselben so weit wie nur irgend tunlich abzuhelfen. „Sie sollten

Die Blutrache der Bauern .

sich also in der Vorstadt Mileend aufstellen und dann wolle er zu ihnen hinausreiten, um persönlich mit ihnen zu verhandeln.“ Darauf gingen die Essexer bereitwilligst ein, und eine Stunde danach befand sich der König mit seinen Räten bereits bei ihnen. Darauf trug Jack Straw die Beschwerden der Bauern vor und verlangte sofortige Aufhebung der Leibeigenschaft und Abschaffung der übermäßigen Abgaben, Zinse, und Frohnen, weiter Freigebung des Grund und Bodens an die Bauern und allgemeine Verkaufs- und Kaufsfreiheit der Güter und Äcker, endlich eine allgemeine Amnestie für Alle, so sich am Aufstand beteiligt hatten. Es waren dies Forderungen, welche der sehr aristokratisch gesinnte und für die Vorrechte des Adels eingenommene König zu jeder anderen Zeit mit Verachtung von sich gewiesen hätte; allein heute fand er sie ganz angemessen, ging sogleich auf Alles ein, indem er auch nicht das Geringste aussetzte, ließ sofort einen Gnadenbrief ausfertigen, in welchem er alles Verlangte unbedingt bewilligte, unterschrieb den Brief eigenhändig und siegelte ihn schließlich mit seinem königlichen Siegel. Wer war nun froher als die Bauern von Essex? Sie hatte ja mehr bewilligt bekommen, als sie zu erlangen gehofft hatten, und darum brachten sie dem König ein Lebehoch, indem sie zugleich seiner Aufforderung, nunmehr ruhig nach Hause zu gehen, alsobald Folge leisteten! Doch nicht bloß sie waren froh, sondern noch viel mehr der König mit seiner adeligen Umgebung, denn – den vierten Teil der Bauern war er nun mit guter Manier los und zwei weitere Viertel hoffte er auf dieselbe Weise kirre zu machen. In der Tat gelang ihm dies auch mit den Suffolkern und Norfolkern unter Littester, sowie mit den Sussexern unter Bruder Johann, und sie alle zogen mit dem königlichen Gnadenbrief versehen wohlgemut in die Heimat ab. Nun sandte der König schließlich noch zu Wat-Tyler und ließ ihn einladen, am Morgen des anderen Tages mit seinem Haufen in der Vorstadt Smithfield zu erscheinen, damit er auch mit ihm seinen Frieden machen könne. Wat-Tyler, der sich inzwischen, nachdem er in den Tower eingedrungen war, des Erzbischoffs von Canterbury, des Schatzmeisters Robert Hales sowie noch anderer Kronbeamten bemächtigt und dieselben gleich am Abend des 14. Juni als die bittersten Feinde des Volkes öffentlich hatte enthaupten lassen, empfing die Aufforderung des Regenten zwar mit Kopfschütteln, beschloß aber doch Folge zu leisten und fand sich also richtig mit seinem ganzen Haufen – im Ganzen an die zwanzigtausend Männer – am Morgen des 15. in Smithfield ein. Auch Richard II. kam zur rechten Zeit. Sein Gefolge jedoch bestand diesmal nicht aus einigen wenigen Räten, sondern vielmehr aus den Erlesensten seiner Ritterschaft, welche natürlich alle vom Kopf bis zum Fuß bewaffnet waren. Man schlug sofort dem Wat-Tyler dieselben Bedingungen vor, auf welche die anderen Bauernhaufen bereits eingegangen waren, und der Schieferdecker erklärte sich damit einverstanden, allein er verlangte eine bessere Garantie oder Gewährleistung, denn diejenige, mit welcher sich Jack Straw und die Anderen begnügt hatten. Er war nämlich klug genug einzusehen, daß der König mit dem ausgestellten Gnadenbrief nur sein Spiel treibe und damit eigentlich gar nichts beabsichtige, als die Bauern zu entwaffnen, um dann nachher mit ihnen anzufangen, was er wolle – wer konnte es ihm also verargen, daß er nicht blindlings in die Falle ging? Ohne Zweifel hatte übrigens der König auf seine Weigerung gerechnet, denn er lächelte, als er die Antwort erhielt, vergnügt vor sich hin und ließ sodann, nachdem er mit einigen der Herren in seiner nächsten Nähe einen Blick gewechselt, den Schieferdecker einladen, näher zu treten, „damit sie sich bei persönlicher Rücksprache verständigen könnten." Wat-Tyler trat vor, bis hart vor den König hin, und dieser redete ihn alsobald mit heftigen Worten an; allein kaum hatte er die ersten Worte gesprochen, so zog Wilhelm Walworth, der Lordmayor von London, sein Schwert und stieß es dem Schieferdecker durch den Hals, während Harry Standish, der Stallmeister des Königs, ihm zu gleicher Zeit einen ebenfalls tödlichen Hieb über den Kopf gab. Offenbar also war der Mord vorher verabredet gewesen, denn sonst hätten die Zwei nicht wie nach einem gegebenen Stichwort handeln können; doch an dem Tod Wat-Tylers genügte es natürlich nicht, obwohl er, als die Seele des Aufstandes, zuerst hatte beseitigt werden müssen. Demgemäß wurde jetzt dem übelberüchtigten wilden Kriegshauptmann des Königs, dem Ritter Knolles, welcher sich mit einer großen Schar gepanzerter Ritter in nächster Nähe, aber natürlich im Verborgenen, aufgestellt hatte, ein Zeichen gegeben und alsobald stürzte derselbe über die bestürzten Bauern her, während die nächste Umgebung Richards ebenfalls vom Leder zog. Nach wenigen Minuten schon ergriffen die so plötzlich Überraschten, welche das Grausen über die blutige Tat fast gelähmt hatte, die Flucht, und – nun war es mit dem Aufstand für immer aus. Ja, nicht bloß aus war es, sondern die Strafe folgte auf dem Fuße nach und was für eine Strafe! Der König nämlich, der, wie sich jetzt herausstellte, nie daran gedacht hatte, auch nur einen Buchstaben von dem in seinen Gnadenbriefen Versprochenen zu halten, eilte nun, nachdem Wat-Tylers Haufen zerstreut und fast aufgerieben war, mit einem mächtigen Kriegsheer nach Kent, Essex, Suffolk und wie die aufrührerisch gewesenen Provinzen alle hießen, trieb diejenigen, die etwa einen vereinzelten Widerstand wagten, mit Leichtigkeit zu Paaren und setzte allüberall ein Blutgericht ein, welches unter der Oberleitung des gräßlichen Tressilian gegen Schuldige und Nichtschuldige mit derselben unerhörten Grausamkeit verfuhr. Oft hängte man an einem Tag ihrer fünfzig Bauern an ein und denselben Galgen, und im Ganzen genommen mögen gegen dreitausend dieses Schicksals teilhaftig geworden sein; den Rädelsführern aber, wie dem Littester, dem Jack Straw und dem Bruder Johann riß man die Eingeweide aus dem lebendigen Leib, verbrannte dieselben vor ihren Augen, zwickte sie dann an allen Gliedern mit glühenden Zangen und ließ sie schließlich vierteilen, nachdem man sie vorher stundenweise wahrhaft teuflisch gemartert hatte. Auf diese Art hielt Richard II. sein Königliches Wort und wenn ein Dorf oder ein Städtchen ihm den Gnadenbrief vorzuhalten wagte, so antwortete er nur damit, daß er auf sein Schwert schlug. Leibeigen war der Bauer vorher und leibeigen sollte er bleiben bis in die allerfernsten Zeiten!

In England also verunglückte der Bauernaufstand eben so gut wie in Frankreich und die äußeren Folgen waren nur die, daß man die Fesseln, in denen der gemeine Mann schmachtete, wo möglich noch fester schmiedete. Hieraus hätte sich also der Letztere in den übrigen Ländern Europas eine gute Lehre ziehen können, allein – der Druck des Adels war eben allzu groß, als daß nicht deswegen doch wieder bald da bald dort Aufstandsversuche gemacht worden wären, und der allerfurchtbarste von allen sollte unserem Vaterland Deutschland vorbehalten bleiben. Dies war der Bauernaufstand oder auch Bauernkrieg, der i. J. 1524 seinen Anfang nahm und sich in der kürzesten Zeit mit solcher Wucht über ganz Deutschland verbreitete, daß alle bisherige Ordnung der Dinge aus den Fugen zu gehen schien, - der Bauernkrieg, der zwar ebenfalls später mit Waffengewalt unterdrückt wurde, der aber dennoch die gewichtigsten Folgen nach sich ziehen und dem Rittertum ein für alle Male ein Ende machen sollte!

Weil nun aber die Bauern in Deutschland erst hundertundvierzig Jahre nach denen in England und hundertundsechzig Jahre nach denen in Frankreich aufstanden, so könnte man vielleicht glauben, sie seien in unserem Vaterland weniger gedrückt gewesen; allein dem war durchaus nicht so. Im Gegenteil, nirgends wurde das „Brennen, Kriegen, Rauben, Morden, Würgen, Fangen, Stöcken, Pflöcken, Schatzen, Schinden und Saugen" – wie sich eine alte Chronik ausdrückt – ärger betrieben, als gerade im deutschen Reich, so daß in keinem Teil Europas der Landmann schlimmer dran war; aber der Deutsche ist dafür bekannt, daß er selbst das Ärgste geduldig erträgt, solange es nur irgend möglicher Weise ertragen werden kann und so durften denn die Adeligen bei uns ein gut Teil länger ungestraft ihr Unwesen treiben. Vorbereitungen zum Aufstand jedoch, sowie Aufstands-Versuche kamen schon lange vor 1524 vor und ich brauche in dieser Beziehung nur an die verschiedenen „Bundschuhverschwörungen" und an den „Armen Conrad" zu erinnern, so wird man mich schon verstehen. Die erste Bundschuhverschwörung kam ums Jahr 1493 im Elsaß zu Stande und sie hieß so, weil die Verschworenen einen „Bundschuh" – die Ritter tragen Stiefeln und Sporen, dem Bauer aber waren Schuhe vorgeschrieben, welche er zum Zeichen seiner Untertätigkeit vom Knöchel an aufwärts bis zu den Knien kreuzweise mit Riemen festbinden mußte – als Abzeichen auf ihre Fahnen hatten malen lassen. Ihr Zweck war, wie man schon aus dem Namen schließen kann: Befreiung des gemeinen Mannes aus seiner tief herabgewürdigten Lage, somit Abschaffung des Adels und der bevorrechteten Klassen, und Jeder, der in den Bund aufgenommen wurde, mußte einen teuren Eid zur Geheimhaltung desselben ablegen. Aber trotz des Eides gab es doch Verräter und nun traf die Verschworenen, die sich nicht durch die Flucht retteten, Verstümmelung, Landesverweisung oder Enthauptung. Eine zweite Bundschuhverschwörung ging vom Dorf Untergrünbach bei Bruchsal aus und was die Verschworenen wollten, das kann man schon aus der Losung, an der sie sich erkannten, ersehen. Wenn nämlich Einer einen Zweiten, dem er begegnete, fragte: „Loset, was ist das wirklich für ein Wesen", und der Andere antwortete: „Wir können vor Adel und Pfaffen nie genesen", so waren die Beiden – Bundschuhbrüder und solcher zählte man im Jahr 1502 am Rhein, am Neckar und am Main über achttausend. Die Führer hofften also bald losschlagen zu können, aber siehe da, in dem genannten Jahr verriet ein Mitglied das Geheimnis „in der Beichte", und der Priester versäumte es nicht, die Regierungen sofort von der Sache zu unterrichten. Jetzt regnete es förmlich Blutbefehle von Seiten der Herrschenden und allüberall hin sandten sie ihre Häscher, um die Schuldigen zu fahen. Viele entkamen; nicht Wenige aber packte man und wie einer überführt oder geständig war, so mußte er ohne Gnade sterben; war's aber gar ein Häuptling oder Anführer, so band man ihn an den Schweif eines Rosses, schleppte ihn so auf den Richtplatz und ließ ihn dann lebendig von vier Paar Ochsen in vier Teile zerreißen. Man sollte nun meinen, eine solch' barbarische Strenge werden den Bauern das „Sich-Verschwören" für immer verleidet haben, aber dem war doch nicht so, denn schon anno 1512 gab es im Breisgau einen neuen Bundschuhgeheimbund, der übrigens ebenfalls entdeckt wurde und mit den furchtbarsten Verfolgungen der Teilnehmer endete. Ganz dasselbe Schicksal erlitt drei Jahre später die Verschwörung des „Armen Conrad“ im Schwabenland, welche gegen den Herzog Ulrich von Württemberg gerichtet war, und es ist eigentümlich, daß die Verschworenen ihrem Bund im Anfang ebenfalls den Namen „Bundschuh“ beilegen wollten. Sie taten es jedoch nicht, weil dieser Name ein geächteter war und hießen sich dann bezeichnend genug „die arme Bruderschaft ohne Rat“. Konrad nämlich, oder „koan Roath“ auf gut schwäbisch, heißt soviel wie „kein Rat“, und sie wollten also mit dieser Benennung andeuten, daß sie arme Leute seien, die sich nicht mehr zu helfen wüßten. Im Übrigen gaben sie sich ganz dieselbe innere Einrichtung, welche die Bundschuher gehabt hatten, und namentlich stellten sie einen Hauptmann an die Spitze, der das Ganze leitete und eine Liste aller Verschworenen besaß. Das war aber, wie sich nachher zeigte, ein großer Fehler, denn als der Bund nach kurzem Bestand entdeckt wurde, fand sich die Liste vor und nun war es leicht, sich all derer zu bemächtigen, welche sich bei der Bewegung besonders tätig erwiesen hatten. Ihre Zahl betrug nicht weniger als tausendsechhundert und beinahe wären sie alle zum Tod verurteilt worden; doch ließ der Herzog sich endlich bewegen, sich mit der Hinrichtung der Vornehmsten und Schuldigsten zu begnügen, und die Übrigen erhielten eine Geldstrafe, wenn sie die Verbannung nicht vorzogen.

Also endeten sämtliche Vorspiele des großen Bauernkrieges. Jedes Mal siegte der Adel und die fürstliche Gewalt, aber Alles deutete darauf hin, daß damit die Bewegung, welche gleichsam in der Luft steckte, keinesweg vollständig erstickt und totgemacht sei, sondern daß sie vielmehr nur auf den rechten Augenblick warte, wo sie mit voller Gewalt hervorbrechen könne. Das hätten sich die Herren Adeligen hinters Ohr schreiben und mindestens den Versuch machen sollen, dem kommenden Aufruhr durch Abschaffung wenigstens der Hauptbeschwerden zuvorzukommen; allein nichts von alle dem! Sie wurden vielmehr mit jedem Tag trotziger und „des Schindens und Schabens war kein Ende“. Der gemeine Mann schien ihnen immer noch nicht genug ausgedrückt und somit preßten und preßten sie, um sich auch noch den letzten Tropfen Saftes anzueignen. Die Bauern aber – nun die Bauern ließen sich pressen, bis ihnen fast der Atem ausging, doch endlich – endlich, als das Maß der adeligen Sünden über und über voll war, faßte der Gedanke, „daß sie denn doch auch zum Menschengeschlecht gehörten und daß sie also ein ebenso gutes Recht zu einer menschenwürdigen Existenz hätten wie die Herren Ritter, Prälaten und Fürsten“, ums Jahr 1524 Wurzel in ihnen, und diese Wurzel trieb so schnell Schoß, daß alsbald ein mächtiger Baum daraus wurde. Warum aber ging dies jetzt auf einmal so schnell, während vorher alle die verschiedenen Bünde gegen die adeligen Unterdrücker nur Versuche blieben und sozusagen im Keim erstickt wurden? Ei nun, die Antwort ist gar bald gegeben, und liegt in dem einzigen Wörtlein „Reformation“. Damals war es ja, wo die hellsten Geister der deutschen Nation das bisherige geistliche Joch abwarfen und die Freiheit des Denkens verkündeten! Damals war es, wo seit langen Jahrhunderten zum ersten Mal wieder das Wort der heiligen Schrift ans Tageslicht gezogen wurde, und wo sich Jedermann durch seine eigenen Augen überzeugen konnte, was der Stifter unserer Religion nebst seinen Jüngern gelehrt, gepredigt und gewollt habe! Und die Verständigeren unter den Bauern lasen in der Bibel und fanden darin das Wort „von der evangelischen Freiheit und Gleichheit“; von dem Adel und seinen Vorrechten aber, sowie von der Leibeigenschaft und was daran hing, fanden sie nichts, gar nichts! Im Gegenteil – es stand geschrieben, daß die Menschen alle Kinder Eines Vaters seien und sich als Brüder und Schwester erkennen sollten; es stand geschrieben, daß Christus nur deswegen die menschliche Natur angenommen habe, um uns alle aus den Banden der Knechtschaft zu erlösen, sowie daß er gekommen sei, um alles Erschaffene frei zu machen! Dieses Alles und noch vieles mehr lasen die Bauern in der Bibel und einer teilte dem anderen die neue evangelische Lehre mit – wird man sich also nunmehr noch wundern, daß der jetzt entstehende Bundschuh alsbald ganz andere Verhältnisse annahm, als alle früheren Verbindungen, Verschwörungen und Aufstände?

Es kann nun natürlich nicht meine Absicht sein, den ganzen Verlauf des Bauernkrieges weitläufig zu schildern, denn solches würde ein eigenes Buch erfordern, aber von seiner „Entstehung“, dann davon „wie es während desselben die Bauern mit den Rittern trieben“, und endlich „von dem Ende sowie von den Folgen des großen Kampfes“ muß ich doch ein wenig berichten, weil ja dieses Alles im genauesten Zusammenhang mit dem Rittertum steht. Also – der Bauernkrieg nahm seinen Anfang im Jahr 1524 und zwar in der Landgrafschaft Stühlingen, welche sich in jener Zeit vom oberen Schwarzwald bis an den oberen Rhein hin ausdehnte. Landgraf von Stühlingen war damals Sigismund II., genannt Herr von Lupfen, nach seinem Stammschloß Hohenlupfen in der Baar, und er stand allgemein im Ruf, daß er ein Bauernschinder sei, wie sonst kaum Einer im ganzen deutschen Reich. Noch ärger jedoch, als er, wußte es seine hochadelige Gemahlin Helena, eine geborene Gräfin von Rapoltstein, zu treiben, und es schien fast, als ob sie sich jenen schlimmen Ritter von Eppstein, welcher im Jahr 1494 einem Bäuerlein, das in einem ihm zugehörigen Bach einige Krebse gefangen hatte, den Kopf abschlagen ließ, zum Muster genommen hätte. Sie hielt nämlich ihre Bauern nebst deren Weibern und Kindern nicht nur die ganze Woche hindurch zur strengsten Arbeit an, sondern sie zwang sie auch an Sonn- und Feiertagen, an welchen gesetzlich jedem Leibeigenen Ruhe zu gönnen war, für sie tätig zu sein und entweder Erdbeeren, Waldkirschen und Schlehen, oder Schnecken, Schwämme und Pilze zu suchen. Wer aber darin lässig war und sich vielleicht mit Krankheit oder schlechtem Wetter entschuldigen wollte, dem wurde so arg mitgespielt, als wäre er der ärgste Verbrecher gewesen. Ja, sogar bis zu einem Todesurteil soll sich einmal die strenge Herrin habe verleiten lassen und ihr Herr Gemahl – so wird erzählt – sei so schwach gewesen, ihr in diesem wahnsinnigen Beginnen keinen Widerstand entgegenzusetzen! Da aber – wahrscheinlich am Feiertag Johannes des Täufers, den 24. Juni – empörten sich die Bauern des Städtchens Stühlingen, und ihnen schlossen sich alsbald die Bewohner der benachbarten Dörfer Bondorf, Bulgenbach, Ewatingen und Bethmaringen an. Am nächsten Tag schon waren sie ihrer sechshundert und – einen Führer hatten sie auch, nämlich den Bauern Hans Müller von Bulgenbach, der, weil er früher lange Kriegsdienst getan (in den Feldzügen Kaiser Karls gegen König Franz von Frankreich), das Waffenhandwerk wohl verstand und sich überdies durch große Erfahrung, Klugheit und Beredsamkeit auszeichnete. Da sie nun übrigens jeden Augenblick erwarten mußten, daß ihr bisheriger Herr, der

Graf von Lupfen, dem sie den Gehorsam gekündigt, über sie herfallen werde, sobald er eine gehörige Macht beieinander habe, so luden sie die benachbarten Untertanen des Grafen von Sulz und die des Freiherrn David von Landeck, sowie die des Stiftes St. Blasien sofort ein, mit ihnen gemeinschaftliche Sache zu machen. In der Tat folgten diese dem Ruf sogleich und bald konnte Hans Müller über einige tausend Männer verfügen, welche er täglich in den Waffen einübte. Etwas später erklärten sich auch die Bürger von Waldshut, eines österreichischen Städtchens, dessen Einwohner sich aber meist mit Ackerbau beschäftigten, bereit, an dem Aufstand teilzunehmen und am Feiertag Bartholomäi, dem 24. August, also gerade zwei Monate nach dem Beginn der Bewegung, wurde zwischen ihnen und den Bauern ein förmliches Bündnis geschlossen, welchem sie, damit gleich Jedermann wüßte, was sie wollten, den Namen der „evangelischen Brüderschaft“ gaben. „Brüder“ wollten sie sein und „frei nach dem Evangelium“, das schwörten sie sich gegenseitig zu; aber nicht für sie allein verlangten sie diese „Freiheit und Gleichheit“, sondern für den gemeinen Mann überhaupt, also namentlich für alle Bauern im ganzen deutschen Reich. Darum sandten sie also bald geheime Botschaften (die Boten zahlte man aus der gemeinschaftlichen Bundeskasse, in welche jedes Mitglied wöchentlich einen Batzen einlegen mußte) ins Hegäu, ins Breisgau, ins Sundgau, nach dem Elsaß, nach Schwaben, nach Franken, nach Thüringen und den Rhein hinab bis wo die Mosel sich mit ihm verbindet, und alle diese Boten sollten unter den Bauern Verbündete gewinnen und ihnen verkünden, „daß sie, die evangelischen Brüder, keinen andern Herrn mehr anerkennen, denn nur allein den Kaiser, daß sie ihm den Tribut des gemeinen Pfennigs bezahlen wollen, dagegen aber sonst Niemanden Zinse, Abgaben oder Frohnen leisten würden, endlich daß sie einen heiligen Eid geleistet hätten, nicht zu ruhen, bis alle Burgen, Schlösser und Klöster zerstört seien.“

Dies war der Anfang des großen Bauernaufruhrs in Deutschland, aber die Feindseligkeiten selbst brachen erst im nächsten Jahr aus. Weil nämlich der Graf v. Lupfen in den ersten paar Wochen mit Hilfe seiner Nachbarn kein größeres Heer als zweihundert Reiter und achthundert Fußgänger (die meisten waffengewohnten Männer Süddeutschlands fochten damals unter der Fahne des Connetable von Bourbon in Italien gegen die Franzosen) auftreiben konnte, wagte er es nicht, die Bauern anzugreifen, aus Furcht, eine etwaige Niederlage möchte die Sache des Adels ganz unhaltbar machen, sondern schlug vielmehr einen gütlichen Weg ein und trug darauf an, daß das Landgericht Stockach die Beschwerden des gemeinen Mannes untersuchen sollte. Das war aber bloß ein Vorwand, um Zeit zu gewinnen, denn als der 27. Dezember, welcher als Gerichtstag festgesetzt war, erschien, fanden sich die adeligen Herren nicht ein, sondern verlangten eine neue Frist. So zog sich die Sache noch mehrere Monate lang hin und einstweilen rüstete sich der Erzherzog Ferdinand von Österreich (der damalige Herr von Württemberg, weil Herzog Ulrich vertrieben war) nebst den Grafen v. Lupfen, v. Sulz, v. Fürstenberg und dem ganzen schwäbischen Bund aufs eifrigste, damit er mit dem kommenden Frühjahr den Bauern die Spitze bieten könne. Daran nämlich dachte kein einziger der adeligen Herren, daß man dem gemeinen Mann etwas gerecht werden müsse, sondern ihre Absicht ging nur dahin, denselben zum früheren sklavischen Gehorsam zurückzubringen und ihm das Revoltieren auf immer und ewig zu vertreiben. Allein wenn die Herren Ritter, Grafen und Fürsten tätig waren, so blieben die Bauern auch nicht auf der faulen Haut liegen; nur treiben sie ihre Zurüstungen soviel wie möglich im Verborgenen und von den vielen Boten, die von einer Gemeinde, Grafschaft und Provinz in die andere flogen, um überall zum kräftigsten Widerstand anzumahnen, konnte man öffentlich gar nichts gewahren.

Mitte März des Jahres 1525 war Erzherzog Ferdinand nebst seinen Verbündeten mit den Vorbereitungen zum Krieg fertig und sein oberster Feldhauptmann, der grausame Truchseß Georg v. Waldburg, erhielt sofort Befehl von ihm, die Aufrührer zum unbedingten Gehorsam zurückzuführen. Aber siehe da, kaum machte der Truchseß die ersten kriegerischen Bewegungen, so standen auch schon die Bauern in Waffen, und – wie standen sie in Waffen! Vom Rhein bis zum Schwarzwald und vom Schwarzwald bis zum Bodensee – allüberall in allen Dörfern und Gemeinden heulten die Sturmglocken und im Sturmmarsch eilten die waffenfähigen Bewohner zu den vorher schon bestimmten Sammelplätzen, wo sie sich sofort unter die Befehle kriegskundiger Führer stellten. Daran genügte es aber noch nicht, sondern mit gleicher Blitzesschnelle verbreitete sich der Aufstand in die Donau-, Neckar-, Kocher und Jagstgegend, von da über Neresheim, Bopfingen, Ellwangen und Nördlingen ins Gmündische, Hällische und Hohenlohe'sche, sodann in den Odenwald, in den Rheingau, sowie bis ins Herz von Franken hinein und endlich über den Thüringer Wald hinaus bis ins Sächsische und an den Unterrhein. Das war ein merkwürdiges, fast staunenswertes Ineinandergreifen, denn um es kurz zu sagen, allüberall in ganz Deutschland erhob sich die ganze Bauernschaft mit einem Schlag und natürlich war nun sie es, welche die Feindseligkeiten eröffnete, indem ja der angreifende Teil immer im Vorteil zu sein scheint. An einen Krieg jedoch, wie man ihn heutzutage zu führen gewohnt ist, also an einen regelmäßigen, nach richtiger Ordnung geführten Krieg, der durch ein paar Hauptschlachten entschieden worden wäre, darf man dabei nicht denken, sondern beide Parteien suchten einander vielmehr dadurch aufzureiben, daß sie sich soviel Schaden wie möglich zufügten. Insbesondere war es den Bauern keinesweg darum zu tun, dem Truchseß, welcher über zweitausend Reiter, gegen achttausend Fußgänger und eine vortreffliche Artillerie beieinander hatte, auf offenem Feld zu begegnen, weil sie, da sie viel schlechter bewaffnet waren und überdies fast gar keine Artillerie besaßen, dabei fast notwendigerweise den Kürzeren ziehen mußten. Darum wichen sie ihm auch aus, solange sie es nur irgend möglich machen konnten, und begnügten sich damit, in zerstreuten Haufen auf die Burgen ihrer bisherigen Zwingherren loszugehen, um dieselben dem Erdboden gleich zu machen und ihre Insassen dem Tod zu überliefern. Sobald aber der Truchseß seine Hauptmacht trennte und es versuchte, jedem Haufen der Aufständischen einen Teil der Seinigen entgegenzustellen, dann versäumten es die Bauern nie, mit großer Übermacht über vereinzelte Rotten herzufallen und dieselben, wo irgend möglich, zu vernichten. Freilich gelang es dagegen auch oft dem Truchseß, eine größere Abteilung der Bauern zu überraschen und dann machte der Tod regelmäßig eine große Beute. So z.B. bei Laupheim in der Nähe von Ulm, wo gegen tausend und bei Günzburg an der Donau, wo mindestens eben so viele hingeschlachtet wurden, denn von Schonung war bei ihm keine Rede, und wenn seine Leute je Gefangene machten, so ließ er dieselben sofort vom Scharfrichter abtun. Um nun aber dem Leser einen Begriff davon zu geben, mit welch außerordentlicher

Wut und Grausamkeit Bauern wie Adelige in diesem schrecklichen Krieg verfuhren, will ich ihm eine Episode, d. i. einen kleinen Abschnitt aus demselben, nämlich das Blutgericht vor Weinsberg, etwas umständlicher erzählen, und Jeder, der von diesem traurigen Begebnis Kunde nimmt, wird unwillkürlich Gott danken, daß die Zeiten, wo so Furchtbares geschehen konnte, nun hoffentlich für immer vorüber sind.

Im Hohenlohe'schen, im Odenwald, im Neckartal und im Hällischen war Ende März 1525 der Aufstand des gemeinen Mannes so gut losgebrochen, wie in Oberschwaben und als Anführer der Bauern finden wir da den Wendel Hipler, einen früheren Angestellten des Hauses Hohenlohe, dem aber, statt Lohn, Mißhandlung zuteil geworden war; den Jörg Metzler, welcher in Ballenberg eine vielbesuchte Wirtschaft besaß; den Wolfgang Kirschenesser, einst Pfarrherr zu Frickenhofen bei Gaildorf; den Jäcklin (Jakob) Rohrbach von Böckingen bei Heilbronn, einen wilden Gesellen, aber von angesehener Familie; sowie den Florian Geyer v. Geyersberg, einen tapferen Altadeligen, der jedoch den Rittermantel abgeworfen hatte, um mit dem bedrückten Volk gemeinschaftliche Sache zu machen. Im Kloster Schönthal nun kamen diese Hauptleute der Bauern zusammen, um einen gemeinschaftlichen Feldzugsplan zu entwerfen, und das Resultat war, daß sich Anfang April alle die einzelnen Fähnlein zu einem einzigen „hellen", d. i. vereinigten Haufen, welcher etwa achttausend Mann stark sein mochte, zusammentaten. Ohne viel Widerstand zu finden, eroberte der helle Haufen sofort die beiden hohenlohe'sche Städtchen Oehringen und Neuenstein mit den daselbst befindlichen Schlössern, plünderte das Kloster Lichtenstern, nahm Stadt und Schloß Löwenstein weg und zog am Morgen des 14. April, am Karfreitag, triumphierend in Neckarsulm, welches den Deutschherren erb und eigen war, ein. Hier ließen es sich die Bauern verschiedene Stunden lang wohl sein, denn es gab da reiche deutschherrische Vorräte, aber zu gleicher Zeit warfen sie auch ihre verlangenden Blicke auf das nur zwei Stunden von Neckarsulm entfernte, mit Mauern und Türmen gut beschützte Weinsberg, welches damals schon zu Württemberg gehörte, und von dessen festem Schloß, der hochberühmten Weibertreue, herab dem gemeinen Mann schon viel Trübsal zugefügt worden war. Auch diesmal fehlte es dort nicht an einem Bauernschinder, denn – Obervogt von Weinsberg war Graf Ludwig Helfrich von Helfenstein, ein Liebling des Erzherzogs Ferdinand und sogar ein Verwandter von ihm, indem seine Gemahlin Margarethe den Kaiser Maximilian I. ihren natürlichen Vater zu nennen das Recht hatte. Aber nicht bloß ein Bauernschinder war dieser Graf, sondern auch ein erfahrener und tapferer Ritter, indem er, trotzdem er erst siebenundzwanzig Jahre zählte, bereits schon seit seinem fünfzehnten Jahr Kriegsdienste tat. Diese seine Kriegstüchtigkeit bewies er auch diesmal wieder, und auf die erste Nachricht von dem Bauernaufstand hin eilte er zur Regierung nach Stuttgart, um sich da eine kräftige Hilfe zu holen. Man konnte ihm jedoch für den ersten Augenblick nicht mehr als zwanzig Ritter nebst fünfzig Reisigen mitgeben, versprach ihm dagegen, sobald nur irgend möglich, tausend weiterer Krieger nachzusenden, und außerdem machte man ihm Hoffnung, daß er auch vom Markgrafen von Baden, sowie vom Kurfürsten von der Pfalz unterstützt werden würde. Mit diesem Bescheid machte sich der Graf am 12. April in Begleitung seiner siebzig Ritter und Reisigen wieder auf den Weg nach Weinsberg, und man kann sich wohl denken, daß ihm nicht ganz getrost zu Mute sein mochte. Noch größer aber als seine Besorgnis war sein Zorn, und deswegen unterließ er es auch nicht, alle Bauern, die ihm unterwegs begegneten, aufzugreifen und ohne Weiteres zu erwürgen. Ebenso wütend verfuhr er an den darauf folgenden Tagen und am Karfreitag früh, als der helle Haufen nach Neckarsulm zog, überfiel er denn Nachtrab und erstach der Bauern etliche fünfzig. Das wa r ein grausam blutiges Verfahren und man darf sich daher nicht wundern, wenn die in Neckarsulm versammelten Hauptleute, als sie davon Kunde erhielten, in eine furchtbare Entrüstung über den Grafen ausbrachen. Noch größer wurde diese Wut, als jetzt auch Botschaft von der Donau kam, wie mordlustig der Truchseß Georg bei Ulm oben gehaust habe und noch hause, und wie er namentlich alle Gefangenen ohne Schonung und Rücksicht samt und sonders durch den Scharfrichter abtun lasse. Solche Taten schrien nach Rache, nach grausamer, blutiger Rache und darum schwörten auch die Bauernanführer, bei der nächsten Gelegenheit sicherlich Gleiches mit Gleichem, das ist Mord mit Mord, zu vergelten.

Noch am Karfreitag Abend erhielt Graf Ludwig von Seiten des Bauernheeres eine Aufforderung, Stadt und Festung Weinsberg sofort zu übergeben oder dessen gewärtig zu sein, was da komme; er aber erwiderte trotzig, die Bauern sollten sich stehenden Fußes nach Hause scheren, denn sonst würde er alle Bauerndörfer rund herum in Flammen aufgehen und Weiber und Kinder darin verbrennen lassen. Zu gleicher Zeit beschloß er, sowohl die Stadt wie die Burg aufs Äußerste zu verteidigen und Beides schien ihm nicht so unschwer – wenigstens für die nächsten paar Tage, bis die versprochene Hilfe ankäme – wenn nur die Bürger Weinsbergs treu zu ihm hielten und ihn in der Verteidigung der Mauern und Tore unterstützten. Doch – eben an dieser Treue mangelte es und ein großer Teil der Bewohner Weinsbergs hielt es im Herzen mit den Bauern. Trotzdem also Graf Ludwig mit den Seinen gar gute Wacht hielt, so gelang es doch einem Weib, sich durch List aus der Stadt zu stehlen, und durch diese Frau, welche am Ostersonntag in Neckarsulm ankam, erfuhren die Hauptleute des hellen Haufens, daß für sie in Weinsberg eine Partei existiere, welche ihnen ein Tor öffnen wolle. Zu gleicher Zeit gelang es einem Fuhrmann aus Neuenstein, der damals auf der Burg Weibertreue gefangen gehalten wurde, von da zu entkommen, und dieser machte die weitere Meldung, daß die Burg, obwohl Graf Ludwig Weib und Kind nebst allen seinen Schätzen dort verwahre, nur von acht Rittern verteidigt werde und also gar wohl zu erstürmen sei. Demgemäß wurde im Bauernlager beschlossen, gleich den anderen Morgen gegen Weinsberg zu ziehen, um sich da die Ostereier zu holen und dieser Beschluß kam auch sofort zur Ausführung.

Am 16. April, dem Osterfest, lang vor Tagesanbruch, zog der helle Haufen in guter Ordnung über Erlenbach und Binswangen gegen Weinsberg heran, und alle beobachteten eine große Stille, um die in der Stadt womöglich zu überraschen; ein Bürger von Heilbronn jedoch, der sich unter ihnen befand, schlich sich heimlich davon und kam noch zeitig genug nach Weinsberg, um dem Grafen den Anzug des hellen Haufens anzuzeigen. Sofort beorderte dieser noch weitere fünf Streiter auf die Burg hinauf, damit dieselbe mit Erfolg verteidigt werden könnte, und versammelte dann alle bewaffneten Bürger nebst seinen Rittern und Reisigen auf dem Marktplatz, um sie durch einen herzhaften Zuspruch zur äußersten Gegenwehr aufzufordern. Seine Rede wurde mit Beifallsgeschrei beantwortet und unmittelbar darauf bezog Jeder den Posten an den Toren oder auf den Wällen, der ihm zugewiesen wurde, während Weiber und Mägde ganze Haufen von Steinen auf die Mauern trugen, um sie den Bauern später an den Kopf zu werfen. Zehn Minuten nachher, eine halbe Stunde vor neun Uhr, zeigten sich auf dem nahen Schemelberg, welcher dem Burgberg gegenüber liegt, die ersten Bauernhaufen und man konnte sich nun überzeugen, daß der Feind ganz und gar nicht zu verachten sei. Die Bauern stellten sich nämlich wie Leute, die an das Kriegshandwerk gewöhnt sind, in guter Ordnung auf und warteten offenbar nur auf ihre Zuzüge, um sofort den Angriff zu beginnen. Zuvor jedoch wollten sie das letzte Friedensmittel versuchen und sandten zwei Herolde an das nächste Tor – man hieß es das Untertor – mit der nochmaligen Aufforderung, die Stadt sofort zu übergeben. „Wo nicht“ – so verkündeten die Herolde – „so bitten wir um Gotteswillen, tut Weib und Kind hinaus, denn beide, Schloß und Stadt, werden den freien Bauern zum Stürmen gegeben, und es wird dann Niemand verschont werden.“ Nach solcher Verkündigung blieben die Herolde ruhig auf ihrem Platz stehen, eine Antwort erwartend, und es wäre nun dem Kriegsgesetz gemäß gewesen, daß man sofort den Obervogt und Kommandanten von Weinsberg herbeigeholt hatte, um diese Antwort zu erteilen; allein der Ritter, der an diesem Tor den Oberbefehl führte, Herr Dietrich v. Weiler, dachte anders. Weil er nämlich die Bauern gar gründlich verachtete – er nannte sie in seinem Hochmut gewöhnlich nur „Roßmuckengescheiß“ – so hielt er es eines Adeligen für unwürdig, mit ihnen zu verhandeln, und befahl seinen Reisigen, auf die Herolde ohne Weiteres Feuer zu geben. Die Reisigen gehorchten und einer der bäuerlichen Abgesandten stürzte, tödlich getroffen, zusammen. Doch raffte er sich wieder empor und es gelang ihm sodann, mit Hilfe seines Kameraden schnell rennend, auf den Schemelberg zu entkommen, aber nur um dort in den Armen der Seinigen zu verscheiden.

Das war eine schlimme, dem Völkerrecht total zuwiderlaufende Tat; aber Dietrich v. Weiler freute sich ihrer doch und lachte ganz unbändig, als er die Herolde so eilig laufen sah. Eine ganz andere Wirkung dagegen machte sie auf die Bürger Weinsbergs sowie auf die Bauern auf dem Schemelberg. Erstere murrten laut und viele von ihnen wurden von nun an lässig in der Verteidigung; die Bauern aber besannen sich keinen Augenblick länger, sondern rückten in vier Haufen zum Sturm auf die Stadt heran, während Florian Geyer mit seiner kriegsgeübten Schar dem Burgberg zuzog, um die dort befindliche Feste zu erobern. Einen Augenblick später wütete der Kampf auf allen Seiten und vor dem furchtbaren Lärm, der jetzt entstand, hörte man bald sein eigenes Wort nicht mehr. Die Belagerten nämlich unterhielten durch die Schießlöcher ein mörderisches Feuer auf die Belagerer und warfen zugleich eine Masse von Steinen auf sie hinab; die Bauern aber waren mit ihren Büchsen auch nicht lässig und wußten gar Manchem, wenn er sich über der Brüstung sehen ließ, das Lebenslicht auszublasen. Ferner bearbeiteten sie die Tore mit Hämmern, Äxten, Sturmböcken und Balken, während wieder Andere Leitern an die Mauern legten und auf diese Art in die Stadt hinein zu kommen versuchten.

So dauerte der Kampf etwa anderthalb Stunden lang ununterbrochen fort und von beiden Seiten waren schon viele getötet oder doch verwundet, da gewahrte man plötzlich hoch oben auf der Burg zwei mächtige schwarze Fahnen aufgesteckt, deren Anblick die Belagerten mit dem tödlichsten Schrecken, die Belagerer aber mit dem wildesten Jubel erfüllte. Diese Fahnen nämlich waren gar wohl bekannt als das Abzeichen Florian Geyers und man wußte also, daß er die Burg erstürmt habe! Mit verdoppelter Wut kämpften nun die Bauern, denn sie dachten sich jetzt des Sieges gewiß; umgekehrt aber bemächtigte sich der Mehrzahl der Bürger eine totale Mutlosigkeit und sie riefen einander zu, daß alles verloren und jede fernere Verteidigung eine vollkommen unnütze sei. Das war Wasser auf die Mühle derer, welche es in ihrem Innern stets mit den Bauern gehalten hatten, und während sofort Einige von ihnen nach dem fest verrammelten kleinen Pförtlein an der Kirche rannten, um dieses den Belagerern von innen zu öffnen, schrien andere laut, daß man die Stadt den Bauern gegen das Versprechen der Sicherheit an Leib und Leben überantworten müsse. Zu gleicher Zeit umringte den Grafen v. Helfenstein ein Haufen von Weibern, welche ganz erbärmlich heulten und ihn bestürmten, es doch nicht zum Äußersten kommen zu lassen, denn die Bauern hätten ja geschworen, das Kind im Mutterleib nicht zu schonen, wenn sie die Stadt im Sturm nähmen. Vergeblich machte sich der Graf von ihnen los und forderte die Bürger auf, ihre Pflicht zu tun. Vergeblich drängten mit ihm die anderen Ritter zu fernerem Widerstand – die Bürger wollten nicht mehr, sondern verlangten jetzt einstimmig die Übergabe der Stadt. Da kam auch noch die Nachricht, daß das untere Tor von den Stürmenden beinahe schon zertrümmert sei und daß das kleine Törlein bei der Kirche ihnen ebenfalls in wenigen Minuten offen stehen werde; was blieb also nun dem Grafen noch weiter übrig, als sich dem Begehren der Bürger zu unterwerfen? Kaum gab er übrigens das Jawort dazu, so trat sofort einer der Letzteren, mit Namen Hans Schwab oder Schwabhannes, auf eine Zinne, schwenkte eine weiße Fahne und schrie, die Stadt wolle sich ergeben, wenn man Allen das Leben schenke. Eine Weile blieb alles still, aber dann rief eine gewaltige Stimme: „Die Bürger mögen leben, die Reiter dagegen müssen sterben!" Nun schwang sich ein Priester, namens Franz, nebst mehreren Anderen auf die Zinne und verlangte von den Bauern, daß keine Ausnahme gemacht würde; doch die Antwort war abermals dieselbe: „den Bürgern gewähren wir Leben und Freiheit, die Reiter aber müssen sterben , und wenn sie einen Zentner Gold als Lösegeld böten." Ja, als jetzt Schwabhannes von Neuem das Wort ergriff und die Bauern flehentlich bat, doch nicht so hartherzig und grausam zu sein, da hieß es zum dritten Mal: „die Ritter mit den Reisigen müssen sterben!"

Ein Schauer durchrieselte Alle, die es hörten, und den Grafen selbst wollte es wie mit Todesangst überkommen. Doch faßte er sich sogleich wieder und befahl sofort den ihm zunächst stehenden Rittern, schnellstens alle reisigen Genossen zu sammeln und sich mit ihnen auf den Marktplatz zu begeben; er selbst aber rannte mit einigen Knechten den Ställen zu, in welchen die Rosse untergebracht waren, und ließ dieselben, nachdem sie eiligst gesattelt, ebenfalls dem Marktplatz zuführen. Seine Absicht ging nämlich dahin, mit all seinen Rittern und Reitern in geschlossener Reihe durch das obere Tor auszubrechen und sich mitten durch die Feinde eine Gasse zu bahnen. Auch wäre ihm dies vielleicht gelungen, wenn nicht das Sammeln der Reisigen, sowie das Satteln der Rosse einige Zeit, wenn auch nur eine kurze, hinweggenommen hätte; allein als nun Alles bereit war und er sich eben mit den Seinigen in den Sattel schwang, da brachen die Bauern schon von allen Seiten zu Tausenden in die Stadt herein und von einem Sichdurchschlagen konnte nun nicht mehr die Rede sein. Wenige Minuten nämlich zuvor hatte sich das Pförtlein an der Kirche geöffnet und fast zu gleicher Zeit war das Untertor vollends eingeschlagen worden; neben dem

Obertor aber stiegen einige Bauern mittels einer Leiter über die Mauer herein und öffneten dann dasselbe ihren Genossen. „In eure Häuser, ihr Bürger, mit Weib und Kind, so wollen wir euch verschonen!“ schrien jetzt die Bauern, deren Zahl bald alle Gassen sperrte, und die Bürger befolgten den Rat natürlich sofort, indem sie zugleich Türen wie Läden hinter sich schlossen. So sahen sich denn die Ritter und Reisigen wie im Nu vollständig verlassen und instinktmäßig zogen sie sich in die nahe Kirche, deren Türe sie hinter sich verschlossen, zurück, indem sie dachten, daß ihnen das Heiligtum vielleicht Rettung gewähren möchte. In der Tat schien sich auch ihre Hoffnung bewahrheiten zu wollen, denn ein Priester, der sich im Innern befand, führte sogleich einen Teil von ihnen in die Gruft hinab, versteckte einige Andere hinter Beichtstühlen und Altären und wies endlich dem Rest – zusammen achtzehn Rittern und Knechten – eine geheime Wendeltreppe, durch welche man auf den Kirchturm gelangen konnte. Doch kaum waren sie Alle untergebracht, so schlugen die Bauern die Kirchtür ein und ihrer Hunderte durchsuchten sofort jeden Winkel, ohne sich irgend von einer religiösen Scheu beirren zu lassen. Zuerst wurde die Gruft entdeckt und in wenigen Augenblicken hatten alle die ausgeatmet, welche sich darin befanden; dann zog man die hinter den Altären und in den Beichtstühlen Versteckten – darunter die Ritter Sebastian v. Ow, Eberhard v. Sturmfeder und Rudolph v. Eltershofen – hervor und mordete sie ebenfalls kalten Blutes. Endlich wurde auch der Schneckengang gefunden und mit wildem Jubelgeschrei stürmten die Bauern zu mehr als hundert auf den Turm hinauf. Nunmehr gaben die, welche sich dorthin geflüchtet hatten, nämlich der Graf v. Helfenstein, Dietrich v. Weiler und andere, alle Hoffnung auf, und der v. Weiler trat sofort auf den Kranz des Turmes hinaus, indem er laut rief, daß er mit seinen Freunden bereit sei, dreißigtausend Goldgulden zu bezahlen, wenn man sie am Leben lasse. „Nein, ihr müßt sterben,“ schrie man ihm als Antwort zu, und in demselben Augenblick sank er auch, von einer Büchsenkugel durchs Herz geschossen, zu Boden. Während dem waren die Bauern die Wendeltreppe heraufgedrungen, um allen im Turm Befindlichen den Garaus zu machen, und bereits lagen der Forstmeister Leonhard v. Schmalz, sowie drei andere Ritter in ihrem Blut, da erschien Georg Metzler nebst Wendel Hipler auf dem Platz und diese zwei befahlen, keinen Ritter und Reisigen mehr zu töten, sondern Alle gefangen zu nehmen. Dies geschah nun auch in der Tat, trotz der Einsprache Florian Geyers und Jäcklein Rohrbachs von Böckingen, und eben wegen dieser Einsprache übergab man die Gefangenen dem Jäcklein zur Bewachung, damit er nicht glaube, man wolle sie heimlich entwischen lassen. Allein – nun war ihr Schicksal besiegelt.

Es war morgens zehn Uhr dreißig, als Jäcklein die Gefangenen übernahm, denn der ganze Kampf um Weinsberg hatte nicht länger als zwei Stunden gedauert, und die Bauern zerstreuten sich nun in der Stadt, die Einen, um in der Kirche und Sakristei zu plündern, die Anderen, um auf der Burg oben, die lichterloh brannte, nach verborgenen Schätzen zu fahnden, die Dritten, um die Häuser des Bürgermeisters, des Stadtschreibers und der Geistlichen, welche flüchtig waren, heimzusuchen, die Vierten endlich, um sich an den reichen Vorräten des herzoglichen Kellers zu erlaben oder auch, um in den Wirtsstuben der Stadt einen kräftigenden Trunk zu sich zu nehmen. Neun Zehntteile der Bauern waren auf diese Art beschäftigt und nicht minder wichtig hatten es die Hauptleute Georg Metzler, Florian Geyer und Wendel Hipler, denn sie machten einen Ritt in der Richtung der Stadt Heilbronn zu, welcher sie auf den andern Tag einen Besuch abzustatten im Sinn trugen. Jäcklein Rohrbach dagegen hielt mit seinen Böckingern und denen vom Weinsberger Tal in der Mühle vor dem Untertor, in welche er die Gefangenen gesperrt hatte, einen stürmischen Kriegsrat, was mit den Letzteren zu beginnen sei, und nach kurzer Zeit wurden sie darüber einig, daß keiner derselben am Leben gelassen werden dürfe. „Sie morden uns, wo sie uns treffen," sagte Jäcklein; "folglich müssen wir Blutrache an ihnen üben." Dieser Grund entschied, und Jäcklein befahl sofort, nachdem er seine Leute auf der großen Wiese an der Mühle aufgestellt hatte, die Gefangenen vorzuführen. Es waren im Ganzen vierzehn Ritter, nämlich Graf Ludwig v. Helfenstein, der Obervogt von Weinsberg; Hans Konrad Schenk v. Winterstetten, der Vogt von Baihingen und Maulbronn; Burkhardt v. Ehingen, ein Nachkomme des berühmten Georg v. Ehingen: Friedrich v. Neuhausen; Jörg Wolf v. Neuhausen; dessen Vetter, Hans Dietrich v. Westerstetten, der Burgvogt auf Neussen; Philipp v. Bernhausen; Hans Späth v. Höpfigheim; Bleikardt v. Niexingen; Rudolph v. Hirnheim; Wolf Rauch v. Helfenberg; Jörg v. Kaltenthal, und die beiden Brüder Burkardt und Weiprecht v. Gemmingen. Dazu kamen dann noch vier reisige Knechte, sowie drei junge Reiterknaben, welche als Pagen dienten, und in Allem und Allem zählten sie also einundzwanzig.

Diese Einundzwanzig nun stellte man ringförmig auf und der Haufen Jäckleins schloß einen großen Kreis um sie. Dann verkündete man ihnen, daß sie „durch die Spieße gejagt werden sollten", denn „einen ehrbaren Tod könne man sie nicht sterben lassen, da sie wider Ehre, Religion und Gewissen gehandelt hätten", und – das „durch die Spieße jagen" galt in jenen Zeiten für eine der schimpflichsten Todesarten, die man einem Kriegsmann antun konnte. Stillschweigend hörten die Ritter das Urteil an, und schon wollte man mit der Vollstreckung beginnen, da drang plötzlich die Gräfin von Helfenstein, welche Florian Geyer nach der Erstürmung der Burg Weibertreue großmutig freigelassen hatte, mit ihrem jungen Söhnlein auf dem Arm, durch die Reihe der Bauern und warf sich vor Jäcklein und seiner Sippschaft auf die Knie. Demütigst, inbrünstigst flehte sie, ihrem Kleinen den Vater, ihr den Gatten zu lassen; aber all ihre Tränen hatten keinen Erfolg. Jetzt flehte Graf Ludwig selbst für sein Leben und bot ein Lösegeld von vierzigtausend Goldgulden. „Und gäbst du uns auf der Stelle zwei Tonnen Gold, so müßtest du doch sterben," erwiderte Jäcklein, indem er zugleich winkte, die Gräfin mit ihrem Kinde zu entfernen. Es geschah augenblicklich und die Minute nachher wurde von Jäcklein der weitere Befehl gegeben, mit der Exekution den Anfang zu machen. Nun wurde aus zwei Reihen von Bauern eine Gasse gebildet und jeder dieser Bauern streckte seinen Spieß vor; eine andere Rotte von Bauern aber zwang unter Trommelschlag einen der Verurteilen nach dem andern, in die Gasse hineinzurennen, um sich von den vorgestreckten Spießen durchbohren zu lassen. Den Anfang machte man mit Hans Winter, einem Knecht des Konrad Schenk v. Winterstetten, und nachdem er von zehn Spießen durchbohrt war, sank er in der Minute tot nieder. Der Zweite, den man nun vornahm, war sein Herr, der eben genannte Schenk, und wie zum dritten Mal kommandiert wurde, mußte der Graf v. Helfenstein an die Reihe. Bei ihm aber, als dem Vornehmsten und Verhaßtesten, machte man es nicht nur so kurz und zeremonienlos ab, sondern wie ihn Urban Metzger von Waldbach und Klaus Schmids Sohn von Rappach der Gasse zuführten, sprang Melchior Nonnenmacher, der Pfeifer von Ilsfeld, vor ihm her und blies ihm ein lustig Stücklein auf: „zum letzten Tanz," wie die Bauern sagten. Lange zu leiden hatte er übrigens nicht, sondern es stachen, nachdem er kaum in die Gasse eingestoßen war, so viele auf einmal nach ihm, daß er alsbald tot niederstürzte. Nach ihm kam sein Knappe Bleiberger zum Sterben, darauf als der fünfte der Späth von Höpfigheim. Doch was soll ich da lange Worte machen? Jene Einundzwanzig wurden alle ermordet, Einer nach dem Andern, ohne irgend eine Ausnahme, und auch für keinen Einzigen regte sich das Mitleid. Im Gegenteil war der Haß so groß, daß die Bauern noch mit den toten Leichnamen Spott und Hohn trieben, wie sie denn auch die Gräfin v. Helfenstein, die man doch als eines Kaisers Tochter kannte, mit ihrem Söhnlein auf einen Mistwagen setzten und diesen von ein Paar Kühen nach Heilbronn hineinziehen ließen.

Also ging's am heiligen Osterfest des Jahres 1525 in der Stadt Weinsberg im Württembergischen zu und man hat diesen Tag später nur „den Tag der Bauern-Blutrache" genannt. Freilich ist zuzugeben, daß bei weitem nicht alle Bauern des hellen Haufens daran teilnahmen, sondern daß die meisten erst, als alles vorbei war, von der blutigen Tat erfuhren, aber deswegen jubelten sie doch zum größten Teil nachträglich ihren Beifall und nur einzelne Wenige, wie z.B. Wendel Hipler und Jörg Metzler, welche die Ritter gern als Geisel für kommende Fälle aufbewahrt hätten, mißbilligten sie. Wird nun aber noch irgend Jemand, wenn er diese furchtbare Geschichte gelesen hat, fernerhin daran zweifeln können, daß der Haß zwischen Bauern und Rittern ein unauslöschlicher war, und daß also von einer Versöhnung dieser beiden Stände für die Zukunft unmöglich die Rede sein konnte? Nein, sie mußten kämpfen auf Tod und Leben und durften nicht aufhören, bis der Eine den Andern vertilgt hatte!

Und welche Partei nun unterlag schließlich? Dem Anschein nach waren es die Bauern, wie uns der weitere Verlauf des furchtbaren Krieges zeigt. Als nämlich der Aufstand sich immer mehr ausbreitete und eine Burg oder vielmehr ein Zwingherrensitz nach dem andern von den Bauern zerstört wurde, so daß nichts Anderes in Aussicht stand, denn eine republikanische Volksherrschaft, wie in der benachbarten Schweiz, da erfaßte die regierenden Herren in Deutschland, also nicht bloß die vom gewöhnlichen Adel, sondern auch die Herzöge, Fürsten und Kurfürsten, eine tödliche Angst, und sie vereinigten sich zu einem großen Bund, um des Volkes Gewalt mit Übermacht zu brechen. Zu diesem Bund traten außer dem Erzherzog Ferdinand, der damals Württemberg besaß, und außer den mit ihm vereinigten Grafen oder Fürsten, zum ersten der Kurfürst von der Pfalz, zum zweiten der Markgraf Kasimir von Brandenburg, zum dritten der Kurfürst von Trier, zum vierten der Stadthalter des Kurstifts Mainz, zum fünften die hochwürdigsten Bischöfe von Würzburg und von Bamberg, zum sechsten die Herzöge von Lothringen und von Bayern, zum siebten die beiden Markgrafen von Meißen und von Thüringen, zum achten der Landgraf Philipp von Hessen, und zum neunten noch eine Menge kleinerer Grafen und Fürsten. Kurz, alle großen Herren Deutschlands, den Kaiser allein ausgenommen – dieser war durch seinen Krieg gegen den König von Frankreich so sehr beschäftigt, daß er Deutschland sich selbst oder vielmehr seinem Bruder, dem Erzherzog Ferdinand, überlassen mußte – verbündeten sich miteinander, und wie hätten nun die Bauern gegen eine solche Macht aufkommen können, zumal da sie fast ohne alle Reiterei, ohne zureichendes Feldgeschütz, ohne eine große Festung als Haltpunkt, und was die Hauptsache war, ohne eine einheitliche Führung unter einem tüchtigen Oberfeldherrn dastanden? Allerdings beim

Kloster Weingarten, in der Nähe des Bodensees, hatten sie am 16. April 1525 den Truchseß Georg mit dem ganzen schwäbischen Bundesheer in der Hand, denn sie waren dort siebzehntausend Mann stark und hielten den Truchseß in einem Ried eingeschlossen, wo er von seiner Reiterei keinen Gebrauch machen konnte; aber sie ließen sich zu einem Friedensvertrag beschwatzen, der ihnen anscheinend günstig lautete (die Beschwerden jeder Gemeinde gegen ihre Herrschaft sollten durch ein Schiedsgericht von sechs unparteiischen Städten geschlichtet und der Ausspruch dieses Gerichts von den Herren wie von den Untertanen respektiert werden), der aber später, als die Gefahr vorüber war, von den Herren Adeligen als ein bloßer Wisch Papier behandelt wurde. So entkam der Truchseß seinem unvermeidlichen Untergang und er wandte sich nun, nachdem der Frieden mit den Oberländer Bauern schriftlich gemacht worden war, gegen das schwäbische Unterland, um den „hellen“ Haufen, der ein festes Lager bei Böblingen bezogen hatte, zu bekriegen. Unterwegs verstärkte er sein Heer durch die Zuzüge verschiedener fürstlichen Verbündeten auf fünfzehntausend Mann, worunter über zweitausend Reiter nebst einer vortrefflichen Artillerie; der vereinigten Unterländer Bauern aber waren es kaum zwölftausend, und zwar lauter Fußgänger mit einigem wenigen, aber schlechtem Geschütz. Am 12. Mai, morgens zehn Uhr, kam es zur Schlacht und um zwei Uhr mittags war sie entschieden. Und wie war sie entschieden! Über dreitausend Bauern lagen erschlagen auf dem Feld und noch viel mehr wurden auf der Flucht getötet. Von Gnade und Erbarmen war keine Rede, sondern wessen man habhaft wurde, den erwürgte man, wenn man ihm nicht einen noch gräßlicheren Tod antat. Unter Anderen fing man auch den Melchior Nonnenmacher, den Pfeifer von Ilsfeld, der dem Grafen v. Helfenstein zum letzten Tanz aufgeblasen hatte, und ihn beschloß der Truchseß besonders auszuzeichnen. Man band also den Unseligen an eine lange, eiserne Kette, die durch einen Ring an einem Apfelbaum befestigt wurde, schichtete verschiedene Klafter Holz um den Baum auf – der Truchseß trug selbst ein Scheit herbei, zündete das Holz an und trieb den Pfeifer im Ring herum. Lange, sehr lange dauerten seine Qualen, denn man röstete ihn „fein langsam“ und er brüllte wie ein wildes Tier; aber je wahnsinniger er tobte, um so mehr lachten die Herren Ritter, welche zusahen, und es war ihnen noch zu bald, als er endlich nach einer Stunde tot zusammensank. Mit gleich ausgesuchter, barbarischer Grausamkeit verfuhr man noch gegen viele Andere, und ich könnte da Stücklein erzählen, welche einem christlich gesinnten Menschen die Haare sträuben machen müßten; aber es ist wohl besser, ich lasse einen Vorhang darüber fallen, um schließlich noch etwas vom Ende des Aufstandes zu berichten. Als nämlich die unterschwäbischen Bauern geschlagen waren, zog der Truchseß ins Hohenlohe'sche und Fränkische hinab, vereinigte da sein Heer mit dem des Kurfürsten von der Pfalz und er anderen, oben angeführten, hohen Herren, schlug die Pfälzer Bauern bei Bruchsal, verbrannte dann Weinsberg mit Allem, was darin war, bis auf den Grund, ließ den Jäcklein Rohrbach, dessen er habhaft wurde, noch langsamer rösten, als den Pfeifer von Ilsfeld, machten den fränkischen Bauern bei Neckarsulm und Königshofen den Garaus, hielt ein furchtbares Blutgericht bei Oehringen, vernichtete zwischen Sulzdorf und dem Schloß Ingolstadt den Rothenburger Bauernhaufen, wobei auch Florian Geyer, obwohl erst nach der heldenmütigsten Gegenwehr, den Tod fand, und rückte endlich Anfang Juni vor Würzburg, das ihm am 8. des Monats die Tore öffnete. Furchtbar hatte er auf dem Weg hierher gehaust; Tausende von Bauern waren ehrlich im Kampf gefallen, nicht minder Viele hatte man mit dem Schwert, dem Strick oder dem Feuer gerichtet; Hunderte von Weilern, Dörfern und

Städten waren zur Strafe ihrer Teilnahme am Aufruhr in Asche gelegt worden; das verbündete Heer selbst mußte dreimal ergänzt werden, weil es in den vielen Schlachten und Kämpfen eine Masse von Rittern, Reisigen und Fußvolk verlor; aber endlich – endlich – endlich sah sich der Bauernjörg doch am Ziel, denn der Aufstand war allüberall niedergeworfen und Deutschland kehrte zur alten Ordnung der Dinge zurück.

Doch ist es wirklich wahr? Kehrte Deutschland zur alten Ordnung der Dinge zurück? In Beziehung auf die Bauern – ja; denn die Schinderei ging bald von Neuem los und sie mußten wieder zahlen und frohnen, wie zuvor, wenn nicht mehr. Aber wenn auf sie alles frühere Unrecht von Neuem gehäuft wurde, trat dagegen auch der Adel wieder in seine früheren Rechte ein? Nein, das tat er nicht und konnte es auch nicht tun, weil durch diesen Krieg eine durchgreifende Umwandlung mit ihm vorgegangen war. Nicht er nämlich hatte den Sieg über die Bauern errungen, sondern die vereinigte Fürstenmacht, und darum wollten auch die Fürsten ganz allein die Vorteile des Sieges ernten. Nun war es aber von ihnen nicht vergessen, daß die Ritter sich während der letzten Zeit gar oft und viel gegen sie verschworen und, um sie zu besiegen, mächtige Bündnisse errichtet hatten – wären sie also nicht Thoren gewesen, wenn sie die Ritterschaft wieder zum alten Glanz auferstehen ließen? Und rein in ihrer Hand lag es ja, ob sie dies gestatten wollten oder nicht! Man bedenke nur: „mehr als tausend Ritterburgen waren während des schrecklichen Aufstandes von den Bauern zerstört worden, und wenn diese nicht mehr aufgebaut wurden, so gab es, weil auf einer solchen Burg oft vier oder fünf Ritterfamilien zusammen lebten, jedenfalls etliche tausend unabhängige, kleine Regenten in Deutschland weniger." Ja, noch mehr – dann hörte notwendigerweise das Raubrittertum für immer auf, und das Aufblühen der kleinen, fürstlichen Städte war dadurch für immer gesichert. Außerdem, was wollten denn die Herren Ritter, die keine eigenen Burgen mehr hatten, um die „freien Herren" zu spielen, anfangen? Mußten sie nicht froh sein, in den Dienst der größeren Fürsten, mit denen sie sich früher gleichzustellen gewohnt waren, zu treten, um bei ihnen eine ebenso gesicherte wie angesehene Existenz zu bekommen? So dachten die Fürsten und da nun der kleinere Adel, dessen bestes Eigentum mit der Zerstörung der Ritterburgen zu Grunde gegangen war, sich nicht selbst helfen konnte, so gingen die Absichten der Fürsten auch in der Tat in Erfüllung. Die tausend Ritterburgen wurden also zum größten Teil nicht wieder aufgebaut, sondern blieben in Ruinen liegen; die Herren Ritter aber verloren ihre bisherige unabhängige Stellung und traten zu den hohen Herren in ein förmliches Dienstverhältnis, obwohl natürlich das „Dienen" durch einen hochtrabenden Namen etwas überzuckert wurde!

Der Bauernkrieg also war es, der dem Rittertum den letzten Todesstoß gab, doch fiel es erst, nachdem es sich selbst überlebt hatte und in den meisten seiner Glieder ausgeartet war. Wer hätte aber das für möglich gehalten von einem Institut, mit welchem Karl der Große sich die Hälfte Europas zu Füßen legte?